imaginist

想象另一种可能

理
想
国
imaginist

文明的故事

THE STORY OF CIVILIZATION

恺撒与基督

Caesar and Christ

3

〔美〕威尔·杜兰特 著

by Will Durant

台湾幼狮文化 译

上海三联书店

致读者

　　本卷为《文明的故事》第 3 卷——第 1 卷为《东方的遗产》，第 2 卷为《希腊的生活》——不过自成独立单元。如果时局与健康许可，第 4 卷《信仰的时代》可望于 1950 年完成。

　　前述各卷均为综述历史写作法。综述性历史所讨论的，主要是那个时代人民的生活、工作及文化等重要史实。分析性历史所讨论的，则是某一文明或整个人类文明中人类活动的某一方面，如政治、经济、伦理、宗教、科学、哲学、文学、艺术等，所以这种分析也很需要，并且是学术的一个先决条件。分析法的缺陷是将事情从整个史实中割裂、分解、孤立；综述法的弱点是欲借一人心力而把纵贯千余年的复杂文明，在每一方面均使用第一手知识的情况下说出来，这不大可能。故欲详反误乃是不可避免，但又唯有这一方法才能使一个人的心智为哲学所迷——从透视中寻求理解——钻进故纸堆中而悠然自得。我们可以通过科学借由空间上万物关系的研究而寻求透视，我们也可以通过历史借由时间上史实关系的研究而寻求透视。我们通过对 6000 年人类行为的观察，总比只读柏拉图、亚里士多德、斯宾诺莎和康德的著作更能知悉人类的性质。尼采曾说过："凡哲学，目前均已堕入历史的窠臼。"

太过重视古代的研究没有价值，除非它对我们当代的生活能具有生动的重演或借鉴价值。罗马从一个十字路口的小镇兴起，成为独霸世界的主人；其从克里米亚到直布罗陀以及从幼发拉底河到哈德良长城（Hadrian's Wall），获得 200 年安定与和平的成就；其古典文明伸展到地中海沿岸和西欧；其从野蛮民族的团团包围中致力于维护领域内的秩序；其从长期的、缓慢的腐蚀以及最后全面的崩溃而进入黑暗与混乱的局面——的确是人类前所未见的一出最伟大的戏。若不是另外一出戏的上演——这出戏由恺撒与基督对簿于比拉多法庭（Pilate's Court）开始，一直到激进的基督徒因时间与政治容忍而造成的成长壮大，再经过迫害与恐怖屠杀，先是联盟，后成主宰，最后索性做了继承人，它实在是历史上最伟大的帝国。

但是，对错综繁复的活动全景观察，比只从疆域或王权的变迁上分析，对我们来说，具有更重大的意义。如：它与我们今天的文明与存在问题的类似之处，往往对我们具有警示性的启示作用。这就是对一个文明就其幅员及生活的全面研究具有的裨益之处——我们可就其每一阶段或每一境遇的每一方面，跟我们自己的文化轨迹在相合的时间与成因上作对比，可以借古警今，也可以借古励今。诸如从罗马文明对境内外蛮族的斗争方面看，这也是我们自己的奋斗史；从罗马在生物学上与道德上的隳败问题看，也不啻在我们今天的前进道路上竖起了路标；至于格拉古兄弟对元老院、马略对苏拉、恺撒对庞培以及安东尼对屋大维的阶级战争，也是我们承平期中穿插发生的战争；而且地中海沿岸的人民，誓死维护某些基本自由而反抗强敌暴政，也正是我们未来工作的预兆。鉴彼知此，这部《恺撒与基督》也可以说是讲我们自己的历史。

威尔·杜兰特

总　目

目　录

第一部

恺撒时代

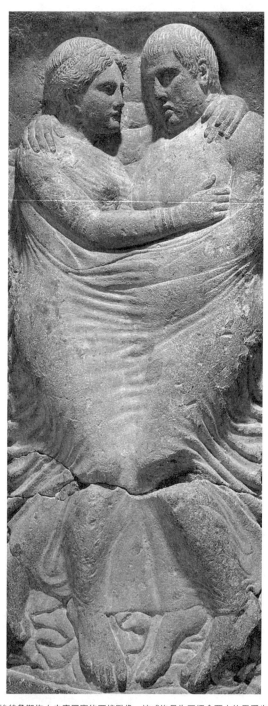

表现一对埃特鲁斯坎人夫妻同寝的石棺雕像，这或许是为了怀念两人的恩爱生活，或许是希望两人死后依然能在一起。

第一章 ｜ **埃特鲁斯坎人序曲**
（公元前 800—前 508）

意大利

山谷中点缀着寂静的小村庄，山坡上展现着广阔的牧场，群山环抱有如高举的酒杯，处处湖泊有如杯中的佳酿，绿色的田野、黄色的麦地向碧海之滨伸展。村落、小镇在正午的阳光下显得倦怠慵懒，然后又蓦然复苏，生气活泼，热情奔放。即使较大的城市之中，虽然尘土飞扬，但每一件事物，从小平房到大教堂，看起来都是那样美——这就是 2000 多年前的意大利。因此，即使那落笔平实、不嗜雕饰的老普林尼（elder Pliny）提起他的祖国，都要说："普天之下，走遍世界，也没有一个国家能有如此的美。"罗马诗人维吉尔（Virgil）歌颂道："此处四时皆春，即使炎夏也没有暑气。每年牛羊繁殖两次，树木结果实两回。"在帕埃斯图姆，玫瑰每年两度盛开；在意大利北部，有许多像曼图亚一样的肥沃平原，在那些地区，"有许多生满绿草的溪流，正是天鹅繁殖之地"。沿着这个大半岛，亚平宁山脉好像一条脊骨，为半岛西部遮蔽东北风。地面上分布着无数河流，滚滚地流入那些迷人的海湾。在北方，有阿尔卑斯山为屏障，其他三面皆有水环绕，有很多悬崖峭壁。这块陆地，正是勤奋的人民易于得到报酬的地方，而其伸入地中海上的战略地位，又注定了他们统治古代世界。

这些山地带来了繁荣，也带来了死亡，因为不时的地震与火山爆发，使多个世纪的辛劳变成了灰烬。但是，此处的死亡通常却是生的礼物，其熔岩混合着有机体，使百代后都享受其丰沃的土地。半岛上有一部分地形太过陡峭，还有一部分满是瘴气沼泽，均不宜耕种，而其他地方则十分肥沃，从而使希腊著名史学家波利比奥斯（Polybius）对古代意大利食物的丰富和价廉大为惊叹。他暗示，意大利农作物收获的量与质，可从其人民的活力与勇气判断出来。剧作家阿尔菲耶里（Alfieri）认为，在人与庄稼的关系方面，意大利比任何地方都好。甚至在今天，那些魅力十足的意大利农民的热情——他们结实的肌肉，迅速转变的喜怒，以及他们燃烧似的眼睛，还会使胆小的学生受惊。在马略、恺撒及文艺复兴时代，曾使意大利伟大，也曾使其自行破裂的骄傲与愤怒，迄今还保留在意大利人的血液中，只等待着一个大好理由或争辩而爆发。这里的每一个男人都刚健而英俊，每一个女人都美丽、健壮而勇敢。"意大利母亲"（The mothers of Italy）3000 年来所孕育的天才朝代，有什么国度能与其媲美？没有其他国家能像意大利一样，长时间地作为历史的中心——最初是政治，其次是宗教，再其次是艺术。自政治家加图（Cato）到艺术家米开朗基罗，历时 1700 年，罗马一直是西方的中心。

亚里士多德说："据最善于判断那个国家的人指称，当意大利人做了欧埃诺托里亚（Oenotria）的国王后，那里的人民就不再称欧埃诺托里亚人，而自称意大利人了。"欧埃诺托里亚位于意大利半岛靴部的足趾处，那里葡萄遍地，故有欧埃诺托里亚之名，意即"葡萄酒之地"。希腊史学家修昔底德说："意大利人是西西尔人（Sicels）之王，他们在占领欧埃诺托里亚后，即征服了西西尔，而称该岛为西西里（Sicily）。"正如罗马人称所有希伦人（Hellens，即希腊人）为希腊人一样，希腊人最初只有少数人从阿提卡（Attica）北部移民那不勒斯（Naples），称当地人为意大利人。以后渐渐地，波河（Po）以南的所有半岛人民，都被希腊人称为意大利人了。

　　毫无疑问，意大利的许多故事已经销迹于地下了。旧石器时代的文化遗迹告诉我们，至少在公元前3万年，意大利那些平原就已有居民了。在公元前1万年至前6000年之间，又有新石器时代文化出现：一种古代传统上称为利古里（Liguri）及西西利（Siceli）的人种，长长的头型，形似粗陶器，穿着线状的服饰，用磨光的石头做工具和武器，来驯养家畜、打猎、捕鱼及埋葬死者。有些人居住在洞穴中，其他的人则用篱笆和涂料构筑圆形茅屋居住。这些圆形小屋的构造不断发展，以至于有建筑在帕拉蒂尼山（Palatine）上的圆形"罗慕路斯之宫"（House of Romulus，罗慕路斯为古罗马的建国者），建在广场（Forum）中的维斯塔神庙（Temple of Vesta）及哈德良陵墓（Mausoleum of Hadrian）——今日的圣天使城堡（Castel Sant'Angelo）。

　　约公元前2000年，来自中欧的一些部落侵入——据推测这不是第一次——意大利北部。他们把其建筑风格带了进来，把村庄建筑在水中的木桩之上，以防野兽或人的攻击。他们主要定居在加尔达湖（Garda）、科莫湖（Como）、马焦雷湖（Maggiore）及其他美丽的湖上。时至今日，这些迷人的湖仍然吸引了许多外国观光客。后来，他们逐渐向南迁移，由于南方湖少，才把房屋建筑在陆地上，但仍以木桩为屋基。他们在其居住地四周筑垒掘壕，这个习惯传下来，便形成罗马军营与中世纪城堡的特色。他们放牧马牛，耕种土地，织造衣物，烧制陶器。意大利在新石器时代之末（约公元前2500年），以青铜铸造了上百种的工具和武器，包括梳子、发夹、剃刀、钳子以及其他创始年代不明的器具。他们把所有废物堆积在村子四周，后人因其肥沃，遂称他们的文化为"terramare"，意思是泥灰土。据我们所知，他们就是意大利人的直系祖先。

　　在波河流域的这些后裔，约公元前1000年向日耳曼人学会了冶铁，制造改良的器具，并以博洛尼亚（Bologna）附近的维拉诺瓦（Villanova）为中心，以其铁器为武装，推广他们的维拉诺瓦文化（Villanovan culture）。我们或可相信，其后的翁布里亚人（Umbrian）、萨宾人（Sabine）和拉丁人（Latin）的血统、语言及主要艺术，皆由此而来。后来，约公元前 8 世纪，又有一个新的移民潮到来，他们征服了维拉诺瓦人，在台伯河（Tiber）与阿尔卑斯山之间，建立了属于自己的奇特文明。

埃特鲁斯坎人的生活

埃特鲁斯坎人（Etruscan）也是历史上的难解之谜。他们统治罗马百余年，遗留给罗马的影响甚为深远，不了解他们就很难了解罗马。然而，罗马的文学却闭口不谈他们，好像一个高贵的夫人极想在大家面前忘记其青春时代的浪漫一样。正如意大利的学者所提供的，他们的文化是以埃特鲁斯坎人的遗迹为基础；而在诗歌、戏剧及历史方面，也有许多"已逸文学"（lost literature）的征候。但是，其语言迄今仍只有少数几个字能够认出，今天的学者们对于埃特鲁斯坎人的神秘，比商博良（Champollion）以前对法老时代的埃及所知还少。

因此，埃特鲁斯坎人究竟是什么人、何时以及从何处而来，迄今仍是争论的话题。也许旧的传统已经被人太轻易地抛弃了。而那些卖弄学问的人，喜欢否定非正史流传下来的公认事实。希腊史学家和罗马史学家，绝大多数人都假定埃特鲁斯坎人来自小亚细亚。他们的宗教、服饰及艺术，有许多部分暗示着一种来自亚洲的特色；但也有许多部分，则是出自意大利本土。埃特鲁里亚（Etruria）的文明很可能是维拉诺瓦文化的一个支流，在商业上曾受希腊和近东的影响。然而一如大家所相信的，埃特鲁斯坎人本身，则是来自小亚细亚——可能是吕底亚（Lydia）——的入侵者。不管怎样，他们超强的杀戮性，使他们成了托斯卡纳（Tuscany，罗马北方的地区）的统治阶级。

　　我们不知道他们在何处登陆，只知道他们发现、征服及发展了许多城市——不再是以前那种用泥和草筑成的村庄，而是有围墙的小镇，按几何图形划定的街道。他们的房屋也不再是用泥土，而是用烧硬的砖或石头筑成。他们的 12 个社区，组成一个松弛的埃特鲁斯坎联邦（Etruscan Federation），由如下几个城市支配：塔奎尼乌斯（Tarquinii，今科尼多，Corneto）、阿雷提乌姆（Arretium，今阿雷佐，Arezzo）、帕鲁西亚（Perusia，今佩鲁贾，Perugia）及维爱（Veii，今伊索拉，Isola）。[1] 然而由于山地及森林阻隔，彼此之间交通运输困难。各个城市的人民像希腊人一样妒忌好战，他们只关心自己的独立城邦，很少团结对外。他们只顾及自己的安全，每逢其他城邦遭受攻击时，往往袖手旁观。于是，这些城邦一个接一个地都被罗马征服了。但是，这些同盟城市在公元前 6 世纪的大部分时间里，形成了意大利半岛内最强大的政治力量，包括一支组织精良的陆军、一支著名的骑兵及一支强大的海军，以至于有一个时期统治了迄今仍被称为第勒尼安海（即埃特鲁斯坎海，Tyrrhenian Sea）[2] 的全部水域。

　　埃特鲁斯坎各城邦的政府，也像罗马一样，最初是君主政体，以后变成了一些"头等家族"（first families）组成的寡头政体，渐渐地又给予有产公民组成的议会以每年选举官员（magistrates）之权。就我们所能理解的墓地绘画和浮雕来看，那完全是一个封建社会，土地属贵族所有，维拉诺瓦农奴及战争所俘的奴隶从事耕种，所有剩余产品皆供贵族地主奢华享受。他们通过训练，在森林与沼泽中开垦了托斯卡纳，并发展了一套农村灌溉与都市暗沟排水系统，这在同时代的希腊是没有的。埃特鲁斯坎的工程师们开山凿石，建筑排水隧道，以排泄过多的湖水，并建筑有排水沟的大道。早在公元前 7 世纪，埃特鲁斯坎人的实业是开采西海岸的铜及厄尔巴岛（Elba）的铁，铁矿石

---

[1] 这些城市名称都是罗马人的命名，埃特鲁斯坎人的称谓不详。

[2] 希腊人称埃特鲁斯坎人为第勒尼安人（Tyrrhenian），罗马人称他们为托斯其人（Tusci）。希腊人所叫的名称，正如暴君（Tyrant）一词，可能是来自吕底亚的一种堡垒。

运到波普洛尼亚（Populonia）熔解，再将生铁在意大利全岛出售。埃特鲁斯坎商人进出于第勒尼安海上，从事贸易，从北欧下至莱茵河及罗讷河地区，越过阿尔卑斯山，带回琥珀、锡、铅及铁，并在地中海的每一个重要城市出售其产品。约公元前 500 年，埃特鲁斯坎各城市各自发行货币。

埃特鲁斯坎人在其坟墓中刻绘自己的像：粗矮结实、大头，差不多完全是阿纳托利亚人（Anatolian）的容貌，肤色是红的，特别是妇女的肤色。但是，他们擦胭脂的历史则与文明一样古老。女人以美丽著名，有些男人的面貌也很斯文高雅。其文化已发展到令人难以置信的高度，因为在他们的坟墓中，曾经发现过补假牙架子的样本。他们的牙科医术也像医学及外科手术一样，自埃及和希腊输入。男女都留长发，男人很喜欢蓄须。他们的衣服仿效伊奥尼亚人的式样，内衣像古代希腊人的袍子，其外袍后来就变成罗马人的礼服。男女皆爱好装饰物，因此他们的墓中有很多珠宝。

如果我们从坟墓中画像所表现的快乐来判断，埃特鲁斯坎人的生活也和克里特岛人一样，以战斗而坚强，以豪华而柔和，以节庆赛会而快活。男子参与战斗，干劲十足，并从事各种男性运动。他们打猎，在竞技场斗牛，沿着危险的赛程驾驭战车，有时候是四马并驾的车子。他们投掷铁饼和标枪、撑竿跳高、竞走、摔跤、拳击以及格斗。这些比赛都很残酷无情，因为埃特鲁斯坎人也像罗马人一样，认为使文化进步到离兽性太远，是极为危险的。不够英雄气概的人则挥舞哑铃、掷骰子、吹笛子或跳舞。坟墓中的画也描绘着饮酒狂欢的情景。有时候也举行只有男人参加的酒会，也有醉后交谈的各种姿态。然而，时常总是男女同在，穿着富丽的服饰，成双成对地靠在漂亮的长椅上，或吃或饮，旁边由奴隶伺候着，有舞蹈和音乐助兴。男女偶尔也以色情的拥抱来点缀席间。

在这种场合出现的女子，可能是高等妓女，相当于古希腊的艺伎（hetaira）。如果罗马人的传说可信，埃特鲁斯坎的少女也像亚洲

日本武士时代的少女一样，获准以卖淫获得她的嫁妆。在普劳图斯
（Plautus，古罗马喜剧作家）剧中的一个人，控告一个少女"以托斯
卡纳人的方式出卖皮肉而获致婚姻"。可是，在埃特鲁斯坎人中妇人
的地位很高。绘画上所表现出来的，在生活的每一方面女人都很突
出。其亲属关系可从母亲考察出来，使人再度想起亚洲血统。教育并
不限于男性，因为塔奎尼乌斯首任国王的夫人塔纳奎（Tanaquil）除
精通政治权谋外，也精通数学和医学。泰奥彭波斯（Theopompus）
曾认为埃特鲁斯坎人属于公妻社会，但是，没有遗迹留传下来，以证
实这个柏拉图式的乌托邦。那些图画有许多都是描写夫妇和谐与家庭
生活的场景，孩子们在左右做着顽皮的游戏，快活天真。

　　其宗教对消极的道德，极尽讽刺之能事。埃特鲁斯坎人的万神
庙，以其充分的装备来吓阻日益增长的自我主义，而使家庭的责任
易于履行。最大的神是掌管雷电的丁尼亚（Tinia），在其左右，有
"十二大神"，好像一个委员会，无情地执行丁尼亚的命令。这些神
太伟大了，谈及他们的名字是犯渎神罪的（因此我们也就不必提他
们的名字）。特别可怕的是地狱的男女主神曼图斯（Mantus）和曼尼
亚（Mania），各有一群有翅膀的恶魔为其执法。最不易满足的是命运
女神拉莎（Lasa or Mean），手里舞着蛇或剑，用铁笔和墨书写，用铁
锥和钉子固定，以执行她的毫不通融的命令。比较愉快的是拉瑞斯
（Lares）和珀那忒斯（Penates）——置放在炉边的两种小神像，象征
在家和出外的神灵。

　　以研究羊肝或飞鸟断定未来的卜巫术，可能是巴比伦人传给埃特
鲁斯坎人的。但是，依照他们自己的传说，此事是一个圣童启示他们
的。这个圣童是丁尼亚的孙子，他从一个刚翻过的畦沟里出生，就以
圣哲的智慧开始说话。埃特鲁斯坎人的最高祭礼，是以一只羊、一头
牛或一个人作为牺牲。作为牺牲的人，或被斩杀，或在大葬礼中被活
埋。有些时候将战俘屠杀，作为神前的一次赎罪。因此，在阿拉利亚
（Alalia）俘获的腓尼基人，便在卡西里（Caere）的会堂被石头打死。

公元前358年所俘虏的约300名罗马人，则在塔奎尼乌斯成为献祭品。埃特鲁斯坎人显然相信，他们每杀死一个敌人，就可以从地狱中解救一个灵魂。

埃特鲁斯坎神学的最得意之处，在于对地狱的信仰。我们在其坟墓画像中所见的死者的灵魂，被守护神带往地府法庭，在那里进行最后审判，给他一个为生前行为辩护的机会。如果辩护失败，他就被判有罪，要受种折磨，其痕迹留在维吉尔的作品中、早期基督教的地狱观念中，且借但丁的《神曲·地狱篇》流传了2000余年。好人不会受到那些惩罚，被罚者的痛苦也可因其活着的朋友的祈祷或牺牲而得以减轻。已被拯救的灵魂，从地狱升到天堂，在那里享受着墓中图画所描写的欢乐与豪华的神仙生活。

对于死者，埃特鲁斯坎人通常都予以埋葬。那些有钱人家的死者，则被安置在赤陶做成或石头雕成的棺材里，棺盖上刻绘着一部分像死者、一部分像古希腊阿波罗神的微笑人像。这方面，是埃特鲁斯坎传统对中世纪艺术的又一贡献。有时也将死者火葬，然后将骨灰置于瓮中，骨灰瓮上也绘有死者的画像。在许多例子中，骨灰瓮和坟墓都模仿一幢房屋。有时，坟墓是自岩石中凿开的，分成几个房间，放置一些家具、餐具、花瓶、衣服、武器、镜子、化妆品及宝石等，作为其死后生活之用。在卡西里的一座坟墓中，一个战士的骨骼，躺在一张保存得极为完整的铜床上，床的旁边还摆放着武器和战车。在其后面的一个房间里，有女人的装饰品和珠宝，那个女人可能是他的妻子。那堆曾是她可爱身体的灰尘，仍旧裹在她所穿的婚袍之中。

埃特鲁斯坎人的艺术

埃特鲁斯坎人的艺术，差不多就是我们所知的埃特鲁斯坎人历史的全部。我们可从其艺术中，探索其人民的生活方式和道德、宗教与阶级的权力，以及其与小亚细亚、埃及、希腊、罗马之间经济与文化接触的消长情况。这是一种受宗教习惯束缚而由其熟练的技术加以解放的艺术，它反映出一种野蛮和蒙昧的文明，却表现得很有特色和力量。伊奥尼亚、塞浦路斯及埃及等东方人的影响，支配了埃特鲁斯坎人艺术的初期形式和风格，而希腊的特征则支配着其后期的雕刻和陶器。在建筑和绘画、铜像及金属制品方面，埃特鲁斯坎人的艺术不但有其自身特色，而且不同凡响。

　　他们的残存建筑物，只是一些碎片或坟墓。埃特鲁里亚城的城墙依然存在——由没有黏合的石块砌成的厚墙，石块接合得很好，也很坚固。埃特鲁斯坎富人的住所，阐释了意大利房屋的典型设计：一个令人无法接近的外围墙，一个内部中庭或接待室，中庭屋顶有一部分是露天的，让雨水落在下面的水槽中。中庭四周是一些小室，对面通常是有支柱的门廊。罗马著名建筑师维特鲁威（Vitruvius）曾描述过埃特鲁斯坎人的寺庙，他们的坟墓有时也采用寺庙的形式。大体说来，他们是仿效希腊模式，但托斯卡纳式修改了多利安式，柱子上没有凹槽和柱基，内堂设计的长宽比例为 6∶5，而不是较为雅致的雅典派 6∶3 的关系。一个砖砌的内堂、一个石砌的列柱廊、木制的楣梁与山形墙、陶瓦上的浮雕和装饰，整个内堂置于一个奠基上或台地上，内部和外部都画得很辉煌——这就是埃特鲁斯坎人的寺庙。至于非宗教性的大建筑——如城门与城墙，沟渠与排水设施——据我们所知，拱门与圆顶是埃特鲁斯坎人介绍给意大利的。显然，这些庄严的建筑形式是从吕底亚带来的，而吕底亚则学自巴比伦。[1] 但是，他们并没有仿照这个漂亮的方法，即覆盖广大空间而没有竖柱其间，以及使用沉重的楣梁。因为他们大部分还是运用希腊人的旧方法进入凹槽之内，而留给罗马去完成拱形建筑革命。

　　埃特鲁斯坎人最著名的产品，是他们的陶器。每个博物馆都有

---

[1] 埃及的坟墓与寺庙及尼尼微（Nineveh，古亚述的首都）的宫廷，也使用这些建筑法。罗马有些拱门则与埃特鲁里亚残存的拱门同样古老。

很多这种陶器，使置身于陶器厅的疲惫的航海者看到了前所未见的最完美的制作，不知为何未收集那些存品。埃特鲁斯坎人的花瓶，除了明显模仿希腊式的，大都设计平庸、技艺粗糙，其装饰看上去非常野蛮。没有任何民族的艺术产生过那么多人体的扭曲、可怕的面具、奇怪的野兽、凶恶的魔鬼及恐怖的神祇。但是，其公元前6世纪的黑陶（bucchero nero），则具有一种意大利式的活力，也许是代表着维拉诺瓦风格的发展。在乌尔奇（Vulci）和塔奎尼乌斯两处，曾经发现过精美的花瓶——从雅典输入或模仿安提卡式的黑色图样。弗朗索瓦花瓶（François Vase）是一种大油罐，是那个名叫弗朗索瓦的法国人在丘西（Chiusi）地区发现的，显然是希腊著名技师克里夏斯（Clitias）和埃哥第麦斯（Ergotimus）的作品。稍后发现的一些瓮，黑底绘上红色图样，倒很别致，但显然也是希腊制造的。这种产品的丰富，使人联想起阿提卡陶器夺取了埃特鲁里亚市场，迫使本地工人只限于从事工业产品生产。总而言之，强盗们抢劫埃特鲁里亚坟墓而留下那么多陶器时，他们就被宽恕了。

我们谈到埃特鲁斯坎人的青铜器时，就不能那么不客气了。埃特鲁斯坎人的青铜矿工，是他们中手艺最上乘的人。其青铜器的产量差不多可与其陶器匹敌。据说，单是一个城市之内，就有过2000尊铜像。他们留给我们的遗物，差不多全是罗马统治期间的作品。在这些浮雕品之中，有两件突出的杰作：《演说者》（Orator）存于佛罗伦萨考古陈列馆，这件作品有罗马人的高贵气质与青铜的谨严；1553年在阿雷佐发现的《凯米拉》（Chimera，怪物名）也保存在佛罗伦萨，但有一部分是经过切利尼（Cellini）修复的。这是一尊令人厌恶的铜像，可能是被柏勒洛丰（Bellerophon，希腊神话中的科林斯英雄）所杀的怪物（"凯米拉"）——狮头狮身，尾巴是一条蛇，背上长出一个羊头。然而其暴力与结局则使我们一致认为，这只是生物学上的幻想物而已。埃特鲁里亚的青铜产品，如小像、剑、头盔、胸甲、矛、盾、餐具、水壶、硬币、锁、链、扇、镜、床、灯、烛台，甚至还有战车，数以百万计，常输出到遥远的地方。纽约大都会博物馆保存的一辆埃特鲁里亚战车，很受游客的欢迎；车身和轮子是木制的，套子及轮箍是铜的，前部很高，且有相当优美的人物浮雕。许多青铜制品都有精致的雕刻。表面以蜡涂着，用铁笔将图样蚀刻进去，将整个作品浸入酸液，无蜡的线条被酸液腐蚀，然后将蜡熔去。在金、银、骨、象牙的雕刻方面，埃特鲁里亚的艺术家是埃及与希腊人的继承者及同辈。

在埃特鲁里亚社会，石头雕刻并不流行。大理石很少，显然他们还不知道卡拉拉（Carrara）有采石场。优质黏土是有的，很快就被用来制成许多陶器浮雕、小像及石墓或建筑的装饰物。约公元前 6 世纪末，一个不知名的埃特鲁里亚艺术家在维爱建立了一所雕刻学校，刻出了埃特鲁里亚艺术的杰作《维爱的阿波罗》（*Apollo of Veii*），那是 1916 年在这里发现的，直至最近还竖在罗马的朱利亚别墅（Villa Giulia）中。这个可爱的雕像，是仿照当时的伊奥尼亚与阿提卡的《阿波罗》像做成的，这雕像显示出差不多是蒙娜丽莎的脸型，带着微妙的笑容，弯而斜的两眼，以及健康、美丽和充满勃勃生气的身体，意大利人称之为《行走的阿波罗》（*il Apollo che cammina*）。在这尊雕像以及许多石棺上所雕刻的人物中，其头发与披巾的亚洲形式已被埃特鲁里亚雕刻家做得惟妙惟肖了。在《演说者》那尊雕像中，他们及其罗马传人则已替写实的肖像画建立了一个传统。

埃特鲁斯坎人的绘画，与希腊、意大利的绘画融和，将另一种艺术传给了罗马。老普林尼描写阿尔代亚（Ardea）的壁画为"比罗马本身还古老"；而对其他壁画，则称为"更老的古物"，且是"最美的"。其艺术利用陶器及家庭与坟墓的内部作为它的外表，只有墓中的壁画与瓶画遗留了下来。由于留下的数量很多，使我们可从那些遗物中追溯埃特鲁里亚绘画的每一阶段，从东方的与埃及的开始，经过希腊的与亚历山大城的，最后到罗马与庞贝的风格。在很多坟墓中，我们发现第一批意大利标本的窗户、入口处、柱子、门廊及画在内墙的其他仿造的建筑形式，每一种风格都是庞贝的。这些壁画的颜色，一般都已消退，但有几幅则使人大为惊异，经过 2000 多年的时光，其颜色还是光彩夺人，其技艺则很平凡。早期的绘画没有配景，没有远近透视，没有用光暗变化表现充盈与深度；人物都是埃及人的苗条身材，好像在凸面镜中平视一样；不论足尖方向如何，面孔总是侧面的。在稍后期的标本中，配景法与透视法已经出现，身体的比例都呈现得很逼真、很有技巧。但是，无论哪一时期的画，都表现出狂欢快乐，近乎顽皮，使人想到其坟墓做得那么好，真不知埃特鲁斯坎人的生活有多么的愉快。

这些人生活在战斗中，因战斗而愉快；在竞技场中，骑马进行长矛比武；他们猎捕野猪或狮子，那些拥有观众的勇士全力以赴；他们在运动场赛拳或摔跤，而观众们的议论反比参赛者更激烈；他们骑马或驾战车绕着小山而行；有时也平静地去捕鱼。在一幅令人愉快的画面中，一对夫妻在静静的小溪中悠闲地划着船，这是一种很古老的明智之举。在西西里的一个坟墓中，画着一个男人和他的妻子，靠在一张长椅上；男子戴着桂花冠，举起一杯酒，向女子发誓永远对她忠诚不变；她虽然明知他说谎，还是笑了。在其他墓室中，埃特鲁里亚画家画出了他们的理想天堂：永不休止的狂欢酒会，无忧无虑的小姑娘，随着双管笛和七弦琴热烈狂舞。笛子、七弦琴、喇叭及古笙，显然是每个宴会、婚礼及葬礼所不可或缺的。爱好音乐和跳舞，是埃特鲁里亚文明优美的一面。在科尔内托的里奥内斯（Lioness）地区，有一个坟墓，所画的人物都赤身裸体，狂欢暴饮，疯狂旋转。

埃特鲁斯坎人向南北同时扩张，其势力伸展到北方的阿尔卑斯山麓和南方的一个叫坎帕尼亚（Campania）的希腊城市。于是，他们就与新兴的罗马隔着台伯河对峙。他们在维罗那、帕多瓦、曼图亚、帕尔马、摩德纳、博洛尼亚及亚平宁山脉外的里米尼、拉韦纳及亚得里亚等处建立了殖民地。亚得里亚是埃特鲁斯坎人的一个不大不小的前哨，亚得里亚海（Adriatic Sea）即因此地而得名。埃特鲁斯坎人在费德纳、柏拉尼斯特及卡普亚，可能还有小托斯卡纳等处殖民，这样就把罗马包围起来了。最后，公元前 618 年（这个年代，虽然传统说得那么肯定，却不很可靠），埃特鲁斯坎人的一支先锋部队占领了罗马城。之后的 100 年里，罗马始终受着埃特鲁斯坎人的权力统治，并依其文化而组织国家形式。

诸王统治下的罗马

约公元前 1000 年左右，维拉诺瓦移民渡过台伯河，定居于拉丁姆（Latium）平原。他们是否征服或消灭了此处的新石器时代的人种，或与他们通婚，无从知晓。在台伯河与那不勒斯之间这个历史区域的各个村落，逐渐合并成为一些城邦国家，彼此互相嫉妒，不愿团结，只有在每年的几个宗教节日或偶然对外战争时，他们才会联合起来。其中最强的城邦是位于阿尔邦山（Mt.Alban）山麓的阿尔巴隆加（Alba Longa），这里可能就是教皇避暑的冈道尔夫堡（Castel Gandolfo）。大概在公元前 8 世纪，一队拉丁姆移民——由于对征服的贪婪或由于人口增加的压力而需要土地——向西北移动了 20 英里左右，在这里创建了最著名的人类居所——阿尔巴隆加城邦。

不妨大胆地臆断，这可以说就是罗马全部历史的起源。但是，罗马人的传统说法却不如此简单。公元前 390 年，高卢人烧毁了罗马城，大多数的历史记录可以说都被付之一炬。继此之后，富于爱国心的想象就自由地描绘出罗马的诞生。而我们所称的公元前 753 年 4 月 22 日这一天，就被称为 A.U.C.（anno urbis conditae），即罗马开始建城之日。成百上千个故事和诗歌告诉我们，阿佛洛狄忒的儿子埃涅阿斯（Aeneas）如何从燃烧的特洛伊城逃出，忍受了许多当地人的虐害之后，终于带着普里阿摩斯城的神祇或肖像来到意大利。埃涅阿斯娶了拉丁姆国王之女拉维尼亚（Lavinia）为妻，其第八代孙努米托（Numitor），据说就在拉丁姆首都阿尔巴隆加登上王位。一个篡位者阿穆留斯（Amulius）赶走了努米托，为了断绝埃涅阿斯的后代，又把努米托的儿子杀死，并强迫其唯一的女儿瑞亚（Rhea）到维斯塔神庙（Vesta）去做女祭司，并要她誓不嫁人。但是，瑞亚在一条小溪旁边躺下，"敞开胸部乘凉"。她相信神和人都不会侵犯她，就睡着了。战神（Mars）为她的美丽所惑，使她生了一对孪生子。阿穆留斯下令溺死这两个婴儿。他们被置放在一只木筏上，却被波浪吹上岸去，由一只母狼哺乳——另有一个怀疑的说法，喂乳者系一个牧羊人的妻子阿卡·洛伦蒂（Acca Larentia），其绰号卢帕（Lupa）与母狼同音，她因为喜欢这两个小孩，而又不知道此属犯法，所以把他们带大。这一对孪生兄弟，一个叫罗慕路斯（Romulus），另一个叫雷穆斯（Remus），他们长大之后，就杀了阿穆留斯，使努米托复位，他们自己则坚决地到罗马小山上另建一个王国。

考古学家并没有提供证据以证实这些故事，但它可能包含着一个真实的核心。也许拉丁姆派遣一部分殖民去发展罗马，作为抵抗埃特鲁斯坎人扩张的战略外壕。城址距海 20 英里，对海上贸易并不十分适宜，但在那个海盗劫掠的时代，倒也是适当的。至于内部商业，罗马位于南北水陆交通的要道，十分便利。那不是一个适合人类居住的所在，多雨、洪水泛滥，又处于被平原包围的沼泽中，甚至城中的低洼地区，春天都是疟疾的温床，所以全城的七座山冈都盛行疟疾。据传统说法，首先建筑的山冈是帕拉蒂尼，可能是因为该处山下有一个小岛，便于作为台伯河的徒涉场及架桥。其邻近各山冈的斜坡上也暂住了人，而且不断增加，直至人口泛滥，以至于渡过台伯河就到了梵蒂冈及雅尼库伦（Janiculum）山冈之上[1]。"七山"居民有三种部落——拉丁姆人、萨宾人和埃特鲁斯坎人——他们首先组成一个联邦（Septimontium），逐渐合并而成为罗马。

古代传说的故事还告诉我们，罗慕路斯如何使那些移民娶妻。

---

[1] 罗马不止七座山冈，而七山到底指哪七座，说法也因时而不同。在西塞罗时，七山是帕拉蒂尼、卡皮托利诺（Capitoline）、恺良（Caelian）、埃斯奎利诺（Esquiline）、阿文蒂诺山（Aventine）、维米纳（Viminal）及奎里纳莱山（Quirinal）。

他安排一些运动项目，邀请除萨宾人的其他部落参加。赛马时，罗马人夺取了萨宾人的妇女，并将其男子赶走。萨宾丘里迭斯部落（Curites）的国王塔提奥斯（Tatius）立即宣战，并进军罗马。据守卡皮托利诺要塞的是罗曼（Roman），他的女儿泰匹亚（Tarpeia）打开城门迎接进攻者入城。他们给她的报酬，是用盾牌将她打死。过了几代之后，以她的名字命名"泰匹亚岩石"（Tarpeian Rock），那是一个刑场，凡是判了死刑的人，就从这里抛下去摔死。萨宾的妇女并不抱怨被掳，当国王塔提奥斯的军队逼近帕拉蒂尼时，她们请求休战，因为如果丘里迭斯人战胜，她们便要失去丈夫；丘里迭斯人如果战败，她们就要失去父兄。罗慕路斯又说服塔提奥斯与自己共主王国，且使丘里迭斯人与拉丁姆人合并，成为共同的国民。自此以后，罗马的自由人就称为丘里迭斯人。在这"罗曼蒂克"的故事中，或者也有一些真实的成分在内——否则就是基于爱国心，而掩饰了萨宾人征服罗马的事实。

　　经过长时间的统治之后，罗慕路斯被一阵旋风送上天去，此后他就被崇拜为奎里努斯（Quirinus，罗马人所爱的神祇之一）。塔提奥斯死后，那些重要家族的族长们选择一个名叫努马·庞皮利乌斯（Numa Pompilius）的萨宾人为国王。自罗马城创建至埃特鲁斯坎人统治之间，罗马政府的权力可能掌握在那些长老或元老之手，而国王的职责，则像同时代的雅典执政官，主要负责的都是最高祭司的职责。罗马的传说把努马描绘为萨宾的马可·奥勒留（Marcus Aurelius），身兼哲学家与圣人身份。罗马史学家李维（Livy）写道：

　　　　他努力教导人民敬畏神祇，视之可对……野蛮民族发生最为强大的影响。但如果不宣称具有超自然的智慧，那么他的努力将无法感动人民，他便伴称夜间曾与女神埃吉里亚（Egeria）晤谈，并遵照她的劝告，制定天堂最能接纳的宗教仪式，同时为每一个重要神祇委派一个特别祭司。

通过在罗马各部落建立一个统一的崇拜，努马加强了他的王国的统一与安定。西塞罗认为，努马使好战的罗马人将兴趣转向宗教，给他的人民带来了 40 年的和平。

他的继任者图卢斯·荷提里乌斯（Tullus Hostilius）使罗马人恢复了正常的生活。"他确信，国家的活力由于久无战斗，而逐渐地衰弱。他环顾四邻，觅取战争借口。"他选择罗马的母城阿尔巴隆加为敌国，加以攻击，并将其彻底消灭。当阿尔巴隆加国王违背同盟承诺时，图卢斯将他捆在两车之间，并使两车向相反方向驶去，而把他撕成碎片。图卢斯的继任者安库斯·马西乌斯（Ancus Martius）也赞同他的尚武哲学。据狄奥·卡西乌斯（Dio Cassius，罗马史学家）说，图卢斯的战争哲学，安库斯完全了解：

> 人们希望借不做错事而保持和平，那是不够的……但是，一个人愈想和平，他就愈容易遭受攻击。他看出，对于安静的渴望，并不是一种防护力，除非配备用于战争的装备；他又认识到，在四方扰攘中，只耽乐于自由，而不热心战争的人，很快就会被毁灭。

埃特鲁斯坎人的统治

传说接着告诉我们，约公元前 655 年，科林斯富商狄马拉塔斯（Demaratus）被驱逐出境，来到塔奎尼乌斯居住，娶了一个埃特鲁里亚女人为妻。他的儿子卢西乌斯·塔奎尼乌斯（Lucius Tarquinius）迁居罗马，并在那里取得很高的地位，当安库斯死时，或是他自己夺取了王位，或者——更可能的是——与城内的所有埃特鲁里亚家族联盟，而被选举为王。李维说："他是第一个通过拉票为王的人，他发表许多演说，取得平民（pleb）的支持。"平民是指那些无法追溯其原始祖先的市民。君主政治的权力，在这位塔奎尼乌斯·普里斯库斯（Tarquinius Priscus）的治理下日见增大，进而凌驾于贵族政治之上，而罗马的政治、工程、宗教和艺术，因而大受埃特鲁斯坎人的影响。塔奎尼乌斯王成功地击败了萨宾人，并征服了整个拉丁姆平原。据说，这位国王利用罗马的资源，去装饰塔奎尼乌斯城及埃特鲁里亚的其他城市，同时也把埃特鲁里亚及希腊的艺术带回他的首都，并兴建了好多庄严的寺庙，以美化罗马。显然，他代表着商业与商人势力的增强，压倒了地主的贵族政治。[1]

这位第一个塔奎尼乌斯王，在统治38年之后，被一个贵族刺死，此人的目的是想把王权再度限制在一个宗教角色之上。但是，塔奎尼乌斯的遗孀塔纳奎控制住了形势，并把王位过渡给她的儿子图里乌斯（Servius Tullius）。据西塞罗说，图里乌斯是第一个"不经人民选择而保持王权的国王"。这里所谓的"人民"（people），是指有领导地位的众家族。他统治得很好，并在罗马四周筑起城墙，开掘外壕。但是，大地主们憎恨他的统治，并密谋推翻他。结果，他便与平民中的富有者结为同盟，并改编军队及选举人，以加强其地位。他实行人口与资产普查，依照市民的财富而不是依照其出身来区分阶级。于是，虽然旧的贵族阶级没有变动，他却提起一个骑士（equites）阶级，作为一个平衡力——所谓骑士，就是能自备马匹与披甲而服役于骑兵队的人。[2] 这次普查报告显示，能够负担武装的约有8万人。如果每位士兵有一个女人和一个小孩，每四个家庭有一个奴隶，据此估计，约公元前560年，罗马人口及其郊区臣民的总人数约有26万。图里乌斯把人们分为35个新部落，依照居住地区，而不是血统和阶级。因此，也像之后的阿提卡的克里斯提尼（Cleisthenes，雅典执政官）一

---

[1] 以阴沟排水设备清洁罗马的人可能也是他。罗马许多史学家描写他为"阴沟最高长官"（Cloaca Maxima），但也有些学者认为这项荣誉存在于公元前2世纪。

[2] 由于最初用的名词是cavalrymen（骑兵），英文误译为knights（骑士）可能即由此而来。但是，罗马这种骑士很快就失去了原来的意义，而变成了上层的中等阶级或商人阶级。

样，他将贵族阶级的政治凝聚力与选举力削弱了——贵族阶级是依出身而列为最高阶级的。他自己的侄儿攻击他的统治不合法，他就举行一次平民投票，据李维说，得到了"全体一致的拥护"。他的侄儿不服，暗杀了图里乌斯，自称为王。他与塔奎尼乌斯同名，故为另一个塔奎尼乌斯。[1]

在这个绰号为"骄傲者"的塔奎尼乌斯（Tarquinius Superbus）的统治之下，君主变成了绝对权力者，埃特鲁斯坎人的影响力高于一切。贵族们一向认为国王只是元老院的执行人及全国宗教的祭司长而已，他们绝不能长久忍受无限制的王权。因此，他们曾经杀死塔奎尼乌斯·普里斯库斯（第一个塔奎尼乌斯王），对图里乌斯的被杀，他们却袖手旁观。但新塔奎尼乌斯王却比第一位塔奎尼乌斯王更坏。他身边有一个卫队，迫使自由人服数月的劳役以贬抑其地位，在广场上把公民钉死在十字架上，处死了许多上层阶级的领袖。他极度暴虐，招致全国有影响力的人的一致痛恨。[2]他想借战争以博取威望，于是进攻鲁图里人（Rutuli）及沃尔西人（Volscian）。公元前508年，正当他率军出征时，元老院集会把他废除，这是罗马历史上的重要转折点之一。

共和国的诞生

有关此事，传说变成了文学，政治散文融化而为情诗。据李维说，一天晚上，在阿尔代亚地方的国王营帐中，国王塞克斯都·塔

---

[1] 史学家很少赞同佩斯（Ettore Pais）的极端怀疑论。佩斯认为公元前443年以前的所有罗马历史，全是传奇故事，因此拒绝接受。他相信前后两个塔奎尼乌斯其实是同一人，而且现实中是根本不存在的。罗慕路斯以后的罗马传说故事，若作为一种试验性的和修正的接受，则其"对于现象的说明"，当比任何臆测之说更好。

[2] 传统的叙述，可能因贵族及反埃特鲁里亚宣传之故，而使塔奎尼乌斯的形象非常狠毒。早期罗马史都是贵族阶级的代表或其同情者所作，正如日后罗马帝国时代诸王的历史，都由元老院贵族——如塔西佗（Tacitus）——所写一样。

奎（Sextus Tarquin）正与一个亲戚科拉提努斯（Lucius Tarquinius Collatinus）辩论着他们的妻子中哪一个德行更好。科拉提努斯提议，他们应立即乘马回罗马去，使他们的妻子在深夜惊喜一番。回到罗马宫中，他们发现塞克斯都的妻子正和密友们欢宴，而科拉提努斯的妻子卢克里莎（Lucretia）则正为她的丈夫织羊毛衣。塞克斯都大受刺激，很想探试卢克里莎的忠贞，并享受她的爱。几天后，他秘密回到卢克里莎家中，用欺骗和暴力制服了她。卢克里莎派人请回她的父亲和丈夫，告诉他们发生了什么事，然后便自杀。为了这件事，科拉提努斯的朋友布鲁图（Lucius Junius Brutus，与暗杀恺撒的那位布鲁图不是同一个人）向所有反对塔奎的人要求，把塔奎尼乌斯王室逐出罗马。他自己本是国王的侄儿；但是，他的父亲和哥哥都被塔奎处死了，他为了保全性命以待复仇，便假装精神错乱，因此得了这个布鲁图的别名（意为"傻子"）。现在，他和科拉提努斯一同骑马前往元老院，把卢克里莎的事情告诉元老们，并促请驱逐所有的王室成员。与此同时，国王也已离开军队，匆匆地赶回罗马；布鲁图得到这个消息，骑马前往军中，又把卢克里莎的事情说了一遍，遂获得军人的支持。塔奎王逃奔北方，请求埃特鲁里亚为他恢复王位。[1]

　　国民与军人召开第一次大会，他们不再选举一个终身国王，而选出两位执政（consul）[2]，统治期为一年，两人的权力完全相等。依据传说，第一届两位执政就是布鲁图和科拉提努斯，但科拉提努斯辞职，代替他的是普布利乌斯·瓦列里乌斯（Publius Valerius），他之所以博得"人民之友"（publicola）的称号，是因为他曾促使议会通过几个法案，迄今仍为罗马的基本法：（1）对于任何试图自立为王的人，可以杀之而不受审判；（2）任何人不经人民同意而企图擅自担任公职者，应处死刑；（3）任何市民被官员判处死刑或鞭笞罪者，均有

[1] 尼布尔（Niebuhr）之后，大多数学者都把卢克里莎的故事视为传说或莎士比亚的捏造。有些人甚至认为布鲁图也是传说人物。
[2] 据另一传说，选举的是两位副执政（praetor）或将军。

权向议会上诉。普布利乌斯·瓦列里乌斯还曾创下一个惯例，当执政进入议会时，必须将其随从所持的斧头从束棒取掉，并予放下，以表示服从人民主权，以及平时宣判死刑的唯一权力属于人民。

这次革命导致了两大结果，罗马从埃特鲁斯坎人的统治中解放出来，并以贵族政治代替君主政治，贵族们统治罗马直至恺撒为止。但是，贫穷市民的政治地位并无改善；相反，之前由国王图里乌斯给予他们的土地，现在都要交出，而且还失去了适度的保护法案（凭那些法案，贫民在君主的庇护之下，可不受贵族的支配）。胜利者们称这次革命为自由的胜利，然而强者口号中的自由，时时意味着强者剥削弱者的限制被解除了。

塔奎尼乌斯家族被逐出罗马，再加上公元前 524 年在库迈（Cumae）地区，埃特鲁斯坎人被希腊殖民军队打败，埃特鲁斯坎人在意大利中部的领导权受到威胁而濒临结束。基于上述理由，克卢奇安的行政长官波尔塞纳（Lars Porsena）答应了塔奎的请求，从埃特鲁里亚联邦各城市中召集一支军队，向罗马推进。同时，在罗马方面也有人企图使塔奎复位。布鲁图的两个儿子也在被捕的谋变人物之中。这位性如烈火的第一届执政，以禁欲主义者的沉默，目睹着他的孩子受鞭笞及斩首之刑，替日后的罗马提供了一个榜样——这故事可能是虚构的。罗马人在波尔塞纳的军队到达之前拆毁了台伯河的所有桥梁。那位霍拉提乌斯（Horatius Codes）就是在这次防御桥头堡之战中，使自己在拉丁文及英文诗歌中永垂不朽的。尽管有些故事试图以光荣掩饰战败的其他传说，罗马终于还是向波尔塞纳投降了，且割让了一部分领土，那是被罗马诸王先后掠夺过的一些拉丁姆市镇。波尔塞纳为表示感谢，并不要求恢复塔奎的王位。这时候，埃特鲁里亚的贵族们也把他们的君主放逐了。罗马衰弱了一代之久，然而其革命仍然存在。

埃特鲁斯坎人的政权虽已被推翻，然而埃特鲁斯坎人影响的特征与遗迹，仍存于罗马文明之中，直至埃特鲁里亚灭亡为止。在拉丁语中，显然很少受到埃特鲁里亚的影响；然而，罗马数字可能都是埃特鲁里亚的，而"罗马"这个名字，也可能出自埃特鲁里亚语的拉蒙河（Rumon）。罗马人相信，他们征服者的凯旋仪式，政务官员的紫边袍子与象牙宝座（形似战车），以及在执政之前由 12 名手下携带的象征执政打、杀权力的束棒和斧头，都是仿自埃特鲁斯坎人的。[1] 在罗马建立其舰队之前数世纪，其银币即用船首作为花纹——埃特鲁斯坎人的硬币则久已使用这种花纹，以象征其商业活动与海军力量。自公元前 7 世纪至前 4 世纪，罗马贵族中有一种习惯，他们派遣其子弟前往埃特鲁里亚的各城市去接受高等教育；他们要学习几何学、测量学和建筑学等。罗马的衣服式样同样仿照埃特鲁斯坎人，抑或两者系出同源。

罗马的第一批伶人，以及被称为演员（histriones）的人，皆来自埃特鲁里亚。如果李维的话可信，罗马的第一个大竞技场的建筑，以及由埃特鲁里亚输入比赛马匹及拳击师到罗马比赛，就是塔奎尼乌斯·普里斯库斯所为。埃特鲁斯坎人带给罗马残酷的格斗竞赛，但也带给罗马妇女比在希腊所能发现的更高地位。埃特鲁里亚的工程师们替罗马建筑城垣和排水设备，并把一个沼泽地区神奇地变为有保护和文明的都城。罗马的宗教仪式主持者，如占卜官、肠卜祭司、预言者等，绝大部分都是效法埃特鲁斯坎人的。迟至尤里安（Julian）皇帝时（公元前 363 年），埃特鲁斯坎人的占卜官仍为罗马各部门中一个正规编制。罗慕路斯是以埃特鲁斯坎人的礼仪习惯来划定罗马疆界的；有抢夺象征的罗马婚礼及正式的葬礼，也可能出同一来源。罗马音乐的音阶法及乐器，也来自埃特鲁里亚。罗马的画家，绝大部分

---

[1] 在维杜罗尼亚（Vetulonia），有一个埃特鲁斯坎人的坟墓，建于公元前 8 世纪。在那个墓中，发现一把双头铁斧，斧柄用 8 根铁棒裹扎着。这把双头斧象征政府，这一象征由来非常古老，至少当与米诺斯·克里特的文明同时。罗马人对于裹扎的束棒及斧头，称之为"包扎"或"捆束"（fasces）。执政的手下人数之所以定为 12 个人，是因为埃特鲁斯坎联邦由 12 个城市组成，每一个城市派遣一个执法官，为联邦长官服务。

都是埃特鲁斯坎人——画家们工作的那一条街叫作维库斯·图斯库斯（Vicus Tuscus）。可是，画家本身也可能是坎帕尼亚的希腊人，经由拉丁姆渗透进来的。罗马的雕像深受为家庭画廊而制作的死亡面具的影响，而这种面具又是来自埃特鲁里亚的习惯。埃特鲁里亚雕刻家以青铜像、陶瓷像及浮雕来装饰罗马的寺院及王宫。埃特鲁里亚建筑师传给罗马一种托斯卡纳建筑式，迄今仍可在圣彼得教堂的柱廊中见到。罗马的几位埃特鲁里亚国王，似乎是首先建造罗马大建筑的人，他们把用土屋或木屋拼集起来的一些村落，改造为由木、砖、石造的城市。直到恺撒时代，罗马人未尝见过比埃特鲁斯坎人统治期间更多的建筑。

我们绝不应过度夸大这种情形。尽管罗马曾向其邻国学习了很多东西，但在其生活的所有基本特征中，显然还是罗马自己的。在埃特鲁里亚历史中，并没有使人联想起罗马特性的东西。罗马凭借其严格的自律、残酷和勇气、爱国心与禁欲的行为，耐心地征服并统治着地中海沿岸国家。现在，罗马已经自由了，舞台已经准备就绪，兴亡大戏即将登台。

第二章 | 争取民主的奋斗
（公元前 508—前 264）

贵族与平民

什么人是贵族？李维认为，罗慕路斯曾于其部落中选出 100 名族长，协助他建立罗马，并作为他的顾问和元老。这些人，后来被称为"父老"（patres），他们的后裔则被称为"父老传下的"（patricii）。对古代传说吹毛求疵的现代理论，则喜欢做这样的解释：贵族是侵入拉丁姆平原的外来征服者，也许是萨宾人，他们统治平民，将平民视为下层阶级。我们或可相信的是，贵族包含着这样的几族人：他们运用经济或军事的优势，取得较好的土地，又由农业的领导地位转变为政治权威。这些胜利的各族——曼利（Manlii）、瓦莱里（Valerii）、艾米利（Aemilii）、科尼利（Cornelii）、法比（Fabii）、霍拉提（Horatii）、克劳迪（Claudii）、朱里（Julii），等等——继续维持了五个世纪之久，所有罗马的将军、执政者及法律，都由他们决定。当三个原始部落联合起来的时候，其各族族长便组成一个 300 人的元老院，他们并不像其后代一样过着舒适豪华的王侯生活，他们要亲自动手，用斧用犁，只食粗茶淡饭而干劲十足，穿的是家中自行纺织的衣服。平民很羡慕这些人，即使他们与贵族作对时，也不减其敬意，所以这复杂的情感汇集成一个名词 classicus，意为"最高阶级"。

财富虽然与元老们很接近、但在政治上低得多的是骑士和商人。有些商人钱很多，便设法进入元老院，使那个组织包括父老与被征召者（patres et conscripti），而新进者则属于后者。这两个阶级称为"上层"（orders），或称为"善士"（Bom），因为在初期文明中，美德是指阶级、能力和权力。在罗马人的意识中，"美德"一词意为男子汉气概，即成为男人的种种资格。人民（populus）最初只限于这两个上层阶级，在此意义中，缘起是使用著名的 4 个大写字母（SPQR，即 Senatus Populusque Romanus），曾有 10 万个纪念碑标明这 4 个字母，可见是很足以为豪的。渐渐地，随着民主政治的奋斗进展，人民这个字便包含平民在内了。

平民是罗马公民的主要部分。其中一部分是工匠或商人，另一部分是自由人，大多数是农民。最初，他们可能是被征服的罗马七山的本地人，有些是依靠上层阶级保护的附属者（clientes），他们耕种主人的土地并受其保护。为此，他们平时要协助主人，战时要在其属下服役，在公民大会中也要依其指示而投票。

最低级的是奴隶。在诸王统治的时代，他们人数很少但身价很高，因此，被当作极有价值的家庭成员看待。到公元前 6 世纪时，罗马开始征战，获得的战俘为数众多，不但卖给贵族、商人，甚至还卖给平民，而奴隶的身份也就沦落了。在法律上，主人可把他们当作财产的一部分来处理；在理论上，依照古代的习惯，他们的生命已因战败而丧失，他们做奴隶是抵偿死罪的恩赦。有时，他们管理主人的财产、业务或基金；有时，他们也会成为教师、作家、演员、工匠、劳工、商人或艺术家，将自己收入的一部分交给主人。无论以哪种途径，他们都可赚足钱以购买自由而成为平民阶级的一员。

人与人之间也像野兽与野兽之间一样，自然少有心满意足之时。因此，无论任何形式的政府，绝不能永远使其臣民满意。在罗马的这种制度下，商人因被排斥于元老院之外而不满；富有的平民则因不能列入商人阶级而不平；贫苦的平民则憎恨自己贫穷、缺乏从政资格以及由于债务而极易沦为奴隶之苦。共和国初期的法律允许债权人把长期拖欠的债务人逮捕，关在私设的地牢内，把他卖充奴隶，甚至杀掉他。有一条法律规定，联合债权人或可将拖欠不还的债务人尸体切开，予以瓜分——这一条规定显然从未实行过。平民要求：废除这些法律，并减轻他们的债务负担；战争所得的土地及国有的土地应该分给贫民，不应赐给或以虚价卖给富人；平民应有资格做地方官吏及祭司，并允许他们与上层阶级通婚；政府中的最高官职，应有平民阶级的代表。元老院为了破坏这种运动，便制造战争。但是，平民不理会召集令，使元老院大为震惊。公元前494年，为数颇众的平民退出罗马，移到城外三英里的阿尼奥（Anio）河畔的圣山（Sacred Mount），并发表宣言，除非他们的要求获准，否则他们不再替政府打仗和工作。元老院用尽种种外交与宗教策略，去引诱那些平民归来。他们害怕在外敌入侵时，内部也发生叛乱，便同意取消或减轻债务，并设立两个保民官（tribunes）和三个市政官（aediles），作为民选的平民保护者。平民仍要其先作神圣宣誓，如有任何人胆敢使用暴力加于政府中的平民代表者，他们就把他杀死。经此宣誓之后，他们才回到罗马。

这是一次阶级战争的序幕，这场战争一直持续到共和时代的末期。公元前486年，执政塞浦路斯·卡修斯（Spurius Cassius）提议，把战争中夺得的土地分给贫民。贵族们指责他讨好平民，想自立为王，便把他处死。在罗马史上，"土地平均分配论"的提出与元老院的暗杀事件是关联的，其最高峰是格拉古兄弟改革与恺撒被暗杀，而这次暗杀行为也并不是第一次。公元前439年，又有塞浦路斯·迈留斯（Spurius Maelius）被暗杀。当时正值大饥荒，他将麦子分给贫民，只收取低价或完全免费。元老院派遣一个特务，到他家中杀害了他，指控他的罪名同样是阴谋为王。公元前384年，那位曾经英勇抵抗高卢、保卫罗马的马可·曼留斯（Marcus Manlius），以自己的财产救济一些破产的债务人，也被控告阴谋为王而被处死。

在平民步步爬高的过程中，下一个步骤是要求明确的及成文的非宗教性法律。贵族僧侣们是法规的记录人及解释人，他们秘密地持有记录，并利用其专有权及法律仪式的要求，作为反对社会改变的武器。元老院对平民的这个新要求，经过长期抵抗之后，终于在公元前454年派遣一个由三个贵族组成的考察团前往希腊研究梭伦（Solon）及其他立法者所定的法律，并回国提出报告。公元前451年，他们回来后，公民大会便选出10个人负责制定一部新法典，并赋予他们统治罗马的最高政府权力，为期两年。这个十人委员会，在坚决反动的阿庇乌斯·克劳狄乌斯（Appius Claudius）的主持下，把罗马的旧习惯法改变为著名的《十二铜表法》（*Law of the Twelve Tables*），向公民大会提出，稍事修改，加以通过，并在广场中公开陈列，使凡能够阅读的人都可以看到。这个似乎微不足道的事件，却是罗马以及人类历史上的划时代大事。这是第一次的成文法，其法律架构是罗马最了不起的成就，也是罗马对人类文明的巨大贡献。

第二年，十人团任期届满，他们拒绝恢复执政与保民官的政府，继续行使最高权力，而且更加不负责。有一个像卢克丽莎故事一样可疑的故事说，阿庇乌斯·克劳狄乌斯对平民美少女维吉尼亚（Virginia）燃起情欲，想得到她以供取乐，便罚她为奴隶。她的父亲卢西乌斯·维吉尼斯（Lucius Virginius）提出抗议，被克劳狄乌斯拒绝。维吉尼斯把自己的女儿杀死，跑回自己的军团，要求军队援助，以推翻这个新暴君。于是，愤怒的平民再度退至圣山。据李维说："他们模仿其父辈的温和，极力减少一切伤害。"贵族们听说军队支持平民，就在元老院集会，罢免十人团，驱逐克劳狄乌斯出境，恢复执政职权，扩大保民官的职责，承认保民官神圣不可侵犯，并认可平民的上诉权。政务官员的决定，得上诉百人会议。4年后（公元前445年），保民官盖乌斯·卡努列尤斯（Caius Canuleius）提议，平民应有与贵族通婚权、平民阶级应有担任执政的资格。元老院此时正面临着邻国的战争威胁，屈从了其第一项要求，对第二项要求则采取回避的态度，他们只同意由百人会议选出的六位保民官今后具有执政的权力。平民对此反应很愤慨，因为他们所选出的具有执政权力的军事保民官，全部是贵族阶级。

对维爱的长期战争（公元前 405—前 396 年）及高卢人的进攻，使举国暂时团结一致，平息了内争。但是，胜利与灾祸同样使平民阶级越发贫困了。当他们为了国家而从事战争时，他们的土地无人耕种或遭破坏，而他们负债的利息又日益增高，高到无力偿付的程度。债权人不顾任何借口，坚决要求付还本息，否则就使债务人下狱或沦为奴隶。公元前 376 年，保民官李锡尼（Licinius）与塞克斯提乌斯（Sextius）提出几项建议：（1）已付的利息应在本金中扣除，其余差额分三年还清；（2）任何人不得保有 500 尤格（iugera）（约合 300 英亩）的土地，也不得使用超过一定比例的奴隶去耕作那些土地，借以解放劳工；（3）两位执政中的一位，必须经由平民中选出。贵族们抵抗这些提案达 10 年之久。同时，据卡西乌斯说："他们掀起一波又一波的战争，使人民忙于战事，无暇倡议土地问题。"最后，平民以第三次"脱离"作威胁，元老院才接受了《李锡尼法》（*Licinian Laws*）。保守派领袖卡米卢斯（Camillus）特意在广场中建筑一座堂皇的"和合庙"（Temple of Concord），以庆祝这次阶级妥协。

这是罗马有限民权成长的一个重大步骤。从那时起，平民进步得很快，步步朝向与元老院的"两个上层"在政治与法律上的正式平等迈进。公元前 356 年，有一个平民做了一年独裁者（dictator）。公元前 351 年把都察官、公元前 337 年把副执政、公元前 300 年把祭司之职也先后开放给了平民阶级。最后，公元前 287 年，元老院终于同意，族派会议（Tribal Assembly）的决议也有同样的法律效力，甚至当它与元老院的决议相反时亦然。因为在族派会议中，贵族们很容易被平民的票数压倒，所以这个《霍腾西亚法》（*Lex Hortensia*）是罗马民主政治的基石和胜利。

然而，元老院几经失败之后，不久又恢复了权力。罗马人大多都被派出占领殖民地，对国内土地的要求因此平息。罗马官吏是无薪俸的，并且争取及保持职位须付出相当代价，因此便自动地取消了贫民的资格。而那些富有的平民阶级，既已获得政治平等的机会，于是就与贵族合作，以抑制激进的立法。至于那些贫苦的平民阶级，则因其经济手段被剥夺而不再担任重要角色。商人们强烈地支持贵族的政策，因为其政策让他们承包公共工程，开放殖民地及省区让他们去开发，并委派他们替国家收税。百人会议继续选举政务官员，但其票选方法已被寡头政治完全控制，元老院也是如此。保民官要依靠富有的平民阶级的支持，其官署变成了保守派的力量。每一个执政，甚至由平民选出的，皆为风气所染，热心于保守。当他的任期届满之后，他就进入元老院，以元老身份终其一生。元老院在立法方面采取主动，其权力远超过法律条文的规定。由于外交事务日益重要，元老院处理外交的坚决态度大大提高了它的威望与权力。公元前264年，罗马与迦太基为了争夺地中海霸权，进入百年战争。在此期间，每一个困难及胜利，都由元老院领导全国度过。人民在危急存亡与拼命奋斗中，只能屈服于元老院的领导及支配。

共和时代的政体

·立法者

让我们把这个经过500年发展而形成的复杂的国家做一番描绘。众所周知，这是世界上迄今所见的一个最能干和最成功的政府，波利比奥斯甚至认为它几乎完全实现了亚里士多德的理想政体。它提供了罗马历史的结构，有时也成为战场。

在全体人民中，谁算是公民？严格地说，凡是出生于或被收养于罗马三个缘起部落的人，都是公民。实际上则意味着所有15岁以上的男性（不包括奴隶及外国人）以及获得罗马公民身份许可的所有外国人，都是公民。像这么被人羡妒及人人都想争取的公民身份，实在是空前绝后的。它意味着公民只是一个小小团体的成员，而这个团体不久就统治了整个地中海地区。它带来依法拷问与监禁的豁免权，以及上诉权，可从帝国之内的任何官员起，上诉到罗马的族派会议，或后来的罗马皇帝。

　　与这些特权俱来的，是一些义务。除赤贫者外，公民自 16 岁至 60 岁，有应召服兵役的义务。除非已在军中服役过 10 年，否则不能担任政府官职。公民的政治利益与军事责任牢牢地结合着，其最重要的选举权就是在他服役的军团（century，原意为"百人队"）行使的。在诸王统治时，公民也在区会议（Comitia Curiata）中选举，就是说，他和其他家庭的头目集合在一区中选举。罗马共分 30 个区（Curiae），那是由三个部落划分的地界。到了共和末年，则由区会议将统治权给予当选的政务官员。在君主政体结束之后，区会议的其他权力很快就消失了，而转移到百人会议大会（Comitia Centuriata）。之所以称为"百人"，是因为最初只有 100 名士兵。凡政务官员的选拔、对所有官吏或元老院所提议案的通过或拒绝、听取对政务官员判决的上诉、审判所有罗马市民的死刑案件，以及宣战与媾和的决定，都是百人会议大会的事。这是罗马军队与政府的广大基础，然而，其权力仍然受到限制。它只在执政或保民官召集时才能集会。它所能表决的议案，只以政务官员或元老院所提交者为限。它不能讨论或修改议案，只能表决其可否。

　　大会表决的保守特性，借成员的阶级安排而获得保证。在最高层有 18 个百人队，由贵族和商人（骑士）[1]组成。其次是市民的第一阶级，要想列入这个阶级，每人必须有价值 10 万阿斯（as）[2]的财产，这个阶级共有 80 个百人队，合 8000 人参与大会。第二阶级的市民必须拥有 7.5 万至 10 万阿斯的财产，第三阶级是 5 万至 7.5 万，第四阶级是 2.5 万至 5 万，这三个阶级各有 20 个百人队。第五阶级的市民

[1] 罗马的资本家以"骑士"著称。他们多属新富，与元老阶层的贵族有别。
[2] 阿斯为罗马货币单位，就其价值而言，1 阿斯相当于 1942 年美国的 6 美分。

必须拥有 1.1 万至 2.5 万阿斯的财产，共有 30 个百人队。凡财产在 1.1 万阿斯以下的市民，合编为一个百人队。每一个百人队只在大会中投一票，投票结果取决于各百人队中的多数。因此，在某百人队中的少数，可能击败别的百人队中的大多数，而胜利属于总人数中的少数。因为每个百人队皆依财产阶级的次序而投票，并随时投票随时宣布，安排在前面的两个组，占有 98 票，已占全体 188 票的多数。因此，他们的票唱完后，较低阶级就罕有投票的必要了。投票是直接的，不能亲到罗马与会的市民，在大会中便没有代表权。所有这些规定，无非只是取消农民与平民投票权的策略而已。百人队的阶级区分，是经过调查决定，依各人对于纳税及战争的贡献区分。罗马人认为，投票权应与其所付的税额及所要求的军事义务成比例。那些财产在 1.1 万阿斯以下的市民，总共只有一个百人队的一票投票权；同样，他们所付的税微不足道，而且在正常状况下总是免服兵役的。至于大众阶级，直至盖乌斯·马略（Caius Marius）执政之前，政府对他们别无要求，只要求他们多生孩子。百人会议的规定，其后虽有若干变更，但仍旧是明明白白的保守与贵族政治的体制。

毫无疑问，为了抵消这个不利，共和国一开始，平民就有了他们自己的平民会议（Concilia plebis）。我们发现，早在公元前 357 年即已行使立法权的族派会议，可能就是由平民会议产生的。在这个族派会议中，其投票人以塞维安调查（Servian census）为基础，依部落及居住地而安排，每一部落有一票投票权，贫富一律平等。公元前 287 年，元老院正式承认族派会议的立法权力，自此直至公元前 200 年，这个会议的权力日益增加，成为罗马"私法"（private law）的主要来源。族派代表的选择，与从全体百人队选出军事保民官的方式不同。但有一点是相同的，在族派会议中，人民没有讨论的权力。某一政务官员提出一项法律并加以辩护，另一政务官员如果发言反对，大会只是听着，并表决可与否。此会的组织，虽比百人会议进步得多，却一点也不激进。全国 35 个部落中有 31 个在农村，其成员绝大多数拥有自己的土地，都是谨慎的人。城市的大众阶级，都在四部落区域内，在马略以前及恺撒以后，他们在政治上毫无力量。

元老院依然是最高机关。院内元老除原有的氏族首领外，还以卸任执政及都察官加以补充，又授权都察官从贵族和骑士阶级中提名，以保持元老院 300 名会员人数。会员是终身制，但是，任何会员一经查有犯罪或严重不道德行为，则可将其由元老院或都察官开除。这个颇具尊严的机关，应主要政务官员的要求而集会，在广场对面的元老院举行。依照一种愉快的习惯，会员可带他们的儿子同往，让他静静地在会中学习政治手腕和诡辩。从理论上来说，元老院所能讨论及决定的，以政务官员提出的问题为限。元老院的决议也只具有建议性质，没有法律效力。实际上，因其威望很大，政务官员们差不多总是接受其建议，而未经元老院许可的任何法案，也罕有经由政务官员提出召开百人会议的。元老院的决议可被保民官否决，而在元老院中失败的少数派，也可上诉到百人会议。但是，除在革命时期外，类似的程序是罕见的。政务官员只有一年当权期，而元老院会员则为终身制；因此，这个长久的主权者，必然支配只拥有短时权力的人。外交关系的指导、结盟与缔约、从事战争、殖民地及各省区的统治、公地的管理与分配、财政及其支付的控制等，所有这些事全是元老院的专属职掌，他们拥有极大的权力。它是立法、行政、司法三者兼管的机关。诸如叛国罪、谋叛罪或暗杀罪等，皆由元老院执行法院的职责。对最大的民事案件的审判，也指派元老院会员为法官。当一种危机到临时，元老院便发布最严厉的命令（senatus consultum ultimum），"执政应设法使国家不受危害"——可凭这种命令，施行戒严，并使全国的人与财产皆受执政的绝对控制。

共和时代 [1] 的元老院，时常滥用权力，袒护贪污官吏，残酷无情

---

[1] 共和国（Republic）（罗马人用的名词是"respublica"，意为公有财产或共同福利），曾被用于罗马的三种政体——王政、民主及元首政制。现在一致认为，罗马共和时代只限于公元前 508 年至前 49 年。

地进行战争，贪婪地剥削被征服的省区，压制希望对罗马繁荣负起更大责任者的抱负。但是，除图拉真（Trajan）与奥勒留两位皇帝外，能在政治手腕上运用那么多智能与技巧的，没有谁比得上罗马元老院。其服务国家的理想能把政府和人民支配得那么好的，也是举世无双。就个人而言，元老们并非超人，他们也常犯严重的错误，有时对政策踌躇不决，时常因贪图个人所得而失去了对帝国的正确见地。但是，他们之中，大多数人都做过政务官员、行政长官及军队指挥官，其中有些人还做过地方长官，统治大如王国的省区；更多的人都是出身世家，其家族数百年来产生了许多罗马政治家及将军。所以由这些人组成一个机关，如果说制定不出最佳的法案，那是绝不可能的。元老院在胜利时最坏，而在失败时则最好。它能推行进步的政策，影响几代人几百年间的事。它能在公元前264年发动一次战争，到前146年结束。公元前280年，哲学家齐纳斯（Cineas）以伊庇鲁斯王（Epirus）皮拉斯的特使身份来到罗马，看到元老院的审慎辩论，并观察那些元老。他向那位新亚历山大（皮拉斯）报告说，这里并非贪官政客的集会，不是智力平凡者的偶然会议，而是真正庄严具有政治家风度的"诸王集会"。

·政务官

重要的官吏皆由百人会议选举，次要的则由族派会议选举。每一官署由两人以上的同僚共管，其权限完全相同。除都察官外，其他官员任期均为一年。同一人再任同一职务的，十年中只限一次；从某一公署离职，到另一公署就任新职，中间须有一年间隔；在此期间，这位业已离职的官吏可能因其任内的不法行为而受到检举。一个人在军中服务十年之后，有志于从事政治生涯的，可寻求当选为财政官，在元老院与执政的监督之下，掌管国家经费的出入，并协助副执政执行防止与调查犯罪活动。如果他能使选民或他的有力支持者满意，稍后他就可当选为主持营造司的四位市政官之一，负责管理建筑、水沟、街道、市场、戏院、妓院、餐厅、警察法庭及公共活动场所。如果他再度表现出色，则有可能成为四位副执政之一，在战时带兵，平时则执行法官职务，并解释法律。[1]

在任官的过程中升到这个地位的公民，如已获得廉明的名气，或可选为两位都察官之一。都察官（censors，原意为"评价员"），每五年由百人会议选出。其中的一人每五年调查市民一次，评定其财产，确定其政治与军事的身份及应纳税额。都察官对于每一候选官吏，皆须考察其性格及服务记录，还要监督妇女的荣誉、儿童的教育、奴隶的待遇、税收的征收或承包、公共建筑的建造、政府财产的出租或订立合约，以及土地的耕种。都察官可使任何公民降低阶级，甚至开除元老院元老，只要他发现该人有不道德行为或犯罪时即可执行。当两位都察官之一执行这一职责时，另一位都察官不能加以否决。他们可以提高奢侈税以抑制浪费。他们编造并公布国家经费的五年预算计划。到他们 18 个月的任期终了时，须集合市民，举行神圣的斋戒会，以表示与神保持着热忱的关系。盲人阿庇乌斯·克劳狄乌斯·凯库斯（Appius Claudius Caecus）——十人团中某人的曾孙，是第一个使都察官职权与执政同样尊贵的人。他在职期间修建了阿比安水沟（Appian Aqueduct）和阿比安大道（Appian Way），提升富有平民至元老院，改革土地法及国家财政，打破祭司及贵族们对法律的垄断与操纵，并留名于罗马文法、修辞学及诗歌。临死时，他还留下遗言要提防皮拉斯，断言罗马将征服意大利。

理论上，两位执政之一必须是平民阶级，实际上却很少有平民当选，因为执政必须对付整个地中海战争与和平的每一执行阶段，因此平民也愿意选举有教育、有训练的人担任此职。在选举前夕，负责选

---

[1] "财政官"（quaestor）一词由"查询"（quaerere）一词而来，因此，审判也是一次论辩（quaestio）。市政官（aedile）一词由"建筑"（aedes）一词而来，副执政"praetor"一词由 praeire 一词而来，意为"先走"、"带头"——因此，护卫他的大队称为禁卫军（Praetorian Guard）。

举的选任官员夜观星象，以查看所提名的那些候选人名字是否与星象相宜。翌日，他任百人会议主席，只把星象显示有吉兆的名字提请大会选择。遇到这种情形，星卜家便使政治暴发户及煽动家大为沮丧。然而在大多数时候，大会受到威胁恐吓，往往会上伪虔诚者的当。候选人亲自到会，身穿纯白色的礼服，以强调其生活与道德的简单朴素，或者更常见的是显示出他在战场上所得的伤疤。一旦当选，则于当年的 3 月 15 日就职。执政领导全国举行最神圣的宗教仪式，以接受其神圣职务。在和平时期，他召集元老院及百人会议开会，自任主席，命令开始立法、处理司法案件以及全面执行法律。在战争期间，他召集军队、筹集军费，与他的同僚执政共同指挥军队。两位执政如在任期内同时死亡或被俘，元老院就宣布"悬缺"（interregnum），并任命一位为期 5 天的"监国"（interrex），同时准备重新选举。"监国"一词暗示着执政在其短短的任期内，继承了国王的权力。

由于两位执政权力相同因而彼此制衡，并要受元老院的牵制，而保民官又有否决权，因此，执政的权力是颇受限制的。公元前 367 年之后，在战时，则选举 14 位军事保民官，以领导各部落；在平时，则以 10 位平民保民官代表他们。这 10 个人是神圣不可侵犯的，除非在一个合法的独裁者统治之下，否则，对他们施以强暴手腕便是犯了渎神罪或死罪。他们的职掌是保护人民、制衡政府，无论何时，只要其中有一人认为必要，只用一个词"我反对"（veto）就可阻止整个国家的行政机关的所为。保民官可以沉默的观察员态度出席元老院会议，把会中的议事报告人民，而使用其否决权，即可取消元老院决议的所有法律力量。他的神圣不可侵犯的住宅，日夜敞开大门，让寻求保护或帮助的公民自由进入。他的庇护权，可给市民以相当于人身保护状（habeas corpus）的庇护。他若坐在裁判席上，即可执行法官的职务。他的判决是不能上诉的，除非是上诉到族派会议。他负有责任让被告获得公平审判，甚至能使已被判罪的人获得赦免。

尽管有这些阻力，贵族政治却仍能得势，究竟是怎么一回事？第一，保民官的职权行使只限于罗马城及和平时期，一到战时，保民官就服从执政了。第二，说服族派会议选举富有的平民为保民官。富人的威望、贫民的胆怯，使人民选择富人以保护贫民。第三，让保民官的人数从4人增至10人。10人之中，只要有1人蔑视道德或视钱如命，他的否决就会使其余9人受到挫折。随着时间的推移，保民官变成了贵族们所信赖的人，可委任他出席元老院会议，参加议事。而保民官任期届满后，也变为元老院的终身议员。

如果所有这些策略都一一失败了，依然还有一个社会秩序的最后堡垒，那就是独裁者制度。罗马人承认，当国家骚乱，或危及他们的自由与特权时，他们为了保卫自己而创建的所有制衡体制，将会妨碍救国所必须的迅速统一行动。在那时，元老院可以宣布紧急状态，而提名两位执政官之一为独裁者。在所有例子中，除了一个例外，其余的独裁者皆来自上层阶级。然而必须说明的是，贵族阶级也罕有滥用此种职权的可能性。独裁者对全体人民及其财产，差不多有完全的权力，只是没有取得元老院的同意，则不能动用公共基金，其任期也只限于六个月或一年。大多数的独裁者都遵守着这个限制，只有两位是破例的。公元前456年，辛辛纳图斯（Cincinnatus）应召为独裁者，放下他的犁头，前去挽救国家，而一俟任务完成，立即解职归田，这个佳话受到其后的历届独裁者的尊重。当苏拉（Sulla）与恺撒违反这个前例时，"共和制"就回到共和时代以前的王政制度了。

·罗马法的起源

在这个独一无二的体制中，各级官吏执行着基于十人团的《十二铜表法》的一套法律。然而在这一划时代的法律制定以前，罗马的法律一向是一种混合体，包含有部族的习惯、王室的诏书及祭司的指令。古代的方式（mos maiorum），直至异教徒的罗马终止时，依然是道德及法律来源的模范。虽然想象与熏陶已使早期共和的无情公民理想化，他们所流传的故事仍然帮助教育者，使罗马青年养成一种禁欲主义的性格。至于其余部分，早期的罗马法就是祭司的规则，属于宗教的一个部门，充满着神圣的许可与庄严的仪式。法律是命令与公正两者的结合，不但是人与人的关系，也是人与神的关系。犯罪是侵犯那种关系，侵犯神的和平的。在理论上，法律与惩罚用于维持或恢复这种关系及和平。祭司们在法院开庭之日或人民集会之时，宣布何者为正、何者为误的准则。所有问题，如关于结婚或离婚、独身、守身或乱伦、遗嘱或赠让、儿童的权利等，都要请教祭司，正如今日要请教律师一样。事事都要照公式去做，才不会违法，而只有祭司们懂得"律则"。在罗马，祭司是第一个法律与意见的顾问，第一个将法律见解告诉人民的就是他们。法律由祭司们记录在卷，保管得很秘密，不让平民知道。因此，不禁使人猜疑，祭司们是否也会偶尔改变原文，以迎合经书或贵族的目的。

《十二铜表法》引起了法律的双重革命，即罗马法的公布与通俗化。正如公元前 5 和前 6 世纪中的其他各国法典——如卡隆达斯（Charondas）、扎拉卡斯（Zaleucus）、莱喀古斯（Lycurgus）及梭伦等的法典——代表着从不确定与不成文的习惯法转变为明确的与成文的法律一样，皆是阅读能力提高与民主政治进步的结果。载在《十二铜表法》上的《公民法》（ius civile），自神的法律中解放出来，罗马便非"神权政治"了。公元前 304 年，阿庇乌斯·克劳狄乌斯的秘书公布了法庭行事日历及正确法律程序的公式书，祭司们的专利就消失殆尽了。因为在此以前，这些事情只有祭司们知道，人民罕有知道的。公元前 280 年，考伦卡留斯（Coruncanius）开始公开讲授罗马法，法律的通俗化又进了一步。自此之后，支配罗马人的意识与生活的就不再是祭司，而代之以律师了。不久，《十二铜表法》又成为教育基础；直至西塞罗时代，要求所有学童都要默记。毫无疑问，坚决而有秩序、善讼而守法的罗马精神的铸成，那些人都曾尽了一部分责任。经由立法程序、副执政的公告，以及后来的皇帝命令，《十二铜表法》虽曾一再修正补充，然而历时 900 年之久，始终还是罗马的基本法。

在这部法典中，诉讼程序法已经相当复杂。差不多每一位政务官都可以担任法官，然而只有副执政主持的才是正常法庭。他们对法规的修正与解释，则使罗马法成为鲜活的、成长的法律，而不是死板的前例。每年由主要的政务官开具一份名单或"白表"（white tablet），列举适合担任陪审团服务的元老与骑士。每一件诉讼的主审法官则在这个表中选择原告和被告都不反对的少数人为陪审团委员。律师可以在法庭内向其委托人建议并为其辩护，而元老则可以在公众讲座或自己家中提供法律意见。公元前 204 年的《辛西乌斯法》（*The Law of Cincius*），禁止法律服务收费，但法律的技巧还是可以绕过这个法禁的。

《十二铜表法》是历史上最严肃的法典之一。它保留着兵农社会父系全能的古风。父亲可以拷打、捆绑、囚禁、出卖甚至杀死他的孩子，只有被出卖过三次的儿子，以后才不再受父亲的管教。阶级的区别，是由禁止贵族与平民通婚来保持的。债主对负债人享有一切权利。财产所有人可立下遗嘱自由处置其财产。产权是非常神圣的，一个小偷被当场捕获时，就给被盗人家做奴隶。《十二铜表法》处罚的范围很广，可从简单的罚款到驱逐出境、罚为奴隶或处死刑。有少数几种处罚方式是属于报复性的，大多数的罚款都会巧妙地调整，以适应受害阶级。"折断自由人的骨头，罚款 300 个阿斯；如果受害人是奴隶，则只罚 150 个阿斯。"判处死刑的罪有：诽谤、行贿、伪证、盗窃农产品、夜间损坏邻人的农作物、保护人欺骗被保护者、用妖术蛊惑他人、纵火、谋杀、夜间在市内举行扰乱治安的集会。犯了叛逆罪，则将罪人装入袋中缚紧，有时还加入一只公鸡、一条狗、一只猴子或一条毒蛇，然后投入河中。但是，在首都罗马城内，被宣判死刑的市民可从任何一级起向百人会议上诉，只有独裁者的宣判不得上诉。如果被判罪者料想百人会议的投票对他不利时，他只要离开罗马，便可将其死刑改判为放逐。结果，尽管《十二铜表法》十分严厉，但在罗马共和时代，自由人被处死刑的情形还是罕见。

·共和时代的军队

罗马的政体，最后的依靠是其历史上最成功的军事组织。国民和军队合而为一，军中所有百人队集合起来，就是国家的主要立法机关。为首的 18 个百人队，是提供给骑兵的。第一级的百人队是重步兵，武器有长矛两根、短剑一把、长剑一把，防护有铜盔、胸甲、胫甲及盾；第二级只少一个胸甲，其余全同；第三、第四两级没有披甲，其余全同；第五级则只有投石器和石头。

一个罗马军团（legion）是一个混成旅，包含 4200 名步兵、300 名骑兵及各种补给队，再由两个军团编成一个执政的部队。每一个军团下面分为若干百人队——初为 100 人，后为 200 人，由百夫长（centurion）统率。每一个军团各有军旗（vexillum）。军团的荣誉是保卫军旗使其不得落入敌手，有些聪明的军官，有时故意把军旗投入敌人阵中，以激励士兵拼命进攻，夺回军旗。战斗时，位于前列的步兵，在 10 至 20 步的距离，向敌人投掷标枪——木杆上装有尖铁的短矛——在两翼的士兵则用弓射箭，用掷石器抛掷石头，以攻击敌人，同时骑兵也持矛挥剑向敌冲锋。最后，在决定性的短兵相接时则用短剑。攻城时，密集使用木制弩炮，依张力和扭力的作用抛射 10 磅重的石头，射程可达 300 米。巨大的撞城机，由粗绳悬吊着，像秋千一样先向后拉，然后对着敌人城墙用力撞击。用土筑或木头制成斜坡，把有轮子的炮塔推上或拽上这个斜坡，即从塔上发射"飞弹"，以攻击敌人。罗马约于共和初期，自埃特鲁里亚学会了希腊方阵（phalanx）——由 6 列士兵构成，每列约 500 人——因其密集而行动不便，到公元前 366 年，罗马军团便重新编组，以两个百人队编成一个中队（maniple）。中队与中队之间有相当的空隙，后面各列的中队皆位于空隙后面。这种队形，可使前列的士兵迅速获得次列的增援，又能使一个或数个中队迅速变换方向，以面对侧方的敌人攻击。而且罗马士兵都受过各种战斗的特殊训练，这种队形便于各个战斗群的自由发挥。

罗马军队成功的最大要素是纪律。罗马青年自幼即接受战争教育，其所研究的战争艺术，高于一切其他学问，一生中有十年的悠长岁月在战场及营房中度过。在罗马军队中，畏怯是不可饶恕的罪，对触犯者的处罚是鞭打至死。将军有权将其麾下的士兵或军官杀死，不仅自战场逃跑者如此，凡是违背命令者，不论其原因怎样，皆难逃一死，最低的处罚也必须是刖其右手。营中食物很简单：面包或麦片粥，一点青菜，酸酒，很少有肉。罗马军队靠一个素食菜单征服世界。恺撒的军队，当谷物缺乏、不得不食肉时，就发怨言。军队平时要做很艰苦的长时间劳役，士兵们情愿请求去打仗，勇敢变成了较佳的选择。公元前 405 年以前，士兵是没有薪饷的，自那以后，薪饷还是很少。但是，他们准许依照阶级分享战利品——金银与货币、土地与俘虏，以及所有能搬动的物品。这样的训练，不但养成渴望战争的英勇战士，且养成能干和无畏的将军们。服从的纪律，发展为指挥的能力。共和时代的军队也常打败仗，但从未有一次失去战争的信心。由禁欲主义教育成人及对死亡的残酷景况熟视无睹，塑造了这个胜利者。他们征服意大利，接着又征服迦太基与希腊，最后征服整个地中海地区。

像这样概述的"混合体制"，令波利比奥斯很羡慕，他说其是"现存各种政府中的最佳者"：在议会的立法主权方面是一种有限的民主，在贵族元老院领导方面是一种贵族政治，就短期的效忠执政而言，是斯巴达的"两头政治"（dyarchy），偶尔由独裁者当政时则为君主政体。本质上，那是一种贵族政治，在这种制度中，旧家族和富有家族凭其能力与特权，执政了几百年之久，并使罗马政策不屈不挠、连绵不绝。那就是罗马取得成就的秘密。

但是，它也有缺点。那是一种粗陋的制衡混淆，在那种制度下，平时几乎每一个指挥部门的效能都被另一个平等的对立指挥部门所抵消。分权的确有助于自由，有时候也能抑制不法行为；然而，另一方面，则会导致军事上的大祸，像坎尼（Cannae）一样，他瓦解了民主政治，将其变为暴民统治，最后终于带来永久的"元首政治"的独裁。最使我们惊奇的是，这样一种政府居然维持了那么久（公元前508年—前49年），而且成就那么大。其所以能够持久，也许是因为糊里糊涂地适应了情势的变迁，以及在家庭、学校、寺院、军队、议会、元老院等所引发的那种自豪的爱国主义。为国献身造就了共和时代的最高峰，正如其无可比拟的政治贪污造成其没落一样。只要罗马的敌人还逼迫他们去团结、能有先见及保持英雄主义，罗马仍旧是伟大的。当罗马征服所有敌人后，繁荣了一段时间，便很快开始衰亡。

意大利的征服

罗马被敌人包围得最困难的时候，就是它刚脱离了君主政体、成为一个弱小城邦国家的时期，它只统治着350平方英里的土地——大约等于"19英里×19英里"的一块地方。当埃特鲁里亚领袖波尔塞纳进军罗马时，所有被罗马诸王征服的四邻社会大多数都恢复了自由，并且组织了一个拉丁同盟（Latin League），共同抵抗罗马。意大利是许多独立部落与城邦的混合体，每一个部落及城市各有其政府及方言：在北方的是利古里人、高卢人、翁布里亚人、埃特鲁斯坎人及萨宾人，在南方的是拉丁姆人、沃尔西人、萨莫奈人（Samnites）、卢卡尼亚人、布鲁希亚人，沿西南海岸是希腊殖民地，包含库迈、那不勒斯、庞贝、佩斯图姆、洛克立、里吉安、克罗托纳、梅塔蓬图姆和塔兰托。罗马位于这些部落及城邦的中心，战略位置便于扩张，但也有受到四面八方同时攻击的危险。它的得救，是因为那些敌人很少联合起来对付它。公元前505年，当罗马正与萨宾人开战的时候，有一个强有力的萨宾氏族投奔罗马，罗马以优待条件给其公民身份。公元前449年，萨宾人被击败；到前290年，所有萨宾人的土地皆并入罗马；前250年，萨宾人获得完全的罗马公民权。

公元前 496 年，塔奎尼乌斯人说服一些拉丁城市——图斯库隆、阿尔代亚、拉努维阿姆、阿里西亚、台布尔及其他城市——加入战争，联合对付罗马。面临着显然占压倒优势的敌人联合阵线，罗马任命了第一位独裁者波斯图米乌斯（Aulus Postumius）。在瑞吉鲁斯湖（Lake Regillus）一战中，罗马人获得一次救亡的胜利，据他们说，是靠着卡斯托尔（Castor）和波吕克斯（Pollux）二神的帮忙，二神离开奥林匹斯山（Olympus），加入罗马军队作战。三年后，罗马与拉丁同盟签了一个条约，在此条约中，签字国家保证"罗马与拉丁各城邦之间，必须天长地久地和平相处……共同战争所得的战利品，双方必须平等分享"。罗马成为拉丁同盟的一个会员国，接着就成为它的领导国，接着又成为它的主人。公元前 493 年，罗马对沃尔西人发动战争，在这次作战中，马尔西乌斯（Caius Marcius）因占领沃尔西人首都科里奥利（Corioli）而被称为科里奥雷那·马尔西乌斯（Coriolanus Marcius）。史学家们可能以其"罗曼史"（romance）的笔调接着说，由于平民阶级的坚决反对，公元前 491 年，科里奥雷那被放逐了。他逃到沃尔西人那里，将他们重新编组，并带着他们围攻罗马。历史告诉我们，罗马人为饥饿所迫，一再派遣使者去劝阻，皆无效。最后，科里奥雷那的母亲和妻子一同出城去见他，威胁说，如不听她们的请求，就横尸路上以阻其进军。于是，他撤军而去，被沃尔西人所杀。还有一种说法是他和沃尔西人住在一起，老年生活很艰苦。

公元前 405 年，为了争夺台伯河的控制权，维爱与罗马决生死之战。罗马围攻维爱城，历时九年竟未能攻陷，埃特鲁里亚一些勇敢的市民也加入了这次战争。他们从四方进攻罗马，使罗马共和国的存在受到了严重威胁，于是罗马便任命卡米拉斯为独裁者。卡米拉斯召集一支新军，攻下了维爱，将其土地分给罗马市民。公元前 351 年，又经过许多战争，埃特鲁里亚西南部地区也被罗马兼并，改称与今天类似的名字——图西亚（Tuscia）。

公元前 390 年，出现了另一次更大的危机，罗马与高卢人开始了长期决战，战争一直延续到恺撒时才结束。当埃特鲁斯坎人与罗马连续爆发了 14 次战争后，来自高卢与日耳曼的凯尔特诸部落越过阿尔卑斯山南下，到意大利北部定居下来，远及波河以南地区。古代史学家漫不经心地把这些南侵部落写做 Keltai 或 Celtae、Galatae 或 Galli（凯尔特人）。这些部落的来源，我们一无所知。我们只能把他们描述为印欧人种（Indo-European stock）的一支，印欧人遍布于日耳曼西部、高卢、西班牙中部、比利时、威尔士、苏格兰及爱尔兰，在罗马占领那些地区之前，当地都是"先罗马语言"（pre-Roman languages）。波利比奥斯描述他们"高大英俊"，喜欢战争，赤身裸体从事战斗，身上只挂着金符及链子。那里的凯尔特人尝到意大利葡萄酒，十分愉快，他们便决心到出产那么好水果的地方去。其实更能打动他们心意的，可能还是对新土地与新牧场的要求。他们进入意大利后，在不正常的和平中居住了一段时期，仿照市镇中所见的埃特鲁斯坎人的文化耕田畜牧。大约在公元前 400 年，他们入侵埃特鲁里亚，大掠而去。埃特鲁斯坎人的大部分军队都已派往维爱对抗罗马人的攻击，所以对于高卢人的抵抗十分微弱。公元前 391 年，高卢发兵三万人到达克卢奇安。一年后，在阿利亚河与罗马军队相遇，高卢人大破罗马军队，遂长驱直入罗马城。他们洗劫并焚毁了罗马城的大部分地区，并在卡皮托利诺山顶围攻罗马残军达七个月之久。最后，罗马人投降了，付出了 1000 磅金子作为高卢人离境的代价。[1]高卢人走了，但于公元前 367 年、前 358 年及前 350 年又三度进犯罗马，皆被击退。最后，他们终于满意地住在意大利北部，其地区今天被叫作山南高卢（Cisalpine Gaule）。

残存的罗马人看到他们的城市那么残破，便有许多人愿意抛弃这个地方，改以维爱城作为首都。卡米拉斯劝阻他们不要离去，并由

---

[1] 李维的《罗马史》说，最后，卡米路斯拒绝交付金子，并用武力逐走高卢人。这个说法现今无人相信，视其为出于罗马人自尊心所作的一个捏造。

政府拨款援助，使人民重建家园。罗马在面临许多敌人的威胁下，迅速重建。其所以建成毫无计划与曲折狭窄的街道，一部分原因便在于此。那些臣服于罗马的人民，看到罗马濒临毁灭，便一再叛变。罗马发动了半世纪之久的间歇性战争，才平息了他们的自由欲望。在此期间，拉丁人、埃奎人、赫尔尼基人及沃尔西人或对罗马轮流攻击，或共同进攻。如果沃尔西人成功，他们将使罗马与意大利南部隔绝，也与海隔绝，而罗马历史也许就此结束。公元前 340 年，拉丁同盟的各城一一被击败。两年后，罗马解散这个同盟，差不多把同盟所属的拉丁姆平原全部地区一齐并入罗马国土。[1]

罗马战胜了沃尔西人后，即面对着强大的萨莫奈各部落。这些部落占据着广大地区，横断着自那不勒斯至亚得里亚海之间的交通，该地区内有几个富有的城市，如诺拉、贝尼文坦、库迈及卡普亚等。西海岸的埃特鲁斯坎人与希腊人的殖民地，大部分都被他们兼并了，而他们又大大地吸收希腊文化，从而产生了风格特殊的坎帕尼亚艺术。他们的文明可能高于罗马。罗马与他们争夺意大利半岛的控制权，爆发了三次长期浴血战。公元前 321 年，罗马军队在考狄乌姆峡谷战败，这是罗马诸次战败中最惨烈的一次。他们的败军在敌人矛头构成的拱门之下通过，作为投降的象征。在前方指挥的两位执政签订了屈辱的城下之盟，但是元老院拒绝批准其和约。萨莫奈人又与埃特鲁斯坎人和高卢人结为同盟。有一个时期，罗马差不多面临着整个意大利的威胁。但是，公元前 295 年，罗马军团在塞恩蒂姆（Sentinum）之战中赢得一次决定性的胜利，从而使得坎帕尼亚平原和翁布里亚都变为罗马的领土。12 年后，罗马人把高卢人驱逐到波河以外，再度迫使埃特鲁里亚成为罗马的一个附庸国。

在北部的高卢人地区与南部的希腊人地区之间，罗马已成为意大

---

[1] 有两件传奇性的事迹最为显著。一位执政德西乌斯（Publius Decius）骑马驰入敌人包围中而死，作为一种牺牲，以博得诸神的援助。另一位执政托克图斯（Titus Manlius Torquatus）斩其子（因其子违背命令）而赢得一次战斗。

利的主人了。一方面是贪得无厌，另一方面是不安全感作祟，罗马向意大利南方的"大希腊"（Magna Graecia）各城邦发出通牒，要他们与罗马结为同盟，接受罗马领导，否则便发动战争。图里、洛克立及克罗托纳三个希腊城邦，因其内部及四邻到处都是"野蛮人"（希腊人对外国人皆称野蛮人，此处指意大利人）的各部落，为了不愿被其吞并，宁愿与罗马结盟，便同意了。另一可能是，他们也像拉丁姆平原各市镇一样，正为阶级斗争所苦，所以接受罗马的警备部队，以保护有产阶级、压制平民起义。唯独塔兰托很顽强，并请求伊庇鲁斯国王皮拉斯渡海来援。这位狂热崇拜阿基利斯与亚历山大的英勇战士，带着一支伊庇鲁斯军队，渡海而来。公元前 280 年，他于赫拉克利亚击败罗马军队。他付出了很大代价，替欧洲语言留下一个形容词，来形容他代价高昂的胜利。现在，意大利的所有希腊城市都加入了皮拉斯的军队，卢卡尼亚人、布鲁希亚人及萨莫奈人也宣布与他结为同盟。他派遣辛尼阿斯前往罗马，提议媾和，并放言如果释放 2000 名罗马俘虏、罗马还要继续战争的话，他们就再打回来。罗马元老院正要商讨和平条件，那位退隐已久的老"盲人"阿庇乌斯·克劳狄乌斯让人抬他到元老院，要求罗马决不可与驻在意大利土地上的外国军队媾和。元老院把皮拉斯释放的 2000 名俘虏遣送回去，断然恢复战争。这位伊庇鲁斯年轻国王又打了一次胜仗；接着，因为厌恶那些同盟国家的懈怠和胆怯，便带着他的损失惨重的军队，渡海到西西里去。迦太基人正在围攻锡拉库萨，皮拉斯帮助锡拉库萨解围，差不多把西西里岛上的所有迦太基占领军一齐逐走。但是，他的专横统治冒犯了西西里的希腊人，他们认为即使没有命令与勇气，也能获得自由，便不再支持皮拉斯。皮拉斯只能又回到意大利去，撤离西西里时，他说："我留下这块肥肉，让迦太基和罗马人去争夺吧！"公元前 275 年，皮拉斯的军队与罗马人战于贝尼文坦，他在这里第一次打了败仗。罗马军团的轻武装与机动的中队证明优于活动不灵的希腊方阵，在军事史上翻开了新的一页。皮拉斯向意大利各同盟城邦请求派遣新军给他，他们怀疑他的诚意与持久，拒绝他的请求。他回师伊庇鲁斯，在希腊的一次冒险中死去。就在他死的那一年（公元前 272 年），米洛（Milo）在塔兰托投降罗马。不久，所有希腊城市一一屈服，萨莫奈人也悲惨地投降了。经过 200 年战争之后，罗马终于做了意大利的统治者。

罗马很快就以殖民巩固了征服地，这些殖民有些是由拉丁同盟所遣，有些是罗马直接派出。他解决了许多问题：罗马正承受着人口压力，生活困难，结果造成阶级斗争，而殖民便解决了本身的失业问题。那些殖民和殖民地在不稳定的臣民中，作为警备队或忠贞核心，又为罗马商业作前哨和出口处，且为首都饥民增加粮食供应。于是在用利剑开始征服之后，罗马很快地就用犁头完成其征服。在这种方式之下，今天依然存在的数以百计的城市，接受了他们的基础，或他们的罗马文化。意大利半岛此时大多被语言复杂的野蛮民族所居住，一等到拉丁语言及其文化在整个半岛传播之后，渐渐地意大利就铸成一个统一国家了。罗马所采取的第一个步骤是"政治综理"（political synthesis），执行上很残忍，成效却很辉煌。

但是，在科西嘉、萨尔迪纳、西西里及非洲，有一个更古老更富裕的强国，封锁着罗马与西地中海的商业，把意大利关闭在其本身的海域之内。

第三章 | 汉尼拔对抗罗马
（公元前264—前202）

迦太基

约公元前1100年，腓尼基好奇的商人发现了西班牙的丰富矿藏。不久，就有一队商船往来于地中海东端的西顿、提尔及拜布罗斯，西端瓜达拉奎河口和塔特修斯之间。由于远航必须有许多停泊地，而地中海南岸的航线较短，也较为安全，所以腓尼基人就在非洲海岸的大莱普提斯（Leptis Magna，今莱布达，Lebda）、哈德鲁姆（Hadrumetum，今苏斯，Sousse）、乌提卡、希波第利图斯（Hippo Diarrhytus，今比泽特，Bizerte）、希波吕吉斯（Hippo Regius，今朋尼，Bone）等地，甚至越过直布罗陀海峡，到摩洛哥丹吉尔（Tangier）南方的利克苏斯（Lixus）建立中途停泊地及商业站。到了这些停泊地的闪米特（Semites）殖民者，有些人与本地人通婚，并对其余土著贿以礼物，得以和平相处。公元前813年，有一群新殖民者（或来自腓尼基，或从乌提卡向外扩张）在今突尼斯西北10英里的一个海岬上，建造他们的房屋。这个狭小的半岛很容易防御，其土地受到巴格拉达河（今梅伽达河，Medjerda）的灌溉，十分肥沃，所以虽一再遭到破坏，却都能迅速复原。古代传说此城的创建人为提尔国王之女爱利莎（Elissa）或狄多（Dido），据说她的丈夫被她的兄弟杀死，她就带着其他喜爱冒险的人乘船前往非洲。她所建立的殖民地被称为 kart-hadasht，意为"新镇"，以区别于乌提卡旧殖民地。希腊人改称为迦其东（Karchedon），罗马人改称为迦太基。拉丁人替迦太基与乌提卡附近地区起了一个大地名，叫作非洲，又依照希腊人的习惯，称非洲的闪米特人为腓尼基人。沙尔马那塞尔（Shalmaneser，亚述国王）、尼布甲尼撒（Nebuchadrezzar，巴比伦名王）及亚历山大先后几次围攻提尔。提尔的许多富人都被赶到非洲去，其中的大多数人都到了迦太基，使这里变成了腓尼基商业的新中心。随着提尔与西顿的衰弱，迦太基的力量和名气日益上升。

迦太基城日渐强大，把非洲土著赶到内陆去，越赶越远。他们初则停止进贡给土著，继则勒索他们进贡，并利用他们做奴隶或农奴，服役于迦太基人家中及田野。大农庄逐渐形成，有些农庄多达 2 万人。在经验丰富的腓尼基人手中，农业变成了一种科学和实业，迦太基人马果（Mago）曾在其著名的手册中有过简述。用运河灌溉，遍地种花变成了花园、稻田、葡萄园，并有橄榄、石榴、梨、樱桃及无花果等果园。他们牧畜马、牛、绵羊、山羊，用驴子和骡子负重，象也是许多家畜之一。除金属工厂外，都市工业则相当幼稚。迦太基人也像其亚洲祖先一样，喜欢贸易以换取他国成品。他们带领着满载货物的骡子，向东或向西，并越过撒哈拉沙漠，去觅取象、象牙、黄金或奴隶。他们的巨大帆船，载着货物，往来于亚洲与不列颠之间约 100 个港口，因为他们也像其他海员一样，不肯在海格力斯之柱（Pillars of Hercules，直布罗陀两岸的峭壁）处回头。一般推测，约公元前 490 年，哈诺（Hanno）航海探险，沿非洲的大西洋海岸下行 2600 英里，及希米尔柯（Himilco）沿欧洲北海岸的探险，都是由迦太基提供经费。他们的硬币虽不十分著名，却显然是第一个发行类似纸币的通货——一块细长片皮革，印上价值记号，整个迦太基地区都接受。

提供经费、成立迦太基陆海军的，可能是富商，而不是贵族地主。迦太基凭其陆海军，逐渐由一个商业站变成了一个帝国。除乌提卡外，所有非洲海岸，自昔兰尼加（Cyrenaica，今埃及西部与利比亚东部）至直布罗陀以西，全是武力征服的。西班牙的塔特修斯（Tartessus）、凯德（Gades，今加的斯，Cádiz）及其他城镇，皆被占领。迦太基自西班牙取得金银铜铁，财富大增。他们占领巴利阿克群岛（Balearic Islands），甚至远及于马德拉（Madeira，在西非），又占领马耳他（Malta）、萨尔迪纳、科西嘉三岛及西西里岛的西半部。迦太基以各种不同程度的严苛手段对待那些征服地，要他们每年进贡，征他们的人口服役陆军，并严格控制其外交关系及贸易。相对地，迦太基也给予他们军事保护，允许其地方自治，并使其经济安定。小莱普提斯（Leptis Minor）的一个市镇，每年要向迦太基财库缴纳365塔伦（131.4万美元）。我们从这一个事实，就可以判断那些附属地的富有程度。

这个帝国的剥削及贸易，使迦太基在公元前3世纪成为地中海各城中最富有的一个。关税及贡品，使迦太基每年收入12万塔伦——比雅典顶峰时期的岁入高出20倍。上层阶层住在宫内，穿的是价值昂贵的袍子，吃的是精美可口的舶来食品。城中人口稠密，有25万居民，有金碧辉煌的寺庙及公共浴室，尤其值得称道的是它的安全港及广大的码头。在它的220个码头中，每一个正面都有两个伊奥尼亚式的大柱，因此，其内港呈现出440个大理石柱构成的一个富丽堂皇的圆环。有一条很宽的大道，自港口通往广场。广场是一个列柱广场，装饰着希腊雕刻，内含行政大厦、商业公署、法庭及寺院。其邻近的各街道，则为东方式的窄街，有1000间商号，经营着上百种工艺品，充满着论价的嘈杂声音。房屋高达六层，但往往一家人全挤在一间房里。这个市中心，为后来的罗马建筑师们提供了许多暗示之一。市中心一个山冈或城堡，称为比尔萨（Byrsa），有国库及造币厂、很多的庙宇和柱廊，还有最华丽的迦太基——是供奉伊斯蒙（Eshmun）大神的。此城靠陆地的那一面，有防护的三重城垣，高45

英尺，并有许多更高的堡垒及城垛。城墙之内是可供 4000 匹马、300 头象及 2 万人生活的住所设备。墙外的庄园，过去是穷人的田畴。

迦太基人源于闪米特人，其血统及容貌皆与古代犹太人相同。他们的语言不时带有希伯来腔，例如他们称法官为"苏非特"（shofetes），希伯来人则称为"苏非提姆"（shophetim）或士师（Judges）。男人都蓄须，通常用铜刀片剃光上唇。大多数人戴着土耳其帽或裹头巾，穿鞋子或草鞋，套一件宽大的上衣。上层阶级则效仿希腊的服装式样，袍子染成紫色，用玻璃珠子镶边。妇女常戴面纱，过着隐居生活。她们也可以担任高级女尼之职。男女皆用珠宝和香水，偶尔也戴鼻环。他们的道德，我们所知甚少，即使知道的也都是其敌人的描写。希腊人和罗马人都把他们描写为狂饮暴食者，喜欢参加餐会，性关系的放纵正如他们政治上的贪污一样。无信用的罗马人却用"迦太基人的信用"（fides Punica）一语，作为背信的同义语。希腊历史学家波利比奥斯曾报告说："在迦太基，凡是不能获利的事，都被认为是可耻的。"希腊传记作家普鲁塔克（Plutarch）斥责迦太基人尤甚，说他们"粗鲁而忧郁，对统治者驯服，对臣民刻薄，害怕时胆小如鼠，发怒时残忍如狼，对决定很顽固，严峻而不知娱乐或文雅生活"。但是，普鲁塔克虽然常能说公道话，但他毕竟是一个希腊人。波利比奥斯则是西庇阿（Scipio，小阿菲利加）的密友，而西庇阿则是迦太基的焚毁者。

迦太基人在宗教方面显然是很坏的，就我们所知，仍然是他们的敌人说的。他们在腓尼基的祖先，把巴力（Baal Moloch）神及阿斯塔特（Astarte）神当作自然界阴阳的原理及天上的日月来崇拜。迦太基人也拜敬相当于巴力等神，如汉姆巴力（Baal-Haman）神和塔尼斯（Tanith）神。塔尼斯神特别引起他们敬爱，她的庙充满着奉献的礼品，他们宣誓时也提这位女神的名字。第三个受崇敬的是麦卡特（Melkart）神，意思是"城之钥匙"；其次是伊斯蒙神，那是财富与健康之神；再其次是一大群小神，总称巴力神；甚至狄多也被崇拜。

在危急存亡的时候，则以孩童为牺牲，活祭汉姆巴力神，最多时一天牺牲 300 个小孩。神像两臂斜伸，孩子们被放在其臂上，滚落入下面的火中。号角铙钹之声震耳，孩子的哭声被其湮没。孩子们的母亲必须亲自到场观看，而不得悲哀流泪，以免被神谴责为不诚，而失去神赐给她们的光荣。有时，富人不肯牺牲自己的孩子，就买贫民的孩子代替。然而当锡拉库萨国王围攻迦太基时，上层阶级害怕他们的欺骗行为冒犯了神，遂有 200 个贵族的婴儿被投入火中。此事必须说明一下，这些故事是由狄奥多鲁斯（Diodorus）告诉我们的，他是西西里岛的希腊人，对于希腊人的杀婴风俗已是司空见惯了。也许迦太基人以孩子为牺牲，除敬神的本意外，还有控制生育过多的作用吧。

当罗马人焚毁迦太基时，他们把所发现的图书馆书籍分给其非洲同盟国。这些收集的图书，今已一无所存，只剩下哈诺自己的航海记录，以及马果关于农业论著的片断。圣奥古斯丁含糊地向我们保证说："迦太基有许多事情，都被保留得很好，传给后人记忆。"撒路斯提乌斯（Caius Sallustius Crispus）与朱巴（Juba）曾引用迦太基人的历史学家的文字，但是，我们并没有发现本地人所写的迦太基史。至于他们的建筑，则已被罗马人夷为平地了。据说，其建筑式样是腓尼基与希腊的混合式，其寺庙伟大堂皇，汉姆巴力神庙及神像都镀上了金，金的价值达 1000 塔伦。又说，连骄傲自大的希腊人也承认迦太基是世界上最美丽的都城。突尼斯博物馆保存有几块雕刻，那是从迦太基附近的古墓石棺中发现的，其中最好的是一个强壮而文雅的人像，或者就是他们的塔尼斯女神，然其雕刻的风格还是希腊式的。自巴利阿里省（Baleares）迦太基人坟墓中发掘的那些小像，都是粗劣作品，且往往是令人厌恶的奇形怪状，似乎是用来恐吓小孩或吓跑魔鬼的。残存的陶器则纯粹是实用的。不过我们知道，在纺织、珠宝、象牙、黑檀、琥珀及玻璃方面，迦太基人的手工都做得很好。

要将迦太基的政府描写得清清楚楚，已不是我们今日所能做到的。亚里士多德称赞迦太基政体说"在许多方面，都优于其他国家"，因为"平民都对这个制度忠心耿耿，没有发生过值得一提的内部冲突，没有人成功地使自己成为独裁者，凡此皆足以证明其国家有良好的秩序"。迦太基市民偶尔在人民大会集会，对于由 300 位长老组成的元老院所提交的议案，表决接受与否，但不能讨论或修改。但是，元老院本身所协议的所有议案，并没有一一提交人民大会的义务。元老院议员由人民选举，然而因贿赂公行，降低了民主美德或这个民主程序的危险性。然而依据家世的贵族政治，便被富人寡头政治所取代。人民大会每年于元老院所提候选人中，选择两位苏非特为司法及行政部门的领袖。在所有政府机关中，最高的是由 104 位法官组成的法院，那些法官是终身制，这与法律的规定相违背。法院有权监督所有行政机关，有权要求每一任满的官吏提出报告，在布匿战争（Punic Wars）期间，法院甚至获得最高控制权，以控制政府各部门及每一市民。

军队指挥官由元老院提名，再由人民大会选出。迦太基指挥官的地位比罗马执政官高得多，因为只要元老院愿意，他便可以无限期地做下去。可是，罗马用来抵抗迦太基的军团，是由拥有自有土地的爱国分子组成的，而迦太基的陆军则为外国雇佣军队，以利比亚人为主，他们并不热爱迦太基，只忠于出钱的雇主，偶尔也效忠其将军。毫无疑问，迦太基的海军是当时最强大的，有五列桨的大划船 500 艘，色泽华丽，轻快而迅速，足以保护迦太基的各殖民地、市场及商业路线。迦太基以其陆军征服西西里岛，以其海军封锁西地中海，阻止罗马通商，因此引起绵亘百年之久的生死决斗，即我们所知的三次布匿战争。

雷古卢斯

罗马与迦太基两国曾经做过朋友，那是当其中一国力量强大到足以控制另一国的时候。公元前 508 年，两国签订了一个条约，承认罗马对拉丁姆平原海岸的霸权，但也立下誓约，罗马船只不得航行在迦太基以西的地中海上，也不能在萨尔迪纳或利比亚登陆，除非为了修理船只或补给而作短时间的停留。据希腊一位地理学者说，在萨尔迪纳与直布罗陀之间，一旦发现有外国船只，即将其击沉，这已经变成了迦太基人的常事。马西里亚（Massalia，今马赛）的希腊人已于高卢南部与西班牙东北部之间，发展了一种和平的沿海商业。据说，迦太基人以海盗方式加以攻击，而马西里亚则是罗马的忠实同盟。（这些战时宣传，我们不知道究有多少可视为历史的。）待罗马已经控制了意大利，而与意大利海岸相隔不满一英里的西西里岛，却由两个敌国——希腊和迦太基——占据着，罗马自然感到不安。不但如此，西西里土地肥沃，其谷物的供给是意大利所需粮食的一半。西西里一经获得，则萨尔迪纳和科西嘉也将自动归降于罗马。西西里显然是罗马扩张的下一个目标。

那么，怎样去找到一个战争理由呢？约公元前264年，有一队萨莫奈人雇佣军，他们自称 Mamertines，意为"战神马尔斯（Mars）的子孙"，占据了最接近意大利的西西里海岸城镇墨西拿（Messana）。他们将希腊国民或杀或逐，把受害人的妻儿及物品瓜分，又劫掠邻近各城市以维持生活。锡拉库萨的独裁者希伦二世（Hiero Ⅱ）兵围墨西拿，而迦太基也派一队兵，到这里登陆并击退希伦，将此城占据。那些"战神子孙"向罗马求援，以驱逐他们的包围者。罗马元老院知道迦太基很富强，犹豫不决；但平民阶级的富人控制着百人大会，他们喧嚷着要出兵，要攻取西西里。于是，罗马决定，不惜任何代价阻止迦太基人保有一个如此接近的战略海港。他们准备并派出一支舰队，由克劳狄乌斯指挥，前往解救那些"战神子孙"。与此同时，这些"战神子孙"已被迦太基人说服，向罗马撤回他们的求援。当克劳狄乌斯来到雷吉亚（Rhegium）时，就收到让他们撤退的消息。克劳狄乌斯不理会这封信，渡过海峡，借口邀请迦太基指挥官举行一次会议，而把他监禁起来，并派人通知迦太基军队，如果他们抵抗，就杀掉他们的指挥官。迦太基的雇佣兵乐意接受这么堂皇的借口，避开罗马军团，墨西拿便落入罗马手中。

在第一次布匿战争中，出现了两位英雄，罗马方面是雷古卢斯（Regulus），迦太基方面是哈米尔卡（Hamilcar）。也许我们还要加上第三和第四位英雄——罗马元老院和罗马人民。元老院把锡拉库萨的希伦二世争取过来，与罗马站在一边，从而保证了在西西里的罗马军队的补给。元老院明智和坚决地把全国组织起来，领导国家度过几次最大的灾难，终于获得胜利。罗马市民出钱、出物、出劳力，建造罗马第一支舰队——330艘船，差不多全是长达150英尺的五列桨大划船，每只船有300名划手及120名士兵，而且大多数都装有新发明的钩锚及移动跳板，以捕捉及登上敌船。罗马人对海战很陌生，用了这种新方法，把海战改变为肉搏战，罗马军团的纪律和战斗技术便可以尽情发挥了。波利比奥斯说："此一事实，比其他任何事情更容易使我们理解，当罗马人决心要做一件事情时，他们是以何等的精神与勇气全力以赴……他们过去从未想过组织海军；然而，当他们一旦构思了这个计划，他们就那么大胆地着手，且在尚未获得一点海战经验之前，立即与迦太基人交战。而迦太基人则是自几代人以来，一向支配海上，无可抗争的。"公元前256年，在西西里南海岸的埃克诺姆斯（Ecnomus）附近的海上，敌人的舰队载运着30万军队，发动当时最大的一次海战。罗马舰队在雷古卢斯指挥下，赢得了决定性胜利，畅通无阻地直航非洲。罗马军队登陆非洲后，没有审慎地勘察，不久就遭到兵力占优势的迦太基军队的攻击。罗马军队差不多全部被歼，其粗心大意的执政官也做了俘虏。紧接着，罗马舰队又被暴风所袭，撞到海岸的石礁，284艘船只皆毁，约8000人溺死。在人类记忆中，这是一次最惨的海难。罗马人表现出他们的优异，3个月内再建200艘新的五列桨大划船，并为这个新舰队训练了8万人。

雷古卢斯做了五年俘虏之后，适逢迦太基派遣一位大使前往罗马觅求和平，雷古卢斯被允许与这位大使同行。雷古卢斯承诺，倘若罗马元老院拒绝所提和平条件，他就回来再做俘虏。当雷古卢斯听到那些条件的内容时，他劝告元老院加以拒绝，不顾其家庭及友人的恳求，仍随来使回到迦太基。他在那里备受虐待，且不许睡眠，不久就死了。他的儿子们在罗马抓到两个高阶级的迦太基人，把他们缚起来，用长钉钉过其胸部，并不让他们闭目瞌睡，至死为止。直到我们想起我们这个时代的野蛮行为之前，这两个故事似乎都是不可信的。

哈米尔卡

在迦太基人当中，哈米尔卡、汉尼拔及哈斯德鲁鲍尔（Hasdrubal）三个名字很多，因为在古老的家族中，这些名字差不多是世代相传的。这些都是虔诚的名字，均由神祇而来：哈米尔卡意为"他是受麦卡特神保护的人"，哈斯德鲁鲍尔意为"他是巴力神所援助的"，汉尼拔意为"巴力神的恩惠"。我们现在所说的哈米尔卡，以 Barca 为绰号，意为"闪电"，那正如他的性格，他进攻时迅速敏捷，突如其来，无所不至。公元前247年，迦太基命他为一支军队的最高指挥官时，他还是一个青年。他率领着一支小舰队，到意大利海岸骚扰，在各处突然登陆，摧毁罗马的前哨，捕去许多俘虏。继而，他面临着一支罗马军队，据守着帕诺马斯（Panormus，今巴勒莫，在西西里岛西北部），他带着军队下船，占据一个鸟瞰此城市的高地。他的军队兵力太少，不能冒险与敌人决战，但是，每一次带着军队出击，必有掳获回来。他乞求迦太基元老院增援及补给，但元老院不肯花钱，命他的士兵衣食就地取补给于附近乡间。

同时，罗马舰队获得又一次胜利，但也在德莱帕那（Drepana，在西西里西部）遭受了一次严重的败绩（公元前249年）。战后双方同样精疲力竭，两国休息了9年。但在这几年当中，迦太基一无所为，完全依赖哈米尔卡的天才去应付。罗马则有一些市民主动报国，捐献了一支舰队，有战舰200艘，可运送6万名士兵。这个新舰队秘密发航，驶往西西里海岸附近的埃加迪安群岛（Aegadian Islands）海面，突袭毫无准备的迦太基舰队，获得压倒性的大捷，迫使迦太基求和（公元前 241 年）。迦太基的西西里向罗马投降，承诺赔款分 10 年交付，每年付给罗马 440 塔伦，并取消迦太基对罗马商业的一切限制。这次战争历时将近 24 年，使罗马濒临破产，罗马银币减低成色83%。但是，它也证明了罗马人不屈不挠的性格难以抵抗，而由自由人组成的罗马军队，毕竟优于只想流一点血便大发横财的迦太基雇佣军。

迦太基现在已完全被其本身的贪婪所毁。它的雇佣兵已经很久不发军饷，连那些曾在哈米尔卡麾下军纪很好的人也不例外。雇佣兵一拥入城，向政府要钱，当政府发怒而试图驱散他们时，他们就发生叛变。之前臣服于迦太基的人民，在战争期间，必须缴纳超过其忍受程度的高税，此时也加入叛军。还有利比亚的妇女，她们把珠宝卖掉，以供给叛军作经费。2 万名叛军和乱民，由一个利比亚自由民马托及一个坎帕尼亚的奴隶斯潘迪乌斯共同领导，围攻迦太基城，而这时城中几乎没有一个士兵防卫。富商们唯恐性命不保，请求哈米尔卡进行援救。哈米尔卡既爱他的雇佣兵，又爱此城，伤心欲碎，终于组织了 1 万名迦太基军队，加以训练后，便领其出击，很快便解了迦太基之围。败走的雇佣兵退入山区，把所俘的一个迦太基将军吉斯科及其他 700 官兵斩掉手足，割断大腿，然后把这些还有一息生命的受害人埋葬于乱坟中。哈米尔卡以巧妙的策略，把 4 万名叛军逼入一个峡谷中，堵住所有出口，叛军无法逃出。很快他们便开始饥饿，于是先杀掉剩下来的俘房，接着又杀奴隶为食，最后终于派遣斯潘迪乌斯出来求和。哈米尔卡用十字架钉死斯潘迪乌斯，又将几百名俘房用象踩死。雇佣兵力图冲出重围，结果被击得溃散。马托被擒，在市民鞭打之下，游街示众，最后终被处死。这次的“雇佣兵战争”（War of the Mercenaries）历时 40 个月，据波利比奥斯说，“是历史上最血腥和最邪恶的战争”。当这次战事结束时，迦太基发现，萨尔迪纳已被罗马占领了。迦太基提出抗议，罗马再度宣战。迦太基人在绝望中，加付罗马1200塔伦，并将萨尔迪纳与科西嘉割让给罗马，才得以和平。

我们想象得到，哈米尔卡看到罗马如此对待其祖国，一定十分愤怒。他向政府提请，要求给他一支军队及经费，到西班牙去重建迦太基力量，作为进攻意大利的踏脚石。贵族地主们害怕再度引起战争，反对他的计划。中等商人阶级，则因深恨失掉了外国市场和港口，都支持他。折中的结果，使哈米尔卡只得到一支中等力量的军队，他率领渡海前往西班牙，时间是公元前238年。西班牙有许多城市已在战争中背叛了迦太基，哈米尔卡一一将其收复。他招募本地人为兵，自建军队，用西班牙的矿产充作经费及装备之费。公元前229年，哈米尔卡讨伐一个西班牙部落，在一次带领军队冲锋时战死。

他营中剩下他的女婿哈斯德鲁鲍尔，和汉尼拔、哈斯德鲁鲍尔（与姐夫同名）及马果——他的三只"幼狮"。他的女婿被选为继任指挥官，他贤明地统治西班牙八年，赢得西班牙人的合作，并在银矿附近建造了一座大城，罗马人称为新迦太基（Nova Carthago，New Carthage），即今日西班牙东海岸的卡塔赫纳（Cartagena）。公元前221年，他被人暗杀，军队选举哈米尔卡的长子汉尼拔为领袖，那一年，汉尼拔已经26岁了。此前，哈米尔卡在离开迦太基之前，带着他的9岁的大儿子汉尼拔走到汉姆巴力神庙的祭坛之前，命儿子宣誓，他日必为他的国家对罗马复仇。汉尼拔宣誓说，永不忘记。

汉尼拔

罗马为什么允许迦太基人再度征服西班牙？因为罗马正为内部的阶级斗争所苦，又在亚得里亚海地区扩张势力，北方也与高卢人处于战争中。公元前232年，一位保民官盖乌斯·弗拉米纽斯（Caius Flaminius）做了格拉古兄弟土地改革的先驱，极力抵抗元老院的激烈反对，领导平民会议通过一个法案，把新近从高卢人手中得来的一些土地分给贫苦市民。罗马从公元前 230 年开始，进行征服希腊的第一步骤，先肃清亚得里亚海的海盗，占据伊利里亚海岸的一部分地区，作为保护意大利商业的进一步措施。南方及东方都已安全了，罗马便决心把高卢人逐到阿尔卑斯山外去，使意大利成为一个完全统一的国家。为获得西方的安全，罗马与哈斯德鲁鲍尔签订了一个条约，西班牙的迦太基人同意停留在埃布罗（Ebro）河以南地区。同时，罗马又与西班牙境内半希腊人的城市撒格尼图姆（Saguntum）和安普里阿斯（Ampurias）结为同盟。公元前 225 年，高卢一支大军（步兵 5 万和骑兵 2 万）南下扫荡半岛。罗马首都的居民惊骇万分，致使元老院采取以人做牺牲的人类原始习惯，在会堂前活埋了两个高卢人，以求神祇息怒。罗马军团迎战进犯的高卢军于泰拉蒙（Telamon），杀敌 4 万、俘敌 1 万，乘胜继续北上去征服南高卢全部地区。他们在三年之内，顺利完成了任务，并于普莱西阿（Placentia）和克雷莫纳（Cremona）建立了两个保护性的殖民地。于是，自阿尔卑斯山至西西里，意大利完全一统了。

　　这次胜利很不合时宜。倘若让高卢人多几年留在原地，不加讨伐，也许他们就会阻止汉尼拔的进军。可是现在呢，所有高卢人皆燃起了反抗罗马的怒火。汉尼拔看出其渴望的机会已到，几乎没有遭遇抵抗地通过高卢，且与高卢的若干部落结为同盟，共同侵入意大利。

　　这位布匿人领袖，当时已经 28 岁，正是体力与智力最旺盛的时期。他曾在迦太基人的士绅学校学习过语言、文学、腓尼基及希腊的历史。除此之外，他又随营接受军事训练达 19 年之久。他严格锻炼自己，使身体能耐劳苦，食欲有节制，保持缄默，思考客观。他跑步或骑乘都极其迅速，打猎或战斗最为勇敢。其敌国的史学家李维说：“进入战斗时他是最先一人，放弃战场时他是最后一人。”老兵都很热爱他，因为他威严的态度与锐利的目光，使他们好像看到老哈米尔卡再世了。新兵也很喜欢他，因为他穿的是与士兵一样的衣服，在安排好军队需要之前决不休息，且与士兵们同甘共苦。罗马人斥责他野蛮、残酷及没有信义，因为他夺取补给品以满足部队的需要时丝毫不受良心的谴责，而且他严厉处罚背叛者，设下许多圈套以捕捉其仇敌。可是，我们发现他时常仁慈待人，经常显示侠义风度。那位比较公正的史学家蒙森（Mommsen）说："在当时的环境之下，依照当时的国际法，所有有关他的叙述，从没有发生过不合理之事。"罗马人不打算原谅他，因为他赢得许多会战，这完全是靠他的脑筋，而不是靠部属的生命。他对罗马人的诡计、他的侦察技术、他的巧妙战略以及他的屡次奇袭，直至迦太基被消灭的时候，始终还是罗马人所无法理解的。

公元前219年，罗马的情报人员在撒格尼图姆组织了一次武装政变，建立了一个与迦太基为敌的爱国政府。撒格尼图姆人于是侵扰与迦太基友好的许多部落，汉尼拔命令他们停止行动，而遭到拒绝，汉尼拔便围攻撒格尼图姆。罗马向迦太基抗议，并以战争相威胁。迦太基回答说，撒格尼图姆位于埃布罗河南方100英里，罗马无权干涉。至于罗马与撒格尼图姆结为同盟，那是违反罗马与哈斯德鲁鲍尔所签订的条约的。汉尼拔坚持不让，继续攻城。罗马便再度宣战，他们做梦也想不到这回的第二次布匿战争会成为罗马历史上最可怕的一次战争。

汉尼拔费时八个月，才征服撒格尼图姆。他要向意大利进军，但不敢在后方留下这么好一个港口，让罗马军队在此登陆。公元前218年，汉尼拔渡过埃布罗河，正与恺撒渡过卢比肯河（Rubicon）时一样，向命运发起挑战。他有5万步兵和9000骑兵，其中无一雇佣的兵士，多半是西班牙人和利比亚人。西班牙士兵听说要越过阿尔卑斯山远征，当即逃走了3000人。另有7000人向他抗议，指出他的冒险是不可能成功的，汉尼拔也把他们释放回去了。他率军强行通过比利牛斯山（Pyrenees），尤其出乎意料的是，有一些与马赛同盟的高卢部落，抵抗得很顽强。经过一个夏天的战斗，才到达罗讷河。而在罗讷河渡河时，还发生了一次大战。当时他刚离开罗讷河，就有一支罗马军队到达了罗讷河河口。

汉尼拔率领他的军队北进，到达维埃纳（Vienne），然后才向东进入阿尔卑斯山。在他之前，凯尔特人的军队也曾越过这些山脉，倘若不是山中的阿尔卑斯各部落（Alpine tribes）与他为敌，及他的大象通过狭小而险峻的山道特别困难，他也许会像凯尔特人一样，并无多大困难便可通过。9 月初，军队登山九天之后到达最高峰，发现道路已被积雪封住。汉尼拔在这里让人及动物休息了两天，然后开始下坡行军，通过的山道比上山时更陡峻，大多道路被崩山阻塞，且常常遇到冰封的路面。有许多士兵和兽类失足翻下山去。汉尼拔替绝望的士兵打气，向他们指出，在远远的南方，就是意大利的绿野及闪烁发光的河流。他向士兵们保证，那个乐园很快就是他们的了。在阿尔卑斯山中行军 17 天之后，他们到达平原休息。由于在山中损失的人马过多，他的军队现在只有 2.6 万人了——较四个月前他们自新迦太基出发之初的人数相比，只剩下一小半。倘若内高卢人也像外高卢人那样抵抗他，汉尼拔的计划可能就到此为止了。但是，波依（Boii）人及其他高卢部落欢迎他，视之为救世主，以同盟地位参加他的军队。而最近才建立的罗马殖民，则渡过波河南逃了。

罗马面临着七年中的第二次生死存亡的威胁，元老院动员所有资源，并要求意大利各邦联合起来，以保卫其国土。罗马得到他们的协助，召集了庞大的军队，共有 30 万步兵、1.4 万骑兵及 45.6 万名预备役。此军受西庇阿指挥，罗马有许多著名的西庇阿，此人是第一个。他在提契诺（Ticino）河沿岸与汉尼拔相遇，此河是波河的支流，在帕维亚（Pavia）注入波河。汉尼拔的努米底亚（Numidian）骑兵使罗马军队大败而逃，西庇阿受了重伤，他的儿子奋勇加入作战，才把他救回（他的儿子也叫西庇阿，16 年后在扎马与汉尼拔再遇的就是他）。在特拉西梅诺（Trasimene）湖，汉尼拔又与另一支罗马军队相遇，此军有 3 万人，由保民官盖乌斯·弗拉米尼乌斯统率，且有不少奴隶买卖人随行，他们携带着手镣和铁链，希望捕捉俘虏去卖。汉尼拔以一部分兵力去诱敌，诱引罗马军队进入四围都是山林的一个平原，而汉尼拔的主力部队则隐藏在山林中。待他信号一举，伏兵齐出，四面进攻罗马军队。罗马军几乎全部被歼，包括其指挥官弗拉米尼乌斯。当时是公元前217年。

现在，汉尼拔已经控制了意大利北部。但他知道，这个意志坚定的敌人，兵力比他强大十倍。他的唯一希望，是说服意大利各邦，至少也要说服其中的一部分，起而反叛罗马。他把所俘的罗马同盟官兵一齐释放，对他们说，他这次到来，不是与意大利作战，而是要解放他们，使其自由。他行军于洪水泛滥的埃特鲁里亚地区，在那里，四天找不到一块陆地扎营。然后率军越过亚平宁山脉，到达亚得里亚海岸，作长时间的休息，使士兵恢复体力，并治疗伤患。他自己患有严重的眼疾，因为没有时间医治，一目失明。接着，他就沿着东海岸南下，邀请意大利各部落参加他的阵营，但没有一个部落响应。相反，每一座城市皆闭门拒绝，并准备战斗。他的高卢盟军，只关心其北方的家，当汉尼拔南进时，便开始逃亡。暗杀他的阴谋也很多，使他不得不时常伪装。他请求迦太基政府利用亚得里亚海港口，输送补给品及兵员给他，遭到迦太基政府的拒绝。他要求留在西班牙的弟弟哈斯德鲁鲍尔组织一支军队，越过高卢及阿尔卑斯山，与他会合。但是，罗马军队已侵入西班牙，哈斯德鲁鲍尔不敢离开这里。直到十年之后，他才前来。

罗马已经采取了阻碍政策，以对付其最顽强的敌人。公元前217年，法比乌斯（Quintus Fabius Maximus）成为独裁者，他尽量避免与汉尼拔直接交战。他相信，时候一到，侵略军必因饥饿、不和及死亡而减弱。一年之后，这种"巧妙的避战"使罗马人大为恼怒，平民会议不顾元老院的决定，也不顾前例及论理，选举米努西乌斯·鲁福斯（Minucius Rufus）同为独裁者，与法比乌斯共同指挥。米努西乌修斯不理会法比乌斯的忠告，径向敌人进军，结果落入敌人陷阱而惨败。自此以后，他才了解为什么汉尼拔会说："我只害怕法比乌斯的不战，而不怕马赛勒斯（Marcellus）的出战。"一年后，法比乌斯被罢免，罗马军队交给保卢斯（Lucius Aemilius Paulus）和瓦罗（Caius Terentius Varro）二人指挥。贵族出身的保卢斯主张谨慎，平民出身的瓦罗力主作战。与一般常例相同，谨慎论总是辩不过对方的。瓦罗搜索敌情，发现迦太基军队在阿普里亚（Apulia）的坎尼，距离亚得里亚海岸约 10 英里。罗马军队有 8 万步兵和 6000 骑兵。而汉尼拔只有 1.9 万名老兵，另有靠不住的高卢兵 1.6 万及骑兵 1 万人。汉尼拔把瓦罗引诱到一个广阔的平原地去作战，那是骑兵的理想战场。汉尼拔把高卢兵置于中央，料想他们必定败退。高卢兵果然后退，罗马军在其后跟进，这位巧妙的迦太基指挥官命其老兵包围罗马军的两翼，又命骑兵击破对方的骑兵，从罗马军团后面进攻。罗马军被包围，完全不能动弹，几乎全数被歼，死亡人数达 4.4 万人，包括保卢斯及从军的 80 位元老院的元老。有 1 万人逃往卡流苏门（Canusium），其中有瓦罗及后来绰号为"大阿菲利加"（Africanus Major）的西庇阿（坎尼之战在公元前 216 年）。汉尼拔损失 6000 人，其中 2/3 是高卢兵。这是将才的最好范例，历史上没有比这更成功的例子。这一战，结束了罗马人信赖其步兵的神话，而部署军事战术的防线达 2000 年之久。

西庇阿

这次的惨败，粉碎了罗马在南意大利的盟主权。萨莫奈人、布鲁希亚人、卢卡尼亚人、鲁图里人、克罗托纳人、洛克立人及卡普亚人都加入内高卢，归附汉尼拔。只有翁布里亚、拉丁同盟及埃特鲁里亚依然坚定如故。锡拉库萨领袖希伦二世虽然至死效忠罗马，但其继任者则宣布拥护迦太基。马其顿国王菲利普五世害怕罗马经由伊利里亚向东扩张，自动与汉尼拔结盟，并向罗马宣战。迦太基政府现在也有了兴趣，送了少量援兵和补给品给汉尼拔。在逃往卡流苏门的那些罗马残军中，有些青年贵族认为局势已经无望了，便策划着逃往希腊。

然而西庇阿认为他们的行为可耻，并努力刺激他们鼓起勇气来。罗马一个月来歇斯底里地担惊受怕，只有一小部警备部队保卫都城，以防汉尼拔来攻。高贵世家的主妇们流着泪奔往各寺庙，用她们的头发拂拭神像。有些人因其丈夫和儿子都已战死，便与外国人及奴隶同居，以免断绝香火。神显然已被冒犯了，为了重新博取神的恩顾，元老院再度批准以人做牺牲，活埋了两名高卢人和两名希腊人。

但是，波利比奥斯说："罗马人处于真正危险时，才是最可怕的……诚然，他们现在败得那么惨，他们的军誉已被毁灭，可是，凭其政体的特别优异，凭其明智的意见，他们不但恢复了意大利霸权……且在几年当中，就变成了世界的主人。"内部的阶级斗争终止了，所有各团体皆以救国为急务。虽然税额早已高到无法忍受的程度，但现在的市民，甚至寡妇和儿童们，都自动地将其私蓄交给国库。每一个能拿起武器的人，都被征召从军，包括奴隶在内。元老院对从军的奴隶许下诺言，一旦胜利到来，他们就会获得自由。士兵们则都不要薪饷。罗马准备寸土必争，以对抗这只迦太基的新狮子。

但是，汉尼拔并没有到罗马来。他认为，一旦罗马城被攻，那些依然效忠罗马的各邦皆会派军向罗马集中，他自己的军队只有4万人，实在不足以围攻罗马城。即使攻下了，又怎能守得住？他的意大利同盟者，不但不能加强他的兵力，还会削弱他的兵力。罗马及其友邦召集军队，一旦攻击这些同盟，如果没有汉尼拔的援助，他们就会向罗马屈服。他的左右责备他过于谨慎，其中一人悲伤地说："神并不把所有恩赐给予一个人。汉尼拔，你知道如何赢得胜利，却不知如何去利用胜利。"汉尼拔决定暂时等待，以俟迦太基、马其顿及锡拉库萨和他联合起来，发动多方面的攻势，以重占西西里、萨尔迪纳、科西嘉及伊利里亚，迫使罗马的势力局限于意大利。他释放了所有俘虏，唯独不放罗马人，而以他们向罗马索取赎金。罗马元老院拒绝其要求，汉尼拔就把大部分罗马俘虏送往迦太基做奴隶，其余的则照罗马的方式，命他们斗剑以娱乐士兵，有些人甚至斗死。汉尼拔攻下几座城市，然后就带着他的军队前往卡普亚冬营。

在所有他能选择的地方中，卡普亚是最愉快也最危险的地方。这个位于那不勒斯北方约 12 英里的意大利第二大城市，已从埃特鲁里亚人及希腊人那里学到了高尚的文化，也学到了邪恶的文化。汉尼拔的军队历尽艰苦到了那里，都认为在这个季节有权纵情于肉欲了。他们经过许多战役，已成为其主人心目中斯巴达式的无敌军人，然而现在却不再是无敌的了。在其后五年中，汉尼拔率领着他们，只获得一些小胜利。而罗马进围卡普亚，则使得他们的行动大受束缚。汉尼拔为解救卡普亚，进军到距离罗马数英里之处。罗马成立了 25 个新军团，总人数约 20 万人，而汉尼拔的兵仍旧只有 4 万人的限度，于是，他只好向南撤退。公元前 211 年，卡普亚被罗马军攻陷。卡普亚领袖们曾纵兵屠杀城内的罗马人，城陷之后，他们或被斩首，或自杀。其人民曾经坚定地支持汉尼拔，此时便被分别放逐于整个意大利。就在一年之前，罗马的马赛勒斯已经攻下了锡拉库萨。一年后，阿格里琴托（Agrigentum，西西里一城）也向罗马投降。

在这同一期间，罗马有一支军队，受两位老西庇阿指挥，去往西班牙，以牵制哈斯德鲁鲍尔。公元前 215 年，他们在埃布罗河击败哈斯德鲁鲍尔。然而不久，两位西庇阿皆战死于沙场，罗马军队所得又复失去。于是，他们的孩子大阿菲利加·西庇阿就被派到西班牙去，继承其父亲权力，指挥这里的罗马军队。他那时才 24 岁，比担任此职的合法年龄还差一截。但是，此时的元老院很愿放宽制度以救国家，平民会议也自动地愿意屈居元老院之下。人民都爱慕这个年轻的西庇阿，因为他不仅长得漂亮、能言善辩、智勇双全，而且虔诚、有礼及公正。他有这样一个习惯：在进行某一项事业之前，一定要到议政厅的寺庙去，与神交谈；当其胜利回来，则举行百牛大祭以酬诸神。他自信为天之宠儿，几次成功地使他这个信仰传遍各地，也使他的士兵充满信心。他很快就恢复了军队的纪律，经过长期围攻之后，终于攻下了新迦太基，把所得的贵重金属和宝石小心谨慎地缴交国库。西班牙的大多数城市皆向他投降，至公元前205年，西班牙就变为罗马的一个行省。

可是，哈斯德鲁鲍尔的主力部队却逃走了，这时候已经通过高卢及阿尔卑斯山而进入意大利。而哈斯德鲁鲍尔送给汉尼拔的信，却被罗马人截获，其战役计划因而泄漏。公元前207年，哈斯德鲁鲍尔的军队在梅陶罗河（Metaurus）与一部分罗马军相遇，尽管他指挥卓越，但还是被击败了。他看到战斗失败，与其兄相会的希望已失，于是跃入敌人阵中而死。罗马的史学家们，大概是以小说的方式告诉我们，胜利者把哈斯德鲁鲍尔的头砍下，派人南送，经过阿普里亚投入汉尼拔营中。汉尼拔深爱这个弟弟，他的死使汉尼拔精神上受到极大的打击。于是，汉尼拔带着他的日益减少的军队，撤退到布鲁提乌姆（Bruttium）。李维说："这一年，他没有作战，罗马人也不敢去惹他，虽然他的希望已经一点一点地破灭，但他的声威还是那么伟大。"迦太基派遣100艘船，载运兵员及粮食去接济他，然而一阵暴风却把那些船只吹到了萨尔迪纳。这里的罗马舰队击沉及夺获80艘船，其余20艘艰难逃回本国。

公元前205年，这位青年西庇阿刚从西班牙获胜归来，就当选为执政官。他成立一支新军，渡海前往非洲。曾经长久拒绝支援汉尼拔的迦太基政府，请求汉尼拔回援其首都。我们试想，这位瞎了一只眼睛的战士，被源源不断的敌军逼到意大利的一个角落，看到自己15年艰苦经营的事业一无所成，所有的荣誉皆归结于无益与逃亡，他将作何感想？他的军队，有一半官兵拒绝登船随他回迦太基去。据其敌方的史学家说，他害怕罗马获得那些兵员，因而杀了2万名不服从命令的官兵。他离国36年之后，又回到故乡。他一登岸，就匆匆地成立一支新军，前往扎马去面晤西庇阿（大阿菲利加）——扎马在迦太基南方50英里（时值公元前202年）。这两位将军很礼貌地会过一次面，发现无法达成协议，于是开始会战。在汉尼拔一生中，这是第一次战败。迦太基士兵大多数是雇佣兵，为罗马步兵及努米底亚国王马西尼萨（Masinissa）的鲁莽骑兵所败，遗尸 2 万于战场。这时已经 45 岁的汉尼拔，英勇战斗不减当年，亲自攻击西庇阿并将其击伤，又攻击马西尼萨，一再整编其溃乱之兵，带着他们拼命反击。当一切希望都已消失时，他避开了被俘的危险，骑马到迦太基，宣布他不再参加战争，建议迦太基向元老院求和。西庇阿（大阿菲利加）颇为慷慨，他允许迦太基保留其在非洲的帝国，但须交出所有军舰，只许保有 10 艘三列桨战舰。对于非洲内外，非经罗马同意，不得从事战争。每年须付给罗马 200 塔伦（约 72 万美元），为期 50 年。汉尼拔宣称这些条款公道，劝迦太基政府接受了。

　　第二次布匿战争改变了西地中海的面貌，西班牙及其所有财富都归罗马所有，向罗马提供了征服希腊的基金。意大利再告统一，罗马成为毫无疑问的主人，并为罗马的船只及货物打开了所有路线及市场。但是，在所有古代战争中，这次战争是成本最高的。它蹂躏或损坏了意大利农田的半数，摧毁了 400 个市镇，杀死 30 万人。这次战争削弱了民主政治，因为它显示出，大众的议会不能明智地选择将领或指导战争。这次战争改变了罗马人的生活和道德，因为农业受害而商业获益；因为把乡下人征召入营，教以战斗的残暴，而军营中又盛行男女乱交；因为带回西班牙的珍贵金属，用于新的奢侈及帝国的扩张；因为它使意大利能够依靠自西班牙、西西里及非洲榨取来的小麦为生。总之，几乎罗马历史的每一阶段，都以这次战争为转折。

　　对迦太基而言，这是灭亡的开始。既然还留下那么多商业及那么一个帝国，其民生问题当可解决。但是，其寡头政治的政府太腐败了，把每年付给罗马的赔款全部让下层阶级负担，还要从中盗用谋利。大众党于是要求隐居的汉尼拔出来拯救国家。公元前 196 年，他当选为行政长官。他提议法院的 104 位法官应每年改选一次，且非经一年间歇，不得重任，他这个提案吓坏了寡头政治的政客们。元老院拒绝这个法案，他就向平民会议提出，从而使其通过。他凭这部法律及其程序，一下就建立了相当于罗马程度的民主政治。他严惩贪污，并追究其来源。他减轻市民的过重税额，把财政管理得很好，到公元前188年，就付清了罗马的全部赔款。

寡头政治的官僚们要除掉汉尼拔，便向罗马告密说，汉尼拔正在阴谋恢复战争。西庇阿（大阿菲利加）用尽其所有影响力，以保护汉尼拔，但被反对派所压倒。元老院顺应迦太基富人之意，要求汉尼拔投降。这位老战士于夜间逃走，骑马走了150英里，到达塔普苏斯（Thapsus），再由那里乘船前往安条克（Antioch），时值公元前195年。他发现安条克三世（Antiochus III，叙利亚塞琉古王朝的国王）对于与罗马的和战问题正在迟疑不决，便建议战争，于是成为国王的参谋之一。公元前189年，罗马在美格尼西亚（Magnesia）击败安条克，所提和平条件之一是将汉尼拔交给罗马军队。汉尼拔逃走，先到克里特岛，再到比提尼亚（Bithynia）。罗马人经过搜索，包围了他藏躲的地方。汉尼拔宁死不愿做俘虏。他说："罗马人焦急已久，让我们替他们解除了吧，因为他们认为，为了等待一个老头子之死，已经付出太多的耐心了。"他随身带有毒药，随即就服毒而死，享年67岁。时值公元前184年。几个月后，他的征服者与仰慕者西庇阿（大阿菲利加）也追随他而去。

第四章 | **斯多葛派的罗马**
　　　　　（公元前 508—前 202）

　　这些所向披靡的罗马人究竟是什么样的一种人呢？是什么制度造成他们在性格与政策方面的顽强呢？——什么样的家庭与学校？什么样的宗教与道德礼法？他们怎样取之于土地，他们打造什么样的经济组织与技艺，以为他们所用？用什么财富来装备成长中的各个城市，并不断更新永无消停的军队？在他们的市街与商店方面，在他们的寺院与戏院方面，在他们的科学与哲学方面，在他们的老人与死亡方面，他们喜欢些什么？除非把早期共和国的罗马一幕一幕地看清，否则我们将不能了解其习惯、道德及思想的进化。其思想，有一个时代产生了斯多葛派的加图，稍后一个时代为伊壁鸠鲁派的尼禄（Nero），最后则使罗马帝国转变为罗马教会。

家庭

　　在罗马，生育是一种冒险。如果孩子为畸形或女孩，依其风俗容许其父亲抛弃婴儿致死。正常的男孩是受欢迎的。尽管在这个时期，实行过许多家庭限制措施，但他们还是渴望儿子。农村生活使儿童成为财产，舆论谴责无子的人。宗教更促使多产，因为它使罗马人

相信，如果死后无子上坟，他的鬼魂将受到无限的痛苦。孩子出生 8
天，就在家里的炉边举行庆祝，以表示其被家庭及本族正式接受。所
谓族（gens），是指有共同祖先的一群家庭，族人都带有始祖的名字，
举行共同崇拜，平时或战时必须互助。给男孩取的名，第一个名字是
属于孩子自己的，如普布里斯（Publius）、马库斯（Marcus）等；第
二个名字是族名，如科尼利乌斯（Cornelius）、图里乌斯、尤里乌斯
等；最后一个是家庭名字，如西庇阿、西塞罗、恺撒等。女人通常简
单地只用族名，如科尔默利娅（Cornelia）、图莉娅（Tullia）、克劳狄
娅（Claudia）、朱莉娅（Julia）等。因为在古典时代，男子所用的第
一名字，大约只有 15 个。在一个家庭中，由于许多代相传下来而重
复，混淆不清，他们便把第一名字缩写，只用第一个字母，而另行
加上第四名——甚或第五名——加以区别。例如两个西庇阿的区别
如下：征服汉尼拔的是 P. Cornelius Scipio Africanus Maior（大阿菲利
加·西庇阿），毁灭迦太基的是 P. Cornelius Scipio Aemilianus Africanus
Minor（小阿菲利加·西庇阿）。[1]

　　孩子们得完全服从于罗马制度的基本特征——族长制度。父亲的
权力差不多是绝对的，家庭好像被组织成军队的一个单位，经常出现
在战争中。共和国初期，在法律之前，家庭中只有父亲一人享有所有
权利。只有他一个人能买卖或保有财产，或签订契约。在这个时期，
连他妻子的嫁妆也属于他。如果他的妻子有犯罪之嫌，她就得听凭他
的审判和处罚。如果因为她的不贞，或窃取了他酒库的钥匙，他甚至
可以宣告她死罪。父亲对自己的儿子，有生死或卖充奴隶之权。儿子
的全部所得，法律上都变为父亲的财产。非得父亲同意，儿子不得结
婚。已结婚的女儿仍在父亲权力的控制之下，除非她已被控制在她丈
夫手中或其权力之下了。对于他的奴隶，他有无限权。这些奴隶，连

---

[1] 此例举得不很恰当，因为后者是养子，故多加一个原来的本族名 Aemilianus。此人的
　　生父保卢斯是马其顿征服者，其全名是 Lucius Aemilius Paulus；祖父即在坎尼战死的执
　　政官保卢斯，全名是 A.Aemilius Paulus。——译者注

同奴隶的妻子儿女都是他的掌中物（mancipia）。不论他的年龄或地位如何，奴隶们仍受他的权力控制，除非他自动解放他们——让他们"脱离手掌"。这些家庭父权，因习惯、舆论、族人大会及保民官法而受到不同程度的限制。此外他的父权是至死为止的，即使他疯了甚或自愿，也不能终止其父权。其效果是巩固家庭的团结，作为罗马道德及政府的基础，并建立严格纪律，使之强化罗马人性格，以拥有坚忍而自制的力量。那些家法，文字记载比施行起来更为严厉。其中最极端的规定是极少实行的，哪怕其他的也不滥用。父母与子女之间深深的自然的敬爱，家法并不限制。罗马人对坟墓的看守，也如希腊人或我们自己对坟墓的看守一样。

由于男性的迫切需要，具有魅力的女人，有比法律上所规定的更大的权利，她们在罗马的地位，绝不能以其法律上没有资格来判断。她们不许出现在法庭，即使作为证人也不可。丈夫死后，遗孀不能对她丈夫的任何产业宣称保有应得之权；如果愿意，他可以对他的妻子不遗一物。在她一生的任何年龄中，她都要受一个男人——她的父亲或兄弟、丈夫、儿子，或另外一个监护人——的保护，如果没有他们的同意，她就不能结婚或处理财产。另一方面，她可以继承遗产，虽不得超过 10 万塞斯特斯（Sesterces）（约 1.5 万美元），却能无限制地保有它。自共和国初年直到后期，有许多例子表明，女人变成了富婆，因为她丈夫把他的财产用她的名字登记，以逃避破产义务、败诉赔偿、遗产税以及其他无止境的危险。女人在宗教方面，可担任一个女祭司角色。差不多每一个祭司都必须有一个妻子，当他的妻子死后，他就不能再做祭司了。在家庭中，她被尊为主妇或夫人。像希腊人的妻子一样，她并不限制于闺房或女人住所。她和她的配偶共同进餐，虽然当他躺着时，她只能坐着。她很少做奴隶的工作，因为差不多每一个市民都有奴隶。她也会从事纺织，作为大家闺秀的象征，然而她的主要经济执掌，则为监督奴隶。但是，她必须亲自照料子女，其子女则以深爱和尊敬以报答她的耐心的母爱。而她的丈夫也罕有为了保持其法定的家长尊严而稍减其热忱的。

父亲和母亲，他们的房屋、土地及财产，他们的小孩，他们的
已结婚的儿子们，他们儿子所生的孙儿们，他们的媳妇们，他们的
奴隶及食客们（clients）——所有这些共同构成一个罗马人的家庭
（familia）：与住在一屋之内的一家并不完全相同；不完全是血缘关系
的一群人，而是归年长的男性直系尊长所有的人和物的集合体。在这
个小型社会中，包含着家庭、教会、学校、行业及政府的所有机能，
罗马的孩子们在这样的小型社会中长大，虔敬而服从，成为一个无敌
之国的刚毅国民。

罗马的宗教

·神祇

罗马人的家庭有两种性质：一是人与物的结合，一是人、物与神
的结合。家庭是宗教的中心与来源，也是道德、经济及国家的中心
与来源。其财产的每一部分，其存在的每一方面，皆在庄严亲密中
与灵的世界牢牢连接着。他们以感人的无言榜样来教导孩子们，炉中
的不熄之火，是女灶神维斯塔（Vesta）的圣迹和存在，其圣火象征
着家庭的生命与连绵不绝。因此，那炉火是永远不许熄灭的，必须以
虔诚的心来照看它，以每餐饭的一部分来滋养它。在火炉上面，孩子
们可以看到头戴花冠的小像，那是家庭诸神或鬼的代表——家神拉
尔（Lar），是田地与房屋、财富与命运的守护神，而珀那忒斯或内部
诸神，则分别在储藏室中、碗橱中及谷仓中，保护家庭的积聚。巡视
着门槛，虽看不见却很有力的，是门神雅努斯（Janus），此神有前后
两副面孔，却并无欺诈相，只是看守着每一道门的进出口。小孩们听
说，他的父亲是监护人，是一个内部监护神或生殖力的化身，其神的
权力不随身体的死亡而消失，它在父坟中必须永远被滋养。他的母亲
也是一个女神的媒介，也必须同样被当作神看待。她身上有一个朱诺

（Juno）女神，作为她生育能力的精灵，正如父亲身上有一个守护神，作为他为父能力的精灵一样。小孩本身也有一个监护神或朱诺神，作为他的监护人及他的灵魂——人身外壳内的核心。小孩们敬畏地听着，无论他在什么地方，在他身边都有他的男性祖先的慈祥影子（Di Manes）监视着他。那些祖先的狰狞面具，挂在家中墙上，警告他不要远离祖先所走的途径，并提醒他，这个家庭不仅由他这时候的少数几个活着的人所组成，还包含过去曾经是，及未来将会是的成员在内。

随着他的成长，还有其他精灵来帮助他，库巴（Cuba）监视着他的睡眠，阿比诺（Abeona）教他走路，法布利娜（Fabulina）教他说话。当他离家外出时，发现无论走到哪里，都有神与他同在。大地本身就是一个神：有时是大地女神特勒斯（Tellus），或大地之母泰拉·梅特（Terra Mater）；有时是战神马尔斯，因为这正是他所践踏并施以肥料的土地；有时是博纳·德亚（Bona Dea），即好女神，她使女人及土地多产。在农场上，每一份工作或每一个地点，都有一个神相助：波莫纳（Pomona）管果树，法乌努斯（Faunus）管牲畜，帕莱斯（Pales）管牧场，斯特库卢斯（Sterculus）管肥料堆，农神撒吞（Saturn）管播种，谷类女神锡里斯（Ceres）管收割，福尔纳克斯（Fornax）管用炉火烤玉米，火及金工神伏尔甘（Vulcan）管生火。超过范围，就统归大神忒尔弥诺斯（Terminus）管辖，他被想象存在于标示农田界限的石头或树林中，人们因此向这些木石表达崇拜。其他的宗教有时要向天空求神，罗马人也承认，天上也有很多神。但是，罗马人最虔诚的祈福是向大地，视之为他的生命之源、死后之家，及神奇的保护种子发芽之所。每年12月，他们都在十字路口欢宴，以敬拜土地神拉尔；每年正月，人们准备丰富礼品，为所有种植之物请求大地女神的庇护；每年5月，"犁兄弟"（Arval Brotherhood）的祭司们带领一个歌唱行列，沿着农田的边界，为石头装饰花环，并以牺牲的血洒在上面，同时祈祷战神保庇水果丰收。宗教可以使财产神圣化，使纠纷平息，可以通过吟诗演戏来讴歌劳工，通过信仰和希望使身体及灵魂强健。

罗马人也像希腊人一样，认为诸神并不具有人形，只简单地称他们为精灵（nurmna）。有时它们只是一些抽象概念，如健康、青春、记忆、幸运、荣誉、希望、恐惧、美德、贞操、和好、胜利或罗马。其中有一些，例如游魂（Lemures）或鬼，是掌管疾病的精灵，很难讨好。有些是季节的精灵，例如玛亚（Maia）是 5 月的灵魂。其他还有如水神尼普顿（Neptune），或住在树上的小精灵或神，例如森林之神西尔瓦努斯（Silvanus）。有些精灵是寄生于奉献动物中的，如用作牺牲的马或牛，或在议政厅中虔诚地保养着的供玩耍而不许伤害的鹅。有些是主管生育的精灵：图图穆斯（Tutumus）监督怀孕；卢西娜（Lucina）保护月经与生产；普里阿普斯（Priapus）原是希腊主管生殖的一个神，不久就移居罗马了，无论处女或已婚妇人（如果我们肯信圣奥古斯丁所说），坐在他的神像的肢体上就会怀孕。许多花园中都装饰有他的淫秽的形象。愚蠢的人佩戴他的小阴茎像，以求多子、好运或辟邪。从未有过其他宗教拥有那么多神。瓦罗推算有 3 万个神，而佩特洛尼乌斯（Petronius）则抱怨说，意大利有些城市，神比人多。但是，罗马人所谓的德乌斯（deus）含有亦圣亦神的意义。

在这些基本概念之下，潜伏着多形态的大众信仰：万物有灵论、拜物教、图腾崇拜、巫术、奇迹、符咒、偶像及禁忌。这些信仰，绝大多数都要追溯到史前时代的意大利居民，或者追溯到上古时代还在亚洲故乡的其印欧族祖先。有许多物件、地方或人，因已被神圣化，都成为禁忌，不能触及或亵渎，例如新生的婴儿、经期中的妇女及已判刑的罪犯等。人们使用几百种口头公式或小巧的机械物，以超自然的方法获得自然的结果。护身符是最普遍的，差不多每一个儿童都佩戴一种垂饰（bulla）或金符，自头上挂下来。门口或树上，挂着许多小偶像，以驱除邪神。用符咒或魔法，以避免意外灾难，治疗疾病，求雨，消灭敌军，使敌人的农作物枯萎。老普林尼说："我们全都害怕，唯恐被咒诅或魔法伤害。"在贺拉斯（Horace）、维吉尔、提布卢斯（Tibullus）、卢奇安（Lucian）诸人的诗中，都出现过女巫。罗马人相信，她们是吃蛇的，夜间飞行于空中，散播由神秘药草制成的毒药，以杀死小孩，但又能起死回生。除极少数几个人怀疑外，人们全都相信奇迹与预兆，相信会说话或流汗的偶像，相信诸神会从奥林匹斯山下来，替罗马作战，相信单数日吉利双数日不吉利，相信以奇异的事件来预言未来的事。李维的《罗马史》包含着数百个这类的预兆，是以哲学的严肃态度记录的。至于老普林尼的巨著，所记载的预兆及神奇治病的事，更是丰富。因此，他的《自然史》大可以改称《超自然史》了。最严肃的商业、政府事业或战争等，往往只因祭司宣布一种恶兆——如祭牲的腑脏畸形，或空中一阵响雷等——便延期或竟然终止了。

国家曾抑制这些过度行为，正确地说，应称之为迷信。但是，国家却又尽量利用人民的虔诚信仰，促进社会及政府的安定。它使农村的神进入都市生活，特为灶神维斯塔建造了一个国家火炉，并指派"守护女灶神的处女"（Vesta Virgins）修道院，以照顾罗马城的圣火。于是，家庭的、农村的以及乡镇的神，便发展为国家的神，并以全体市民的名义，为这些神举行一次庄严而生动的崇拜。

在这些原始的国家诸神中，最受人喜爱的是朱庇特或霍韦（Jove，朱庇特的别称），其力量远不及希腊的万神之王宙斯（Zeus）。在罗马最初数百年间，朱庇特神还只有半超人的力量——茫茫一片的空中之光，日光和月光，霹雳一声的雷电，或一阵及时暴雨。甚至在贺拉斯和维吉尔二人的诗中，偶尔也用"霍韦"一名，作为雨或天空的同义字。遇到天旱的时候，罗马最富有的女人，共同形成赤脚行列，走向卡皮托利诺丘（古罗马七丘之一），到朱庇特神庙去求雨。朱庇特之名可能是 Diuspater 或 Diespiter（天父）一词的传讹。其最初的名字或为雅努斯，而雅努斯的原始词则为 Dianus：首先是茅屋门的两面精灵，其次是城门之神，其后又转变为任何开启或开始，例如一天或一年之初。朱庇特神庙的正门只有在战争时才打开，以便于他随同罗马军队去战胜敌人的诸神。与朱庇特一样很早受人民尊敬的是战神马尔斯，最初他是耕种之神，后来变为战神，再后来差不多变为罗马的象征了。意大利的每一部落，都用他的名字作为一个月令名称。另一同样古老的神是撒吞，掌管播种的国家神。传说他是史前的一个国王，他使各部落皆受一种法律统治，教他们从事农业，在"撒吞统治的黄金时代"曾建立和平及共产社会。

权力较小而受人深爱的是罗马的一些女神。朱诺·雷吉娜（Juno Regina）是天后，是女性、婚姻、母性的保护神，以她的名字命名的6月（June），据说是结婚最吉利的月份。帕拉斯·密涅瓦（Pallas Minerva）是智慧（mens）或记忆的女神，也是手工艺与行会的女神，又是演员、音乐家及画家的女神。帕拉迪姆（Palladium，守护神）被认为是罗马安危所系，其原是帕拉斯·密涅瓦。据说，罗马原始祖先埃涅阿斯由于爱情及战争之故，从特洛伊城把此像带到罗马。维纳斯是愿望、结婚、生子的精灵。对她的奉献是在4月，那是百花开放之月。有些诗人如卢克莱修及奥维德等，都说她是万物多情的起源。狄安娜是月神，也是女人与生产之神、狩猎之神、森林与林中野生动物之神。她原是非洲的一个树木精灵，当非洲的拉丁地区归入罗马统治时才被带进罗马。在阿雷西亚附近，有内米（Nemi）湖及同名的小丛林，在那丛林中，有一个富丽的狄安娜庙，信徒们常往这里进香，他们相信，狄安娜曾在这里与第一位"森林之王"维比厄斯（Virbius）结婚。为保证狄安娜及这块土地多产，维比厄斯的继承者——全都是祭司及这位女猎神的丈夫——一个接一个都被一个精力充沛的奴隶所取代。任何一个奴隶，从丛林中的圣橡树上取槲寄生的小枝作为护符，就可以进攻并杀死担任国王的奴隶——这个习俗相传甚久，直至公元前2世纪。

自然，这些都是罗马官方正式崇拜的大神。还有些较小的国家诸神，同样受到大众崇敬：海格力斯是快乐神和酒神，他最快乐的事莫过于为一个妓女而与自己庙中的神器监护者赌博；墨丘利是商业、演说家及小偷之神；奥普斯（Ops）是女财神；贝娄娜（Bellona）是女战神；此外还有无数的其他诸神。随着罗马城统治的发展，又从外面带回好些新神（di no-vensiles）。有时候，从战败城市中，把他们的神带进罗马万神殿，作为一种征服的象征及保证，例如维爱城的朱诺，就是带着维爱城俘虏进入罗马的。反之，当某一社会的人民被迁入罗马时，也让其带着他们的神同来，以免新居民的精神道德根源被折断得太过突然。罗马人并不怀疑这些外国神的存在，他们大多数人都相信，当他们把神像带来时，神也就随同他们一同来到。许多人相信，神像就是神。

但是，其中有些新神却不是被征服者的，而是征服者的。罗马通过商业、军事及文化，与希腊文明发生接触，那些神便渗进罗马而受崇拜——罗马与希腊文化的接触，首先是在坎帕尼亚，其次是在南意大利，然后在西西里，最后是在希腊本土。罗马宗教的国神，有点冷酷和非人性，可用贡献或牺牲去贿赂他们，但诸神很少能给予大众慰藉或个人灵感。与其比较之下，希腊诸神似乎较近人性，富有冒险、幽默及诗意。罗马人民欢迎希腊诸神，为他们建庙，极愿学习其宗教仪式。官方的祭司们，愉快地收编这些新“警察”，为秩序及满足服务，把希腊诸神收入到罗马的神族，一有可能，就与最类似的本地神祇合并。远溯自公元前 496 年，就有德墨忒尔与狄俄尼索斯二神进来，被分别归属于罗马的谷类女神锡里斯和利贝尔（Liber）；12 年后，又接受了卡斯托尔与波吕克斯，而使他们成为罗马的保护神；公元前431 年，特为治病的阿波罗（Apollo the Healer）建庙，希望他能消除当时的一次鼠疫；公元前 294 年，以一条大蛇为仪式，自埃皮达鲁斯（Epidaurus）迎接希腊医神埃斯库拉庇乌斯（Aesculapius）至罗马，并在台伯河的一个岛上替他建造了一座医院庙。克洛努斯（Cronus）的被接受，实际是与农神撒吞成为二位一体，还有波塞冬与水神尼普顿、阿尔忒弥斯与狄安娜、赫菲斯托斯（Hephaestus）与伏尔甘、赫拉克勒斯与海格力斯、哈得斯与普鲁托、赫尔墨斯与墨丘利，也都成为二位一体了。借着诗歌的帮助，朱庇特升格为另一个宙斯，成为誓言的严正作证者及监护神，有胡子的道德审判之神、监督法律之神及万神之神。于是，罗马人缓缓地受着教育，准备接受斯多葛主义、犹太教及基督教的一神论信仰。

·祭司

为请求或赢得这些神祇的帮助，意大利使用一种苦心从事的僧侣。每当公共崇拜举行时，由几个祭司协会领导，每一祭司协会可自行填补其祭司空缺，但所有协会，皆须接受百人大会选举出来的一位大祭司（pontifex maximus）领导。在那些圣职协会中，会员并不需要特别训练，任何一个市民皆可以加入或退出，他们并无阶级区别，除作为国家的工具外，在政治上毫无权力。他们接受国有土地的收入以维持生活，也有奴隶供其使用。又因虔诚者的慷慨遗赠，他们渐渐地富有了。

公元前 3 世纪，主要的罗马祭司协会有九个会员。他们保存历史年鉴、记录法律、卜测预兆、供奉牺牲、每五年举行一次清除邪垢仪式以洁净罗马。在这些正式宗教仪式中，有 15 支圣火，由司火人协助那些祭司完成仪式。较小的祭司协会，有如下的特定职掌：每年新年，引领跳舞的人向马尔斯神跳一种宗教仪式的舞蹈；认可条约的批准及宣战；狼兄弟（Luperci）要在 Lupercalia 节日（意为狼节，在 2 月举行）举行奇怪的仪式；守护维斯塔处女修道院，照顾国家火炉，每日要洒埃吉里亚泉的圣水。这些穿白衣披白面纱的女尼，是从 6 至 10 岁的女孩中选出来的。她们作一次保守童贞服务 30 年的宣誓，换来的是接受许多公众的尊敬与特权。她们中如有人被发现与人发生性关系，就被处以棒打和活埋的处罚。罗马历史学家记录过 12 宗如此处罚的案件。30 年之后，她们可以自由离院及结婚，但很少能有机会结婚。

祭司协会中最有影响力的，是 9 位占卜家（augures），他们研究神的意图或意旨。其方法是:初期注视鸟的飞行[1]，后期查看祭牲动物的腑脏。在执行每一政策或政府采取战争行动之前，都要举行占卜，由政府长官主持，然后由占卜家们解释，或由腑脏视察专家解释——这种专家的占卜艺术形成，须自埃特鲁里亚回溯到迦勒底（Chaldea），而且还要往前追溯。由于祭司们有时会公开接受金钱游说，他们的宣告有时会迁就出钱买主的需要。例如，他们宣布预兆不利于哪一天的事情，而使对买主不利的立法停止；又或平民会议受了吉兆的引诱，而投票进行一次战争。在重大危机中，政府就宣言，要从《神巫之册》（Sibylline Books）获悉天意——那些书是女预言家（Sibyl）或在库迈的阿波罗女巫所记录的神谕。凭借这些方法，有时甚至派遣代表团前往德尔菲去求神谕，贵族们就能随心所欲地影响人民了。

崇拜的礼仪，其唯一目的只是向神献上礼物或牺牲，以博得神的援助或使神息怒。祭司们说，为使崇拜有效，其仪式必须用十分简洁的言词和动作来表达，也就是只有僧侣才办得到。如有任何一点做错了，全部仪式就得重来，有时甚至要重复30次。"宗教"（religio）这个词，意为以虔诚的谨慎来履行仪式。仪式的本质是一种牺牲——照字面解释是使一件东西属于神所有。在家庭中，奉献通常只是一块糕饼或一点酒，置放在火炉上面，或倾倒于炉火中；在农村中，则是初熟的水果，或一只山羊、一条狗、一头小猪；在大场合中是一匹马、一头大猪、一只绵羊或一头公牛；在最高仪式中，则须将后面三种牺牲一齐宰掉。对着被宰的牺牲物宣读神圣仪式书，使牺牲转变为接受牺牲的神，意为神的本身变成了牺牲。在祭坛上被烧掉的只有牺牲物的内脏，其余肉皆被祭司及人们所食；于是，神的力量与光荣就传递给享受的崇拜者了（人们希望这样）。有时也供奉活人为牺牲，迟至公元前97年，才通过一部法律，禁止此举。这是具有重大意义的

---

[1] augure 这个名词意为鸟传谕（aves-gero），而 auspices 意为鸟视察（aves-spicio）。原始人可能已学会凭借鸟的飞行，来预测天气。

事。本着各种不同的代人赎罪思想，一个人也可以为其国家而奉献自己的生命，像德西（Decii）所做的一样；又或像马库斯·库尔提乌斯（Marcus Curtius），他为了向愤怒的地下神祇赎罪，跳入会堂内由地震造成的裂口之内——据说，他跳下去后，裂口就闭合，一切完好如初。

较愉快的是洁净仪式，在一支军队或一个城市中，用一些农产品或一群羊进行洁净仪式。把被洁净的奉献物围成一个圈子，奉上祷告与牺牲，魔鬼的影响就被逐走，不吉利的事皆被排除。祷告词由巫师的咒文演进而成，但还不十分完美。"祈祷"（carmen）一词，意思是不仅是一首歌，而且是一种符咒。普林尼曾坦白承认，祈祷文就是一种魔法的词句。如果公式词句背诵得一点不错，且依照着由祭司编纂及保管的诸神分类簿（indigitamenta），向正确的神祷告，则所要求的一定会得到满足。如果神没有赏赐，则仪式中必有错误。还有 Vota，也就是人民为请求神的援助而奉上的誓言，也与魔法的词句相近。有时，几个大寺会履行他们的誓言。在罗马遗迹中所发现的许多誓愿，不禁使我们想起，罗马人民的宗教颇为热烈亲切，因为出于虔敬与感恩的态度，也就是与大自然中的隐藏力量有一种亲情之感及与它们完全融洽的一种渴望。相反，罗马的国家宗教则过度拘泥于形式，只是政府与诸神之间的一种法定的契约关系。当新的崇拜仪式自东方征服地带进来后，这种官方式的崇拜便首先衰微，然而乡间生动与亲切的信仰及仪式则仍在容忍与倔强中继续存在。胜利的基督教——半投降地——明智地吸取许多罗马宗教的信仰与仪式，在新的词句形式之下，在拉丁世界中，一直继续下去，以至今日。

·节日

如果说官方的崇拜失之幽晦与严格，那么其节日是可以弥补的，节日表现出人与神之间有一种较轻松的情调。一年中有 100 多个圣日（feriae），包含每月的第一日，有些月份的第 9 日和第 15 日也是。有些圣日是奉献给地下的死者的。这些圣日的仪式是一种避邪

（apotropaic），其目的在于抚慰死者使其息怒。5月11至13日，罗马各家庭都以敬畏与快乐的心情，纪念死者的灵魂。父亲从口中吐出黑豆，喊道："我以这些豆子来赎和我的……我祖先的阴魂，请走吧！"2月的两个节日，也是同样的企图与可怕的死者和解。但是，这些节日的绝大部分时间，都是饮酒狂欢的场合，在平民阶级当中，往往是性自由的。在普劳图斯的喜剧中有一个角色说道："你可以吃所有你喜欢的东西，到你喜欢的任何地方去……爱你所喜欢的任何人，只要你能不犯他人的太太们、寡妇们、处女们及自由的男孩们所说的错误。"显然，他认为仍留有广泛的选择余地。

2月15日是奇怪的狼节，为驱狼而对法乌努斯奉献：以山羊和绵羊作牺牲，而狼兄弟们——只围着一条羊皮腰带的祭司们——则绕着帕拉蒂尼山跑，向法乌努斯神祷告，请求驱逐邪恶的精灵；碰到妇人，即用藏在牺牲之下的皮带打她，使她洁净，并使其能生子；接着就把稻草做的傀儡投入台伯河内，以讨好或欺骗河神，因为在较原始的时期，河神可能曾要过活人的命。3月15日那天，穷人都从他们的茅屋中出来，像犹太人的"住棚节"（the Feast of Tabernacles）一样，在战神田野架起他们的帐幕，以庆祝新年的到来，并向安娜·佩雷娜（Anna Perenna）女神祈祷，他们年年都是这样痛饮的。单单是4月就有6个节日，最高潮是花神节（Floralia）。弗洛拉（Flora）是百花及春季女神，这个节日达6天之久。男女混杂，饮酒狂欢。5月的第一天，是善良女神波娜·狄（Bona Dea）的节日；5月9日、11日、13日，是葡萄神节（Liberalia），庆祝男性及女性葡萄神利贝尔（Liber）及利贝拉（Libera），男女成群放荡不羁而又坦然地敬礼于作为多子象征的阴茎图像；5月的最后一天，则由阿尔瓦尔兄弟领导人民，庆祝庄严而快活的生长女神节（Ambarvalia）。在秋季3个月中，农产品已经完全收好，却把神忽略了，然而一到12月，节日又多了。农神节（Saturnalia）自17日至23日，人们预祝来年播种顺利，也庆祝撒吞神（农神）的愉快而不分阶级的统治。人们互相交换礼物，且允许奴隶自由行动。奴隶与自由人之间的区别暂时取消，甚或颠倒过来。奴隶与主人并坐，命令主人替他做事，且叱责主人。主人伺候着奴隶，须等所有奴隶都吃饱了，自己才吃。

这些节日虽起源于农村，但在都市也一样受欢迎，虽历经信仰的盛衰，这风俗仍保存到公元前 5 或公元前 4 世纪。他们的节日数量很多，让人记不清，所以罗马日历的主要目的之一，就是要把所有节日列出，以提醒人民举行。在意大利早期的风俗中，祭司长须在每月初召集市民，把此后 30 天内的节日一一说明。因为有此召集，每月的第一天便有日历（Calendae）之名。在罗马人看来——现在的天主教或正统的犹太教，也还多少有点同样的意思——日历的意义，是显示祭司所列举的假日与办公日期，并夹杂着有关宗教、法律、历史、天文知识的碎片。传统说法是罗马日历创于努马国王，直至恺撒以前，罗马人的编年纪事及生活皆受其支配。此日历将一年分为 12 个阴历月份，加上复杂的闰日，平均每年有 366 天。为了补救日子过度的增加，公元前 191 年，授权他们修正闰日，但他们却利用此权力使他们喜欢或厌恶的市长延长或缩短了任期。因此，到了共和国末年，罗马日历已有三个月差错，变成了混乱与奸谋的怪物。

在早期的罗马，时间的测定仅凭太阳在空中的高度为准。公元前 263 年，自西西里的卡塔娜（Catana）带回一个日晷仪，置于广场中。因为卡塔娜在罗马南方四度，日晷仪的针面很不可靠，罗马的祭司们历时百年之久都无法作出有效的调整。公元前 158 年，西庇阿·纳西卡（Scipio Nasica）设立了一个公众的铜壶滴漏（或叫水钟），将一个月分为三个时期，称为 kalends（每月的第一日）、nones（3、5、7、10 月的第 7 日，其他各月的第 5 日）及 ides（3、5、7、10 月的第 15 日，其他各月的第 13 日）。日期的名称很笨拙，据说这三期的某一分界线的前几天，例如 3 月 12 日称为"3 月 ides 之前第四天"。每 9 日为一个 nundinae，相当于放宽的一个经济周，每逢此日，村民皆到市镇赶集。年以春天到来时作为开始，第一个月称为 Martius，是用播种之神的名字命名的；其次是 Aprilis，意为发芽；Maius，意为玛亚（Maia）神之月，或许也有增加的意义；Iunius，意为朱诺神之月，或许也有茂盛之意；再往后，便依一年的数字顺序称为 Quinctilis、Sextilis、September、October、November、December。接着还有 January，是用雅努斯神之名，February 取名于 Februa，那是用以洁净人身的魔法物。年的本身称为 annus，是一个环，其意若日，实际是无始也无终的。

·宗教与性格

这种宗教有益于罗马的道德吗？就某些方面而言，这种宗教是不道德的：它强调礼仪，暗示着神所得的报酬；这不是人们的善行，而只是礼物与仪式；至于他们的祷告，则千篇一律，都是请求物质的满足或军事的胜利。仪式给予人们的生活及土地只是一幕幕戏剧；但是，他们愈变愈多，似乎那些仪式就是宗教的本质了，而不是部分对全体一种虔敬的表示。除少数例外，诸神都是没有道德或高贵气质的可怕精灵而已。

然而，这种旧宗教却为道德律而设，为个人、家庭及国家的秩序与力量而设。在孩子们还不懂怀疑之前，信仰就把他们的性格熔铸于纪律、责任及庄严中。宗教给予家庭以神圣的约束力与支持：它对父母子女们，逐渐灌输着永恒至上的相互尊敬与孝道，它使生与死具有神圣的意义与庄严，它鼓励忠于结婚誓言，它使人对求得死者灵魂的安息成为必不可少之事，从而促进生育。在每一次战役之前，小心翼翼地举行各种宗教仪式，能提高士气，使官兵们相信，有许多超自然的力量与他并肩作战。它视法律源起于上苍，并成为宗教形式。视罪犯为天国秩序与和平的扰乱者，又使每一宣誓后面皆有霍韦神的权力存在，法律因此强大有力。它以宗教的神圣赋予公共生活的每一阶段，政府的每一行动皆以仪式及祈祷开始，把国家融于与神结合如此密切的状态中，使对神的虔敬与爱国主义打成一片，养成了狂热的爱国心，比历史上我们所知的其他社会更强烈。总而言之，宗教与家庭共同养成荣誉与责任，形成奇特的性格，这种性格就是罗马成为世界主人的秘诀。

道德

罗马人从这样的家庭生活及人与神的关系中，学到了什么样的道德律呢？罗马文学自恩尼乌斯（Ennius）到尤维纳利斯（Juvenal），把最初几代的罗马人理想化，而伤悼古代简朴美德的消逝。这一节几页篇幅，也把法比乌斯时代斯多葛派的罗马与尼禄时代伊壁鸠鲁派的罗马作个比较。但是，这个比较不能凭偏见选择证据，以致夸大不实。其实，在法比乌斯时代也有伊壁鸠鲁派，尼禄时代也有斯多葛派。

罗马历史自始至终，一般人的性道德本质上依然相同：粗鲁和自由，但与其成功的家庭生活并不矛盾。所有自由阶级，皆对青年女子要求处女贞操，并讲述一些有感染力的故事，赞扬处女。因为罗马人有强烈的财产意识，希望其妻子切实可靠，能合理地向他保证，绝不会让他的财物遗留给仇人的子孙。但是，罗马也像希腊一样，即使那么尊重人类的伪善，并不非难男人的婚前不贞。自老加图到西塞罗，我们都发现有视为合理的表示。与文明一起增加的，属于表现的机会多，属于有意的不道德的行为少。早期罗马社会，娼妓并不很多。作为高贵妻子标志的已婚妇女的外袍，娼妓是不许穿的，而娼妓的住所也只限于罗马社会的黑暗角落。迄至此时，还没有像希腊艺妓那样的受过教育的妓女，也没有奥维德诗中那么美丽的娼妓。

男子通常二十而娶，有些结婚过早的男人，不是由于"罗曼蒂克"的爱而结婚，而是为了有个终身的伴侣、有用的孩子及健康的性生活的正常目的。照罗马人婚礼中的宣言来看，结婚的目的是为了生孩子。在农家，孩子也像妻子一样，是经济财产，而不是生物玩具。婚姻通常由父母安排，有时婴儿时就定了亲。无论如何，必须经双方的父亲同意。订婚是正式的仪式，具有法律上的拘束力。亲戚们群集于酒会，目睹其订立婚约。一根花木枝梗或一根稻草，由男女双方亲属拉断，作为他们同意的表示。婚约须写成文书，须载明妆奁。男子把一个铁戒指戴在女孩左手的第四个手指上，他们相信，这里有一根神经通到心头。法定婚姻的最低限度年龄，女孩为 12 岁，男孩为 14 岁。罗马初期的法律让婚姻是强制性的。公元前 413 年，卡米拉斯为监察官时，对独身者课税，旧日的婚姻法就等于一纸空文了。

婚姻有两种形式，cum manu 者须把新娘及其所有物交给其丈夫或公公据有，sine manu 者则不用。[1]cum manu 婚姻又有 3 种方式：一种是 usus，即先须同居一年；另一种是 coemptio，即购买；第三种是 confarreatio（共食一块糕饼），那是要在宗教仪式中履行的，但只限于贵族婚姻。真正的购买婚姻很早就消失了，或是倒过来了——新娘的妆奁事实上往往是买了男人。这样的妆奁，通常皆由其丈夫处理，但当离婚或男人死后，须将其等值物交还妻子。婚礼有丰富的民间仪式及民歌。男女双方家人皆在新娘家中举行酒会，然后，就以生动而嬉戏的行列前往男家，吹奏笛子，唱结婚歌，并大开玩笑。在一个装饰着花环的门口，新郎问新娘："你是谁？"新娘答以一句热忱、平等、和谐的公式话："你是 Caius，我就是 Caia。"他抱起她跨过门槛，把屋里的所有钥匙交给她，两人的颈项同置于一个轭下，以表示同受约束的意思。因此，婚姻称为 coniugium，意为"共负同轭"。此举象征着她加入这个新家庭，从此新娘便与家中的其他男女共同崇拜家神。

"吃饼式"结婚的，离婚很难，也罕见；cum manu 婚姻，只有丈夫可以解除婚姻；sine manu 婚姻，离婚则男女任何一方皆可随意为之，不必取得国家同意。罗马史上第一个离婚记录，在公元前 268 年。有一种不大可靠的传说称，自从罗马建城以来，过去从未出现过离婚现象。依照民族的习惯，只有丈夫可以休掉其不忠或不育的妻

---

[1] 照拉丁文的字面解释，cum manu 似可译为"连带交付"式婚姻，而 sine manu 则为"不交付"式婚姻。

子。老加图说："如果你发现你的妻子与人通奸，法律准许你杀死她，无须审判。如在同样情形之下，她来捉你的奸，她连手指头也不许碰你。法律不曾赋予她这样的权力。"尽管有这些差别，还是有许多美满的婚姻。很多墓碑记载着死后之爱。有一个被尊敬的动人的女子，曾事二夫，其墓碑说：

> 斯塔蒂莉娅，你的美无法形容，你对你的丈夫是忠实的！你的第一位丈夫如能不死，他将会为你立此碑石。至于我，啊呀！这 16 年来，一直宠邀着你的纯洁的心之福，现在却失去了你。

罗马早期的年轻女人，可能没有后期的那么美丽，那位有经验的卡图卢斯相信后期的女子们"小小的两颊光滑如羊毛，还有柔软的一双小手"。或许，在那农耕岁月中，耕作与照顾家事，很快就压制了青春少女的爱情。女性的相貌多半是鼻梁小而薄，头发与眼睛通常是黑的。金黄色的头发特别受人尊敬，好像是用日耳曼人的染料染成的。至于罗马的男子，不仅外貌英俊，内涵也予人深沉的印象。受过严格的教育及多年军事生活的锤炼，他们面上的肌肉都很结实，随着其后的放纵生活，肌肉或会松弛下来。克娄巴特拉之所以爱上安东尼，一定不仅仅是爱其有酒窝的双颊。她爱恺撒也一定是爱他别的魅力，而不仅仅是爱他的鹰头隼鼻。罗马人的鼻子，也像他们的性格一样，尖而不直。约公元前 300 年，罗马才开始有理发行业，在此之前，罗马人都有蓄须及留长头发的习惯。罗马人的衣服，基本上与希腊人相同。男孩子、女孩子、官吏及地位较高的祭司们，都穿紫色镶边的袍子；男孩子到 16 岁生日时，就改穿成人的白袍（toga virilis），以象征他已有权在平民会议中选举，也有了服役军中的义务。妇女在室内，穿一种长及足部的女袍（stola），腰部下面束一条腰带，外出时，再加上一件外衣（palla）。男人在室内只穿一件简单的衬衣（tunica），外出则加上一件袍子，有时再加一件外衣。袍子 toga，原词为 tegere，意为披覆上（更像是披风），系一整块的羊毛衣，比穿者的身材宽 2 倍，长 2 倍。除将身体包裹住外，剩下来的就从左肩上撇到背后，再从右臂之下通至胸前，最后从左肩上抛到背后去。胸前的折叠处作为口袋，而右臂还是没有被覆的。

在罗马，上流社会的男子必须养成一种严肃高贵的气质，虽然这是很不舒适的，不仅罗马人民如此，此风还延及整个半岛，终至整个帝国。情感和慈心只属于私生活，在公众场合，上层阶级的男人必须坚决地像他的雕像一样。然而在其严峻沉默的面具之内，还藏着激动与幽默这种内心的蕴积，不但由普劳图斯的喜剧表现出来，而且见诸西塞罗的演讲词中。这一时代的罗马人，甚至在其私生活中也被期望过着斯巴达式的生活。豪华的衣服和桌子，曾受到监察官的谴责；甚至农民忽略了耕种，也要受加图的问责。在第一次布匿战争时，迦太基大使自罗马回去，为使富商们高兴而对他们说，罗马请他吃过饭的每一个家庭，都有同样的一套银盘；其实只是同一套银盘秘密地传递，足以使全体贵族们都有一套。在那个时代，元老院议员在议事厅中，坐的是硬木凳，冬天从未生火。

可是，在前两次布匿战争期间，罗马人的财富与豪华生活便开始了。汉尼拔在坎尼获胜后，在坎尼地区收集了许多从罗马死者手指上取下来的金戒指。而罗马的节约令也再三（由此可见其徒然）禁止华丽的珠宝、美观的衣服及昂贵的食物。在公元前 3 世纪中，罗马平民的菜单还是简单的：早餐是面包，加上蜂蜜、橄榄或干酪；午餐和晚餐是米饭，有蔬菜和水果；只有富人才有鱼肉吃。酒通常都是被冲淡的，几乎每一桌都有。饮不掺水的酒，被认为是放纵行为。在这个斯多葛主义时代，只有节日或宴会才能放松一些。那些在这种时候仍不能放松的，则变成了过度紧张，在其留给后裔的塑像中，显出精神疲劳的模样。

在这种节俭生活中，慈善的余地很少。在那个时代，客栈很简陋，且相隔很远才有一两家，所以有款待客人的风俗，作为彼此互相便利。那位富于同情心的波利比奥斯却说："在罗马，从没有人给予别人任何东西，即使他能帮助别人。"——无疑地，此说是夸大其词了。青年对老人是和善的，但一般说来，仁慈与殷勤的生活只有到共和国垂亡的时候才会出现。战争与征服铸成的道德与态度，使人常常粗鲁暴躁，杀人而无悔意，被杀而无怨言。数以千计的战俘被卖充奴隶，除非被俘者是国王或将军们。这些人常在胜利者凯旋时被屠杀或饿死。在商业世界，这些特性却呈现出较为公道的面貌。罗马人爱钱，但是，波利比奥斯（约在公元前 160 年）却把他们描述为勤勉诚实的人。这位希腊人说，希腊人无论有多少职员监视他，都不能阻止他盗用公款。而罗马人则不然，他们使用很多公款，而被发现的欺诈案件却很少。不过我们要注意，公元前 432 年，曾通过一项法律，在选举中要检查不法行为。据罗马各史学家的记载，政治廉正的高潮，是在共和国的开头 300 年间。但是，他们对于下述之人的高度赞扬，却让我们颇为怀疑。这三个人及其故事如下：瓦莱里乌斯·科乌斯（Valerius Corvus）做过 21 个辖区的地方官之后，回归田园，其贫穷一如他来自田间之初；库里乌斯·登塔图斯（Curius Dentatus）夺获敌人许多战利品，他自己一无所取；毕克托（Fabius Pictor）及其左右，从一个驻埃及大使处得来的丰富礼物，全部献于国家；朋友之间借贷巨大款项，不收利息。然而，罗马政府对其他国家，则常犯背信之罪，在外交关系上，也许帝国时代还比共和时代忠实些。但也不尽然，元老院曾拒绝共谋毒害皮拉斯国王，并将这个阴谋通知他。坎尼会战之后，汉尼拔派遣十名俘虏前往罗马，谈判另外 8000 名俘虏的赎金问题，并取得这十人的归还承诺。他们只有一个人没有回去，元老院把那个人逮捕，加以镣铐，送还汉尼拔。波利比奥斯说："汉尼拔看到罗马人那么坚决的态度与旺盛的精神，大为沮丧，他对于胜利的喜悦还不及沮丧之甚。"

总而言之，这一时代受过教育的罗马人，重秩序、保守、忠诚、有节制、虔诚、固执、朴实、重实际；乐于守纪律，不胡乱主张自由；

其服从性，就像正接受指挥训练时一样；认为政府有权调查其道德及其所得，及纯粹依照个人对国家的服务来判定他的价值，都是理所当然的事。他们不相信个性及天才。高雅的希腊人的魅力、活泼及善变的流利演说才能，罗马人全没有。他们爱慕性和意志，就像希腊人爱慕自由与智慧一样，而组织则是他们所擅长的。他们缺乏想象力，甚至不会制造自己的神话。他们能以相当的努力去爱美，却很难创造美。他们不会利用纯科学，对哲学也很怀疑，视之为古代信仰与方式的恶毒溶解剂。他们无法了解柏拉图、阿基米德或耶稣基督。但他们就是能统治世界。

罗马文字

罗马人的塑造与形成，不但靠其家庭、宗教及道德，多少也靠其学校、语言及文学，只是后者的影响较小而已。据普鲁塔克说，第一所罗马学校大约创始于公元前 250 年。李维的说法或许不准确，他描写十人团之一（《十二铜表法》制定者）所欲得的维吉尼亚少女，曾在广场上文法学校，当时的时间推早到公元前 450 年了。当时对成文法律的要求及《十二铜表法》的颁布，不禁使人想起，那时候的大多数市民都已能阅读。

教师一般都是奴隶或自由民，或由数个家庭联合雇用，教授他们的孩子，或自己创办一所私人学校，对学生的选择则来者不拒。教师教学生读、写、文法、数学、历史及服从。道德教育是最基本的，要连续不断地教导。"门生"与"纪律"差不多是相同的字眼。记忆与认字的训练，是教学生记住《十二铜表法》。海涅（Heine，德国诗人及批评家）说："如果罗马人一开始就得学习拉丁文，他们就没有富裕的时间去征服世界了。"但是，罗马人也还是要学习不规则的拉丁动词，不久又为希腊文所苦。罗马的男孩们，通过诗和散文的熏陶，自动地熟悉了他们的国家及英雄的勋业，并从那些虚构的教育性故事中接受了许多爱国课程。罗马人完全不注重体育，他们认为要想身体结实，最好是到田野间或军营中去做有用的工作，而不必将体力浪费在运动场或健身房。

罗马的语言，也像其人民一样，是重实用的、经济的及军事的，尖锐而简短。其主句和从句的搭配，由有规律的从属位置到达一个确定的目标。在印欧族中，与罗马语言有类似关系的不下上千种，大致说来，罗马语含有梵文、希腊语及古高卢人、威尔斯人与爱尔兰人的凯尔特语音调。在意象、伸缩性及复合字的即时组合方面，拉丁语要比希腊语贫乏。卢克莱修与西塞罗都曾抱怨说，罗马语词汇不够，又缺乏微妙的变化。可是，它却有声音洪亮的光彩与雄壮的力量，使其成为演说家的理想语言，而其简洁与合理的句子，又使其成为罗马法律的绝佳工具。拉丁字母源起于埃维亚（Euboea）人的哈尔基斯（Chalcis），是从库迈和埃特鲁里亚传入的。我们所知的最古老的拉丁文碑铭，是公元前 6 世纪的，其所有文字全是希腊文的形式。C 的发音与英文的 K 同，J 同 Y，V 同 U 或 W，其母音则与意大利文一样。

罗马人写字是用一根细长的金属制芦管状物（calamus），醮着墨水书写，最初是写在树叶（folia）上，英语的"folio"和"leaf"（皆为叶意）即由此而来；其后则写在树皮的内面（liber）上；也往往写在涂了腊的木片上；再后来则写在皮革上、亚麻纸上及羊皮纸上。由于拉丁文字不像其口语时时变更，其文学所用的语言与人们日常的谈话日益不同。那些和谐悦耳的拉丁文变种语言——意大利语、西班牙语、葡萄牙语、法语及罗马尼亚语——皆由粗糙而通行的拉丁语演变而来。然而，拉丁语传入罗马各行省，不是由诗人与文法家传播的，而是军人、商人及冒险家们的功劳。例如，在拉丁变种语言中，"马"被称为"caballo""cavallo""cheval""cal"等，就是由拉丁口语的"caballus"而来，而不是源于拉丁文的"equus"一词。通行的拉丁语ille（他）是一个音节，就像法语和意大利语的 il；而最后的 -s 和 -m，也如那些拉丁变种语一样，可被略去或不发音。

在共和国最初 3 个世纪中，那些罗马青年读的是什么文学呢？有些是宗教的赞美诗歌，如《阿尔瓦尔兄弟会》赞美歌等；有些是罗马古代历史或传奇的流行抒情歌；有些是关于选举、官吏、大事、预兆及假期的官方——通常是祭司的——记录。公元前 202 年，毕克托以这些档案为基础，编了一本颇负盛名的《罗马史》——却是用希腊文写的。此时还认为拉丁文不适于写散文，所以罗马各史学家都不用拉丁文写历史，直至老加图时才改变。有些是称为"saturae"的散文杂著，saturae 是供娱乐的胡言与色情的调笑的混合物，而卢基里乌斯（Lucilius，讽刺诗人）大概就是根据这些东西，替贺拉斯及尤维纳利斯创造了一种新的形式。有些是非常淫秽的滑稽文学或笑剧，通常是由埃特鲁里亚演员上演。有一些演员来自伊斯特里亚（Istria）市镇，他们被称为"istriones"，拉丁文的"演员"（histrio）即由此而来，而现代语也来源于此。此外还有以假日或赶集日为题材的一些笑剧，都是半即兴而作的粗陋作品，然而其为古今意大利喜剧储存了数以千计的剧中人物：有富有而愚蠢的父亲，挥霍无度卷入爱情的青年，被诽谤的处女，聪明、有趣的奴仆，常常以诡计骗取食物的饕餮者，以及摇摇摆摆和踉踉跄跄的小丑。这最后一种角色，得意洋洋地炫耀其华丽的补缀衣服、又长又大的裤子、大袖子的紧身上衣、剃光的脑袋。在庞贝的壁画上，我们曾看见与本杰尼罗（Punchinello）或本杰（Punch，二者皆为傀儡戏的滑稽主角）相似的角色。

约公元前 272 年，文学正式来到罗马，是由一个希腊奴隶带进来的。那一年，塔兰托被攻下后，许多希腊市民遭屠杀，李维乌斯·安德罗尼库斯（Livius Andronicus）幸免一死，却做了奴隶。他被带到罗马，教其主人及他人的孩子们学拉丁文和希腊文，同时把荷马史诗《奥德赛》译为拉丁文的《农神史诗》（*Saturnian verse*）——那是松弛而不规则的韵律诗，依重音押韵，而不是依音调。奴隶地位被解除后，他受营造司的委任，为公元前 240 年的一次比赛制作一部悲剧和一部喜剧。他仿照希腊的形式编制二剧，既当导演又担任主角。伴随着一支笛子而唱，直至唱到嗓子哑了，接着他继续演下去，以哑嗓唱诗——其后罗马有许多戏剧都仿效他的方法，而哑剧的产生也是受此影响。罗马政府对这次文学戏剧的产生十分高兴，为尊崇安德罗尼库斯，特许诗人有集会结社之权，且让他们在阿文蒂诺山上的密涅瓦神庙中开会。自此之后，在公共节日演出这样的现场剧，成为一时的风尚。

在这次历史性的第一次公演五年之后，有一个来自坎帕尼亚的退役军人纳维乌斯（Cnaeus Naevius）演出一部喜剧，剧中以阿里斯托芬式的自由（Aristophanic freedom）讽刺当时在首都罗马所盛行的政治滥权事件。纳维乌斯此举使保守派人士大为震惊。贵族们提出控诉，纳维乌斯锒铛入狱。他道歉后获得释放，又写了另一部讽刺剧，其尖锐性一如他的第一部戏，又被罗马禁止。在老年的放逐生涯中，他的爱国主义热情并不消减，写了一本关于第一次布匿战争的史诗，他参加了那次战争。此诗集从特洛伊难民创建罗马写起，其中有一主题及几节专写维吉尔。纳维乌斯的判罪有双重不幸：喜剧的活力与创作力受了伤害，因为制定了一种检查制度，把诽谤罪定为死刑；而罗马的政治，也就失去了民意批评的洗涤。纳维乌斯还曾根据罗马历史，写过一出歌剧。自此之后，罗马的悲剧便徒劳地盘旋于已被他人收获过的希腊神话园地中。纳维乌斯的作品只留下极少的片断，可借以透露其性质。有一节描写卖弄风情的女郎，原文如下：

> 她好像在一群观众围绕中玩球，很轻快地由此处跳跃到彼处。她的话、她的眨眼、她的满不在乎和拥抱，一切的一切，都好像对每一个男人而发。时而紧握着手，时而脚踏一下。她环顾四周，两唇张开，好像请人去吻她。有时唱一句，有时又以手势代替语言。

这使我们愉快地看到，那时候的罗马女人也和现在一样有魅力，而罗马人也并非全是"加图们"（保守派），在门廊暗处之下，甚至美德也会暂时休息。

除基本的算术及以几何学划分农田或筹建寺庙外，在罗马市民的教育或训练中，科学此时还没有引起任何重视。孩子们用指头计算，一个伸出的指头为 1（Ⅰ），一手全伸为 5（Ⅴ），两手一块伸出为最高数字的 10（Ⅹ）；其他数字是这个符号（伸一指头）的重复表示，像 2 或 3（Ⅱ、Ⅲ）；多于或少于 5 或 10 的数字，则用前置法表示 4 和 9（Ⅳ、Ⅸ），用附加法表示 6 和 12（Ⅵ、Ⅻ）。由此手算便出现了十进制，便是根据十（10 个指头）的部分或复数构成的。罗马人的几何学，在建筑及工程方面都应用得很好，然而对于希腊人已有圆满成就的几何学定理，罗马人不尝增加过一条。我们没有听说罗马人有天文学，如果有，也只出现在谬误的日历记载中，以及颇为兴盛的日历"姐妹"或"母亲"——占星学中。

迄至公元前 3 世纪，罗马的医学大都限于家庭草药、巫术及祈祷等，只有神能治病。为使治病确实有效，每一种病皆有一个特定的神——好像现在求助于专家一样。为对付罗马四周平原的蚊子，他们求佑于菲波里斯（Febris）和梅菲提斯（Mephitis）两位女神，好像迄我们这个世纪为止的罗马人的祈求一样。求诊的神庙与圣水，和今天一样普遍。埃斯库拉庇乌斯（从希腊请去的药神）寺是最忙的宗教医疗中心，这里有饮食节制及水疗法，其平静的四周环境，静静地举行的日常祈祷与安静的崇拜仪式，再加上医生的实际协助、熟练亲切的笑容，一起恢复病者的信心，而取得显然神奇的效果。但在公元前 500 年间，罗马也有许多奴隶医生和庸医，其中有些人也做牙医，因为《十二铜表法》禁止用黄金殉葬，只有在牙齿间镶金线是许可的。公元前 219 年，我们听到罗马出现了第一个自由人医生，是希腊伯罗奔尼撒人，名叫阿卡加索（Archagathus）。罗马贵族们对他的外科手术感到很满意，元老院赐他一个官邸，并让他享受这个城市的自由。其后，由于他的"解剖与燃烧癖"，得了个屠夫（Carnifex）的绰号。

自那以后，希腊医生纷纷前往罗马，在罗马行医成为希腊人的专利。

土地的垦殖

在那几百年间的罗马人，是不大需要医药的，因为他们在农村或军中的积极生活，使他们保持着健康和强壮。他们之于陆上，正如希腊人之于海上一样强大。他们以土地为生活基础，在地上建造村镇，作为农民及其农产品的集聚之所；在地上组织军队及国家，以准备防御及扩张领土；把他们的诸神想象为生活在地上和滋养大地的空中精灵。

在我们所能远溯到的罗马最古老的时代，就有了私有财产。但是，也有一部分土地为公地（ager publicus），通常是由征服而取得，是属于国家的。共和国早期的农民家庭，每家有 2—3 英亩土地，全家人从事耕种，偶尔也有个别奴隶，他们靠其农产品过着节俭的生活。他们睡在稻草上，很早就起床，脱去上衣，在从容不迫的牛后面从事犁种。牛粪用作肥料，牛肉则用于宗教奉献及节日的食物。人的遗弃物也用来肥田，在帝国之前，意大利还极其缺乏化学肥料。农业的科学手册，是由迦太基及希腊输入的。农作物以谷类和豆类轮流栽种为主，耕地也定期地改为牧地，以防土地肥力耗尽。蔬菜和水果种得很多，是主要食物，仅次于谷类。大蒜已经成为大众喜好的调味品。有些贵族家庭的名字，有一部分就是由他们传统上爱好的蔬菜而来：伦图利（Lentuli）、卡皮欧内斯（Caepiones）、法比（Fabii）三名是由扁豆、洋葱和豆子而来。无花果、橄榄及葡萄的种植，渐渐代替了谷类和蔬菜的种植。橄榄油在食物中代替牛油，在洗澡时代替肥皂；又可用作火炬和油灯的燃料，还是头发与皮肤所需油膏的主要成分。在地中海夏季的干风和烈日吹晒之下，这种油膏是必需品。绵羊是他们喜好的牲畜，因为意大利人喜欢羊毛衣服。猪及家禽养在农家的围院内，差不多每一家庭都有一个花园。

战争改变了农村土地的状况。农民放下犁头，拿起剑来从军，有许多人或被敌人杀死，或被市镇所诱，永不再回田野；另外有许多人发现其田园被军队所毁，或因无人照顾而荒芜，没有勇气去重建；还有许多人，则因累积的债务而破产。那些人把他们的土地低价卖给贵族或农业资本家，后者把小农场合并为大农场（latifundia），使种植谷物的广大土地变为畜牧地、果园或葡萄园，以战俘奴隶为人力，由一个监工监督，那监工往往也是一个奴隶。大地主们不时骑马前来看看他们的产业，他们不再亲自动手工作，而是住在罗马城内或郊区的别墅中，成为一个遥领地主。这种改变过程，在公元前 4 世纪即已开始，到前 3 世纪末，乡间便产生了负债的佃农阶级。在罗马首都，则产生了毫无财产的最下层阶级（proletariat）。他们的愤怒不平，势将毁灭农民辛苦所建的这个罗马共和国。

工业

意大利土地矿产很贫乏——这一事实，可在意大利经济与政治史上大书特书。金完全没有，银也很少，铁的供应却相当不错，也有一点铜、铅、锡及锌，但因数量稀少，不足以支持工业的发展。在帝国中，所有矿产皆为国有，并租给私人去经营，他们利用数以千计的奴隶替其卖命而大获利润。他们使用青铜机械多，用铁的时候少，只有最佳和最新的矿场，才装备绞车、起重辘轳及有链吊桶，那是阿基米德及其他人在西西里和埃及建立起来的，主要燃料是木头。所砍的树木，也用来建造房屋、船只和家具。一英里复一英里、十英里复十英里，森林逐渐向山边退缩，甚至退缩到树木的界限线。最繁荣的工业，是在坎帕尼亚的武器与工具制造业。除武器与陶瓷外，并没有工厂。制陶工人不仅制造碟子，也制造砖瓦和管筒。在埃特鲁里亚及其他地方，陶器工人仿照希腊产品的式样，学习制造精巧的陶器。早在公元前 6 世纪，纺织工业虽仍由家中的女儿、太太及奴隶们忙着纺纱，但在打样、准备及亚麻与羊毛的染色等方面，则已成长到超过家庭工业的阶段。自由或非自由的织工，都集合在各个小型工厂中。其产品不但供应当地市场，也供应出口商业。

非供应当地消费的工业生产，因运输困难而大受阻滞：道路不畅、桥梁不安全、牛车太慢、客栈少、强盗遍地皆是。因此，多选择运河及河流为交通要道，而沿海的城市则多仰仗海上的输入，而不靠内地的货物。可是，公元前 202 年，罗马人已修筑了三条大道，称为"执政官大道"（consular roads）——之所以有此称呼，是因为每一条路皆以修筑该路的执政官或监察官之名为路名。这几条公路是仿照波斯及迦太基公路式样建造的，但在耐久性及强度方面，很快就超过了前者。三条公路中最早的一条是维亚拉蒂纳（Via Latina），约公元前 370 年开始修筑，可使罗马人前往阿尔邦山。公元前 312 年，阿庇乌斯·克劳狄乌斯利用数千罪犯劳工，开始修筑罗马与卡普亚之间的通道。稍后，又延伸至贝尼文坦、韦诺萨及塔兰托。此路长 333 英里，把意大利两岸连接起来，向东与希腊及东方通商，再加上其他道路的辅助，使意大利成为一个完整的国家。公元前 241 年，监察官奥勒留·科塔开始修筑奥勒留路，自罗马经比萨、热那亚至安提贝。公元前 222 年，盖乌斯·弗拉米尼乌斯开始修筑弗拉米连路，通往阿里米努姆。大约与此同时，又开始修筑巴莱里亚路，使台布尔与科菲尼乌姆连结起来。慢慢地，形成了庞大的公路网：艾米利安路从阿里米努姆向北爬坡，经博诺尼亚、穆蒂纳至普拉森提亚（公元前 187 年）；博斯图米安路将热那亚与维罗那连接起来（公元前 148 年）；还有波皮利亚大道从阿里米努姆起，经拉韦纳至帕多瓦（公元前 132 年）。在其后一个世纪中，公路更向外伸展出去，自意大利至约克、维也纳、塞萨洛尼迦及大马士革，与北非海岸相连。凭借那些公路，罗马能迅速调动军队、传递情报、传播风俗及思想，使帝国受到护卫，得以统一，并获得生机。那些公路变成了伟大的商业交通线，对意大利及整个欧洲的人口与财富的增加贡献巨大。

虽然有了这些公路，但意大利的商业始终没有东地中海那样繁荣。高阶层人士以轻蔑的眼光看待贱买贵卖的事，把商业让给希腊人及东方人的自由民去经营。至于意大利乡间，则仅对偶尔举行的商品展览会及九日一次的市集，就已经感到满足了。外商到意大利来的也不多。海上运输很冒险：船只很小，用帆或桨每小时只能行驶 6 英里，且须紧靠着海岸航行，自 11 月至来年 3 月间风浪尤大，船只大部分时间都是胆怯地停留在港内。迦太基控制着西地中海，大希腊的各地君主又控制着东地中海，海盗也定期倾巢而出、抢劫商船。台伯河口永远是淤泥充塞，封锁住罗马的港口奥斯蒂亚（Ostia），这里曾因一次暴风而沉没了 200 艘船。不但如此，台伯河水流湍急，船只溯河上行至罗马，运费不能补偿劳工及成本。约从公元前 200 年起，船只开始停泊在普特奥利（Puteoli），那是一个在罗马以南 150 英里的地方。从这里到罗马，货物皆经陆运。

为便于国内外贸易，必须建立一种由国家保证的货币及度量衡制度。直至公元前 4 世纪，牛仍然是交易媒介，因为牛有普遍的价值，又容易移动。随着商业的发展，约公元前 330 年，粗制的铜块被当作金钱使用。拉丁文的铜字是 "aes"，"estimate"（评价）一词，原先为 aes tumare，意思是评定铜的价值。价值的单位为阿斯，意为 1 磅重量的铜；而 "ex-pend"（用钱）这个字的原意则为称取。约公元前 338 年，由国家发行一种铜币，上面常刻着牛、羊、猪的像，所以称为 "pecunia"（pecus 为 "牲口"）。第一次布匿战争期间，据普林尼说："共和国无法满足需要，只好把一个阿斯减为两盎司的铜，靠着这个计划，节省了 5/6 的成本，公债便因此而得到清偿。"到公元前 202 年，再降低为一盎司。公元前 87 年，为筹集 "社会战争"（Social War）经费，再减为半盎司。公元前 269 年，曾铸造两种银币：1 第纳瑞斯（denarius）等于 10 个阿斯的铜币，也相当于后期贬值的大希腊形式的雅典银币（Athenian drachma）；而 1 塞斯特斯（sestertius）则代表 2.5 个阿斯，或为 1 第纳瑞斯的 1/4。公元前 217 年，第一次出现三种罗马金币，称为奥瑞（aurei），其价值分别等于 20、40、60 个塞斯特斯。但是，那时候贵重金属很少，因此，其购买力要比今天大几倍。且不管尼禄以前的物价波动，把罗马的各种货币与 1942 年的美元的实际价值相比，大致估定为 1 阿斯等于 6 美分、1 塞斯特斯等于 1.5 角、1 第纳瑞斯等于 6 角，1 塔伦（6000 第纳瑞斯）等于 3600 美元。

这种有信誉的货币发行，促进了金融行业的发展及运用。古老的罗马人以寺庙作为他们的银行。而罗马这个国家直至末年，还是把建筑坚固的神庙作为公款的储藏所，其所依据的理论可能是宗教的顾忌或可使盗贼胆寒。放款是很古老的一种营业，因为《十二铜表法》曾禁止年息高于 8.33%。法定的利率曾一再降低，公元前 347 年降为 5%，公元前 342 年竟降至 0，可是，这种亚里士多德学派的禁令很容易逃避，因此，实际的最低利息平均为 12%。高利贷（高于 12%）很盛行，而债务人或宣告破产，或通过立法机构以解救其累积的债务。公元前 252 年，政府采用一种很新式的解救方法：把借款人所提出的保证偿付的抵押品接管过来，一方面又劝告接受抵押品者降低利率。邻近广场有一条街，变成了银行区，经营放款与货币兑换业的商号林立。为筹措工商企业或航务的经费，可以土地、农作物、有价证书及政府契约为担保，向那些商号借钱。他们以联合贷款代替工业保险，不由一个银行家去单独冒险，而是由几家联合起来提供资金。股份制公司的存在，主要是为了履行依监察官命令而发出的政府合约。他们收集资金的方法，是用小额股份（partes 或 particulae）的方式，向人民售卖股票或公债。这种参与公共或国家企业的人们，被称为"公众"（publicans），他们的公司在第二次布匿战争时，为陆海军提供补给及运输物资，曾作出巨大贡献——也不完全没有欺骗政府的企图。担任这些企业的指导者，大部分是商人，只有一小部分是自由人。还有一种称为商人（negotiatores）的人，是拿自己的基金来经营的，但政府的事业皆不由他们经手。

工业操持在独立的手工艺人手中，他们在各自的商号中工作。他们当中大多数都是自由人，已获自由与未获自由的奴隶比例与日俱增。劳工的差别很大，其产品销往市场，不是直接供应各个主顾。奴隶们的竞争，降低了自由工人的工资，从而使住在贫民区的最下层阶级生活更苦。在这些工人中，罢工是不可行的，也很罕见，但是，奴隶们常常起来反抗。公元前 139 年的所谓"第一次奴隶战争"（First Servile War），实际并非第一次。当大众的不满情绪激烈时，就必须找出一些理由来发动战争，从而使普遍就业。滥发贬值的货币，转移人民的愤怒到外国仇人身上；赢得战争，则敌方的土地可以解救罗马人民；不幸而败亡，则其怒气已被敌人接收去了。自由工人各有工会或基尔特（guilds，拉丁文称 collegia），但是，这种组织很少关心工人们的工资、时间及工作环境。传说创建这种组织或使其合法的人是努马国王。不管怎样，公元前 7 世纪，已有了笛手、金匠、铜匠、漂布工人、鞋匠、陶工、染工及木匠的组织。在上古世界中，最普遍的是演员与音乐家的联合协会，二者合称为"酒神艺术家"（Dionysian Artists）。到公元前 2 世纪，我们又发现厨师、皮革工人、建筑工人、青铜合金工人、铁匠、绳索工人及织工的基尔特。这些组织很可能也与其他基尔特一样古老。这些工会的主要目的，只是为了社交的愉快，其中有许多同时又是互惠社会，以支付会员的丧葬费用。

国家不但要管制基尔特，罗马的经济生活有许多方面都要管制。矿业及其他政府特许或合约发包的企业，其经营皆受国家的监督。国家自外进口粮食以发给贫民或所有申请者，只收微薄的价格，借以平息平民阶级的激愤。国家对各种专利者课以罚金，又因专卖盐者提高盐价，超过工人阶级的购买力，于是使盐业国有化，从而结束了盐的专利。其商业政策是自由的：自从征服迦太基后，西地中海对所有商业开放，它所保护的乌提卡及稍后保护的得洛斯岛皆以各地作为自由港，允许货物免费进出。不过也有很多次，禁止输出武器、铁、酒、油或谷物。它也定下关税，绝大多数输入罗马的产品一般课以 2.5%

的税，后来又把这种温和的关税扩大到其他城市。直到公元前147年，整个意大利国家还征收财产税（tributum）。总而言之，其财政收入是适度的，也像其他文明国家一样，财政的主要用途是战争。

罗马城

借着税收、战利品、赔款及自外涌进的人口，到公元前202年，罗马已成为整个地中海地区最重要的城市之一。公元前234年的人口调查显示，有27.0715万市民——自由的成年男性。大战期间，人口大减，其后复增。公元前189年，人口为25.8318万，公元前147年，人口为32.2万。据估计，公元前189年，这个城邦国家的总人数约有110万，其中可能有27万人住在罗马城内。卢比肯河以南的意大利约有500万居民。移民包括被征服国的人民、外国移民及被解放的和被授予公民权的奴隶。到尼禄时代，罗马的人口一半是本地人，另一半则无所不包。

两个主要的十字街把罗马城区分成几个区，每个区各有行政官吏和守护神。各区交界处，重要者建有小教堂，次重者则竖有交叉处之神（Lares Compitales）的神像——这一风俗迄今还可以在意大利看到。大多数街道都是土路，有些则铺上取自河床的小圆石，和今天地中海的许多城市一样。约公元前174年，监察官开始将熔岩块铺上主要大道的路面。公元前312年，阿庇乌斯·克劳狄乌斯建造了第一条水道，把活水引入城内。在此以前，城内完全依靠泉水、井水及台伯河的浑水为生。有了从储水池管导进来的水，贵族们开始每星期洗澡一次以上。击败汉尼拔之后不久，元老院便开办了第一个市营浴室。不知何时所建的那条大排水道，由罗马或埃特鲁斯坎工程师所建，其巨石筑成的大拱门，可容一辆满载干草的马车通行。此外，还加建了好些较小的排水沟，以排放罗马四周及侵入罗马城的潮水。城中的垃圾及雨水，从街边的渠沟流往下水道，最后流入台伯河——该河的污染，是罗马人的永恒问题。

此城的点缀，差不多只以寺院为限。房屋全依照前面说过的埃特鲁斯坎人的朴素式样，唯一例外就是外部用砖墙或泥灰墙，还有增进识字能力的标志，墙上常被涂鸦弄污，所写的东西，严格地说都只是流浪人所作的诗或散文。寺庙都是用木材建筑的，加上赤褐土的覆盖和一些装饰物，全是仿照埃特鲁斯坎人的式样。奉祀朱庇特、朱诺、密涅瓦三神的一个神庙，是建在卡皮托利诺山上；狄安娜神寺则在阿文蒂诺山上；在公元前 201 年以前，除此二寺之外，还有朱诺、马尔斯、雅努斯、维纳斯、胜利、幸运与财富、希望等诸神之寺。公元前 303 年，画家法比乌斯在卡皮托利诺山上的健康神寺中，绘制了一些壁画，在他的氏族之上加上一个毕克托的姓。在罗马的希腊雕塑家们，为罗马诸神及英雄们制作了好些赤褐土像、大理石像及铜像。公元前 293 年，他们在朱庇特神殿上树立了一个巨大的朱庇特神铜像，远在 20 英里外的阿尔邦山上都能看见。约在公元前 269 年，营造司建了一个女狼铜像，稍后，又有些艺术家在其上面加了罗慕路斯、雷穆斯兄弟二人的像。我们不知道这是否是西塞罗描绘的群体，或是其中之一与现存的《首都之狼》（*Wolf of the Capital*）为同一作品。但无论如何，这个铜像使我们获得了一个最高级的杰作，毫无生机的金属使每一块肌肉和神经都活现了。

贵族们通过绘画与雕像庆祝胜利，并荣耀家世。一般地，人们则以音乐、跳舞、喜剧和运动比赛自娱。意大利各道路上及家中，都被独唱或合唱的歌声萦绕着；男人在酒会中歌唱，男孩与女孩们在宗教行列中唱赞美诗；新娘与新郎被赞美歌护送着；葬礼上也是歌声不绝。笛子是最受大众欢迎的乐器，七弦琴也有很多爱好者，它变成了抒情的最好伴侣。当大假期（great holidays）到来的时候，罗马人群集于大竞技场或露天运动场上，在阳光之下活跃，而那些被雇的人、俘虏、罪人或奴隶，则在奔跑跳跃，或者最好的是相斗至死，以娱观众。有两个大大竞技场：一个叫大竞技场（Circus Maximus），据说由第一个塔奎尼乌斯王所建；另一个叫弗拉米纽斯竞技场（Circus Flaminius），公元前 221 年所建。这两个竞技场是免费的，所有自由人，不分男女，只要能及时进去，找到座位就行。剧场的开支最初由国家负担，稍后则由营造司的官吏们自己掏腰包；到共和国后期，则常由执政官候选人出钱。由于费用不断增加，到了最后，事实上它已变成贫民求官的障碍了。

在罗马的壮观活动中，最上流的当是一位战胜将军的正式凯旋（triumph）。足以当此荣耀的将军，必须赢得杀敌 5000 以上的战役。运气不好的将军，所赢战役没有消灭那么多敌人时，则只能接受一次群众欢呼——没有公牛为其庆祝，只用一只羊代替。凯旋式的欢呼行列在城外编成，将军和他的军队到达这个群众行列前，必须放下武器，接着便通过一个凯旋拱门入城——这种凯旋拱门后来已成 1000 个纪念碑的式样了。凯旋行列的进行，以喇叭手领先；在其后面，是代表攻占城市的塔或游行车，以及表示胜利者功绩的种种图画；再往后是满载金银、艺术品及其他战利品的马车，隆隆地前行。在马赛勒斯的凯旋中，最令人难忘的是所盗取的锡拉库萨雕像（公元前 212年）。阿菲利加·西庇阿于公元前 207 年凯旋时，展示了 1.4 万磅银子；公元前 202 年第二次凯旋时，又展示了 12.3 万磅银子；前者得自西班牙，后者得自迦太基。继此之后，有 70 头白色公牛跟着，像哲学家那么悠然自得地走向死亡；其次是所俘敌人的头目们；再次是持棒清道的小吏们、竖琴乐队、奏笛队及持香的人群；其后是乘坐在一辆华丽战车上的将军本人，他身穿紫袍，头戴金冠，拿着一根象牙杖、一根作为胜利象征的桂树枝，佩戴一个霍韦神（朱庇特）的徽章。可能还有他的孩子们，与他同乘一辆战车。战车两旁骑马的是他的亲属们，后面则跟着他的随从人员。最后跟进的是士兵们，有些人携带着他们所得的奖品，每人都戴着帽子，有些人赞美其长官，有些人则嘲笑其长官。因为这是不可侵犯的一种传统，在这短短的仪式中，军中之言，百无禁忌，借以提醒胜利者勿为赞美所误，以致败亡。这位将军来到朱庇特神庙，进入朱庇特、朱诺、密涅瓦三神之庙，脚踏神像之足，献上牺牲的动物，通常还要下令杀死所俘的首领，作为特别感谢。这是特为鼓励军事野心及酬劳军事努力而巧妙设计的一项庆祝仪式，因为男人的虚荣只对饥饿与爱情让步。

身后事

战争在罗马人的生活中最富戏剧色彩，然而在罗马历史的篇幅中，战争却不是那么引人注目的角色。更令我们注意的，或许还是以其家庭及家室为中心的"他"的存在。当他年老时，对于扰攘世界的每日新闻，已是无动于衷。在他余生中的大事，不再是政治或战争，他所关心的是儿孙的生育与结婚的酒会，所忧虑的则是死亡。

罗马的老年人，并没有各个时代中常使人生黑暗的被遗弃的孤寂。青年照顾老人的责任绝不成问题，老人至死为止，凡事皆由他首先考虑，并保有最后权利。在他死后，只要还有一个男性后裔存在，他的坟墓就一定有人祭拜。葬礼也像婚礼一样，是经过周详准备的。葬礼行列以雇用的一队哀泣的妇女领先，她们有组织地歇斯底里，曾被《十二铜表法》禁止，不许她们撕断自己的头发；接着是笛手队，其人数被类似希腊《梭伦法》（Solonic Law）限定为十人；其次是舞蹈者，其中有一人扮演死者，跟在其后的是组成奇怪行列的演员们，他们佩戴着死者祖先的面具或蜡像，那祖先是做过官的；其次是死者的尸体，载在像凯旋车那么华丽的车上，穿着他平生最高官阶的华美礼服，舒适地躺在棺椁中，上覆紫色而绣金的床单，四周放着他所杀敌人的武器与披甲。棺车后面是死者的儿子，皆穿黑衣，戴面罩，女儿则不戴面罩；再后面是他的亲戚、族人、朋友、食客及自由人。葬礼行列在广场停下来，其一子或一个亲属宣读一篇颂词。即使仅仅为了那么一次葬礼，人生也不虚此行了。

在最初几百年中，罗马的死人是火葬的。这时，一般用埋葬，虽然仍有一些顽固的保守派人士宁愿火葬。无论在哪一种情形之下，其遗体或骨灰皆葬于一个坟墓中，那坟墓就变成了祭坛，其虔敬的子孙定期前往献花或一些食物。罗马也像希腊及远东一样，借着祖先的崇拜，相信其灵魂依然活着并监视着子孙，从而使道德和社会得到安定。在大希腊化的罗马神话中，如果死者是伟大善良的，那么他将前往伊利西亚之野（Eysian Fields）或福岛（the Islands of the Blessed）。但是，几乎每个人死后都要降到地下，进入奥尔库斯（Orcus）与普鲁托的阴森冥国。普鲁托是罗马型的希腊冥界之王哈得斯，用木槌为武器把死者的灵魂打昏。奥尔库斯是一个妖怪，它把已被打昏的尸体吃掉。因为普鲁托是地下诸神中最受赞扬的一个，又因土地是财富的最后来源，且常靠其积聚粮食与货物而繁荣，所以他又被视为富人及财阀之神而受人崇拜。他的妻子珀尔塞福涅，是锡里斯迷失的女儿，也被奉为谷物发芽的女神。有时，罗马神话中的地狱，被想象为一个惩罚的地方，但大多数时候，皆被描写为人死后模糊影子的居所。那些影子受过奖惩之后，已经无法分辨彼此，平等地忍受着永恒黑暗及无名之苦。卢奇安说："在彼处，人们终于找到民主。"

第五章 | 希腊的衰亡
（公元前 201—前 146）

征服希腊

公元前 214 年，马其顿国王菲利普五世与汉尼拔结为同盟，以共同对付罗马。他当时希望所有希腊城邦会统一起来支持他，杀掉那个日益强大的西方年轻巨人。但是，希腊境内忽然散播起一种谣言，说他正在计划着：如果迦太基胜利，他就借着迦太基人的援助，征服整个希腊。结果，埃托利亚同盟（Aetolian League，希腊西部几个城邦的联合）签订了一项协约，愿意帮助罗马对抗菲利普，而聪明的罗马元老院，在尚未派遣西庇阿（大阿菲利加）远征非洲之前，就利用菲利普的沮丧，说服他接受单独的议和（公元前 205 年）。但是，元老院永不忘记这个屈辱，扎马的战争刚取得胜利，就开始计划对马其顿的复仇了。元老院认为，在一个狭小的海面上，有一个那么强大的国家在背后，罗马永远不能安全。当元老院提议战争时，公民大会加以拒绝。有一位保民官指责贵族们寻求战争，以转移对国内不幸的注意。元老院指责他们怕死，缺乏爱国心，反对战争的声浪很快就沉默了。公元前 200 年，弗拉米努斯（T.Quinctius Flamininus）率兵渡海，进攻马其顿。

弗拉米努斯是一个 30 岁左右的青年，当时西庇阿手下有一个大希腊化的集团，他就是这派内的一员。经过谨慎的兵力布局，他在库诺斯克法莱（Cynoscephalae）遇上菲利普，当即将其击溃（公元前 197 年）。接着，他使正在苦难中经受折磨的菲利普变成一个破产与衰弱的国王，并让全希腊自由。此举不但震骇了地中海所有国家，也震骇了罗马。元老院中的帝国主义派提出抗议，但在那短短几年内，元老院正由自由派支配。公元前 196 年，希腊人正在伊斯米亚（Isthmian）举行竞技大会，弗拉米努斯的传令官到会场宣布希腊完全自由，不受罗马约束，不受马其顿约束，不进贡，甚至不被驻军。群众欢声雷动，据普鲁塔克说，"欢声响彻云霄，竟使竞技场上的飞鸦被震骇得坠地而死"。为消除世界对于这位罗马将军的诚意的怀疑，他以撤兵回意大利作回应。这是战争史上光辉的一页。

但是，一次战争常常又带来另一次战争。埃托利亚同盟因其附庸的希腊城邦皆被罗马解放而痛恨罗马，便请求叙利亚的塞琉古国王安条克三世再次解放这个已被解放的希腊。安条克也因在东方获得一些轻易的胜利而自大起来，正想将权力扩张至西亚全部地区。帕加马（Pergamum，今土耳其亚洲西部的马尼萨，Manisa）惧怕他，便向罗马求援。元老院派西庇阿和他的兄弟卢修斯（Lucius），带着罗马的第一支军队踏上了亚洲土地。公元前 189 年，他们与敌军在马格尼西亚（帕加马首都）相遇，罗马军获胜，也从此开始了对大希腊东方的征服。罗马军队继续北进，又将威胁到帕加马的高卢人逐回加拉太（Galatia），因此赢得所有伊奥尼亚希腊人的一致感激。

但是，欧洲的希腊人却没有那么愉快。罗马军队虽然不占领希腊土地，可是，他们现在却从东西两边包围了希腊。罗马已使希腊自由，然而却是有条件的，即战争及阶级战争皆应停止。对于希腊人的城邦国家而言，没有战争的自由是一种新奇的体验和苦恼的生活。上流阶级的人渴望对其邻邦玩弄权术，穷人则抱怨罗马处处支持富人、压迫穷人。公元前 171 年，菲利普五世的儿子珀修斯嗣位为马其顿国

王，就已安排与塞琉古四世及罗得斯岛结为同盟，号召希腊起来与他
共同对抗罗马。三年后，在坎尼战死的执政官之子保卢斯在皮德纳
（Pydna）击败珀修斯，摧毁了马其顿 70 座城市，并俘房珀修斯，使
罗马的大凯旋增光不少。罗马对罗得斯岛的惩罚，是把它的亚洲附庸
城市解放，并在得洛斯岛建了一个竞争性的港口。有 1000 名希腊领
袖，包括史学家波利比奥斯在内，被带回意大利做人质，那些人在那
里度过了 16 年的流亡生活，死了 700 人。

在其后十年中，希腊与罗马的关系已经变为公开敌对了。希腊
的各对立城邦、党派及阶级，纷纷向罗马元老院请求支持，并给予干
涉的理由，于是希腊实际上已成为罗马的附属地，尽管名义上是自由
的。在元老院中的西庇阿党，现在已被务实派压倒，后者认为，希
腊境内不可能有持久的和平或秩序，除非将其完全置于罗马统治之
下。公元前 146 年，罗马分别在迦太基和西班牙作战，亚该亚同盟
（Achaean League，在伯罗奔尼撒半岛西北部）各城邦突然宣布一次解
放战争，这一运动被贫民领袖们控制着，使奴隶们恢复自由并加以武
装，宣布所有债务延期偿付，承诺土地再分配，于是战争又加上了革
命。当穆米乌斯（Mummius）带着罗马军队进入希腊时，发现希腊人
民四分五裂，而毫无纪律的希腊军队则不堪一击。穆米乌斯焚毁了科
林斯，屠杀了他们的男子，把女人与小孩卖充奴隶，并把所有能够搬
运的财富与艺术品都带回罗马。希腊和马其顿变为罗马的一个行省，
在罗马总督统治之下，只允许雅典和斯巴达享有其自己的法律管制。
希腊从此在政治史上消失达 2000 年之久。

罗马的改变

罗马帝国一步一步地成长，然而清醒的计划者不多，而被环境
和国境安全的日益降低所迫者很多。公元前 200 年在克雷莫纳、公元
前 193 年在穆蒂纳，先后两次经过浴血奋战，罗马再度征服了内高

卢，把意大利国境推进到阿尔卑斯山。西班牙被从迦太基手中夺了过来，这次必须牢固控制，以免再被迦太基争取过去。此外，西班牙有丰富的铁、银和金子。元老院向其征收很重的年贡，取其金银块或金银硬币；而罗马派驻西班牙的总督们，也为其离家一年而随意取得补偿。因此，米努齐乌斯（Quintus Minucius）做过短短的一任西班牙总督之后，就带回罗马3.48万磅银块及3.5万第纳瑞斯。西班牙人被征兵至罗马军队服役，由西庇阿（小阿菲利加）带领去攻打努曼第亚城（Numantia）的军队。公元前195年，各部落爆发广泛的叛乱，马卡斯·加图凭其非常正直的态度将其平定，他的正直使人回想起日渐式微的罗马种族昔年的光荣美德。公元前179年，格拉古以同情的态度调整统治策略，以适应当地人民的性格与文化，使那些酋长都变为他的朋友，又将土地分给贫民。但是，他的继任人之一卢西乌斯·卢库卢斯（Lucius Lucullus）于公元前151年违背他所订的条约，对那些臣服的部落无理地攻击，甚至不惜制造一个借口，而使数以千计的西班牙人或被屠杀，或被奴役。公元前150年，加尔巴（Galba）伪订条约，承诺分给当地人土地，诱致了7000名当地人到他营中。当他们到达时，加尔巴派兵把他们包围起来，或逼充奴隶，或加以屠杀。公元前154年，卢西塔尼亚（Lusitania，今葡萄牙）各部落发起了反抗罗马的16年战争。他们中出了一个很能干的领袖维里亚图斯（Viriathus），他身材魁伟、坚忍、勇敢、高贵，生就一副英雄气概。在八年中，罗马前往讨伐的军队一一被他击败。最后，罗马收买刺客，把他暗杀了。在西班牙中部造反的塞尔蒂韦瑞亚人（Celtiberians，塞尔蒂韦瑞亚人与西班牙半岛土著的混血种）在努曼第亚城内，忍受十五个月的围城，甚至以死人为食，最后（公元前133年），西庇阿终于逼使他们因饥饿而投降。一般说来，罗马共和国的西班牙政策是残酷和欺诈的，其结果是得不偿失的。史学家蒙森说："以那么多背信、残酷和贪婪来从事的战争，是历史上绝无仅有的。"

从各行省掠夺回来的财富，徒增官吏的中饱私囊，终于引起革命，毁灭共和。迦太基、马其顿及叙利亚所支付的赔款，每一战场所俘的大量涌进罗马的奴隶，征服内高卢及西班牙时所夺得的贵重金属，取自安条克三世及珀修斯的四亿小银币（共 6000 万美元），屋尔索（Manlius Vulso）在亚洲各战役中取得的 4503 磅金子与 22 万磅银子——所有这些收获以及其他横财，顿使罗马的有产阶级在半世纪之内（公元前 204—前 146 年）从小康之家一变而为富爵王侯。士兵大掠归来，满囊的金银币与战利品。意大利内部，通货倍增。首都罗马的不动产业主不出力，又不动脑筋，财富却增加了 3 倍。在商业繁荣中，工业却落后了。罗马并不需要自制货物，它拿举世的金钱，购买举世的货物。公共工程空前扩张，使那些依靠国家合约为生的"公用事业承包人"大增财富。任何一个罗马人，只要有一点钱，都买他们公司的股份。银行家获利而生意繁荣。他们吸收存款、支付利息，办理支票兑现，代顾客记账、放款及借款，自行投资或经管投资，靠那无情的高利贷自肥。正由于此，杀手（sector）与放款人（moneylender）变成了同一个词。罗马成为金融与政治中心，而不是工商业中心。

有了这么多财富，罗马贵族及上层的中等阶级，以飞快的速度，从斯多葛的简朴生活一跃而为恣意奢华。在老加图（公元前 234—前 149 年）的一生中，他目睹这种改变直到完成。家庭越变越小，而房屋越变越大；家具与开销与日俱增；为购买巴比伦地毯、镶有象牙或金银的睡椅，以及在桌椅上、女人身上、马具上闪烁发光的宝石与贵重金属，所付的代价很大。随着体力消耗的减少与财富的增加，旧日的简单食谱不见了，代之而起的是大鱼大肉、山珍海味及各种调味品。在社交场合，舶来食品是绝不可少的；巨富们一席蚝肉，要花费1000 个小银币；一桶进口鳗鱼，价值 1600 个小银币；一瓶鱼子酱要付 1200 个小银币。在奴隶拍卖台上，好厨子要出很高的价。饮酒之风大盛，要用大杯，最好是金杯。酒很少冲淡，有时全不掺水。元老院通过节约令，限制宴会及衣服的费用，但是元老院议员们自己都不理会这些条例，所以没有人肯遵行。加图伤心地说道："市民们皆不听善良的忠告，因为肚子没有耳朵。"个人明知故犯地背叛国家，儿子背叛父亲，女人背叛男人。

女人的地位通常总是随着社会财富而提高的，因为当肚子吃饱之后，人们就忘了饥饿而开始追求爱情。娼妓繁荣起来了。同性恋因与希腊及亚洲的接触而受到鼓励。有许多富人，以1塔伦购买一个娈童。加图抱怨说，一个姣好的男孩，其代价高过一个农场。但是，女人并不逊于这些希腊和叙利亚入侵者。渴求美人者大有人在，妇女们已经垂手可取财富了。化妆品已成为必需物品，从高卢输入的肥皂，可使日渐灰白的头发染成赤褐色的鬓发。富人以昂贵的衣服首饰装饰其妻女为荣，使妻女成为他财富的宣告人。甚至在政府中，女性角色也有增加。老加图喊道："所有别处的男人，皆统治女人，只有我们罗马人例外。罗马男人统治着全世界所有的男人，却又被我们的女人所统治。"公元前195年，罗马的自由女人公然走进广场，要求撤销公元前215年的《奥比安法》（*Oppian Law*），此法禁止女人戴金饰和穿过度鲜艳的衣服，或乘坐兵车。加图预言，如果此法撤销，罗马就会毁灭。李维记下了加图的一篇演说，使每一代人都可以听到：

> 如果我们每一个人，过去都能在自己家中，保持丈夫的利益与权威，今天就不会有女人的麻烦。现在一切事情是这样，我们的行动自由，在家中已被女性专制所毁，而在此会堂之内，现在也被粉碎及践踏了……请记住，关于女人的一切条例，是我们祖先定下来限制她们放肆，并使她们服从丈夫的。现在所有这些条例具在，你们还很难使她们听从。如果你们答应她们，除去这些禁令……并使她们与丈夫处于平等地位，你们想想看，你能受得了吗？从她们与你平等之日起，她们就将是你们的主人了。

妇女们把加图轰下了台，她们坚持立场，直至此法令被撤销。加图以监察官的身份图谋报复，对欧庇乌斯所禁的物品课以 10 倍的税。但是，潮水已经泛滥，他终于无法扭转。其他不利于妇女的法律，被撤销，或被修改，或者根本被置之不理。获胜的妇女，得以自由管理其嫁妆，得以与丈夫离婚，甚至发生了毒死丈夫的事，而且她们怀疑在这都市人口拥挤及帝国战争频繁的时代，女人生孩子不是明智之举。

到公元前 160 年，加图与波利比奥斯已记录下人口减少、国家已无法召集像对付汉尼拔时的大军的情况。新一代的罗马人，继承着世界主人的地位，却没有时间或根本不愿保卫国家。罗马地主阶层中的随时准备好从事战争的特性，现在已经消失。土地所有权集中于少数几个家庭中，与乡间毫无关系的最下层阶级，充塞于罗马各贫民区中。男人只在被委托代理投票时很勇敢，在竞技场中看到流血比赛就会害怕，在酒会中他们雇用斗士替他们打架。刚完工的那些学校，向男女开放，男孩和女孩们在学校学习唱歌、弹七弦琴，举止优雅。上层阶级随着道德的松懈，态度变得更文雅了。下层阶级的态度仍旧粗鲁有劲，娱乐常常使用暴力，说话很随便甚至猥亵。我们于此嗅到了普劳图斯的韵文形式的粗豪气息，也就了解了为什么他们厌倦了泰伦斯。公元前 167 年，有一队笛手故意在一次凯旋式中开音乐会，观众强迫他们把表演改为拳赛。

日益扩大的中产阶级，则毫无阻碍地受着重商主义的支配。他们的财富不再基于不动产，而基于商业投资或管理。旧道德和少数加图派无法防止这种新的流动资本体系成为罗马人生活的基石。每个人都渴望金钱，每个人都以金钱状况来判断别人或被别人判断。承包商的欺骗日甚，以致许多政府财产——例如马其顿的矿场——不得不放弃了，因为承包商剥削工人，欺诈国家，无所不用其极，以致企业债务多于利润。至于特殊阶层（如果我们相信罗马史学家所记——但我们是不应相信的），他们过去认为荣誉高于生命，现在也采纳新道德，分享新财富；他们不再想到国家，念念不忘的只是阶级及个人的特权与额外津贴；他们接受礼物或慷慨的贿赂，而偏袒某人或某些国家，并觅取种种现成理由，对富有国家而不是对强大国家发起战争。贵族们在街头公开付钱给平民，要求他们投自己一票。官吏们盗用公款是常事，而他们被检举则很罕见。当国家的官吏有半数参与违背条约、劫掠同盟国及各行省时，还会有什么人能处罚盗用公款者？加图说："偷窃民家者结果是锒铛入狱，偷窃社会者结果是穿紫袍戴金冠。"

然而，元老院的威望空前地增高了。它通过两次布匿战争、三次马其顿战争，使罗马成功。它曾向罗马的所有敌人挑战并一一加以击败，曾赢得埃及的屈从友好，曾夺得那么多的世界财富，以致在公元前146年，意大利免除了直接税。在战争与政策的多次危机中，它曾篡夺公民大会及官吏的许多权力，然而胜利批准了它的篡夺行为。公民大会这一机构，被帝国弄得可笑之至。元老院的主要组成人员是圆滑的政治家与胜利的将军们。那些现已屈从元老院统治的骚乱的人们，本应该激烈地抗议：那些能够在罗马出席公民大会的人，就可以包办决定他们的事情。民主原则是自由，战争原则是纪律，二者互相排斥。战争要求高度的智慧与勇气，迅速决策，一致行动，即刻服从。战争频仍，民主的劫运便注定了。依照法律，只有百人大会才有宣战媾和之权，然而因为有指导外交关系的权力，元老院时常可使事情做到某一程度，使公民大会实际上毫无选择余地。元老院控制着国库及所有公款支出。又因法律规定，所有重要的审判案件，皆必须从元老院议员名单中选择审判官，元老院又控制着司法制度。法律的制定与解释，皆掌握在贵族阶级手中。

在这个贵族政治中，有一种支配寡头政治的家族存在。直至苏拉以前，罗马的历史都是一些家族的记录，而不是一些个人的记录；没有伟大的政治家出现，在国家的高级官吏中，所出现的只是一代复一代的同一名字。自公元前233年至公元前133年的200位执政官中，有159人属于26个家族，100人属于10个家族。在这期间，最有权

势的是科尼利家族（Cornelii，即西庇阿家族）。从公元前218年在特
里比亚河（Trebia）战败的西庇阿开始，经过他的儿子即击败汉尼拔
的大阿菲利加·西庇阿，到后者的养孙、公元前146年毁迦太基的小
阿菲利加·西庇阿，罗马的政治史及战争史大部分都是这个家族的故
事。而毁灭贵族政治的革命，也由西庇阿（大阿菲利加）的两个孙儿
格拉古兄弟开始。扎马战役的胜利，使西庇阿声望很高，各阶级一致
尊崇他。曾有一个时期，罗马准备无论他想做什么官皆予以批准。但
是，公元前187年，当他偕同弟弟卢修斯自亚洲战场回来时，加图派
要求卢修斯把安条克给他的赔款列出明细，这笔钱由卢修斯运回罗
马。西庇阿拒绝让他的弟弟答复，并且在元老院之前，把原记录撕得
粉碎。卢修斯在公民大会前接受审判，并被判定盗用公款罪，但因西
庇阿的女婿格拉古使用保民官的否决权，而使卢修斯免于处罚。轮到
传讯西庇阿受审时，他打断审判程序，带领大会人员前往朱庇特神
庙，去庆祝扎马周年纪念。再度传讯时，他拒绝服从传讯，退居利勒
努姆（Liternum）他的农庄中，一直住到死去，也没有人去打扰他。
这种政治上的个人主义的出现，与商业和道德方面个人主义的增长
完全吻合。这个罗马共和政体，不久就被不受约束、有能力的伟人
毁灭。

　　这种贵族政治与这个时代的特色，是他们唤起了对美的欣赏。与
意大利、西西里及亚洲的希腊文化相接触，罗马人不仅熟悉了豪华
的设备，也熟悉了古典艺术的最高作品。罗马征服者带回了世界著
名的绘画与雕像，雕镂金属的杯子与镜子，以及昂贵的纱织品与家
具。当马赛勒斯用盗回的锡拉库萨雕像装饰罗马广场时，老一代的人
大为震骇。他们不是为窃取而抱怨，他们抱怨的是那些"懒惰"和
"无益的谈话"，因为那些一向勤劳的市民现在居然放下工作，去"查
看及批评那些微不足道的东西"。福尔维乌斯（Fulvius）从安布拉西
亚（Ambracia）的皮拉斯珍藏馆中拿走了1015个雕像。保卢斯从希
腊取走艺术宝藏，作为他解放希腊的一部分报酬，传说他在罗马凯旋

时，这些艺术品装满了 50 辆兵车。在 200 年间，还有苏拉、威勒斯
（Verres）、尼禄及 1000 名其他罗马人，皆曾做过同样的事情。被剥光
了的希腊人，为罗马人提供了精神的衣服。

被这些入侵的作品所压倒，意大利艺术放弃了其原有的品质与风
格，除一个特例之外，完全向希腊艺术家、主题及形式投降。希腊的
雕刻家、画家及建筑师们，循着这个最伟大的黄金路线，移居罗马，
慢慢地就使他们征服者的首都大希腊化了。罗马的富人开始采用希腊
方式，围绕着开阔庭院建筑大宅，用希腊的廊柱、雕刻、绘画及家具
为装饰。寺庙改变得比较慢，以免得罪神祇。寺庙的建筑，仍受矮内
院高围墙的托斯卡纳式的支配，然而因奥林匹亚诸神定居罗马渐多，
它们的居所按照希腊的纤细方式设计。可是，罗马艺术虽得自希腊的
提示，但在一个重要方面，则以不凡的方法与力量，来表达坚定的
罗马精神。在凯旋门、装饰辉煌的纪念碑、长方形会堂（basilica）以
及下水道的建筑方面，罗马建筑师们用拱门代替了楣梁。公元前 184
年，加图建造了石墙的波西亚会堂（Basilica Porcia）。五年后，保卢
斯建造了第一座艾米利亚式样的会堂（Basilica Aemilia），这会堂历经
许多代人，一定由其后裔重修及美化过。[1] 典型的罗马会堂是为处理
事务或法律而设计的，一个很长的长方形，内部两排廊柱将其分隔为
本堂与通道，屋顶通常采用有天花板的桶状的拱圆形——发展自亚历
山大城。由于本堂高于西边的通道，在每一个通道上方都有一个由石
块交叉砌成的格子棚式的天窗，以吸纳新鲜空气。当然，这也是中世
纪教堂的内部主要形式。有了这些大型建筑物，罗马就在建筑堂皇
和坚固方面得享盛名，甚至在它不再为世界首都之后，仍是杰出的
城市。

---

[1] 罗马长方形会堂原是大希腊人用拱门所建的波斯王宫及埃及的多柱形大厅，在公元前 3
世纪，得洛斯和锡拉库萨皆曾有过这样的建筑。

新神

在这随意改变的时代，旧神祇何以自处呢？显然，贵族以至大众的点滴怀疑，已汇集成为一条溪流了。这是难以理解的，一种仍信仰其古代众神的人民，如何能够接受那么喧哗热闹的喜剧——在那些喜剧中，普劳图斯不论其有何借口，总是仿效希腊的方式，他开玩笑地使朱庇特神为阿克梅娜（Alcmena，希腊女神）做工，又使墨丘利神变为小丑。甚至连非常渴望保存旧方式的老加图，也为两个占卜师的能力而惊叹，当此二人（指喜剧中扮占卜师的演员）相遇时，他终于忍不住笑了。这些占卜预兆的人为政治奸谋所贿赂，由来已久。奇异的事与征兆结合、图谋，以形成民意，人民的投票被借宗教之名的欺骗所取消，而宗教也已允许把剥削转变为神圣之事。那是一个不祥之兆，波利比奥斯在罗马最高阶层中生活了 17 年之后，约公元前 150年所写下的，好像罗马的宗教只是政府的一个工具：

> 据我判断，罗马帝国最显著、最卓越的特性，是它宗教的本质。这件事，在其他国家中是被谴责的对象——那就是迷信——然而使罗马国家保持团结的也正是这个。这些事情披上华丽的王袍，贡献于公众及私人的生活中，达到那么高的程度，绝没有别的宗教能与其媲美……我相信，罗马政府是为了一般人民之故而采取这种做法的。倘若能由智人组成一个国家，此举也许并无必要；然而，由于群众都是多变的，充满着不想守法的念头、不合理的冲动及暴烈的愤怒，所以必须借着不可见的恐怖与宗教的壮观庆典来加以压制。

波利比奥斯也许能用近来的几桩事情，自我证明其说法的合理，那些事情所表现的趋势是：尽管有普劳图斯和希腊哲学，迷信仍然独霸。当坎尼惨败之后，罗马城似乎处于对汉尼拔毫无防御的状态，极易激动的人们陷于风声鹤唳中，叫道："我们要祈求什么神来拯救罗马呢？"元老院为平息骚动，先用人作牺牲，接着又向希腊诸神祈祷，接着又用希腊人的宗教仪式向所有神祇祈祷，不分罗马神或希腊神。最后，元老院决定，如果政府不能阻止迷信，就应加以组织和管制。公元前205年，元老院宣称，《神巫之册》载有预言，如能将大神母——赛比利（Cybele）女神的一种形式——从皮希拉斯（Pessinus）接到罗马来，汉尼拔就会离开意大利。帕加马国王阿塔卢斯（Attalus）同意了，大神母化身的那块黑石就用船运到罗马的奥斯蒂亚港，到了那里，即由大阿菲利加·西庇阿率领一队品德高尚的夫人们前去迎接，举行了动人的仪式。载运此女神化身的船在台伯河的淤泥里搁浅，维斯塔修道院的修女克劳狄乌斯娅以其不可思议的贞女之力把它解开，溯河拽至罗马。于是，那些高贵的夫人们每人依次轮流抱石，以庄严的行列把它带到胜利之神寺内；大神母化身所过之处，虔诚的人民都在他们门口焚香膜拜。元老院此时才知道，这个新神必须有一些自阉的祭司服侍，不禁大吃一惊；这些祭司终于找到了，但是，不许其他的人和他们在一起。自那个时候起，每年4月的大神母节，罗马人皆举行庆祝，首先是一片悲哀，其后是一片欢笑。这个女神是植物之神，据传说，她的儿子阿提斯是秋季和春季的象征，不幸死了，进了地狱，然后又起死回生。

就在同一年（公元前205年），汉尼拔离开了意大利，元老院便自我赞美处理这次宗教危机的成功。但是，对马其顿的几次战争，打开了通往希腊及东方的大门；战争结束后，士兵带着东方的战利品、思想及神话归来，而希腊和亚洲的俘虏、奴隶、难民、商人、旅行家、运动员、艺术家、演员、音乐家、教师及演说家们，也随之如潮水般涌来；这些移民又带来了他们自己的神。罗马的下层阶级很高兴地知道了狄奥尼索斯酒神，知道了俄耳甫斯（音乐之神）与欧律狄刻，知道了能带来神的灵感与极度兴奋的一些神秘仪式，也知道加入神秘的组织，该组织能启示复活之神，并允许崇拜者永生。公元前186年，元老院很感苦恼，因为听说有不少人采用了狄奥尼索斯酒神的崇拜仪式，他们举行夜间酒神会来庆祝，他们的秘密，已使谣言——所谓无节制的饮酒性交狂欢——变成了事实。李维说："男人所做的荒唐事比女人多。"可能要把谣言变为历史，他又加上一句："无论何人，凡不肯同流合污者……就成了被害人而牺牲了。"元老院制裁这种崇拜仪式，逮捕7000名信徒，有数百人被处死。在罗马对东方宗教的长期战争中，这是一次暂时的胜利。

哲学的到来

希腊人征服罗马的方式，是将宗教和喜剧给予罗马的平民，而将希腊的道德、哲学和艺术给予上层阶级。希腊人用这些礼物、财富合谋，腐蚀罗马人的信仰和性格，这是大希腊人对其征服者长期报复的一部分。希腊人的征服，在罗马人的哲学中到达了巅峰，其过程是自卢克莱修（Lucretius）的禁欲式享乐主义（Stoic Epicureanism），到塞涅卡（Seneca）的享乐式禁欲主义（Epicurean Stoicism）。在基督教神学中，希腊人的形而上学战胜了意大利诸神。君士坦丁堡开始兴起，初与罗马相匹敌，其后又成为罗马的继承者，这是希腊文化的胜利。当君士坦丁堡陷落时，希腊的文学、哲学及艺术又在文艺复兴期间，再度征服了意大利及欧洲。在欧洲文化史上，这是主流，所有其他文化皆是支流。西塞罗说："自希腊流入我们城市的不是一条小溪，而是文化与学问的一条巨川。"从此之后，罗马的精神、艺术、宗教生活，皆为大希腊世界的一部分。[1]

希腊的文化入侵，在罗马各学校及演讲厅中，找到了战略进攻之所。罗马人常称希腊人为 Graeculi（意为"小希腊人"）。可是，随着

---

[1] 贺拉斯在其题为《陈腔滥调》（"now–trite"）的诗中说："被征服的希腊，俘虏了她野蛮的征服者。"（Graecia capta ferum victor em cepit.）

罗马军队自东方归来，这个小希腊人的水流高涨了。许多在罗马人家中做奴隶的小希腊人，变成了教师；有些文法家则在罗马创建了第二级教育（中等教育），开办学校，教授希腊文及文学；有些修辞学家或私人教授，或公开讲演，以教授雄辩之术、写作及哲学。罗马的演说家都以吕西阿斯、埃斯基涅斯及狄摩西尼的演说词作为自己演讲的范本——连反希腊主义者老加图也是如此。

这些希腊教师，少有宗教信仰，皈依宗教的则更少，其中有一小部分人跟在伊壁鸠鲁之后，走在卢克莱修之前，把宗教描写为人类生活中的最大邪恶。贵族们看到暴风将起，努力加以阻止，公元前173年，元老院驱逐两个伊壁鸠鲁主义者出境，公元前161年又下令"不许哲学家和修辞学家留在罗马"。然而暴风并未停止。马拉斯的克雷迭斯（Crates）是帕加马王家图书馆馆长，他是一个斯多葛派哲学家。他在公元前159年出使罗马，因断了一条腿而留在那里；当他逐渐复原时，发表了几次演说，讲文学和哲学。公元前155年，雅典派遣三大哲学派的领袖，以大使的身份前往罗马，这三个人是卡尼阿德斯（Carneades），正统派或柏拉图主义者；克里托劳斯（Critolaus），逍遥学派或亚里士多德派；第欧根尼（Diogenes），有"塞琉西亚城的斯多葛"之称。他们的到来，给予罗马的刺激犹如1453年基利索洛拉斯（Chrysoloras）带给意大利的一样强烈。卡尼阿德斯讲雄辩术，口若悬河，青年们每天都前往听他演说。他是一个彻底的怀疑主义者，怀疑所有神的存在，他辩称，好理由可为坏事辩护，也如其可为好事辩护一样——这是迟来的柏拉图向斯拉西麦卡斯（Thrasymachus）屈服。当老加图听到这件事后，他便在元老院提议遣返这些大使们回国。他们都被放逐了。然而，罗马新一代的人，已尝到了哲学的酒味；自此之后，罗马富家子弟都渴望前往雅典与罗得斯岛，以其旧的信仰交换新的怀疑。

希腊文化的真正征服者，还是在罗马赞助大希腊文化与哲学的那几个人。弗拉米努斯在进攻马其顿及解放希腊之前，就很喜欢希腊文学了。他在希腊看到其艺术和戏剧，感受很深。我们应相信罗马人所说，他们有一些将军，了解波里克里托斯与菲狄阿斯、斯科帕斯（Scopas）与普拉克西特列斯，他们因为很重视其作品，所以把它盗取回来。保卢斯战胜了马其顿国王珀修斯，得到很多战利品，而他为自己保留下来的只有国王的图书，那是留给其子孙做遗产的。他命令诸子学习希腊文学和哲学，以及罗马人的下棋和战争艺术。他自己只要有时间，也和孩子们一起学习这些。

保卢斯在世时，他最年幼的儿子就被他的朋友收养了，这位朋友就是大阿菲利加·西庇阿之子——科尼利乌斯·西庇阿（P. Cornelius Scipio）。依照罗马的习惯，这孩子要用养父的名字，加上自己生父的族名；因此，他的全名是科尼利乌斯·西庇阿·艾米里安（P. Cornelius Scipio Aemilianus），而我们此后也就把他叫作西庇阿（小阿菲利加）了。他长得英俊而健壮，生活俭朴，谈吐温和，重感情，慷慨大方；特别是非常诚实，尽管所有迦太基战利品皆经其手，当他死时，只留下33磅银子和2磅金子；他过的是士兵生活，不是富人生活。他在幼年时就遇到了希腊的流亡学者波利比奥斯，此人给了他许多嘉言劝告和有益书籍，也因此获得了他的感激和毕生友谊。这个孩子曾随其父在皮德纳（马其顿境内）作战，立下战功；在西班牙时，敌人曾向他挑战，要和他单挑，他接受了，也打赢了。

在私下，西庇阿（小阿菲利加）常与一群醉心于希腊思想的罗马文人相处。其中最主要的是盖乌斯·利略（Gaius Laelius），他是一个善良的智者，友情坚定，判断公正，生活无瑕。其演说的流利口才与简洁的风格，仅次于艾米里安。一个世纪之后的西塞罗很喜欢他，用他的名字作为自己《论友谊》散文集的书名，并且幻想着，但愿自己不生在这个扰攘的时代，而生于那些高尚的罗马知识青年圈子里。盖乌斯·利略对文学的影响相当大，泰伦提乌斯的词句发展得那么文雅简洁，也有他一份功劳在内；而吕西阿斯出于社会目的作的讽刺作品，对他那个时代的罪恶与奢侈大张挞伐，也可能是从盖乌斯·利略那里学来的。

在这群知识青年中，其希腊良师就是波利比奥斯与帕纳迪乌斯（Panaetius）。波利比奥斯曾在西庇阿家中住过好几年，他是一个务实者和理性主义者，对人和国家很少幻想。帕纳迪乌斯来自罗得斯岛，也像波利比奥斯一样，属于希腊贵族阶级。他和西庇阿（小阿菲利加）共处过很多年，感情很亲密，彼此互相影响。他鼓励西庇阿成为最高尚的斯多葛主义者。而劝导他修正其纯道德要求的极端哲学而成为可以实行的教条者，则可能是西庇阿。帕纳迪乌斯在其所著的《论责任》（On Duties）一书中，写下了斯多葛主义的中心思想：人是全体的一部分，必须与全体合作——与他的家庭、他的国家及全世界的圣灵合作；人生于斯世，不是为了享受其感觉的愉快，而是要毫无怨言、毫不吝惜地去尽其责任。帕纳迪乌斯不像早期的斯多葛主义者，要求完美无瑕的贞德，或完全不顾美好与幸福的生活。受过其教育的罗马人，把握住这个哲学，将其作为一种庄严和漂亮的代替品，以代替他们已经不再相信的旧信仰，且自其伦理中发现一种道德律，与其传统思想完全趣味相投。斯多葛主义变成了西庇阿的灵感、西塞罗的抱负、塞涅卡的高尚品质、图拉真的指导、奥勒留的慰藉及罗马的良心。

文学的复兴

西庇阿左右这群人的基本目标，是要鼓励文学和哲学，使拉丁语成为美好流利的文学媒介，用希腊诗歌的滋养泉水去吸引罗马文人，给读者提供好的诗及散文著作。公元前204年，大阿菲利加·西庇阿显示了他的性格，欢迎加图带来的一位诗人来到罗马。老加图是西庇阿的死对头，凡是代表西庇阿及其朋友的一切事情，无不反对。这位诗人昆图斯·恩尼乌斯，公元前239年生于布伦迪西姆（Brundisium）附近，其父母是希腊人和意大利人。他在塔兰托接受教育。当时在塔兰托舞台演出的希腊戏剧，使他热情奔放的精神深受感动。他当了兵，在撒丁作战，以勇敢获得加图的赏识，加图是萨尔迪纳的财务官。到了罗马，恩尼乌斯以教拉丁文和希腊文为生，也向他的朋友们背诵自己的诗，不久就进入了西庇阿的圈子。

几乎没有一种诗的形式，恩尼乌斯没有试过。他写过几部喜剧，悲剧至少有 20 部。他很喜欢欧里庇得斯，此人也像他一样，轻浮而激进，惯以这样的伊壁鸠鲁式讽刺语，来挖苦虔信宗教者："我向你承认有神，但是神并不关心人的作为，否则就会善有善报，恶有恶报——然而这是罕见的。"据西塞罗说，听众对他这几句话大为喝彩。恩尼乌斯曾翻译或意译犹希迈罗斯的《圣史》(*Sacred History*)。此书辩称，诸神只是那些已死的英雄们被大众感情奉为神罢了。恩尼乌斯也不免有一种神学，因为他曾宣称，荷马的灵魂曾到过许多人身上，包括毕达哥拉斯及一个最骄傲的人在内，现在则在他恩尼乌斯的身上。他热情地写了一部《罗马编年史》，从埃涅阿斯写至皮拉斯。直至维吉尔以前，他的这部编年史始终是意大利的国家之诗。这部史诗还有少数部分留存至今，其中最著名的一句，罗马的保守分子百诵不厌：

> 罗马凭借其古道德及伟人而立国。

这首诗是一种革命，它用势如潮涌而又伸缩自如的希腊六音步史诗（Greek epic poetry），来代替不严谨的纳维乌斯的《农神史诗》。恩尼乌斯改造拉丁文形式，赋予其力量。他的诗充满思想食粮，且在写法、语汇、主题、思想各方面，为卢克莱修、贺拉斯及维吉尔等做了准备。在他生涯的顶点，还写了一篇论文《论味觉的愉快》，接着他就死于痛风，享年 70 岁。临终时自己写了一篇骄傲的墓志铭：

> 不要为我流泪，也不必为我的去世而悲伤；
> 我永远活在人们的嘴唇上。

恩尼乌斯事事成功，只有喜剧失败了。或许是他太重视哲学之故，忘记了别人对他的忠告："人必须哲学化，但不能太过。"人们喜欢笑话而不喜欢哲学，所以普劳图斯发财、恩尼乌斯贫穷并没有错。同样的理由，在罗马，人们也很少支持悲剧。帕库维乌斯（Pacuvius）和阿克齐乌斯（Accius）的悲剧，被贵族们喝彩，却被大众忽视，终于被时间遗忘了。

在罗马，也如在雅典一样，戏剧是由国家官员们主持公演，或作为某一宗教节目庆典之一，或作为某些文人的葬礼仪式之一。普劳图斯与泰伦提乌斯的戏台是用木架支撑一个布置着装饰的背景。前面是一队圆形的管弦乐队或一个跳舞用的平台，在这圆形的后半部则为剧台。这种不坚牢的结构，每次节目过后就拆掉，像我们今天的检阅台一样。观众在露天处站立，或坐在自己带来的小凳子上，或蹲在地上。直到公元前145年，罗马才建造了一座戏院，仍旧用木材架成，上无遮盖，但已仿效希腊的半圆式戏院，有了固定的座位。入场不收费；奴隶可随主人入场，但不许坐；女人则只许进入后面。在戏剧史上，这一时期的观众可能是最暴躁和愚蠢的——站着的一群人，你推我挤，人声嘈杂。说起来很可悲，报告节目的演员常常要请求观众肃静或改善态度，而粗鄙的笑话与陈腔滥调的思想，常因观众没有听懂而必须一再重演。有些报告节目的演员要求母亲们把孩子留在家中，或对喧哗的小孩们加以恐吓，或劝告妇女们不要交头接耳；甚至在戏剧的演出过程中，仍有这类情况出现。在有奖的拳赛或走绳表演中，无论愿不愿意，戏剧都要暂停，等待使人更兴奋的表演完毕，再行续演。在一出罗马喜剧结束时，又是一片嘈杂声，让人们都知道，戏已经演完，观众正在喝彩。

罗马舞台上最出色的是演技。主角通常由剧团经理人自己担任，他是一个自由人；而其他演员，大都是希腊奴隶。任何市民，做了演员之后，就丧失了他的公民权利——这种风俗一直保持到伏尔泰时为止。女性角色皆由男人扮演。由于观众很少，这一时代的演员并不戴面具，只要脸部化妆、戴假发就够了。约公元前 100 年，由于观众大增，为辨别剧中角色，面具便成为必要的东西。罗马人称面具为persona，显然是由埃特鲁斯坎人的面具 phersu 一词而来；剧中的角色则称为 dramatis personae，意为"戏剧中的面具"。悲剧演员穿的是高鞋子或厚底靴（cothurnus），喜剧演员则穿平底鞋或软鞋（soccus）。演员唱歌时，由一支笛子伴奏；有时候，另由一些歌手代唱，演员只像演哑剧般表演动作。

　　普劳图斯的喜剧用粗鄙的和现成的抑扬诗句写成，其韵律及内容全都仿效希腊的模式。今天我们所能看到的拉丁喜剧，绝大多数直接取材于希腊戏剧，或把希腊的数剧合并为一，通常是选自菲利蒙、米南德或雅典新喜剧的其他从业人的作品。希腊原作者及原书名，一般皆在书名页上写明。希腊阿里斯托芬所编的及其他古代喜剧，则在《十二铜表法》中有一条禁令：禁止采用，依此禁令，政治性的讽刺作品要处以死刑。剧作家大概就是因为害怕触犯这个处死的禁令，所以把希腊的舞台、剧中人、习惯、名字甚至硬币，皆保持着其原名原状；但对普劳图斯这个时代，罗马法律已禁止把罗马人的生活完全搬上舞台。罗马的警察监督的范围，也包含粗鄙和淫秽的表演在内，但管娱乐的官吏宁愿让观众愉悦，不肯提高戏剧的品质；而罗马政府也未因观众不顾此一禁令而感到不愉快。观众们宁愿看广泛的幽默，而不喜欢智慧的谐语；宁愿看粗俗下流的演出而不愿看巧妙的表演；宁愿看低级趣味的作品而不要诗；宁愿喜欢普劳图斯而不喜欢泰伦提乌斯。

　　普劳图斯的全名是 Titus Maccius Plautus，直译是"平脚小丑提图斯"。他于公元前 254 年首先进入罗马东北的翁布里亚。到罗马后，他做舞台布景道具管理员。他辛勤积蓄，积极投资戏剧，可是完全亏光。他为吃饭而写剧本。有些略懂希腊戏剧的人，很喜欢他所改编的希腊剧本。他又因此赚了钱，并取得罗马市民的身份。他是世俗人中的一个，充溢着愉悦，身体很强壮，与每个人同乐，也取笑每个人，

但人们都感觉到他是善意的。他创作或重编了 130 种剧本，其中有
20 本留传至今。《吹牛军人》（*The Miles Gloriosus*）是一个对自大军人
的诙谐生动的描写，他的仆人存心说谎骗他：

> **仆人**：你看见昨天拦住我说话的女孩子了吗？
>
> **长官**：她们说些什么？
>
> **仆人**：啊，当你走过时，她们问我：
>
> "什么？是伟大的阿喀琉斯在此吗？"
>
> "不，是阿喀琉斯的兄弟。"我答道。接着另一位女孩子
> 又问：
>
> "托斯（Troth），他很漂亮！多么高尚的一个男人！多么美的
> 头发！"……于是她们二人一致要求我，使你今天再到那里散步
> 一次，那么一来，她们可以更清楚地看你一番。
>
> **长官**：长得这么漂亮，真是讨厌死了！

《安菲特律翁》（*Amphitryon*）一剧是取笑霍韦神的，他假扮阿克
梅娜的丈夫，要求自己目睹自己的宣誓，并向朱庇特献上虔敬的牺
牲。这个女人在被奸污的第二天，生下了一对双胞胎。剧终，普劳图
斯请神宽恕他，并将群众的喝彩尽量归于神。这个故事在普劳图斯
时代的罗马、米南德时代的雅典、莫里哀时代的巴黎，都同样地为大
众所爱好。《一罐金子》（*The Aulularia*）一剧，描写一个守财奴的故
事，比莫里哀的《悭吝人》（*Avare*）一剧写得较为同情。这个守财奴
把自己剪下来的指甲屑片收藏起来，并伤悼他所流的眼泪浪费了水。
《孪生兄弟》（*The Menaechrm*）一剧是双胞胎的老故事，其中的最高
潮——是莎士比亚喜剧《错误的喜剧》（*The Comedy of Erros*）的来源。
莱辛认为，普劳图斯的《俘虏》（*Captivi*）一剧，是所有上演戏剧中
最好的；普劳图斯自己也很喜欢此剧，他在开场白中说：

这不是平凡的戏剧，与其他各剧不同；

这里没有别人不能引用的猥亵句子，

没有作伪证的鸨母，也没有邪恶的乡妇。

此话一点不假。但是，情节太过复杂，过于依靠不可能的偶发事件和启示，以至于对死去的历史的反感意识会被原谅。使这些喜剧成功的原因，并不是剧中的古代情节，而是因为剧中富有幽默的意外事情，富有像莎士比亚剧中那么坏的开玩笑的双关语、猥亵的吵闹，还有他们的妇女楼座，及他们偶发的感情。每一出戏剧演出，观众们皆相信必有一个爱情故事、一次勾引、一个漂亮和高尚的英雄及一个很聪明的奴隶，其他角色加起来都不及他的智慧。在戏剧方面，罗马文学一开始就接触了平民大众，它披上希腊的伪装，进入到日常生活的真实，这是拉丁诗做不到的。

可能就在普劳图斯死的那一年（公元前184年），泰伦提乌斯诞生了。他的全名是 Publius Terentius Afer（泰伦斯），生于迦太基的腓尼基人家中，可能也还有非洲人的血统。他的初期故事不详，只知道他出现于罗马，初为泰伦提乌斯·卢卡努斯（Terentius Lucanus，元老院议员）的奴隶。这位议员发现这个羞怯的孩子是个天才，就让他受教育，并解放了他的奴隶身份；这位青年感激之余，取了他的主人之名为自己的名字。当时支配罗马戏剧界的是史泰迪阿斯（Caecilius Statius）的喜剧，然而他的作品现已全失。当我们听到"这个一文不名的可怜孩子"泰伦提乌斯如何走进史泰迪阿斯家中，把自己的《安德里亚》（Andria）剧本第一幕向他诵读时，我们不禁为罗马人的态度而欣慰。史泰迪阿斯听得津津有味，便邀请这位青年诗人共进晚餐，并以羡慕的心情听完其余各节。不久，泰伦提乌斯又引得艾米利阿努斯（Aemilianus）和盖乌斯·利略二人听他诵诗；他们二人心中最喜欢的是经过润色的拉丁文，便希望泰伦提乌斯以这种文字作为其风格。自此之后，就有闲言闲语，说盖乌斯·利略正为泰伦提乌斯写剧本——这位圆滑而谨慎的作家听到此说，既不证实，也不否认。泰伦提乌斯或是受了西庇阿（小阿菲利加）圈子内令人尊敬的大希腊主义的感动，诚心诚意地忠于希腊原剧，他的剧本都用希腊原题，并避免提到罗马人的生活，他自称只是一个译者——对于他的作品，这是相当谦虚的一种说法。

史泰迪阿斯所喜欢的泰伦提乌斯的第一个剧本，结果如何不详。泰伦提乌斯所写的第二个剧本《婆母》（*Hecyra*）却失败了，因为观众们偷偷溜走，去看斗熊了。公元前 162 年，幸运之神向他微笑了，他在那一年演出了他最有名的戏剧《自寻烦恼的人》（*Heauton Timoroumenos*）。此剧的故事是这样：一个儿子看中了一个女孩，他的父亲禁止他与那个女孩结婚，可是儿子还是结了婚。父亲不再承认儿子，并把他赶出家门。其后，父亲懊悔不已，便不肯再触及自己的财富，自做苦工而活，过着贫苦的日子。一个邻居自愿为他们父子做调停人，那个父亲问他为什么那么好，对别人的苦恼感兴趣，邻人答复他一个举世著名的句子，曾博得全体观众同声喝彩：

> 我是一个人，我认为凡是人，都不是外人。

翌年，他的另一部新剧《阉奴》（*The Eunuch*）更受欢迎，一天之中演出两次（当时已属罕见的事），而自早晨到夜晚，他得了 8000 个小银币（等于 1200 美元）。几个月之后，又演出《佛尔密欧》（*The Phormio*），以剧中的仆人之名作为剧名。这个仆人很机智，曾在其小主人的父亲盛怒之下，救了小主人的性命；博马舍（Beaumarchais，18 世纪法国大喜剧家）笔下的那个精力旺盛的费加罗（Figaro，剧名《费加罗的婚姻》，为世界名剧），就是以这个仆人为蓝本的。公元前 160 年，泰伦提乌斯的最后一剧《兄弟们》（*Adelphi*）在保卢斯葬礼比赛会中演出。此后不久，这位剧作家就渡海前往希腊。在归途中，他病死于阿卡迪亚（Arcadia），年仅 25 岁。

他后面的几部戏剧，相比没那么受欢迎，因为大希腊主义已使他赢得过于满盈的胜利了。他缺乏普劳图斯的活泼及幽默感，他从未想及罗马人的生活。在他的喜剧中，没有强悍的恶徒，没有任性的娼妓：所有剧中女性都被处理得很温柔，甚至连他笔下的娼妓也盘旋于贞德的边缘。有一些优美简洁的句子和值得记忆的片语，如 hinc Mae lacrimae（"于是，他们流泪了"），fortes fortuna adiuvat（"幸运只赐于勇者"），quot homines tot sententiae（"像男人那么多意见"），还有100多句。但要领悟这些句子，还得有哲学的智慧或文学的感受力，而这位非洲奴隶发现，这正是罗马平民阶级所缺乏的。对于他的喜剧中含有一半悲剧，他的结构很好而进行缓慢的情节，他对奇怪角色的精细研究，他静静的对话及过于整齐的风格，以及他所用近乎侮辱纯洁的语言等，观众并不关注。观众们好像只感觉到罗马人与文学之间已有一条裂痕，永远没法加以弥补。西塞罗因为太接近卡图卢斯而无法了解他，又因为过于谨慎而无法欣赏卢克莱修，所以他认为泰伦提乌斯是罗马共和时代最好的诗人。恺撒评论得更公正，称赞泰伦提乌斯为"完美讲词的爱好者"，而惋惜其缺乏笑的功力，称他为"半个米南德"。但是有一件事，泰伦提乌斯做到了：这位闪米特的外国人，受了盖乌斯·利略及希腊人的启迪，终于把拉丁语改造成一种文学工具，才使下一世纪的西塞罗的散文和维吉尔的诗有出现的可能。

加图与保守派的反对

希腊人在文学、哲学、宗教、科学、艺术等各方面的进入，及罗马人本身在态度、道德与血统方面的革命，使保守的罗马人充满了憎恶和恐惧。在萨宾人的一个农家，有一个退休的元老院议员弗拉库斯（Valerius Flaccus），鉴于罗马人性格的衰颓、政治的贪污及希腊思想取代了罗马人的旧有方式而感到焦躁不安。他太老了，以至于无法独自抵抗这股潮流。但是，在邻近的一个田庄中，就在里特（Reate）

市郊，有一个平民阶级的青年农民，他表现了老罗马人的所有品格：热爱土地、工作勤劳、小心积蓄，过着保守的简朴生活，而其谈吐的才华又不亚于一个激进派人士。他取名 Marcus Porcius Cato（老加图），Porcius 是因为他家世代养猪，Cato 是因为他们都很精明。弗拉库斯鼓励他去学法律，加图学成之后，在地方法院为其邻人的许多案件辩护，并都获胜了。弗拉库斯劝他去罗马，加图到了那里，颇有成就，30 岁时得到财务官职务（公元前 204 年）。他于公元前 199 年为营造司官吏，前 198 年为副执政，前 195 年为执政官，前 191 年为保民官，前 184 年为监察官。同时，他在军队服务了 26 年，既是一个无畏的士兵，又是一个能干而残酷无情的将军。他把纪律看作性格和自由之母；他最看不起这样的军人，"行军时手忙，打仗时脚忙，而又鼾声如雷"；他博得了战友的尊敬，因为他行军时不乘马，得到的战利品分给每人一磅银子，而他自己一无所取。

在和平时期，他指责修辞学家和修辞学，并成为那个时代最有力的演说家。罗马人听他演说，虽不愿意，但终为其倾倒，因为从未有人以那么坦诚和带刺的才智对他们演说过。他的口头鞭挞，可能会加诸在场的任何一个人；然而，当他们看到自己旁边的人被骂时，却又觉得骂得痛快。加图不顾一切地与贪污战斗，几乎每日都制造出新的敌人。人们都不喜欢他，因为他的满脸伤疤和凌乱的红头发使他们不安。他的大牙齿威胁着他们，他的禁欲主义使他们感到羞耻，他的勤奋使他们感到落后，他的一双绿眼睛随着他的讲话而看透他们的自私。他的贵族敌人要消灭他，曾 44 次对他提出公开控诉，而 44 次皆由农民投票救了他。那些农民也像他一样，痛恨虚荣与豪华生活。当那些人投票选举他为监察官时，整个罗马都发抖了。他实践了其竞选时所提出的威胁性的诺言，对奢侈品课以重税，以浪费罪对一位议员处以罚金，元老院有 6 位议员被他发现有恶行记录而被开除。他驱逐马尼利乌斯（Manilius），因为他当众吻了加图太太。至于他自己，他说，他从未拥抱过自己的妻子，除非遇到打雷的时候——虽然在打雷时他颇感愉快。他完成了罗马城的下水道系统，切断了秘密接上公众导水管以盗水的所有水管；他强迫业主拆除侵占公共道路的所有违章建筑，压低国家付给公共工程的价格，又恐吓收税人员使其将税收的大部分汇进国库。经过五年英勇战斗之后，他从公职退休，成功地从事投资，用奴隶垦殖现在已经很大的农场，放高利贷，廉价购进奴隶，经过技术培训又以高价卖出。于是，他变得很富有，便从事著书——一个他曾经蔑视的职业。

加图是第一个拉丁散文的伟大作家，他从出版自己的演讲词开始，接着又发行了一本《雄辩术手册》。他要求以罗马人的粗犷风格来代替伊索克拉底（Isocrates）修辞的流畅，并为演说家下了一个定义："有说话技巧的一个好人。"（vir bonus dicendi peritus）并通过这个定义为昆提良定下一个主题（但是，演说家可曾有过这样难得的统一吗？）。他利用自己的农业经验，写了一本论文集《农书》（De agri cultura）——这是加图保留至今的唯一作品，也是最古老的拉丁文著作。此书风格简单有力，写得扼要而紧凑；加图不浪费一个字，也罕有屈从于连接词的。他对下述诸问题一一给出了详尽的建议：奴隶的买卖（年老的应在其还不至于亏本之前卖掉），租地给人耕种，葡萄的栽培法，内政的管理与实业，制造水泥与烹饪术，便秘与腹泻的治疗，以猪粪医治蛇咬以及对诸神奉上牺牲。被问到怎样才能最佳利用农田时，他答道，"饲养最赚钱的牲口"，其次是"饲养赚钱适度的牲口"，再次是"饲养不赚钱的牲口"，最后是"去耕犁土地"。这就是给予意大利大地主的理论。

他所著各书中，最重要的可能还是今已遗失的《发源论》（Origines）。在该书中，他大胆地讨论自开始到加图有生之日为止的意大利古代风俗、人种、制度及历史。我们对此书内容所知者只是，透过其被吹捧的祖先，以诬蔑贵族们。作者在书中没有提到一位将军的名字，却为对抗皮拉斯一役中的一头善战之象命名，并加以称赞。加图拟将此书及他的有关演说、农业、卫生、军事学及法律等文章编成一部百科全书，以教育他的儿子。他用拉丁文写作，希望借以排除各种希腊文课本。在他看来，那些课本歪曲了罗马青年的心。虽然他自己也研究希腊文，但他似乎很坚守他的信念，即希腊文学与哲学的教育必将迅速瓦解罗马青年的宗教信仰，使其失去精神生活的抵御，无法抵抗贪心、好斗及性的本能。加图认为那个多嘴的老接生婆被毒死是正确的，因为她损害了雅典的道德与法律。甚至希腊医生也让他很厌恶。他宁用家传的老药方，而不信任最方便的外科手术。他写给儿子的信上说：

> 希腊人是顽固而邪恶的人种，你记住我的话，这种人将其文学给予罗马，这将会毁灭一切……如果他们要派遣医生给我们，还是先行防备好。他们共谋杀害所有"野蛮人"……我不许你和他们的医生有任何接触。

因为这些思想，加图自然成为西庇阿圈子的敌对者。这个圈子的人认为，希腊文学在罗马的流行，是促进拉丁文字与罗马人精神蓬勃发展的一种必需酵母。加图如不对阿菲利加·西庇阿及其兄弟起诉，那么反贪污法就没有人重视了。对于外国（除一个特例外），加图主张的政策是公正与不干涉。他虽憎恶希腊人，但对希腊还是尊敬的。当元老院的帝国主义劫掠派正从事对罗得斯的战争时，他作了一次决定性的演说，主张和解。那个唯一的例外，是举世皆知的迦太基。公元前175年，他以正式代表团一员的身份被派往这里，看到受汉尼拔战争影响的迦太基城恢复得如此迅速，使他大为震惊；但见果园与葡萄园果实累累，复活的商业使其财源广进，兵工厂内武器堆积如山。他回来时，手握着一束新鲜的无花果，出现于元老院前——那是三天前他在迦太基摘下的，作为迦太基繁荣及其接近罗马的一种恶兆。他断言，如果不对迦太基加以制裁，它不久就会十分富强，足可与罗马再争地中海霸权。从那一天起，他本着其顽固的性格，所有在元老院的演说，不论讲的什么题目，皆以顽强的信念作结："还有，我想，迦太基必须被歼灭！"（Ceterum censeo delendam esse Carthaginem.）元老院中的帝国主义派同意他的观点，但贪图迦太基商业动机者不多，最大的理由是他们看见水利办得那么好的北非田野，可作为他们金钱的新投资，即利用新奴隶耕种的新的大地主农庄。他们期待一个借口，以发动第三次布匿战争。

迦太基的覆灭

发动战争的借口来自那个时代最特别的统治者。北非努米底亚国王马西尼萨（Masinissa）活了 90 岁（公元前 238—前 148 年），86 岁时还生了一个儿子。他善于养生之道，差不多到死时身体还很健壮。他把他的游牧子民改组为一个定居的农村社会及一个有纪律的国家，统治了他们 60 年，以堂皇的大建筑装饰他的首都锡尔塔（Cirta），而且遗留下他的大金字塔墓，迄今仍矗立于突尼斯的君士坦丁附近。他已获得罗马的友谊，又知道迦太基的政治弱点，便一再侵袭并占据迦太基的领土，夺取大莱普提斯及其他城市，最后再次控制了迦太基首都的所有陆上通路。迦太基受条约束缚，除非罗马同意，否则不能进行战争，便派遣几个大使前往罗马，向元老院抗议马西尼萨侵占其土地。元老院提醒他们，所有在非洲的腓尼基人都是私商，没有受别国尊重的权力。迦太基每年须付给罗马 200 塔伦赔款，须付 50 年，当它最后付清时，便不再受扎马战后所订条约的约束。公元前 151 年，迦太基对努米底亚宣战，一年后，罗马也向迦太基宣战。

罗马的宣战，与罗马舰队已在北非登陆的消息同时到达迦太基。这个古城虽然人口众多，商业繁盛，却完全没有进行一次大战的准备。它只有一支小小的陆军，海军则更弱，没有雇佣兵，没有同盟国。海上由罗马控制，因此，乌提卡宣布归降罗马，而马西尼萨又封锁了迦太基内陆的所有通路。迦太基急遣一个特使团前往罗马，授权他们答应一切要求。元老院答应，如果迦太基将其最高贵家庭的 300 名小孩交给驻在西西里的罗马执政官作为人质，且遵守执政官发布的任何命令，迦太基则可以保全其自由及领土完整。然而元老院又秘密嘱咐两位执政官，仍照他们收到的训令行事。迦太基人怀着不祥预感和哀悼心情交出他们的孩子；孩子的亲属们群集海岸，作绝望的送别；到最后一瞬间，母亲们拼命不让船只开行；还有一些人跳入水中，对他们的孩子作最后一瞥。两位执政官把人质送往罗马，自率陆军和舰队渡海至乌提卡，召唤迦太基的特使团到这里，要求迦太基把他们剩下的船只一齐交出，并交付大量的米粮，所有战争机械及武器也一齐交出。当这些条件一一履践之后，执政官又要求迦太基人退出城外 10 英里，而城市则要彻底焚毁。迦太基特使们辩称，毁灭一个不发一矢即已交出人质和武器的城市，是历史上闻所未闻的背信暴行。然而抗辩也是徒然，他们自请以自己的生命替代赎罪，当即俯卧地下，以头抢地。执政官们答复他们说，这些条件是罗马元老院所定，不能变更。

迦太基人听到这个最后的要求后，变得疯狂。那些交出孩子的父母，因悲伤过度而发狂，把劝告其交出孩子为人质的迦太基领袖们一个一个地砍断肢体；其他的人则把劝告他们交出武器者杀死；有些人把刚刚回来的几个特使拖着游街，用石头打他们；有些人还把城内所有能发现的意大利人一齐杀掉；有些人则站在空空如也的武器库前掉泪。迦太基元老院对罗马宣战，召集所有成年人——不分男女、不分自由人或奴隶——编成一支新军，并重新铸造防御武器。愤怒至极的情绪，使他们坚定起来了。他们拆毁公共建筑以获取金属和木材；珍爱的神像皆被熔化，用以铸剑；又把女人的头发剪下来做绳子。这个被围的城市，在两个月内制造了 8000 个防盾、1.8 万把剑、3 万支矛、6 万张石弩，并在内港建立起一支舰队，有船 120 艘。

此城抵抗海陆围攻达三年之久。罗马执政官们一再率领罗马军攻城，皆被击退。罗马将领中，只有西庇阿·艾米里安（小阿菲利加）

一人证明是有智有勇的，他是军事保民官之一。公元前 147 年末，罗马元老院及族派会议选举他为执政官及远征军司令，所有士兵也一致赞成。其后不久，盖乌斯·利略就用云梯成功登城了。迦太基人已因饥饿丧亡而衰弱，然而仍一街一巷地奋斗到底，经六天的屠杀而不乞饶。罗马军队为狙击兵所苦，西庇阿下令，所有已攻下的街巷一齐放火焚毁，夷为平地。藏匿的迦太基人数以百计，皆被大火烧死。最后，城中 50 万人口只剩下 5.5 万人，才向罗马军队投降。迦太基将军哈斯德鲁巴请求保全性命，获得西庇阿允许；但是，他妻子斥责他胆小卑怯，自己带着几个儿子投身火中而死。残存的迦太基人被卖充奴隶，城市被罗马军团洗劫。西庇阿不愿夷平全城，派人回罗马请示，元老院答复说，不仅是迦太基，所有支持过其作战的迦太基附属城市皆要被完全毁灭。其土地应先犁翻，再于其上播撒盐，并举行正式祈祷，谁企图在这里重建城市，就请上帝降祸于他。迦太基被焚烧达 17 天之久。

　　这次战争并无和约，因为这个迦太基国家已经不复存在。乌提卡及其他曾经协助罗马的非洲城市皆获自由，成为罗马的保护国；其余的迦太基领土则成为罗马的阿菲利加（Africa）行省。罗马的资本家们来此瓜分土地，使这里成为大地主农场，罗马商人则继承了迦太基的商业。帝国主义现在已经成为罗马政治明显和自觉的动机了。叙拉古被并入西西里行省，南高卢被征服，作为完全压服西班牙所必需的陆上线路。对埃及与叙利亚的大希腊君主，则悄悄地加以引诱——例如以波皮里乌斯（Popilius）引诱安条克四世——使其屈从罗马的愿望。道德观点常常是国际政治的橱窗装饰品，另外从帝国观点看——以安全与财富而论——则同时为罗马的商业与海军奠下了两个基石。自那时起，地中海的政治史就以罗马为主流了。

　　在战争中，两个主要的煽动人都已带着完全的胜利而死去——加图死于公元前 149 年，马西尼萨死于公元前 148 年。这位老监察官给罗马历史留下了深刻的痕迹。许多个世纪之后，人们还要回顾他，视其为共和时代的典型罗马人；西塞罗在他的《论老年》(*De Senectute*)一书中把他理想化，加图的玄孙又把他的哲学转世，只是没有他的幽默；奥勒留将以他为榜样而使自己定型；弗龙托（Fronto）将要求拉丁文学返回简单直接的风格。然而，加图的唯一成功，只是毁灭迦太基而已。他反对大希腊主义的战争完全失效。罗马文学、哲学、演讲术、科学、艺术、宗教、道德、仪态及服装，每一部分全都受希腊的影响。他深恨希腊哲学，而他著名的后裔则置身其中。他已经失去的宗教信仰，继续衰微下去，尽管他曾努力使其复活。他在青年时代曾经与之进行艰苦斗争的政治贪污，变得更广更深了。因为随着帝国的扩张，官吏的贿金也随之增高。每一次新的征服，都使罗马更加富有，更加腐败，更加残忍。罗马赢得了每一次战争，只有阶级战争失败了；而迦太基的毁灭，是除去内部分裂与斗争的最后一个制衡。现在，经过 100 年艰苦的革命，罗马即将遭到统治世界之后的惩罚。

第一章至第五章历史大事年表

公元前

813（？）	迦太基建立
558	迦太基征服西西里岛、撒丁岛、科西嘉岛诸地
509	罗马共和国建立
508	与埃特鲁斯坎人之战；霍拉提乌斯
500	哈诺在非洲海岸的探险
494	平民第一次退出罗马；保民官
492	科里奥雷那·马尔西乌斯
485	塞浦路斯·卡修斯被处死
458，439	独裁者辛辛纳图斯
451	十大执政官
450	十二铜表法
449	平民第一次退出罗马
445	《卡努莱亚法》
443	审查制度
432	检举选举不端法律提出
396	罗马攻占维爱
390	高卢人劫掠罗马
367	《李锡尼法》
343—341	第一次与萨莫奈人之战
340—338	拉丁姆之战；拉丁姆联盟解体
339	《普伯列列埃法》（结束元老院投票权）
327—304	第二次与萨莫奈人之战
326	《博埃得里亚法》
321	罗马卡夫丁峡谷之败

第六章 | 农民的反叛
（公元前 145—前 78）

革命的背景

革命的导因很多，革命的后果更是无穷尽。随着革命的危机而出现的人物，从格拉古兄弟到奥古斯都，在历史上都算得上是功名显赫、傲视群雄。这次革命战争所下的赌注真可谓空前绝后，世界局势也从来没有那么紧张过。革命的第一个原因是从西西里岛、萨尔迪纳、西班牙和非洲等地流入的大量奴隶生产的谷类增加，使国内谷类的价格一落千丈，甚至低于生产成本，一般农民因而濒于破产。革命的第二个原因是涌进的大量奴隶，取代了乡间的农民和城市的工人。第三个原因是广大农田的垦殖。法律禁止元老院议员订定契约合同或进行商业投资。由于元老院议员们都拥有数量庞大的战利品，得以购买广大的农耕地。征服得来的土地有时候分成不同的小块卖给殖民者；有一部分给资本家们，以偿还战争贷款；大部分的土地都在元老院定立的原则之下，由元老院议员或商人购买或租赁。为了与这些大地主竞争，一般小民只好四处借贷。由于利息太高，他们不久便债台高筑，或沦为贫民，或举家破产。最后这些农民对单调的农活、工作和琐屑杂事，既感到不耐烦，也提不起兴趣。他们宁愿在喧嚷都市的下层社会里混日子，在大竞技场里免费看戏，接受政府配给的便宜谷类，一有选举，就把他们的一票卖给出价最高的候选人……于是在这样贫困和杂乱的环境中，他们迷失了自己。

　　原来是自耕农制的罗马社会，现在渐渐地仰仗于外边的侵略掠夺和内部的奴隶制度。在都市，所有家庭琐事、手工艺，大部分的贸易、银行业，几乎所有工厂的劳工以及公共事务的劳工，都由奴隶担任。于是，自由劳工的薪金一落千丈，以至于一般劳工干活还不如呆坐！对大地主来说，他们也喜欢雇用奴隶，因为奴隶不必服兵役，而且奴隶的人数容易控制。至于奴隶的来源，有如下几个：（1）整个地中海地区；（2）每次战争所掳获的战俘；（3）海盗从亚洲沿岸捕捉的奴隶或自由劳工；（4）罗马政府官吏掌控的有组织的捕捉队四处捕捉地方当局不敢护卫的居民。奴隶贩子每星期从非洲、西班牙、法国、德国、多瑙河地带、俄国、亚洲和希腊带来大批的奴隶到地中海和黑海港口。单在得洛斯一地，一天里拍卖1万个奴隶并不算稀奇。公元前177年有4万萨尔迪纳人、公元前167年有15万伊庇鲁斯人被罗马军队捕获，全部沦为奴隶，以每人1美元的价格被拍卖一空。在都市里，奴隶的命运要好一点，因为他们跟主人时有来往，他们都怀着被解放的希望。但是在大的农场里，奴隶跟主人老死不相往来，在这里奴隶不再是主人家的一分子，如同希腊时代或早期罗马时代一样，他们一生难得见主人一面。监督者给他们的报酬，依榨取劳力的多寡而定。大地主家里的奴隶的薪水只够维持他们每天从早忙到晚的温饱而已。只要他们稍有怨言或出言不逊，他们工作时脚踝就被铁链锁着，晚间就在地牢里度过（几乎每个大地主领地里都有地牢）。

　　如果我们还记得一半以上的这些奴隶曾经是自由之身的话，那么我们就能体会到这些不幸沦为奴隶者的悲惨境遇，我们也一定会为他们绝少起来反抗而感到惊愕不已。公元前196年，埃特鲁里亚地区的乡间奴隶和自由劳工相继起义，很快被罗马军队镇压。罗马历史学家李维在描述这次事件时说："此次事件，许多人被杀戮或坐牢，有些则被鞭笞和钉死在十字架上。"公元前 185 年，一个类似的起义发生在阿普里亚地区，有 7000 个奴隶遭逮捕后被拘禁在矿场当矿工。单单在新迦太基的一个矿场里就有 4000 个西班牙奴隶。公元前 139 年，西西里岛爆发第一次奴隶战争，有 400 个奴隶响应恩努斯（Eunus）的号召，他们屠杀恩纳（Enna）城的百姓。起义旋即风起云涌，从西西里的农场和私人地牢涌出了大批奴隶，使叛乱的人数增加到 7 万人之多。他们占领阿格里根特托城，打败罗马副执政的军队，盘踞全岛达八年之久。一直到公元前 131 年，罗马执政的军队才把他们节节逼退到恩纳城，断其粮源，迫其投降。首领恩努斯被押解到罗马，关在地下监牢直到被饿死。公元前 133 年，有好几次小规模的起义，结果有 150 个奴隶在罗马被处死，敏特纳（Minturnae）地区有 450 个奴隶被处死，西努埃萨（Sinuessa）地区被处死的有 4000 人之多。同年，格拉古通过土地法，这触发了罗马革命。

政治家提比略·格拉古

提比略·格拉古是提比略·塞姆普罗尼乌斯·格拉古（Tiberius Sempronius Gracchus）之子，老格拉古曾以宽大政策赢得了西班牙的衷心感激，因而两度任罗马执政，一度为罗马督察官，又因曾救了西庇阿（大阿菲利加）的弟弟而得以与其女儿科尔内利娅（Cornelia）结婚。科尔内利娅虽为他生了 12 个儿女，但 9 个都夭折了。在他死后，抚养两儿（格拉古兄弟）及一女（也叫科尔内利娅）的责任就落在了她的身上。其女后来又嫁给西庇阿（小阿菲利加）。科尔内利娅喜好文艺，设立了一个文艺沙龙。其作品文体之纯美、高雅，为一时之杰，至今犹被视为对拉丁文学的一大卓越贡献。普鲁塔克说，有一个埃及国王曾经在科尔内利娅守寡期间向她求婚，但是遭她拒绝。她坚决不改嫁，含辛茹苦，甘愿继续做西庇阿（大阿菲利加）的女儿和西庇阿（小阿菲利加）的岳母，以及格拉古兄弟的母亲。

由于提比略·格拉古和其弟盖乌斯·格拉古（Caius）早年都在政治与哲学气氛浓厚的环境中长大，他们深知罗马政府的难题所在及希腊思想的偏于沉思。他们兄弟均受惠于希腊大哲人布洛修斯（Blossius），是他激发了他们那低估罗马保守派力量的激情自由主义。这两位兄弟几乎同样自命非凡、雄心万丈、自尊自重，既能言善辩，又勇不可当。盖乌斯·格拉古在他哥哥提比略·格拉古如何记取上次因土地法而产生的悲剧时，这样描写道："我哥哥看到了百姓的贫困，也发现了农民和牧羊者皆为外来的奴隶……"提比略·格拉古知道当时只有富家子弟才有参军的资格，于是扪心自问：这样一来，如果本来由强壮农民组成的罗马军队完全由外来的契约履行人取代，那么罗马如何能维护其独立和领导地位？整个罗马充斥着受贫穷腐蚀的劳动阶级，以往拥有耕地的自耕农士兵如今安在？罗马的生活和民主政治如何得以健全？……要解决乡间奴隶、都市拥挤与堕落和军队腐化三个问题，似乎要从把土地分配给贫民着手。

早在公元前133年，在提比略当选为保民官之时，他就宣布他有意向族派会议提出三个建议：（1）市民不得向政府购买或租赁333亩以上的土地（如果他有两个男孩，则不得超过667亩）；（2）以前出售或租赁出去的所有公家土地，政府照价给予少许津贴悉数收回；（3）收回的土地，划分成20亩为一份，分配给贫民。不过有一个条件：他们要答应不再出售分配的土地，而且每年要向国库按期缴税。这并非是做不到的"乌托邦"的想法，只是实行公元前367年通过的《李锡尼法》的一个企图而已。有一次，提比略对平民作一次罗马历史上开纪元的演讲时说：

飞鸟走兽各得其所，然而为意大利抛头颅、洒热血的人，只有空气和日光陪伴着。我们的一些将领督促手下为他们祖先的坟墓和祠堂而战。这种思想极其无益，也荒谬至极。你们这些人（士兵）根本没有祖先祠堂。你们被驱往战场，流血捐躯，还不是为人作嫁衣？你们虽被称为"世界的主人"，实际上却无立锥之地。

元老院指斥他的建议，控诉他阴谋夺权，并力促另一保民官屋大维用否决权阻止其法案送到议会。提比略提议说，任何违反选民愿望的保民官都要立即革职。议会通过这个议案，屋大维便被迫解除保民官的职务。提比略原来的三项建议便成为法律的一部分。议会为提比略的安全起见，派人护送他回家。

提比略对保民官否决权的非法批驳，给了他的对手们挫败他的可乘之机。他们宣称提比略违反国家体制并对保民官施以压力，声言在他一年任期的结尾要弹劾他。为了未雨绸缪，他进一步违反国家体制——设法于公元前132年连任保民官。由于本来支持他的建议的小西庇阿和莱利乌斯（Laelius）及其他的元老院议员都不再支持他，提比略目前更要依赖公民的支持了。他向公民保证说，如果他获连任，他要缩短服役年限，废除元老院议员当陪审委员的专有权力，以及准许意大利各邦人民加入罗马公民籍等。此时，元老院拒绝拨基金给执行提比略法案的农业委员会。当帕加马的阿塔卢斯三世（Attalus III）于公元前133年把王国遗赠给罗马时，提比略即向议会建议说阿塔卢斯的个人财产和动产应该拍卖，所得之钱分配给国有土地的所有权人，以充实他们的农场设备。他这个建议使元老院震怒，因为他们眼看元老院对各行省的大权就要落入议会之手，而议会的代表们大部分又出身卑贱。投票的那天，提比略身着丧服，与随从数人在城市广场出现。他身穿丧服是要向选民暗示，如果他落选，就只有死路一条，以此来博取选民同情。投票进行中，双方叫嚣不停，暴乱迭起。西庇阿一面高叫说提比略一心一意想做皇帝，一面带领身藏棍子的元老院议员们走进城市广场。提比略的支持者看到这些贵族的长袍便退避三舍。在混战中，提比略头部遭重击，不治身亡，他的几百个手下也跟他一起成仁。盖乌斯要求埋葬他哥哥的尸体被拒，最终其尸体以及他的支持者的尸体都被抛入台伯河。科尔内利娅只有默默饮泣。

群众愤愤不平。为了抚慰他们，元老院只好答应如期实行《格拉古法》（Gracchan Laws）。从公元前 131 年到公元前 125 年，新登记的市民有 7.6 万之多，这显示元老院照规定分配土地给贫民了。然而农业委员会的工作仍困难重重：很多农田早被私人从政府手中购买，因此这些土地所有人声称他们权利永固，没有理由被征收回去。很多人从政府手中买下便宜的土地，再以高价出售。定居于公地的意大利地主自感岌岌可危，纷纷请求西庇阿（小阿菲利加）出面保护他们。借着西庇阿（小阿菲利加）的影响力，他们的地位才由危转安。然而舆论哗然，西庇阿（小阿菲利加）被指为提比略的叛徒。公元前 129 年的一天早上，人们发现他死在床上，显然是被不知名的暴徒杀害了。

政治家盖乌斯·格拉古

谣言纷传科尔内利娅阴谋与其女儿——西庇阿（小阿菲利加）的残废而失宠的太太——杀害西庇阿（小阿菲利加）。处在这种四面楚歌、时时遭人疑忌的恶劣环境下，科尔内利娅忍气吞声，含辛茹苦，希望她的幼子——她的最后"宁馨儿"——长大成人。盖乌斯对其兄被暗算致死之事，并未存心报仇，他只是决心完成其兄未竟之志。盖乌斯曾在西庇阿（小阿菲利加）手下表现出精明、勇敢，同时也以其正直光明的行为赢得众人的赞赏。他热情的气质，使他成为西塞罗以前罗马最出色的演说家。只要有比赛口才的场合，必有他的身影。公元前 124 年的秋天，他终于被选为保民官。

盖乌斯比他哥哥更踏实，他深知任何改革欲求一劳永逸，一定要先求得国家经济或政治力量之间的平衡。于是他决心拉拢农民、士兵、劳工以及商人四个阶级，以巩固他的政治基础。首先他以革新他哥哥的土地法、扩展土地法于各行省的国有土地、恢复土地委员会以及亲自参加土地委员会的活动等行动赢得农民的普遍拥护。继而他在卡普亚、塔兰托、纳博（Narbo）、迦太基等处建立新殖民地来满足中产阶级的野心，并设法使这些地区发展成为商业中心。为了取悦士兵，他通过了由国家统一给军队配制衣服的法案。最后他又以《粮食法》（*Lex Frumentaria*）使城市居民感激涕零。这个《粮食法》是政府以每莫迪乌（容量单位，等于 0.96 配克）6⅓ 阿斯的麦（约合 3 毛 9 分钱每配克，比市价少一半）配给需要的市民。这个措施对一些惯于自恃的老罗马人来说无疑是一个惊喜，在罗马历史上确实发挥了重要的作用。盖乌斯相信谷贩向市民索取两倍于成本的价钱，而他这个统一分配的措施绝不会给国家带来损失。总而言之，新法律使罗马的自由贫民由贵族政治的支持者转变为格拉古兄弟的捍卫者了。

盖乌斯的第五个措施是结束贵族可在百人会议上优先投票的传统，用以巩固其党派的力量。从此以后，百人会议每有选举，都由抽签来决定投票顺序。为了安抚商界，盖乌斯给他们专权以担任处理各军政区渎职事件的陪审员。这就是说，从今以后法官大半由他们自己人担任。他又给他们权利以征收 ¹⁄₁₀ 的所有小亚细亚的赋税，使这些商人乐不可支。他又以在意大利各地筑路的计划使工程承包商收入大增，同时也降低了失业率。大致说来，尽管这些法律中含有某些政治诡计的色彩，但还是不失为恺撒以前罗马最具有建设性的立法。

安抚事毕，支持者既众，盖乌斯自可放胆行事，于是他轻易地连任保民官。大概就在此时，他"笼络"元老院，再由议会从商界选出 300 席的席位。他还建议罗马自由市民有充分的选举权，其他意大利的自由市民有部分选举权。他这个迈向自由民主大道的大胆建议，算是他的第一个战略错误。因为投票人对他们投票的特权提不起兴趣，而且只有少数的人愿意参加在罗马举行的议会。元老院眼见盖乌斯以保民官之职张牙舞爪，任意分配国家财产和基金以求巩固自己的地位，早就企图除掉这个眼中钉。当盖乌斯到迦太基建立殖民地时，元老院趁机建议一个名叫马库斯·李维乌斯·德鲁苏斯（Marcus Livius

Drusus）的保民官用如下方法从盖乌斯手中夺回民心：(1) 由他向元老院建议取消《格拉古法》向农民所课土地税的法案；(2) 立即建议在意大利新建 12 个殖民地，每个殖民地派驻 3000 个罗马人，借以取悦劳动阶级。元老院马上通过这两个法案。当盖乌斯回罗马时，发现他的领导地位受到严重的挑战——他已不如德鲁苏斯那么深孚众望了。他企图力挽狂澜，竞选连任第三任保民官，但落选了。其实他应该当选的，可是反对他的人从中舞弊，他的总票数因而减少。于是盖乌斯的左右愤愤不平，企图诉诸武力。盖乌斯好言相劝，力求息事宁人，终至隐退官场。

翌年，元老院计划放弃迦太基殖民地。各方公开或私下都议论着这个计划是要废止《格拉古法》的有计划的第一个行动。盖乌斯的一些手下身怀利器参加会议。有一个保守派声言要对盖乌斯下手，却被盖乌斯的手下砍倒。第二天一早，所有元老院议员均由两个武装的奴隶随侍，布好战阵后即开始发动攻击。盖乌斯竭尽所能，试图平息暴乱，未果，旋即逃至台伯河。当他被敌军追赶上来时，命其仆人把他杀死，仆人照做，然后自杀。有一个人把盖乌斯的头砍下，带到元老院领奖。盖乌斯的支持者共有 250 人死于暴乱中，还有 3000 人以"元老院令"被处死。当盖乌斯和其手下的尸体被抛入河里时，曾经是盖乌斯忠实朋友的那些民众一声不响，不敢作任何抗议。盖乌斯家中财物均被搜刮一空。元老院还禁止科贝内利娅为其子佩戴志哀的丧徽。

马略

占了上风的贵族便阴谋打击盖乌斯立法中的积极成分，但是他们不敢把商界挤出陪审团，也不敢把契约者和收税官逐出他们在亚洲的地盘。这些贵族倒还保留食物赈济法，以防饥民暴动。由于新法律规定准许出售土地，不多时，成千上万的农民把田地都卖给了拥有奴隶的大地主。大地主领地于是又复苏了。公元前118年，土地委员会被废除，首都的民众也没提出反对意见，因为他们深知吃公家发的食粮比在田里挥汗耕作舒服多了。为解决城市贫穷，贵族们曾试图把一些市民移居到迦太基，但是由于迷信（迦太基是被诅咒过的土地），加上怠惰，移民到迦太基之事至恺撒时代才开始实行。虽然人们财富增加，但贫富差距依旧悬殊。公元前104年，有一个民主派人士作了一次保守的统计，发现只有2000个罗马人拥有自己的财产。这个叫阿庇安（Appian）的民主派人士说："贫穷的情况比以前更甚……市民一无所有……市民和士兵的数目渐渐减少。"罗马军团的士兵逐渐由从意大利征募的士兵充任。但是这些人毫无斗志，也缺少爱国心。于是逃兵之事迭起，军纪腐败，罗马共和国的防卫力也随之降至空前的衰弱。

几乎同时，罗马南北受敌人夹攻。公元前113年，辛布里人和条顿人这两个日耳曼部落，似乎要让罗马尝尝其最后命运，浩浩荡荡地从日耳曼以排山倒海之势——30万大军——进攻而来。或许阿尔卑斯山北边的他们也风闻罗马人酷爱财富，厌恶战争吧！他们身材魁梧，勇猛善战，其发色金光闪闪，以致有些意大利人形容那些小孩的头发为"白发苍苍"。他们和罗马军在诺瑞亚（Noreia）首度交锋，罗马溃不成军。于是他们渡过莱茵河，再度击溃另一支罗马军队。旋即折向西边到达南高卢，又击败第三、第四和第五支罗马军队。在阿劳西奥（Arausio）地区，就有8万名罗马士兵和4万名军队眷属遗尸疆场！整个意大利拱手让给入侵者。罗马引发了自汉尼拔以来最大的一次恐怖事件。

几乎就在同时，努米底亚也发生战事。马西尼萨的孙子朱古达（Jugurtha）把其弟弟鞭打致死，并且试图剥夺其侄儿们的种种权益，于是罗马元老院在公元前111年向他宣战，目的是使努米底亚成为一个行省，并且将它开放给罗马商界。朱古达贿赂罗马贵族，以便使其在元老院替他辩护。当他被召唤到罗马时，他更大行其金钱攻势，最后终以身免，平安地回到其首府。

在这几次战役里，有一个军官脱颖而出。他叫马略，是一个劳工的儿子。他早年从军，曾在努米底亚战役中负伤。他娶恺撒的姑母为妻，尽管其身教不好，但还是当选过一次保民官。公元前108年秋天，他从非洲回来竞选执政。他声言如果能取代昆图斯·梅特卢斯（Quintus Metellus，马略曾是昆图斯·梅特卢斯的手下），就可结束朱古达战争。在当选之后，他统领军队，终于在公元前106年迫使朱古达投降。此时一般民众还不知道此役功劳最大的是一位叫苏拉（Lucius Sulla）的年轻贵族（不久他们终于知道了）。马略战绩辉煌，为议会所拥戴。于是他就担任好几年的执政（公元前104—前100年）。商界支持他，一方面是由于他的胜利给他们开拓了市场，一方面更是只有他才有办法击退入侵的日耳曼民族。

入侵的辛布里人在阿劳西奥城大胜之后，暂时给罗马以喘息之机。他们随即横跨比利牛斯山，蹂躏西班牙。但公元前102年，他们又折回高卢，人数比以前更多。他们与条顿人协商，分两路同时夹攻意大利北部的大平原。为了应付这个危机，马略颁订了新的兵役法，使军队和国家彻底变革。他鼓励没有财产的壮丁和有财产的人一起从军，并向他们支付高酬，答应战事完毕便可解甲归田。于是现在组成军队的人都是一些劳动阶级，他们对共和国的贵族怀有敌视心理。他们不是为国家而战，而是为其将官和战利品而战。就这样（马略本人或许并不知道），马略奠定了恺撒革命的军事基石。他是军人，而非政治家，他没有时间权衡什么政治因果。他率领军队攀爬阿尔卑斯山，以锻炼士兵的体魄，又以攻击容易赢取目标的训练来壮大其部下的胆量。因为他深知军队不经过严格训练，就无法驰骋沙场。条顿军队从其营地呼啸而过，还讥讽地问罗马人要不要他们带信息给他们在罗马的太太。当这些敌军都通过时，马略一声令下，从后追击。在阿奎埃—塞克斯蒂亚（Aquae Sextiae）城的大交锋中，这支由马略率领的新罗马军队，于公元前102年杀死、虏获了10万名敌军。普鲁塔克记载道："据说，马赛地区的居民用骸骨堆砌篱笆，那个地方附近的土地，由于尸体腐烂，加上春雨的冲蚀，变成一块非常肥沃的田地，当地农民翌年因而获得了空前的丰收。"

休息数月后，马略再度整军进入意大利，与辛布里人在维塞拉（Vercellae）地区相遇。双方会战的战场正是汉尼拔当年赢取对罗马第一仗的地方。这些入侵的野蛮人为了表现他们的勇气和力量，脱光衣服在雪地行走，几经波折地爬到山巅后，以他们作战用的盾作雪橇，沿着陡峭山岭急剧滑下。此一战役，他们几乎全军覆没。

马略战胜归来，举国上下欢欣鼓舞，马略一时被誉为"卡米拉斯第二"（卡米拉斯曾逐退凯尔特人的入侵），也有人称其为罗慕路斯再世。马略所掳获战利品的一部分，因国家赐给他作私人财物，他一跃成为腰缠万贯的富翁，其拥有地产之大可自成一个王国。公元前100年，他第六度当选为执政。他有一个叫卢西乌斯·萨图尼努斯（Lucius Saturninus）的朋友，是一个决心以法律或武力实现格拉古兄弟目标的激进分子。此时他请求马略赐殖民田地给参加最近战役的士兵，马略对此没有表示反对。他把配给谷类的价钱，从每包3角9分降到5分。元老院为了保持财政及国库的平衡，唆使一个保民官设法不使这个法案付诸投票，但卢西乌斯·萨图尼努斯还是有办法使其完成投票程序。于是双方大打出手。卢西乌斯·萨图尼努斯杀死盖乌斯·梅米乌斯（Caius Memmius，贵族中最受崇敬的人）后，元老院只好使出王牌，命马略为执政以平息暴乱。

马略此时面临一生中最大的抉择。他这一生为罗马人民鞠躬尽瘁，很遗憾的是现在居然与他们的领导者及自己的同事旧友为敌。他最反对暴乱，认为革命有百害而无一利。于是他领导军队，镇压暴乱分子，置卢西乌斯·萨图尼努斯于死地后，自己深居简出。他的这种做法不仅不为百姓理解，也为贵族们不齿。

意大利的反叛

　　至此，革命已演变成内战了。当元老院请求与罗马联盟的东方诸王派兵支援罗马抵抗辛布里人的入侵时，其中一位叫尼科梅德斯（Nicomedes）的国王回复说，为了满足罗马税吏的勒索敲诈，他的王国里的壮丁都被卖做奴隶了。由于急需一支军队，元老院只好下令，所有因没纳税而沦为奴隶的男人可获自由。听到这个命令后，成千上万在西西里岛的奴隶（其中很多是东方的希腊人），丢弃他们的主人，纷纷聚集在罗马副执政的宫殿门前，要求恢复他们的自由之身。由于奴隶的主人提出抗议，副执政只得暂缓执行这项命令。奴隶们便自己组织起来，由一个叫萨尔维乌斯（Salvius）的宗教骗子领导，开始攻打摩尔干提亚（Morgantia）城。此城的市民请求他们的奴隶组队击退入侵者，并答应叛乱平定后，奴隶即可获自由。于是奴隶们浴血奋战，终把入侵者逐退。可是这些市民食言，奴隶们在得知不能恢复自由之后，纷纷加入叛乱。大约就在这个时候（公元前103年），西西里岛西端有6000个奴隶，在曾受过教育且坚忍不拔的阿特尼翁（Athenion）领导之下，也起而抗暴。这支队伍屡次打败副执政派来的军队，于是他们开始东征，旋与萨尔维乌斯的造反队伍汇集。两军会合，战力非同小可，不久便打败从意大利派来的一支强大军队。就在庆祝胜利之际，萨尔维乌斯突然死去。罗马政府军在一个叫马尼乌斯·阿奎利乌斯（Manius Aquilius）的执政的领导下，跨过海峡。阿特尼翁单独与他决斗，结果不敌被杀。这些失去指挥官的乌合之众，顿时不知所措。成千上万的奴隶因而陈尸疆场，数以万计的人被遣回他们的主人家，还有一些被运到罗马，在马尼乌斯·阿奎利乌斯庆祝胜利的游戏中，他们被迫跟野兽决斗，成为人们欢乐的牺牲品。奴隶们不甘受辱，纷纷自相残杀，以求解脱。

　　第二次奴隶战争发生后数年，整个意大利已经武装起来了。几乎两个世纪以来，罗马——这个介于亚平宁山脉和海洋之间的小国家——居然将意大利的其他国家作为附属国加以统治。甚至像台布尔和柏拉尼斯特等靠近罗马的城市，在罗马政府中也没有代表权。元老院、议会和执政对意大利社会阶层颁布法律、命令，与对其他征服领地的方式并无二致。"联盟"的人力和资源因为战争，已消耗殆尽。这些战争充其量只不过是富裕了罗马少数家庭而已。忠于罗马的小王国并没有得到应有的报偿，许多帮助罗马建国而有功的王国也遭挞伐，以致很多人被迫加入到奴隶的反叛行列。城里的少数富人获准成为罗马公民，"罗马"的招牌到处被用来支持富人、压抑穷人。公元前126年，议会禁止意大利城市的居民移居罗马。公元前95年，首都地区一概禁止非罗马市民居住。

为了改变这种情形，有一个贵族不惜牺牲自己的性命。马库斯·李维乌斯·德鲁苏斯是一个曾与提比略·格拉古敌对过的保民官之子。他于公元前11年当选为保民官后，即提出三个建议：第一，多拨一些国有土地给穷人；第二，恢复元老院独有的审判权利，同时另加300个商人名额到元老院中；第三，凡是意大利的自由市民都可以成为罗马公民。议会欣然通过第一个法案，但第二个法案议会表示冷漠。元老院则断然反对前两个法案，并宣布其无效。至于第三个法案，根本无疾而终，因为德鲁苏斯被一个不知名的刺客杀死在家中。

由于德鲁苏斯法案带来了希望，更由于这个法案的恐怖结局，意大利诸王国深深意识到不论元老院也好，议会也好，都不会轻易地移尊俯就，于是意大利诸王国便准备反叛了。联邦共和国随即成立，科菲尼乌姆城成为临时国都。除埃特鲁里亚和翁布里亚两部落拒绝加入外，各部落总共选派500名代表组成元老院。罗马立即对意大利宣战。罗马各党派像是为防卫联邦似的团结起来，同舟共济。每一个罗马人都知道如果叛党赢取这场"阋墙之争"的话，他们将遭到何等残酷的报复。马略从隐居生活中出来，再度执干戈以卫社稷，他屡战屡胜。其他罗马将领除苏拉外，则节节败退。3年战争下来，有30万士兵战死疆场，意大利中部满目疮痍，断垣残壁。在埃特鲁里亚和翁布里亚两部落将要加入反叛之际，罗马以将赐罗马公民权给他们来抚慰他们。公元前90年，罗马宣布只要意大利各邦的自由市民宣誓效忠罗马，就可以获得选举权。这些迟来的让步措施使联盟的斗志削弱不少，各城市纷纷解除武装。这场血淋淋的战争终于在公元前89年结束了。战争结束后，罗马不履行诺言，随即把新公民编成10个新部族，这10个新部族投票时只能在现有的35个部族之后，所以其投票权形同虚设。此外，只有少数的新公民才有权参加在罗马举行的会议。这些新公民在被骗、绝望之余，只好等待另一个时机的来临。40年后，他们敞开大门，让一个准许他们拥有公民权的恺撒来统治他们。

快乐将军苏拉

才平静了几年，意大利又起内讧，不过这次是由"社会战争"而变为"内战"，范围也由市镇移到罗马。苏拉被选为执政，统领军队，正准备攻打米特拉达梯（Mithridates）。有一个叫苏尔皮西乌斯（Sulpicius Rufus）的保民官，不愿意把这么强大的一支军队交给苏拉这种保守者率领，他规劝议会把统率权移交给马略。马略虽身材肥胖，又年届高龄（69岁），但还具有军事野心。苏拉拒绝放弃这个他期待已久的领导机会，于是他逃到诺拉，得到军队的支持后随即整军向罗马进攻。

苏拉的出身、品格和命运皆与众不同。他出身虽贫贱，但如同格拉古兄弟、德鲁西（Drusi）与恺撒等贵族成为穷人的领袖一样，他一直是贵族政治的护卫者。由于深恶自己卑微的出身，他矢志成为贵族与豪富。一旦富有，他即放肆地以金钱来满足自己的胃口。他貌不惊人——一张白皙的脸孔上红斑点点，"就像桑葚撒在面粉上一样"。他的长相很难使人相信他竟是个博学多才的人。他精通希腊文和罗马文学，对收集艺术品也不外行（通常是靠军事手段取得的）。他把亚里士多德的作品从雅典搬到罗马，作为他最贵重的战利品的一部分。

在战争和革命期间，他还忙里偷闲地写他的回忆录。他慷慨好客，酷嗜杯中物、美色、战争以及歌唱。罗马历史学家萨路斯提乌斯这么记载："他生活奢侈，然而他把享乐和工作分得很清楚。"他飞黄腾达得很快，尤其在军中几年使他无往而不利。他待兵如兄弟般的友善，与他们共患难，同甘苦。萨路斯提乌斯说："他的唯一疑惧是他的智慧和勇气被别人超过。"他虽不相信有神祇的存在，却很迷信。除此之外，他是罗马有史以来最讲实际和最残忍的人。他的想象和感情通常都在理智控制下，少有冲动之时。据说，他一半像狮子，一半像狐狸，狐狸性格的他比其狮子性格的他更危险。虽然他半生戎马，在内战中度过晚年，犹不失其幽默本性。他以警句格言来掩饰其残暴性格，使罗马洋溢着他的笑声，与成千上万人树敌，终究达到其预期目的，而得以宁静地寿终正寝。

要镇服国内革命、绥靖国外蛮横的米特拉达梯人，似乎只有像这种美德和恶癖兼于一身的人才有办法。他训练有素的 3.5 万名士兵易如反掌地把马略在罗马临时组成的军团打败。眼见大势已去，马略潜逃至非洲。保民官苏尔皮西乌斯被其仆人出卖遇害。于是苏拉把苏尔皮西乌斯的头颅挂在前几天他本人还在滔滔不绝发言的讲坛上。忠于他的奴隶得获自由，背叛者一律处死。他一方面让其手下控制城市广场；一方面颁令说除非经元老院同意，从今以后，所有措施不得呈给议会。至于投票的顺序，要按照《服役宪法》（*Servian Constitution*）规定，上流社会有优先投票权。他自封为地方长官，并于公元前 87 年准许屋大维和科尼利乌斯·辛纳（Cornelius Cinna）当选为执政。安抚事毕，他即开始向米特拉达梯大举进攻。

就在他刚要离开意大利出征时，平民与贵族之争又死灰复燃。支持屋大维的保守派与支持辛纳的激进分子在城市广场打起来了。在一天之中，就死了 1 万人。结果屋大维得胜，辛纳逃到邻城重整旗鼓。隐藏了一个冬天的马略潜回意大利，声称要解放奴隶使其自由，带领着 6000 名士兵与罗马的屋大维对阵。结果马略大胜，屠杀数千人，还把一些元老院议员的头颅挂在讲台上作为装饰品。他们又把一些贵族的头砍下在街上游行示众。屋大维坐在护民官的椅子上，很冷静地接受了这个残酷的事实。大屠杀持续了 5 天 5 夜，暴乱余波则延续了一年之久。革命法庭传审许多贵族，如果贵族反抗马略的话，就判其有罪并没收其财产。马略一点头就可把任何人处死，而且通常都是就地行刑。苏拉的朋友无一幸免，他的财产也被搜刮一空。马略解除了苏拉的统率权，宣布他是人民公敌；并且尸体不准收埋，都被遗弃在街道上，任飞禽走兽吞噬。被解放的奴隶到处抢夺、奸淫，四处杀人，直到辛纳带兵把这 4000 名奴隶团团围住，一一处死后，才算了结此事。

公元前 86 年，辛纳二度被选为执政，马略则第七次当选为执政。刚上任的头一个月，马略即去世，享年 71 岁。继位的人叫瓦莱里乌斯·弗拉库斯（Valerius Flaccus），他继位后即通过一个法案，取消 75% 的债务，然后率领着 1.2 万大军东征去解除苏拉统帅的职位。辛纳在罗马独享不分割的权力，把共和国改成独裁政体，任命主要官职，并使自己被选为连任四年的执政。

当弗拉库斯离开意大利东征之际，苏拉正围攻与米特拉达梯一同反叛的雅典。由于得不到元老院发给的军饷，他只好以抢夺奥林匹亚、德尔菲、埃皮达鲁斯等地的祠堂和珠宝来维持军队的生存。公元前 86 年 3 月，他的部队攻破雅典城墙，全军涌入，大肆报复、屠杀、抢夺。普鲁塔克记载说："死伤难以计数……鲜血流出街道，流到遥远的郊外道路上。"最后，苏拉下令停止屠杀，还"慷慨"地说他要原谅那些幸免者。之后，他重整部队继续北征，在凯罗尼亚（Chaeronea）和奥科美那斯（Orchomenus）两地击溃了一支大军，追击其残余部队，越过赫里斯庞特（Hellespont）海峡进入亚洲，又准备迎战蓬蒂克（Pontic）国王的主力军。此时弗拉库斯也到达亚洲，再令苏拉放弃其统率权。苏拉说服弗拉库斯让他完成征讨战役，因而弗拉库斯即被其副官菲姆布里亚（Fimbria）杀害。菲姆布里亚随即自称为罗马各军统帅，向北进军攻打苏拉。面临这种局势，苏拉只好暂时与米特拉达梯言归于好，和约中规定米特拉达梯把 80 艘长船献给罗马，赔偿 2000 塔伦后就可收复其失去的土地。绥靖事毕，苏拉立即南下与菲姆布里亚相遇于吕底亚。菲姆布里亚的军队向苏拉投降，菲姆布里亚自杀身亡。此时苏拉已是东希腊的总统帅，于是他向伊奥尼亚的反叛诸城强索 2 万塔伦作为军事赔偿金。得手后他率军驶抵希腊，经帕特雷（Patrae）到达布伦迪西姆港。辛纳试图实行截杀计划，未果，反被其部下杀死。

　　于是苏拉满载而归：总共有 1.5 万磅金子和 11.5 万磅银子。此外，现金和艺术品他宣布归为己有。此时在罗马得势的民主派领袖们，仍然指责苏拉为人民公敌，并诉称苏拉与米特拉达梯订立的和约是罗马的国耻。苏拉缓慢地带着 4 万大军进入罗马城。很多贵族走出城门加入其队伍行列。贵族中有名叫庞培（Cnaeus Pompey）的，率领着从其父亲的食客和随从中招募而来的军团，加入苏拉行列。马略之子率领一支军队，冲出城门，旋即被苏拉击溃。兵败后他逃到柏拉尼斯特（Praeneste），吩咐副执政把还留在首都的主要贵族通通处死。这位副执政召集元老院议员假装开会，很多显要的元老院议员就在座位上被杀死。然后民主派军队撤出罗马，苏拉及其部下轻而易举地就进城了。此时，意大利中部的萨莫奈人 10 万军队欲报仇，从南部来攻，旋即加入民主派的残余部队。苏拉出城迎战，在科林门（Colline Gate）两军相遇，苏拉的 5 万军队在这场极为悲壮的战役中获胜。此役中虏获 8000 名敌军，苏拉下令格杀勿论，理由是俘虏会带来麻烦。虏获的将军，其头被砍下后挂在柏拉尼斯特城的墙壁上，以吓阻城里被围的最后一支敌军。不久柏拉尼斯特城陷，年轻的马略举刀自尽。他的头颅砍下后被钉在城市广场的讲台上——这种行为已成不成文规定了。

　　现在苏拉该没有任何困难地劝诱元老院选他做独裁者了。他立即宣布一个判刑公告，宣布将处死 40 个元老院议员和 2600 个商人。为了悬赏捉拿这些死刑犯，他鼓励人民活捉或击毙一个死刑犯可获 1.2 万个银币（7200 美元）。城市广场的讲台上挂满了被砍下来的头颅，不时还有新判刑名单的公告。从罗马到邻近行省，充满着屠杀、放逐和没收等恐怖气氛。在这一连串的恐怖残杀中，有 4700 名贵族被杀死，普鲁塔克描述说："男人在与他们的太太拥抱的当儿被刺死，小孩子在母亲的怀抱里遭杀身之祸。"甚至有很多走中立路线或保守派的人也被判刑、放逐或残杀。据说苏拉杀他们是为了掠夺他们的金钱，以维持军队的生活和供他作乐挥霍。没收得来的财产便卖给标价最高的人或者苏拉的心腹。

苏拉借着独裁者的权威颁布了一连串的诏书——通常称为《柯奈利安法》（*Cornelian Laws*）。借着它，苏拉希望建立一个永固的贵族政体。为了填补死去的公民，他赐公民权给很多西班牙人、凯尔特人以及一些以前的奴隶。他通过添加他信赖的人到议会中，以减少议会对他的威胁。他再次颁令说，行政措施除非经过元老院的同意，不得呈给议会。为了使穷苦的意大利人不再涌向罗马，他停止分配谷类给贫民。同时，为了缓和城市的人口压力，他分配土地给 12 万名老部下。为了防止执政的连任，他三令五申说执政任期满后，要等十年才可竞选连任。他又以限制保民官的否决权以及做过保民官的人不得再任高职等措施来减低保民官的威望。苏拉不准商界有加入陪审团的特权，把高等法院陪审团的这种特权只给予元老院。以前是实行承包收租税的，现在改由直接向国库缴税。苏拉知道法庭的重要，便增加法庭的数目，以求尽速审判。他还小心翼翼地载明各法庭的功能和行事范围。在格拉古兄弟革命以前元老院所享有的立法、司法、行政和社会特权，现在都可继续享有，因为苏拉知道只有君主政体或贵族政体才能有效地统治一个帝国。为了补充元老院的名额，他允许族派议会增加 300 个名额到元老院中。苏拉又以解散军团和命令意大利不准有军队存在，来显示他全面革新的信心。这样独裁了两年后，他辞去一切职务，重新建立执政政府，并于公元前 80 年隐居退休。

现在他可以高枕无忧了，因为他几乎把可能暗杀他的人都了结了。他把他的卫队解散，在城市广场出入没有丝毫顾虑。如果有人询问自己的官方活动，苏拉会毫不犹疑地告诉他。苏拉的晚年是在库迈的别墅度过的。由于厌倦战争、权势和荣耀，现在环绕在周围的尽是些歌手、舞蹈家以及一些名伶。同时他还抽空写回忆、纪事录，打猎、垂钓，之后就是大吃大喝。大家都管他叫快乐将军苏拉，因为他战无不胜，享尽人生乐趣，拥有过任何权力，生时无惧，死后无憾。他结婚5次，离弃4个太太，取而代之的是数不尽的情妇。58岁时，他的结肠溃疡。普鲁塔克记载说："腐烂的肌肉竟长出虱子来。雇来了好多人夜以继日地想驱逐这些虱子，但是由于病情加重，虱子越来越多，不仅其衣服、洗澡水、脸盆，甚至连吃的食物都沾染了虱子。"于是他退休还不到一年（公元前78年）就因肠出血而与世长辞了。对自己的墓志铭，他并没"遗漏"。他口授说：

　　我乃快乐的苏拉！我的生活历程，曾经超过了我的朋友和我的仇雠！前者我尝报之以善，后者我则待之以恶。

第七章 | 寡头政治的反动
（公元前 77—前 60）

政府

苏拉的"慷慨"行为使他这一生中犯了两次错误。第一次是他斩草却没有除根——让其敌手的儿子和外甥逃之夭夭。这个人就是举世闻名的恺撒，在苏拉大举屠杀异己的那几年，他正是血气方刚之年。虽然死刑犯的名单上写着他的名字，但是经不起其朋友的一再请求，苏拉终于饶他一命。当时苏拉赞叹地说："这个小伙子抵得过好几个马略。"苏拉竟不幸言中了。第二次是他退休太早。要是他的耐心和眼光及得上他的残酷和勇气的话，他或许能挽救罗马半个世纪的混乱局面，从而早在公元前 80 年就给罗马带来和平、安乐和繁荣了。他只看重复古，其实他更该创新。

就在他死后十年，他一手经营的罗马帝国已混乱不堪了。贵族们在胜利的余韵中显得懒散颓废，大家不问政事，尽情追求财富，尽情享受人生。贵族与平民之争有增无减，而且正酝酿着另一次暴乱。贵族们把其高贵身份视为当然，他们认为一个好政府必定要把政府中的高位高职留给祖宗做过大官的人来承继。如果你的祖宗未曾任官，而你想竞选官职的话，准被讥为"新人"或"暴富"，马略和西塞罗就属于这一类人。一般平民则主张"能者有其位，才者得其所"，议会享其特权，解甲战士和贫民拥有私有田地。贵族与平民都不相信什么民主，他们宁愿独裁。双方肆无忌惮地强行胁迫，或贪污贿赂。原来用于社会福利的社团机构，现在则演变成为买卖选票的图利市场。买选票的行业演进到需要有专才方能"胜任"的地步：有顾问专司买票事宜，有中间人专管一手交"货"，一手交钱。西塞罗描述说："候选人手拿着钱袋，不停地周旋于投票者之间。"庞培以邀请部族首领到其花园赠予金钱的方法，使他一个叫阿弗拉尼乌斯（Afranius）的平平庸庸的朋友当选为执政。由于候选人需要大笔竞选经费，致使利息提高到月利八分之多。

已被元老院收买了的法院，与选举竞相贪污受贿。誓言已失去效用，假誓与贿赂一样是司空见惯的事了。有一个叫马库斯·梅萨拉（Marcus Messala）的人竞选执政，用钱买选票而被起诉。法庭宣告其无罪，尽管他的朋友都认为他确实有罪。西塞罗在写给他儿子的信中说："法庭审判腐败到这种地步，以后除了杀人之外，没有人会被判罪的。"其实他应该说："除了杀人之外，只要有钱就不会被判罪。"因为有一个律师说："要是缺乏钱和一个好律师，就是一个很平常的案件都会被判罪。"有一个叫昆图斯·卡利丢斯（Quintus Calidus）的副执政被元老院的陪审团定罪，他就暗自盘算说："这回他们的'索价'不会少于 30 万塞斯特斯的。"

在法院的护翼之下，元老院的地方长官（Senatorial proconsuls）、税吏、债主以及商业机构代理人等，大肆勒索意大利之外的领地。实际上，虽有几个正直、有魄力的总督，但这又能起什么作用呢？他们的任期通常只有一年，没有薪水。在这一年中，他们得存钱还债，想法再买个官做。元老院是他们贪污的唯一克星，但是他们知道元老院不致干涉得太过分，因为元老院的议员几乎都与他们"同道"。当恺撒于公元前 61 年到西班牙任地方长官时，他举债约合 750 万美元之巨，翌年他回来时，把所有债务一笔勾销。西塞罗自认为是一个诚实到家的人，在西里西亚任总督的一年中他仅仅收获了 11 万美元，因此不时为自己的"清廉"称道不已。

征服意大利之外领地的将军们是第一个获利的。在东方诸战役后，卢卡卢斯（Lucullus）马上成为暴发户。庞培在同一地区的战役中带给国库约合 1120 万美元，自己则留着约合 2100 万美元营私。恺撒在高卢之役后，搜刮了亿万之数。除了将军搜取民脂民膏外，税吏则向人民索取他们缴给罗马政府的两倍租税。如果行省或城市无法向人民索取应缴的税金，罗马财政当局或政客会以高利贷借钱给他们。收取利息时，如果需要的话，就由罗马军队以包围、征服和掠夺等手段进行。元老院禁止其成员参与贷款之事，但是贵族中的庞培、圣者如布鲁图（Brutus）等则游走于法律边缘，经由中介把钱借给他人。亚洲的领地有好几年因贷款而付的利息比他们缴给税吏与国库的要多出两倍。为了应付苏拉在公元前 84 年的勒索，小亚细亚的几个城市贷款的利息，比本金高出六倍之多！为了还债，它们只好把公共建筑和雕像变卖。父母们把孩子卖做奴隶，因为拖欠债务的人随时有遭拷打的危险。这样一再搜刮后，如果还剩有财富的话，由意大利、叙利亚和希腊来的企业家和元老院签订合同，共同"开发"行省的矿物、木材和其他资源。于是贸易交往开始，有人买卖奴隶，有人买卖货物，有人则买卖田地，于是建立了比意大利更大的大地主领地。西塞罗于公元前 69 年略为夸张地描述说："所有高卢人做的买卖都有罗马人参与其中。高卢人手中的零头，甚至每一便士都曾经过罗马人的手。"

这个政府是有史以来最富有、最强势，也是最腐败的政府。

百万富翁

商界还算安于元老院的统治，因为对于开发诸行省，他们比那些贵族更具热心。这两个上流阶层的携手合作，在西塞罗年轻时就已经开始。他们同意联合和共同征服。商人和其野心勃勃的代理人聚集在罗马的街道，拥入行省市场和首府。银行家在其行省的分行发行兑换的许可证，随时都可以借钱给需要的人。由于元老院不参与贷款之事，商人和财政机构借着借钱给平民之便，对平民颇有影响力。

克拉苏（Crassus）、阿提库斯（Atticus）和卢卡卢斯三人分别是罗马三方面财富的典型：贪婪、投机和奢侈。克拉苏出身于贵族世家，他的父亲是一个著名的演说家、执政和督察官，曾经是苏拉的助手，有一回兵败拒绝投降而自杀身亡。苏拉有感其德，让其儿子以低价买得死刑犯的充公财产。克拉苏早年研读过文学和哲学，还曾认真研习过法律，但是现在金钱的诱惑力使他着迷。他组织了一个消防队，这在罗马还是新玩意儿。消防队被雇去灭火，或者房子失火，他即以极便宜的价格买下这房子，然后才开始扑火。就这样，克拉苏获得成千所住宅，然后再以高价出租。他买下国有矿产后不久，苏拉即宣布矿产民营化。于是他的财产由原来的700万塞斯特斯增加到1亿7000万塞斯特斯（相当于2550万美元），这个数目几乎等于国库一年的总税收。克拉苏认为一个人除非他有办法招募、装备以及保有一支军队，否则不能算为富有。他的失败命运就因为这个偏差的思想而造成。成为罗马最有钱的人后，他依旧不满足。他渴望公共职位，渴望自己有一个行省，渴望在亚洲征伐战役中任统帅。于是他谦恭地在街上为自己拉选票，记住无数市民的姓名，布衣粗食，以博取选民同情，同时他还以无息贷款巴结有势力的政客。他现在变成大好人一个，和蔼可亲，慷慨解囊。对两个党派，他则施以不同手腕，使之皆大欢喜。皇天不负"苦心人"，他终于实现他的美梦：公元前70年当选为执政，15年后二度当选。他做过叙利亚总督，帮助罗马组建军队攻打帕提亚（Parthia，即安息）王国。在卡雷（Carrhae，即哈兰）战役中，他战败，旋被俘，于公元前53年惨遭杀害。他的头颅被砍下来，敌人把熔化的金倒在他的嘴里。

阿提库斯虽然出身骑士之家，但比克拉苏更像贵族，也更像百万富翁。他有迈耶·安斯切尔（Meyer Anschel）的诚实、洛伦佐·美第奇（Lorenzo Medici）的学识，理财方面有伏尔泰的狡猾。我们第一次听到他的名声是他在雅典做学生的时候，苏拉听到他念希腊和拉丁诗时抑扬顿挫，有板有眼，大为敬佩。这位满面杀气的统帅想带他到罗马作为伙伴，结果被阿提库斯拒绝。阿提库斯是个学者、历史学家，曾写过《世界历史大纲》，其一生大都在雅典哲学圈子里面度过，由于博学多才和博爱慈善而闻名遐迩。他的父亲和叔父留给他一笔相当于 96 万美元的财产，于是他把钱投资在伊庇鲁斯的大牧场，在罗马买下屋子后出租，训练公开表演的格斗者和秘书以供出租及出版书籍等。好机会到来时，他就放高利贷营利，但对雅典人和其朋友，他不收利息。西塞罗、霍滕西乌斯（Hortensius）和加图等人把他们的储蓄都交托给他，他们一致对他的正直、谨慎表示尊敬。西塞罗听从他的忠告，不仅去购买房产，也选买雕像来装饰房屋和书房。阿提库斯请客少有排场，对自己的生活则讲求享受，是个地道的美食主义者。但是他那亲切和蔼的个性与其有教养的谈吐，使他在罗马的住宅成为显要政客"促膝谈心"的场所。他对各党派都有所捐助、贡献，所以在每次的判刑公告中，他都能逃过浩劫。77 岁时，他患了重病，他明知痊愈无望，便绝食而死。

卢卡卢斯是高尚的贵族，曾于公元前 74 年率军援助苏拉讨伐米特拉达梯。八年来，他以勇气和纯熟的技术来率领他的军队。当他的战役几近成功时，厌倦了的士兵起而反叛，他只得率领一支小部队从亚美尼亚（Armenia）撤退到伊奥尼亚，历经千山万水。由于政治阴谋，他被解除统帅的职位。回罗马后，他靠着世袭财产和一些战利品度过其平静恬淡的晚年。他在宾西亚（Pincian）山坡上建造了一个拥有宽敞大厅、走廊、图书馆和花园设备的宫殿，他在图斯库隆的房地产绵亘几里之远。他以 1000 万塞斯特斯（150 万美元）买了一栋别墅，又把尼西达（Nisida）的整个岛屿变成避暑胜地。他拥有各色各样的花园，以其园艺革新闻名遐迩。举例说，樱桃树就是由他从本都（Pontus）介绍到意大利来的，再从意大利移植到北欧及美洲。他的晚餐之丰盛当时无人能出其右。西塞罗有一次想看看卢卡卢斯单独用餐时吃些什么东西，于是他请求卢卡卢斯邀他和一些朋友吃晚餐，但叫他不要告诉仆人说晚餐将有客人共餐。卢卡卢斯同意了，但要求允许他告诉其手下说今晚他要在"阿波罗室"用餐。晚饭时候，当西塞罗和其余客人驾临时，他们看到菜桌上摆着山珍海味，应有尽有！原来卢卡卢斯在其宫殿中有好几个餐厅，每个餐厅各有其特色。"阿波罗室"为宴席准备的菜品价值20万塞斯特斯之巨。然而实际上，卢卡卢斯并不是一个饕餮者，他的住宅简直就是精选艺术品的陈列馆，他的图书室则是学者专家和好友的阅读胜地，而他本人更精于古典文学和哲学。他对庞培的急功近利的性格嗤之以鼻。对他来说，一次出征已够受，多了就是虚荣、空幻。

　　他这种奢侈的榜样马上在罗马富有家庭中播下种子。不久，贵族和巨富竞相过豪华、奢侈的生活。另一方面，腐败的行省里正酝酿着革命，而百姓则饿死在贫民窟里。元老院议员躺在床上睡懒觉，很少有人愿去开会。他们的孩子打扮得像娼妓一样，在路上扭怩作态。这些公子哥儿穿着绉边的袍子和妇人的便鞋，身上珠光宝气，香气扑鼻，大家竞相效法希腊的所谓"两性公平"。元老院的房子总值在1000万塞斯特斯以上。克劳狄乌斯是平民的领袖，他建造一座价值1480万塞斯特斯的豪宅。西塞罗和霍滕西乌斯两位律师不按照《新西安法》(*Cincian Law*)规定，滥收诉讼费，还在宫廷中争辩长短。霍滕西乌斯家的花园所搜集的植物标本为全意大利之冠。稍为讲求虚饰的人家在巴亚(Baiae)或其附近都有一栋别墅，贵族们就喜欢在此地沐浴作乐，欣赏那不勒斯海湾胜景。罗马市郊，别墅林立。富人拥有好几处不同的别墅，以适应季节变化。大量金钱被用来室内装饰、做家具或银盘。西塞罗以50万塞斯特斯买了一张柑树桌子。有人还出价百万塞斯特斯购买一张柏树做的桌子。甚至连信奉禁欲主义的加图，据说也花了80万塞斯特斯从巴比伦买了几块餐布。

　　一些有专长的奴隶就在这些豪宅里做贵族的侍者、邮差、音乐家、秘书、哲学家、医生、厨师、仆人等。对于罗马上流社会的人士来说，现在吃是最重要的了。公元前 63 年，一个祭师宴客，单是正菜之前所上的开胃食品就有贻贝、脊椎、芦笋鹎、肥鸡、牡蛎、海荨麻、鹿肋骨、紫贝和鸣禽等。正菜则有牝猪乳房、雄猪头、鱼、鸭、小兔、野兔、鸡、点心和甜食等。这些山珍海味都由帝国各地或从国外进口而来。孔雀来自萨摩斯岛，松鸡来自弗里吉亚（Phrygia），鹤来自伊奥尼亚，鲔鱼来自卡尔西顿（Chalcedon），牡蛎来自塔兰托，鲟鱼来自罗得斯岛。意大利本地出产的食物被认为粗俗难咽，只有平民才会吃本地食物。有一个叫伊索普斯（Aesopus）的演员有一次请客，单单鸣禽就被吃掉了合 5000 美元。尽管节约条例一直在斥责盛餐的不是，但没有人理会。西塞罗试着遵奉条例规定的菜单，却害得他拉了 10 天肚子！

有些富人开始建造剧院。公元前 58 年，艾米利乌斯·斯考鲁斯（Aemilius Scaurus）建造了一座戏院，里面有 8000 个座位，360 根柱子，3000 座雕像，有一个三层的舞台和三列柱廊，一列木柱廊，一列大理石柱廊，一列玻璃柱廊。由于他过于苛刻地压榨奴隶的劳力，终于引起不满，奴隶造反，把才完成的戏院烧毁，使他白白损失 1 亿塞斯特斯。公元前 55 年，庞培筹钱准备建造罗马的第一座石制戏院，里面有 1.75 万个座位；一个宽大的回廊公园，以供观众幕间休息时散步之用。公元前 53 年，曾在恺撒手下任指挥官的斯克里博尼乌斯·库里奥（Scribonius Curio）建了两座木制戏院。这个建筑非常特别，是由两个背靠背的半圆形组成的。早晨两个舞台公演戏剧，然后当观众还留在他们的座位上时，这两座可旋转的建筑物开始作 180度的旋转，于是便合成了一个大竞技场，两个合起来的舞台就可作为格斗用的比武场。这种表演耗资巨大，也很频繁，往往持续数小时之久。在恺撒主持的一次格斗中，有 1 万人参加。比赛完毕后，有许多人被杀死。在格斗场苏拉用了 100 对狮子，恺撒用了 400 对，庞培则用了 600 对！格斗场里，兽与人斗，人与人斗，观众则在看台上等着看死亡的"奇观"。

新时代的妇女

政治腐败导致私人的暴富,暴富又是道德沦丧和婚姻制度破产的导火线。妓女制度逐渐猖獗,容纳妓女的妓院和酒店因此变得热闹异常,有些政客就靠妓院老板替他们拉票。男女私通已不算稀奇,除非含有政治色彩。几乎每一个富有的妇女都离过一次婚。但这并不是妇女的错误,都是由于上流社会把婚姻隶属于金钱和政治所造成的。娶妻结婚都是为了某种利益关系或者看上庞大的妆奁。苏拉和庞培两人都结过五次婚。为了要攀点亲,苏拉诱劝庞培抛弃其第一任太太,而跟苏拉的继女艾米利娅(Aemilia)结婚,而艾米利娅当时已经结婚怀孕了。因经不起父亲的胁迫,她勉强答应,但是嫁给庞培不久就因难产死去。后来恺撒把女儿朱利娅嫁给庞培,作为他们三头政治联盟的保证。加图悻悻地说:"罗马帝国已经成为婚姻的经销处了。"这种结合就是所谓的政治联姻,只要利害关系一终止,做丈夫的就另外寻觅一个太太,以作为将来更高职位或更多财富的踏脚石。他不必提出离婚的理由,他只要写封信告诉他太太说"你现在自由了"便可以了。有些男人则终身不娶,他们看不惯新时代妇女的奢侈和"先进"思想。也有很多男人与他们的姘妇或奴隶即合即离。公元前131年,都察官梅特卢斯·马凯多尼库斯(Mettellus Macedonicus)呼吁男人结婚生子是对国家尽责,尽管太太会带来不少麻烦,但是,独身的人以及婚后无子的人的数目反而更多。养孩子已变成一种"奢侈品",现在只有穷人才"养得起"。

于是,在这种情况下,我们怎么可以责备妇女忽视婚姻誓言而追求政治联姻所没有的"罗曼蒂克"气氛和爱情?当然,在富有的妇人当中也不乏贞节烈女。但是新自由制度把旧有的伦理传统破坏殆尽。当时的罗马妇女几乎与男人一样毫无拘束,自由洒脱。她们穿着从中国进口的透明绸衣，香水和珠宝则是从亚洲洗劫而来。婚姻已失去意义，妇女也跟她们的丈夫一样——随时都做好离婚的准备。渐渐地，有一部分妇女在文化上寻求表现：她们学希腊文、学哲学、写诗、演讲、演戏、唱歌、跳舞和举办沙龙等。有些妇女甚至做生意、行医或当律师。

昆图斯·梅特卢斯的太太克洛狄娅（Clodia）就是当时最出色的妇女之一。她热衷于妇女权力的伸张。她结婚以后还单独和其男性朋友交往，在街上遇到熟人就大方地打招呼，有时甚至还亲吻他们。（照理一个淑女应该低头，坐在马车里也应俯身。）当她丈夫外出时，她就邀请许多男友到家里吃饭。西塞罗（尽管不值得信任）的书里还记载着她的男友、通奸、淫事，她的歌声、晚餐和狂欢的宴饮。她的确很聪明，做坏事做得很得体、很漂亮，但是她却低估了男人自私的本性。她的每一个情人都想占有她，直到他们的欲望得到满足。而每当她又跟别人厮混时，她就得罪了他们。因此，诗人卡图卢斯以下流的讽刺话污辱她。凯利乌斯（Caelius）在法庭上公开辱骂她是低级妓女——只值一分半钱的妓女。克洛狄娅曾控告加塔里斯下毒杀她，加塔里斯请西塞罗为自己辩护。这个大演说家于是就控告她乱伦及谋杀，并且也郑重声明他"并非妇女的敌人，也不是所有男人的朋友"。最后凯利乌斯被判无罪。克洛狄娅则受到处罚，只因为她是西塞罗不共戴天的敌人——普布利乌斯·克劳狄乌斯（Publius Clodius）的姐姐。

小加图

在这政治腐败、道德沦丧、人心不古时，出现了一个典型的正人君子小加图（Marcus Porcius Cato the Younger），他违背其曾祖父的箴言去学习希腊文。从学习希腊文里，他领悟到斯多葛哲学的真理及对生活不变的热情。虽然他继承了120塔伦（43.2万美元）的财产，但他还是布衣粗食，并乐此不疲。他借钱给人都不收利息。他缺乏其先祖的那种粗犷的幽默。人们都为他那种一贯的清廉作风和死守信条感到异常惊讶。大家都希望他犯点人类习以为常的小罪恶和错误。他持犬儒学派的极端观点而认为女人是一种生物器械，把太太马西娅（Marcia）"借给"他的朋友霍滕西乌斯（跟她离婚，帮助她和霍滕西乌斯成婚），他的朋友去世后，他又把她接回来当太太。当人们看到上述情形时，总是乐不可支地说："这家伙终于犯罪了！"他不可能成为孚众望的人，因为他对乡愿深恶痛绝。他比都察官加图更铁面无私。小加图脸上鲜有笑容，从不伪装友善殷勤，如果有人敢当面奉承他，必遭严厉斥责。他没有当选执政，西塞罗认为是因为他的行为太像柏拉图共和国里的公民，而不像罗慕路斯后代渣滓的罗马人。

小加图是个财政官，他使那些无能和渎职的税吏心惊胆寒。他严密地监视着国库，以防各种政治洗劫。当他的任期快结束时，也不放松他的监视。他对各党派一视同仁，该起诉的就起诉，因此虽赢得成千人的赞赏，却得不到一个朋友。当他任副执政时，他诱劝元老院颁布命令，要所有的候选人到法院说明他们的竞选费用和竞选活动的进行过程。这个措施给那些靠贿赂当选的候选人当头一棒，于是当小加图第二天在城市广场出现时，这些政客和其赞助人就利用机会辱骂他，还有人用石头打他。他马上跑到讲台上，面对群众，把他们说得服服帖帖。当他任保民官时，曾率领一个军团攻打马其顿王国，当时他的卫士骑马，他却步行。小加图鄙视商界，捍卫贵族制度。对于那些用金钱腐化罗马政治和以奢侈败坏罗马道德的人，他都予以猛烈抨击。对庞培和恺撒主张独裁的建议，他极力反对，并坚持到底。于是当恺撒把共和国推翻时，他饮恨自尽，身边堆着一大沓哲学书籍。

斯巴达克斯

至此，恶政已达极点，民主制度也发展到极限，这种现象在历史上鲜有同例。公元前98年，罗马将军狄第乌斯（Didius）把容易肇事的土著诱进西班牙的罗马军营，假装说要分配土地给他们。当他们悉数进营后，狄第乌斯一声令下，把他们杀得一个不留。他回罗马后，还被褒奖了一番。罗马军队里的一个萨宾军官塞多里乌斯（Quintus Sertorius）目睹帝国这种惨烈景象，大为震怒。于是他逃到西班牙，把当地土著组织起来，加以训练，不久即屡次打败前去镇压他们的罗马军团。整整八年之久，他统治着这个反叛王国，以其公正的领导和设立学校教育年轻土著而赢得大家的信任和拥护。罗马将军梅特卢斯悬赏相当于 36 万美元和 2 万亩的田地将其杀死。一个叫佩尔彭纳（Perpenna）的罗马难民此时正在塞多里乌斯的手下任职，于是他利用邀请塞多里乌斯共进晚餐的机会，把他杀掉，自己称王。罗马派庞培讨伐佩尔彭纳，庞培旋即获胜，佩尔彭纳被处死，开发西班牙的工作又恢复了。

　　接下来的革命是由奴隶，而不是自由平民发起的。一个叫伦图卢斯·巴蒂亚特斯（Lentulus Batiates）的人在卡普亚开设一所专门训练格斗人才的学校。受训的都是奴隶或死刑犯，他们被迫在公共竞技场与野兽格斗或与他们的伙伴残杀。于是其中有 200 人试图逃脱，75 人成功地逃了出来，经过武装后他们占领维苏威的一个山坡，并于公元前 73 年袭击附近诸城，抢劫食物。他们推选色雷斯人斯巴达克斯做领袖。普鲁塔克说："此人英勇过人，谅解体贴，温文优雅。"他当选为领袖后，振臂疾呼，意大利的奴隶相继起义。不久，他就纠合了 7 万之众，为自由和报仇而战。他教导将士制造武器。其军队训练严格，军纪严明，因此屡屡打败被派来镇压他们的军队。他的节节胜利，使意大利的富人心惊胆战，使意大利的奴隶充满了新生的希望。由于各方相率投奔，很快他的军队激增到 12 万之众，后来怕尾大不掉，他只好拒绝新兵加入。他率领着这支大军远征阿尔卑斯山，他的心愿是：义军所至，无不自由之人。但他的随从中有歧见，不听从指挥，他们开始攻打意大利北部诸城。元老院派两个执政，率领重兵戡乱。其中一支军队与从斯巴达克斯分离出来的军队相遇，旋即把他们打得落花流水；另一支军队攻打起义军的主力，反为起义军所败。斯巴达克斯稍整队伍后又往阿尔卑斯山前进，中途与卡修斯的第三支军队遭遇，斯巴达克斯把他们杀得片甲不留。当他又要前进时，被其他罗马军团所阻，于是他转而南攻罗马。

在意大利的奴隶，一半以上处于起义的边缘。罗马的首都市民不知道战火几时会扩延到自己的家乡。那些一直在享受着奴隶劳动成果的贵族，一想到将会失去控制权、财产和生命，便不寒而栗。元老院议员和那些百万富翁要求另派更好的统帅，但是没有人敢挺身而出，大家都对这匹新兴"黑马"存有戒心。最后一个名叫克拉苏的将军被任命为统帅，带领4万大军。很多贵族还没有完全忘掉他们族里的传统精神，纷纷以自愿军加入。斯巴达克斯深深了解罗马帝国在捉拿他，也知道他的手下无法统治管理帝国或首都罗马，所以不准备攻打它，率军路过罗马后就径自南下图里，打算率领部众到西西里或非洲。沿途他击退敌人的每一次攻势。但是他那些沉不住气的士兵开始不听指挥，又攻打邻近城市。克拉苏即率军应战，总共杀死1.23万人。同时，正从西班牙归来的庞培，被遣派去支援克拉苏。眼见大势已去，胜利无望，斯巴达克斯单刀直入克拉苏的部队里，冲到敌阵中心，杀死两个敌军百夫长后，被打落马下，由于负伤过重，爬不起来，他就跪着继续挥刀杀敌。最后他几乎被斩成肉酱。他的手下也大部分一起成仁，有些逃到山林的人，就终生住在那里，以打猎为生。有6000人被俘后都遭极刑，尸体被悬挂了好几个月，以达杀鸡儆猴之效。

庞培

当庞培和克拉苏战胜归来，他们没按照法律规定和元老院所期望的那样在城门解散部队。这两位将军在墙外扎营后，再次违反规定地要求准许他们未进城前即成为执政的候选人。此外，庞培还要求元老院赐田地给他的士兵。元老院拒绝了他的要求，期望城外的这两只"老虎"自相残杀。没想到他们居然携手合作，并与平民和商界联盟，旋即借着慷慨的贿赂，被选为执政（公元前 70 年）。这两个将军联盟是为了达到两项目的：第一，剥夺审判他们的陪审团的权力；第二，以他们的心腹来取代统治罗马的卢卡卢斯。

此时庞培才 35 岁，但已是沙场老将。他出生在骑士家庭，素以勇气和节制赢得大众的赞赏。他曾在西西里和非洲打败苏拉的敌人。由于他的胜利和自傲，独裁者苏拉给他一个"马格纳斯大帝"（Magnus the Great）的绰号。年纪尚小时，他就屡建奇功。由于长得英俊潇洒，一个叫弗洛拉的妓女宣称她每次跟他别离时都"心痛如绞"。他很敏感、害羞，在公众面前讲话就面红耳赤，但是在沙场上却像一只猛虎。中年以后，由于胆小和肥胖，他失去统帅的职位。他的悟性却没有什么深度，也不出色。他的治术、权谋都是别人建议他的：第一次是庶民政客，第二次是元老院的寡头政治执政者。由于他很富有，他避免了政治的粗俗诱惑。在那举世污浊、腐败、自私的时代，他的忠心耿耿和正直坦率，使他显得格外出众。他极力为大众和自己谋求福利。他的一个很显著的缺点就是自负，"小事了了"使他高估自己的能力。罗马什么官都让他做过，于是他疑惑地自问："为何不叫我当国王？"

这两个苏拉的得意名将，双双当了执政后，竭力推翻苏拉所建立的体制。他们建立一个恢复保民官权力的法院。他们命令卢卡卢斯给予税吏全权在东罗马收税来巩固他们与商界的联盟。他们支持立法，规定陪审团委员必须由元老院、骑士阶层和国库保民官等三处平均保举。克拉苏等了 15 年，他的报偿——独享亚洲金矿——终于到来。庞培则于公元前 67 年，由议会授给他全权以扫荡西里西亚的海盗。以往罗得斯人守卫着爱琴海，但是被罗马强索租税后，已变得无力维持这么强大的舰队了。执元老院牛耳的贵族们，对维护海上商业的安全不太感兴趣。受害最大的是平民和商人：在爱琴海，甚至在地中海中部做生意简直不可能；谷类进口急剧削减，罗马的麦价已涨到每配克合3美元之巨。海盗用涂金桅杆、紫色扬帆和镀银船桨来炫耀他们的胜利。他们抢劫占领了400个沿海城市，洗劫萨莫色雷斯、埃皮达鲁斯、阿尔戈、琉卡斯、亚克兴和萨摩斯等地的祠堂，绑架罗马官吏，甚至还攻击阿普里亚和埃特鲁里亚沿岸。

为了应付这种局势，庞培的朋友加比尼乌斯（Gabinius）提出一个法案，建议由庞培控制所有的罗马舰队和地中海海岸50英里以内的居民三年。除恺撒外，所有的元老院议员都一致反对这个惊人措施。但是议会顺利通过这个议案，批准将12.5万名士兵和拥有500只船的一支海军给庞培，并命令国库拨款1.44亿塞斯特斯给他支配使用。实际上，这个法案等于解除了元老院的职位，结束了苏拉所力求恢复的成果，建立了一个临时君主国，这给恺撒带来序幕和训示。就在庞培就任统帅的那天，罗马的麦价开始降低。只花了三个月的工夫，庞培就完成了他的使命——悉数捕获海盗船只，占领海盗据点，处死海盗首领。于是海上贸易畅通无阻，谷类大量流入罗马。

当庞培还在西里西亚时，他的朋友马尼利乌斯（Manilius）提出了一个法案，要求议会把卢卡卢斯的兵权和行省统治权转移给庞培，并且延长《加比尼安法》（*Gabinian Law*）赐给庞培的权力。元老院不准，但是商人和放贷者全力支持他的建议。他们希望庞培对他们在亚洲的债务人会比卢卡卢斯更残酷、暴戾，庞培会恢复税吏的收税权，他不仅会征服比提尼亚和本都，也会征服卡帕多西亚（Cappadocia）、叙利亚和犹太。这么一来，这些广大富有之地就成为罗马军队保护下的罗马市场了。曾经由商界支持当选过副执政的"新人"西塞罗，以自格拉古兄弟以来仅见的滔滔雄辩，攻击元老院的寡头政治：

　　我们罗马现在通行的信用和财政制度，与我们在亚洲领地的国家岁入有着极密切的关系。如果这些岁收被破坏的话，那么我们信用的制度就告破产……如果有人倾家荡产，就会连带着使别人也家破财失。救救我们的国家吧！……让我们大家一起起来讨伐米特拉达梯，唯有如此，罗马的荣耀，我们联盟的安全，我们的岁收，以及无数公民的财产方能有所保障。

议会很快通过这个法案。由于议会授全权给一个将领，庶民看到苏拉立法的废止以及元老院的解职后欣慰莫名。从此共和国的命数已定。罗马革命的矛头从而指向恺撒了。

西塞罗和喀提林

普鲁塔克认为西塞罗之所以被称为西塞罗，是因为他的祖先的鼻子长了像野豌豆（拉丁文叫 cicer）那样尖尖的一个大瘤，还有一个可能是因为他的祖先素以种植鸡豆而闻名。在其所著的回忆录里，西塞罗很周详地描述了他出生的地方——罗马和那不勒斯间的阿尔皮努姆（Arpinum）的一处别墅。他的父亲当时非常有钱，所以有办法给他最好的教育。他延聘希腊诗人阿基阿斯（Archias）教导他的孩子文学和希腊文，然后又把他送到当时最伟大的法学权威穆齐乌斯·斯凯沃拉（Mucius Scaevola）那里研习法律。西塞罗在城市广场很热心地关注着各种审判和辩论，很快就学会了辩论的艺术和技巧。他说："要学好法律必须放弃一切乐趣，避免任何娱乐、游戏、消遣，甚至要自我隔离，少与朋友来往。"

不久西塞罗就以律师为业，到处演讲，赢得了中产阶级和庶民对他的衷心感激。他检举了苏拉的一个好友，并斥责苏拉公元前80年恐怖的判刑公告。或许为了避免这个独裁者的报复，不久他便到希腊继续研习哲学和演说术。在雅典度过了快乐的三年生活后，他转到罗得斯岛去听莫隆（Molon）的儿子阿波罗尼乌斯（Apollonius）所开的修辞课和波塞多尼乌斯（Poseidonius）的哲学课程。在修辞课里，他学会掉尾句（periodic sentence）的构造和讲词的纯粹，在而使他以后的文章和演讲自成一格；在哲学课程里，他学到了温和的斯多葛主义，他晚年关于宗教论述、政府和友谊方面的文章都深受它的影响。

30 岁时，他返回罗马与泰伦蒂娅（Terentia）结婚。他太太带来的庞大妆奁使他变得富有，因而可以从政。公元前 75 年，他因为公正处理西西里岛财政官的职位而赢得大众赞赏。公元前 70 年，他又以律师为业。由于他接受西西里城的聘请指控曾任行省执政的盖乌斯·威勒斯（Caius Verres）的罪状，在贵族中引起了骚动和狂怒。威勒斯被控派驻西西里时（公元前 73—前 71 年），出卖他的职位和行政决定，收取贿赂以减低税收，抢劫了锡拉库萨所有的雕像，把整个城市的岁收转让给他的情妇。总而言之，他的抢劫、敲诈、勒索把整个岛上搞得乌烟瘴气，比两次奴隶战争下来还更凄凉。更有甚者，威勒斯还把应该交给税吏的战利品占为己有。商界支持西塞罗的起诉，然而律师行业的贵族领袖霍滕西乌斯全力支持威勒斯。西塞罗计划用 100 天的工夫去西西里搜集证据，但是他只用了 50 天就把对被告不利的证据收集齐全。霍滕西乌斯——这位曾用被告所搜括的雕像来装饰其花园的律师，眼见大势已去，自动辞掉他对被告的辩护。于是威勒斯被判 4000 万塞斯特斯的罚款后，畏罪潜逃到海外。之后，西塞罗又发表了五篇讲演，严厉谴责罗马各行省的贪污渎职罪行。他的热情与勇气赢得了大众的支持，因此在公元前 63 年的执政竞选中，他取得了压倒性的胜利。

由于出生于中产骑士之家，西塞罗很自然地偏袒中产阶级，憎恶贵族的虚荣、特权和施政。他担心一些激进的领导人的暴民统治会威胁到人民财产的安全，于是在他就任执政后，力促贵族和商界携手联盟，以防叛乱再起。

然而不满的原因和力量形形色色，且根深蒂固，以致不容易获得解决。很多穷人耳濡目染乌托邦的宣传，有的甚至已做好叛乱的准备。比他们高一等的平民，由于无力清偿抵押的东西而丧失他们的财产。苏拉的一些解甲战士无力偿还土地债务，于是都想借暴乱来赖债。上流社会的一些人都债台高筑，他们已失去偿还债务的信心和希望。那些有政治野心的政客则被一些保守分子钳制得不能有所作为。少数几个革命家是地道的理想主义者，他们认为唯有推翻罗马政府，才能解决贪污、渎职以及不公平等严重问题。

喀提林想要把这数个零散的小组织组成一个强有力的政治集团。我们可以从喀提林的敌人萨路斯提乌斯（Sallust）那里和西塞罗对喀提林的评价中对他加以认识。萨路斯提乌斯形容他为："满身罪恶，与上帝和人类都合不来的人。他终日不得安宁，连睡觉也提心吊胆，良心的谴责够他受的了。因此，他苍白的面色、充血的眼睛、时快时缓的步伐等都显示出他是个狂人。"这个描述使人联想到一个要争生存或权势的民族，把与他们作战的对方视做敌人，但当战争过后，对敌人的观感就会渐渐地改正。然而这种情形对喀提林来讲并不适用。年轻时，他就被控蹂躏罗马庙宇中守护维斯塔女神圣火的处女。法院虽没判罪，舆论却不饶恕喀提林的可耻行为。据说喀提林曾杀死他的儿子以讨他那善妒情妇的欢心。对以上的传闻有人提出反驳，因为喀提林死后的四年中，罗马庶民年年在他的墓上撒花。萨路斯提乌斯引用他的一篇表明意旨的演讲词说：

> 打从罗马的命运操于少数人之手后……所有影响力、高位和财富都在他们手中了。留给我们的只剩危殆、穷苦、败坏和起诉……除了呼吸外，我们还拥有什么？……像这样遭人荼毒、污辱、苟且偷生难道会比果敢成仁有意义？！

喀提林所倡议的要联合革命的庞杂要素的项目，简单地说，就是要把所有债务一扫而光。为了达到这个目的，他的确使尽全力。有一阵子，他还得到恺撒的同情。西塞罗说："此人的脑海中没有不能完成的事，他能忍受寒冷、饥饿和口渴。"据说他曾纠集了400名群众，计划于公元前 65 年元旦杀死诸执政并接管政府。政变的时间到了，但并没有发生什么事情。公元前 64 年冬天，喀提林与西塞罗争夺执政职位，曾有一番激烈的竞选争夺战。上流阶层组成西塞罗的后盾。[1]

政治上受挫，喀提林试图诉诸武力。他的手下秘密地在埃特鲁里亚地区集结了 2 万大军，与罗马一群上至元老院下至奴隶的谋反者联合起来，其中包括两个都市副执政切特古斯（Cethegus）和伦图卢斯。翌年 10 月，喀提林再度竞选执政。为了保证他的当选，保守派的历史学家告诉我们说，他阴谋在竞选时把他的对手除掉，同时也计划谋杀西塞罗。西塞罗知道消息后，立即部署卫队，并亲自监督投票。虽然劳动阶级热情支持喀提林，他还是落选了。西塞罗说 11 月 7 日那天，有好几个谋反者来敲他的门，后被他的卫队逐出。第二天早上在元老院看到喀提林时，西塞罗即以每一个小学生都会用的骂人话责骂他。演讲进行后，坐在喀提林四周的人纷纷离席，最后只剩他一人。他一个人默默地坐在那里听着尖刻、无情的控告，一字一句像鞭子打在他的头上似的。西塞罗的演讲词富有情感，他把罗马比作父亲，把喀提林比喻成杀尊长的逆子。西塞罗并非用证据控诉他，而是以讽刺来含沙射影，指责他叛国、抢劫、通奸和强暴。最后西塞罗请求古罗马主神霍韦护佑罗马，并严厉惩罚喀提林。西塞罗讲完话后，喀提林神不知鬼不觉地溜了出去。到埃特鲁里亚地区的阵地后，他命其将领马尼利乌斯向元老院作最后的请求：

> 我们要求神祇来作证，此次的起义并非反对我们国家，也不会威胁到我们国民的安全。我们这群可怜的人几经放高利贷者的剥削，已到了倾家荡产而遭人不齿的地步。我们唯一的希望就是

---

[1] 在这场激烈的竞选运动中，西塞罗的兄弟昆图斯为他草拟一份竞选技术手册。昆图斯献计说："夸大你的竞选诺言！""选民总是偏爱虚伪的承诺，讨厌断然的拒绝……渲染某些新颖的丑闻，夸大对方的愚行、腐败或罪恶！"

要使我们的个人安全得到保证。富贵与权势于我们如浮云，我们只要自由，不自由毋宁死。元老院诸公，我们请求你可怜可怜我们这群无辜的人吧！

在第二天的演说中，西塞罗再度以讥讽和谩骂抨击反叛者。几周后，他向元老院提供喀提林阴谋在高卢叛变的证据。12月3日，他力促元老院逮捕喀提林的党羽伦图卢斯、切特古斯和五名喀提林的拥护者。在第三次的公开演说中，西塞罗宣布他们的罪状，要求拘禁他们。他还通知元老院和庶民说，反叛者阴谋已失败，大家可安心地重回家园。12月5日，他在元老院召集会议，征求如何处置那些犯人的意见。西拉努斯（Silanus）主张把他们一律处死，恺撒则认为拘禁就已足够，因为《塞姆普罗尼亚法》（Sempronian Law）禁止处死罗马公民。在第四次的演说中，西塞罗很委婉地要求将他们处死刑。当恺撒离开元老院时，一些年轻的贵族试图谋杀他，恺撒仅以身免。西塞罗带着卫队到监狱提领犯人，旋即将他们一一处死。此时安东尼（Marcus Antonius）也是执政，他被派北征喀提林。元老院颁令说反叛者只要弃械投降，就既往不咎，还可领到2万塞斯特斯。但是萨路斯提乌斯告诉我们说：“喀提林的手下没有一人变节！”于是公元前61年，两军在皮斯托亚（Pistoia）平原作殊死战。3000叛兵虽寡不敌众，却战至最后一人，抵抗到底，没人投降，也没人逃脱，连喀提林也战死疆场。

西塞罗是个思想多于行动的人，因此连他自己也不相信竟会以如此的魄力与勇气平定了这次危险的暴乱。他后来有点自夸地向元老院说：“要平定这样的暴乱，非有过人的才智不足以胜任！”他拿自己与罗慕路斯——罗马的建国者——相比。他认为这样挽罗马于狂澜，比罗慕路斯的缔造罗马要来得艰辛、光荣。元老院和罗马巨擘听了不禁莞尔一笑，但他们不敢否认西塞罗确实是他们的救世主。加图和卡图卢斯则称颂他为罗马之父。公元前63年冬，当西塞罗辞职时，罗马社会的富有阶级纷纷来谢他恩德，呼他万岁，并且礼送他返乡。而劳动阶级没来参加他的欢送游行，他们对他违法处死罗马公民怀恨在心。他们认为西塞罗并没有设法解决喀提林之所以叛乱的原因——贫穷。西塞罗最后一天在议会演讲时受到他们的阻挠，当西塞罗讲到他挽救了罗马时，他们更是怒火中烧。革命至此还没结束，恺撒任职后，革命的火种又重新燃起来了。

第八章 | 革命期间的文学
（公元前 145—前 30）

卢克莱修

在经济制度、政府形式和道德标准都在急剧转变的时期，文学并没有被忘却，它给人们带来的激励和狂热也无异于其他时代。瓦罗和内波斯（Nepos）两人在古典文学和历史研究上各得其所；萨路斯提乌斯已卸下戎装，以他显著的专论来为其友人辩护；恺撒则埋首于研习文法，继续写他的《纪事录》（*Commentaries*）；卡图卢斯和卡尔维乌斯（Calvus）从政治舞台转到创作情诗；卢克莱修这般敏感和胆小的人则躲在象牙塔里研读哲学；而西塞罗也偶尔从激烈的演说辩论中抽空看书研究，这使他得以冷静思考和增广见闻。然而这些学者并没有找到一个幽静的环境来畅所欲言，因为战争和革命吵得他们不得安宁。只要看卢克莱修如下的描述，便可见纷扰不安情景之一斑：

> 人们心情沉重，大家心事重重。因为没有一个人知道为何而生存，只管改变身份地位，好像这样做就会解除重担似的。曾有一个在家里活得不耐烦的人，时时离家出走，但是在体会到"在家日日好，出外百事难"的滋味后，又决心返家。于是他骑着

马，飞也似的赶回他在乡村的老家……当他才跨过门槛，就打了个大哈欠，然后又奔回都市去了。就这样，每一个人都在寻求自我解脱；结果事与愿违，反而更与他的意志冲突。于是他就自暴自弃，因为他患了"心病"，却不知道病因所在。懂得问题症结的人就会抛开一切事情，尽快了解宇宙事物的本性。

卢克莱修的诗文是我们可了解他的生平的唯一来源。作者本人绝少在诗文中出现，罗马文学很奇怪地隐没了罗马历史上的大伟人之一。根据传说，他出生于公元前99年或前95年，死于公元前55年或前51年。他的一生都在战火中度过——内战——马里安（Marian）大屠杀和苏拉的排斥异己大屠杀，也经历了喀提林的阴谋叛乱和恺撒的当选执政。他大概是贵族出身，但当时的贵族已腐败堕落不堪，他就这样活在生命和财产都没有安全保障的乱世里。所以他的诗主要追求精神和肉体上的静谧。

卢克莱修一生都以自然、哲学、诗词为其"避风港"。在情场上，或许他不太得意，因为他把女人描写得一文不值，公开斥责美色的不是，并忠告血气方刚的年轻人以不太激烈的乱交去满足肉体的需要。山林或田野，植物或动物，高山、溪流和海洋等都能引发他无比的兴致和情趣。他善感如华兹华斯（Wordsworth），敏锐如济慈（Keats），和雪莱（Shelley）一样，在一石一叶上发现形而上学。自然的可爱或恐怖都在他笔触的范围内。声调的形式、物体的气味和味道都能引发他的思潮，他甚至可以感觉到暮霭的来临和白昼的曙光。举凡自然的一草一木——潺潺之溪水、种子之萌芽、变幻莫测的气候和固定不变的恒星等，对他来说都是自然的奇象。他又以怜悯和好奇心来观察动物，喜爱其优雅温驯，同情其遭遇与苦痛。他是把宇宙万象描写得如此细腻且苍劲的第一位诗人，自然在文学中取得避难所。而诗人的那支劲笔唯有荷马和莎士比亚能望其项背。

年轻的一辈一定为宗教的那种神秘和盛观而感动不已。然而维系家庭伦常和社会秩序的古老信仰，对罗马的知识阶层已失去效用。一些僧侣所举行的宴会已成为罗马一群嗜美食者的狂欢假日。有一小撮人则是地道的无神论者。偶尔有些罗马渎神的人在夜里砸坏神明的雕像。由于许多人从官方的祭礼膜拜中得不到慰藉和灵感，纷纷跑到小亚细亚古国弗里吉亚的大圣母神像和由东方传过来的神明去顶礼膜拜。在希腊或亚洲信仰的影响之下，古罗马人对冥府（Orcus）的观念已被转变为恐怖的地狱——无止境的痛苦深渊之地。月亮和太阳都被视为神祇，遇有日月之食，乡村无知的人们都将其视为不祥之兆。预言家和占卜家以其对穷人或富家的占星而风靡全国，他们为信者预言将来，鼓其三寸不烂之舌来为人们的征兆和噩梦解疑。如果发生什么不寻常的事，就被认为是上帝的警告或预示。卢克莱修所了解的宗教就是这一连串的迷信、仪式和矫饰。

难怪卢克莱修要反对宗教，并以宗教改革者的热忱对宗教进行攻击批评了。从他对此事的深恶痛绝中，我们可体会出他当初的虔诚和失望后的痛苦情景。由于急于寻觅一个可靠的信仰，他精研恩尼乌斯的怀疑主义，不久又研究恩塔多克勒（Empedocles）阐明进化的伟大诗集。当他发现希腊哲学家伊壁鸠鲁的著作后，他好像找到了问题的解答。那种物质主义与自由意志的奇异掺和，像是给他怀疑和恐惧的最好答案。一种免于超自然恐惧的气息好像从伊壁鸠鲁的花园飘出，从而揭露了自然的自治独立和死亡的必然性。卢克莱修于是决定把伊壁鸠鲁散文里的这种哲学融进诗的形式，然后作为他那一代人的真理和道德标准。他自己感觉到一种奇罕和双重的力量——科学家的客观感受和诗人的主观情感。在自然的整个顺序中，他发现了鼓舞他那种哲学和诗结合的美感和宏壮。他的伟大目标令他兴致勃勃，精神充溢，但他的如醉如痴也使他筋疲力尽。然而，他不断的努力终给他带来短暂的幸福。

他作品的题目是属于哲学而非诗情画意的。作品标题为《论事物的本性》（*De Rerum Natura*）——这是从苏格拉底之前的学者所常用的论文题目《论自然》（*Peri Physeos*）翻译过来的。他把此作品呈献给副执政的几个儿子，作为他们从恐惧到了解的道路指南。他把恩培多克勒的阐述史诗拿来作为他的模范，把恩尼乌斯的坦白无讳作为他行文的出发点，以流畅和易变的六音步的诗行作为媒介。然后，暂时忘却神祇的疏忽，他开始向维纳斯祈求说：

> 英雄埃涅阿斯之母，哦，圣哉维纳斯！你创造万事万物，风为你的莅临而逃避，云因你而分离。奇象万千的土地为你长出芬芳的花朵，海涛为你展露笑靥，平静的天空为你散发光芒。只要春季一到，肥沃的南风吹得万物新鲜而富有生机，鸟儿则啭出迎接你到来的乐曲。野禽在牧场嬉戏，在溪流里捉迷藏，都被你的风采吸引到天涯海角各地。你把慈爱广播宇宙万物，经历高山、大洋、湍流以及青翠的田野大地，使之能传递接替。所以你主宰万物之一切！没有你，辨别不出是非善恶，也长不出美好可爱的东西。因此我祈求你作为我写这首诗的伴侣……赐给我，哦，神祇，赐给我的诗篇以永恒的美丽，也祈求你将野蛮战争作品毁灭丢弃……

论事物的本性

如果要把卢克莱修的杂乱论点简化成逻辑形式，就先让我们看看他论文里的著名词句"宗教劝诱人们做了这么多坏事"。他接着述说了在奥利斯（Aulis）发生的故事，很多人在祭典中丧生。除人外，牛也成为祭祀的牺牲品。在埃特鲁斯坎古国的艺术和东方各国的神秘传说中，记载着一个年轻人迷失在住满有复仇心的神明的山林里，害怕闪电和打雷、死亡和地狱。他又斥责人类宁愿奉献祭祀仪式，而不善于发掘哲学的奥秘，他说：

哼，你们这群可怜的人竟把如此的行为归罪于神祇。你们信奉神明，向他献祭，但真正的虔诚并不在于戴面纱、拜石像，不在于亲近每个祭坛，也不在于顶礼膜拜和以兽血洒在祭坛……而是要以宁静的头脑观判事物。

卢克莱修认为神明是存在的，但是它们隐居在尘世以外的另一个世界，无忧无虑，无牵无挂。在那里，它们听不到我们的祈祷，像伊壁鸠鲁的追随者一样，它们绝口不谈尘世事务，尽情享受美的沉思，仅此而已。它们并非造物者，也不是事物的造因者。把尘世的浪费、混乱、痛苦和不义归咎于它们，不是太不公平了吗？这个无垠的宇宙是完备自足的，除宇宙本身外没有律法。自然造万物是出于自愿，因为要不然"谁有那么大的权力来统治万物，来执万事之牛耳，来运转宇宙之星球，以雷声来震撼静谧的蓝天，以闪电来损毁祠庙，和雷击无辜者"？"法"（Law）才是唯一的神，好好学习"法"、爱护"法"，才是最虔诚的膜拜，也是寻求心境安宁的唯一方法。"心理的恐惧和阴影只有靠自然的律法来排除，太阳的光芒无能为力……"

因此，卢克莱修把德谟克利特的唯物论作为他那"除了原子和空无外，一切都不存在"定理的基石。他进一步阐明了近代科学的主要原理——宇宙能量不变，毁灭只是一种形式的改变而已。原子是无限的、无声的、无味的、无臭的、无色的、不变的、有弹性的、不可破坏的。原子不停地相互贯通、渗透，以致产生无数的联合，原子在停滞不动的东西上也不停地在运转：

在那小山上，群羊徜徉于镶满露珠的青草间，戏谑地以头相互轻碰玩耍。但自远处观之，它们只不过是青山上一团不动的朦胧灰白罢了。在那原野上，大军模拟战争演练奔驰，战士的闪亮盾牌照彻田野，且闪映在苍穹。而飞奔的步伐、疾驰的骏马，更震颤大地，其隆隆声浪击打高山，并直敲群星。但自绝顶高处观之，大军只不过是静止于原野上的一抹小光罢了。

原子[1]有几个部分，每一部分都是实心的、根本的、不可再行分割的。或许由于这些部分的不同排列，原子的大小、形状以及性质，就因而有所差异。原子并不按照直线或固定的方向运动，在它们的运动过程中，会有各种不可预料的"偏差"或越出正轨的现象。此种"脱轨"正是穿梭于万物之间，使人类自由意志达于鼎盛的自发性。

混沌之初，万物皆无形，渐渐地，由于各具形状、大小的原子的运动与配合而产生了气、火、水和土，并因而形成太阳、月亮、行星和恒星。在无垠的太空中不断地产生新世界，来取代旧世界。恒星是环绕在每个行星系统的苍天中的火圈，这个火圈的宇宙墙构成了"世界的火焰堡垒"。一股从大气分裂出来的原初烟雾，独自旋转后冷却成大地。地震并非神明的吼叫所致，而是地下的气体扩张而成。雷声和闪电也不是神祇的声音和气息，而是云层凝缩和撞击的自然结果。下雨不是霍韦神的恩德，而是水受热蒸发成水蒸气再降到地上的必然过程。

生命跟其他事物在根本上也没有两样，它是原子运动的产物。就像宇宙由事物的固有法则所形成一样，大地很自然地产生生命的种类和器官：

> 身体诸部分并不因我们的使用而生，而是源于它们自己的运行……原子并不以智巧去妥善地排列它们自己，它们的运动是机械性的、毫无目的的……在无垠的时空里，无数的原子以各种方式聚合离散，因而形成宇宙间的万千事物……以及世上的一切动物……在太古时代，世上居住着许多奇形怪状的生物：或残腿、

---

[1] 卢克莱修从不使用"原子"这个字眼，他称呼最根本的微粒为 primordia（基原）、elementa（元素）或 semina（种子）。

或无手、或没嘴、或缺脸……这些怪物都想要维持自己的种类，但那是徒劳的，因为自然否定了它们的生长，使得它们既无法觅食，也不能繁殖……如此，便有多种动物由于不能熔铸"生殖之链"而绝种了……那些缺少自然所赋予的"保护"特质者，只好任他种生物宰割而迅速灭绝。

人的心智（animus）由最精微的原子组成，恰如双腿或两眼。心灵是一种器官，也是灵魂（anima）的工具。而灵魂布满全身，把生命力赋予身体的每一部分。组成心灵的一些高度灵敏的原子，构成来自物质表面的意象，这就是感觉的来源。味觉、嗅觉、听觉、视觉、触觉等都是由来自物体的微粒引起的，这些微粒和舌头、软腭、鼻腔、耳朵、眼睛、皮肤等相撞击。所有的感觉都属接触的形式。这些感觉皆是真理的最后试验，如果它们发生错误，那必定是由于误解所致，并且只有另一种感觉才能纠正它们。理性不会是真理的试金石，因为理性要依据经验，即感觉。

灵魂既非精神，也不能永垂不朽。除非它是物质的，否则它不能移动躯体。灵魂与躯体一同成长，一同衰老。它跟躯体一样会受病害、药或酒的影响。当躯体死亡时，灵魂的原子就会消散。没有躯体的灵魂就没有感觉。没有触觉、味觉、嗅觉、听觉和视觉器官的灵魂还有什么用呢？我们拥有的个人生命是短暂的，当我们用尽这些短暂的能量，就要像宴会完毕时客人满足地起身离席一样离开生命的桌子。死亡本身并不可怕，死亡之后的恐惧是我们怕死的原因，但是事实上根本就没有什么"来世"的存在。所谓地狱是由无知、好斗和贪婪的人所构想的地方，而天堂则是"智者的静谧祠堂"。

美德不在于恐惧上帝，更不在于逃避欢乐，而在于由理性所引导的各种感官的和谐运作。"有人为名誉和雕像而耗尽生命力"；但是，"人的真正财富在于有一个平静的心灵"，比住在局促的镀金屋子里爽快的是"三五成群躺在小溪附近或树荫底下的柔软草地上"，或欣赏轻快的音乐，或沉溺于细心照顾小孩。婚姻是件好事，但热恋则是疯狂的，会把心灵的理性和清静破坏殆尽。"倘使某人被维纳斯的箭（shafts of Venus）射伤——不管是哪位女孩似的男孩或哪位洋溢爱的气息的妇女所发射——那么他就会渴望结合。"在这种情欲的迷乱下，社会与婚姻便找不到一个健全的基石。

卢克莱修在结束他对哲学的热爱后，情场上不得意，因此他就丢弃了希腊卢梭式的浪漫人类学，这种人类学对原始生活很推崇。当然，原始生活要艰苦些，他们住在没有火的洞穴里，他们不经结婚手续就成亲，他们饿死就和文明时代人们的饱死一样平常。文明如何发展，卢克莱修在其古老人类学的摘要中有所交代。社会组织使人类在对野兽的斗争中胜利，从而获得生存。人类从木头的摩擦中发现火，从手势而发展成语言，从鸟啭而学会唱歌，驯服野兽供自己使用，以婚姻与法律驯服了自己。人类耕田、织布，并把金属铸成器具，观天文、测时间、学航海。人类也改进杀人的艺术，打败弱者，建立都市和国家。历史是国家与文明的起源、兴隆、式微、衰绝的一种进程，但每次总把习俗、道德及艺术等文明遗产轮替地传递下来，"就像接力赛跑的运动员，他们传下了生命的火把"。

所有会成长的事物，像器官、有机体、家庭、国家、行星、恒星等，都有衰绝的一天，只有原子才能不朽。创造和发展的力量与毁灭的力量相抵消。自然界有善有恶，生活总有折磨，死亡永远伴随着进化。我们地球本身正朝向死亡，地震使它衰弱、毁灭。土地渐渐磨损，雨水和河流蚀化土地，终会有把高山化成沧海的一天。有一天我们的行星系统会遭到同样毁灭的命运。"天空的四周都会遭到袭击，然后轰然巨响，塌陷崩溃，混乱一片。"但是就在死亡的当儿，世界的无敌活力便接踵而来。"新生婴儿的哭声与为死者唱的歌混成一片。"于是构成新体系、新行星、新地球和新的生活。于是进化再度开始了。

倘若我们回顾这个"古老文学中最奇异的景象"，我们不难发现它有很多缺点：内容很混乱，诗人英年早逝后没人修订整理；词句、诗行甚至整个段落常有重复现象；其对太阳、月亮或星星的观念跟我们现在迥然不同；他的体系无法解释具有意识原子的沦亡现象；他对洞察力、慰藉、灵感及宗教道德、社会功能等的感觉太迟钝、太不灵光。但是这些错误与其对宇宙、历史、宗教及疾病所作的合理解释的勇敢企图相比，就不算什么了。他把自然当作一个有法则的世界，在这个世界里的事物和运动既不会减少，也不会增加。而诗文里持续不变的想象力把恩培多克勒的想象、德谟克利特的科学及伊壁鸠鲁的伦理道德提升到最高尚的诗境里。写此诗时的语言还很粗俗不雅，也不够成熟，几乎没有什么哲学或科学方面可资运用的名词。卢克莱修不仅创造了一些新词，也把古旧的语言融合了新韵律和光彩。六音步的诗行气势雄伟，有着维吉尔的成熟柔美和流畅。卢克莱修充满活力的诗显示他虽然饱受痛苦和失望，却也享尽了他短暂的一生。

他是怎么死的？圣哲罗姆（Saint Jerome）记载说："卢克莱修因吃了魔药而发狂……44岁时自杀身亡。"这个记载没有被证实，很多人都怀疑它的真实性。有些评论家则认为颇有可能，因为其诗篇节奏紧张、内容散乱、结尾突然，这都是明证。

跟欧里庇得斯一样，卢克莱修很先进：他的思想、感受与耶稣前的时代不合，却与我们现代的意气相投。贺拉斯和维吉尔年轻时深受他的影响，并极力地赞赏他，但是奥古斯都恢复旧信仰的试图，使他们两人不能太公开地表达赞叹之词。

伊壁鸠鲁派哲学不适于罗马人，而享乐主义[1]适合卢克莱修时期罗马人的胃口。罗马需要一种能颂扬神秘力量的形而上学而非自然法，希望一种能培养刚强、尚武民族的伦理道德，而不需要那爱好静谧和平的人文主义，更需要一种能替罗马帝国霸权辩护的政治哲学。

---

[1] "Epicurean"与"Stoic"两词在本书中意指信奉伊壁鸠鲁和芝诺两位哲学家的形而上学与伦理学的人，"epicurean"与"stoic"两词则指耽溺和规避感官恣纵的人。即两词如大写开头即指两个学派，小写开头，即指享乐主义与禁欲者。——译者注

在塞涅卡以后的信仰复兴时代，卢克莱修几乎被人遗忘。直到1418 年波吉奥（Poggio）重新发现他后，他又开始影响欧洲的思想。维罗纳的一个医生弗拉卡斯特罗（Girolamo Fracastoro）采信卢克莱修的理论，认为疾病是由于有毒的"种子"在空中飘浮所致。1647年，法国哲学家伽桑狄（Gassendi）重振他的原子哲学。伏尔泰很专心地研读卢克莱修的这篇《论事物的本性》，看过后他同意奥维德的说法：这些诗集必将与大地同寿。

在东方和西方精神信仰与物质科学两大壁垒的争夺战中，卢克莱修在他那个时代独自进行了一场壮烈无比的战斗。当然他是一个最伟大的哲学诗人。由于他，拉丁文学才算"成年"。至少，文艺领导权才由希腊转移到罗马。

"莱斯比娅"的情人

公元前 57 年，曾接受卢克莱修献诗的盖乌斯·美米乌斯（Caius Memmius）离开罗马，到比提尼亚任执政。按例他可以随带一个作家，出人意料地，他没带卢克莱修，而是带上另一个叫卡图卢斯的诗人。卡图卢斯从他的家乡维罗纳来罗马已经五年了。他是个富家子弟，他父亲在家乡与恺撒时有交往。他在台布尔附近和加尔达湖旁都有别墅，在罗马还有一座富丽堂皇的房子。尽管这么富有，卡图卢斯还声称其财产是抵押品，说他一文不名。但是我们从他的诗里面，发现他是一个不必为生活愁苦的文雅士绅，终日在罗马与一些大亨为伍。这个圈子里的人包括一些大演说家和政客：马库斯·凯利乌斯（Marcus Caelius）是一个贫穷的贵族，后来成为共有主义者；李锡尼通晓诗文和法律；赫尔维乌斯·辛纳（Helvius Cinna）是一个诗人。这些人以讽刺短诗来反对恺撒，没察觉他们的文艺反动反映了当时的革命。他们看厌了文学的旧形式以及纳维乌斯的粗俗和恩尼乌斯的夸张。他们希望以新的抒情诗韵律唱出青年的感情。他们也讨厌古老道德和兄长谆谆教诲的古训。他们宣告本能的神圣、欲望的无辜和放荡的堂皇。虽然如此，他们和卡图卢斯比起另一派的年轻纨绔子弟来，则要好得多。贺拉斯、奥维德、提布卢斯、普罗佩提乌斯（Propertius），甚至连维吉尔，这一小撮人作诗和生活总离不开女人。

这个小团体里最活泼的一个女人是克洛狄娅。罗马哲学家、讽刺家阿普列乌斯（Apuleius）告诉我们，为了纪念女诗人萨福——卡图卢斯常常模仿、翻译她的诗，卡图卢斯把克洛狄娅命名为"莱斯比娅"（Lesbia）。卡图卢斯22岁来罗马时就与她结为朋友，当时她的丈夫在南高卢（Cisalpine Gaul）当总督。当他第一次见到她那"摇曳身姿"时就意乱情迷了，他把她叫作他的"纤美脚步之女神"。诚然，一个女人的步伐和其声音一样很可能是一种诱惑。她于是把他列为崇拜她的追求者之一。这个着了迷的诗人除了能写诗外，根本不是其他情敌的对手。于是他就以最美丽的抒情诗来赞美她，歌颂她。他又为她翻译了萨福描写情人痴狂的爱情诗。有一阵子，他每天陪伴着她，沐浴在爱情的幸福中，把他写的诗念给她听：

> 我的莱斯比娅，我的爱
> 让我们永远厮守在一块；
> 那些粗鄙老人的咕哝，
> 尽可把它当作耳边风；
> 太阳东升西落，
> 对我们，它一旦西沉，
> 永恒的酣睡黑夜就跟着……
> 给我一千个吻，多加一百个，
> 再给我一千个吻，再加一百个，
> 又再给我一千个吻，又再加一百个；
> 当我们狂吻了成千成万次后，
> 我们会弄不清到底总共有几次，哦，

　　这样也好，

　　不然，那一群下流卑鄙的人，

　　会羡慕我们这一对，

　　会知道我们接吻实际有几回。

　　我们不知道他们的感情维持了多久。或许他的"成千成万次的吻"吻得她生厌，她曾为他背弃她的丈夫，现在反过来背叛他又另结新欢了。这次她的交游范围更广阔了，卡图卢斯气愤地说她"两手拥抱 300 个奸夫"。卡图卢斯由爱生恨，并且以一种济慈式的意象唾弃她的贞洁抗辩：

　　妇女向她那渴求爱的情人

　　所灌的迷汤，

　　铭记于心！

　　恰似风中絮，

　　更如海底月。

　　当卡图卢斯他的怀疑被证实后，他更是醋劲大发，伺机报复。他斥责她成为酒店常客，公开指责她的新情人。于是他写了一首很动人的婚礼歌送给他的朋友曼利乌斯，羡慕他的结婚和有一个甜蜜安定的家庭。为了怕触景生情，他陪美米乌斯到比提尼亚去，希望换个环境来弥补心灵的创伤，但是他失望了。他绕道去探望一个死在特罗阿德（Troad）的弟弟的坟墓，之后他写了几行流传很久的诗：

　　亲爱的弟弟，

　　我跋山涉水来到这里，

　　向你献祭，

　　带给你最后的祭礼……

望你的灵魂来把它显现，

啊！这一别就是永远，

哦，永远，

弟弟，你安息吧，再见。

寄居在亚洲的数年，终于使他改变，使他柔弱。那把死亡描写成"永恒夜晚的酣睡"的怀疑论者，已被东方的宗教和仪式影响而改变了。在其最富丽、最伟大的诗《阿提斯》（*Atys*）中，他栩栩如生地描写人们对小亚细亚大神母的崇拜。在《珀琉斯和忒提斯》（*Peleus and Thetis*）中，他以维吉尔都难望其项背的六音步诗行的精致韵律，来重述珀琉斯和阿里亚德涅（Ariadne）的故事。他从阿马斯特里斯（Amastris）买来一艘小游艇，独自驾艇渡过黑海、爱琴海、亚得里亚海到加尔达湖，然后抵达他在西尔米奥（Sirmio）的别墅。他自问自答地说："哦，要逃避尘世忧虑，还有比回老家安枕床上更快乐、更惬意的方法吗？"人类就是这样，开始总是拼命追求幸福，最后还是满足于平静安逸的生活。

在罗马那么多诗人里，我们比较了解卡图卢斯的原因是他的主题很少超出他个人以外。这些爱与恨的抒情诗写出了敏感和亲切的心境，但是有点太偏激，过分淫秽和残酷。对卡图卢斯来讲，爱与恨、善与恶之间只隔一层薄纸。

然而他那正直完美的诗弥补了这些过错。他的十一音步诗行很自然地跃然纸上，与贺拉斯的技巧迥然不同，有时还比维吉尔的诗更优雅。他的用字尤属上乘：他把俗语粗字磨炼成诗行，并把文学方面的拉丁用语掺杂着一些酒馆俚语；他避免倒装句和隐晦不清的词句，使行文明白流畅；他熟读了古希腊亚历山大的诗和古伊奥尼亚诗人的诗集；他精通卡利马科斯（Callimachus）的变化韵律和流畅技巧、阿尔基洛科斯（Archilochus）的活泼轻快、阿那克里翁（Anacreon）的丰盛充溢及萨福的狂热多情。事实上，是他告诉我们这些诗人的格式和作风的。他很专心地跟他们学习、观摩，以至于由他们的学徒变成跟他们并驾齐驱的人。西塞罗对拉丁散文功不可没，卡图卢斯对拉丁诗贡献巨大。

学者们

拉丁图书是如何书写、作插图、装订和出版的？自古以来，罗马人一直用尖笔把信笺和商业记录写在蜡板上，如有错误则用拇指擦去。我们所知道的最古老的拉丁文学是用羽毛和墨水写在由埃及运来的纸上的。公元1世纪，从动物身上剥下的兽皮所制成的羊皮纸已取代埃及的草纸而被用于书写文学和重要文件了。通常，文学作品都写在一卷卷的羊皮纸上，要看时只好一卷卷地展读。文章通常有两三小栏到一页之长，没有标点，甚至字和字之间也没有分开。有些原稿用墨水画画，瓦罗的《意象》（*Imagines*）里画了700个有名的人，每一个人的画像后面都附了简短的传记。人们可以雇用奴隶来抄写原稿，而后出售。有钱人家要什么书，可雇办事员来抄写。由于抄写员大都是奴隶，而不是花钱雇人抄，所以书都非常便宜。通常"第一版"都有1000本左右。书店向发行人整批购买，然后在小摊子上零售。书店和发行人不付给作者报酬，偶尔会送些礼物。私人图书馆此时已经很多。公元前40年，波利奥（Asinius Pollio）用他的藏书建了罗马第一个公立图书馆。恺撒还计划建一个更大的图书馆，由瓦罗任馆长，但是跟他很多其他的计划一样，这个构想到奥古斯都时才实现。

由于这些设备、场所的激励、刺激，罗马文学与学术渐渐和亚历山大人的工业并驾齐驱了。诗集、小册子、历史书、教科书等与台伯河的河水相争长。每个贵族都懂得用诗文装饰自己，每个贵妇都学会填词作曲，每位将军都在写他们的回忆录。这是一个写"大纲"的时代，由于时代已进入竞争的商业社会，摘要大纲广被采用。尽管瓦罗忙着东征西讨，在其89载的一生中，他仍然忙里偷闲，几乎把各部门的知识都摘略下来。他的 620 "卷"书（大约 74 本）在那时算是只手独创的百科全书。由于对字源产生浓厚的兴趣，他写了一篇《论拉丁语言》（"On the Latin Language"）的短文。或许要呼应奥古斯都对人们的要求，他在《论乡村生活》（"On Country Life"）的文章里，鼓励大家说乡村是逃避争斗和混乱的最好去处。他的序文说："我的第 80 年生涯，警告我必须脱离这种生活。"他的最后遗嘱里详细述说乡村的静谧和幸福，他很钦佩乡村的妇人——生产不久，就回到田间工作了。他很为罗马的低生育率担忧："以前有子万事足，现代的妇女则说她宁愿上三次战场，也不要生一个孩子。"在《神圣的古代》（*Divine Antiquities*）一书中，他下了一个结论说："一个国家的丰饶、秩序和勇气需要有由宗教信仰支撑的道德戒律才行。"他同意法学家穆齐乌斯·斯凯沃拉对两种宗教——一种是哲学家的宗教，一种是庶民的宗教——截然不同的划分方法，但是他主张庶民的宗教虽然缺乏知识背景，也应该受到支持和保护。虽然他本人信奉含混的泛神主义（pantheism）[1]，却力促恢复对古罗马神祇的崇拜。他受加图和波利比奥斯的影响很大，而他自己对奥古斯都的宗教政策和维吉尔虔诚的田园风味也有决定性的影响力。

老加图没有完成其《发源论》就去世了，未完成的部分由瓦罗在其《罗马人民的生活》（*Life of the Roman People*）——又名《罗马文明的历史》——一书中有详尽的叙述。很可惜，这本书和他所有的著作都被时间湮没了。在罗马，历史是一种艺术，而不是科学。然而历史像修辞学一样，在这一时期，我们发现了一个很伟大的历史从业者——萨路斯提乌斯。他是恺撒手下的武士和政客，曾统治过努米底亚，也曾花一大笔财产在女人身上。他退休后住在罗马的一幢别墅里，过着豪华的生活。这幢别墅以其花园闻名，后来成为皇帝的住宅。他的几本书如《史丛》（*Histories*）、《朱古达战争》（*Jugurthine*

---

[1] "世界的灵魂就是上帝，而它的各部分便是诸神祇。"

War）和《喀提林》（*Catiline*）等是用另一种方法继续战斗，而为庶民辩护。他揭露罗马的道德衰落[1]，控诉元老院和法庭把财产置于人权之上，还声称马略主张阶级平等和适才适所。他用他的哲学评论和对人物的心理分析来作深入的叙述，继而开创一种警句的简洁风格。塔西佗受这种风格的影响很大。

　　像萨路斯提乌斯时期的罗马散文一样，这种风格的色彩和语调取自城市广场的演讲术和法庭的辩论。法律业和民主政治的发展，使公共演讲的需要越来越迫切。尽管政府充满敌意，教授修辞学的学校仍如雨后春笋般增设。西塞罗说："修辞学专家有如过江之鲫。"公元前 50 年，修辞学大师有安东尼、克拉苏、苏尔皮西乌斯·鲁富斯及霍滕西乌斯。从听众挤满城市广场（有的甚至被挤到邻近的庙宇和阳台上）的事实，我们可以想见演说者的嗓门之大了。霍滕西乌斯的演讲词活泼生动，以至于连罗西乌斯（*Roscius*）和伊索普斯等杰出的演员都来聆听，来学他的讲话姿势和手势，从而使得他们的演技百尺竿头，更进一步。霍滕西乌斯效法老加图，也把他的演讲词修订后出版。演讲术使拉丁语言日臻华丽多彩，雄壮有力，且富有东方的优雅之美。在霍滕西乌斯和西塞罗之后，年轻一辈的演说家抨击所谓"亚洲派"风格的矫饰做作和骚动狂乱，恺撒、布鲁图、波利奥等人联合保证采用较平静、简洁的"雅典"语风后，形成了两大流派——"浪漫主义"和"古典主义"。年轻一辈的古典主义者甚至抱怨说，东方的演讲术正在征服罗马。

西塞罗的文笔

　　西塞罗知道他的演讲词将在文学史上占有一席之地，所以他对

---

[1] 瓦罗声称："萨路斯提乌斯与人通奸，被安尼乌斯·米洛（Annius Milo）捕获，米洛用皮带对他痛加鞭打，但又允诺他付出一笔款项后，立即让他逃脱。"然而，这或许只是一种政治手腕的运用罢了。

雅典学派的评语非常重视，并在其论演讲术的很多篇文章中为自己辩护。他用活泼生动的对话描绘出罗马雄辩的历史，并规定一些作文、散文、韵律的规则。他没有承认自己的风格是属于"亚洲派"的，他说他曾模仿希腊演说家狄摩西尼的风格，他提醒那些雅典学派，说他们冷酷和无情的演说只能使听众昏昏欲睡或逃之夭夭了。

西塞罗留给我们的 57 篇演讲词，对演讲的技巧都有明确的解说。这些技巧包括：（1）热情地提出问题；（2）以幽默和逸事来取悦听众；（3）无情地揭露对手的隐私或夸大对手的过错；（4）对自己不利之处，则要巧妙地转移听众的注意力；（5）布下修辞学方面的问题，使对方无招架之力；（6）以掉尾句来加重语气和吸引听众注意力。这些演说算不上什么雄辩，都是有意中伤对方，滥用自由，大放厥词。这种情形在舞台上不允许，但是在城市广场和法庭上却屡见不鲜。西塞罗毫不犹疑地选择了像"猪猡"、"毒虫"、"刽子手"和"卑鄙"等字眼来谩骂他的对手。安东尼在公共场合跟他太太表现得过分亲热即遭西塞罗的议论与责骂。听众和陪审团对这种辱骂、诋毁觉得很有趣，大家都没有认真地把它当作一回事。众所周知，西塞罗的演说表现自我和咬文嚼字的色彩比道德的真诚、哲学的智慧和合法的聪明与深度要来得更浓。然而他的雄辩的确举世无双，甚至连狄摩西尼都没有他来得生动、活泼、机智。诚然，西塞罗拉丁文的流利前无古人，后无来者。这是拉丁散文的全盛时期。恺撒在把他的《论类推》（*On Analogy*）题献给西塞罗时说：

> 阁下发现了演讲术的宝藏，也是使用这些宝藏的第一个人。您施惠给罗马市民，罗马因您而荣耀。您的胜利比最伟大的将军们的联合功绩更伟大、更辉煌。因为增长人类的见识要比开拓罗马的疆域来得崇高和有意义。

西塞罗的演讲词和书信大都由他口授给秘书，他本人很少修改。

当初根本没有要出版的念头，因此他的一切就赤裸裸地被记载下来。尼波斯说："读过这些书信的人，就不必看这一时期的历史书了。"书信的风格质朴无饰，间或夹以幽默和机智，优雅的文言和粗俗的白话交相使用。在现存的拉丁散文中，这要算最引人入胜的了。在所难免，在这 864 封信中（有 90 封是别人写给他的），偶尔有矛盾和不诚实之事。这里面缺乏像在散文里常发现的宗教虔诚和信仰。他对各种不同人的意见（尤其对恺撒）与他对公众的声明并不完全一致，书信措辞没有他的演讲词那么浮夸和自负。他向我们保证说："本人是世界上最不懂虚荣的人。"在这些书信里，有很多讨论涉及金钱和住宅。西塞罗除了在阿尔皮鲁姆、阿斯图瑞（Asturae）、普特奥利和庞贝等地有别墅外，在福米埃（Formiae）还有一处价值 25 万塞斯特斯的房产。另一处房产位于图斯库隆，价值 50 万塞斯特斯。此外在帕拉蒂尼的一座宫殿价值 350 万塞斯特斯。[1] 这种享受对一个哲学家来说实在太过分，也太不可思议了。

　　虽然如此，我们之中有谁的书信出版后，会像西塞罗这样永垂不朽呢？诚然，只要我们继续展读这些书信，就会渐渐地对这个人产生好感。他一生的过错没我们多，或许他还没我们骄傲自负呢！他的过错就是以完美的散文来使虚荣和错失不朽。在他最得意的时候，他工作认真，还是一个体贴的父亲，大家的好朋友。此时，他待在家里含饴弄孙，读书作乐，对待他那患有风湿病而脾气暴躁的太太泰伦蒂娅还不坏呢！只是他们实在太富有，富有而不快乐，终日争吵、忧虑，弄得家无宁日。结果为了一点财务上的争执，两人在年迈之时离了婚。不久，他又跟非常有钱的普布利莉娅（Publilia）结婚。但是婚后普布利莉娅与西塞罗的女儿图莉娅不合，西塞罗一气之下又把她离弃了。他非常溺爱图莉娅，所以当她不幸去世后，他几乎发狂，并决定

---

[1] 这笔巨款是向一位诉讼委托人"借"的，我们不知道这笔钱是否偿还过。法律禁止律师收受诉讼费，但他们却接受"贷款"或馈赠。通过这种赠予方式，西塞罗在 30 年中"继承"了 2000 万塞斯特斯。国家的法令，总为人情所改写！

为她修建一座庙宇。西塞罗的信大部分都是写给阿提库斯的，此人为他投资，替他解决经济上的困难，把他的著作发表出版，还不时给他忠告。当阿提库斯在革命最高潮的时期到希腊时，西塞罗于怀念之余，给他写了一封诚挚的信：

> 这个世界上除您外，我再也找不到其他能和我共商大计的人了。您爱我，您做事谨慎，我们之间坦荡荡，没有谄媚、虚伪和做作。家兄虽也坦直友爱，却远离了我……而您时常以您的忠告解我之忧虑，除我之疑忌。往日公事有您代办，私事有您安排，如今您安在？

恺撒横跨卢比肯河打败庞培，而自封为独裁者的这段暴乱期间，西塞罗暂时退出政治舞台，从埋头研究哲学当中求得慰藉。他告诉阿提库斯说："记住，不要把你的书籍送给任何人，你已答应要送给我。除书籍外，我现在对什么东西都提不起兴趣。"年轻时，西塞罗曾以最亲切和谨慎的口吻为诗人阿希阿斯辩护，他赞赏文学的研读可以"滋养年轻人，装饰中年人，娱乐老年人"。他自己把这句话当作座右铭，所以在不到两年的短短时间，西塞罗几乎写了一图书馆的哲学书。[1] 由于上流社会宗教信仰瓦解而形成的道德真空状况，几乎使罗马社会演变成分崩离析的局面。于是西塞罗就梦想用哲学代替神学来使这些人的信仰和生活走上轨道。他决定不再另创新体系，而将希腊古圣贤的教义归纳起来作为他呈现给人民最后的礼物。西塞罗很坦诚，说他大都是改写或翻译波塞多尼乌斯及其他希腊作家的作品。但

---

[1] 公元前 54 年，西塞罗写成《论共和国》（*De Republica*）；公元前 52 年，写成《论法律》（*De Legibus*）；公元前 45 年，写成《理论》（*Academica*）、《哲学的安慰》（*De Consolatione*）及《论道德目的》（*De Finibus*）；公元前 44 年，写成《论神性》（*De Natura Deorum*）、《论占卜》（*De Divinatione*）、《论美德》（*De Virtutibus*）、《论义务》（*De Officiis*）、《论友谊》（*De Amicitia*）、《论老年》（*De Senectute*）、《论荣耀》（*De Gloria*）及《图斯库鲁姆的辩论》（*Disputationes Tusculanae*）。而且，在公元前 45—前 44 间，西塞罗完成了 5 本演讲书的创作。

是他把枯燥的散文格式改变成优雅而通俗的拉丁文，以对话来使演讲生动，然后快速地从逻辑和玄学的荒漠转到行为和政治的实际问题。和卢克莱修一样，他自创一些哲学术语。他终于成功地把哲学和语言融会贯通了。

最重要的是，他的观念大都源自柏拉图。他既不喜好伊壁鸠鲁学派的武断（好像直接来自诸神集会处，他们常用这样的信念，谈及神圣的事物），也不爱好斯多葛学派的论断（他们汲汲于辩说"万物皆因人类的使用而生，即使是神祇也一样"）。西塞罗的起点在于新学院派（The New Academy）——一种温和的怀疑主义，否认所有确定的事实，而寻求人类充分生活的可能性。他写道："对多数事物，我的哲学便是怀疑……可以让我不去了解我所不了解的事物吗？""那些想获悉我的个人意见的人们，显现出一种过分的好奇。"但是，他的表达天分，很快地就战胜了他的腼腆本性。他嘲笑祭祀、神谕及占卜，并热切地撰文以证明占卜的荒谬。对信仰占星术的善男信女，他一概嗤之以鼻，他责难说：死于坎尼城的人们，是否都生于同一片星空下？他非常自负地想以"一笑置之"的方式来迅速地破坏古老信仰："当我们称谷类为锡里斯（罗马谷神），称酒为巴库斯（Bacchus，罗马酒神）时，我们所使用的仅是通常的辞藻，但人们会如此愚蠢以至于相信他们以神为食物吗？"他不但怀疑神祇的存在，而且怀疑任何独断的说法。他摈弃德谟克利特与卢克莱修的原子论。所谓缺乏引导的原子，能够导致现有世界的秩序（就如同一个个字母能够自动自发地构成诗人恩尼乌斯的伟大作品《编年记》），对于这种论调，他大不以为然。然而，我们对诸神的一无所知，并非他们不存在的明证。事实上，人类大都同意建立一个赞成上帝的可能"平衡"。西塞罗归结说：就个人道德与公共秩序而言，宗教的确是不可或缺的，具有见识的人将不会攻击它。因此，在叱责占卜之时，他却不断地践履占卜官的职掌。这并不算十分矫饰，他认为是一种政治手腕。罗马的道德、社会及政府都系于古老的宗教，因而不能如此就让它枯萎了。当他所钟爱的女儿图莉娅去世后，西塞罗比往昔更希望个人的不朽。在《论共和国》的最后一章《西庇阿之梦》（*Dream of Scipio*）中，他从毕达哥拉斯、柏拉图及欧多克斯处，转借出一种复杂、动人且神秘的死后生活，在那里，具有大德的死者，享受永生的极乐。但在他的私人信件中——即使对丧失亲属的朋友的吊慰信——他却从未提及来世。

由于那时期怀疑的气氛太重，西塞罗以纯世俗的理由作为他道德和政治论文的基础，不谈怪、力、乱、神。在《论道德目的》这本书中，他开始探求幸福的途径，同时怀疑斯多葛派认为美德至上的学说。因此，在《论义务》这本书中，他寻求美德的途径。他说："四海之内皆兄弟，整个世界就是神祇和人类的共同城市。"最完美的道德，即是每一组成分子应对整体忠诚。一人为自己和社会而生存，首先他自己应建立一个健全的经济基础，然后才履行作为市民应尽的义务。聪明的政治手腕比最微妙的哲学要来得崇高。

君主政体只有在当权者是贤明时才是最好的政府形式。贵族政治也只有在统治阶层是真正的领导人才时，才是好政体。但是出身于中产阶级的西塞罗不太相信古老的、根深蒂固的家庭制度是最好的。民主制度只有在百姓都是善良的时候才算好制度，但是西塞罗认为百姓不可能永远善良。最好的政府形式是混合政体，像格拉古兄弟以前的罗马政体：议会的民主权利，元老院的贵族权力，任期一年的执政的无上权力等。缺乏制衡，君主政体就会变成专制政体，贵族政治则变成寡头政治，而民主制度也就变成暴民政治——混乱且独裁的统治。在恺撒当选为执政之后，他抨击说：

> 柏拉图说暴君随自由的口号应运而生……最后，这所谓的自由就成为奴役。在这种制度下，某些人会被选为领导者。这个领导者以没收甲方财产来取悦乙方。像这种人在独处时因怕生命危险，总有卫士在旁保护。平常则以独裁者自居，统治曾帮他取得权势的人们。

　　无论如何，恺撒还是当选为执政。西塞罗知道大势已去，只得研习法律，重温友谊和荣耀以娱晚年了。他以"战时无律法"来自慰，他和斯多葛派一样，把法律解释为"顺乎自然的正当理由"，即法律是要把人类的关系弄得有条不紊。他说："自然要我们爱人类，这就是法律的基石。"友谊不能以共同利害为基础，而要以由美德与正义联合和限制的彼此利益为准则。友谊之道，应该"既不央求不名誉的行为，即使对方有此央求，也不去从事不光彩的事情"。廉洁自守才是老年幸福的最好保证。少壮不努力，老大徒伤悲。循规蹈矩地过一生，会使人延年益寿。埋首书堆会使人"不知老之将至"。老年会恐惧死亡，但若是人的心灵经过哲学的冶炼熏陶，就不会有此恐惧。死亡后的另一个世界的生活说不定会更幸福，至少也会得到静谧、平和。

　　总而言之，西塞罗的哲学短论枯燥乏味，这些短论和其政治手腕一样，太墨守传统和正统学说。他好奇如科学家，胆小如富有者。纵使在其哲学短文里，也还留有政治的味道，唯一可取之处就是这些短文格式的质朴美。他的拉丁文多么流畅，多么易读！其行文多么通俗、柔和！当他叙述一个事件时，他尽可能地活泼生动，使其演讲能吸引观众的注意力；当他描述一位人物时，他所运用的技巧，竟令他自己哀叹说："我没有时间去成为罗马最伟大的历史学家。"他从伊索克拉底那里学来的平衡子句和掉尾句的修辞学技巧，使整个城市广场为之轰动。他的思想属上层社会的思想，但是他采用的形式是针对一般庶民的。他力求明白清楚，使他的道理令人感动，并用逸事和智慧来使抽象事物变得具体。

　　西塞罗再创拉丁语言。他增加拉丁语词汇，把词汇炼成有弹性的哲学用语，使它成为西欧1700年来学术和文学的工具。我们记忆里的他是一个作家，而不像是一个政治家。在我们几乎都忘了他曾任执政的当儿，还依稀记得他的雄辩和不朽的书信。由于形式和实质，艺术、知识和权力同样为人所重视，我们可以说西塞罗的成就仅次于恺撒。

第九章 ｜ **恺撒**
（公元前 100—前 44）

浪子

　　盖乌斯·尤利乌斯·恺撒（Caius Julius Caesar）的血统要追溯到尤卢斯·阿斯卡尼俄斯（Iulus Ascanius），传说后者为埃涅阿斯之子，埃涅阿斯是维纳斯之子，而维纳斯又是朱庇特的女儿，所以他从生至死皆像神一样。尤利乌斯家族虽然一直都很贫困，却是意大利最古老和高贵的世家之一：公元前 489 年和前 482 年分别有尤利乌斯族的人任执政之职；公元前 473 年和前 157 年，沃皮斯库斯·尤利乌斯（Vopiscus Julius）与塞克斯图斯·尤利乌斯（Sextus Julius）分别任执政之职。恺撒的母亲奥勒莉娅（Aurelia）是个贤明能干的主妇，住在苏布拉（Subura）一处商店、酒店、妓院等混杂地区的一间小屋子里。恺撒于公元前 100 年出生在这个地方。

　　荷兰历史学家苏埃托尼乌斯（Suetonius）说："恺撒性温好学。"他的拉丁文、希腊文和修辞学老师是一个高卢人，这位老师对他后来的成大功、立大业有着不可磨灭的功劳。年轻时，恺撒就对演讲产生兴趣。他因做过马库斯·特穆斯（Marcus Thermus）的军事助手而被救。比提尼亚的国王尼科梅德斯很喜爱恺撒，以至于西塞罗讥讽说恺撒"把童贞都献给了那位国王"。公元前 84 年，恺撒回到罗马，为了顺其父意，便跟科苏蒂娅（Cossutia）结婚。不久他的父亲死后，他就跟她离婚，而跟辛纳的女儿科尔尼利娅结婚。当苏拉取得政权后，他命令恺撒与科尔尼利娅离婚。恺撒不从，于是苏拉就没收他的世袭财产和其太太的嫁妆，并要处死他。

恺撒闻讯逃离意大利，去投奔西里西亚的部队。公元前 78 年苏拉死后，他回到罗马，但当他看到他的仇敌在罗马当政后，一气之下又奔走亚洲。在途中遭遇海盗，恺撒被捉到西里西亚，海盗索价 20 塔伦（7.2 万美元）才准许释放。恺撒当面斥责对方低估他的价值，自愿将赎金提高到 50 塔伦！于是恺撒派遣仆人四处借钱后，他自己则优哉游哉地写诗自娱，还把诗念给海盗听。海盗自然不解"风情"，于是恺撒破口大骂他们野蛮，并发誓要尽早绞死他们。当赎金筹足后，他就急忙奔至米利都，招募部下和船只，掉头追赶海盗。当他捕捉海盗之后，先把赎金要回，然后将他们一一处死。事毕，他到罗得斯岛去研习修辞学和哲学。

当恺撒重回罗马之后，他把精力平分在政治和爱情上。虽然他的头发稀疏，却不失为一个英俊潇洒的青年。公元前 68 年科尔尼利娅去世后，他就与苏拉的孙女蓬佩伊娅（Pompeia）结婚。由于这次婚姻是纯政治性的，他也就毫无顾忌地跟其他女人私通。恺撒情妇之多，其私生活之淫乱，以致其部将之父——老克鲁伊欧（Cruio）称他是"人尽可夫亦人尽可妻"。在战时，他的这种行为更是放荡：在埃及，他有绝世美人克娄巴特拉；在努米底亚，他有皇后尤诺（Eunoe）；在高卢，他的女人更是不计其数，于是他的部下称他为"秃头奸夫"。当恺撒征服高卢后，人群中流行着一句话，警告有太太的丈夫在恺撒还没离开高卢以前，要把太太拘锁在房里，以防他的调情。贵族们讨厌恺撒有两个原因：第一，他破坏了他们的特权；第二，他诱奸他们的太太。庞培之所以将太太离弃，就是因为她跟恺撒私通。加图对恺撒的敌视并非纯因哲学上的观点不同，他的妹妹塞尔维莉娅（Servilia）乃是恺撒最喜爱的情妇。加图怀疑恺撒与喀提林串通，因而控之于元老院。在元老院开会时，突然有人传来一张纸条给恺撒，于是加图要求恺撒把这张纸条上的内容大声念给大家听，恺撒看后默默地递给加图，原来是他的妹妹塞尔维莉娅写给恺撒的情书！塞尔维莉娅对恺撒一往情深。无情的谣言传说她老年时，还把自己的女儿泰蒂娅（Tertia）送给恺撒，以满足其欲望。内战期间，在一次公众拍卖中，恺撒把从敌对贵族手中没收的房地产，以极其低廉的价格卖给塞尔维莉娅。后来，泰蒂娅嫁给谋杀恺撒的主要人物卡修斯。私人的奸情终于演变成国家的骚乱。

　　或许，恺撒这种处处遗情的性格使他得意，也让他惨遭失败。他的情妇通常都是仇敌里有权势的人。虽然恺撒移情别恋，但她们对他的感情仍一如往昔。克拉苏虽明明知道他的太太与恺撒有染，但还以大量金钱资助恺撒竞选。曾经有一度，恺撒欠他达 800 塔伦（288 万美元）之多。说穿了，这些贷款并不表示慷慨或友谊，而是期望恺撒当选后能提拔自己。像阿提库斯一样，克拉苏虽腰缠万贯，却需要政治上的保护和机会。此一时期的罗马政客大多负有同样的"债务"：安东尼欠债 4000 万塞斯特斯，西塞罗欠债 60 万塞斯特斯，米洛欠债 7000 万塞斯特斯——虽然这些数字也许含有诽谤的成分。

　　恺撒给我们的印象是：起初，他是个不讲理的政客和轻率的浪子；渐渐地，由于年长和责任感的增加，他变为历史上最资深、最正直的政治家。恺撒一生犯了不少错误，但他仍然不失为一个伟大的人物。

执政

　　苏拉死后不到一年，恺撒就把苏拉的手下格奈乌斯·多拉贝拉（Gnaeus Dolabella）处死。陪审团投票反对恺撒，但是一般百姓则为他为民主而战和精辟的演说喝彩。恺撒的演说没有西塞罗的激情、智慧和犀利的修辞，他实在不喜欢西塞罗那种"亚洲派"的风格。他自己独创一种精练简洁、雄壮有力的风格。他那描写高卢战争和内战的《记事录》就是运用这种风格写成的。不久，他的雄辩进步到仅次于西塞罗。

公元前68年，恺撒任职财政官，旋即被派到西班牙。在西班牙，他率领军队远征当地土著，包围城市，搜刮民脂民膏，以偿其债务。同时，由于他降低罗马银行业者借钱给西班牙各城市人民的利息而赢得广泛的赞赏和感激。有一次，当他走到亚历山大的雕像面前，他很惭愧地说亚历山大在他这样的年纪时，已征服半个地中海了。于是他再度返回罗马争夺官位和权势。公元前65年，他被选为市政官。他把一大笔钱——克拉苏的钱——花在装饰城市广场上面。苏拉得势时，把马略的一些战利品——旗子、画像和一些战利品等——都从朱庇特神殿（Capitol）搬走。恺撒却把这些东西归位，使得马略的旧部欣喜不已。

公元前64年，恺撒被任命为审理谋杀案件的审判长，他把苏拉时期公布的还逍遥法外的罪犯招来审理，最终，一些罪犯被处死，一些被流放。公元前63年，他在元老院投票反对处死喀提林的同谋，他说人格不会比死亡长寿。同年，他被选为罗马宗教的大祭司。公元前62年他当选副执政时，处死一个侵占公共基金的重要保守派人士。公元前61年，他被任命为驻西班牙的省执政，但他的债权人阻止他前往任职，因为他欠了2500万塞斯特斯的债。克拉苏闻讯马上伸出援手，于是恺撒动身前往西班牙。到西班牙后，他再度讨伐当地土著，战绩辉煌。他带回来的战利品不仅还债有余，还充实了国库，元老院为他的胜利而喝彩不已。上流社会的人比较敏感、阴险，他们知道恺撒志在执政官，也知道元老院明文规定出征的将领战胜归来时，要先停留在城外。但是恺撒违反法律，凯旋后就径自进城，还积极地筹备竞选活动。

恺撒的胜利得力于他与庞培的巧妙默契。那时庞培方从东方凯旋而归，军事上、外交上无往不胜。由于海盗已被扫荡殆尽，庞培使得地中海的海上贸易畅通无阻，给这些城市带来繁荣。他以征服比提尼亚、叙利亚及本都等地使罗马的资本家感激欢跃；他在一些地区罢黜旧王，扶持新王，并以极高的利率借钱给他们；他接受埃及国王一大笔贿赂以平定埃及内乱，后又借口不合法而拒绝履行契约；他抚慰巴勒斯坦，使其归属罗马；他建立了 39 个城市，同时制定法律，维持秩序与和平。总而言之，判断力强、政治手腕高超为他自己和罗马带来了财富。庞培给罗马带来堆积如山的贡品、财物和金钱，所以他捐了 2 亿塞斯特斯给国库，另捐 3.5 亿塞斯特斯以增加国家的岁收，同时在犒赏 3.84 亿塞斯特斯给其士兵之余，还留了一大笔作为私产。现在他和克拉苏算是罗马的两大巨富了。

　　元老院对于庞培的成就与其说是高兴满意，不如说是惊愕不已，心存戒意。元老院风闻庞培登陆布伦迪西姆（Brundisium）港，而其部下又忠心耿耿，有能力使其成为独裁者，就已心惊胆寒了。为了使元老院释惧，庞培公开解散部队，进罗马城时只有数名卫士随行。庞培的胜利维持了两年，忘恩负义的元老院就拒绝他的请求，不分配国有土地给他的士兵，不批准他和被征服国王的合同，同时恢复卢卡卢斯在东方的一些安排，这些安排庞培根本不予重视。这一连串行动的结果使西塞罗和上流社会的联盟破坏了，也迫使庞培和资本家竞相讨好庶民。于是恺撒利用这个千载难逢的机会，在公元前 60 年与庞培和克拉苏组成"前三头同盟（the First Triumvirate）"，大家联合保证反对任何不合于他们三人的立法。庞培同意支持恺撒竞选执政，恺撒向庞培许诺说，如果他当选，他必定贯彻庞培在元老院行不通的议案。

　　竞选运动如火如荼地进行着，双方都利用"银弹"攻势。当保守派的领袖加图知道自己一派的候选人也在行贿拉票时，他也就睁一眼闭一眼地把此事视为合法了。庶民拥护恺撒，上流社会人士则支持毕布卢斯（Bibulus）。公元前 59 年恺撒当选执政之后，即向元老院提出庞培当年被驳回的议案：把国有土地分给包括庞培手下士兵在内的2万贫民，批准庞培在东方的一切安排，降低1/3的租税。元老院自然对此百般刁难，于是恺撒效法格拉古兄弟，直接把议案呈给议会。保守派人士唆使毕布卢斯利用否决权把议案否决。恺撒也不甘示弱，劝诱议会弹劾毕布卢斯，一个狂热的庶民还把一桶大便泼在毕布卢斯的头上。最后，恺撒的议案获得通过。这些议案跟格拉古兄弟时代的情况相同，是把农业政策和财政计划联合、使商界欢呼雀跃的一种措施。庞培对恺撒的魄力惊叹不已，感激之余，娶恺撒的女儿朱利娅为妻。"三头同盟"的首领们向追随的一些激进分子保证说，他们会在公元前59年秋季，支持普布利乌斯·克劳狄乌斯竞选保民官，同时他们以无限制的娱乐和游戏来博得选民的欢心。

4月，恺撒再度提出《土地法案》，要求政府将坎帕尼亚的土地配给有三个孩子的贫困家庭。元老院再度反对，但是议会通过此议案。经过100年的奋斗，格拉古兄弟的政策终于如愿以偿地付诸实行了。毕布卢斯不得志后，只得待在家里，偶尔听到一些不利于立法的宣布时，会幸灾乐祸地一笑。恺撒独自处理公务，根本不征求他的意见。为了将元老院的一举一动公开给大众，恺撒创办了"报纸"，聘请一些文书把元老院每天的议程记录下来，将这个"每日记事"（*Acta Diurna*）公布在城市广场的墙壁上。一些私人信差再把这些报告抄下来，传达给帝国各地。

执政任期将满时，恺撒自命为南高卢和山北高卢（Narbonese Gaul）两区的总督。为了保证他的立法广受支持，他设法使他的两个朋友盖比尼乌斯（Gabinius）和皮索（Piso）当选为公元前58年的执政，并且和皮索的女儿卡尔普尼娅（Calpurnia）结婚。同时，为了取得平民的继续支持，恺撒竭力支持克劳狄乌斯竞选公元前58年的保民官。虽然他的第三任太太蓬佩伊娅最近跟克洛狄乌斯私通而遭他离弃，他并不怀恨在心，也不变更其支持克劳狄乌斯的计划。

道德和政治

普布利乌斯·克劳狄乌斯·普尔卡（Publius Clodius Pulcher）是克劳狄乌斯族的后裔，是一个勇不可当的年轻贵族。与喀提林和恺撒一样，他领导贫民对抗贵族。为了使自己有资格当保民官，克劳狄乌斯便由一个平民家庭收为养子。为重新分配集聚于少数人手中的财富和打击西塞罗——因为西塞罗曾攻讦其妹克洛狄娅，并且拥护财产的神圣性——他在未从恺撒手中夺得实权之前一直担任恺撒的部属。他赞赏恺撒的政治手腕，暗恋恺撒的太太。为了跟她亲近，他乔装成女人混进恺撒的住所。公元前62年他还装扮为祭师，参加奉献"好女神"（Good Goddess）的仪式，终被察觉识破，于是被控违反"好女神"的玄秘而公开受审。恺撒被传来做证人，但是他说他不想控告克劳狄乌斯。于是检察官便质问恺撒为什么要跟他太太蓬佩伊娅离婚。恺撒回答："因为我的太太必须是不容怀疑的。"这个回答很有技巧，因为这样既没有开释对他很有用的这个政治副手，也没有一口咬定他有罪。很多证人——也许是贿赂来的——指认说克劳狄乌斯和妹妹克洛狄娅有关系，并说在他的妹妹泰蒂娅嫁给卢卡卢斯后，他还设法诱奸她。克劳狄乌斯抗议说其妹克洛狄娅被控乱伦案之时，他并不在罗马。然而西塞罗却指证说那时克劳狄乌斯和他确实还在罗马见过面云云。一般庶民认为这是元老院阴谋打击平民领袖的一项计划，因此纷纷要求赐克劳狄乌斯无罪。克拉苏——有人说由于恺撒的吩咐——就为克劳狄乌斯收买了一些法官，于是克劳狄乌斯最终被判无罪。恺撒就利用这个机会，虽失去一个保守太太，却娶得了一个元老院议员的女儿为妻。

恺撒的执政任期才到，一些保守分子便建议彻底废除他的立法。加图也认为这些"恺撒律法"应在法令全书中消失。元老院对统领着罗马军团的恺撒和行使保民官职务的克劳狄乌斯不敢贸然妄动。公元前63年，加图以恢复分配便宜谷类给庶民来讨好他们。公元前58年，克劳狄乌斯则进一步把这些谷类免费赠送给需要的民众。他在议会通过法案，禁止利用宗教上的否决权来对抗立法程序。他把一些行会组织起来，形成一个投票集团，并获得他们的忠心拥戴，筹组了一支卫队。克劳狄乌斯由于担心其保民官任期一到，加图和西塞罗可能试图破坏恺撒的成就，于是便诱使议会派遣加图出使塞浦路斯，并且通过法令说，任何没经过议会同意便处死罗马市民的人将遭放逐。西塞罗知道这条法令在影射他，于是潜逃到希腊。希腊各城市和一些显要对他纷纷争相礼遇，视其为贵宾。议会下令没收西塞罗的财产，他在帕拉蒂尼的房屋则被夷为平地。

克劳狄乌斯乘胜利余威，转而攻击庞培和恺撒，想独自为平民领袖。庞培伺机报复，于是他支持西塞罗的弟弟昆图斯召回西塞罗的请愿。元老院要求所有意大利的罗马公民投票来解决这件事情。克劳狄乌斯就召集了一群武装民众来监督投票。庞培也叫安尼乌斯·米洛组织一队人马，与其对峙。于是双方剑拔弩张，演变成流血事件，好多人因而丧生，米洛仅以身免。庞培的工夫没白费，西塞罗在过了几个月的流亡生活后，在公元前 57 年返回意大利。他从布伦迪西姆港到罗马的途中，广受群众欢呼致敬。欢迎的人群多到使西塞罗害怕会被人诬告说他自设流亡的圈套之名，以行被众人迎接的衣锦荣归之实！

很明显，西塞罗归来后对庞培和恺撒已作了某些誓言和承诺。恺撒借一大笔钱给他另起炉灶，并不取分文利息。于是好几年来，在元老院里，西塞罗一直是"三头同盟"的赞助者。公元前 57 年，罗马闹谷荒，西塞罗为庞培组成了一个特别委员会，专管罗马的粮食供应和各港口以及贸易事宜。于是庞培总算渡过了另一个难关，但是共和国的组织法又遭受另一次的打击，"法治"也渐由"人治"取代了。公元前 56 年，西塞罗诱使元老院发一大笔军饷给在高卢的恺撒。公元前 55 年，他忘了恺撒对他的恩惠，开始抨击一个叫卡尔普尼乌斯·皮索的总督。他犹记得此人当年也是促使他流亡的人，但恺撒之妻就是此人的女儿，他却给忘了。

加图到塞浦路斯绥靖，获得辉煌成就，于公元前 57 年返回意大利后，就开始重拟保守派的政策方针。与庞培敌对的克劳狄乌斯答应赞助，并把他手下的刺客借给贵族。

此时的文学著作颇有反恺撒的色彩。卡图卢斯与卡尔维乌斯两人的讽刺短诗像毒箭般飞射到"三头同盟"的头上。此时恺撒正在攻打高卢，却不知他已成众矢之的，危机重重。难怪西塞罗要说一个人的死法多得不可胜数！有数个保守派分子与日耳曼领袖阿里奥维斯图斯（Ariovistus）协商暗杀恺撒事宜。多米提乌斯（Domitius）要竞选执政时，宣布说如果他当选后，他便要召回恺撒——这意味着恺撒要被起诉、受审。此时西塞罗也见风使舵了，他建议元老院于 5 月 25 日和 26 日这两天考虑废除恺撒的土地法。

征服高卢

公元前 58 年春，恺撒正式接受北意大利南高卢和法国南部纳尔邦南西斯高卢两区总督的职位，并开始履行职责。早在公元前 71 年，阿里奥维斯图斯就应一个高卢部落之请，率领 1.5 万名部众到高卢平乱。平乱后，他就留在高卢统治着这些部族。其中一个叫埃杜维的部落于公元前 61 年请求罗马派兵驱逐这些日耳曼军队。罗马元老院命令纳尔邦南西斯高卢的总督派兵支援，但几乎就在此时，元老院也把阿里奥维斯图斯这个人列为与罗马友好的领袖之一。同时，有 12 万日耳曼人已跨过莱茵河，定居在佛兰德斯（Flanders），因此大大壮大了阿里奥维斯图斯的声势。从此他把当地土著视为臣民，一心一意地想征服整个高卢。这时，日内瓦地区 36.8 万赫尔维蒂（Helvetii）人也开始西迁。恺撒被警告说，这些人到法国西南部时会路过他的纳尔邦南西斯高卢行省。历史学家蒙森说："从莱茵河口到大西洋都布满日耳曼部族，整个莱茵河都在他们的控制之下，情势就像 500 年以后，日耳曼民族的法兰克人（Frank）与其阿勒曼尼（Alemanni）联盟猛扑没落的罗马帝国一样。"正当罗马内部酝酿罢黜恺撒之时，恺撒还在为罗马的安全作殊死战斗。

除了他原有的四个军团外，恺撒没经过元老院的认可就私自筹组了另外四个罗马军团。于是他邀请阿里奥维斯图斯前来磋商局势。结果如他所料，阿里奥维斯图斯拒绝前来。许多高卢部落派代表要求恺撒出兵保护。于是恺撒同时向阿里奥维斯图斯和赫尔维蒂人宣战，率军北上，与赫尔维蒂人碰个正着，大战终于在埃杜维部落的首府拜比布拉克特（Bibracte）爆发。恺撒虽获得胜利，却也付出惨重代价。这些战争的情形，我们只好照恺撒自己的记载来说了。赫尔维蒂人战败后，要求返回他们在瑞士的老家。恺撒答应让他们安全返回，但要求他们归属罗马帝国，接受罗马帝国的统治。高卢人老老少少都为恺撒欢呼雀跃，同时继续请求他驱逐阿里奥维斯图斯出境。恺撒在离莱茵河 10 英里的奥斯特海姆（Ostheim）地区遭遇阿里奥维斯图斯，并于公元前 58 年，几乎捕杀了所有日耳曼部队（据恺撒的记载）。首领阿里奥维斯图斯脱逃，但不久即告死亡。

恺撒解放高卢后，认为已形同征服了高卢。于是他马上把高卢置于罗马的统治之下，借口说除此之外别无防止日耳曼侵略的办法。有些高卢人不信他这一套，起而反抗，并请求居住在高卢北部的一支强大的比利时部族出援。恺撒随即在埃纳河（Aisne）河岸将他们打败，然后以迅雷不及掩耳之势，一连打垮了苏埃西翁（Suessiones）、阿姆比亚尼（Ambiani）、内尔维（Nervii）以及阿杜亚杜契（Aduatici）等部落，掠夺洗劫，并把战俘卖给意大利的奴隶贩子。恺撒就这样宣布已征服高卢。元老院于公元前 56 年把高卢划为罗马的一个行省，而罗马的庶民则为他们遥远的胜利欢呼不已。恺撒再一次跨越阿尔卑斯山到山南高卢，为其内政问题而忙碌，同时补充他的罗马军团，并邀请庞培和克拉苏到卢卡城来和他商讨对抗保守派的联合阵线。

为了比多米提乌斯快一步，他们三人同意庞培和克拉苏应于公元前 55 年时与他竞选执政；庞培和克拉苏应分别任西班牙和叙利亚的总督；而任高卢总督的恺撒得延长五年任期；另外，总督任期满后，他可以竞选连任执政等。恺撒将从高卢战后得来的战利品，分一部分给他的朋友，以作为他们竞选的费用；还把一大笔钱送回罗马，为一些失业者制造工作机会，并建造公寓给支持他的人。更有甚者，他把元老院的议员收买得服服帖帖，这样废除他立法的运动遂告寿终正寝。在一贯的贿赂选举中，庞培和克拉苏都当选了执政。恺撒则不厌其烦地向高卢人解释和平比争夺自由更可贵，也更甜蜜。

莱茵河地区正酝酿着暴乱。有两个日耳曼部落已越过列日（Liége），高卢的民族主义党派请求他们对抗罗马军队。恺撒于公元前55年与这些入侵者遭遇，把他们赶回莱茵河，并不分男女老幼对其大肆屠杀。他的工程师们于十天之内完成了一座跨河大桥。恺撒大军过桥到日耳曼作战，把莱茵河巩固成一道坚强的阵线。两星期后，他又率军返回高卢。

我们不太清楚为何他要侵入不列颠，很可能是因为听说那里蕴藏着丰富的金矿和珍珠吧；或者是他希望夺取那里的锡矿和铁矿以供输入罗马；或许因为不列颠支援高卢的行为激怒了他，使他认为罗马在高卢的军力要面面俱到才能保障安全。于是恺撒率领着一支小军队渡过海峡的最狭窄处，把毫无准备的不列颠军队打垮后即班师回来。翌年他再度渡海，征服卡西维劳努斯（Cassivelaunus）统治下的不列颠，并深入到泰晤士河，要求其纳贡后，才率军返回高卢。

或许恺撒也风闻高卢部落再度酝酿暴动，于是他先镇服厄勃隆尼斯人（Eburones），而后再率军进入日耳曼（公元前53年）。回来时，他把主力军留在高卢北部，其余部队则开进意大利北部过冬，希望能在罗马停留数月，以便整顿他的"地盘"。然而，公元前52年春，他听说高卢部落里最凶悍的酋长维钦托里克斯（Vercingetorix）几乎把各部落都联合起来要为独立而战。此时恺撒的情况岌岌可危，因为大部分的军团都驻在北部，而中间地区却在叛军控制之下。于是恺撒统领一支小军队到冰天雪地的塞文山脉（Cevennes），与阿维尔尼

（Auvergne）对抗。当维钦托里克斯率军起而抵抗时，恺撒命德西穆斯·布鲁图（Decimus Brutus）暂任指挥官（与那位暗杀恺撒的布鲁图不是同一个人），自己则带数名骑兵，乔装后驰向高卢北部，与其主力军会合后，随即率军反攻，把阿瓦里库姆（Avaricum）和塞纳布姆（Cenabum）两地包围后，大肆屠杀，并大量搜刮以补充军饷，然后再继续攻打热尔戈维亚（Gergovia）。由于高卢军队顽强抵抗，恺撒只得撤军。埃杜维部落自从受惠于恺撒后，一直忠于恺撒，不料此时竟然也起来抵抗恺撒，把他在苏瓦松（Soissons）的基地夺去，并准备把他赶回纳尔邦南西斯高卢。

这时候是恺撒命运的最低潮，恺撒甚至曾认为大势已去。因为他在攻打维钦托里克斯拥有 3 万军队的阿勒西亚（Alesia）城时，几乎把赌注都押在上面了，现在他好不容易重新集合零散部队准备攻打埃杜维，有消息传来，25 万高卢人从北部浩浩荡荡地南下而来，于是他命令手下沿城建造两层同心的土墙。维钦托里克斯的军队和其盟军几度攻城均未得逞。一星期后，敌人的部队因缺乏纪律和补给，乱不成军，饥困的士兵把他们的首领绑送给恺撒后，向罗马军队投降。城围已解，所有敌军士兵成为罗马军团的奴隶。维钦托里克斯被押到罗马处死，终为其争取自由付出了代价。

阿勒西亚城之围决定了高卢的命运和法兰西文明的特性，给罗马帝国带来了两倍于意大利的土地，并为罗马贸易打开了 500 万人的市场，使意大利和地中海一带免于外族入侵达四个世纪之久，同时使恺撒从失败绝望的边缘转向他的名望、财富和权势的最高点。以后高卢又发生间歇性的暴乱，恺撒甚为震怒，严惩暴乱分子后，从此整个高卢才算完全降服。恺撒一旦认为战事已毕，胜利在握，他就是一个慷慨的征服者了。于是他把这些部落视同己人，礼遇有加。在以后的内战中，罗马军队无暇顾及之时，这些部落仍然没有乘机反抗的念头。就这样，高卢隶属罗马达 300 年之久，在罗马的护翼下繁荣成长，学习和改变拉丁语言，同时成为古典文化传至北欧的媒介。无疑，恺撒和其同时代的人绝不会料想到，他的"一将功成万骨枯"竟会产生这么重大的影响。他只认为他拯救了意大利，获得了一个行省和建立了一支军队而已，他万万没想到自己居然是法兰西文明的缔造者。

恺撒最初给人的印象是一个败家子、浪人、政客和改革家，但他又是一个精力旺盛的行政官和足智多谋的将军，同时也是个颇负盛名的历史学家。当他攻打高卢时，颇受罗马各方的抨击，他把征服高卢的详细情形一一记在《记事录》里。甚至连西塞罗都以赞歌来歌颂他：

> 我认为抵御高卢的入侵和日耳曼部落的野蛮，
> 不是阿尔卑斯山的屏障，也不是莱茵河的湍流，
> 而是恺撒的双臂和将才。
> 纵有一天海枯石烂，我们所恃以能巩固意大利的，
> 不是天然的防御工事，
> 而是恺撒的胜利与功绩之启示。

有一个伟大的日耳曼人也这么称赞恺撒：

> 恺撒建了一道桥梁，把希腊和罗马的光辉荣耀与当今的历史衔接起来。当东方的一些古代英雄的建树，早经中世纪的暴风雨摧残殆尽，而恺撒的丰功伟绩却依然独存，永垂不朽。

民主的堕落

在恺撒二度出任高卢总督的五年间，罗马的政治空前腐败与混乱。庞培和克拉苏掌执政之职，时常贿赂拉票，借陪审团之势张牙舞爪，实行恐怖谋杀政策。执政任期结束时，克拉苏征召了一支军队，逃往叙利亚。当他渡过幼发拉底河时，与帕提亚人的军队遭遇于卡雷

（哈兰）。克拉苏被他们精良的骑兵打败，他的儿子也不幸战死。于是他很有秩序地撤军。帕提亚人将领邀他谈判，克拉苏不疑有诈，前往约谈，结果被杀。他的头颅被用来扮演欧里庇得斯所作酒神戏剧中彭透斯（Pentheus）的角色。顿失龙首的军队也厌恶战争，纷纷作鸟兽散。

　　同时，庞培也集结了一支军队，大概是要完成征服西班牙的战事。当年恺撒的远征计划如果成熟的话，当他深入泰晤士河和莱茵河时，庞培很可能就会征服西班牙，而克拉苏也会征服亚美尼亚和帕提亚了。庞培并没有带他的军团去西班牙，除了借一个军团给恺撒应付高卢暴动外，其余军队都驻守意大利。公元前54年，庞培的太太朱利娅难产去世后，恺撒想把他的侄孙女奥克塔维娅（Octavia）嫁给他，而他自己想娶庞培的女儿为太太。这两件婚事都遭到庞培拒绝，于是两雄之间的友谊终于破裂。翌年克拉苏的失败，使他们两人去掉了一个眼中钉，因为要是克拉苏战胜，就不会容许恺撒或庞培个人独裁专政的。因此，庞培于是公开宣布与保守派联盟。他企图经过合法程序来获得的至高权力，如今只有一个阻碍了——恺撒的野心和军队。庞培知道恺撒到公元前49年将任满，所以他就设法把他的任期延至公元前46年，同时要求意大利的所有士兵一个个地向他宣誓效忠。他相信如此一来，在罗马称王只是时间问题了。

　　正当这些未来的独裁者在争权夺位时，首都罗马充斥着那即将消逝的腐败的民主气息。判决、官职、领地等都可用金钱购买。当金钱行不通时，就诉诸谋杀。一个人只要被抓到一些弱点，勒索敲诈就一齐到来。城里罪恶满布，乡村盗匪横行，"警察"力量已经不存在了。富人雇用大群的斗士来保护他们，或者在公民会议里支持他们。意大利的一些地痞流氓被铜臭吸引到罗马，把议会搞得乌烟瘴气。不管是不是公民，收谁的钱就投谁的票。有时候，在投票人当中，只有少数人有投票资格。想要在议会里发言，得有后盾支持才行。立法由敌对势力的消长来决定。投错了票的人会惨遭毒打，随后有人会放火烧毁其屋子。西塞罗描述说："台伯河浮尸累累，公共水沟里塞满尸体，一些奴隶用海绵拭去从城市广场流出的人血。"

此时克劳狄乌斯和米洛在元老院里明争暗斗得很厉害。每人都雇用了一批无赖，几乎每天都要较量一番。有一天，克劳狄乌斯在街上袭击西塞罗。又有一天，他的武士烧毁米洛的屋子。最后克劳狄乌斯本人被米洛的党羽杀害（公元前 52 年）。不清楚克劳狄乌斯阴谋的罗马大众阶级把他封为烈士，在他的葬礼上大肆铺张，并把他的遗体抬到元老院，然后放了一把火，使元老院给他"殉葬"。庞培见状，带兵入城驱散暴民。事毕，他即向元老院领功，要求元老院封他为"无辅佐的执政"——这是加图向他推荐的，一个没有"独裁者"刺耳的名词。然后拥着重兵，庞培使议会通过数项措施，防止政治腐败。他又恃军事力量，大公无私地监督法院审判。米洛因谋害克劳狄乌斯而受审，虽有西塞罗的陈词力辩[1]，仍被判罪，米洛于是潜逃到马赛。西塞罗于公元前 51 年任西里西亚总督，他的能力和正直廉洁的态度使人叹为观止，也得罪了他的一些朋友。首都的富豪只好任庞培摆布，而贫困的市民则期待着恺撒的"王师"来拯救他们。

内战

一个世纪以来的革命，把自私的贵族政治破坏殆尽，但是始终没有找到一个可以取代这种政治的政体。失业、贿赂等已使议会腐化成一个短视浅见、感情用事的暴民集团，自身都难保安，遑论统治整个帝国了。而所谓民主政体，已岌岌可危，这正与柏拉图的律则（Plato's formula）相符：自由导致放肆，放肆演成紊乱；社会紊乱，则人们厌恶自由，企求秩序。恺撒和庞培都同意"共和时代已

---

[1] 今日我们所见到的演讲词，已被人改动过，其内容与西塞罗的原稿颇有出入。当米洛于事后阅读原稿时，喊道："呵，西塞罗！只要能将你的讲稿一一地念出来，那我现在就无法尝到马赛这种色、香、味俱全的鱼了。"

经死亡"这一说法。恺撒说:"共和政体现已仅存其名,既没有躯体,也没有形式。"专制独裁势在必行。然而,恺撒仍然希望建立一个进步的领导权,使现状起死回生,去除使民主堕落的贫穷、不平等和权利滥用等现象。如今他已54岁了,由于在高卢的长期征战,他已经体衰心疲。他实在不想和他的同胞与旧友为敌,但是,摆在他眼前的却是重重陷阱。一想到曾为意大利效劳疆场,戎马倥偬数十年而今天竟得到这种下场,他不禁摇头三叹。他的总督任期将在公元前49年3月1日结束,一直到当年秋天为止的这段时间,他不得再竞选执政。因此这个空档期,他就会失去依恃,如果进入罗马城,判刑公告上准会有他的大名。马赛勒斯将军已经建议元老院解除恺撒的职务——在任满前解除,以使他受审或流放。保民官把这个议案否决了,但是元老院很显然还是赞成这个提议。加图就坦率地公开表示,希望恺撒遭受控告、审判,而后被驱逐出意大利。

恺撒尽力采取怀柔政策。当元老院要求他和庞培各自拨出一个军团对抗帕提亚时,他马上答应。而当庞培向他索回去年借给他的一个军团时,恺撒也如期交付。然而,恺撒的友人告诉他说这些军团并没有派到帕提亚,仍留驻在卡普亚镇。得到在元老院的朋友的协助,恺撒请求议会批准他保有执政的名义。元老院拒绝把他的请求呈给议会,同时要求他解散部队。但恺撒认为军团是他唯一的后盾,他平常要求他们效忠的目的也许就是为了应付像这种危机的情况。恺撒仍建议,如果他解除职务的话,庞培也要解职释兵。元老院以370票对22票通过,可是庞培反对。公元前50年的除夕,元老院说除非恺撒在公元前49年7月1日前解职,否则就要被宣布为人民公敌。公元前49年元旦,库里奥把恺撒给元老院的信公开,信中恺撒说如果他能任职到公元前48年,他愿把他的十个军团解散,只留两个军团。恺撒还附带说,如果他的建议不获接受,就等于向他宣战。西塞罗赞成,庞培也同意,但是一个叫伦图卢斯的执政干预此事,他把恺撒的副将库里奥和安东尼赶出元老院。经过一场辩论后,伦图卢斯、加图和马赛勒斯三人终于说服元老院，给庞培一种"无损于国家利益"的权力——这就是罗马语言里"独裁者"和"戒严令"的代用语。

至此，恺撒更裹足不前了。照理说，元老院这样做并无错误，恺撒根本不能提出辞职的条件。他知道内战会使高卢人乘机反抗、暴动，而意大利也就从此陷入混乱的局面。但是如果他现在屈服的话，那就等于把整个帝国交到无能、腐败的人手里了。正在他盘思不决中，他获知他的一个最亲近也是最能干的副官提图斯·拉比埃努斯（Titus Labienus）竟投奔到庞培的旗下去了。于是，他把最可靠的第 13 军团集合起来训话，晓以大义。他的第一句话——"同胞们"（Commilitones）——就引起他们的共鸣。知道恺撒与士兵们共患难、同生死的人会认为他有十足的权力用这个称呼。平常他也都使用这个称呼，而不草率地用"兵士们"（Milites）这个比较不雅的词语。他的部下大都是南高卢一带的人，他都赐给他们罗马公民权，尽管他们知道元老院并不承认他们为罗马公民。有一个元老院议员鞭打他们一个战士，借此故意蔑视恺撒授予他们的公民权，因为鞭打罗马公民是不合法的。在经历多次的战役后，他们渐渐地尊敬恺撒、爱恺撒。对于胆怯和不遵守军纪者，恺撒严惩不贷；但是对于一些极平常的过错，恺撒都不追究。兵士们纵欲，他也默许；他使他们脱离险境，以其不凡的将才救了他们的性命，付他们双薪，同时跟他们平分战利品。现在他把他向元老院的建议原原本本地告诉他们："并提醒他们说，腐败、懒散的贵族政治无法带给罗马和平、正义和繁荣。"他问："有谁要跟随我呢？"众人皆无异议。当他向士兵说他现在没钱付给他们薪饷时，大家反而慷慨解囊，倾己所有，为他捐钱献物。

公元前 49 年 1 月 10 日，他率领一个军团渡过卢比肯河，此河与南高卢地区邻界。据说他渡河后说："大势已定了。"他这一次的用兵似乎有点愚蠢，因为他的另外九个军团还远在高卢，要赶来助他，至少要数个星期的时间。而此时庞培已有十个军团，共 6 万之众，同时随时都可征兵补充，又有足够经费作装备和军饷之用。恺撒的第 12

军团在皮切鲁姆城与他会合，第8军团也在科菲尼乌姆城会合了。他又从平民、自愿军和犯人等处募集了3个军团。现在他要募兵已没有什么困难了，因为意大利还没忘记公元前88年发生的"社会战争"的惨痛教训，大家都把他看作意大利的救星。意大利的城市一个接一个地打开门来迎接恺撒，有的城市还倾城出来欢迎他。西塞罗描述说："市民奉他如神。"科菲尼乌姆城稍加抵抗后，就弃械投降了。于是恺撒免其劫掠之灾，把掳来的军官都释放了，还派人把拉比埃努斯弃置在城里的金钱和行李送到庞培的营里去。虽然他囊空如洗，但他现在也避免没收对手的财产——这实在是一个明智之举，使中产阶级由反对他转而中立。他宣布说，保持中立的人都是他的朋友。现在他还是采取和解的政策。于是他送信给伦图卢斯，请求他以其执政的影响力来维护和平。恺撒写信给西塞罗说，如果自己能平静地了其余生，他愿马上退休，把一切大权让给庞培。于是西塞罗想尽办法使这两雄妥协，但是徒劳无功，一事无成。

虽然庞培的军力现在远比恺撒雄厚，但他还是从首都撤军，成群结队的贵族跟在他的后面，把他们的太太和儿女留下，任恺撒摆布和处置。庞培拒绝一切和平的建议，还宣称说任何留在罗马城的元老院议员，都是他的敌人。但大部分的元老院议员仍留下未走。庞培率军到布伦迪西姆港后，渡过亚得里亚海。他深知自己的军队还需要一段时间的训练，才可以与恺撒一争高下，同时他希望在他控制下的罗马舰队会截断意大利的粮源，迫使其投降就范。

恺撒把军队留驻在罗马近郊后，在毫无抵抗的情形下独自进城了，他马上宣布大赦，恢复市政和社会秩序。保民官召集元老院开会，恺撒要求元老院提名他为独裁者，元老院拒绝了。他又请求元老院派遣使者与庞培磋商和平事宜，又被驳回。他向国库索取基金，保民官卢西乌斯·梅特卢斯从中阻挠，但经不起恺撒的威迫利诱，终究屈服。于是，恺撒可以任意支配国库的金钱了，但他还是把最近几次战役所得的战利品储存在国库里。事毕，他又回到他的军队里，准备对付庞培在希腊、非洲和西班牙所组成的三支军队。

为了获得意大利的命根——粮食，他命令库里奥率领两个军团去占领西西里。加图战败后，逃向非洲。库里奥猛追不舍，与加图交战，被加图击败，终至战死。临死前他不为其命运多舛悲伤，而深深为他给恺撒所带来的创伤难过。此时，恺撒正率领军队攻打西班牙，一方面是为了使西班牙恢复对罗马的输粮，另一方面则要为他攻打庞培做准备。然而在西班牙，他犯了几次跟在高卢一样的战略上的错误。他的大军一度曾面临饥饿和被挫败的危险，由于他的机智和果敢才免于灾难。他很有耐心地按兵不动，以待敌军堕入陷阱，他的手下却跃跃欲试。最后庞培的军队投降，整个西班牙于公元前 49 年 8 月都归恺撒统治。于是他由陆路班师回意大利，在马赛与卢西乌斯·多米提乌斯的军队相遇。经过激烈的围城战役后，恺撒终于占领该城。不久，他又重新组织高卢人的行政部门，同年 12 月，他回罗马去了。

这一次战役由于解决了首都的粮食问题，恺撒的政治地位愈加巩固。元老院终于提名他为独裁者，但是恺撒放弃了这个头衔，因为他已被选为公元前 48 年的执政了。此时意大利发生囤积金钱、影响物价的危机，同时一些债务人拒绝偿还债权人所要求的高利贷借款，于是恺撒便颁令说债务可拿相当于战前物价的物品抵偿。恺撒认为这是"维持债务人的荣誉和避免赖债不还的最适切的方法"。这一切显示改革对罗马发生不了大作用，于是他不得不再三禁止由于债务而沦为奴隶的事件发生。他允许已付的利息可从本金中扣除，并且把利息降低至月利率 1 分。这些措施使大部分债主都感到满意，因为他们本来生怕恺撒没收他们的贷款。一些激进分子则对这些措施感到相当失望，因为他们原以为恺撒会继承喀提林的政策，废除所有债务，并重新分配土地。恺撒把粮食分给穷人（除米洛外），把一些要放逐的人都赦免了，同时返回罗马城的贵族也都被无罪释放。恺撒的这些仁慈做法却得不到人们的一点感激之情。保守派分子继续企图谋害他，而当他在色萨利地区对抗庞培时，激进分子背叛了他，转而投靠凯利乌斯

(Caelius)。因为凯利乌斯答应他们废除一切债务，没收富家财产，重新分配土地等。

公元前49年底，恺撒加入他的副官在布伦迪西姆港所募集的军队和舰艇。这支军队在严冬要跨越亚得里亚海，在那时确是不可思议之举。恺撒的12条船一次至多只能载运他1/3的军队，况且庞培的占优势的舰队在各个岛屿和对面的沿岸巡哨。尽管如此，恺撒仍然扬帆出航，率领2万士兵渡海到伊庇鲁斯地区。当他们班师回意大利时，一些船只搁浅。恺撒到达岸上后才发现一些船没有跟上来，于是他又率领部下乘着小艇回头查看。小艇出航不久，即遇海浪，士兵几乎全被淹死。恺撒不顾一切，再三鼓励幸存士兵鼓起勇气向前挺进，他说："别怕，有恺撒和他的命运随着你们。"然而大风浪把船吹回岸边，恺撒只得放弃这个企图。此时庞培率领4万大军攻取都拉基乌姆，由于踌躇未决，他没有乘机攻击恺撒的溃乱军队。就在这犹疑的片刻，安东尼已聚集了另一支舰队，把恺撒的其余部队集合起来了。

此时恺撒虽然已经部署妥当，但是他还想作最后努力，避免内讧，于是他遣使者建议庞培与其一起解职释兵。庞培避不作答，恺撒就发动攻击，旋被击退。庞培失策，没有乘胜追击。庞培的军官违反他的命令，把俘虏一一处死，而恺撒却把俘虏释放。这么明显的例子一比较，大大地激励了恺撒士兵的士气，同时也使庞培军队的斗志一蹶不振。恺撒的士兵与庞培的军队第一次交锋时胆怯败阵，于是他们主动请求恺撒处罚，恺撒不应，他们就再请求上战场杀敌，以洗前耻。然而恺撒认为暂时退居色萨利地区休整才是上策。

此时庞培作了一个使他踏上死亡之途的决定。阿弗拉尼乌斯忠告他班师回来攻打几无设防的意大利，但是他的大部分参谋都催促他追击恺撒。庞培营里的贵族们夸大庞培在都拉基乌姆获得的胜利，并且认为大局已定，稳操胜券。西塞罗后来也加入庞培的行列，看到战时庞培军队的奢侈生活后惊异不已：用银盘装菜肴，用毛毯作为帐篷，还用花环装饰营地。他描述说：

> 除庞培本人外，庞培一伙的人都贪得无厌。他们的口气凶恶
> 残暴，我很难想象在他们胜利的背后不会暗藏几许恐怖气氛。他
> 们认为除了既定的目标外，再也没有什么好的事情了……剥夺权
> 利的公告不光是个人的意志，也是集体的意志……伦图卢斯已在
> 等待没收霍滕西乌斯的房产、恺撒的花园及巴亚别墅了。

庞培本来要采取拖延战略，但是经不起嘲笑与讥讽，就下令进攻。
公元前 48 年 8 月 9 日，两军在法萨卢斯（Pharsalus）城作了一
次殊死战。庞培拥有 4.8 万名步兵和 7000 名骑兵，恺撒只有 2.2 万名
步兵和 1000 名骑兵。普鲁塔克记载说："一些罗马贵族以旁观者的身
份参战，深为人类的感情用事、不惜刀光剑影互相残杀而惊叹。"有
些兄弟或近亲分属在两边，相遇时也互相肉搏，残酷至极。恺撒下令
不准射杀投降的敌军；至于年轻的贵族布鲁图，只能活捉，不得伤害；
捉不到就放他逃走。庞培的军队在领导、训练和士气上均逊一筹，以
致有 1.5 万名士兵战死或受伤，2 万人投降，其余则竞相逃命了。庞
培把衣服上的将领标志撕下，也跟着逃走。恺撒告诉我们说，他只损
失 200 个人。他的军队看到庞培士兵的军营布置得优美高雅时，觉得
可笑和有趣。桌子上摆满了山珍海味，正好供他们庆祝胜利之用。当
晚，恺撒就在庞培的营地里吃晚饭。

庞培连夜赶到拉里萨（Larissa）城，到达海边后即乘船到亚历山
大港。在密特里尼（Mytilene）他与太太会合，当地的人民留他住下，
庞培婉拒他们的盛意，并且劝告他们向恺撒投降，他说："恺撒是个
大好人，他有天使般的心肠。"布鲁图也逃到拉里萨城，闲荡了几天
后，写了一封信给恺撒。恺撒获悉他还活着，欣喜异常，马上告诉他
说他已获宽恕。布鲁图要求恺撒原谅卡修斯，恺撒也答应了。对那由
上层阶级控制的东部——一向都支持庞培——恺撒也以厚道相待。他

把庞培的存粮分给希腊的饥民。雅典人民向恺撒祈求恩惠与宽恕，恺撒面露笑容地责备说："你们祖宗的荣耀常会保佑你们，难道会使你们自我灭绝吗？"

或许恺撒被警告说庞培希望重振旗鼓，与他争取埃及的军队和资源，但是当庞培到亚历山大港时，托勒密十二世的大臣波蒂努斯（Pothinus）就命他的仆人杀死庞培，此举目的大概是要向恺撒领功。庞培是在要上岸时被刺死的，其时他的太太还在船上，目击丈夫被杀，她伤心欲绝。当恺撒赶来时，波蒂努斯的部下把庞培的头颅献上。他见庞培死后的惨状，不禁悲从中来，命令以香料涂在庞培的脸上而礼葬庞培。恺撒在托勒密王朝的皇宫设立政治中心后，就开始整顿这个古国的一切。

恺撒和克娄巴特拉

托勒密六世死后，埃及就每况愈下，诸王已无力维持社会秩序或国家的独立自由。罗马元老院常常指示他们如何制定政策方针，并以军队保卫亚历山大港。托勒密十一世遗嘱吩咐要把王位让给他的儿子托勒密十二世和女儿克娄巴特拉，并希望他们两人结婚后共同主政。

克娄巴特拉是马其顿王国的后裔，她并不十分漂亮，但是她态度与举止的优雅、身心的活泼，她的多姿多彩、风度的娴雅、讲话声音的韵律等，和她高贵的身世，都足以使一个罗马将军神魂颠倒，惊为天人。她熟谙希腊历史、文学和哲学，学习过希腊文、埃及文和叙利亚文。据说她曾写了一篇关于化妆品的论文，还有一篇是讨论埃及的度量衡和钱币的。她是个能干的统治者和行政官，有效地发展了埃及的工商业，甚至在谈情说爱时也是个能干的理财家。她如此出色，很多人争着要娶她，以致引起残杀争夺和一场源于政治野心、觊觎王室的争战。如果她不具托勒密皇族血统的话，她很可能达到成为地中海地区女王的目的。她深深知道埃及没有办法脱离罗马而独立，因此她决心要统御其联盟。

　　恺撒得知波蒂努斯已将克娄巴特拉驱逐，而为年轻的托勒密十二世摄政时，甚为不悦。他秘密地叫克娄巴特拉来商计，克娄巴特拉智巧地藏在被褥底下，由她的侍者带进恺撒的房间。这位沙场猛虎、情场老将立刻被她的勇气和机智迷住了。他设法使她和托勒密十二世言归于好，并且重新建立她和她哥哥的埃及王位。恺撒从他的理发师处获知波蒂努斯和埃及将军阿基拉斯（Achillas）正阴谋暗杀自己和消灭自己带来的部队，于是恺撒就先发制人，巧妙安排刺杀波蒂努斯的事宜。阿基拉斯闻讯后逃到埃及部队里，号召军队起义。不久，亚历山大港便纷乱迭起，箭头指向恺撒。元老院派来的罗马驻防军，也被一些军官煽动，加入"起义"的行列。

　　在这千钧一发之际，恺撒临危不乱，冷静地运用他的智谋。他把皇宫和附近剧院改成临时堡垒，并向小亚细亚、叙利亚和罗得斯等地求援。当他发现那些不设防的舰队将要落入敌人之手时，就下令烧毁，也烧掉了很多亚历山大港的藏书。在几次拼命出击后，他终于占领了援兵必经之地——法罗斯半岛。在数次交战中，有一次埃及军队把他和部下赶到海里，在弓矢如林的海面游泳求生。此时托勒密十二世以为叛军已获胜，于是离开皇宫，加入叛军的行列，从此也生死不明。当援军到来时，恺撒一举把埃及军队和元老院的驻防击溃。在这次危机中，克娄巴特拉一直站在恺撒一边，恺撒便把政权交给她和她的弟弟托勒密十三世，以示报答。从此，克娄巴特拉成为埃及的女王。

　　正当敌军在乌提卡城阴谋叛乱，而罗马也由于凯利乌斯和米洛的煽动，混乱不已，正需要恺撒来稳定局势之时，他竟留驻在亚历山大港达九个月之久，实在令人费解。也许恺撒认为他该歇歇，作乐一番，因为打了十年仗已使他疲惫不堪了。罗马历史学家苏埃托尼乌斯记载说："恺撒时常与克娄巴特拉饮酒作乐到天明，要不是他的部下威胁要叛变的话，他就会带着她乘船到伊索匹亚去了。"恺撒很殷勤地等着她的分娩，以便和她分担痛苦。公元前47年，她终于产下一个男婴，取名为小恺撒。安东尼记载说，恺撒承认这个男孩为他的儿子。我们可以想象得到她如何向恺撒耳语，要他称自己为王后并跟她结婚，把整个地中海掌握在他们两人手里了。

然而，这只是猜测和令人反感的想法而已。不久米特拉达梯的儿子法尔纳塞斯（Pharnaces）又夺回本都、小亚美尼亚、卡帕多西亚等地，同时唆使东方起来反抗分崩离析的罗马帝国。如果东方与西方一起起来对抗罗马，罗马帝国早就瓦解了，而我们也就看不到罗马还有个奥古斯都王朝了。恺撒组好三个军团后，于公元前47年6月以迅雷不及掩耳之势进军叙利亚、小亚细亚，然后到达本都，于8月2日在泽拉（Zela）地区打败法尔纳塞斯时，发送一份简明的报告给他在罗马的一位朋友，说：“我至，我见，我胜。”（Veni, Vidi, Via, "I came, I saw, I conquered."）

9月26日，恺撒在塔兰托港遇见西塞罗，西塞罗要求他饶恕自己和一些保守派分子，恺撒很亲切地答应了。恺撒得知自己离开罗马20个月，罗马的内战已经演成社会革命后，甚为惊愕：西塞罗的女婿多拉贝拉（Dolabella）与凯利乌斯联盟后，向议会建议取消所有债务的法案；安东尼没有尽职地讨伐多拉贝拉的叛军，以致广场有800个罗马人被杀死。凯利乌斯以副执政的身份把米洛召回，他们两人一起在意大利南部组织一支军队，并邀请奴隶参加他们的阵容。他们虽然少有成就，但是他们的精神却为人争颂不已。罗马城里，激进分子正在为喀提林举行纪念庆祝会，并到他的坟墓前献花致敬。同时庞培遗留在非洲的军队正日见壮大，他的儿子塞克斯图斯在西班牙又组成了一支军队，于是意大利的粮源再度遭困。这就是公元前47年10月恺撒带着克娄巴特拉与小恺撒回到罗马时的大概情势。

于是，恺撒着手整顿社会秩序。他再度被任命为独裁者后，以撤销苏拉的最后律法和取消低于2000塞斯特斯的罗马房租，来安抚急进分子。同时，他又以任命布鲁图为南高卢总督，以保证不没收西塞罗和阿提库斯的财产以及重建苏拉的雕像等措施来取悦保守派分子。但当他想到如何处理庞培的军队时，他同时得知他最可靠的军团因为长期领不到军饷，起而反抗，并拒绝乘船前往非洲。恺撒甚为沮丧。由于国库呈空虚状态，他只好没收造反贵族的财产，然后拍卖以筹资金。恺撒自己说他深知金钱、军队和势力三者的连环重要性，于是他神不知鬼不觉地到达叛变的军团营里，小声地通知他们说他已准许他们回家。他又补充说等他在非洲打胜仗后，一定会报偿他们。历史学家阿庇安说："听到他的话后，这些士兵都深深地为他们在恺撒危急之时背叛他而感到羞耻……于是他们惭愧地大哭，并请求恺撒再次领导他们出战。"恺撒率领他们向非洲进军。

公元前 46 年 4 月 6 日，恺撒在塔普苏斯（Thapsus）与梅特卢斯、西庇阿、加图、拉比埃努斯和努米底亚国王朱巴一世的联军相遇。第一回合恺撒战败，他重整旗鼓，再度出战，终获胜利。他那些好战的士兵埋怨恺撒太过仁慈，要不然在法萨卢斯城之役就可把敌人打得落花流水，而使他们无东山再起的机会。他们把庞培的 8 万军队打死了 1 万人，毫无怜惜与留情。朱巴一世自杀，西庇阿逃脱，后在海上的交战中被杀。加图则率领一小撮部队逃到乌提卡城，他的部下希望抵抗恺撒，加图劝他们少做傻事。他向那些准备再逃命的人一一发给路费，同时劝他的儿子向恺撒投降。他自己则既不准备逃命，也不屈服。每到傍晚时分，他就集合同事，讨论哲学，然后回房休息，展阅柏拉图的大作《斐多篇》（Phaedo）。他的朋友因怕他自杀，把他床边的剑拿走了。等他们疏于戒备时，加图强迫他的侍从将它取回。他假睡了一会，然后拔剑自杀。他的朋友闻讯冲入房里，医生把外流的肠子装入腹腔、缝好伤口、绑上绷带。等大家都离开房间后，加图解开绷带，挖破伤口后，把大小肠都拉了出来。他就这样惨死了。

恺撒赶来时，深以无机会赦免加图为憾，现在他只能宽恕他的儿子了。当地人为加图举行了一次大场面的葬礼，好像知道他们把 500 年的共和时代也一起埋葬了。

政治家

恺撒于任命萨路斯提乌斯做努米底亚总督和重划非洲行省后，在公元前 49 年的秋天班师返回罗马。元老院像惊弓之鸟，知道独裁专制之势在所难免，便推举恺撒做十年的独裁者。这种情形在罗马算是破天荒的第一次。恺撒发给每个士兵相当于 3000 美元的硬币，比他许诺的要多出许多，他摆了 2.2 万桌的酒席，以飨市民。为了提供娱乐，他用 1 万个人作一次假海战。公元前 45 年春，恺撒率军征服西班牙，在穆恩达（Munda）地区把庞培的最后一支军队打败。当他于 10 月回罗马时，发现整个意大利已混乱不堪了。100 年来的革命战火和寡头政治的失政，使农业、工业、财政和贸易都紊乱无序。资金的贮藏和盲目的投资阻塞了货币的流通，成千上万的地产丧失殆尽。有 10 万个壮丁被征去作战。不计其数的农民由于外地粮食的进入和大地主领地内奴隶的竞争，已失去其原有的重要性，纷纷加入城里的下层阶级的组织，每天听一些野心家的政治许诺。一些不为恺撒的宽厚感召的贵族正阴谋叛变。恺撒在元老院向他们解释独裁的必要性，要求他们和他合作重建罗马。这些贵族不满恺撒带克娄巴特拉来做罗马上宾。大家谣传恺撒计划要做皇帝，并且要把帝国的首都搬到亚历山大港或埃利乌姆城。

因此，恺撒虽然已届耳顺之年，还决心独撑局面，为重建罗马而鞠躬尽瘁。他深知要是他不能建立一个比他推翻的政权更好的制度，那么他的一切胜利也就化为乌有。公元前 44 年，他的独裁者任期延长而成为终身职。恺撒并没有因此而得意忘形，虽然此时他还不知五个月后他就要与世长辞了。元老院把一些赞美之词和头衔都加到他的身上，或许目的是为了使人们加深对他的仇恨，因为人们一听到"国王"的名称就咬牙切齿。一连串的头衔使恺撒戴上桂冠花环，把他的秃头给盖住了。他现在控制着国库。执政的身份，使他建议和执行法律；保民官的身份使他神圣不可侵犯；都察官的身份使他有保举和废止元老院议员的权力。只有议会还留有表决建议措施之权，但是恺撒的副官多拉贝拉和安东尼把持着议会，当然会偏袒恺撒。和其他的独裁者一样，恺撒企图把政权建立在民心上。

在他的灵活手腕运用下，元老院几乎成为顾问性质的隶属机构。他将原有的 600 个席次增加到 900 个，新增的会员有的是罗马商人，有的是意大利杰出市民，有的是出身于百夫长的军人，也有出身于奴隶的。贵族看到被征服的高卢的酋长竟进入元老院并参与帝国政事，大为惊异。甚至一些爱说笑的人也大表不满，当时流行着这样的讽刺对句：

> 恺撒谆谆善诱高卢人民，然后把他们护进元老院；
> Gallos Caesar in Triumphiom Ducit，Idem in Curiam；
> 高卢人脱去他们的裤子，套上元老院议员的宽边外袍。
> Galli Braccas Deposuerunt，Latum Clarum Sumpserunt。

或许恺撒故意把新的元老院的体制扩大，使它不会发生效用，同时要一致联合反抗他也不容易。他选了一些朋友，如巴尔布斯（Balbus）、奥皮乌斯（Oppius）和马提乌斯（Matius）等任非正式的行政要员。他准许议会选举一半的城市行政官，另一半由他"推荐"。由于他身兼保民官之职，他可以否决其他保民官和执政的决定。他把副执政增加到 16 个、财政官增加到 40 个，以加速处理公务。他对市政职务也屡加过问，并置有私人的眼线，如有耽搁或延误公事，他绝不容忍。在市政规章里，对于贿赂选举和行政上缺乏效率，恺撒均明文规定要处以重刑。为了终止集体买票的政治的支配，或许同时也为巩固自己的地位，避免劳动阶级的反叛，恺撒废除委员会（Collegia）。他又把陪审团的权利限制在两个上流阶层，而他自己则审判最重要的案件。恺撒常常坐在法官席上审理案情，他的公正和智慧无人能出其右。他向当时的陪审团提议一部罗马法典，但由于他的去世，这个计划无果而终。

恺撒效法格拉古兄弟，把土地分给退伍军人和贫民。后来奥古斯都继续推行这种政策很多年，对制止农民反叛起了很大作用。为了防止土地集中，恺撒规定新土地 20 年以内不得出售；为了遏止乡村奴隶制度，他通过一项措施，宣布农场的工人一定要有 1/3 的自由劳工。恺撒把一些游手好闲的大众阶级转化为士兵，又把 8 万名市民迁移到迦太基、科林斯、塞维利亚和艾瑞斯（Aries）。为解决罗马的失业问题，恺撒拨款 1.6 亿塞斯特斯做建筑房屋之用。他又修建了一座宽敞的会议厅和一个广场。他把意大利、西班牙、高卢和希腊的城市布置得面目一新。恺撒缓和了贫穷的压力后，规定领取政府赈济品的标准，申请户从 32 万降低到 15 万。

到目前为止，恺撒仍然是庶民的支持者。然而由于罗马革命是农业革命而非工业革命，其首要对象是贵族，其次是贷方。所以，恺撒继续推行格拉古兄弟的政策，邀请商人支持农业和财政改革。西塞罗曾试图把中产阶级和贵族联合起来，恺撒则想使他们与平民和谐相处。从克拉苏到巴尔布斯的大资本家都用他们的资金支援恺撒。恺撒降低债务，并严格规定利息不可过高。对破产的补救，他创立了跟目前差不多的《破产法》。为了维持货币的稳定，他以黄金的多寡作为发行货币的标准。政府发行的硬币印有恺撒的肖像。帝国的财政制度有条不紊，以致在恺撒死后，国库盈余塞斯特斯达 7 亿之多，而他自己的私产也有 1 亿塞斯特斯。

为了便于征税和行政，恺撒在意大利作了一次人口调查，同时计划在整个帝国也要作同样的调查。由于年年战火，人民死伤无数，为了弥补市民的数目，他把罗马公民权广泛地赐给大众——罗马的医生和教师也都享有公民权了。由于一直担心罗马的低生育率，他早于公元前 59 年颁令说，有三个孩子的家庭有优先分到土地的权利。现在对那些大家庭，他依法奖赏，而没有生育的 45 岁以下的妇女不得乘马车或戴珠宝——这是他的立法里面最大的缺点，也是效果最弱的一环。

恺撒是一个不可知论者，但偶尔也会迷信神祇，他是国定宗教的祭师，并时以资金支持宗教。他不仅修复古老寺庙，也增建新寺庙，对维纳斯尤为推崇。恺撒一向主张宗教自由，解除以前对女神埃西斯（Isis）崇拜的禁令，并保护犹太人宗教信仰的自由。教士的历法与季节的变迁不能符合，恺撒委派索西尼斯（Sosigenes）仿效埃及模式创造出尤利安历法（Julian calendar）。由此，一年有 365 天，每四年在二月时多出一天。西塞罗埋怨说："恺撒征服、统治地球还不满足，现在正在调整宇宙星球。"

恺撒还计划了一些伟大的工程，但由于他被谋杀，这些计划都难产了。他铺好了一所大戏院的基地，任命瓦罗为建立公共图书馆的主要人物。为使疟疾敛迹，恺撒把福西努斯（Fucinus）湖和蓬蒂内（Pontine）沼泽填成耕地。他又加高堤防以制止台伯河的洪水泛滥，改道台伯河以改进常被淤泥所塞的奥斯蒂亚港口。恺撒还训令他的工程师筹划修建横跨意大利中部的道路，并在科林斯开凿运河。

在恺撒的措施中，最遭人怨的是他把意大利自由人的地位提高到跟罗马市民一样。公元前 49 年，他把罗马公民权赐给南高卢的百姓。公元前 44 年，他起草市政宪章，目的是允许意大利各城市的居民享有罗马公民的权利。或许他正计划使意大利有权参与罗马的代议政治。他把任命总督的权力从腐败的元老院手中夺回，改由他依能力才干分派，并可随时解除其职位。恺撒把租税降低 1/3，税吏都由他自己委派。他不顾古人的禁忌，修复卡普亚、迦太基和科林斯三地，完成格拉古兄弟未完的工作。他又将罗马公民的权利赐给一些殖民和从直布罗陀到黑海一带的居民。显然，他希望帝国的成年男子都享有罗马公民权，这么一来，元老院并不代表一个阶级，而是代表每一地区的意愿和心声了。

跟亚历山大一样，恺撒并不知道适可而止。他梦想远征帕提亚，为他的老友克拉苏复仇；出征黑海沿岸，绥靖西徐亚（Scythia）；征服多瑙河和日耳曼等。这样，把帝国稳固后，他就可以带着战利品衣锦荣归了。从此可以结束经济的不景气，不怕有人反抗他，而且可以任意地指定他的继位者，可以安枕无忧地离开尘世。

布鲁图

这项计划渐渐传开后，喜好荣耀的罗马庶民拍手叫好。商界则为恺撒将带回国的战利品而垂涎三尺，而贵族们知道恺撒与他们势不两立，决心设法杀死他。

恺撒以宽宏大量的态度对待那些贵族名门，西塞罗对此大加赞赏。恺撒把投降的敌军都释放了，只把那些战败投诚而后再度反抗他的军官处死。当他发现庞培和西庇阿的书信时，他没有打开看就将它烧毁了。他又把掠来的庞培的女儿和孙子送还在跟他作对的塞克斯图斯。他的部下把庞培的雕像捣毁，他却重新把它立起来。恺撒任布鲁图和卡修斯为总督，并把政府高职让给他们的同派人士。对于闲言诽谤，他置若罔闻；对于那些有谋害他的嫌疑者，他也不想采取任何行动。他不仅宽恕西塞罗，还对他百般礼遇、敬重。西塞罗要求他恩赐，他也一一答应。他甚至由于西塞罗的一再请求，把罪不可赦的马赛勒斯释放了。在一次精辟的演说中，西塞罗赞美恺撒的"令人难以相信的气度"，并承认说："如果换上庞培的话，一切都要改观了。"西塞罗说："本人听到阁下宣布说'吾已穷毕生之力，事业已达顶峰'之时，感到非常遗憾……因为您未完的大事还多着呢，您还未打好根基哩。"西塞罗很郑重地以元老院的名义向恺撒保证会保护他的安全，如有人敢攻击他，他们会以躯体抵挡。此时，西塞罗左右逢源，正准备再购买一幢华丽宫殿。恺撒的副手安东尼、巴尔布斯等都邀他吃饭。此时恺撒并没被蒙在鼓里，他写给马提乌斯的信中说："没有人比西塞罗更亲切和蔼的了，但我知道私底下他恨我入骨。"

对曾被剥夺世袭权利的人，想要以宽恕他们反抗的意志来抚慰他们，很难办到，因为要原谅此种宽恕就像要原谅曾加害我们的人一样困难。元老院的贵族不敢否决恺撒的提议，他们指责自由已遭破坏，却不承认恢复秩序需要限制他们个人的自由。克娄巴特拉和小恺撒住在罗马使他们惶恐不安。诚然，恺撒和他的妻子卡尔普尼娅相亲相爱地同居着，但是谁会知道他时常驾访埃及艳后会带来什么结果呢？大家谣传说他将称帝，与克娄巴特拉结婚，而把他们联合帝国的首都迁往东方。因为恺撒不是下令把他的雕像竖立在罗马先王的旁边吗？他不是破例地在罗马硬币上印着他的肖像吗？他不是穿着只有国王才穿的紫色长袍吗？公元前44年2月15日，执政安东尼在牧神节曾三度试图把皇冠戴在他的头上，恺撒三度拒绝；难道这不是因为群众默默反对的结果吗？[1] 把加在他雕像头上的王冠移走的保民官不也都遭他免职了吗？当恺撒坐在维纳斯神庙里，元老院议员驾临，他没有起身迎接。有人说是因为他患癫痫症，有人说他拉肚子，坐在那里不便站起。很多罗马贵族都在担心总有一天恺撒会称帝的。

卡修斯是体弱多病的人，普鲁塔克形容他"瘦弱苍白"。他建议布鲁图谋杀恺撒。他本人赢得一些元老院议员和资本家的支持。大家推举布鲁图为暗杀恺撒的主要人物，因为他素以才高德重闻名。据说他的祖先曾于公元前464年以前罢黜过国王，他的母亲塞尔维莉娅是加图的妹妹，他的太太波蒂娅是恺撒的敌仇毕布卢斯的遗孀。历史学家阿庇安说："据说布鲁图是恺撒的儿子，因为他出生时他的母亲是恺撒的情妇。"普鲁塔克也说恺撒相信布鲁图是他的儿子。很可能布鲁图本人也相信这个传言，所以他很气愤恺撒诱奸他的母亲，使他背着私生子的罪名。布鲁图沉默寡言，忧郁善变，时时以其高贵出身而自豪。他精通希腊文，热爱哲学；在形而上学方面，他崇奉柏拉图；在伦理学方面，他是芝诺的信徒。斯多葛派的诛杀暴君说，对他颇有影响。他给朋友的信中说："我们的先祖认为我们不应忍受暴君的存

---

[1] 据普鲁塔克说，恺撒虽见众情不愉因而拒绝王冠，然而他却采用象牙王笏（Scepter）与宝座——此二者皆为古代罗马君王的传统标记。恺撒虽辞国王的尊号，实开帝国的先声。——译者注

在，纵使他是我们的父亲。"通过中间人的介绍，他借钱给塞浦路斯的萨拉米斯（Salamis）人。当这些人拒绝付给他利息时，他请求当时在西里西亚任地方长官的西塞罗派罗马军队强制执行。他治理南高卢地区时正直廉洁，胜任能干。他于任满返回罗马时，恺撒任命他为都市的副执政。

布鲁图每次看到雕刻在他祖先铜像上面的题字时，就会脸红。这些碑铭这样写着："布鲁图，你死了吗？""你的子子孙孙将以你为耻。"此时贵族们谣传说3月15日元老院开会那天，卢西乌斯·科塔（Lucius Cotta）将建议封恺撒为王，因为神谕说要征服帕提亚人，只有国王才有这种资格。卡修斯认为恺撒把持着元老院的一半票数，一定会通过这项提案。这么一来，恢复共和的希望便破灭了。于是贵族谋害恺撒的决心更加坚定。

3月14日晚间，在恺撒家里的一个聚会中，恺撒提议讨论"要怎么死才痛快"的题目。最后他自己的答案是："突然的死才过瘾。"第二天早晨，他的太太请求他不要到元老院去，因为她梦见他满身是血。恺撒家里的仆人故意把他先祖的遗像打落，以便给恺撒一个坏预兆，使他提高警觉。然而，往昔是他的密友、现今是谋害者之一的布鲁图，一直坚持要恺撒到元老院去一趟，纵使作礼貌性的拜访也好。恺撒的一个朋友得知暗杀阴谋后，想到他家去警告他，但此时恺撒已离家到元老院去了。在路上，恺撒遇到一个预言家，此人不久前曾警告恺撒说："3月15日那天你要特别当心。"此时恺撒便笑着跟他说："今天就是3月15日，一切都如常啊！"这个预言家回答说："今天还没过完呢！"当恺撒在庞培的剧院做例行献祭时，有人塞一张纸条通知恺撒说有人要谋杀他，但恺撒不予理会。据说恺撒死时，这张纸条还握在他的手里。[1]

---

[1] 这些关于3月15日的故事，苏埃托尼乌斯、普鲁塔克和阿庇安都曾提起，然而这或许只是一种传奇故事罢了。

特雷博尼乌斯（Trebonius）曾是恺撒的得意名将，如今也参与谋害恺撒。他借口与安东尼说话使安东尼进不了会议厅，当恺撒走进剧院坐下时，谋杀者即蜂拥而上。苏埃托尼乌斯记载说："当布鲁图也参与一手时，恺撒用希腊文说：'孩子，你也来杀我！'"历史学家阿庇安说："当布鲁图举刀砍杀恺撒时，恺撒就不再抵抗，用长袍把脸和头蒙住，任大家砍杀，终于倒在庞培的雕像脚下。"历史上的完人终于如愿以偿地与世长辞了。

第十章 | 安东尼
（公元前 44—前 30）

安东尼和布鲁图

恺撒的被杀是历史的大悲剧之一。恺撒死后，罗马陷入一片混乱，终于引发长达 15 年的战争。奥古斯都平定天下之后，才开始继续恺撒未完的遗志。或许恺撒和他的反对派的想法都没错：反对派认为恺撒一心一意想做皇帝，恺撒则以为要维持社会秩序，独裁专制是势所难免的。

恺撒死后，群龙无首，大家意见分歧。安东尼于事发后，躲在家里，静观事态的发展。雄辩如西塞罗者，现在也因这突然的事件吓得说不出话来。谋杀分子在看到广场那边有一群激动的民众后，就试图以自由与共和的标语口号来赢取他们的共鸣与同情，但是民众丝毫不为这些宣传所动。这群谋杀者害怕被暴民报复，都躲在朱庇特神殿里，还派私人卫士保卫着。傍晚时分，西塞罗也加入到他们的行列。他们送信给安东尼，安东尼只作了友善和委婉的答复。

第二天，广场聚集了更多的人。阴谋分子派人去收买他们，然后组成一个合法的议会后，他们就一起从朱庇特神殿走出来。此时布鲁图开始演讲，但是观众一点反应都没有。卡修斯接着讲，也被报以冷漠不屑。于是这群"解放者"又回到朱庇特神殿去了，等群众慢慢地散去后，他们便偷偷地跑回家里。安东尼认为他是恺撒的合法继位者，于是到恺撒家里拿了一些文件和资金，同时秘密地把恺撒的旧部召回罗马。3月17日，他以保民官的权力与身份召集元老院开会，大家都为他的镇定与和蔼而惊讶不已。他接受西塞罗的建议，宣布大赦，并同意说如果元老院批准恺撒的命令、立法和任命的话，布鲁图和卡修斯就须接受总督的职务。当元老院休会期间，安东尼由于对维持罗马和平的贡献很大，被赞誉为伟大的政治家。当晚他就宴请卡修斯。3月18日元老院开会时，决定要为恺撒举行公葬，并指定安东尼宣读例行的颂词。

3月19日，安东尼宣读恺撒的遗嘱。恺撒把私产分给他的三个孙侄，并声明其中一个叫屋大维的是养子和合法的继承人。读到这里，安东尼又惊异又激怒。恺撒把他的花园捐作大众公园，并赠给每一个罗马公民300塞斯特斯。这个恩赐的消息马上传遍整个城市。恺撒的遗体于3月20日被搬到广场供人瞻仰时，有一大群人前来膜拜祭献。于是安东尼便开始演讲，起初他的措辞用语都非常含蓄，但是当他讲到一半时，他情绪激动地滔滔不绝。当他把恺撒的长袍掀起，群众看他被砍得不成人样的惨状时，都异常激动。有的大哭，有的大叫，众人四处寻找木材，放在恺撒尸体的下面。一些退休士兵都把武器丢在火葬的柴堆上面，演员的衣服、音乐家的乐器及妇人的贵重装饰品等也都抛在上面，作为供奉之物。有些人激动得要去烧毁那些谋杀者的房子，然而这些房子门禁森严，而主人都已逃离罗马了。一部分群众在恺撒的灵柩旁为他守夜，许多犹太人感于恺撒宽宏的立法，在为他守夜的三天中，高唱他们古代的葬礼圣歌。这几天中，首都到处都有暴动，最后安东尼只好出兵维持秩序。安东尼与奥古斯都的才干，都远不如恺撒。安东尼只有恺撒的一半才能，而奥古斯都则具备恺撒的另一半才能。安东尼是将军，奥古斯都则是位杰出的政治家。安东尼出生于公元前82年，他半生戎马，酷爱玩乐、好喝酒、好猎色。虽然出身高贵、英俊潇洒，但具有普通人的特质。他身材魁梧、浑身是劲、生性善良、慷慨大度、勇敢果决、忠心耿耿。他在一次拍卖中把庞培的房屋买下，住下后却拒绝付款。现在他从恺撒家里取得的文件，使他可以任用他的朋友为官、自由发布命令、及得到不少钱财等好处。于是，两个星期以内，他就偿付了相当于 150 万美元的债务。他劫取恺撒存放在欧普斯庙（Temple of Ops）里约值 2500 万美元的金钱，恺撒那相当于 500 万美元的私有财产也被他一扫而空。安东尼知道恺撒任命布鲁图为南高卢总督，这是一块肥缺，他不愿被布鲁图霸占，于是他使议会任命他为南高卢总督，而布鲁图改任马其顿总督。

眼见安东尼的势力日渐壮大，元老院决定采取对策，把恺撒的养子屋大维召回罗马。这位将成为罗马历史上最伟大的政治家的人物，那时才只有 18 岁。照例，他以养父的名字为主，以自己的名字为辅，于是他的名字便叫盖乌斯·尤利乌斯·恺撒·奥克塔维阿努斯（Caius Julius Caesar Octavianus）。一直到 17 年以后，他才接受我们所熟悉的奥古斯都的高贵称呼。他的祖母是恺撒的姐姐，叫尤莉娅（Julia）；他的祖父是维利特埃城的银行家；他的父亲做过副执政，后来任马其顿总督。屋大维从小便接受严格训练，具有斯巴达式的淳朴风格，并涉猎希腊和罗马的文学与哲学。恺撒被害的前三年中，他大都住在恺撒的宫廷里。恺撒没有合法的儿子，这是他一生最大的遗憾，而他能收屋大维为养子却是其明眼洞察的几件事情之一。公元前 45 年，他带屋大维到西班牙，屋大维在这次出征中所表现的勇敢和毅力，给恺撒留下了深刻的印象，于是恺撒不厌其烦地传授他作战和统治的艺术。很多雕像刻画出这位伟大的政治家的性格：精练、柔弱、严肃，虽乏自信却其果决，虽易屈服却也固执。他本来是个理想主义者，终被迫而成为现实主义者。屋大维体弱多病，一直患有消化不良症，饭量小，不大喝酒。由于这样的节制和规律的生活，他的寿命比那些体壮如牛的人都长。

公元前 44 年 3 月底，有一个人到屋大维的驻扎地阿波罗尼亚

（Apollonia）告诉他说恺撒已被暗杀。屋大维得知这个消息后，对那些谋杀者的忘恩负义感到非常震怒与遗憾。他想到恺撒对他的爱护，想到恺撒为重建罗马而鞠躬尽瘁，一股复仇之气便从他的心底涌起，于是他动身奔回罗马。他的亲戚劝他暂时躲藏起来，以免遭到安东尼谋害。他的母亲也叫他提高警觉，不要外出。但是屋大维认为这样也不是办法，于是他的母亲告诉他要利用机智，要有耐力，不要与对方发生正面冲突。屋大维聆听母训，奉行到底，受益匪浅。

　　屋大维去拜访安东尼，询问他如何处置谋杀恺撒的人。没想到此时安东尼正准备率军攻打拒绝放弃南高卢地区的布鲁图。屋大维请求安东尼按照恺撒的遗嘱，散付他的遗赠物，尤其要早日分 300 塞斯特斯给每个公民。安东尼借口拖延，于是屋大维便将他从恺撒的朋友处借来的资金分给恺撒的旧部。同时借这个机会，他开始组织自己的军队。

　　安东尼对屋大维这"小子"的无理取闹，甚为愤怒，他宣布说以屋大维为首的煽动分子要暗杀他。屋大维竭力声明没有这回事情。西塞罗利用他们争吵的机会，告诉屋大维说安东尼是个无赖，一定要设法打败他。屋大维颇有同感，于是就率领他的两个军团，与赫尔提乌斯和潘萨两执政的军队联盟向安东尼宣战。西塞罗以攻击安东尼的政策和私生活来为屋大维助战。公元前 44 年，在穆蒂纳城的战役中，安东尼战败后逃命，同时赫尔提乌斯和潘萨两执政也战死疆场。因此，屋大维班师回罗马后，就成为元老院的军团和他自己军队的统帅了。有了这些军队做他的后盾，屋大维强迫元老院提名他为执政，并且取消对谋害恺撒的人的大赦，而依法将其一一处死。屋大维后来发现西塞罗和元老院只不过是利用他来做反对安东尼的暂时工具，于是他与安东尼妥协，再联合列庇都斯（Lepidus）组成"后三雄政治"（the Second Triumvirate）。他们的联军马上轻易地攻占了罗马，城里绝大多数的元老院议员和保守派分子都逃到意大利南部和各行省。议会只得批准新政府的成立，并且授全权给"后三雄"统治罗马五年。

　　为了充实军饷和替恺撒复仇，第二次"三雄政治"称得上是罗马历史上的血腥统治时期。他们颁令处死 300 个元老院议员和 2000 个商人。普通人捉到一个犯人，便可得到 2.5 万塞斯特斯（合 1.5 万美元），奴隶可得到 1 万塞斯特斯。他们又宣布说对有钱人要处重刑，因此一些继承到大笔遗产的小孩子都被判刑处死。寡妇所继承的遗产也都被抢夺一空，有 1400 个妇人得把她们的财产统统交给政府，最后甚至连存放在维斯塔贞女庙的钱也被洗劫。阿提库斯因曾帮助安东尼的太太福尔维娅，幸免于难。这"三雄"命令士兵严守意大利各地，防止犯人逃离，因此这些人只得隐藏在井里、排水沟中、阁楼上或烟囱里。有人反抗被杀，也有人自动投案，更有人饿死、吊死或投水自杀，还有人跳楼自尽，也有人被误杀的；更有甚者，某些未被判处徒刑的人，竟在他们亲戚的伏尸处自杀，俾求解脱。萨尔维乌斯虽是保民官，却知道他已朝不保夕，就宴请他的友人，作最后惜别。设席不久，"三雄"的卫士就闯进门砍掉他的头颅，把他的躯体留在桌上，并令客人继续吃喝。此时，奴隶乘机解脱桎梏，但是仍有很多人为保护他们的主人而战死。有一个奴隶甚至乔装他的主人，被砍头而死。很多孩子为了保护父亲而被杀死，也有为继承遗产而出卖自己父亲的。元老院议员科波尼乌斯（Coponius）的太太为求得她丈夫的安全，不惜与安东尼同床睡觉，以求幸免。安东尼的太太福尔维娅以前曾向她的邻居鲁福斯购买宅第，鲁福斯当时不答应出卖。现在虽然他要把宅第送给她做礼物，她仍宣布他为罪犯，并把他的头砍下，钉在他的门前。

安东尼把西塞罗列为重要人犯，因为西塞罗在监狱里杀死安东尼的继父卡塔利纳里安·伦图卢斯（Catalinarian Lentulus）。屋大维起初反对，但不久也就不再坚持，因为他忘不了西塞罗曾对谋杀恺撒的人赞颂备至之事，更忘不了西塞罗借以戏弄他的双关俏皮话。[1] 西塞罗想脱逃，但是由于风浪太大，他又晕船，他便下船寄宿在他在福米埃

---

[1] 西塞罗曾论及屋大维说："这个孩子值得赞誉、授勋、擢升。""擢升"另义为"杀害"。

地区的别墅。第二天他准备待在原地，等着捉拿他的人来。他的奴隶把他抬到船里，想继续逃亡。此时安东尼的部下赶到，西塞罗的仆人试图拒捕，他却愿束手就缚。"满身沙泥，胡须和头发蓬乱一片，面容忧郁"，他把脖颈伸直，慷慨就义。追杀者按照安东尼的命令砍断西塞罗的右手。当追杀者把他的头颅和右手带上时，安东尼得意地大笑，发 25 万德拉克马（约 1.5 万美元）给有功人员，并把西塞罗的头和手钉在广场的柱子上。

公元前 42 年春，"三雄"联军越过亚得里亚海后到达色雷斯。布鲁图和卡修斯正在那里凭着他们的势力，敲诈勒索当地居民。他们预收十年的租税，当罗得斯岛的居民反对时，卡修斯便率军猛攻罗得斯岛的大港口，命令市民交出所有财产，稍有迟疑者，即被杀死，总共带走约合 1000 万美元。卡修斯在西里西亚把他的军队驻扎在塔尔苏斯（Tarsus）附近，一直到被害者交出约合 900 万美元时才拔营离走。塔尔苏斯市民为了筹足这一大笔钱，把土地都拍卖掉了，祠庙的器皿和装饰品也倾售一空，最后只得把人卖作奴隶了——起初卖小孩，后来卖妇人和老年人，最后连年轻人都卖了。很多人在知道自己被出卖后纷纷自杀而死。卡修斯又在犹太地区强征约合 420 万美元，并把 4 个城镇的居民卖为奴隶。布鲁图也一样，以武力强征租税。桑索斯（Xanthus）城的市民拒绝他的要求后，他就率兵围城。市民虽饥饿不堪却坚决不屈，最后集体自杀而死。布鲁图喜好哲学，所以他大部分的时间都停留在雅典。然而，雅典城却聚集了许多罗马的年轻贵族，他们喧嚣求战。当筹足资金后，布鲁图放下书本，会合卡修斯的军队，重趋战场。

公元前 42 年 9 月，两军在菲利皮城遭遇。布鲁图击退屋大维的攻势，并占领其营地，但是安东尼却打垮卡修斯的军团。卡修斯命令卫士杀死他，卫士只好从命。此时屋大维卧病在床，其部下也就乱不成军了。安东尼重组部队，休息数天后便又开始攻打布鲁图。布鲁图眼见大势已去，就扑向一位朋友的剑，自杀身亡。安东尼赶到时，把自己的紫袍盖在布鲁图的遗体上，他们一度是好朋友。

安东尼和克娄巴特拉

在菲利皮城这一役是贵族的最后一次战争。加图的儿子、霍滕西乌斯的儿子、图提利乌斯·巴努斯（Quintilius Varus）和昆图斯·拉贝奥（Quintus Labeo）等都随着布鲁图和卡修斯而自杀身死。战胜者开始了瓜分帝国：列庇都斯占领非洲，屋大维占有帝国西部，安东尼则选择了帝国东部、埃及和希腊等地。由于安东尼需要钱用，在一年内得到十年租税的条件下，他便宽恕东部诸城资助其敌手的罪过。艾菲索斯（Ephesus）的妇人以迎接狄俄尼索斯神一样的礼遇来欢迎安东尼，他便减少他们的租税。他的厨师为他烧制了一顿美味的晚餐，他便把一座堂皇的屋子送给他。安东尼在艾菲索斯召集伊奥尼亚诸城的百姓开会，讨论划分市界事宜。他把有关划界问题处理得相当得体，以致十年后，奥古斯都发现并不需要加以多大更动而萧规曹随了。所有参与反对他的人，除了谋杀恺撒的阴谋集团外，他都既往不咎。对那些曾遭卡修斯和布鲁图洗劫蹂躏的市民，他免除他们的一切捐税，很多被卖作奴隶的人也都获得了自由。此外，安东尼还解放了叙利亚。

饱暖则思淫欲，安东尼现在的生活少不了舞娘、妓女，他终日闹饮，歌舞达旦。女孩子只要被他看上，就逃不出他的魔掌。他派人去叫克娄巴特拉到塔尔苏斯与他会面，因为有人控诉她帮助卡修斯筹集金钱和招兵买马。克娄巴特拉听命前往，但是她没有按照他指定的时间和方式到达。安东尼高坐在广场的御座上等着她来叩头求饶，她则优哉游哉地乘着一只佩有紫色帆布和银色船桨的游艇，准备赴约。她的女仆盛装艳抹，权充水手。她自己乔扮成女神维纳斯，躺在舱里，身上盖着金布。当塔尔苏斯地区的居民听到这位艳妇将要驾临时，纷纷聚集在岸边，想看看她的庐山真面目。而此时安东尼独自坐在宝座上，没人理会。克娄巴特拉邀他来船上共进晚餐，他就带着随从前往。她盛宴以待，并以礼物和微笑赠予他的将军们。在亚历山大港，她含苞待放时，安东尼就爱上她了。如今她 29 岁，丰满成熟，娇艳欲滴，使安东尼魂不附体。起初他还带着责骂的口吻斥责她，谁会料到最后他把塞浦路斯、西里西亚、腓尼基、科埃勒—叙利亚（Coele-Syria）、犹太以及阿拉伯半岛的一部分土地都送给了她。当然，只要他要求什么，她也尽量使他满足，并邀请他到亚历山大港玩。安东尼在那里度过一个冬天，终日无忧无虑，与克娄巴特拉形影不离，把统治帝国的大事都置诸脑后了。克娄巴特拉本身却非常理智，并没陷入爱河，她深知埃及虽然富有，但是兵力薄弱，随时都有遭罗马帝国吞没的危险。为了解救她的祖国与保全她的王位，唯一的方法是跟罗马要人结婚。她曾看上恺撒，现在她的目标转为安东尼。而安东尼只会固守恺撒的政策，终日梦想使罗马和埃及联盟，而把首都建立在迷人的东方。

正当安东尼在亚历山大港嬉戏作乐时，他的太太福尔维娅和他的弟弟卢西乌斯正阴谋瓦解屋大维在罗马的权势。那时屋大维真是四面楚歌：元老院尽是一些冒险分子；失业者众，人心惶惶；平民流散，没有组织；庞培的儿子阴谋阻止粮食进口；商业萧条，租税和掠夺已把民脂民膏搜刮一空；生活已失去目标和意义，大家尽情享乐，今朝有酒今朝醉，因为明日货币贬值、或遭洗劫、或遭杀身，谁能预料？此时，屋大维自身表现得也不太好，福尔维娅和卢西乌斯乘机组织一支军队，呼吁全意大利人民起而反抗，驱逐屋大维。屋大维手下的名将阿格里帕（Agrippa）在佩努西亚（Perusia）地区把卢西乌斯包围，终于在公元前 40 年 3 月迫其投降。福尔维娅由于屡遭挫败和埋怨安东尼对她的冷落，生病而死。屋大维借宽恕卢西乌斯而想与安东尼求得妥协，但是安东尼却渡海包围屋大维在布伦迪西姆港的军队。想不到这两支军队相遇时，双方的士兵都非常理智，拒绝自我残杀，于是安东尼只好与屋大维握手言和。为了表示亲善，安东尼娶屋大维的妹妹为妻。局势就这样暂时平静下来了。

　　公元前 38 年，屋大维爱上提比略·克劳狄乌斯·尼禄的太太利维娅（Livia），于是他便跟太太斯克里波尼娅（Scribonia）离婚，同时诱劝尼禄放弃利维娅，终于达到与她结婚的目的。婚后，利维娅忠告他与资产阶级求得和解，他便减少租税，把逃脱的 3 万个奴隶捉回给他们的主人，并下决心要整顿意大利的秩序。罗马将军阿格里帕的帮忙，加上安东尼资助的 120 条船只，使屋大维击溃了庞培之子塞克斯图斯·庞培（Sextus Pompey）的舰队，从而稳定了罗马的粮食供应，并于公元前 36 年彻底消灭了庞培的残余部队。元老院因此提名他为终身保民官。

　　安东尼与屋大维的妹妹结婚后，便偕妻住在雅典。这一时期，他享受着与一个好女人生活在一起的新奇经验。他忘却政治和战争，心无邪念，娇妻在旁，陪他听哲学课。闲来无事，他便研究恺撒留下来的征服帕提亚的计划。此时恺撒手下一位将军的儿子拉比埃努斯（Labienus）深受帕提亚国王的宠爱，已率军攻占罗马的肥沃区西里西亚和叙利亚。为了应付这一威胁，安东尼需要军队，而养军队需要足够的金钱，正好克娄巴特拉有的是钱。安东尼突然厌倦美德和平静，把太太送回罗马，并请克娄巴特拉到安条克跟他见面。她带给他一些军队，但是反对他的征服计划，因此只答应提供很小的资助。安东尼不顾一切，于公元前 36 年率 10 万大军侵入帕提亚。攻占城堡不得后，他知难而退，几乎损失一半军队。回程时，他把亚美尼亚并入帝国的版图，便以此沾沾自喜，在亚历山大港大肆庆祝他的胜利。公元前 32 年，他与克娄巴特拉结婚，宣布他和小恺撒为埃及和塞浦路斯的联合领袖，并把帝国东部各区传给克娄巴特拉和他生的儿女。鉴于不久就要向屋大维寻仇，安东尼大吃大喝、嬉戏纵欲，先行享受一年。克娄巴特拉多方鼓励他，帮他筹集军队和舰队，并誓言"有朝一日将要高居政厅，号令天下"。

安东尼和屋大维

屋大维的妹妹被安东尼离弃后，默默地住在罗马，忍气吞声地扶养福尔维娅的孩子及她自己生的两个女儿。屋大维见妹妹失宠、终日饮泣，更深信如果安东尼的计划得逞之后，意大利和他本人都将不堪设想。他设法使意大利人民了解目前的危机：安东尼跟埃及女王结婚后，将把最富庶的罗马行省割给女王和她的儿女，同时正计划把帝国首都迁到亚历山大港，这样一来，罗马和意大利都要变成附属国了。安东尼此时向元老院建议说，他和屋大维应该同时退休隐居，恢复共和体制。屋大维从守护维斯塔贞女庙那边窃来的安东尼立好的遗嘱后，当众在元老院宣读。遗嘱注明安东尼的继位人是克娄巴特拉的儿子，并吩咐说死后他要葬在亚历山大港女王的旁边。遗嘱的后半句话给了元老院一记猛棍：克娄巴特拉借安东尼来腐蚀罗马帝国。于是屋大维智巧地于公元前 32 年向克娄巴特拉宣战（不向安东尼宣战），声称这是为争取意大利独立的神圣战争。

公元前 32 年 9 月，安东尼和克娄巴特拉的 500 只战舰浩浩荡荡地从伊奥尼亚海出发，声势之浩大堪称空前。总兵力包括 10 万步兵和 1.2 万名骑兵，这些军队大都是由东方诸王资助的，他们希望借此能摆脱罗马的统治。屋大维则率 400 只舰艇、8 万步兵和 1.2 万名骑兵渡过亚得里亚海。两军遥遥对峙达一年之久，彼此都不敢轻举妄动。最后大战终于在公元前 31 年 9 月 2 日于阿姆布拉西安（Ambracian）海湾的亚克兴爆发。屋大维技高一筹，而他的小艇也比安东尼的巨舰来得机动、敏捷。安东尼的许多舰艇都被屋大维的部下放火烧毁。历史学家卡修斯曾描述说：

　　一些水手在火势未到达前，即被火烟窒息死亡，有些则在船上被烤得焦烂，更有些人则因为他们身上的铁甲被烧得滚烫而死。好多人跳海夺生，却被海怪吞噬，或被箭射死，或淹死。那些互相残杀、以求解脱的人，算得上死得舒服、痛快的了。

安东尼眼见胜利无望，便暗示克娄巴特拉实行他们预定的撤退计划。她先率军南下等安东尼，安东尼由于无法救出旗舰，就索性弃舰逃命，与她会合。他们驶到亚历山大港时，安东尼垂头丧气，知道大势已去，乾坤已定了。

屋大维在亚克兴获胜后，即率军攻打雅典，然后到意大利，镇服其部下的叛变。随后他又抵达亚洲处罚安东尼的赞助者，在再度筹集资金后，于公元前 30 年抵亚历山大港。安东尼此时已离开克娄巴特拉而住在法罗斯半岛附近的岛上。他向屋大维求和，遭到屋大维拒绝。克娄巴特拉没征得安东尼的同意就送一根金权杖、一顶王冠和一个宝座给屋大维，以示臣服。屋大维回复说，只要她杀掉安东尼，他就保证不入侵埃及。安东尼再度写信给屋大维，叫他不要忘了他们以前的友谊，并同意说如果克娄巴特拉能得以保全性命，他愿意自杀。屋大维对他的提议根本不予理会。于是克娄巴特拉便把埃及所有的财宝堆积在一个宝塔内，并通知屋大维说，如果她得不到光荣的和平，便要与这些珠宝一同毁灭。安东尼则犹作困兽之斗，起初还颇有斩获，但是第二天他看到克娄巴特拉的雇佣兵投降，又风闻克娄巴特拉战败被杀，便决意自杀。不幸，当他已经刺中要害的时候，忽闻克娄巴特拉尚在人间，便命人抬往克娄巴特拉处。那时她正和一些随从守护着塔里的珠宝。大家合力从窗门把安东尼拉上来，于是安东尼就这样死在了她的怀里。屋大维准许她出来埋葬她的情人，随后屋大维召见克娄巴特拉。此时克娄巴特拉虽风韵犹存，然而屋大维不为所动。克娄巴特拉于得知屋大维要将她押到罗马，作为胜利的象征时，就身穿皇袍，以毒蛇噬身而死。她的女仆沙米昂和伊里斯也跟着自杀殉命。

屋大维准许她葬在安东尼的墓旁。小恺撒和福尔维娅的大儿子都被杀死。屋大维把安东尼和克娄巴特拉所生的孩子都送到意大利，他的妹妹则把他们视作自己的骨肉，含辛茹苦地亲自抚养。屋大维发现珠宝没动，堆积如山，便发出会心的微笑。埃及没有被并入罗马的版图，屋大维仅仅象征性地坐上托勒密王座后，就让一个地方官吏代他治理国事了。恺撒的嗣子战胜亚历山大的子孙，西方再度打败东方。双雄争夺战至此已告结束，结果弱者获得胜利。

　　共和沦亡于法萨卢斯城之后，革命结束于亚克兴一役。罗马刚好完成柏拉图和我们所知道的政体演变说：君主政体、贵族政体、寡头政治、民主政治、革命混乱、独裁政治。在历史回轮的运转中，一个自由的世纪已经过去，接下来的是一个纪律的世纪了。

第六章至第十章历史大事年表

85—84	辛纳卒
83—81	第二次米特达拉梯战役
83	苏拉抵达布伦迪西姆港
82	苏拉攻取罗马；反动派实行恐怖统治
81	苏拉颁布《柯奈留斯法》
80—72	塞多留占据西班牙，对抗罗马
79	苏拉隐退
78	苏拉卒
76	学者瓦罗声誉日隆
75—63	第三次米特达拉梯战役
75	西塞罗被举为西西里岛财政官
73—71	第三次奴隶之乱；色雷斯人斯巴达克斯为自由而战
70	审判省执政瓦罗；诗人维吉尔生
69	学者阿提库斯资助各党派
68	恺撒被举为西班牙财政官
67	庞培肃清地中海海盗
66	西塞罗转为裁判官
63	西塞罗揭发喀提林的叛乱阴谋；屋大维生
63—12	罗马将军阿古利巴诞生
62	恺撒被举为副执政
61	庞培凯旋
60	第一次三雄政治——恺撒、克拉苏、庞培
59	恺撒被举为执政；卢克莱修写成《论事物的本性》
58	保民官克劳狄乌斯放逐西塞罗；恺撒远征高卢，击溃赫尔维蒂人，打败日耳曼阿里 奥维斯图斯的军队
57	西塞罗返回罗马；恺撒击退比利时人
56	三巨头会商于卢卡城
55	庞培与克拉苏被举为执政；庞培兴建大剧场；恺撒率军深入日耳曼；恺撒首征 不列颠
54	恺撒二度出征不列颠
53	克劳狄乌斯与米洛两人明争暗斗、各自诉诸暴力；卡雷（哈兰）战役，克拉苏 惨败
52	谋刺克劳狄乌斯；审判米洛；高卢领袖维钦托里克斯叛变；庞培被举为独任执政
51	西塞罗任西西里岛总督，完成《共和国》；恺撒写成《高卢战记》
49	恺撒率军渡过卢比肯河，占据罗马
48	都拉基乌姆（都拉斯）与法萨占斯战役

第二部

奥古斯都时代

罗马帝国第一个皇帝奥古斯都彻底改变了罗马生活，给希腊罗马世界带来了永久的和平与繁荣。

第一章 | **奥古斯都的政治权术**
（公元前 30—公元 14）

走向帝制

屋大维从亚历山大城进至亚洲，继续封赠王国和领土，他于公元前 29 年夏始入意大利。人民视之为救主，各界人士参加迎宴，庆祝凯旋，狂欢三日。门神雅努斯的庙宇因之关闭，以表示让战神马尔斯尽兴一番。

意大利这个富庶的半岛已因 20 年的内战而凋敝，农田荒芜，城市被掳掠围困，财富被洗劫一空，行政及防卫松弛，入夜盗贼横行，不法之徒出没街巷，绑架商民售之为奴。商业萧条，投资停顿，高利贷猖獗，财产跌价，道德水准因为富豪骄奢而低落。在某些情况之下，道德堕落比由丰足变成贫困更令人沮丧。

在经济上由富转贫、在道德上失去重心之人在罗马到处可见：士兵们习于走险，嗜杀成性；因为苛征及战时通货膨胀眼见自己积蓄耗竭的人，失神地渴望形势转变而再回复富饶；妇女们放纵于自由，离婚、堕胎、通奸率倍增。人们失去了生存活力，多以不育子女为理想，肤浅的潮流均以悲观讽世为荣。这并不是罗马的全貌，而是其内在的严重隐忧。

海上盗贼复出，对国家间的自杀情形幸灾乐祸。城市与行省抚摸着苏拉、卢库卢斯、庞培、加比尼乌斯、恺撒、布鲁图、卡修斯、安东尼与屋大维等横征暴敛后的创伤。沦为战场的希腊被毁了；埃及遭窃了；近东地区须供养大量军队，贿赂无数将军；人民痛恨罗马统治者剥夺了他们的自由又未能给他们任何安全与和平。若是有人发现意大利外强中干的真相，团结自己的人民，起而反抗罗马，发动另一次争取自由的战争，那该怎么办？

当时曾有某一颇有魄力的元老意欲面对此项危局，组织强大军队，罗致优秀将领，并教之以深远的治国之道，可惜此事未果。因为可以作其后盾的望族都已毁于战争与子嗣不继，传统的治国之道尚未传给继承他们的商人、军人及外省人，新元老院欣然将大权授予了一个能策划、善领导、肯负责的人。

屋大维对废止旧宪法迟疑不决。卡修斯代表他与梅塞纳斯（Maecenas）和阿格里帕等磋商甚久。他们认为一切政府均为寡头政治，所以在君主政治、贵族政治与民主政治三种政体中，究竟选择哪一种，并不成问题。他们所要解决的是在目前的空间与时间之下，究竟采用以军队为本的君主式寡头政治，还是世袭式的贵族寡头政治，还是以工商界财力为主的民主式寡头政治？屋大维把它们合而为一，称之为“元首政治”（principate），那就是融西塞罗的理论、庞培的作风、恺撒的政策为一体。

人民冷静地接受了他的决定。他们不再恋慕自由，只是疲乏地企望着安全与秩序。只要能保证他们有娱乐有饭吃，谁来治理都无所谓。他们已经发觉议会的腐败无能、充满暴力，不但不能统治整个帝国，恢复意大利生机，甚至连罗马都无法管理。因为版图的扩张，自由问题也日趋复杂。罗马已非城邦国家，帝国无情地驱策它模仿埃及、波斯与马其顿。自由崩溃之后所形成的个人主义和社会混乱，必须由新的政府建立新的秩序予以安抚。所有地中海的动乱国家都仰望着屋大维，期待着贤明政治的出现。

恺撒的失败就是屋大维的成功之处，因为屋大维较为圆滑，较有耐性。他了解文字和礼仪的妙用，他步步谨慎；而且，屋大维有的是钱。恺撒则迫不及待地要改变生活，想在半年之间完成一世的改革。苏埃托尼乌斯说："当屋大维带来了埃及的宝藏时，罗马因财力雄厚，利率从 12% 降到 4%，不动产的价值，也大大增值。"当屋大维表明产权不可侵犯、不再放逐人民及没收其财产时，金钱立即流通，投资踊跃，贸易开展，财富又开始积累，并有一部分落入劳工与奴隶之手。各界人士得知意大利仍受封赐，罗马仍为帝国首都，均不胜欣喜。东方复苏的威胁已可暂时解除。恺撒所梦想的平等联邦（commonwealth）已被恢复统治民族特权所暗中取代。

屋大维开始用掳来的财富支付士兵的欠薪。他保留 20 万现役军人，每个人宣誓效忠于他；其余 30 万人则授田遣散，每人皆赠予巨额钱财。对他的将军们、拥护者、朋友们，他均不吝厚赠。有几次，他曾以私人财产弥补公库赤字。对遭受战祸或天灾的地方，他都拨出巨款赈济。他焚毁产权人的欠税记录而免征他们所积欠的税款，他拨款救灾、举办盛大展览和竞赛，他慨解私囊从事公共建设，以防止失业并美化罗马。众属国奉之为神明，岂无由乎？

当大量金钱被他挥霍之后，这位资产阶级皇帝生活得非常简朴，他放弃贵族们的锦衣玉食与公家俸禄，穿着自家妇女所纺织的衣服，一向住在霍滕西乌斯宫室中的一间小房之中。但占住了 28 年之后，该屋惨遭烧毁，他又按照原样建造新宫，可是他仍旧住在那间狭小的寝室之内。即使离开了众人的视线，他还是过着哲人般的简单生活，而不享受帝王的奢侈豪华。他唯一的嗜好是放开国事，驾舟徜徉于坎帕尼亚（Campanian）沿岸。

他逐步、谦和地允许元老院，让他们授权给他，使他成为一位有权有实的国王。除了名称，他一直保持着"大统领"（imperator）的头衔，并统率三军。由于大部分军队驻扎在首都以外，平常不在意大利本土，人民虽然生活在与以前各种旧共和完全无异的政治环境中，却不觉得是处在军事帝国统治之下。这种政权只要能用法令统治，便不再使用武力。

屋大维于公元前43年、前33年、前31年到前23年的九年间，每年都被选为罗马的执政官。由于公元前36年、前30年和前23年所取得的保民官权威，他已成为终身不可侵犯的保民官，在元老院他有立法权，对政府官吏的行为有否决权。对这种独裁政体没有人反对，在太平盛世之际都把握机会发财的商人们，知道屋大维曾经掠夺埃及的元老们，拥有屋大维所赐土地的士兵们，在恺撒立法封派及遗嘱之下的受益人等，都一致同意荷马"一人统治最为上策"的说法。至少，像屋大维那样慷慨大方，像他那样勤奋尽职，像他那样献身于国家，一人统治是不会错的。

公元前28年，屋大维与阿格里帕同为罗马都察官时，曾进行户口普查，校正元老名额，削减为600人，他本人则被任命为常任"首席元老"。该头衔的原意是在元老名录上居首之意。不久，该称号便如"大统领"一样有了"君主"的意味，在屋大维终身拥此称号之下，那就是"皇帝"。

历史上都称他以及200年以后继承人的政府为元首政治，而非纯粹的君主政治。因为到康茂德（Commodus）死亡时为止，所有的"皇帝"都认为，他们只是元老院的元首，至少在理论上是如此。为了使自己在宪法上的权力更大，屋大维在公元前27年辞去所有官职，宣布恢复共和，并表示他本人希望退隐园林，不复问政（时年35岁）。这出戏排演得很好，因为屋大维素以谨慎著称，他深信"诚"是最好的策略，只是在做的时候不能不权衡变化。元老院不但不同意他辞职，还几乎将全部大权交还给他，请他继续领导国家，并加上"奥古斯都"的尊称。在历史上，奥古斯都曾被误认为是他的名字。在此之前，此词一向是指圣物或圣地，及某些创造或扩大的神祇。如今用到屋大维身上，便带有一种神圣的荣光，而使他成为宗教与诸神的保护者。

罗马人似乎想过，"恢复"是真的，是他们用一个形容词"奥古斯都"换来的。元老院与议会不是仍旧拥有立法权和选举官吏权吗？不错，奥古斯都或他的代理人只是"提出"法案和"推荐"重要的候选人而已。他是以"大统领"和执政官的地位统领军队、掌理财政和管理司法，他以护民官的特权控制政府各项活动，他的权柄并不大于伯里克利和庞培，所不同者，只是权柄的永久性与非永久性而已。公元前 23 年屋大维辞去执政官，接受了元老院授予的"总督之权"，使他能管制一切属地的官吏。这一切仍旧无人反对，而且当发生粮荒时，人民竟包围元老院，要求任命他为大独裁者，因为人民在元老院寡头政治之下生活得并不幸福，想换换口味，尝试一下独裁政体。这种政体也许会使他们发财，奥古斯都予以拒绝。不过，他承担了粮政和食物供应的责任，并立竿见影地解决了粮荒。人民对他感恩不尽，所以当他以自己的威信修改宪法时，人民毫不在意。

新秩序

在历史上，这种元首政治不失为精明的政治成就，所以这里有详加申述的必要。

以前，屋大维的权柄是立法、行政和司法：他可向议会提出法案，然后运用、实行并解释；他还可以增加违法者的罪名。苏埃托尼乌斯说奥古斯都正襟危坐，俨如法官，每至日暮，"当他感觉不适时，就摆一张便床在旁边……他光明正大又极宽厚"。他因身兼多项要职，便组织一个非正式的内阁，其中有梅塞纳斯等为顾问、有阿格里帕等为执行长、有提比略等为武官，并设一个低级行政机构，主要由自由人和奴隶组成。

梅塞纳斯是一个富商，他倾注了半生精力，在平时及战时辅佐奥古斯都处理内政与外交，最后——虽然出于勉强——帮助他恋爱。他建筑在埃斯奎利诺山上的公馆素以花园及温泉泳池闻名。他的敌人形容他是脂粉气的享乐者，因为他既爱锦绣与珠宝，又能品尝罗马的各式佳肴。他酷爱文学与艺术，并慷慨赞助，不但归还了维吉尔的田园，还赠送一份财产给贺拉斯。他激发了田园诗与抒情诗，他本可为官，但他不屑为之。多年来他对内政与外交方针的制订不遗余力，当奥古斯都犯了严重的错误时，他敢教训他，所以奥古斯都对他的辞世（公元前 8 年）哀悼逾恒，如失左右手。

　　大概是由他的建议，中产阶层出身的奥古斯都不但不鄙视经商，还擢拔了若干商人担任高职，甚至委以行省总督的重任。某元老对这种改变极为不满，奥古斯都于是授予元老们例外的权限，并召集约 20 位元老组成首席会议（concilium principis）以示亲密，以示道歉。原先这个组织的决策须经元老院的同意，可是元老院逐渐衰微，这个组织的权力与作用则与日俱增。奥古斯都对元老院极尽礼貌，使之成为高级傀儡。他曾以罗马都察官身份四次修改其组织；他能够，并且曾经将其中不称职或不修道德的人革职；新进元老大半由他提名；财务官、执政官、执政任满之后进入元老院，都要经过他的选择和同意。意大利的殷商全部罗致在元老院中，使这两个阶级实施西塞罗所倡导的和衷共济。财富抑制了出身的傲慢与特权，世袭的贵族政治制止了财富的浪费。

　　奥古斯都主张元老院每月 1 日和 15 日开会，会期一天。会议既由他主持，一切方案须经他同意之后才能提出。事实上，一切方案都是由其助手或他亲自草拟。元老院的司法和行政作用已大于立法作用，它成了高等法院，通过委员会来管制意大利，指挥各项公共建设的执行，并管理那些无须大量军队控制的地方。不过，外交大权目前仍在奥古斯都手中。元老院的古老权力被如此削减，以致对有限的任务也不热心，把更多的责任推给皇帝和他的幕僚。

　　议会召集的次数虽已减少，但仍旧召开。议会中仍旧投票，不过只投给皇帝所批准的法案或所指定的候选人。公元前 18 年，奥古斯都制定法律，规定财产须在 40 万塞斯特斯以上的人才能为官。奥古斯都曾 13 次竞选执政官，跟别人一样去拉选票，这真是高雅的让步和戏剧性技巧的配合。候选人在选举前必须缴纳保证金以防将来受贿的办法，阻止了贪污。可是奥古斯都曾经送给自己一派的投票人每人 1000 塞斯特斯，以保证投他的票。直到 5 世纪，保民官和执政官都由选举产生，不过他们的大权落入皇帝手中以后，他们的机关就变成事务性质而无决策权力，最后只剩下空架子。奥古斯都把罗马政府交给领薪的地方公务员手中，设置一个 3000 "警察" 的武装，受市 "警察局局长"（praefectus urbi）指挥。为了进一步保证他所要求的秩序和维护他的权力，他严重地违反常规，安置六个团队（每团队由 1000 士兵组成）驻守在罗马近郊，三个驻守在城内，这九个团队以后成为他的禁卫军——保护大元帅大本营。公元 41 年，就是这个团体拥护克劳狄乌斯为帝，政府开始屈居军队指挥之下。

奥古斯都的政务从罗马传到意大利和各行省，凡是参与埃及战争的意大利省区，他都给予罗马公民资格或有限的 "罗马参政权"。他用赠品帮助他们，用新的建筑美化他们，并为他们设计一种邮寄投票的办法。他把行省分成需要军事保护和不需要军事保护两种，后者（西西里、巴埃蒂卡、纳尔邦南西斯高卢、马其顿、阿哈伊亚、小亚细亚、比希尼亚、本都、塞浦路斯、克里特、昔兰尼及北非）交元老院管治，其余的——"皇家属地"——由他的副将、收税官或司令官管理。这种得意的安排使他牢牢抓住对军队的控制，军队大部是驻在 "受威胁" 的属地之内。这种安排使他从埃及得到大量税收，使他通过他所派的收税官监视属地总督，每个总督都发给固定薪俸，减少他们榨取百姓的企图。此外，他还设置一个文官机构，管理日常事务，防范长官的不法行为。他对属地的小王们十分礼貌，以取得他们的效忠。他让他们把儿子送来宫内居住，并接受罗马教育。经过这样 "慷慨" 的安排，这些青年都成了人质，当他们回去继承父业，不知不觉中都成了罗马化的工具。

奥古斯都在亚克兴海战胜利的余波中，拥有强大的陆海军，他显然要把帝国伸张到大西洋、撒哈拉、幼发拉底、黑海、多瑙河和易北河。罗马统治下的和平不是用消极的防卫来维持，而是用向外侵略的政策来维持。皇帝亲自征服西班牙，大力改组高卢政府，使它平静了近百年。对于帕提亚，能收回从克拉苏手下失去的军旗和幸存的战俘，他也就满意了。对亚美尼亚，他使一个倾向罗马的提格兰（Tigranes）恢复王位。他派军远征衣索匹亚和阿拉伯。从公元前19到前9年，他的义子提比略和德鲁苏斯征服了伊利里亚、潘诺尼亚和瑞提亚。德意志侵入高卢使他大为震怒，他命德鲁苏斯渡过莱茵河。这个才气横溢的青年一直打到易北河，使他大为高兴。但德鲁苏斯因从高处跌落，体内受伤，艰难地熬了三十天，终于死亡。提比略与德鲁苏斯手足情深，抱着他垂死的兄弟，骑马从高卢到德意志走了400余里的路，然后转运到罗马，一路他都走在行列的前面（公元前9年）。提比略又回到德国，经过两次战斗（公元前8—前7年、公元4—5年），把易北河和莱茵河之间的部落尽数征服。

　　两件几乎同时发生的不幸事件，把扩张领土的狂热变成了和平政策。公元6年，最后征服的属地潘诺尼亚和达尔马提亚（Dalmatia）叛变，屠杀了境内罗马人，组成20万大军，声言侵袭意大利。提比略立即与德国部落言和，领着他的疲军进入潘诺尼亚。他采取忍与狠的战略，掠取或毁坏了敌军的庄稼，同时用游击战防止他们重新播种，但他很注意保护自己军队的食物。不管国内对他如何批评，他坚持这种策略达三年之久，终于，他看见饥饿的叛军解体，看见罗马势力重建。就在当年（公元9年），阿米尼乌斯（Arminius）又在德国组织叛军，引诱罗马总督瓦鲁斯（Quintilius Varus）的三个军团中计，除了像瓦鲁斯自刎的之外，余者全被杀绝。苏埃托尼乌斯说："奥古斯都闻之大痛，以致三个月不修面，也不理发，有时以头撞门，喊着'昆蒂留斯·瓦鲁斯，还我的军团来！'"提比略赶紧去德国，重整军队，奉命将罗马边界退到莱茵河。

　　这项决定，对皇帝的自尊心是一次打击；但对他的判断来说，则是一种收获。德国向"野蛮"——低级文化屈服,以便有机会武装它那日益增长的人口来对抗罗马。不过也有人说,要想征服德国,就必须先征服西徐亚、俄国南部,帝国扩张须有止境。莱茵河是乌拉河以西最好的边界。奥古斯都兼并了南北西班牙、瑞提亚、诺里库姆、潘诺尼亚、莫西亚、加拉提亚、吕西亚和潘菲利亚之后,他想他已足够赢得"威望日隆的神祗"(the increasing god)的尊称。在他死时,帝国版图为3340万平方英里(比美国本土还大),比布匿战争以前的罗马面积增加了近百倍。奥古斯都认为他的继任人对这历史罕见的帝国应该满足,他希望继承人能在内部加强团结而不必向外扩张,他对"亚历山大重视开创帝国,而没有把得到的帝国内部建设大业加以重视"一点表示惊奇。罗马统治下的和平时期(Pax Romana)已经开始。

全盛时期

不能说奥古斯都造成一片荒凉又将其称为和平。亚克兴之战以后十年中,地中海区域这种经济复苏被认为是史无前例的,而秩序恢复是刺激复原的主因。海上恢复了平静,政治呈现了安定,奥古斯都的保守,埃及宝藏的消耗,新富源的开发,货币可信,流通增加,用分配农田和向外移民以缓和人口密集等——在这种兼施并用之下,繁荣怎能不听呼唤呢?当奥古斯都来到普提奥里附近时,有一群亚历山大兵士穿上礼服,有如焚香拜神一样向他致敬。他们说他们能安全航海、信用交易、生活安定,都是奥古斯都所赐。

奥古斯都的祖父是银行家,所以他认为最好的经济是自由和安全的结合,他用公平的法律保护社会,在通商要道设置警戒,对有信用的地主予以无息贷款,用公粮彩券或赠品抚慰贫困者,对其余的人,他将工业、生产和交易放手交给他们去做。国家领导的事业非常兴隆,对经济恢复其功甚伟。他建造了82所庙宇、一个广场、一座会堂，以供收税与审案；把烧死克劳狄乌斯的旧元老院加以新建，梁柱高耸入天；完成恺撒所动工的剧院，以其女婿马赛勒斯之名命名；他激励人们拿出部分财产来装修意大利的会堂、教堂、图书馆和道路。卡修斯说："他命令用战利品建造一些公共建筑，以纪念他们的功业。"他想以宣扬罗马的伟大来象征他个人的伟大。他暮年时候曾说罗马原是砖头城，现在已是大理石城了。人们原谅他的夸大：罗马从前有许多大理石，如今留下来的砖头也不少。不过从前不曾有人为了一个都市做像他那样多的事情而已。

阿格里帕是他重建罗马的得力助手。此一益友与梅塞纳斯同他共商大计。阿格里帕担任罗马市政官时（公元前33年），为屋大维争取声望，开办了170所公共浴场，供给免费油盐，举办赛会连续达55天，供应公民免费理发为期一年——显然全部都由他个人解囊。他的能力足以媲美恺撒，但他宁愿终生辅佐奥古斯都。据我们所知，舆论或非议对他一生并无影响。罗马人背后的飞短流长可以断送任何人的前途，对阿格里帕则毫无损伤。他是最先重视海上霸权的人，舰队由他计划建造和指挥。他打败了庞培，吓阻了海盗，在亚克兴为奥古斯都赢得国际声望。胜利之后，他安抚了西班牙、高卢和博斯普鲁斯（Bosporus）王国。全国三次要为他庆功祝捷，都被他谢绝了。奥古斯都对他的酬谢使他成为巨富，可他仍然生活俭朴，而献身公益就如同卫国征战一样。他用私款雇用工人修桥补路，疏导阴沟，重开马西安（Marcian）水道，又新开尤里安水道，凿水井700口，开水源500处，建蓄水池130座，以改善供水。人民嫌酒价过高而不满时，奥古斯都狡猾地说："我的女婿阿格里帕已经注意到了，他不会让大家口渴的。"阿格里帕这位伟大的罗马工程师，将卢克里（Lucrine）和阿韦尔尼亚（Avernian）以湖与海接通，开建了一个广大的港口和造船厂。他在罗马开办第一所豪华公共浴场，为其他城市所不及。他用私款为爱神维纳斯和战神马尔斯建庙，该庙曾由哈德良重建，称为万神庙，柱廊之上仍旧刻着"阿格里帕建"等字。他筹办帝国三十年疆域调查，编著《地志论》，在大理石上绘制世界地图。他像达·芬奇一样，是个科学家、工程师、武器发明家和艺术家。他在 50 岁时不幸逝世（公元前 12 年），是奥古斯都晚年增加哀痛的原因之一。奥古斯都把女儿许配给他，原想让他继承帝国，因为他是最适合的治国人选。

公共建设和政府业务造成史无前例的庞大开支。公务员的薪俸，维持强大的陆海军，修建无数的房屋，以粮食与娱乐收买人心等，都用钱无数。这些花费需以现行税收来应付，不能诉诸举债，所以奥古斯都的税政就成为一种科学和永不松懈的实业。奥古斯都并不残酷：他对穷困的个人或城市时常免征税收，或以私钱替他们完税。他将第五次就任执政官时人民赠给他的就任礼物 3.5 万磅黄金都退还给各市，又谢绝了许多其他礼物。他废除了内战时期的土地税，而代之以 5%的遗产税，但遗留给近亲或穷人的遗产无须课税。对拍卖所得课税 1%，出卖奴隶课税 4%，释放奴隶课税 5%，关税率为 2.5%到 5%。市民须向市府纳税，罗马的不动产仍须缴纳土地税，罗马有两处税库：财库（aerarium）由元老院掌管，御库（fiscus）由皇帝所有和管理。[1] 皇帝的收入包括私人财产收入、朋友和友善人士的遗产，这种遗产在奥古斯都一生中共达 14 亿塞斯特斯之多。

总之，在元首政治下的税制并不苛酷，在康茂德以前，人民交税并非得不偿失。繁荣的地方，为了向这位神祇奥古斯都表示感恩或期望，都摆设祭坛。就是在世故的罗马，他都指责他们的歌功颂德未免过分。曾有狂热的崇拜者沿街高呼，男女们"献身"奥古斯都——在他逝世时约以殉身。公元前 2 年，梅萨拉·科尔维努斯（Messala Corvinus）在菲利皮夺取了屋大维的阵营，仍建议把"国父"（Pater Patriae）的尊称给予奥古斯都。保有荣誉和财富的元老院乐得少负责

---

[1] 在共和时代中，"fiscus"（复数 fisci）一词指封起的篮子（sealed basket），地方装盛贡金运往罗马的容器。

任，情愿把各种荣衔加给奥古斯都。富裕起来的商业界每年举行两天的庆会庆祝他的诞辰。苏埃托尼乌斯说："三教九流的人，都在元月一日前来献礼。"他的旧宫被焚之后，各城市、各部落与各行业都捐款助他重建。他即使只向每人收取一个银币也都用不完。长期受尽折磨的地中海地区颇为高兴。奥古斯都大可认为他的耐力和苦干成就了他的勋业。

奥古斯都新政

奥古斯都牺牲了个人的幸福，以换取人民的美好快乐，但使罗马人不能原谅他的则是捐税。改善道德，是政治措施中最困难、最复杂的一环，极少有领袖敢于尝试，而多数领袖则把它推给了伪君子或贤达之士。

奥古斯都谨慎地防止种族变质。罗马人口并未减少，因为救济的吸引、财富和奴隶的输入，人口反而增加。由于释放的奴隶也包括在赈济之内，许多人便将老而多病的奴隶释放，推给政府来赡养。善良的动机也使奴隶获得自由，若干奴隶以自己的积蓄买回自由。被释放者的子女自然成为自由公民，奴隶解放运动与异族生殖率之高超过了本国人，使罗马的人种性质发生了变化。奥古斯都认为，在这种异族交配之下社会是不易安定的，同时一个血管里流着异族血液的人是不会向帝国效忠的。由于他极力主张释放奴隶，产生了许多法案，规定有两个奴隶的人须全部予以释放，有 3 到 10 个奴隶的人须释放一半，有 11 到 30 个的人须释放 1/3，有 31 到 100 个的人须释放 1/4，有 101 到 300 个的人须释放 1/5，但最多释放不得超过 100 人。

人们希望奥古斯都限制奴隶，但不要限制自由。古老思想认为奴隶制度理所当然，如果大批释放必须戒慎，为其对社会经济的影响而担心，如同现在的雇主担心安定会造成疏懒一样。奥古斯都所考虑的是种族和阶级问题，他认为一个强大的罗马是不能失去传统罗马人的特性、勇气和政治才干的，最重要的是不能没有贵族制度。上层社会对古风失去了信仰，使婚姻、贞洁和血统的神秘性为之失色。人们由农村进入城市，小孩不再是父母的财产，变成了负担与无用之物。妇女卖弄风骚而不注意妇德。总之，争取个人自由，却违背种族的需要。社会罪恶日益增加，于是寻求遗产成为意大利的一项热门职业，没有子嗣的人到了晚年一定会有人来献殷勤。许多罗马人竟爱好这种贪婪的追求，干脆就不生育子女。兵役延长使许多青年不能结婚。多数罗马人不愿结婚，而喜欢宿娼纳妾。那些结了婚的人，往往实行堕胎、杀婴、性交中断（coitus interruptus）、避孕来限制人口。

奥古斯都被这些现象所困扰，他开始认为恢复传统信仰和道德是必要的。当岁月催他衰老而扩大其眼光时，有一种敬重传统的要求，他认为现在和过去骤然脱节，并不妥善。国家必须继承传统才能健全，个人必须有钱才能神气。他以高度的认真态度阅读罗马历史学家的传记，他嫉妒他们把美德都归于古人。他欣赏昆图斯·梅特卢斯的婚礼讲话，他向元老院宣读，并以御诏向人民介绍。年长的一辈多半与他同感，结成党派急于用法令改革道德，可能是利维娅（Livia）给他们的感应。奥古斯都以罗马都察官与执政官的权威颁布——经元老院通过——一连串的法令，目的在于恢复道德、婚姻、忠贞、门第和朴素生活。法律规定少年必须有成年亲属陪伴方可进入娱乐场所；禁止妇女参加体育表演，观看斗剑时要坐在高处；规定家庭开支、雇用仆人、宴客酒席、婚礼、衣饰必须节约。这些法律中最重要的一项《尤里安律》[1]（*Julian Laws*）是"鼓励贞洁，禁止通奸"的。罗马开始由国家保护婚姻，父亲发现女儿与人通奸，必须处死其女与共犯。如果妻子与人通奸地点是在夫宅，丈夫发现之后可立即杀死奸夫。丈夫侦知妻子与人通奸者须于六个月内提出诉讼，丈夫不告者，女方之父须控告，父不告者任何人均可以控告。奸妇被处以终身流刑，并没收

---

[1] 这一名称来自奥古斯都被收养的宗族。

财产的 1/3 与嫁妆的一半，并不许再嫁。丈夫对妻子通奸加以默认者也处以相同之罪，不过妻子不得控告丈夫通奸，丈夫宿公娼者无罪。该法仅适用于罗马。

大概与此同时，奥古斯都又通过了一部《婚姻法》，通称为 *lex lulia de maritandis ordinibus*。该法有三重目的：既鼓励结婚又限制结婚，所谓限制结婚就是阻止罗马人与异族通婚，恢复门当户对的婚姻观念；不满 60 岁的男子和不满 50 岁的女子，皆有结婚的义务；遗产继承人不能结婚者，其赠予变为无效。对独身主义者的处罚：除了亲属，不得继承别人的遗产，除非在遗赠亲属死亡后 100 天内结婚，否则不得参加庆典或赛会。寡妇或离婚女子在丈夫死亡或离异后六个月内再婚者始有继承权。老处女与无子女的妇女在 50 岁以后无继承权，在 50 岁以前拥有 5 万塞斯特斯（约合 7500 美元）者也无继承权。元老阶级不得与解放的奴隶、女演员或娼妓结婚；伶人或被解放的男奴也不得与贵族的女儿结婚。拥有 2 万以上塞斯特斯的妇女每年须缴纳 1% 的税，直到结婚为止；婚后税额随生育而递减，生育三个子女者全免。在两个执政官中，以小孩较多者优先，任用政府公务员时，家庭较大者优于其对手。三个子女的母亲得穿特殊服装，且不受其丈夫的管制。

各个阶级都对这些法律不满——他们说，因为三个小孩的特权有使孩子的母亲脱离男性权威的危险。有人则以"现代妇女"太自由、太傲慢、太任性、太奢侈为理由而守独身。禁止单身汉参观表演，未免过于严苛而且不易施行。公元前 12 年，奥古斯都将此项条款废除。公元 9 年，放宽了独身者继承遗产的规定，放宽了寡妇和离婚女子为享有继承权而再婚的期限，无子女的继承人继承数目予以增加，三个子女的母亲所享继承权不再受沃康尼亚（Voconia）法律条文的限制，谋求公职者的年龄限制因家庭大小而按比例降低。法令通过之后，人们发现立法者和法律的命名者都是没有子女的单身汉，人们闲说修改法律是梅塞纳斯向奥古斯都建议的，因为奥古斯都只有一个孩子，而梅塞纳斯则一个也没有；又说该法在制定之时，梅塞纳斯的生活穷极奢侈，奥古斯都正在引诱他的妻子。

这些法律的草拟有失周密，因此实行后发现许多漏洞。有人为了守法而结婚，不久又将妻子休掉；有人为了获得职位或遗产而收养孩子，然后再把他们"解放"，打发他们离开。100年后，塔西佗宣布这些法律失败："结婚生子并未普遍，无子的风气引诱力太大了。"社会道德仍旧低落，不过比以前稍显文雅而已。奥古斯都对自己法律的效果产生疑问，他同意贺拉斯的话："人心不变，法律无用。"他不遗余力地想打动人们的心；他在观看演出的包厢里介绍许多模范的子女；慷慨赠款给子女众多的父母；在一个一胎五子的奴隶女性墓前树立墓碑；一个农夫带了8个孩子、36个孙子、19个曾孙和他同车来到罗马，使他非常高兴。卡修斯曾用绘画描写他向人民致词，斥责"种族自杀"的情景。他欣赏李维所著历史有关道德的序文。文学受了他的影响而趋向诲导与实用。他通过梅塞纳斯或亲自说服维吉尔和贺拉斯用诗篇为道德与宗教改革作了宣传；维吉尔在《农事诗》中试图将罗马人领回到田园，在《埃涅阿斯纪》中将罗马带到传统神祇面前；贺拉斯的诗篇则以禁欲为主题。公元前17年，奥古斯都筹办了三天的庆典、赛会和展览，以祝贺农神时代的再度来临；贺拉斯受命谱制《时代之歌》（*carmen saeculare*），令27个男孩和27个女孩列队吟唱。艺术也被用以针对道德：和平圣坛表示罗马政府与人民生活的轻松；宏大雄伟的建筑到处可见，以夸耀帝国的实力和壮观；数十所庙宇的建造唤起了人民几乎已经死掉的信心。

结果，奥古斯都认为道德上的改革须等宗教上的复兴。卢克莱修、卡图卢斯和恺撒的不可知论时代已成过去，它的子民认为敬畏神明是智慧的青年。甚至尖刻的诗人奥维德，不久也以伏尔泰式的口气说："神之存在对人有其方便之处，我们应该相信有神存在。"保守的人回想着内战和其给人们的痛苦，由于忽视宗教，招致天怒。在意大利，到处都有身历磨难的人准备返回古老的祭坛向诸神致谢，因为他们觉得幸福的回归是神的赐予。公元前12年，奥古斯都在耐心地等待不太热心的列庇都斯死亡而继任为大祭司时说："无数的人民为了我的当选涌到罗马，真是前所未见。"他领导并踏着宗教复兴之路前进，他将他的政治与道德和宗教改革混为一体，希望容易被人接受。他把四个神学院的地位提高到前所未有的庄严和高度，其中人员由他亲自委派，他认真参加他们的会议和典礼。他禁止在罗马举行亚洲或埃及式的崇拜，对犹太人则特别例外，他允许各行省有宗教自由。他把大量礼物赠给寺院，并革新宗教庆典与节日。每逢旷世节日都举行宗教仪式与歌唱，其目的在于恢复人神之间的好感。古代的宗教信仰蒙君主如此关照又都新生起来，并再次触动人们戏剧性的冲动和超自然的希望。奥古斯都死后，在宗教信仰倾向混乱之中，罗马古教仍能屹立300多年；并且在它衰亡后，在新的标志和名义之下立即复兴。

奥古斯都自己成了他的诸神的一个对手，他的叔祖给他开了先例：恺撒被谋杀两年后，元老院尊他为神，令全国祷拜。早在公元前36年，意大利各城的万神庙已设了屋大维的神位；到了27年，屋大维的名字也加入了诸神，在官定歌曲中由人歌颂；他的诞辰被定为宗教节日与休假日；他死之后，元老院谕令他的神灵须与官定诸神同样受人崇拜。按照古制，这些行动都是出乎自然；没有人认为人神之间有不可互通的差异；神往往具有人形，和赫拉克勒斯、莱喀古斯、亚历山大、恺撒或奥古斯都的神灵一样地神奇和神圣，尤其是宗教氛围特浓的东方，埃及人视法老、托勒密甚至安东尼为神；奥古斯都当然不次于那些人。古人倒不会像现代人那些笨人一样愿意相信，他们深知奥古斯都是人；在神化他的或其他人的灵魂时，他们称之为圣人，当时向那种神化之人祈祷，就好像现在敬拜圣徒一样，并不荒谬。

意大利人把奥古斯都并入家神一起崇拜，这个民族祭拜祖先已数百年历史，他们进行这项崇拜是没有困难的。奥古斯都于公元前21年往访希腊，他见到彼邦也普遍敬拜他，在奉献和演讲时都称他为"救主""赐福者""神的儿子"；有人说他就是为人类带来幸福与和平的救星。行省议会将崇拜奥古斯都作为仪式的主要内容；地方和各市派任一个新教士负责侍奉这位新神。奥古斯都颇不以为然，不过他认为这可以增加元首政治的神圣气氛，可以促成教会和政府的团结，可以使不同的信仰一同合作，所以他还是接受了。于是这个银行家的孙子同意他变而为神。

奥古斯都其人

这位 18 岁作为恺撒的继承人、31 岁统治世界、治理罗马达半世纪、缔造罗马帝国的，究竟是怎样的人呢？他愚钝而又迷人；平凡无奇，但半个世界都赞美他；身体柔弱，不太勇敢，却征服了一切敌人，治理了联邦帝国，所组政府使广大地区享受了无比的繁荣达 200 年之久。

雕刻家不惜消耗大批青铜与云石给他塑像：有的像显示他是历练严肃、略带傲气的青年，有的将他塑成教士型的凝重仪表，有的半身像充满威风之气，有的穿着军装——事实上这位哲人是不愿扮演武将的。这些塑像间或流露出他的病容，但是，他平定内部的艰巨战斗，步步都是在健康朝不保夕的情况下进行的，这一点在塑像上并没有表露。他不讨人喜欢，他的发色淡黄，头呈奇异的三角形，双眉连锁，两目明晰锐利。他的神色镇静而温和，苏埃托尼乌斯说，以至于当一个高卢人来行刺他时，结果改变了主意。他的皮肤敏感，患金钱癣，时好时坏；风湿病使他的左腿不利于行走；一种类似关节炎的情形使他的右手动作迟缓。公元前 23 年，一种类似伤寒的瘟疫袭击了罗马，他也是患者之一；他患膀胱结石，并严重失眠；他的横膈膜扩大症每逢春季发作；每刮南风，他的鼻喉即行发炎；他怕冷，所以冬天穿上毛护胸、套裤、四层上衣和一件厚罩袍；他不敢让他的头晒太阳；他讨厌骑马，赴战场时乘坐小担架。在 35 岁时就已历经历史上最紧张的事变，他已未老先衰——神经紧张、多病、容易疲倦——

没有人相信他会再活 40 年。他试过无数医生，其中安东尼乌斯·穆萨（Antonius Musa）用一种冷敷和冰水浴为他治愈了一种不明的病症（可能是肝肿）而得到了丰富的报酬；为了纪念穆萨，他让整个罗马的医生都免税。不过，他大半是自己医治自己，他用热盐水和硫黄浴治他的风湿；他饮食清淡——粗面包、乳酪、鱼、水果；遇有宴会，他或者预先吃饱，或者宴后单独再吃，而不动席上的东西。跟中古的圣哲一样，他也是用精神支持肉体，如同背负十字架一般。

他有不竭的精力、不移的决心，及锐利、审慎、机智的头脑。他身兼无数公职，责任之大仅次于恺撒。他本着良心恪尽其职，经常主持元老院会议，参加无数集会，审理大批案件，忍受典礼和宴会，计划未来的竞选，治理军队和领土，访问广阔的地区而无遗漏，处理行政事务无微不至。他演讲不下数百次，讲词都是经过准备，力求简洁明了；他照稿宣读而不随口发表，否则他会失言。苏埃托尼乌斯告诉我们，他因为同样的理由，和个人甚至跟他妻子有要事交谈时，都要事先写好稿子，然后照稿宣读。这话也许是可信的。

他跟当时的大多数怀疑论者一样，在失掉宗教信仰之后仍继续迷信。他随身带一块海豹皮以防雷电；他重视预兆，有时相信梦兆；凶日他不出游。但在另一方面，他有客观的判断力和实用的思想。他劝告青年尽早从事积极的工作，将从书本中学来的观念用于生活体验与需要之上。他自始至终都保持着资产阶级的头脑，稳健、节俭、谨慎、"急事慢做"是他最喜欢的格言。他虚心接受忠告和斥责，实为任何当权者所不及。哲学家雅典道罗斯（Athenodorus）跟他同住多年后将回雅典，给他留下临别赠言："在你发怒时，切记先把 24 个字母默诵一遍之后，再说话或采取行动。"奥古斯都感谢之余，再求他住一年："沉默得来的报酬没有危险。"

一个残暴自大的屋大维变成谦虚大度的奥古斯都，比恺撒由一个不安的政客变为大将和政治家更令人惊奇。这个准许安东尼将西塞罗的头挂在广场的人，这个随便出入派系间而不加考虑的人，这个一直纵身情欲的人，这个不顾友谊和侠义迫使安东尼和克娄巴特拉至死的人——这个顽固而又可恶的青年，不但没有被权势所伤害，在他生命的后 40 年中，反而成了正义、中庸、忠贞、大度和容忍的典型。骚人墨客对他所作的讽刺文章，他都付之一笑，他劝告提比略说，能够将敌意的行为加以禁止或处置就够了，对敌对的言词不必压制。他不勉强别人也过他的简朴生活；请客吃饭他都提早退席，好让客人开怀大嚼；他不矫揉造作，他会拉住选民的衣服争取选票；他曾代他的律师朋友出席法庭；他不喜炫耀，出入罗马不令人知；在和平圣坛的浮雕中，他并未以任何阶级的标记以示和其他公民有所不同；他在早晨规定时间内接见百姓，使任何人都得到亲切的招待。如果有人递陈情书又迟疑不决时，他会半开玩笑似的责备他一番："就好像他是在将一枚硬币递给一头大象一样。"

　　奥古斯都一生习惯于权大势大，甚至习惯于为神；到了晚年，在痛心失望之下陷入褊狭，残害敌对的作者，禁止不喜欢的史书出版，也不再听奥维德的忏悔诗。据说，他的秘书塔卢斯（Thallus）因收取了 500 第纳瑞斯而泄露公事秘密，被他打断双腿；他曾迫使一个因与罗马妇女通奸的自由人自杀。总之，人们无法喜欢他了。

一个神的末日

　　奥古斯都的失败和悲剧几乎都发生在家庭之内。他的三个太太——克劳狄乌斯娅、斯克里波尼娅、利维娅——只替他生了一个孩子：斯克里波尼娅为了报复她的离婚为他生了一女尤莉娅，他原希望利维娅能够替他生一个儿子，教育他使他承继国政（她为前夫生了两个优秀的儿子——提比略和德鲁苏斯，不幸与奥古斯都竟未生育，否则，他们的婚姻会很快乐）。利维娅是一个有庄重之美的女人，个性坚强，但特别体贴；奥古斯都的重要措施都预先跟她研究，他尊重她的意见如同尊重贤明的友人的意见一样。当有人问她对奥古斯都何以能有如此的影响力时，她说："保持绝对的贞洁……决不干涉他的事务，对他所钟爱的情人装作不闻不问。"她是古典美德的代表，对宣扬道德不遗余力。有空时，她从事慈善活动，以私房钱帮助孩子众多的父母，给贫困的新娘购置嫁妆，并收养许多孤儿，她的王宫几乎成了孤儿院，因为奥古斯都在宫里和他妹妹奥克塔维娅的家中监管他孙子、侄儿侄女，甚至安东尼的六个遗孤的教育。他把男孩子们派到前线，监督女孩子们纺织，他"不许她们轻言妄动——除非光明正大，能够载于家庭日志之事"。

奥古斯都想尽量去爱利维娅的儿子德鲁苏斯，把他领过来抚养，并愿将财产和政权传给他，但他不幸夭折。奥古斯都初尝丧子之痛，他重视提比略而不爱，因为他的继承人必须是积极、专断、趋向于阴沉守密的人。他活泼俊秀的女儿尤莉娅在童年时一定曾给他很多快乐，在尤莉娅 14 岁时，奥古斯都就设法让他外甥（妹妹奥克塔维娅的儿子）离婚，而希望他和尤莉娅结婚。两年之后，他的外甥马赛勒斯死了，尤莉娅难过一段时间之后就开始享受一种久所渴望的自由。不久，这位媒人皇帝又想有个外孙来继承他，于是又诱骗阿格里帕离婚，来娶风流寡妇尤莉娅（公元前 21 年）。当时尤莉娅 18 岁，阿格里帕 42 岁，他是个善良而又伟大的人，并且很有钱。她把阿格里帕乡下的房子当作享乐和才智之士的沙龙，成为年青放逸者的领导中心，谣言指控尤莉娅对新丈夫不忠，并且拿一个不可信的问题想得一个不可信的答案，问题是尤莉娅既与人通奸，怎么她的五个孩子又都像阿格里帕呢？阿格里帕死后（公元前 12 年），奥古斯都就寄望于尤莉娅的长子盖乌斯和卢西乌斯。奥古斯都对他们特别钟爱，特别教育，还不到法定年龄时就让他们担任官职。

尤莉娅又成了寡妇，比从前更有钱，更漂亮；她行为放荡，情人成群，立刻引起罗马的非议。为了缓和争论，也许为了调解女儿与太太的摩擦，奥古斯都第三次给女儿做媒。利维娅的儿子提比略又被迫和他怀孕的太太（阿格里帕的女儿维帕萨尼娅·阿格丽品娜）离婚，来娶同样不愿再嫁的尤莉娅（公元前 9 年）。这位年轻的旧派罗马人尽量做个好丈夫，不过尤莉娅不肯放弃她的享乐主义来迁就他的苦行生活，又开始她的非法恋爱。提比略忍无可忍地背负这项耻辱。《通奸法》（*The lex lulia de adulteriis*）规定要奸妇之夫上诉方可追究有关责任；提比略为了维护她和自己，没有采取行动，因为他和他的母亲利维娅都希望奥古斯都收他为子，将帝国的领导权给他。当他发现奥古斯都已属意尤莉娅和阿格里帕所生的孩子时，他就辞官退隐到罗得斯岛。他在那里度过了七年的平民生活，献身于孤独哲学和星象学。尤莉娅则越来越自由，整日朝三暮四，与朋辈狂欢聚饮，把广场扰乱得夜不安宁。

此时（公元前 2 年）奥古斯都已是一个 60 岁的病人，他的家庭、他的荣耀、他的法律同时崩溃，他吃尽了一个父亲、一个元首所能吃的苦头。按照他的法律规定，女儿与人通奸，夫不告者，父须控之。尤莉娅的不法行为铁证俱在，提比略的朋友扬言，奥古斯都如不采取行动，他们就要诉请法院。奥古斯都决定先行下手，在他女儿尽情放荡之时，发出一项命令，将他女儿放逐到潘达特里亚（Pandateria）岛，那是坎帕尼亚海岸之外一块不毛的巨大岩石。安东尼的儿子——她的情夫之一——被迫自杀，另有数人被放逐。尤莉娅所释放的女奴福柏（Phoebe）上吊而死，也不愿作不利于她的证明；这位心情烦忧的皇帝听到这种行为时说道："但愿我是福柏的父亲，而不是尤莉娅的父亲。"罗马人求他宽恕她的女儿，提比略也参与请求，可是赦免终未来临，最终只是把她的住处移到雷吉姆（Rhegium）地区一个狭小的监房之中。她在那儿被人遗忘了 16 年，伤心而死。

她的儿子盖乌斯和卢西乌斯已先她而死：卢西乌斯病死于马赛（公元 2 年）；盖乌斯在亚美尼亚受伤而死（公元 4 年）。奥古斯都孤立无援，又无继承人，当时德意志、高卢、潘诺尼亚又威胁反叛，他勉强地召回提比略，收他为子，共同摄政，并立即派他前去镇压叛乱。当提比略经过五年连续艰辛的征战凯旋时（公元 9 年），所有原来痛恨他的罗马人，现在不得不承认一个事实，尽管奥古斯都仍然在位，但提比略的统治却已经开始了。

　　奥古斯都生命的最后一幕悲剧是不想活下去，但求死不能。尤莉娅被放逐时，他年虽不高，实已衰老。别人60岁时仍然精力充沛，他自从18岁来到罗马，为恺撒报了杀身之仇、实现了他的遗志以来，已经身历各式生活，死里逃生多次。在那多事的42年中，多少战争与惊险，多少痛苦与疾病，多少阴谋与毁灭，多少高尚理想的失策，都落在他的头上——一个希望跟着一个希望毁灭，一个助手跟着一个助手死亡，最后只剩下这位严厉的提比略！他想，在一生的巅峰时期，像安东尼那样死于爱人的怀中，也许要好些。他回忆尤莉娅和阿格里帕恩爱快乐、外孙们嬉戏宫内的情景，似乎又愉快又感伤，现在又一个尤莉娅——尤莉娅的女儿长大了，并取法她母亲的道德行径，决心表演她的男友奥维德诗篇里面的色情艺术。公元8年，她与人通奸的证据确凿，奥古斯都一怒之下把她放逐到亚得里亚海上的一个小岛，同时又将奥维德逐到黑海的托米（Tomi）。"但愿我从来没有结婚，"这位衰弱萎缩的皇帝哀伤地说道，"或者死了，断子绝孙！"他有时想要绝食而死。

　　所有他的伟大建设，似乎都要化为废墟，他为了平乱，从元老院和议会争来的权力已经衰落。他对特权和奉承都已厌倦，元老们也不再开会，只有少数几个公民出席公众议事集会。原来充满了建设野心的政府机关，现在已被能干之人视为虚浮靡费敬而远之。奥古斯都所建立的和平以及他给罗马取得的安全，已松懈了人们的骨气。没有人再愿意从军或者承认战争必定有周期性。浮华代替了质朴，性的放荡代替了父母的职责；这个伟大的民族已因本身的衰竭而走向没落。

　　这位老皇帝对这一切不但看得非常清楚，而且感到十分凄然，再也没有人恭维他所建立的奇妙的元首政治曾给人类带来长期的繁荣，再也无人恭维政治史上所记载的他的辉煌成就，他承认他已失败。

　　他在76岁时死于诺拉（公元14年）。他用一句常用于评论罗马喜剧的话对在他病榻旁边的朋友说："因为我的戏已演完了，现在请鼓掌吧！让我在掌声里鞠躬下台。"他抱住妻子说："利维娅，不要忘记我们的长期结合，再见。"他就以这样简单的告别式辞世而去。很多天后，元老们把他的尸体抬到墓地——战神马尔斯校场——予以焚化，而贵族儿童则为他吟唱挽歌。

第二章 | 黄金时代
（公元前 30—公元 18）

奥古斯都的刺激

如果和平与安定比战争更有利于文学与艺术的产生，那么战争与深广的社会动乱，便为思想的植物翻起了土壤，滋润了和平时期成熟的种子。平静的生活，并不能产生伟大的思想或伟大的人物，但危机的压力和求生的必然趋向，却把呆滞死板的东西连根拔除，并加速了新思想与新方法的成长。战争胜利后的和平，具有快速复苏的一切刺激。仅仅喜欢存在的人类，有时会引吭而歌。

罗马人感激奥古斯都，因为他治愈了一直消耗民命的动乱之癌——即使是靠了一次大的战争。他们在破坏性的战乱之后不久便能富庶。提起来使他们昂然自得的是，尽管他们是在无防卫的不安状况之下，他们似乎仍然是世界的主人。他们回溯往日的历史，从第一个罗马的建国者罗慕路斯到现在的，从创建者到复兴者，他们的评价像史诗一样美好。当维吉尔及贺拉斯把他们的感激、他们的光荣以及他们的自豪注入诗篇时，当李维把上述情愫表现在散文中时，罗马人并不感到惊异。更好的是，他们所征服的地区只有一部分是野蛮的，其中广大地区，都在希腊文化的范围之内——有精纯的语言、柔美的文学、光辉的科学、成熟的哲学与高贵的艺术。这种精神财富现正倾入罗马，激起了模仿与竞争，迫使语言及文学的茁壮与滋长。上万个希腊字词流入了拉丁字汇，上万件希腊的塑像和绘画进入了罗马的广场、神殿、街道及家庭。

钱财从埃及宝藏的掠取者手中、从身在外境的意大利地主、从罗马帝国资源及贸易开拓者的手中甚至转手到诗人及艺术家身上。作家们把他们的作品奉献给富人，希望能够得到酬礼，以资助他们以后的耕耘。因此，贺拉斯把他的抒情诗赠给萨卢斯特、艾利乌斯·拉米亚、曼利乌斯·托奎图斯和莫纳提乌斯、普朗库斯。梅萨拉·科尔维努斯聚集了一批作家同好，他们之中的名家就是提布卢斯。梅塞纳斯收回了他的财产和诗集，当作礼物赠给维吉尔、贺拉斯和普罗佩提乌斯。直到暴躁的晚年，奥古斯都对文学始终采用放任政策，他乐于让文学和艺术来消磨他那滋扰政治的精力。如果人们让他治理国家，他会出资使人们著书立说。他对诗人的慷慨相当闻名，因而不论他到何处，都有一大群诗人随侍身侧。日复一日，每当他离宫之际，有某个希腊人坚持着要把诗作塞入他的手中时，奥古斯都也会停下来酬对几行，令他的侍从送给那位希腊人。后者献给这位皇帝数枚第纳瑞斯的金钱，歉然地表示他无法奉献更多。奥古斯都给了他 10 万塞斯特斯，奖赏他的机智，而非赏识他的诗作。

新书源源不断地出版，发展的比例前所未有。从愚人到哲士，人人都写诗。由于诗歌及大部分的散文都需要高声朗读，于是形成聚会，由作者向事先邀约的或一般听众朗诵，或彼此互相朗诵（罕有相互容忍的场合）。尤维纳利斯认为，一个被迫迁居乡村的理由，就是为了逃避充斥于罗马的诗人。在拥塞于阿尔吉勒图姆地区的书店中，作家们聚集在一起评估文学的天赋，贫穷的嗜书者则偷偷摸摸地从他们买不起的书中读上几节。墙上的广告贴出了新的书名和定价。小册书的售价是四五塞斯特斯，普通书售价是 10 塞斯特斯（合 1.5 美元）。雅致的版本如马提雅尔（Martial）的讽刺短诗集，通常绘有作者肖像，约值 5 第纳瑞斯。各种书籍被输送到帝国的每一角落，或在罗马、里昂、雅典及亚历山大同时印行。马提雅尔得知他的书在英国有人买卖时，感到非常欣慰。这时即使是诗人，都有私人图书馆，奥维德即曾兴趣盎然地描述过他自己的图书室。我们从马提雅尔那里所得的资料获知，当时已有一些嗜书如命的人搜集豪华版本或珍贵手稿。奥古斯都建立了两所公立图书馆；提比略、韦斯巴芗（Vespasian）、多米提安（Domitian）、图拉真及哈德良等人也各有所建。到 4 世纪时，罗马已有 28 所图书馆。外国学生和作家到这些图书馆与公共资料处所研读。因此，狄奥尼修斯来自赫利卡那斯（Halicarnassus），狄奥多努斯（Diodorus）则来自西西里。罗马这时已是亚历山大城的劲敌，成为西方世界的图书中心。

在这个鼎盛时期，文学与社会都有了变化。文学及艺术有了新的评价。文法学者讲述的题材取自在世的作家，人们在街头唱出他们作品中的诗句。作家与政治家及贵妇们混杂在豪华的沙龙里，此种景象直到法国兴盛时代，从未再见。贵族文艺化了，文学也贵族化了。恩尼乌斯与普劳图斯、卢克里提乌斯与卡图卢斯的活泼生力，换来的是一种纤细的美，或者表现上及思想上戏弄性质的错综复杂。作家们不再与平民混在一起，也不再描写他们的生活方式或讲他们的语言。文学与生活已分门别户，终于从拉丁文学中吮吸元气与精神。形式的建立以希腊为典范，希腊传统或奥古斯都的宫廷决定了主题。诗歌，当它能从忒奥克里托斯的牧羊人或阿那克里翁的爱情中找到余暇时，则用教训的口吻歌唱农事的欢乐、先民的美德、罗马的光辉及诸神的显赫。文学变成了政治的婢女，成了召唤全国拥护奥古斯都思想的唠叨说教。

有两种力量起而反对这种受国家管理的文学征召。其中之一是贺拉斯所厌恶的"俗众"，因为他们喜爱旧式的讽刺文学的韵味与独立性，而不愿屈就于新式的雕琢之美；其次是克洛狄娅及尤莉娅所属的风流女子。这较年轻的一组完全背叛尤里安的律法，不希望道德改革，有其自己的诗人、范围和标准。在文学上也像在生活上一样，这两种力量互相攻讦，使提布卢斯和普罗佩提乌斯的作品彼此相左，使维吉尔的贞静虔诚与奥维德的淫猥无耻互相匹配，打倒了两个尤莉娅，使一位诗人流亡，最后在白银时代两者都精疲力竭。但是巨大事件的骚动、财富与和平带来的闲暇、举世承认的罗马统治的威严，战胜了国家补助制度的腐化，产生了一个在形式上和语言上、在人类全部记忆中文学最为完美的黄金时代。

维吉尔

这位最可爱的罗马人降生于公元前 70 年曼图亚附近的一个农庄里。明乔（Mincio）河从那里缓缓地流向波河，从那时起，在那里降生的罗马伟人只有少数。他们在因耶稣降生而分界的那一世纪来自意大利，而后来自各省。维吉尔的血管里也许含有一些凯尔特人的血液，因为曼图亚很久以来即为高卢人所聚居。准确地说，他出生时是个高卢人，因为阿尔卑斯山南麓的高卢人从恺撒手中获得罗马特权，只是 21 年以后的事。这位以最动人的歌喉唱出罗马的雄伟与命运的人，永远表现不出罗马始祖坚韧的刚毅之气，却只能抚弄罗马人中所罕见的凯尔特人的神秘、温柔、风雅的琴弦。

他父亲任职宫廷时积攒了不少钱，足够买一座农场从事养蜂工作。就在那个宁静的环境里，这位诗人度过了他的童年：北方水利灌溉的葱郁植物，在他日后的记忆中萦绕不已，离开那些林野和溪水一步，他便没有真正的快乐可言。到 12 岁时，他被送到克雷莫纳的学校去，14 岁时被送到米兰，16 岁时到罗马。他在罗马学习修辞学及相关的课程，教他的人也正是从前教过屋大维的人。也许从此以后，他才聆听到那不勒斯享乐主义者斯洛（Siro）的授课。维吉尔全力以赴想接受享乐哲学，但是他的农村背景使他没有这种天赋。他似乎在受教育之后又返回北方了，因为在公元前 41 年，有一位士兵强占了他父亲的农庄。屋大维和安东尼因为那块地区对他们的敌人有利而把它充公了。阿尔卑斯山南麓高卢人博学的地方总督阿西尼乌斯·波利奥（Asinius Pollio），虽曾竭力使这块土地归还原主，但终于失败。他对这位年轻人给以保护以示补偿，并鼓励他继续他已着手写作的《牧歌集》（*Eclogues*）。

到 37 岁时，维吉尔在罗马饮着佳誉之酒。《牧歌集》刚好出版，很受欢迎。有些诗句曾被女伶在舞台上朗诵，受到了热烈的喝彩。这些诗是田园的速写，有时使用忒奥克里托斯式的诗句，风格和韵律都很美，那是罗马有史以来听到的最富旋律之美的六行诗，充满了哀思的柔情与"罗曼蒂克"的热爱。这位首都中的青年早已与乡土分离，把乡村的生活予以理想化。人人都乐于把自己想象成为一个牧羊人，随着他的羊群在亚平宁山坡上忽上忽下，因为无回报的爱情而心碎。

比这些忒奥克里托斯式的幽灵更为真实的，则是乡野景色。维吉尔也把它理想化了，但他不必去东施效颦。他曾听到伐木人的快活歌声，以及飞翔忙碌的蜜蜂。他也深知那个空虚失望的农人，像千千万万的其他农人一样丧失了土地。最重要的是，他深深地感受到了时代对终止派系倾轧与战争的希望。《神巫之册》已经预言，过了铁器时代，农神的黄金时代即将再来。公元前 40 年，当维吉尔的保护人阿西尼乌斯·波利奥喜获麟儿时，这位诗人在他的《第四牧歌》（*Fourth Eclogue*）中宣布，这个初生婴儿显示了一个乌托邦的降临：

> 预言圣歌唱出的最后时代来临；
> 伟大纪元的延续更新。
> 童女 [1] 重返，农神的权柄再现；
> 新人种降自高耸的云天。
> 啊，贞洁的卢西娜（送子女神）！向出生之婴微笑，

---

[1] 在农神时代，艾斯特莱雅（Astraea，正义之神）是最后一位离开地球的神。

在他的时代中，铁器时代的人类先消，

黄金时代的人类将在全世界飞扬，

你自己的太阳神现在就是君王。

十年之后，这些预言应验了。战争用的铁器被放置一边；新的一代掌权，以黄金为武器，迷恋黄金。在维吉尔短暂的余年里，罗马不再有动乱，繁荣及幸福大为增进。人们虽然没把奥古斯都当作太阳神来欢呼，却把他视为一位救世主。类似皇室的宫廷，喜欢这位诗人诗句中的乐观主义气氛。梅塞纳斯邀请他、喜爱他，看出他是屋大维改革的一个有用工具。此种判断颇有见地，因为从整个表面看来，那时已经 33 岁的维吉尔是个笨拙的乡下人，羞怯到了紧张口吃的程度，逃避任何唯恐被人认出或指出的公共场所，在健谈、积极、时髦的罗马社交场所局促不安。此外，比屋大维更差的是，他是个病夫，患头疼、喉疾、胃病，经常吐血。维吉尔终身未娶，他似乎从未有过比对埃涅阿斯更为丰富地爱过。显然，有一段时间，他曾以他对一位童奴的爱意来自慰。至于他在那不勒斯的那段日子，人们把他看成"处男"。

梅塞纳斯慷慨地对待这位青年，要屋大维归还他的农庄，并向他暗示创作一些歌颂农村生活的诗。那时（公元前 37 年），意大利正因为让如此多的国土成为牧野、果园、葡萄园而受到惩罚。塞克斯图斯·庞培阻碍了从西西里和非洲输入的食物，粮食的缺乏造成了另一次革命的威胁。城市生活正销蚀着意大利青年的男子气。从每一种立场而言，这个国家似乎都需要恢复农业。维吉尔当然是欣然赞同。他了解农村生活，尽管他现在太脆弱而无法忍受艰苦，他仍然是那个用温馨的回忆描绘迷人特色的人选。他隐居在那不勒斯，做了七年的档案工作之后，他和他最完美的《农事诗》（Georgics）同时脱颖而出。梅塞纳斯大感喜悦，把维吉尔带到南方去晋见屋大维，那时（公元前 29 年），屋大维刚好战胜克娄巴特拉而凯旋。在一个名叫阿特拉的小镇上，这位人困马乏的将军一面休憩，一面聆听这首长达 2000 行的迷人诗句，一直听了四天。它们甚至比梅塞纳斯所预见的更能与屋大维的政策相符，因为他现在建议，解散曾为他赢得世界的庞大陆军的大部分，把解甲归田的战士安置在农田，使他们立刻安静下来，利用农村的劳力供养城市，保护国家。从那一刻起，维吉尔才自由地只专心于写诗。

在《农事诗》中，一个伟大的艺术家从事最高贵的艺术——开垦大地。维吉尔借助赫西俄德、阿拉图斯、加图、瓦罗，把他们粗劣的韵文或生涩的诗句转变为精心雕琢的诗篇。他忠实地描述了农业上各种不同的分科——土壤的种类和处理、播种和收割的季节、橄榄与葡萄的种植、牛马羊的饲养及蜜蜂的照顾。耕作的每一方面都能引起他的兴趣，使他入迷。他不得不用下列的话警惕他继续前进：

> 时光飞逝，一去永不回头，而
> 我们被爱所迷，绕着每一个细节徘徊

他对动物的各种疾病不但都有恰当的说明，而且知道如何医治。他用体谅及同情的态度描述一般的农家动物，他不厌其烦地欣赏它们单纯的赋性、它们挚情的感人力量、它们形体的完美。他理想化了乡村生活，但并未忽视辛苦与荣枯的变迁、令人疲困的劳苦、无休止地与昆虫战斗、旱灾与暴风雨的无情震撼。然而，工作胜于一切，在这种勤劳之中，有一种给人尊严的目的和结果，没有一个罗马人会以耕田为耻。维吉尔说，道德的特性根源于农田；一切使得罗马伟大的古老美德，都在田间被播种与施肥；在播种、维护、垦殖、除草与收获等过程中，几乎没有一样不与心灵的发展有着相似的一面。在田野里，生长的奇迹和天空的奇幻，显示了万千种神秘的力量。离开田野时，较在城市中更为欣然的心灵，不但察觉到创造性生活的显现，更因宗教的直觉、谦逊与恭敬而益加深刻。于此，维吉尔迸射出他最著名的诗句，虽以卢克莱修的高贵回声为始，但却进入了一种纯粹维吉尔式的特质：

> 能知万物起源的人，能将一切恐惧与无情命运以及贪婪的地狱之诱惑踏在脚下的人，是快乐的。但认知乡村之神的人，认知牧神潘、森林之神西尔瓦诺斯以及水泽女神宁法姐妹的人，也是快乐的。

他这个农民主张用祭品寻求诸神的眷属并利用它们的善意是对的，这些虔敬的行为以各种节目来调节工作的劳苦，使大地和生命富有意义、戏剧性和诗意。

德莱顿（Dryden）将《农事诗》视为"最佳诗人的最佳诗篇"。在训诫与美的罕有性情中，可与卢克莱修的《物性论》齐名。罗马并未郑重地将它视为一种农业手册。我们还没听说有任何读过它的人，把广场改为农场。诚然，正如塞涅卡所想的一样，维吉尔也许是纯粹取悦于城市人的脾胃，才准确地写出这些乡村诗境。但无论如何，奥古斯都觉得，维吉尔相当优异地完成了梅塞纳斯所交给他的任务。梅塞纳斯把诗人召入宫廷，赋予他一件更难的使命、一个更为广泛的主题。

《埃涅阿斯纪》

最初的计划是歌颂屋大维的战斗，但是他的养父推想的世系，出自维纳斯及罗马建国者埃涅阿斯，则促使这位诗人（也许是国王）孕育了一篇描述罗马建国的叙事诗。这一主题的发展，经由预言，展示了罗马扩张而成奥古斯都的帝国与和平。同时它也显示出了罗马的特性在这些成就中的作用，并冀求使古老的美德广为流行。它要把它的英雄描写得像神祇一般可敬，接受它们的引领，与奥古斯都的道德和宗教改革相配合。维吉尔退隐到意大利的山林洞穴去，在《埃涅阿斯纪》（*Aeneid*）一作上再度花去十年的工夫（公元前 29—前 19 年）。他以福楼拜一般的忠实慢慢写，清晨先写几行，午后再加以重写。奥古斯都焦急地等待着这位诗人完工，反复垂询工作的进度，再三迫使维吉尔把任何完成的片断拿给他。维吉尔尽可能地虚与委蛇，最后，他终于把第 2、第 4 及第 6 卷读给他听了。安东尼的遗孀奥克塔维娅听了他描写她儿子马赛勒斯的那一段时，当即昏倒，不久即告死亡。这首叙事诗既未完成，也未作最后校订。公元前 19 年，维吉尔访问希腊，去雅典晋见奥古斯都，在迈加拉中暑，于是立即返国，在抵达布兰第修姆后不久即行辞世。他在临终前要求他的朋友把他所写的诗稿焚毁。他说，至少还需三年的时光才能使它有个完整的面貌。奥古斯都禁止他们执行这位诗人的要求。

每一个学童都知道《埃涅阿斯纪》一作的故事。当特洛伊城起火燃烧时，被杀勇士赫克托尔的阴魂显现在达达尼亚联军首领"虔诚的埃涅阿斯"面前，要他从希腊人的手中取回特洛伊城的"神器及家神"——特别是智慧之神帕拉斯的神像，据说特洛伊人的生存要靠她来维护。赫克托尔说，"去找这些"神圣的标志，"只要你到海上漫游一番，就会体认到这个城市"。埃涅阿斯和他的老父安基塞斯（Anchises）及儿子阿斯卡尼乌斯（Ascanius）一起逃走。他们扬帆而行，在各个地方停泊，但诸神的声音总是命令他们继续前进。大风浪把他们吹到了迦太基附近的海岸上，一位腓尼基的公主狄多正在那里建筑城市。（当维吉尔写到此事时，奥古斯都正在执行恺撒重建迦太基的计划。）埃涅阿斯与她堕入了爱河。有一场及时而至的暴风雨，促使他俩在同一个山洞中躲雨，于是完成了狄多所认为的婚姻。有一段时间埃涅阿斯接受了她的解释，与她和志愿加入他们的人们共同担负建筑的工程。然而在古代神话中，从不大关心人间婚姻的无情神祇，却警告他离去。这并不是他非兴建不可的都城。埃涅阿斯遵从了，唱着他的一首主题曲，离开了悲伤的王后：

啊，王后，我永不否认，你是最最值得我爱的人……我从未举起新郎的火把，亦从未作过婚姻的誓言……而今，太阳神已命我扬帆离去……不要让这些怨尤把你自己和我销毁。我在意大利探索，绝非出自我的本意。

这就是这个故事的秘密。在八个世纪伤感文学（Sentimental literatare）之后的我们，用其本身的话来判断维吉尔和他的英雄时，在浪漫式的爱情及婚姻以外的关系上所增添的意义，远远超过了希腊或罗马所作的解释。对古人而言，婚姻是家庭的结合，而不是肉体或心灵的结合；宗教与祖国的要求，超越了个人的权利或念头。维吉尔以同情的态度对待狄多。他用最好的诗句告诉我们，她是如何跃身于葬礼的火葬堆中，活活被烧死。然后他跟着埃涅阿斯到了意大利。

特洛伊人在库迈登陆，步行进入拉丁姆，受到了国王拉提努斯（Latinus）的欢迎。他的女儿拉维尼亚已经许配给邻境鲁图里的英俊酋长图尔努斯（Turnus）。埃涅阿斯使她疏离了她的未婚夫和父亲。图尔努斯向拉提努斯及拉丁姆宣战，于是激战发生了。为了鼓舞埃涅阿斯的士气，库米的神巫西比尔（Sibyl）把他带过阿韦尔努斯（Avernus）湖的岩穴，进入地府。由于维吉尔所写的是埃涅阿斯流浪的《奥德赛》及其战斗的短篇《伊利亚特》，所以他在奥德赛的冥府之行中做了先导，因而成了但丁的榜样和前导。维吉尔说："入地狱，甚容易"——然而他的英雄却发现此路苦不堪言，这个下层世界颇为混乱复杂。在那里，他遇见了狄多，狄多嘲笑他对爱所作的誓言。在那里，他看到了有罪的世人接受各式各样的折磨，像恶魔一样的叛逆的半人半神在那儿的牢房之中受苦。然后，神巫西比尔带他走过秘密的小路，走到了"极乐之林"（Blissful Groves），生性善良的人在绿谷中取暖，享受永无穷尽的欢欣。他在途中去世的父亲安基塞斯，则在这里向他列述俄耳甫斯的天堂、炼狱及地狱的道理，并以全景视野向他揭示来世的光辉和罗马的英雄。在后面一幕中，维纳斯向他展示亚克兴之战和奥古斯都的胜利。他的灵魂复活，埃涅阿斯返回现世，杀死图尔努斯，用雄壮的手在他周围散布死亡。他娶了鬼魅般的拉维尼亚，当她父亲去世时，他便继承了拉丁姆的王位。不久之后，他在一场战争中倒下，被送到了"极乐世界"。他儿子阿斯卡尼乌斯建造阿尔巴隆加城，作为拉丁民族的新首都。从那时起，他的后裔罗慕路斯和雷穆斯着手建设罗马。

对像维吉尔这样一个和善的人，我们若因他对国家和他的皇帝所作的这些感恩的奉承，而对他有所挑剔，或对他非出本愿且毕生未完成的作品有所求疵的话，似乎不太适宜。当然，他模仿希腊的范式，除了讽刺诗和散文之外，实际上所有的罗马文学都是如此。战争的景象只是《伊利亚特》中嘈杂之声的微弱回音，曙光女神奥萝拉（Aurora）也像荷马笔下粉红色手指的黎明一样，时常上升。奈维乌斯（Naevius）、恩尼乌斯和卢克莱修借给这位诗人几段插曲、几个片语，有时是整整数行。罗得斯岛的阿波罗尼奥斯，则以他的《阿尔戈英雄》（Argonautica）为狄多的悲剧性爱情提供了一个榜样。这种剽窃，在维吉尔的时代被认为是合法的，正如在莎士比亚时代一样。所有地中海的文学，都被视作每一个地中海人的文化遗产和仓库。神话的背景已令我们厌倦，现在我们要自行另创，但这些神圣与干预，即使是对怀疑的罗马读者而言，也都是亲切可喜的。我们在疾病缠身的维吉尔的流畅史诗中，忽略了荷马那种一泻千里的叙述，那种感动《伊利亚特》巨人们或伊萨卡朴实土著的血肉事实。维吉尔的故事往往慢条斯理，他的人物除了埃涅阿斯所放弃或毁灭的以外，几乎都是贫血的。狄多是个活生生的女人，娴雅、温柔、热情。图尔努斯是个单纯诚实的武士，被拉提努斯出卖，注定要被可笑的诸神判定无功而死。读了原诗的十篇之后，我们对埃涅阿斯的"虔敬"感到愤恨，正因为那种虔敬才使他没有自己的意志，为他自己的反叛找借口，只有靠超自然的干预才能为他带来成功。我们并不欣赏他那种伤害好人的空谈演说，在人性对真理作最后考验的那种竞争的空隙，增加一种令人生厌的辞藻。

若要了解并欣赏《埃涅阿斯纪》，我们必须时时提醒自己，维吉尔所写的并不是一个爱情故事，而是为罗马所作的一部圣典，他并不是为我们提供任何明白的神学。在他戏剧背后操纵的诸神，与荷马笔下所描写的诸神一样恶毒，同样没有人类的幽默。诚然，故事中的一切灾祸与痛苦并非由男人和女人造成，而是由罗马人所崇拜的神祇导致的。不过，维吉尔想出这些神祇也许只是作为诗的机体、险恶环境的象征和引起分裂的机遇。总之，他在天神霍韦和不具人格、作为万物主宰的命运之间来回摆动。他喜欢农村与郊野诸神甚于奥林匹斯山诸神，他把握机会去纪念它们，描述它们的祭仪。他希望他的同胞能恢复虔心（pietas）——对双亲、祖国及诸神的虔敬之心，这种虔敬是靠了上古农业信条而滋润的。他哀伤地说："啊，为了古老的虔敬和信念！"但是他反对地狱的传统观念，因为在地狱里，所有的死者都忍受着相同的阴森命运。他以俄耳甫斯和毕达哥拉斯的再生思想和来世观念自误，竭尽全力使奖善的天堂、净身的炼狱及惩罚的地狱意念格外生动。

《埃涅阿斯纪》一作的真正宗教是爱国主义，其至上之神就是罗马。由罗马的命运来推动它的结构，故事中所有的灾难，都能在"建立罗马种族的庄重大业"中找到解释。这位诗人对罗马帝国深以为傲，使他对希腊的文化毫不羡慕：

> 但你，啊，罗马人，必须是统治者
> 你的艺术要教导和平之道，
> 宽恕谦卑的人，打倒傲慢者。

维吉尔也不痛恨共和国的衰亡，他知道，扼毙共和国的是阶级战争，而非恺撒。他在诗中的每一阶段都预示奥古斯都的复兴之治，称赞它是农神萨图恩（Saturn）之治的重临，并承诺他将进入诸神之列，以示奖励。没有人曾把文学的使命履行得比他更为完美。

　　我们为什么要对这位虔诚的、道德的、爱国的、拥护帝制的宣传家保持一份温情呢？部分理由是因为每一页上都有他那种温良的精神。因为我们感觉到他的同情心已经从他那正直的意大利而扩展到了全人类，乃至及于一切生物。他了解小民与伟人的痛苦、战争的龌龊可怕、使高尚人士潜行的短暂人生、忧伤与苦痛，以及消损与突出人生美景的"伤心事"。他写道：

　　　　夜莺在白杨的树荫下哀鸣，悼念她那些失去的幼莺，有些狠心的耕夫看到它们，在羽翼未丰时，把它们从巢中掠走。她整夜哭泣，栖息在小枝上，再唱出她那哀怜的歌，使树林中充满了悲伤的调子。

　　这并不仅仅是模仿卢克莱修。一再把我们吸引到维吉尔的，是他言语的坚定可爱。他每写一行都沉思默想，"像母鹿舐它的幼子使它成形一样地推敲"。这并不是枉费精神。唯有跃跃欲试的读者，才能猜想得到他的苦思，如此流畅的努力。他用很多响亮的旋律润饰这篇叙述，每隔一页都值得让人引用，引人朗读。也许这篇诗太过于含有统一的美了，倘若它通畅的气势延长下去，即使是"美"也都使我们发腻。维吉尔的诗里有纤巧的阴柔之美，但是却罕有卢克莱修的阳刚与思想，或"惊涛怒海"召唤荷马的汹涌之势。当我们想象到他鼓吹自己永远不能重新捕获的信念，把每一插曲、每一诗行都需要人工艺术雕琢的一篇史诗写了十年时，然后随着他苦思不得以及没有自发的火焰点燃他的想象之火，或激发人物生命等烦苦的思想以终，这时我们才开始了解属于维吉尔的忧郁。不过在他的媒介上面（若不谈他的题材），这位诗人倒赢得了完全的胜利。人为的技巧很少有达到较此更为辉煌的奇迹。

　　维吉尔死后两年，他的法定遗嘱执行人把此诗公之于世。有些人对他贬抑：一位批评家刊印了他的缺点专集，另一位把他剽窃的部分详细列出，还有一位则把维吉尔的诗与早期别人相近似的诗印行了八卷《类似集》（*Resemblances*）。但是，罗马很快就宽恕了这种文学上的共有形式，贺拉斯欣然将维吉尔举到与荷马等高的地位，各学校也举行《埃涅阿斯纪》的周年纪念。罗马的庶民及贵族都装腔作势地歌颂他；匠人与店主、墓碑与墙上碑文，都引用他的话；神殿中的祭师用他史诗中的暧昧诗句传达神谕；把维吉尔的作品信手翻开，用醒目的第一段当作警语或预言的这种习俗从而开始，一直延续到文艺复兴时期。他的名声日增，直到中世纪他被世人视为术士及圣徒。若不是他在《第四牧歌》中预言了救主的莅临，若不是他在《埃涅阿斯纪》中把罗马描写为"圣城"，宗教的力量又怎能振兴世界？他不是在那可怕的第 4 册中描绘了"最后审判"、恶人的受苦、炼狱的洁净之火、在天堂中得到福祉者的喜乐吗？维吉尔也像柏拉图一样，是个天生就具有基督的信仰的人——尽管他有他的异教之神。但丁喜爱他诗中的优美，不但把他当作过往地狱及炼狱的向导，而且视之为流畅的叙述与优美语言的艺术指南。弥尔顿在写他的《失乐园》（*Paradise Lost*）及魔鬼与人类壮丽的演说时，曾经想到他。我们原以为对维吉尔应有更多苛评的伏尔泰，却把《埃涅阿斯纪》列为古人遗留给我们的最佳文学著作。

贺拉斯

在妒忌仅次于爱的文学世界里，最令人欣喜的画面之一就是维吉尔把昆图斯·贺拉斯·弗拉库斯（Quintus Horatius Flaccus）介绍给梅塞纳斯。这两位诗人曾于公元前 40 年相遇，其时维吉尔年方 30 岁，而贺拉斯只有 25 岁。一年后，维吉尔为他打开了通向梅塞纳斯的大门，直到逝世，他们三个人都保持着不渝的友谊。

1935 年，意大利为贺拉斯举行 2000 年诞辰纪念。他出生于阿普里亚省的维努西娅（Venusia）小镇。父亲以前是奴隶，后来力争上游，成为一名收税员——或如某些人所说的，一个鱼贩子。"弗拉库斯"一词的意思是耳朵下垂；"贺拉斯"这个词可能就是他父亲曾经服侍过的主人之名。不知什么原因，这位自由人发迹了，便把贺拉斯送到罗马去学修辞，送到雅典去读哲学。他在雅典参加了布鲁图的军队，获得了军团（古罗马3000至6000人的组织）指挥之职。"为祖国而死，快乐又光荣"，但是惯于模仿阿尔基洛科斯的贺拉斯，却在战争进行中丢弃他的盾牌，溜之大吉。战事结束后，他才知道全部的财产和遗产已被抢夺一空，"可耻的贫穷逼迫我去写诗"。然而，他的生活实际上是靠作为一个财务官的书记去维持的。

他短小精悍，骄傲而又怕羞，不喜欢一般群众，但又没有适当的服饰与门路跻身于与他教育相当的圈子。他由于对婚姻过于谨慎而未结婚，凡是那些可能已经是真的或用诗的破格来表示成熟的高等妓女，都能使他自感满足。他以学者的严谨与错综的韵律描写妓女，有人认为他由于没有勾引有夫之妇而大受报偿。他由于太穷而不致自毁于色欲，于是他转向书籍，用最微妙的希腊韵律，以希腊文与拉丁文写抒情诗。维吉尔看到其中的一篇之后，便向梅塞纳斯推荐。这位和善的享乐主义者，受到了贺拉斯羞怯的恭维，并在他那世故思想中发现一种诡谲的意味。公元前37年，梅塞纳斯带着维吉尔、贺拉斯以及其他一些人，搭乘运河航船、乘马车、坐轿子或步行，横穿意大利，前往布兰第修姆作了一次旅行。不久之后，他把贺拉斯介绍给屋大维，后者要贺拉斯做他的秘书。这位诗人以没有工作热情予以婉谢。公元前34年，梅塞纳斯给了他一所房子及位于乌斯提卡（Ustica）的萨宾谷内一座有生产收入的农场，距罗马约45英里。这时，贺拉斯可以自由自在地住在城中或乡下，像作家们所梦想的一样，以懒散闲适或勤勉小心的方式从事写作。[1]

---

[1] 于1932年出土的贺拉斯房产，原来是一座宽敞的大宅，长363英尺、宽142英尺，有24个房间、3间浴池，几块马赛克拼花地板及一所正式的大花园，周围由有顶的回廊围绕着。此外是一座广大的农庄，由8名奴隶及5家佃农耕作。

他在罗马停留了一段时间，享受了匆促世界中一位享乐者的生活。他与各阶层的人混杂一处，研究构成罗马的各种形态，以临床的快乐心情观察罗马的愚行罪恶。他在两本《讽刺诗集》（*Satires*）中把这些类型描述了一部分（公元前34年及前30年各一册），最初是以卢克莱修为范式，后来则采取比较温和、更为宽容的笔调。他把这些诗称为教诫——绝非真正的说教，而是几乎以通俗的六脚韵写成的非正式会话，有时是精密的对话。他承认，它们是地道的散文而非韵文，"因为你不会把像我这样写更近乎散文的人叫作诗人"。我们可以在这些鲜活的诗句中，见到活生生的罗马男人和女人，听他们像罗马人一般讲话：不是牧羊人、农民及维吉尔笔下的英雄，也不是奥维德笔下传奇性的好色之徒和英雄，而是冒失的奴隶、自负的诗人、自大的演说者、贪婪的哲学家、饶舌的碎嘴子、急切的闪米特人、商人、政治家、娼妓——这些人使我们觉得，这就是罗马。贺拉斯以杀人者般的恶作剧，在那种鬼把戏中为往古遗产的猎取者奠立了成功的法则。他讥笑嗜食美味但又因痛风而跛行的老饕。他提醒"厚古者"说："假使有某种神明要把你带回往日，你必然每次都要拒绝。"过去主要的迷人之处，在于我们知道我们无需再重新过那种日子。他像卢克莱修一样，对那些在城中渴望乡村、在乡村渴望城市的人，对那些因为别人比他们拥有的更多而不满现状的人，对那些认为别人的老婆好而不满自己老婆的人，感到奇怪。他归根结底说，疯狂嗜钱就是罗马的病根。他向热切淘金的人问道："你们为什么要笑坦塔卢斯？是因为他渴时水总是从他的唇边流走。只要把名字交换一下，这个故事所指的就是你。"他也自我讽刺：他当面告诉他的奴隶说，他这位道学家的脾气很坏，永远不了解自己的心灵和目标，并像任何人一样，是他情感的奴隶。无疑，他曾向自己和别人推介金科玉律。他说："任何事情都有一个限度，一个标准。"即使聪明的人，对此既不会短少，也不会过多。打开他《讽刺诗集》的第二组时，他就向一位朋友抱怨说，第一组被人评为太野蛮、太软弱。他向人请教，别人告诉他说："休息一下。""什么？"这位诗人反对道，"根本不写诗了？""是的。""但是无法入睡。"

　　若有一段时间听别人的劝告，他的表现就好了。他的次一著作《长短句集》（*Epodes*，公元前29年），是他作品中价值最低的：生硬、粗糙、缺乏气势、枯燥无味、两性淫秽。若有可以原谅的地方，只有把它视为阿尔基洛科斯抑扬格韵律的实验。也许他的嫌恶"罗马的烟尘、财富和噪音"增加了他的痛苦，他忍受不了"无知与思想恶劣的群众"给他的压力。他自谓是在都城人类的废物中被人推挤、与人冲撞的人，他大喊："噢，乡村的家！何时我才能以现有之古籍，以所有之睡眠及闲散时刻，去痛饮生命眷顾的甜美遗忘？毕达哥拉斯的兄弟们，何时才能把豆子送给我吃？还有蔬菜夹咸肉呢？噢，神圣的夜晚与宴乐！"他在罗马逗留的时间愈来愈短，他在萨宾别墅消磨的时间太多，以致他的朋友，甚至梅塞纳斯都抱怨他而与他的生活隔断了。离开城市的燠热与尘埃之后，他在纯净的空气、安详的日常生活和他农场淳朴的工人中发现了一种清新的喜悦。他的健康不佳，像奥古斯都一样，大多以素食维持生命。"我的纯净溪流、我的数亩林地、我确信玉米收成有望，给我带来了比许多拥有非洲沃土的豪华地主还多的福祉。"正如奥古斯都时代的其他诗人一样，对乡村生活的喜爱，在他心中产生了一种希腊文学中罕见的温暖表现：

> 远离商务烦虑的人是快乐的，
> 即使人类最古老的祖先，
> 用自己的牛，耕祖传的田，
> 免除一切债务，
> 仰卧于古老的冬青树下，或柔软的草地之上，
> 是何等甜美！
> 当溪流在高高的两岸之间流泻，

　　而林地的鸟儿歌唱，

　　而清泉跳跃水花飞溅，

　　引人进入安静的睡乡！

　　不过，应该补充的是，这些诗句是以贺拉斯式的讥诮，借用城中一个放债人的口诵出。此人把这几句诗朗诵出来之后，立即忘了它们，迷失于他的钱币之中。

　　他对那些与他声名攸关的颂歌给予"乐而不倦"[1]的劳心之处，也许就在这些他所常去的地方。他厌倦了音步的诗，那种永无休止的整齐步调，那种像冷酷的断头台一样突然把诗行割开的急剧停顿。他在年轻时曾经喜欢过萨福、阿尔凯奥斯、阿尔基洛科斯以及阿那克里翁那种活泼微妙的韵律。现在他建议把这些"萨福式"和"阿尔凯奥斯式"，这些抑扬格和十一音节的诗移植到罗马抒情诗的形式之中，以表现他对爱与酒、生与死、宗教与国家等的思想，以崭新的诗节、警句般的简练、音乐般的旋律以及复杂交织的思绪来挑逗人心。他并未想使它们适合于单纯或匆忙的人。诚然，他在第三组严格地开始后，对此等人有这样的警告：

　　我厌恶并躲避卑俗的大众。

　　肃静！我，缪斯神的祭司

　　要为少女和青年唱出

　　前所未闻的歌声：——

　　假使少女们注意听了贺拉斯颠三倒四的玩笑话，顺从了他的意愿而手舞足蹈的话，她们定会为这些颂歌所表现的欺骗人的享乐主义而惊喜。这位诗人描述友谊、吃喝、玩乐的乐趣，我们很难从这种赞美

---

[1] 这是佩特罗尼乌斯加在贺拉斯身上的一句奇异但颇适当的片语。

诗中推测到他们的作家是吃得少和喝得少的隐士。为什么要让罗马的政治和遥远的战事来烦扰我们呢？他这样问（预期读者对这几页的意见）。为什么要把将来计划得如此缜密，何况将来的形势会讥笑我们的计划？青春与美触动我们的心弦而后又倏然飞逝，让我们及时行乐吧，"躺在松林下，把我们灰白的卷发，围上玫瑰花环，熏以叙利亚的甘松香"。即使我们说话时，妒忌的时间正在流逝；抓住机会，"捕捉这一天"。他诵出一连串放荡的仕女，他自称曾经爱过她们。我们无须相信他这些有罪的言论，因为这些几乎都是当代诗人们迫不得已的文学活动。这些仕女或名字，也曾在别人的笔下出现过。当时有德行的奥古斯都并未被这些抑扬格诗式的私通所骗，他很高兴地在它们当中发现，对他的王权、他的胜利、他的随从、他的道德改革以及他的太平盛世，大为称赞歌颂。贺拉斯的《饮酒歌》（*Nuncest bibendum*）就是在得到克娄巴特拉死讯和攻占埃及的消息时写成的。即使是他那已经世故的心灵，一想到罗马帝国前所未有的胜利及扩张时，也都突然激动起来。他警告他的读者说，新法律无法取代旧道德。他对奢侈与通奸的蔓延、轻浮与讥刺的怀疑感到悲叹。他在提到上次的战争时说："哎呀！这是我们创伤与罪行的耻辱，是我们被杀兄弟的耻辱！我们艰苦的这一代逃避了什么呢？还有什么不法行为没被我们做过？"除了返回古代的单纯与踏实之外，什么都救不了罗马。凡是难以相信任何事情的怀疑论者，都会在古代的圣坛之前低下他白发苍苍的头来承认！若无神话，人就死亡，因而他慷慨地把他的笔借给害病的神祇使用。

在世界文学中，酷似这些诗的作品还没有。这些诗细腻却有力，优美而又雄浑，精微而又复杂，以完美的艺术隐藏了它们的技巧，而它们的功力看来似乎轻松平易。这是胜过维吉尔的另一音阶上的音乐，旋律不足，智力过之，并非为了少女和青年而写，而是为了艺术家与哲学家而作。其中很少有激情、热情或"美文"（fine writing），即使是句子颠倒，措辞也是简单的。不过在较伟大的抒情诗中，思想中有一种傲然与庄严的气概，仿佛帝王在下诏，不是用文字而是用铜像：

> 我树立了一座纪念碑，比铜像更经久，
> 比金字塔高贵的巅峰更崇高；
> 没有侵蚀的风暴，
> 没有强力的北风，
> 没有数不清的岁月，
> 没有时间的疾驰能够使它倾倒。
> 我将不会完全死去。

被他痛骂的群众对于《颂歌》（*Odes*）不闻不问，批评家指责它是枯燥乏味的虚饰之作。奥古斯都却宣称这些诗是不朽之作，请他再写第四组，以庆祝德鲁苏斯和提比略在德国所建立的功勋，并选贺拉斯写"竞技纪念诗"。贺拉斯答应了，但无灵感。《颂歌》所费的努力已使他精疲力竭。在他最后的作品中，他放松心情，用对话式写成了《讽刺诗集》的六音步诗。他的《使徒书》（*Epistles*）如同坐在安乐椅上所写的一般。贺拉斯一直希望成为一位诗人、垂死的神学家。到了45岁时，他才成熟到讨论神、人、道德、文学及艺术。

上述作品中最著名的，由后世批评家提出命名的"诗的艺术"（The Art of Poetry）是对皮索族某些姓名不详的族人所讲的。它并非正式的论著，只是谈如何写作的一点忠告。他说，依照你的能力选择题材，小心不要以举山之力去捉老鼠。理想的书籍，既有教益又有趣味，"凡能把实用与愉悦化而为一的人，都会得到每一个人的拥护"。避免用那些新词、废词或是字母过多的长词。能简洁就尽量简洁，直入事物的中心（medias res）。写诗时不要以为情感就是一切，如果你希望读者有所感，你自己必须先有所感，这是千真万确的。但是艺术并不是感觉，它是形式（此处又是古典形式对浪漫形式的挑战）[1]，若要获致形式，就要日夜研读希腊文。把你所写的东西涂掉，删除每一段华而不实的字句。把你的作品交给能胜任的批评家，留心你的朋友。如果它能通过这一切考验，把它置诸脑后八年，如果到那时你仍然没遗忘，就把它出版，但要记住：除了时间之外，你永远无法把它招回。倘若你写戏剧，让动作（而不是你的言词）来演示故事和描绘人物，不要在舞台上表演恐惧。遵守动作、时间与地点的统一：使故事作为一个整体，在短暂的时间内发生在一个地方。要研究人生与哲学，因为若无观察与了解，即使是一个完美无瑕的形式，也是空洞的东西。要勇于求知（Sapereaude）。

　　贺拉斯本身遵守了所有这些箴言，除了一件——他没学习哭泣。因为他的感情太淡薄，或者已被压抑成了静默，所以他很少达到赋予真挚同情或"在宁静中忆起的情感"以形式的高度艺术。他太温文了，"对什么都不感惊异"是一种不良的忠告。对诗人而言，每一件事都应该是一个奇迹，即使是它天天与他碰面，像日出或一棵树一样。贺拉斯观察了人生，但不太深切。他研究了哲学，但却顽固地保持着一种"平稳的心境"，只有他的《颂歌》才超越了"中庸之道"。他像一个禁欲主义者一般崇尚美德，又像个享乐主义者一般尊崇快乐。"那么，谁是自由的呢？"他问，又像芝诺一样回答，"有智慧的人，凡主宰自己的人，不怕贫困、不惧死亡与束缚的人，蔑视他的情感、讥笑野心而本身完整无缺的人。"他最高贵的诗篇之一，唱出这样一首斯多葛派的调子：

---

[1] 在中世纪贺拉斯几乎被忽视了，到了 17 和 18 世纪，才获得他应得的地位，那时正是新古典主义的时代，每一位政治家及小册子的作者，尤其是在英国，都把这位诗人的字句变成庸俗的滥调。布瓦洛（Boileau）的《诗的艺术》（*L'Art Poétique*）复活了贺拉斯的技巧，形成并僵化了雨果之前的法国戏剧。英国诗人蒲柏（Pope）的《批评论》（*Essay on Criticism*）企图在英国得到类似的效果，但被拜伦的火融化了。

只要公正果决

即使天崩地裂

仍然不改其乐——

虽然如此，他仍然以感人的诚笃自诩为"伊壁鸠鲁猪圈中的一头猪"。像伊壁鸠鲁一样，他蕴蓄的友谊比爱多。像维吉尔一样，他歌颂奥古斯都的改革，且一直保持独身。他竭力宣扬宗教，但并不着迷。他觉得死亡可以解决一切。

他的暮年就笼罩于这种思想之中。他忍受了不少痛苦——胃病、风湿和许多别的疾病。他喃喃地说："岁月流逝，逐一带走了我们所有的欢乐。"他向另一位朋友说："唉，哦，波斯图穆斯（Postumus），疾驰的岁月溜走。不论是虔诚的心灵、急迫的年华或不可征服的死亡，都无法拉平我们的皱纹。"他回忆，在他的第一首讽刺诗中，如何希望在大限来到时满足地了结生命，"像一个已经尽情的宾客"。现在他又自言自语地说："你已经玩够了，吃够了，喝够了，该你走的时候到了。"自从他对梅塞纳斯说他不会比资助他的人更久于人世以来，已经过了 15 年。公元前 8 年，梅塞纳斯去世，数月后，贺拉斯也随之而逝。他把他的财产留给了罗马皇帝，然后躺在梅塞纳斯的墓旁，从此安息。

李维

奥古斯都时代的散文，其成就不如诗歌高。由于法律的制定，雄辩术开始式微，各种决定实际上（若不是在形式上）已由元老院议会转移到了皇帝的枢机室。学术继续着其宁静的进程，在神秘的兴趣保护之下，躲过了当时的风暴。只有在历史的编写上，那个时代才产生了散文杰作。

公元前 59 年诞生于意大利帕多瓦的李维来到首都，致力于修辞学和哲学，用最后 40 年（公元前 23 年—公元 17 年）的余生写就了一部《罗马史》，这就是我们所知道的他的一切。"罗马的史学家不写历史。"他像维吉尔一样，来自波河地区，保留了简朴与虔诚的古老美德，并且——也许是出于悲悯之心——对"不朽之城"（指罗马）产生了一种热切的敬意。他的作品是基于一个庞大的计划，并已完成。在那 142 部"书"中，只有 35 部传给我们。仅看这些集中的六卷，我们即可察知全部著作的浩大。显然，都是分部印行的，每一部有一个独立的标题，全部都在一个总标题《罗马建城以来史》（*Ab urbe condita*）之下。奥古斯都打算宽恕书中的共和情绪和英雄人物，因为它的宗教、道德与爱国的论调，与罗马皇帝的政策颇为一致。他把李维罗致成自己的友人，并鼓励他继续做一个写散文的维吉尔，继续维吉尔的未竟之功。他在自公元前 53 年到公元前 9 年的漫长旅程中曾想停下笔来，理由是他已经获得了不衰的声名。他说，他继续下去的理由是因为他停止写作时会感到坐立不安。

罗马的史学家，把历史看作修辞学和哲学的混血儿。如果我们相信他们的话，他们是以流畅的叙述解释道德的条规——用一个故事来装饰道德的写意。李维曾受过辩士训练，他发觉辩术受到责难，也是危险的。泰纳说："他转学历史，以便仍做一名辩士。"他用一个严肃的序言开始，谴责当时的失德、奢侈与懦弱。他告诉我们说，他钻入以往的旧籍之中，以便遗忘他当时的罪恶，"那个时代，我们既不能忍受我们的弊病，又不能忍耐他们的救药"。他要通过历史提出使罗马之所以伟大的美德——家庭生活的团结与神圣、子女的孝心、人与神之间的每一种神圣关系、庄严誓言的神圣义务、斯多葛式的自我抑制与力量。他要使斯多葛式的罗马极为高贵，以使对地中海的征服看起来像是出于道德上的诫命，像是一种神圣的秩序与法律加之于东方的混乱及西方的野蛮。波利比奥斯把罗马的胜利归于其政府的形式，李维却要把它归于罗马特性的自然结果。

他作品的主要缺点，便源于这种道德上的意向。他给我们很多迹象，证明私下里他是个理性主义者，但他对宗教的敬意却如此深厚，以致使他几乎接受了任何迷信。在他的字里行间充满了预兆、预言及神谕，直到我们感觉到，原来这也像维吉尔的作品一样，真正的演员乃是诸神。他对早期罗马的神话表示怀疑，对不太令人置信的神话一笑置之。但当他继续下去时，他便不再分辨传说与历史，以很少的辨别态度追随他的先辈，并以其表面的价值，接受了早期史学家用以抬高其祖先身价的赞美的罗曼史。他很少参酌原始资料来源或遗址，从不费神去考察行动的场地。有时他用多页的篇幅去旁注波利比奥斯的言词。他采用古代教士的编年法叙述执政官所做的大事，结果除了他的道德主题外，他的作品中找不出肇因的痕迹，只有一连串漂亮的插曲。他分不出早期共和时代粗暴的贵族与贵族政治之间的差异，在创造罗马民主制度的刚健平民与摧毁罗马的腐败暴民之间，他也不加区别。他的偏见总是适于贵族的。

在李维的著作中，使罗马永远是对的爱国主义的自豪，就是他之所以伟大的秘密。这在他的长期努力中，给了他持久的快乐。作家很少能够如此忠实地执行如此浩大的计划。它给予当时的读者（也给现代的我们）一种罗马壮大与宿命之感。这种堂皇的意识促成了李维风格的活力、人物刻画的生动、描写的鲜活有力、散文的雄伟气势。在他的历史中所洋溢的创词，不但是辩术中的杰作，而且成了学校的范例。风雅之美散见于作品之中：李维从不大叫，从不严以责人。他的同情心比他的学术更宽广，比他的思想更深邃。当他提到迦太基的名将汉尼拔时，他的失败让人同情，但是他用疾速及辉煌的叙述予以补偿，在描写第二次迦太基战争时达到了巅峰。

他的读者并不在意他的失实与偏颇。他们喜欢他的风格与故事，他把过去描绘成一幅生动的画面，使他们欣喜若狂。他们把《罗马建城以来史》视为散文的史诗——奥古斯都时代最高贵的纪念碑之一。自此以后，使罗马的历史与性格在人类观念里放出异彩达 18 世纪之久的，即是李维的著作。即使是在属地内的读者，都为这种史无前例的征服与对伟大勋业所做的庞大记载深受感动。小普林尼谈到一位西班牙人，此人深受李维的作品感染，因而从遥远的加的斯前往罗马，希望一睹他的风采。他达到了他的目的，表示了他的钦慕之情，无视罗马的其他胜迹，心满意足地返回了他那大西洋沿岸的家乡。

爱的反叛

此时的诗歌继续隆盛，但并未完全按照奥古斯都的愿望发展。只有超级艺术家像维吉尔或贺拉斯之流，才能写出合乎政府要求的好诗。较能干的人拒绝受命，较差的人又不能遵命而行。在诗的三种主要来源——宗教、自然、爱情——中，有两种已经落在帝王的控制下，第三种仍然无法管束，即使是在贺拉斯的《颂歌》中也是如此。而今，在提布卢斯和普罗佩提乌斯的温和，在奥维德的粗率中，诗歌逃出了宣传的框框，发起了一项以上升的欢乐为始，到悲剧的结果为止的叛变。

公元前 54 年至前 19 年，提布卢斯像维吉尔一样，当内战波及他的出生地——蒂伯附近的培杜姆（Pedum）小镇时，他就丧失了祖先的土地。梅萨拉把他从贫困中拯救出来，准备将他带往东方，但提布卢斯在途中病倒，又折返罗马。离开了战争与政治使他感到高兴，他可以纵情于无性（genderless）之爱，以亚历山大城式希腊人的文体打磨挽诗（elegiac verse）。对德利娅（Delia），他提出了常见的恳求："像个看门人坐在她那固执的门前。"像提醒许多少女一样提醒她：青春不再，转瞬即逝。他对德利娅已婚并没有惊扰，他使她的丈夫和醇酒同眠，但是当她的新情人在他身上玩同样的把戏时，他恼火了。这些古老的主题本不至于侵扰奥古斯都，使得提布卢斯、普罗佩提乌斯及奥维德不合一个难以征召新兵的政府之意的，是这群放荡者具有说服力的反黩武主义。提布卢斯讪笑那些在可勾引妇女时却去自求死路的武士。他哀叹农神时代的消隐，他想象着，那时：

> 没有军队，没有仇恨，没有战争……人类用木杯饮酒时没有战争……只给我爱吧，让别人去参战……当子女成群，在淳朴的茅屋中安享余年的人，他才是英雄。他跟随着羊群，儿子赶着小羊，贤妻则在家中烧水，以浸洗疲惫的肢体。因此，让我活到白发在头上闪亮，用我老父的语调讲述已逝的日子。

普罗佩提乌斯（公元前49—前15年）的歌唱得不太淳朴与亲切，具有较多雕琢，类似描述平时欲乐的即景诗。他生于翁布里亚，在罗马受教育，不久就爱上了诗。虽然很少有读者能从他的玄学中领略他的思想，梅塞纳斯却把他带到他那埃斯奎利诺的圈子里去。他洋洋得意地描述了台伯河岸上的晚宴，那时他用伟大艺术家雕刻的酒杯畅饮来自波斯的名酒，"像坐在王座上一样，坐在快乐的仕女群中"，注视着船艇在下面的河上驶过。为了取悦他的恩主和君主，普罗佩提乌斯时时拨弄着他的七弦琴，歌颂战争。但对他的情妇辛西娅，他却唱另一个调子："我为何要为了帕提亚的胜利而抚养儿子？我们的儿子没有一个要当兵。"他向她保证说，即使是世界上全部的战争荣耀，也抵不上与辛西娅共度一宵。

在所有这些终生在维纳斯高峰爬上爬下的享乐主义者中，奥维德是一个快乐的典型，一名"桂冠诗人"。苏尔莫（Sulmo）曾见他生于距罗马90英里之遥的亚平宁山脉一个山谷里，从他晚年漂流在外的冷酷日子来看，苏尔莫的葡萄园、橄榄树、玉米田及小溪流，该是多么美好啊！他那富有的中层阶级的父亲把他送到罗马去读法律，因此，当他听说这个孩子要做诗人时，感到十分震惊。他向儿子提示荷马的可怕命运，据最高的权威透露，荷马死于盲与穷。奥维德听了这个，便设法在罗马民选长官的法庭中弄到一个法官的职务。使他父亲大感失望的是，奥维德拒绝谋取检察员的职位（他可由此一跃而为元老院的议员），退而从事文学与爱的耕耘。他辩称，他情不自禁地要做诗人，"我对韵律咬字不清，而韵律不招自来"。

　　奥维德悠闲地到雅典、近东及西西里旅行时，拥有魅力、机智、教育与金钱的他，可以做任何事。他早年结婚两次，两度离婚，然后在"公共牧草"上浪游了一个时期。他唱着："让过去的取悦于别人吧，我庆幸我生在这个时代，它的道德标准与我的气质甚为相投。"他嘲笑《埃涅阿斯纪》这部作品，给它下了一个结论：维纳斯之子既然建立了罗马，若只是出于虔诚的话，它就应该成为爱的城市才是。他被一个漂亮的妓女冲昏了头，用"科琳娜"（Corinna）一词作为她或她们的化名。他用以描述她的那些猥亵对句，自然不难找人出版。在《爱情三论》（Amores）的名目之下，它们不久（公元前14年）便登上了罗马青年的嘴边与琴弦。"每一个地方的人们都想知道我所唱的这个科琳娜究系何人。"他在《爱情三论》的第二集中，用一篇杂乱的宣言把它们神秘化了：

　　　　吸引我的热情的，不是什么固定的美，有100种理由使我总在爱中。如果那是一位尤物，把羞怯的双眸投在她的膝上，我就会燃烧。而她的纯洁就是我的陷阱。她若是一块美玉，我就会因为她并非质朴单纯而迷恋。希望在柔软的卧榻上享受她的温柔拥抱。倘若她是严峻的，扮成一个不屈的萨宾族贵妇，我想她会让步，但也会大大自夸。如果你精通诗书，你就会以你珍贵的成就赢我……有一位步履轻巧，我便爱上了她的步伐。另一位步伐粗重，但能用爱的轻触使之软化。因为这一位歌唱得很甜……我就要在她歌唱时频施偷吻。另一位用轻捷的手指，在喃喃的弦上舞动——谁不会爱上这种灵巧的双手？另一位用她的动作吸引我，有节奏地摆动她的双臂，以柔美的艺术款摆她那柔弱的腰身——对每个动作都能燃起火焰的我，没有什么可说了。若把希波吕托斯（为后母所害）放在我的地位，他就会变成"葡萄园之

神"……无论高矮，都合我意。我被两者所毁……我的爱是她们
全体眷顾的对象。

奥维德因未歌颂战争光荣而致歉。朱庇特偷了他诗中的一个韵
脚，而使它残缺不全。他写了一出失败的剧本《美狄亚》，却受到了
好评，但对大部分来说，他喜爱"维纳斯的懒散的影子"，对被人称
为"一个无可取代的著名歌者"而感到心满意足。这就是一千多年前
行吟者们的短歌，像他们一样，唱给已婚的女士听，使男女之间的挑
逗成为人生大事。奥维德教科琳娜如何在躺卧她丈夫的卧榻上时，用
信号和他互通款曲。他向她保证他那永恒的忠实，他那严格的一夫一
妻的通奸思想："我不是爱情不专的汉子，不是一个同时爱 100 个女
人的人。"终于他获得了她的青睐，唱出了胜利的赞歌。他赞扬她拒
绝他那样久，并劝她不时再度拒绝他，以使他能够永远爱她。他与她
争吵，打她，事后又懊悔、悲伤，爱她爱得比以前更加疯狂。他像罗
密欧似的祈求黎明延迟到来，希望一阵惠风把曙光女神的车轴折断。
科琳娜接着又欺骗他，他发觉她不把他为崇拜她而题赠的诗善加处理
时，便怒不可遏。她吻他，直到他宽恕她，但是他却不原谅她对他爱
的新技巧，以为一定是另有别人教给她的。几夜之后，他又"立即和
两个少女坠入爱河，每一个都长得很美，每一个在衣着和成就上都有
深度"。不久他又害怕，怕他同时脚踏两条船会使他失败。然而他又
觉得为爱而死是幸福的。

这些诗作，于《尤里安改革法》通过后四年被罗马社会有限度
地接受了。元老院巨族如法比、戈尔维尼、庞波米等，继续在家中
招待奥维德。这位诗人带着成功的喜悦，发行了一种名叫《爱的艺
术》（Ars amatoria，公元前 2 年）的调情手册。他说："我奉维纳斯
之命做爱的导师。"他简洁地警告读者说，他的教导只适用于妓女
与奴隶。但是他笔下所描绘的附耳密语、秘密幽会、情书、挖苦与
机智、受骗的丈夫以及足智多谋的婢女等，都是暗示罗马的中上阶

层。为免得使他的教训太简易，他又增加了另一篇论著《爱的矫治》（*Remedia amoris*）。最佳的补救之道是努力工作，其次是打猎，第三是心不在焉，"在你的女士清晨梳洗完毕之前使她惊奇一番，亦颇有用"。最后，为使双方都不吃亏，他又写了一册《论面部美容》（*De medicamina faciei feminineae*）——一种用韵文撰写的化妆品手册，其中部分内容自希腊剽窃而来。这些小册子的销路颇佳，因而使奥维德名声大噪。"只要我驰名世界，一两个讼棍说些什么对我无关紧要。"他却不知道，这些讼棍之中就有奥古斯都。他也不知道皇帝讨厌他的诗，认为那是侮辱了《尤里安法》。当皇室的丑闻碰到了诗人粗心的头脑时，这种侮辱就不会得到宽恕。

约公元 3 年，奥维德第三次结婚。他的新婚妻子来自罗马最著名的家族之一。这时 46 岁的他，才开始安顿下来，过着家庭生活，似乎与法比娅（Fabia）生活于互信与快乐之中。年龄对他产生了法律所不能产生的影响，冷却了他的火焰，他的诗受到了尊重。他在《女杰书简》（*Heroides*）一作中，再度描述了多名女人的爱情故事。她们是：佩尼洛帕、费德拉、狄多、阿里亚德涅、萨福、海伦、希洛。他叙述得也许过于冗长了，因为一再反复，即使所说的是爱情，也要变成无聊的事了。然而令人吃惊的是，其中一句由费德拉口中说出的话，却表达了奥维德的哲学："霍韦宣告说，美德是使我们快乐的一切。"约公元 7 年，他出版了他最伟大的作品《变形记》（*Metamorphoses*）。这 15 册"书"，以迷人的六音步诗句列述无机物、动物、人类与神祇的著名变化。由于希腊与罗马神话中的一切几乎都改变了它们的形态，奥维德在组织上得以运用古典神话的全部范围，从创造世界到奉祀恺撒，都包括在内。这些都是古老的故事，直到一个时代以前，还在每个大学里生动地讨论，它们的影响尚未被现代的革命所消除：法厄同的战车、皮拉摩斯与提斯柏、珀耳修斯与安德洛墨达、普罗塞尔皮娜的被掳、阿瑞图萨、美狄亚、代达罗斯与伊卡洛斯、博西斯与腓利门、俄耳甫斯与欧律狄刻、阿塔兰塔、维纳斯与其爱人阿多尼斯，以及其他许多神和人，这就是千百件诗篇、绘画及塑像等得到题材的宝藏。如果我们仍旧必须学习这些古老的神话，最轻易的办法，莫过于阅读这种人神凑合的大杂烩了——这些故事是以令人怀疑的幽默与含有色情的意味说出的，情节的发展用了相当的耐心，实非一般泛泛的戏谑者所能企及。所以，这位自信的诗人最后终于宣布了他自己的不朽："我将永远活着"——是不足为怪的。

当奥古斯都把他放逐到黑海上寒冷而野蛮的托米的消息传来时，他几乎未写一字抗辩。对于这位毫无准备的诗人而言（这时他已 51 岁），实在是一个打击。他在《变形记》一书接近尾声时刚刚写完一篇对帝王的优美献辞，承认奥古斯都的政治风范是奥维德那一代所享有的和平、安全和繁荣的根源。以《岁时记》（Fasti）为标题，他已完成了半首几乎是庆祝罗马宗教节日的虔诚诗篇。在这些诗句中，他正踏上以历书创造史诗的路子，因为他在古代的宗教故事中以及对其宗祠与诸神的奉祀中，运用了同样明晰、精纯而又柔美的字句，和他在致力于希腊神话与罗马爱情时所用的活泼通畅的叙述。奥维德原想把这件作品献给奥古斯都，为他对宗教复兴的贡献和对自己曾经一度讥讽的信仰所作的反悔文章。

他为何被逐，罗马皇帝的诏令未加说明，直到如今，仍没有把握揣摩出它的原因，但皇帝放逐他的孙女尤莉娅和下令把奥维德的作品从公共图书馆中拿走时却提供了一些线索。这位诗人显然曾在尤莉娅的出轨行动中扮演了某种角色——不是目睹，就是同谋，再不然就是主犯。他自己宣称，他是因为一项"错误"和他的诗而受惩罚，并暗示，他是某种粗鄙景象非出本愿的观察者。他得到了那年（公元 8 年）剩余的几个月时间料理他的事务。那道诏令的规定是贬谪，比放逐的罪罚轻，让他保有自己的财产，比放逐为重的是命令他留居在一个城市中。他焚毁了《变形记》的手稿，但有些读者已有抄本并加以保存。他的朋友大多躲避他；少许人敢于陪他闲谈，直到他离去；他的妻子在他的请求之下留下来，用爱情与忠贞支持他。另一方面，当

这位抒情诗人带着他的欢乐起航，驶出奥斯蒂亚，离开了他所钟爱的
一切，踏上长远的旅途时，罗马毫不注意。大海波涛汹涌，几乎整个
旅程中的每一天都是如此，诗人曾一度想到波涛会把船只吞没。等他
看见了托米时，他只恨没有死去，只好暗自悲伤。

　　在航行途中，他开始了我们叫作《哀歌》（Tristia）的诗章。然后
他继续写下去，并把它们寄给他的妻子、女儿、继女和他的朋友。可
能是这位敏感的罗马人夸张了他那新家的恐怖：一块没有树木的岩石，
上面什么都不长，而黑海的迷雾却遮掩了太阳；冷得吓人，有几年的
积雪，整个夏天都不融化；黑海，整个冬天都填满了寒冰，多瑙河也
冰冻得厉害，使得内陆野蛮人向这个佩刀的盖塔（Getae）人与混血
希腊人的混合城市突击时，都找不到一个遮挡物。当他想到罗马的晴
空与苏尔莫的绿野时，他感到无比痛心。他的诗却达到了从前未曾到
达的感情深度。

　　这些《哀歌》以及寄给他朋友的诗简《黑海寄情》（Ex Ponto），
几乎具有他伟大作品的一切魅力。即使是在学校时都使他感到得意的
一个简单词汇、以意境和意象生动地揭示出来的画面、用心理学的精
妙笔触注入生命的人物、具有凝练的经验与思想的措辞[1]、一段滔滔
不绝的谈话及轻松流畅的诗句等，所有这些，都在他的流放生活中与
他相伴，一种使他早期的诗作不值一顾的严整和柔顺与他相伴。他从
没表现过人物特性的力量，以前他曾一度用肤浅的性爱把他的诗糟
蹋，现在他又在诗句中倾注眼泪和对皇帝的恳切奉承。

　　他妒忌这些能够传抵罗马的诗章。"去吧，我的书，去以我的名
义向我喜爱的地方致意"，并"向我祖国那亲爱的泥土致敬"。也许
会有勇敢的朋友将它呈给慈悲的皇帝。他仍在每一封信中希望得到宽
恕，或乞求至少能有一个较为温和的家。他每天都想念他的妻子，在

---

[1] 例如："我明白与赞成较好的，追随较坏的事物。""我们的心中有神灵，靠着它的行
为，我们才有生命的温暖。"

夜晚呼唤她的名字。他祈求能在临死以前亲吻她变白了的头发。然而，宽赦偏偏不来。度过九年的放逐生活之后，这位年届花甲的断肠人迎来了死亡。他的尸骨，依他的生前所请，被带回意大利，安葬在首都附近。

他对他的名垂久远的断定，得到了时间的证明。他在中古所得到的名望与维吉尔势均力敌，他的《变形记》和《女杰书简》成了中古传奇的源泉，薄伽丘（Boccaccio）和塔索（Tasso）、乔叟（Chaucer）和斯宾塞（Spenser），都从他身上汲取了灵感，文艺复兴期的画家都在他的诗中发掘题材。他是古典时代伟大的浪漫主义者。

他的去世结束了文学史上一个伟大的鼎盛时代。奥古斯都时代跟公元前 5 世纪时雅典的伯里克利时代或伊丽莎白时代一样，并不是一个至高无上的文学时代，即使在它的全盛时期，散文中的夸大修辞及诗歌中形式的完美，都很少是出自人人之心。在这里，我们看不出埃斯库罗斯的悲剧，看不出欧里庇得斯、苏格拉底甚至是卢克莱修与西塞罗的意味。皇室的保护、激励，滋养了罗马文学，也压抑、缩小了罗马文学。这个贵族时代，正如奥古斯都时代或路易十四时代或 18 世纪的英格兰一样，提高了节制与优美的情调，在文学上趋向于"古典"风格，以理性与形式支配感觉及生活。这种文学，较热烈创造的时代，更为纤美，但笔力较差，较为成熟而影响较小，但以古典的范畴而言，这个时代应得到名副其实的赞誉。在这种完美的艺术中，从未有过如此冷静的表现。即使是奥维德的纵酒狂欢，也都被凝固成为一种古典模式。在奥维德、维吉尔及贺拉斯的作品中，拉丁语作为诗的载体，达到了它的巅峰。后世将永远不会再有如此丰富、如此和谐、如此精巧、如此简练、如此柔和、如此美妙的格调了。

第三章 ｜ **君主专制的另一面**
（14—96）[1]

提比略

当伟人们向情感低头时，世人对他们便更加喜爱，但当情感支配政策时，这个帝国就要崩溃。奥古斯都明智地选择了提比略，只是为时已晚。当提比略不倦地以他指挥的才能拯救国家时，皇帝几乎是爱上了他，不料一封信就结束了"这位最和蔼的人……最英勇、最正直的指挥官"。其后的哀伤使奥古斯都变得像以后的奥勒留一样昏聩。他罢黜提比略，代之以他的一些优柔的孙儿，强迫提比略放弃幸福的婚姻，去戴尤莉娅的绿头巾。奥古斯都仍怀憎恶，让他在罗得斯与哲学一同衰老。最后，当提比略接掌罗马的元首政治时，已经55岁了，成了一位大梦初醒的厌世者，对权力已经毫无兴趣。

若要了解他，我们必须记得他是一位克劳狄乌斯人（Claudian）。结束于尼禄时代的朱利亚—克劳狄乌斯王朝（Julio Claudian dynasty）的朱利亚支派，就是由他而始。他从双亲那儿承受了意大利人认为最荣耀的血统、最狭隘的偏见及最强的意志。他身材高大，孔武有

---

[1] 除写明的年代外，其他一概指公元后。

力而外貌良好，但面上粉刺加重了他内心的羞怯、举止的笨拙、忧郁的特质及对退隐的热爱。波士顿博物馆里的那座提比略精美头像，显示出他是一位具有宽阔的前额、大而深的眼睛及面露愁容的青年祭师。他在年轻时就颇为严肃，爱调笑的人称他为"老头儿"。他接受了罗马、希腊、环境与责任所能提供的教育，精习过两种古典语言和文学，写过抒情诗，涉猎过占星学，并"忽视过神祇"。他深爱他的弟弟德鲁苏斯，尽管这位年轻人较他更受人欢迎。他原是维皮萨尼娅·阿格丽品娜的一位忠实丈夫。他对朋友的慷慨，使他们可以放心地送他礼物而得到四倍的回赠。这位当时最严格、最有才干的将军，获得了全体士兵的敬爱，因为他关注他们的福利，无微不至，宁以战略制敌，而不以流血取胜。

他的美德毁灭了他。他相信传统故事，希望见到罗马的严肃特质在新巴比伦再生。他赞成奥古斯都的道德改革，并表示要严格实施。他对在罗马巨锅中熔合的种族混杂并不热衷。他给它面包，但不给它竞技，他不出席富人所举办的竞技而得罪了它。他相信唯有以贵族的苦行品格及优雅的爱好才可挽救罗马沦于粗俗。所谓贵族也不过是些"硬着脖子"、外貌沉静、言词幽缓、自觉优越及严格节用公款的人。他是误生于享乐时代的一位苦行主义者，由于他太冷静诚实而不能学习塞涅卡的手腕，一面以美丽的语言宣扬教条，另一面却言与行违。

奥古斯都死后的四个星期，提比略出席元老院会议，要求恢复共和，他对他们说他不适合统治这样大的国家："在一个人才济济的城邦里……几个公务部门可由一群最好、最有才干的公民来管理。"元老院不敢从命。双方经过一再礼让之后，最后他只好接下政权"做一个不幸而负重的苦役"，希望元老院有朝一日能让他退隐，还他自由之身。这出戏双方都表演得很出色。提比略想要的是元首政制，如其不然，他便设法避开它。元老院对他既爱又恨，但不敢再像以往一样建立一个以君主会议为基础的共和国。元老院需要较少的民主。当提比略（公元14年）说服他们把选举政府官吏的权力从百人大会接过来后，元老院很高兴。有一个时期，公民为失去他们投票所得的收入而大发牢骚。现在所留给一般人唯一的政治权利，就是以暗杀手段来选举皇帝。提比略之后，民权从大会转入军中时，就演成武装投票了。

他似乎真的厌恶君主专政，将他自己视作一个行政长官和元老院的支柱。他拒受一切带有君王意味的头衔，而对首席元老（princeps senatus）一职已感满足。他禁止了一切奉他为神或崇拜他"天才"的作为，并明确表示他厌恶阿谀。当元老院拟以对恺撒和奥古斯都所做的那样以他的名字作为一个月份的名称时，他严肃地将此项奉承推在一旁，笑道："若有 13 个恺撒的话，你们该怎么办呢？"[1] 他拒绝了修订元老院名单的建议。他对这旧有的"诸王会议"（assembly of kings）再谦恭不过了。他出席它的所有集会，"纵是一件极小的事情"，也要交由该会裁决。他像一个普通议员一样就位发言，并常站在少数的一边，而当与他意见相左的议案被通过时，他也不表示反对。苏埃托尼乌斯说："当他及他的家属面临恶言攻讦及讽刺时，他能自制和忍耐。他说，在一个自由的国家里，应该有言论与思想的自由。"与他敌对的塔西佗也承认：

> 他的提名是经过判断的，那些执政官及民选长官享有他们旧有地位的荣耀。下属官吏可自由行使职权而不受王室的控制。除了违犯王权者外，法令均依正轨而行，国家岁入均由廉正人员管理……各省未曾增加新的负荷，旧税的征收也不苛暴……奴隶之间的秩序也极良好……所有皇帝与个人间的权益问题，概由法院依法裁决。

---

[1] 元老院应该听他的话，将一年分为 13 个月，每月 28 天，另在年底加一个（闰年两个）闰假日（intercalary holiday）才是。

提比略的这种蜜月持续了 9 年之久。在那段时期内，罗马、意大利及各行省享有了它们历史上的极好的政权。尽管对受灾家属和城镇曾有多次救济，并悉心修缮公共财物，但并未增加税额，也未发动掠夺战争，也不接受有子女者或近亲的遗赠。在提比略继位时国库有 1 亿塞斯特斯的积存，至他死亡时则增为 27 亿塞斯特斯。他以身作则，不以法令限制奢侈。他对国内外各方面事务均细心治理。他在信中对那些急于增加税收的行省官员说："一个优秀牧羊人的职责是修剪而非诈取羊毛。"身为君王的他，虽精于战争的艺术，却拒受战场上一切的荣耀。他在长期任执政官的第三年即保持了帝国的和平。

破坏政府进步的也就是这种和平政策。他那位英俊而有名望的侄儿（在德鲁苏斯死后曾被他收养为子）格马尼库斯（Germanicus），在德国曾赢得数次胜利，并希望继续将它征服，但提比略的反对使帝国的人民心怀怨恨。因为格马尼库斯是安东尼之孙，那些仍然梦想恢复共和国的人们想利用他为号召。当提比略将他调至东方时，半数的罗马人称这位年轻的指挥官为皇帝嫉妒的牺牲者。而当格马尼库斯突然病故时（公元 9 年），几乎全罗马的人民都怀疑他被提比略毒死。受提比略之命赴小亚细亚的格奈乌斯·皮索被控有罪，由元老院审讯。他预知难逃罪名，自杀而死，以便为他家属保留家产。提比略是否有罪，无事实根据。我们仅知他曾要求元老院给皮索一个公平的审判，而格马尼库斯的母亲安东尼娅直至死亡时为止，仍是提比略最忠实的朋友。

这件轰动的案件引起了大众的关心，关于皇帝的秽闻传遍了整个罗马，现在激起了格马尼库斯的遗孀阿格丽品娜的愤怒，她引诱提比略利用恺撒时判决叛国罪的叛国律。因为罗马无检察官或检察长，（在奥古斯都以前）没有"警察"，发现有人违法，每一个公民都有权也必须向法院告发。倘若被告宣判有罪，投诉人可得到被告 1/4 的财产，其余由国家没收。奥古斯都曾使用这一危险的程序加强他的婚姻律。现在，当阴谋丛集来加害提比略时，投诉人为了自己的利益，起而揭发这些阴谋。元老院中支持皇帝的人主张立即起诉。皇帝想制止他们，他完全以损毁奥古斯都雕像的同一案情来解释此项法律。但塔西佗说："即使他不受处罚，也会受到诽谤。"他向元老院说：他的母亲利维娅希望对破坏她名誉的人给予同样宽大的处理。

利维娅本身就是国家的一大问题。提比略未能再婚，使他无法避开这一果敢的女人操纵国政。她认为她的操纵已为他清除了登基的道路，虽然他已是年近 60 岁的人，但她让他了解，叫他掌权只是作为她的代表。在提比略当政的前几年，官方文书均由她及他本人签署。卡修斯说："她对与他平等共理国事感到不满，希望比他位高一等……要像唯一的统治者一样总管一切。"提比略长期容忍，但至奥古斯都死后 15 年时，他终于为自己另外建了一座宫殿，使他母亲毫无异议地占有了奥古斯都所建的旧宫。流言说他虐待他母亲，饿死了他那放逐的妻子。同时阿格丽品娜也极力促使她儿子尼禄继承——假如可能的话取代——提比略。他对这件事也极力容忍，仅以一句希腊话来责备她："亲爱的女儿，假若你不是皇后，你认为人家是错待你吗？"[1] 最使他难以忍受的是他原配所生的独子——德鲁苏斯是个无用的浪子，残忍、粗鄙而放荡。

提比略忍受这些苦难的自制力已使他的神经濒临崩溃的边缘，他愈来愈少见人，除了他几个好友之外，对任何人均现出忧戚的面容和苛厉的言词。有一个似乎对他始终忠心耿耿的人，那就是卢西乌斯·埃利乌斯·塞雅努斯（Lucius Aelius Sejanus），他以禁卫军司令官的身份，声言保护皇帝为其天职。不久，除了在这位诡诈大臣的安排监视之下外，任何人不可谒见皇帝。提比略越来越信任他，将国事托他代管。塞雅努斯使他相信皇帝的安全要靠禁卫军的就近保护，奥古斯都曾派 9 个步兵大队中的 6 个驻扎在京城的四郊，提比略现在允

---

[1] 阿格里帕与尤莉娅所生之女阿格丽品娜由于提比略与尤莉娅的婚姻关系而成了他的继女，又由于提比略收养格马尼库斯而成了他的儿媳妇。阿格丽品娜的儿子尼禄是尼禄皇帝的叔父，他的女儿小阿格丽品娜则是尼禄皇后的母亲。

许 9 个步兵大队在维明纳尔关（Viminal Gate）扎营，该地距离皇宫和神殿仅数里之遥。这些卫队起初是皇帝的保护人，后来又变成了他的主子。在这种情况之下，塞雅努斯更大胆贪婪地弄权，他开始举荐官吏，接着出卖官位，最后则企图攫夺政权。要是真正的罗马元老院，早就将他推翻了，但是当时的元老院有很多例外，已变成享乐主义者的俱乐部，怠惰得连提比略促其保留的权力也不能加以有效地发挥。它不但未能罢黜塞雅努斯；相反，却投票通过使罗马塞满了他的铸像，并在他的暗示之下，将阿格丽品娜的拥护者一个个地予以放逐。当提比略之子德鲁苏斯死亡时，罗马人窃窃私议，认为塞雅努斯毒毙了他。

在极端痛苦与失望之下，提比略成为一个 67 岁的孤寂而忧闷的老人。他离开了喧嚣的都城，移至人迹罕至的隐居处卡普里岛。流言仍然毫无阻碍地追踪他。有人说他想掩藏他憔悴的身影及满脸憔悴的面容，沉湎于美酒与鸡奸。提比略饮大量的酒，但并不饮醉，那种邪恶的传说也许是有意中伤。塔西佗说他在卡普里岛的朋友大部分是"希腊人，他们除文学涵养外，别无杰出之处"。除经由塞雅努斯向他的官员及元老院传达他的意见和希望外，他还是不断地细心处理国政。因为元老院越来越惧怕他或塞雅努斯或他来往徘徊的禁卫兵，所以接受了皇帝作为司令的愿望。在宪法上不加变动，在提比略方面也没有明显地缺乏诚意的表现，元首政治在建议恢复共和的人操纵之下变成了君主政体。

塞雅努斯利用他的职权，以违犯"王法"为由放逐了更多的敌人，疲惫的皇帝也不再加以干涉。如果苏埃托尼乌斯的话可以相信的话，现在的提比略经常自觉犯有残忍罪。我们听不可靠的塔西佗说，他曾以谍报人员听到波帕埃乌斯·塞宾努斯（Poppaeus Sabinus）阴谋叛国为罪名，请求判处他死刑。一年以后（公元 27 年），利维娅在她前夫的家中悲寂而死。提比略自从离开罗马后只与她见过一次面，没有参加她的葬礼。现在"国母"的限制消除了，塞雅努斯使提比略相信阿格丽品娜和她的儿子尼禄也是塞宾努斯的共谋，因此阿格丽品娜被放逐到潘达特里亚，尼禄被放逐到蓬蒂亚（Pontia）岛，不久尼禄就自杀而死了。

其他想得到的东西全得到了，塞雅努斯现在要进一步攫取王位。由于提比略致函元老院推荐阿格丽品娜之子盖乌斯作为元首政治的继承人，这激怒了塞雅努斯，他阴谋杀害皇帝（公元 31 年）。格马尼库斯之母安东尼娅冒着生命危险给他警告，使提比略得免于难。这位年老的皇帝还未到达完全失去决心的时候，他秘密任命了一位新禁军统帅，逮捕了塞雅努斯，并向元老院控告他。元老院从来没有像这次那样遵从他的愿望，他们先宣判将他充军，又在当晚将他勒毙。恐怖统治接踵而至，一部分是由元老们领导，因为他们的权益、亲属或朋友曾受到塞雅努斯的损害；一部分由提比略领导，因为他的恐惧与愤怒加上内心所累积的幻觉，使他激起了报复的怒火。塞雅努斯的每一个重要密探或其支持者均被处死，甚至他的幼女也未能幸免。因为法律禁止处决处女，所以她先被奸污，后被勒毙。他离异的妻子阿庇卡塔在自杀前曾致函提比略，声言安东尼娅的女儿利维娅曾参与塞雅努斯毒害她的丈夫——皇帝的儿子德鲁苏斯。提比略下令审判利维娅，但她绝食而死。两年后（公元 33 年），阿格丽品娜在流亡中自缢，她在监禁中的另一个儿子也在牢中饿死。

塞雅努斯死后，提比略度过了 6 年漫长的岁月。也许是他的神志已经错乱，也只有借这个假定，我们才能解释他那令人难以置信的残暴。听说他现在对叛国罪的控诉案非但不加制止，反而加以支持。在他当政期间，共有 63 人因上述罪名被起诉。他请求元老院保护“一个年老而寂寞的人”。经过 9 年的自我监禁后，他于 37 年离开了卡普里岛，访问坎帕尼亚的一些城市。在米塞努姆的卢库卢斯的别墅停留期间，他在一阵眩晕之下昏倒，似已死亡。朝臣们立刻奔告即将接位的盖乌斯，后来得知提比略苏醒了，俱感震惊。一位与此有关的朋友，以一只枕头将提比略闷死，结束了这个尴尬的局面（公元

37 年)。

蒙森说他是"这个帝国最有才能的一位统治者"。他一生几乎历经了所有的不幸，死后又遭到塔西佗的笔诛。

盖乌斯

人民高呼"提比略滚到台伯河去！"来庆祝老皇帝的过世，并为元老院批准盖乌斯为继承人而欢呼。盖乌斯是阿格丽品娜伴随格马尼库斯参加北方战役时所生的，并在军中长大。他曾模仿他们的穿着，并以军中所穿的半筒靴而被昵称为卡里古拉（意为"小靴子"）。他现在宣称他的政策将依照奥古斯都的原则，一切事务将与元老院密切合作。他将利维娅和提比略所遗留给他的 9000 万塞斯特斯发放给人民，并给 20 万接受公禄的人各加 300 塞斯特斯作为礼物。他恢复了公众议事集会选举行政长官之权，并保证降低税率，多办竞技，召回被提比略放逐的所有受害人，并虔诚地将他亡母的骨灰移至罗马。他的一切行为似乎都与他的祖先形成对比——奢侈、爽快、慈悲。他继位三个月之后，人民即向神供奉了 16 万头祭品，借以感谢神明赐给他们一位如此可爱而仁慈的君主。

他们已经忘记他的血统。他的祖母是安东尼之女，他的外祖母是奥古斯都之女。安东尼和屋大维之间的战火再度点燃，而结果是安东尼胜。卡里古拉（Caligula）虽以他的决斗、斗剑及驶车等技术而自豪，却为"癫痫症所苦"，有时"几乎使他无法行走或集中思想"。当它发作时，他躲藏在床下，并因见了埃特纳（Aetna）火山的火焰而恐惧地逃跑。他觉得他很难入眠，夜晚经常在他宽大的宫殿中徘徊，渴求天明。他身材高大，除秃顶外，全身多毛。他的凹眼及太阳穴使他看起来不可侵犯，他以此为乐。他"在镜前练习各种可怕的表情"。他接受过良好的教育，是个善于辞令的雄辩家，富于机智，并具有肆无忌惮的幽默感。因为迷恋戏剧，他曾接济很多演员，而他本身也曾私自客串演出与跳舞。为了能有观众，他好像要召开重要会议似的，召集元老院的领袖们，然后在他们面前表演舞步。假若他是一个负责的劳工，过着那种平静的生活，也许可以使他坚定起来，但权力的毒素使他发狂。神志像政府一样需要节制与平衡，凡夫之人不可能是全能而理智清醒的。当卡里古拉的祖母安东尼娅给他忠告时，他反驳她说："你记着，我有权可以对任何人做任何事。"在一次宴会中，他提醒他的来宾说，他可以把他们全部杀死在现在的位置上。当他拥抱他的妻子或情妇时，他也会很愉快地说："只要我一声令下，你这美丽的脑袋就得搬家。"

因此，不久之后，这位对元老院如此敬重的年轻君王竟命令元老院，强制他们遵从东方式的屈从与恭顺。他要元老们吻他的脚，以示尊敬，并要他们为此荣耀向他致谢。他羡慕埃及及其许多风范，因此罗马也采用了很多，并且渴望能像法老一样被人当作神明予以崇拜。他将伊希斯教定为罗马正式宗教之一。他并未忘记他的曾祖父曾计划以东方君主政制统一地中海区域。他也想到定都亚历山大城，却不信任该地人民的机智。苏埃托尼乌斯描述说，他生活在"经常与他姐妹通奸"中。他似乎认为这是埃及的一种优良的习俗。他在生病时立妹妹德鲁西拉（Drusilla）为他的王位继承人。当她结婚时，他使她离婚，"待她有如他的合法妻子"。对其他想要得到的妇女，他假借她们丈夫之名，寄给她们离婚信件，然后邀约她们来苟合。凡是有地位的妇女，没有一个未被他染指过。除了这些及部分同性恋外，他还利用时间结了四次婚。在参加利维娅·奥雷斯蒂拉和盖乌斯·皮索的婚礼时，卡里古拉将新娘带到他的居处，与她结婚，数日之后又与她离异。他听说洛利娅·保利娜（Lollia Paulina）很美，便派人请她来，让她与前夫离婚，与他结婚，又和她离婚，并禁止她此后与任何男人发生关系。他的第四位妻子卡埃索尼娅（Caesonia）和他结婚时已怀了前夫的孩子，她既不年轻，又无美貌，但他却很忠实地爱着她。

这种儿戏似的政府里有一句旁白：头脑简单的人最易受骗。卡里古拉机巧地修改了商业阶级的名册，将其中的优秀分子升入元老院，但是他的奢侈不久便将提比略遗留给他的全部财产挥霍殆尽。他不用清水沐浴而用香水，一次宴会消耗了1000万塞斯特斯。他建造取乐用的大彩船，船上有柱廊、客厅、浴室、花园、果树及宝石镶嵌的船尾。他令他的工程师们在巴亚（Baiae）海湾建一座大桥，动用的船只太多，以致罗马由于缺乏船只运送玉米而发生饥荒。新桥落成之日，大肆庆祝，像现代一样以泛光灯照明。人们狂饮，小舟翻覆，很多人溺毙。他从巴西利卡·尤莉娅的屋顶向下抛撒金银币，愉快地看着人们拼命争抢。他酷爱赛马，在竞赛时他一次赏赐驭马人200万塞斯特斯之多。他为一匹竞赛的马——因西塔图斯建造了一座大理石马厩、一个象牙马槽，邀请它吃晚饭，还建议要它做执政官。

为了筹募一生供奉的农神节经费，卡里古拉恢复了向皇帝献礼的习俗。他在宫中的台阶上亲自接受人民前来献礼。他鼓励公民们在他们遗嘱中写下他的名字作为财产继承人。他对每一样东西均课征赋税，所有食物均征出售税，对所有诉讼案件也予以征税，对搬运工人工资征12.5%的税金。苏埃托尼乌斯证明他对妓女每次接客的收入均须收税，而且法令规定："一朝为妓，终身纳税，即使从良也不能免。"他控告富人叛国，处他们死刑，以增加国库收入。他亲自拍卖角斗士与奴隶，强迫贵族参加竞买。若其中有人打瞌睡，卡里古拉就以他的点头为竞拍，因此等一个瞌睡的人觉醒后，发现他已拥有13个斗士，却损失了900万塞斯特斯。他强迫元老与骑士在竞技场中像角斗士一样决斗。

三年后，有人密谋结束这个可耻的闹剧。卡里古拉发现后，以恐怖统治配合其变态寻乐心理，加以报复。他命令刽子手处决人犯时"要使他们遍体鳞伤，让他们自己感觉在走向死亡"。假若卡修斯所说的可以相信的话，卡里古拉曾强迫他那圣洁的祖母安东尼娅自杀而死。苏埃托尼乌斯说，当格斗的野兽缺乏肉来喂饲时，卡里古拉便令拿"所有秃顶的"罪犯去为大众的利益而喂野兽。他用烙铁、活埋、喂兽、关入铁笼并锯成两半来对付高层人犯。我们无法证明这些故事的真伪，必须依照传说予以记载。不过苏埃托尼乌斯喜爱谣传，元老塔西佗怨恨那些皇帝，而卡修斯的记载又是在两个世纪以后所写。比较可靠的报告是，卡里古拉曾以放逐卡里纳斯·塞昆都斯（Carrinas Secundus）和处决另两位教师而引起元首政治与哲学的斗争。年轻的塞涅卡已被判决执行，但幸免于难，因为他经常多病，卡里古拉认为他迟早会自己死亡的。卡里古拉的叔父克劳狄乌斯也因为是（或许伪装成）一个无足轻重的书呆子而逃脱。

卡里古拉最后的兴趣是宣布自己是神，与天神朱庇特同等，因此天神及其他诸神的神像均被斩首而代之以皇帝的头。他喜欢坐在卡斯托尔和波吕克斯神庙的神位上，接受神一样的崇拜。有时他会同天神的神像讲话，多半为责难之词。他曾命人为他设计一种机器，用这种机器他可以毫无逊色地回报天神的雷电。他为自己建造一座神庙，召来一群祭司，供上一些上好牺牲，并指派他珍爱的马为祭司之一。他托称月之女神已下凡来拥抱他，并询问维特利乌斯能否看见她。"看不见，"这个聪明的朝臣回答，"只有你们神才能互相看见。"但是这种事骗不了人民，当一个高卢皮匠看到卡里古拉乔装天神而被问及他对皇帝的看法时，他简单地回答说："一个大骗子。"卡里古拉听到了，但并未处罚这个豪爽而有勇气的人。

由于纵欲过度，也许是感染了梅毒，这位体胖、头小而半秃、眼凹、面容苍白、神情阴险的"神"，29 岁就已变成一位老人了。他的死亡不但来得突然，而且是来自他很早即以礼物收买的禁卫军。禁卫军中有一位将领卡修斯·沙埃瑞亚（Cassius Chaerea）感觉卡里古拉每天以猥亵的言语作为口令侮辱他，因此在王宫的一条秘密过道里将他杀了（公元 41 年）。消息传出后，市民们不敢相信，担心这是王室所使的诡计，用来察看谁最欢迎皇帝死亡。为了证实这件传言，刺杀人又杀了卡里古拉的最后一个妻子，并将他女儿的脑浆溅在墙上。卡修斯说：那一天卡里古拉才晓得他并非神祇。

克劳狄乌斯

卡里古拉死后，帝国陷入了危险的状况之中。国库空虚，元老大半丧亡，人民背离，毛里塔尼亚（Mauretania）反叛，犹太以武力坚持要将崇拜的神像放入耶路撒冷庙里。无人知道在何处可以找到一位能面对这些难题的合适统治者。禁卫军把无能的克劳狄乌斯从一个角落里抬出来，宣布他为统领。元老院惧怕禁卫军，也许是宁与一个无害的腐儒之士而不愿与一个鲁莽的精神病者打交道，批准了禁卫军的选择。于是，克劳狄乌斯在犹豫中登上了皇帝的宝座。

他是安东尼娅和德鲁苏斯之子，格马尼库斯和利维拉的兄弟，奥克塔维娅和安东尼、利维娅和提比略的孙子，公元前10年生于卢格杜努姆（Lugdunum，即里昂），登位时50岁。他身体高大肥壮，有一头白发和一副和善的面孔，但小儿麻痹症和其他疾病使他身体衰弱。他的双腿脆弱细小，走起路来有点趔趄之态，头来回地摆动。他喜爱美酒佳肴，但为痛风所苦。他有点口吃，而他的笑声，以一个皇帝来说，似乎太喧闹了。无情的谣言传播者说：他发怒时“口吐白沫，鼻孔流涕”。他由妇女和获得自由的奴隶抚养长大，因此养成了胆小与敏感的个性，而这两种性格都不适合于一个统治者，并且他也没有机会练习管理政事。他的亲戚们认为他是一个意志薄弱的废人。他那位继承奥克塔维娅温顺性格的母亲说他是“一个未完成的怪物”，而当她想强调男人的愚笨时便称他为“一个比我的克劳狄乌斯还大的大笨蛋”。由于到处受人蔑视，他生活在卑微的安全之中，整日沉湎于赌、书和酒。他精通“古代”的艺术、宗教、科学、哲学和法律，而成为一位语言学家和博古家。他写埃特鲁里亚、迦太基、罗马的历史，发表骰子游戏、字母方面的文章，还写了一部希腊喜剧和一部自传。科学家和著名学者都与他通信，并将他们的著作题献给他。老普林尼曾四次引证他的话作为根据。身为皇帝的他，教导人民医治蛇咬之方，在生日那天预测日食，借以预防迷信上的忧惧，并解释其原因。他的希腊语讲得很好，并以此种语言写了几部著作。他头脑不坏，他对元老们说他为了保护脑袋曾经伪装愚笨，这话也许不假。

他做皇帝后的第一件事是奖赏禁卫军士兵每人 1.5 万塞斯特斯，以谢他们的拥立之功。卡里古拉也曾赠送过这种礼物，但并未明显表示是因得王位而赠的报酬。现在克劳狄乌斯接受了军队的统治权，取消国民会议选举行政长官之权。他以较为明智的宽大方法，结束了对有关叛国罪嫌疑犯的控告，以此罪而遭拘禁的人均予以释放，召回所有被放逐的人，归还没收的财产，将盖乌斯偷来的雕像送还希腊，废除盖乌斯所加的一切税赋。但他将刺杀卡里古拉的刺客处死，理由是宽恕一个刺杀皇帝的人是不安全的。他取消俯身致敬之礼，并宣布不要将他当神崇拜。像奥古斯都一样，他修缮寺庙，并热心恢复旧宗教。他亲自处理公务，甚至"对出售货物及出租房屋等处也往往前往巡行，一切他认为不当之事均加以纠正"。但是实际上，他虽和奥古斯都一样温和，他的实际政策却超过了奥古斯都的谨慎保守，近乎恺撒的大胆与多变，如：政府与法令的改革，公共场所的建筑和公共服务，提高各行省的地位，授给高卢人公民权，以及征服不列颠并使之罗马化。

他所表现的意志、个性、学问和智慧，使每一个人惊奇。同恺撒和奥古斯都一样，他认为地方行政长官太少且未经过训练，元老院太骄傲又缺乏耐性，不能为地方和政府做复杂的工作。他向元老院屈服，给予其许多权力与尊严，但真正的政府工作还是他自己亲身执行。一个他所委派的内阁和民事机关渐渐成立，就像恺撒、奥古斯都和提比略时代一样，由皇帝家族中的自由人构成，并由"公共"奴隶担任文书和次要的工作。这种官僚政治由四个阁员领导：一个主管交通的国务大臣，一个主管账务的财政部长，一个主管申诉的部长，一个主审案件的检察长。有才干的自由人——纳西索斯、帕拉斯和卡利斯图斯担任上述前三个职位。他们的当权与富有是自由人阶级地位普遍提高的象征，这种变化已经继续了几个世纪，但在克劳狄乌斯时代又达到一个新的顶点。当贵族阶级反对授权给这些暴发户时，克劳狄乌斯便恢复了监察权，使自己当选这一要职，修改元老院合格人员名单、剔除反对他政策的主要分子，另从骑士与各省中增加一些新元老。

这些行政机构使他树立了建设与改革的雄心，他改良了法院诉讼程序，宣布了延迟判决的惩罚令，每周耐心地坐在那里做法官达数小时之久，并禁止对任何公民施以酷刑。亚平宁山上的树木已经伐光，为了防止洪水危害罗马，他在台伯河下游另外开凿一条水道。为了加速粮食的进口，他在靠近奥斯蒂亚地区又增建一个港口，并建有宽敞的库房、船坞、两道大防波堤及一条水道，连接该港与台伯河淤塞河口的上游。他完成了卡里古拉时即已开工的克劳狄乌斯水道，另外开凿一条阿尼奥劳乌斯（Anio Novns）水道。两个工程都很浩大，而且以美丽高大的拱门著称于世。鉴于马奇安（Marsians）的陆地定期地被福西努斯湖泛滥的湖水侵没，他从国库拨款，在 11 年间雇用了 3 万劳工，从该湖通过一座山至西里斯（Ciris）河挖掘一条 3 英里的隧道。在未将湖水引入地道之前，他在来自意大利各方、聚集在四周山坡上的观众面前，在这条隧道中举行了一次由 1.9 万名犯人操纵的两个舰队之间的假想海战。战士们一起口呼历史上的名句向皇帝致敬："恺撒万岁！我们将死的人向你致敬。"

各领地在他统治之下，跟奥古斯都时代一样繁荣。他对渎职官员的处罚很果决，但犹太税吏菲利克斯（Felix）的案子例外，因为他的暴政被圣保罗的裁判官之弟帕拉斯掩饰了。他终日忙着处理各领地的事务。全国到处可见的诏书与题铭，更显出他的挑剔与唠叨，但也表现出他致力于公益的智慧与意愿。他力求改善交通与运输，保护旅客免受盗匪洗劫，降低各社区公立机构的费用。像恺撒一样，他想把各领地的地位提高到与意大利一样，成为罗马联邦的一分子。他实现了恺撒的计划，给予阿尔卑斯山北方的高卢人充分的公民权。假若当时他的计划成功的话，他已将公民权授给全国所有的自由人了。1524年在里昂出土的铜匾，为我们保存了部分闲聊言词，其中有他劝说元老院允许拥有罗马公民权的高卢人进入元老院并担任公职的文字。同时，为了不使军队腐化或边疆遭受侵犯，他经常保持军队的忙碌与齐备，像科尔布洛（Corbulo）、韦斯巴芗及保利努斯（Paulinus）等大将，都是经他选择并受他鼓励而成名的。为了完成恺撒的计划，他在 43 年进犯不列颠并征服了她，于 6 个月内回到罗马。凯旋后，他违反先例，赦免了被俘的不列颠国王卡拉卡塔库斯（Caractacus）。罗马人讥笑他们奇怪的皇帝，但仍然爱戴他。有一次当他离开国都时，一个谣言传播开来，说他已被杀害。全城人民感到如此地悲痛，以致元老院不得不发布正式声明，说克劳狄乌斯仍然健在，不久即将返回罗马。

　　他之所以会从那个顶点上跌下来，是因为他建立了一个太过复杂的政府，使他无法亲自监督；另外，他的个性太温和了，容易受他的自由民及其家属的欺骗。这个官僚机构改良了行政，但也制造了成千个新的贪污机会。那喀索斯和帕拉斯都是极优秀的行政官，他们认为他们的薪水与他们的功绩不相称，为了弥补差额，他们出售公职，以威胁的方式勒索贿赂，擅给人民加以罪名，企图没收他们的财产。他们死亡时成为古代最富有的人，那喀索斯有 4 亿塞斯特斯（约 6000 万美元），帕拉斯有 3 亿塞斯特斯。当克劳狄乌斯抱怨国库出现赤字时，罗马爱说笑话的人们说，假若他能邀这两位自由民入伙，那就绰绰有余了。古老的贵族家庭现在都已相当贫穷，他们以惊恐与羡慕的眼光看着这些财富与权势，内心充满愤怒。

　　克劳狄乌斯忙着写信给他任命的官吏和学者，准备诏书和讲词，还要注意他太太的需要。这样的人应该过僧侣的生活，隔绝爱情。他的太太们使他分心，因此他的内政并不如外交那样成功。他像卡里古拉一样结过四次婚。第一任太太在婚礼当天死亡，以后两个相继离异，然后他于 48 岁时娶了 16 岁的迈萨里纳（Messalina）。她并不很漂亮：她的头是扁的，脸是红的，而胸部是畸形的，但一个女人并非美才能通奸。当克劳狄乌斯当了皇帝时，她僭取了皇后的权力与礼仪。她趁他的成功大出风头，让全国人庆祝她的生日。她爱上了舞师麦勒斯特（Mnester）。当他拒绝她的祈求时，她便请求她的丈夫令他恭顺一点。她的丈夫同意了她的请求，舞师只好忠实地屈服于她。迈萨里纳对她制服的简单方式感到很得意，又将其使用到其他男人身上。凡是仍拒绝她的人，均被听从她的官吏加以莫须有的罪名，褫夺他们的财产和自由，甚至生命。

　　皇帝容忍这些反常现象，也许是要确保他自己的嗜好。苏埃托尼乌斯说："他对女人的爱毫无节制。"他又特别强调说，克劳狄乌斯"完全未曾犯过鸡奸"。卡修斯说："迈萨里纳给了他一些妩媚的女仆作为同床人。"任意妄为需要金钱，这位皇后便出卖官职、推荐书和契约。尤维纳利斯曾传下这么一段故事，说她伪装进入妓院，接待所有的寻芳客，并欣然地接纳他们的酬金。这则故事也许是取材于迈萨里纳的后继者和对头的小阿格丽品娜一些失落的回忆录。塔西佗说，当克劳狄乌斯"专心致志于他的监察任务时"——包括督导改进罗马的道德，迈萨里纳便"放纵爱情"。最后，当她的丈夫在奥斯蒂亚时，她便"以壮丽和一切习俗的仪式"正式与一位英俊的少年西利乌斯（Caius Silius）结婚。那喀索斯经由皇帝的妃子报告皇帝，说他们正在密谋起义杀害他，以便拥立西利乌斯继位。克劳狄乌斯急忙赶回罗马，召集禁卫军，命令将西利乌斯和迈萨里纳的其他爱人一并诛杀，然后神经疲倦地退回他自己的房间。皇后躲藏在她为玩乐而没收的卢库卢斯花园里。克劳狄乌斯派人送给她一封信，邀她去说明情况。那喀索斯担心皇帝会宽恕她，并深惧她会反抗他，所以派了一些士兵去杀她。他们发现她与她母亲在一起，一刀结果了她的性命，将尸体留在她母亲的怀中（公元 48 年）。克劳狄乌斯对禁卫军说，假若他以后再结婚，他们可以将他杀掉。从此以后，他再未提过迈萨里纳。[1]

　　在一年之内，他对到底是与洛利娅·保利娜结婚还是与小阿格丽品娜结婚一事犹豫不决。保利娜是卡里古拉的前妻，是一个富有的

---

[1] 关于迈萨里纳的重婚一节，费雷罗（Ferrero）和伯里（Bury）两人曾想予以巧饰过去，唯有塔西佗保证说："不但那一时期的作家和严肃的老一辈人可以证明，而各方面也均有迹可寻。"

女人，听说她佩戴的首饰价值4000万塞斯特斯，也许克劳狄乌斯爱慕她的金钱胜过她的风韵。小阿格丽品娜是老阿格丽品娜与格马尼库斯所生的女儿，她的血管里流着屋大维及安东尼倔强的血液，也继承了她母亲的美貌、才能、果决及狂妄的报复心理。她已两次守寡，和第一任丈夫格奈乌斯·多米提乌斯·阿赫诺巴布斯（Cnaeus Domitius Ahenobarbus）生了一个儿子名叫尼禄，此子的继位问题变成她生活中主要的热望。她从她的第二任丈夫盖乌斯·克里斯普斯（Caius Crispus）那儿继承了他的财富（据传被她毒毙），因而加强了她达到目的的愿望。她的问题是要变成克劳狄乌斯的妻子，以便除掉他的儿子布里坦尼库斯（Britannicus），然后以收养的方式使尼禄成为皇帝的继承人。她是克劳狄乌斯的侄女，这个事实不但未能阻止她的野心，反而给了她亲近和挑逗的机会，使得这位年老的统治者也顾不得伯父的身份了。有一天他突然在元老院出现，要求元老院为了国家的利益让他结婚。在元老院的同意和禁卫军的耻笑之下，阿格丽品娜登上了后座（公元48年）。

她32岁，克劳狄乌斯57岁。他的精力已在衰退，而她却正在顶点，她运用了她全部的诱惑力说服了皇帝，收养尼禄为子，并且将她13岁的女儿奥克塔维娅嫁给一位16岁的青年（公元53年）。她所僭取的政治权力一年比一年多，最后终于与皇帝并肩坐在王座上。她召回克劳狄乌斯以前放逐的哲学家塞涅卡，做她儿子的家庭教师（公元49年），并使她的朋友布鲁斯（Burrus）担任禁卫军司令。她就这样按部就班地以男人似的手腕统治政权，并在皇室之中建立了秩序与经济制度。假若不是她陷入贪婪与报复的境地，她的得势对罗马将是一种恩赐。她将洛利娅·保利娜处死，因为克劳狄乌斯无意中赞美了洛利娅优美的身材。她毒死了马库斯·西拉努斯，因为她怕克劳狄乌斯指定他为继承人。她与帕拉斯密谋推翻那喀索斯，使这个富有的权贵在地牢里结束了一生。皇帝由于健康欠佳、操劳太多、嗜欲过度、身体虚弱，而让帕拉斯和小阿格丽品娜建立了另一个恐怖王朝。人们被控告、放逐或杀害。国库被公共事业和各种竞技耗尽，需要以没收的财物来补充。在克劳狄乌斯当政的 13 年内，共有 35 个元老和 300 个骑士被处死。其中有些也许是真的谋叛或犯罪，但我们不得而知。后来尼禄说，他曾检查过克劳狄乌斯所有的文件，看来没有一件刑案是皇帝下令执行的。

在第五度结婚过后五年，克劳狄乌斯对小阿格丽品娜的所作所为有了警觉，他决定要结束她的权力，指定布里坦尼库斯为他的继承人，以遏阻她为尼禄所作的计划。但小阿格丽品娜的决心胜过犹豫，当她察觉了皇帝的意向后，不顾一切危险：她给克劳狄乌斯吃有毒的蘑菇，经过 12 小时的痛苦后，他连一句话也未能讲就死了（公元 54 年）。当元老院供奉他为神时，已继位的尼禄说，蘑菇一定是神仙的食物，因为克劳狄乌斯吃了它以后，就变成神明了。

尼禄

尼禄的父系属于多米提·阿赫诺巴比（Domitii Ahenobarbi）一系——这是因为他们家族遗传青铜色似的胡子而如此命名的。500 年来，他们在罗马以能干、粗率、傲慢、勇敢和残暴而闻名。尼禄的祖父酷爱竞技与戏剧，参加战车驾驶竞赛，将金钱慷慨地花在野兽和格斗表演上，曾经因为虐待他的雇工和奴隶而受到奥古斯都的责备。他与安东尼和奥克塔维娅所生之女安东尼娅结婚。他们的儿子格奈乌斯·多米提乌斯（Cnaeus Domitius）更以通奸、乱伦、残忍及叛逆提高了这一家族的声名。28 年，他与当时仅 13 岁的小阿格丽品娜结婚。由于了解太太及自己的血统，他说："我们之间不可能生出好人来。"他们将他们的独子命名为卢西乌斯，加上古罗马姓氏"尼禄"二字，以萨宾人的话说，意为"英勇、健壮"。

他的主要老师是教他希腊文的苦修者沙埃雷蒙（Chaeremon）和教他文学与道德而非哲学的塞涅卡，小阿格丽品娜以塞涅卡会使尼禄不能胜任政府工作为由而不许教他哲学。对哲学来说，这个结果是值得赞誉的。塞涅卡像其他许多老师一样，抱怨说他的辛劳受到孩子母亲的阻挠：这孩子一受到斥责，就去找他母亲，而且一定可以得到慰抚。塞涅卡设法以谦逊、礼貌、朴实及坚忍去训练他，假如塞涅卡不能将哲学的教义与辩论零碎地传授给他，至少也可将自己所写的哲学论文题献给他，希望他的学生有一天能够读到它们。这位年轻的皇帝是位好学生，他可以写出不太坏的诗篇，能以他老师一样的优美态度在元老院演说。克劳狄乌斯死时，小阿格丽品娜在寻求承认她儿子的王位方面并无多大困难，尤其是她的朋友布鲁斯以禁卫军的力量全力支持他。

尼禄拨款犒赏士兵，并赠予每个公民 400 塞斯特斯。他向他的前任致颂词，颂词的作者是塞涅卡。不久后，塞涅卡将匿名发表一篇无情的讽刺诗，描写已故皇帝被逐出奥林匹斯山的状况。尼禄还是和以往一样向元老院致敬，他很谦和地说他太年轻，并宣布说在他所有的权力中，他只保留指挥军队的权力——一个哲学家的学生最实际的选择。这项承诺也许是有诚意的，因为尼禄忠实地保持了五年——那五年的时间，后来图拉真认为是帝国政府历史上最美好的一段。当元老院建议以金银来塑造雕像表达敬意时，这位 17 岁的皇帝拒绝了这项奉献。有两个人因赞助布里坦尼库斯被起诉时，他撤回这项提诉，并在对元老院发表的演讲中保证在他当期间遵守塞涅卡所颂扬的慈悲宽大政策。有一次，有人请他为一个死刑罪犯签署死刑执行状时，他叹道："但愿我从未学过写字！"他废除或减低严苛的税赋，对杰出但贫穷的元老，给予养老金。他深知他尚不成熟，允许小阿格丽品娜管理他的事务。她接待使者，将她的肖像与他并列刻在银币上。塞涅卡和布鲁斯担心这种母治的流弊，利用尼禄的自尊心，密谋夺回他行政的权力。这位愤怒的母亲宣布布里坦尼库斯为皇位的真正继承人，威胁要废除她的儿子。尼禄以毒死布里坦尼库斯作为对抗。小阿格丽品娜退隐到她的别墅，以写回忆录来作为她最后报复的一击——毁谤她所有的敌人和她母亲，为塔西佗和苏埃托尼乌斯提供了不少可怕的资料，以后他们根据这些资料为提比略、克劳狄乌斯和尼禄的形象着上了阴暗的色彩。

帝国在哲学家皇帝的指导及新行政机构的推动下，内外欣欣向荣。边疆防卫良好，黑海海盗敛迹，科尔布洛收回亚美尼亚作为罗马的保护国，与帕提亚签订了一项条约，维持了 50 年的和平。法院贪污案件减少，各领地官僚人员也大为改进，财政以经济而明智的方法管理。也许是出于塞涅卡的提示，尼禄作了一项长远的计划，取消所有的间接税，尤其是在边疆和港口所收的关税，使全国各地均可自由贸易。由于收税集团的影响，这一计划在元老院遭到了失败——这一失败显示元首政治仍然有其组织上的限制。

为了转移尼禄对国事的干扰，塞涅卡和布鲁斯让他无限制地沉湎于女色。塔西佗说："当罪恶对各阶层的人产生魔力之时，指望君主仍过着节约与自制的生活是没有用的。"宗教信仰也不能促使尼禄向善。半瓶醋的哲学开启了他的智力，但并未使他的判断成熟。苏埃托尼乌斯说："他轻视一切宗教仪式，并在他以往最尊敬的女神像上便溺。"他趋向于过度的饮食、奇特的欲念、奢侈的宴会，仅鲜花一项有时就得花费 400 万塞斯特斯之多。他说只有小气鬼才去计算他所花的钱。他羡慕并忌妒佩特罗尼乌斯，因为那个富有的贵族教过他罪恶与爱好结合的新方法。塔西佗在描述享乐主义者理想的一篇经典文章中描写佩特罗尼乌斯：

> 白天睡眠，夜晚以营业、寻欢、作乐度日。怠惰是他的兴趣，也是他的成名之道。其他人要以劳力与勤奋去达到的一切，他却以寻欢及豪华的逸乐来完成。与自认懂得社会上的享乐但却耗尽财产不同的是，他过着豪华的生活，但并不挥霍；享乐，但不浪费；耽于欲嗜，但不昏乱；他是一个受过教育的高雅的酒色之徒。他讲话轻快欢愉，带有某种雍容的魅力，当那种自然而坦

率的性情向外流露时，他更具吸引力。在比提尼亚任总督及以后任执政官时，他的优雅与飘逸证明活泼的心志与柔和的态度可以在同一个人身上相结合……他从办公室又回到他爱好的事物、罪恶的嗜好或接近罪恶的乐趣中……因受尼禄及其同伴的珍爱……让他做韵味与高雅的裁判人。未经他的认可，任何事物都不会被视为精美与珍贵。

尼禄尚未巧妙地达到这种享乐主义的艺术境地。他化妆去逛妓院，夜晚与同道人游荡街头，常去酒馆，抢劫店铺，侮辱妇女，"奸淫男童，剥去所遇人之衣衫，殴打、伤害、谋杀"。一位元老曾因极力抵御伪装的皇帝而被逼自杀。塞涅卡曾想宽恕尼禄与以前的一位性奴隶克劳狄娅·阿克特（Claudia Acte）间的关系，以转移他的欲念。但由于阿克特对尼禄太忠实而维持他的感情。他不久将她替换为另一个在爱的各方面都较她高雅的女人。波帕埃娅·萨比娜出身高贵而又富有，塔西佗说："除诚实的心地外，她拥有一切。"她是属于那些成天化妆的女人之一，只有被人需求的时候才存在。她的丈夫萨尔维乌斯·奥托（Salvius Otho）向尼禄夸耀她的美貌。皇帝立刻派他去治理卢西塔尼亚（葡萄牙），然后向波帕埃娅进攻。她拒绝做他的情妇，但假若他和奥克塔维娅离婚，她同意做他妻子。

奥克塔维娅默默地承受着尼禄的侵犯，她自出生即被迫生活在放纵情欲的洪流中，但仍保存自己的谦和与贞洁。小阿格丽品娜为了面子不惜牺牲生命来保护奥克塔维娅，抵抗波帕埃娅。她想尽方法阻止其子离婚，甚至献上她自己的妖媚。波帕埃娅以她的绝招反击获胜，青春发挥了作用。她痛骂尼禄，说他惧怕他的母亲，并使他相信他母亲正阴谋推翻他。最后，在他迷惑的疯狂中，尼禄同意杀害这个曾经养育他并给了他半个世界的女人。他想毒死母亲，但她防备周全，因她惯用解毒剂。他曾试想把她溺毙，但她在船毁之后却能安全游泳上岸。他的手下追到她的别墅，当他们捉到她时，她脱光身上衣服说：

"把你们的剑插入我的子宫吧。"经过多次打击，她才死亡。皇帝见到这裸体的尸体说："我不知道我还有这么一位美丽的母亲。"据说，塞涅卡与这次阴谋无关，但哲学史上最悲惨的一页说他如何写了一封信，信中尼禄向元老院解释小阿格丽品娜如何阴谋反叛，案子被侦破后她自杀了。元老院接受了他的解释，集体来迎接尼禄回罗马，并感谢神明保佑了他的平安。

这位杀母者原来只是一个热爱好诗篇、音乐、艺术、戏剧及竞技的 22 岁青年，真叫人难以置信。他羡慕希腊人各种体育竞赛和艺术能力，并设法把竞技引进罗马。公元 59 年，他创立了青年竞技会。一年后，以奥林匹亚四年一次的节会为范本，举行了典型的尼禄庆祝会（Neronia），会中有赛马、体育及"音乐"（包括演说与吟诗）。他建了一座圆形竞技场、一座健身房和一个堂皇的公共浴池。他的体操技术精良，变成了一个御车的热爱者，最后决定参加竞技。以他亲希腊的思想来说，这种做法不仅适当，而且也最合乎古希腊的传统。塞涅卡认为这事太荒唐，企图将这种表演限制在私人体育馆举行。尼禄驳斥了他，邀请大众来参观他的表演。观众来临，喝彩如狂。

这位肆无忌惮的登徒子真正想要的，是成为一个大艺术家。有了一切的权力之后，他也渴望每一项成就。他苦心致力于雕刻、绘画、音乐及诗。为了改进歌唱技巧，"他经常仰卧，胸前放一块铅板，以灌洗或呕吐来洁净自己，拒食一切有害于嗓音的水果及食物"。为了同一目的，在某几天除大蒜及橄榄油外，他不进任何饮食。一天傍晚，他召集最重要的元老们到皇宫，给他们看一架新的水风琴，并向他们说明它的原理和构造。他对泰佩诺斯（Terpnos）所弹奏的竖琴如此着迷，以至于他常消磨整个晚上练习那种乐器。他将一些艺术家与诗人聚集在他四周，在皇宫里与他们竞赛，将他的绘画与他们的比较，倾听他们的诗篇，也朗读自己的诗作。他被他们的赞誉所欺骗，当一位占星家预测他将失去王位时，他很愉快地回答说，他将以他的艺术来谋生。他梦想有一天能公开表演水风琴、笛、箫等，然后以演员或舞蹈家的角色在维吉尔的《图尔努斯》一剧里出现。公元 59 年，他在台伯河的花园里，以竖琴手的身份登场，举行了一次公开的演奏。在以后的五年多时间中，他控制了为大规模观众演奏的欲望。最后，他在那不勒斯做了大胆尝试，那里希腊精神占优势，人们会原谅与了解他。看他表演的观众是那么拥挤，等到观众离开后，会堂即散成了碎片。有了这次的鼓励，这位年轻的皇帝便以歌手和竖琴手的角色在罗马的庞培戏院中出现。在这些演奏中，他所唱的诗显然是他自己的作品 [1]，现存的一些片段仍可显示出他高超的才华。除了许多抒情诗外，他以特洛伊为主题写了一首长篇史诗，以帕里斯（Paris）为主角，还创作了另外一篇更长的史诗，以罗马为主题。为了表现他的多才多艺，他走上舞台做演员，饰演俄狄浦斯、赫拉克勒斯、阿尔克迈翁，甚至还演了俄瑞斯忒斯杀母的一戏。人们很高兴，因为有一位皇帝来娱乐他们，并依照传统跪在舞台上求他们喝彩。在客栈，在街头，到处都在唱着尼禄所唱的歌曲。他所热爱的音乐也在各阶层流传开来，他的声名不但没有下降，反而逐渐上升起来。

元老们对这些表演，比对皇宫里那些放纵与倒错情欲的谣传更觉得恐惧。尼禄回答说，希腊将运动与艺术竞赛限于公民阶级的习俗，远较罗马限于奴隶的习俗为优，当然竞技不应以缓慢处死刑犯的方式来进行。这位年轻的传教者下令说，只要他一天在位，竞技场中的战斗就不许有死亡事件发生。为了恢复希腊的传统，增加他自己表演的威严，他说服或强迫某些元老以演员、音乐家、运动家、角斗士及战车御者的身份公开参加竞争。有些贵族如特拉塞亚·帕图斯（Thrasea Paetus）等，在尼禄来元老院演讲时，以缺席来表示他们对他的不满。其他的人像赫尔维狄乌斯·普里斯库斯（Helvidius Priscus）等，在那些贵族沙龙里——唯一的自由言论避难所——猛烈地攻击他。罗马一些苦修哲学家从来没有像这样公开地批评过在位者

---

[1] 苏埃托尼乌斯声称他曾看过皇家的手稿，上面有尼禄的文本和修正的手迹。

的玩忽享乐。有人计划罢黜他，被他的密探发现了，他像他祖先一样，以恐怖政治来对抗，叛国律再度复活。公元62年，凡是反对者或富有者的死亡对文化或经济有益时，就会遭到控诉，因为尼禄现在也跟卡里古拉一样，以靡费、礼品和竞技耗空了国库。他公开宣布，凡是人民遗嘱上留给皇帝的数目不足时，他便要没收他们全部的财产。他剥削了许多庙宇的香火钱，熔化金银所制的神像。当塞涅卡向他抗议并私下批评他的行为——更糟的是他的诗——尼禄将他赶出宫廷（公元62年），让这位老哲学家在他的别墅里度过最后三年的隐居生活。

现在尼禄四周的随从都是新人，大多气质粗劣。市行政官提格利努斯（Tigellinus）变成了他主要的参谋，为他开辟了每一条寻欢的道路。公元62年，尼禄以不孕为由与奥克塔维娅离婚，12天后与波帕埃娅结婚。人们沉默地抗议，他们推倒尼禄为波帕埃娅所塑的雕像，而在奥克塔维娅的塑像上饰以鲜花。愤怒的波帕埃娅使尼禄相信奥克塔维娅正在计划再婚，并准备发动革命，拥立她的新伴来取代他的政权。据塔西佗说，尼禄邀请了曾经杀害小阿格丽品娜的阿尼塞图斯，叫他承认曾与奥克塔维娅通奸，将她牵入一件谋叛的案子。阿尼塞图斯完全遵照指示行事，后被放逐到撒丁岛，过着安逸富有的生活。奥克塔维娅被放逐到潘达特里亚。她到达该地数天之后，皇帝的密探就去谋杀她。她只不过22岁，让人不敢相信一个无辜者的生命这么快就将结束。她乞求前来杀她的人说，她现在只是尼禄唯一的妹妹，不会对他有所伤害。他们割下了她的头，带回波帕埃娅处领赏。元老院得悉奥克塔维娅已死，感谢神再一次保佑了皇帝的平安。

现在，尼禄本身也是一位神了。小阿格丽品娜死后，一位执政官当选人建议为"被奉为神的尼禄"建立庙宇。公元63年，当波帕埃娅为他生了一女时，这个婴儿也被选为神，但不久夭折了。当提里达特斯（Tiridates）来接受亚美尼亚的皇冕时，曾将这位皇帝当作密特拉神（Mithras）一般予以跪拜。当尼禄建造"金宫"（Golden House）

时，他先建造了一座高达 120 英尺的巨像，上装一个与他相似的头，和太阳神一样，四周环以光圈。实际上，此时 25 岁的他，已是一位堕落汉了，拥有便便的大腹、瘦弱的四肢、肥胖的面孔、黑斑的皮肤、弯曲的黄发及无神而灰暗的眼睛。

作为一位神和艺术家，他对他所继承的皇宫感到不悦，他计划建造自己的宫室。但帕拉蒂尼已经太拥挤了，在它的土地上，一边是最大的圆形竞技场，另一边是公共广场，其余便是贫民窟。他哀伤罗马的散漫发展，没有像亚历山大或安条克那样科学的设计。他梦想重建罗马，成为罗马的第二位建立者，并拟更其名为"尼禄市"（Neropolis）。

公元 64 年 7 月 18 日，圆形竞技场发生大火，火势迅速蔓延，燃烧了九天，烧毁了该城 2/3 的建筑。火灾发生时尼禄正在昂蒂乌姆，他急忙赶回罗马，及时到达，眼见帕拉蒂尼皇宫烧成灰烬。连接皇宫与梅塞纳斯花园的多穆斯·特兰西托里亚（Domus Transitoria）新建不久，却是首先倒下的建筑物，公共广场、神殿及台伯河以西地区能以幸免于难；全城其他各地有无数的房屋、庙宇、珍贵的原稿及艺术品被烧毁；在拥塞的街道上、在倒塌的房屋中，成千的人丧失生命；数以万计的人无家可归，因恐怖而疯狂，听信谣言，说尼禄曾下令放火，并散布燃烧剂以加速它的燃烧，他自己却站在梅塞纳斯花园的塔楼上，在七弦琴的伴奏之下，一面唱着《特洛伊的劫掠》，一面观望大火肆虐。他极欲控制火势，供给救援。他下令开放所有的公共建筑和御花园以收容灾民。在马尔斯校场也建了一座帐篷城，向四周的乡村征募食物，为人民安排食宿问题。他默默地容忍愤怒的大众对他的非难与讥讽。据塔西佗（我们不可忘了他的元老院成见）说：

> 在那些厌恶他们那种邪恶作为的人中找到一位，一般称之为 Chrestiani（基督徒的人），这个名字是由基督（Chrestus）而来，他在提比略当政时遭到犹太税吏比拉多（Pontius Pilate）的迫害。

那个事件以后，他所创立的教派遭受了严重的打击，因此暂时阻止了危险迷信的发展。但它不久又复活了，以新生的力量不仅在犹太……甚至在罗马城传布开来，这条公共的污水沟，将世界各地的罪恶与卑鄙汇成一股急流。尼禄仍运用他惯常的诡计，他找到一群放荡无耻的可怜虫，诱使他们自己承认有罪。于是一批基督徒在这些人的作证下被判有罪，当然不是证明他们曾在罗马纵火，而是说他们对整个人类怀有深沉的怨恨。他们被以非常残忍的方式处死。尼禄还以嘲笑与讽刺来增加他们的痛苦。有些人被兽皮覆盖，让野狗来争食；其他的被钉在十字架上；有些人被活活地烧死；很多人被包着易燃物，夜晚点着供照明……最后这种残暴的措施引起每个人的痛惜。人性对基督徒发生了慈悲之情。[1]

当满城残骸被清除后，尼禄喜形于色地依照他的梦想来重建这个城市。他请求全国各个城市为此捐献，凡是老家被毁的人均可以用这项经费来重建。新街道修得宽而且直，新房屋要有正面，第一层要用石头建筑，邻近建筑间必须留有空隙，以防火灾延烧。将城下之泉水导入积水池，以备未来火警之用。尼禄支用国库经费在各主要大道上建造柱廊，为数千家庭供给了遮阴的门廊。喜好古物者和老年人失去了这座古城美丽而威严的景色，不久大家看到一个更雄伟、更安全、更美丽的罗马已从火后的废墟上矗立起来了。

尼禄假若能像重建罗马那样改良他的生活的话，他的罪过也许可以得到宽恕。波帕埃娅在公元 65 年死亡，当时她怀有身孕，可能是腹部被踢所致。传说她曾斥责尼禄竞赛晚归，这是他给她的回答。他对她的死感到很悲伤，因为他曾热切地期待一个子嗣。他将她的尸体

---

[1] 塔西佗、苏埃托尼乌斯及卡修斯一致指控尼禄为了重建罗马而纵火焚城，其是否有罪，查无实据。

涂以贵重的香料以防腐，为她举行隆重的葬礼，并向尸体宣读颂歌。他发现一位名叫斯波鲁斯（Sporus）的年轻人长得很像波帕埃娅，于是将他阉割后正式与他结婚，"把他完全当女人看待"。因此有人说尼禄的父亲也曾有过这么一位妻子。同年，他开始建造他的"金宫"，其奢华的装潢、费用及范围——包括一片广大区域，一度曾容纳过数千贫民——重新引起了贵族的憎恨及人民的怀疑。

　　突然间，尼禄的密探告知他说有人阴谋拥立卡尔普尼乌斯·皮索登位（公元65年）。他的密探逮捕了几个次要的密谋人，以刑罚或威胁逼供，牵连到诗人卢坎（Lucan）和塞涅卡，一点一点地使该计划真相大白。尼禄的报复是那么凶猛，以致罗马人相信一项谣言，说他立誓要铲除整个元老阶级。当塞涅卡接到自杀命令后，他略加辩论后就顺从了。卢坎也同样地切开了血管，死时还在背诵诗篇。提格利努斯忌妒佩特罗尼乌斯在尼禄面前得宠，便收买了他手下的一个奴隶，作不利于他主人的证明，引诱尼禄赐他一死。佩特罗尼乌斯死得很悠闲，他先把血管切开，然后又加以缝合，以他平日愉快的态度与朋友交谈，并向他们朗读诗篇。散了一会儿步，小睡片刻，然后他又切开血管，很安静地逝去。元老院中苦修哲学的代表人物特拉塞亚·帕图斯虽未参与阴谋，但却以对皇帝不够热忱、不欣赏尼禄的歌唱及赞美加图的生活为理由而被处死。他的女婿赫尔维狄乌斯·普里斯库斯仅遭放逐，但另两个人则因写诗赞扬他们而被处死。苦修派哲学家鲁福斯及大法学家朗吉努斯（Cassius Longinus）均被放逐。塞涅卡的两个兄弟——卢坎之父安纳埃乌斯·梅拉（Annaeus Mela）和曾在科林斯释放圣保罗的诺瓦图斯（Annaeus Novatus）——均受令自杀。

　　背后的敌人清除后，尼禄在公元66年离开罗马，参加奥林匹克竞技，并在希腊作旅行演奏。他说："希腊人是唯一懂音乐的人。"在奥林匹亚他驾驶一辆四马两轮战车竞赛，被摔出车外，几乎被压死，后来回到他的战车继续参加比赛，但未抵终点他就弃权了。裁判们辨得出皇帝与运动员，仍然颁给他胜利的皇冠。群众向他喝彩。他喜不自禁地宣布说，此后不仅是雅典和斯巴达，整个希腊都免除一切对罗马的贡物。希腊各城为了迎合他，一年之内举办了奥林匹亚、皮西亚、尼米安及伊斯米亚竞技会，他以歌唱家、弹竖琴者、演员及运动员等身份参与。他很谨慎地遵守各种竞赛规则，对竞技的对手礼貌周到，他胜利后总是赐给他们罗马公民权予以安慰。在旅游中，他接到犹太背叛及整个西部均纷纷揭竿而起的报告后，只叹息一声，仍继续他的行程。苏埃托尼乌斯说：他在戏院演唱时，"不管任何理由，一律不准离开。因此有妇女在那里生产，也有假死抬出的"。在科林斯时，他下令在运河上动工，照恺撒所计划的切断地峡（Isthmus）。这个工作已开始，但是又在第二年的骚乱中停工。唯恐再有暴乱与反叛发生，他回到意大利（公元 67 年），以一种正式的凯旋进入罗马，并把他在希腊所赢得的 1808 件奖品作为他胜利的纪念品予以展示。

悲剧很快就赶上了他的喜剧。公元 68 年 3 月，里昂的高卢行政官尤利乌斯·维恩德克斯（Julius Vindex）宣布高卢独立。当尼禄悬赏 250 万塞斯特斯要他的首级时，维恩德克斯反驳说："凡将尼禄首级拿来者，我也给赏。"当尼禄准备以战争来对付这位强有力的敌手时，他首先顾虑到的是挑选车辆，随他载运他的乐器及演戏的道具。但在 4 月，消息传来，驻扎西班牙的罗马军司令加尔巴已倒向维恩德克斯，正向罗马进军。元老院听说禁卫军准备背弃尼禄另寻适当的出路，便宣布加尔巴为皇帝。尼禄将一些毒药放进一个小盒子里，这样武装之后，便从他的"金宫"逃至塞尔维利亚花园，准备到奥斯蒂亚去。他请一些禁卫军官像在宫中一样地跟从他，大家都拒绝，其中有一位还引用了维吉尔的一行诗说："那么，死是这么困难吗？"尼禄无法相信全能力量突然消失了，他向好几位朋友乞援，但无人搭腔。他走到台伯河想跳水自杀，但是缺乏勇气。一个名叫法翁（Phaon）的自由人愿意将尼禄藏在他的萨拉里亚（Salaria）的别墅里。尼禄把握了这个机会，趁夜离开罗马中心，在黑夜中骑行了四英里。当天夜里在法翁的地下室里度过一夜，他穿着一件沾满泥土的紧身上衣，又困乏又饥饿，听到声响就发抖。法翁的仆人带来消息说，元老院已宣布尼禄为人民的公敌，并下令逮捕他，抓到后要以"古法"惩罚。尼禄问"古法"是怎样的。有人对他说："剥去罪犯的衣服，以铁叉穿颈，钉在柱子上，然后活活打死。"他听后感到非常惊惧，企图自戮，但他用匕首尖先做试验，发现它惊人地锋利。他哀伤地说："多么伟大的艺术家要死了！"

第二天黎明，他听到马蹄声：元老院的士兵已经追踪而至。他念了一行诗——"听！信差的脚步踏着我的耳鼓膜"——将短剑插入喉管。他的手颤动，他的随身侍从埃帕弗罗狄图斯（Epaphroditus）帮他将刀尖插到底。他曾请求他的朋友帮他保持全尸，加尔巴的密探准许了他的愿望。他以前的情妇艾克特（Acte）和他的几个老的看护将他埋葬在多米提地下室的墓地里（公元 68 年）。很多人对他的死感到高兴，头上戴着自由帽在罗马到处乱跑。但有更多人哀悼他，因为他过去对贫民的慷慨正如对贵人的残酷一样。他们热切地听信谣言，说他并未死去，正在向罗马进攻。当他们确信他已死时，数月之内纷纷向他墓前献花致敬。

三位短命皇帝

加尔巴于公元 68 年 6 月抵达罗马。他出身高贵，因为他的父系是天神朱庇特的血统，母系源于米诺斯与怪牛的妻子帕西法厄。他继位的第一年，头发已脱落，手足因痛风而弯曲得不能穿鞋子或拿书。他也有一般人正常或不正常的恶癖，但这些并不是他当政如此短暂的原因。最使军队与人民震惊的是他对公费的节制及对法律执行的严谨。他上台后，凡是曾经接受尼禄礼物或养老金的人，必须缴纳 1/9 到国库，如此他树起了上千的新敌人。加尔巴的日子也因此到头了。

一位破产的元老马库斯·奥索（Marcus Otho）宣布说，他只有当上皇帝才能还清所有的债务。禁卫军拥护奥索，进军到广场，遇到加尔巴正坐在担架上。加尔巴毫无抵抗地伸出脖子，他们割下他的头、臂和双唇。其中一人将头送给奥索，因为加尔巴头发稀少而带血，那人无法抓牢，便将拇指插入他口中。正当罗马在德意志和埃及的军队分别欢呼他们的将军——维特利乌斯（Aulus Vitellius）和韦斯巴芗——为皇帝时，元老院匆忙拥立奥索继位。维特利乌斯以他精良的军队进入意大利，扫清了北边守军及禁军微弱的抵抗。奥索当政了95天后自杀而死，维特利乌斯登上王座。

这表明罗马的军事制度不良：像加尔巴这样一位老人还让他带兵远驻西班牙，而维特利乌斯这样怠惰的享乐者，居然还让他领兵驻扎德意志。他是个美食家，把元首政治当作一种宴会，因此当政后每餐饭都是大摆筵宴。他在空隙中治理国政，当这空隙愈来愈短时，他便把国事交给他的随身侍从阿西阿蒂库斯（Asiaticus）管理，后者不到四个月的时间便成了罗马的巨富之一。维特利乌斯听说韦斯巴芗的军队正向意大利进军，企图推翻他，就授权他的部属去防守，自己继续办宴会。公元69年10月，安东尼乌斯的部队在古代历史上的一次大血战中，在克雷莫纳击败了维特利乌斯的守军。他们乘胜进入罗马，而当维特利乌斯的剩余部队英勇地为他作战时，他却在皇宫中避难。塔西佗说，人民"成群结队去观看这次战斗，就如同屠杀的情景只是娱乐他们的公开演出一样"。当战事正在进行当中，其中有些人趁火打劫，抢劫商店及住户，但妓女们却大发利市。安东尼乌斯的军队获胜后，不分地区地屠杀，无限制地抢劫。人民像往常一样欢迎胜利者，协助他们搜出他们的敌人。维特利乌斯从密室里被拖出来，半身赤裸，脖子上套一个活结，引导游街，被人浇大便，慢慢被折磨，最后在一念慈悲中被杀了（公元69年12月）。他的尸体挂于钩上，被拖着游街，然后扔到台伯河里。

韦斯巴芗

能够遇到一位有见识、有能力、有荣誉感的人，是多好的一种慰藉！正在忙着指挥对犹太作战的韦斯巴芗，抽空来就任士兵们为他赢得而元老院忙着予以承认的显位。当他就位后（公元 70 年 10 月），全心致力于恢复这个备受搅扰的社会。由于他深知自己必须学习奥古斯都的勤劳，他形成与奥古斯都相同的品行与政策。他与元老院和好，并重建宪政；他释放或召回被尼禄、加尔巴、奥索及维特利乌斯判处冒犯君主的罪犯；他改编军队、限制禁卫军的人数和权力，委派有才能的将领压制各领地的叛乱，不久即封闭作为和平的标志和保证的雅努斯神庙（Temple of Janus）。

他年已 60 岁，但身体健康，精力旺盛。他体形四方，性情坦率，头部宽大光秃，容貌粗俗但有威仪，小而锐利的眼睛可以看透一切虚伪。他身上没有一丝天才的踪迹，却是一个意志坚强而有实际智慧的人。他出生在靠近雷特（Reate）的萨宾村，祖先是纯粹的平民。他的继位等于是四重革命：平民登上王位，地方军队战胜禁卫军而立其首领为王、弗拉维安（Flavian）王朝取代了朱利亚－克劳狄乌斯王朝，以及意大利中产阶级的简朴习惯与德行代替了皇宫中奥古斯都及利维娅后代的浪费与享受。韦斯巴芗从未忘记和掩盖他质朴的祖先。当家谱学家追溯他的家世，说他祖先为海格力斯的骑士时，他笑得他们无话可说。他每隔一段时间总要回到他的老家去享受一番乡村生活与食物，他不让他的老家有任何改变。他轻视奢华与懒惰，吃农家食物，每月禁食一天，并向浪费宣战。凡是经他提名为官的罗马人，来到他面前如有香水味道时，他说："我倒宁愿闻到你有大蒜味道。"并取消这人的提名。他使自己容易让人亲近，言谈和生活与人民处于平等地位，常嘲弄自己来取笑，允许每个人自由批评他的行为与品德。发现阴谋反叛时他宽恕那些叛逆者，并说他们是傻瓜，不了解一个皇帝所背负的烦恼与重担。他只发过一次脾气。在尼禄时代被放逐的赫尔维狄乌斯·普里斯库斯回到元老院后，要求恢复罗马共和，并毫无掩饰和限制地诽谤韦斯巴芗。韦斯巴芗告诉普里斯库斯如果他要继续诽谤的话，就不要出席元老院。普里斯库斯拒绝从命。韦斯巴芗将他放逐，并不惜玷污名誉，下令将他处死。后来韦斯巴芗很懊悔，苏埃托尼乌斯说，其后"他在朋友坦诚的言词……与哲学家们的大胆批评下都表现了极大的耐性"。后者并不像斯多葛主义者，而更像是犬儒学派及哲学上的无政府主义者，他们认为每个政府都是骗局，因此攻击每个皇帝。

为了给元老院补充新鲜血液（由于家族的限制与内战所造成的损伤），韦斯巴芗身兼都察官，从意大利及西部各领地召来1000户杰出的家族，将他们列入贵族或骑士阶级，在多次强烈的抗议下将他们填补进元老院里。这些新贵族在他以身作则的刺激之下，改善了罗马的道德与社会。其时罗马的社会并未被懒散的财富破坏，其离开劳动与土地的程度也未到达轻视生活与行政上的一般工作。这与皇帝的命令与正派的生活有关。其中产生了一些统治者，从多米提安以后的百年间，均能给予罗马优良的政府。他了解皇室过去使用自由人做行政官所带来的害处，韦斯巴芗以各领地来的人员或罗马日渐扩展的商业阶级的人士来取代他们。在他们的协力之下，他在9年之内完成了复兴的奇迹。

他计算，要想使破产的情况变成有清偿债务的能力，需要400亿塞斯特斯方能济事。[1] 为了筹齐这个数目，一切事物均征税，各领地的贡物增加，原已征税的希腊又重新加征，夺回并出租公有土地，出售皇宫及地产。由于他坚持这种经济制度而被人民指责为小气的农夫。甚至使用公共小便池也要抽税，他的儿子提图斯反对这种有失体面的收入，但这位老皇帝手拿一些银币在他儿子的面前说："孩子!

---

[1] 苏埃托尼乌斯所列的一些数据，往往由于难以置信而遭排斥，但他可能是根据贬值的货币来计算，而非夸张失实。

你闻闻看有没有味道。"苏埃托尼乌斯指责他以出卖公职来增加帝国的收入，并提拔各领地最贪婪的官员，以使他们贪污自肥，然后他突然召集他们，审查他们的账目，并没收他们的财产。不过这位狡诈的财政家，并未将这些收入移作私用，他将所有金钱投入罗马的经济复兴、建筑装饰和文化促进上。

直到这位粗率的军人当政，才首创了古代的国家教育制度。他命令发放公费给某些拉丁和希腊文学的合格老师，服务满 20 年者支发养老金。也许这位老滑头感觉老师们与民意的形成有关，支给他们薪俸可使他为政府说些好话。或许出于相同的理由，他恢复了很多古庙，甚至包括在乡村的。他重建了维特利乌斯时被焚烧的天神朱庇特庙、女神朱诺和密涅瓦庙，并修建了一座雄伟的和平女神帕克斯的神庙。同时还开始修建罗马另一所著名的大建筑——大竞技场。上层阶级的人看到他们的财产被征收去建造国家公共建筑及支付最下层阶级的工资，感到很哀伤，而工人们也并不见得特别感恩。他发动人民开展清除近期战争所留废墟的运动，他自己首先带头运第一担，以身作则。一个发明家给他看自己创造升降机的计划，这种机器在移除废物与建筑上可节省很多人力，韦斯巴芗拒绝说："我要养活我的贫民。"韦斯巴芗在这次延缓使用发明物的事件上证明他认识到由于技术所造成的失业问题，因而决定与工业上的革命对抗一番。

各领地从来没有像这样繁荣过。以金钱来说，他们的财富较奥古斯都时代增加了两倍，因此，他们的贡物虽然增加，但自身收益却没有受损。韦斯巴芗派能干的阿格里科拉（Agricola）去治理不列颠，授权提图斯去平定犹太人的叛乱。提图斯占领了耶路撒冷，带着英勇杀敌所能享受的一切荣耀回到罗马。这是一次壮观的胜利，街上排了一长列的俘虏与战利品，并修建了一座有名的拱门来纪念这次的胜利。韦斯巴芗对他儿子的成功颇感自豪，但有一件事实使他烦恼，那就是他儿子带回一位漂亮的犹太公主贝勒奈斯（Berenice）做情妇，并希望与她结婚。这位皇帝不了解一个人为什么要和情妇结婚，他自已自从太太死后便与一位自由女人同居，但并未想到要同她结婚。而当这个名叫凯尼斯（Caenis）的女人死后，韦斯巴芗便将他的爱分给了几个宠妾。他认为继承问题必须在他死之前予以解决，以免陷入无政府的状态。元老院同意，但要求他提名"优中之优者"——也许是位元老。韦斯巴芗暗示提图斯为最优人选。为了缓和情势，这位年轻的征服者遣走了贝勒奈斯，在乱交中寻求安慰。皇帝随即与他联合担任执政官，并将政府大权逐渐授予他。

公元 79 年，韦斯巴芗再度回到雷特。他在萨宾乡下喝了许多库提利亚（Cutilia）湖可致泻的水，患了严重的痢疾。虽然卧病在床，他仍然接待使者，处理其他公务。虽然感到死神快要来临，但他仍保持坦率的幽默。他说："啊！我想我要变成神了。"当他快要昏厥的时候，他仍在随从的扶持下挣扎着要站起来，他说："作为一个皇帝，应该要站着死。"说完这句话后，他结束了 69 年完满的生活和十年慈善的政权。

圣提图斯

他的长子提图斯（Titus Flavius Vespasianus）是皇帝中最幸运的一个，他在当政的第二年死亡，时年 42 岁，仍是"人们所爱的对象"。时间未给他滥权或逞欲的机会。他年轻时即以残忍作战而出名，后以生活散漫而污损了名声。现在，他不但未让万能的权力迷醉他，反而改良他的道德，使他的政府成为智慧与荣耀的模范。他最大的缺点是毫无节制的慷慨：他一天未送礼物让某些人高兴，就认为那一天是浪费了；他在表演与竞技方面花费了太多的金钱；他使充实的国库变成跟他父亲继位时一样的空乏。他完成了大竞技场，并建造了另一个城市浴场，在他短暂的执政官期间，无人被处死刑；相反，他将检举人加以鞭笞，之后放逐。他发誓宁肯被杀而不肯杀人。当他发现两个贵族密谋推翻他时，他给他们一次警告就感到满意，然后派人去告诉密谋人的母亲，说她们的儿子平安无事，以减轻她们的忧虑。

他的不幸是由于一些无法控制的大灾难。公元79年发生了三天大火，烧毁了很多重要的建筑，包括天神朱庇特、朱诺和密涅瓦庙。同年，维苏威火山埋葬了庞贝及成千的意大利人。一年后，罗马发生了有史以来最严重的瘟疫。提图斯尽其所能来减轻此项灾难所造成的痛苦，"他不仅表现了一个皇帝的关怀，同时也表现了一个父亲的超然之爱"。他于公元81年在他父亲逝世时的同一农宅死于热病。除继他王位的弟弟外，全罗马都为他的死而哀伤。

多米提安

要想给多米提安描绘一幅客观的画像，比尼禄更难。关于他当政时的主要资料，我们只有塔西佗和小普林尼两个来源。他们虽是在他下面发迹，但是他们属于元老派，与他在一次战争中发生冲突，几乎弄得两败俱伤。我们可拿斯塔提乌斯（Statius）和马提雅尔两位诗人对他们的敌意见证提出反证，这两位诗人是靠多米提安为生，几乎把他捧上天去。也许他们四人全对，因为弗拉维安王朝也像朱利亚—克劳狄乌斯王朝一样，开始时像天使加百列（Gabriel），而结束时却像魔鬼卢西弗（Lucifer）。在这方面，多米提安的灵魂跟着他的肉体走：年轻时他谦和、文雅、英俊、高大，晚年"他腹部突出，两腿细长，头发脱落"——虽然他曾写过一本《论头发的保养》（*On the Care of the Hair*）的书。在少年时他写诗，在晚年他不信任他自己的诗文，而让他人为他写演讲词及文告。假若提图斯不是他兄弟的话，他可能会更愉快一点，但只有最伟大的人才能对他们朋友的成功处之泰然。多米提安的忌妒首先化成沉默的忧郁，然后又变成反抗他哥哥的密谋。提图斯不得不去求他父亲宽恕这个小儿子。当韦斯巴芗死后，多米提安宣称他父亲曾许诺让他参与国事，但皇帝的遗嘱已遭篡改。提图斯请他做自己的同伙及继承人。多米提安予以拒绝，并继续谋叛。

卡修斯说，当提图斯病倒时，多米提安用雪包住他的身体，以加速他的死亡。对这个传说的真实性，我们无法评定。至于说他狂嫖并纳提图斯之女为妾，"对于女人与男童都同样地极尽放荡与淫乱之能事"，这些是否属实，我们也无法肯定。

当我们注意到多米提安的实际政策时，我们发现他在前十年非常严谨与能干。正如韦斯巴芗曾以奥古斯都为楷模一样，多米提安似乎也接受了提比略的政策与态度。他自任生活监察人，禁止低级嘲骂文章的出版发行（虽然他对马提雅尔的讽刺短诗视若无睹），加强《尤里安法》的通奸罪，企图结束童妓，减少鸡奸，禁演哑剧——因为太下流。对被判乱伦或通奸罪的服侍女灶神的修女，他下令依法处决，并不准再有阉割行为发生，阉人奴隶的价格曾一度普遍高涨。他避免任何形式的流血事件，甚至对祭祀用的公牛也是如此。他正直慷慨，不贪婪，对有子女的人他不征遗产税，5年未缴的欠税一律撤销，不赞成控告。他是一个严格而公正的法官。他用自由人做书记，但品德不好即不再雇用。

他统治期间是罗马建筑伟大的时代之一。公元79年与82年的大火曾造成巨大的破坏与贫困，多米提安重拟公共建筑计划，借以提供就业机会和散发财物。他希望以美化或加大神庙来复活旧信仰。他再一次重修朱庇特、朱诺和密涅瓦的庙宇，仅黄金打成的门和镀金的屋顶即花费了2200万塞斯特斯之多。罗马人赞赏这种成果，但哀叹他的奢华。当多米提安为他自己及其行政人员建造一座巨大的宫殿时，人民很合理地批评他耗费太大，但对他奢侈的竞技却闭口不言。他举办这种竞技是想缓和人民对他那种提比略式的作风的不满。他奉献一座庙给他父亲和兄弟。他恢复了阿格里帕浴场及万神庙、奥克塔维娅门廊、爱色斯及塞拉皮斯庙。他加大大竞技场，完成提图斯浴池，并开始修建图拉真时期才最终完成的一些建筑。

同时，他以他最大的耐性鼓励文学和艺术。弗拉维安人像雕塑在他当政时达到了顶点，同时他的硬币非常卓越。为了促进诗的发展，他于公元 86 年举办卡皮托利诺竞技，包括文艺与音乐竞赛。为此，他在战神马尔斯校场建造了一座体育场与音乐厅。他对斯塔提乌斯中度的天才和马提雅尔不凡的天才均给予适度的协助。他重建被大火烧毁的公共图书馆，并派抄写员到亚历山大城抄写原稿以更新其内容——恺撒时期的大火后，该馆仅损失极少部分宝藏的另一证明。

他将帝国治理得极为良好。身为行政官，他有提比略的果敢与决断，逮捕盗用公款的人，严密监视所有官吏与发展。同提比略曾节制格马尼库斯一样，多米提安从不列颠撤回了阿格里科拉，这位富有进取心的将军曾带着他的军队冲到苏格兰边界。很明显，他还希望继续前进，但多米提安反对。这次召回是出于忌妒，皇帝为了这一次的召回付出了很大的代价，因为他这一朝的历史是由阿格里科拉的女婿记录的。在战争中他也很不幸。公元 86 年，达契亚（Dacian）人越过多瑙河，侵入罗马领地莫埃西亚（Moesia），击败了多米提安的将领。他自己接替指挥，他的战斗计划精妙，但当他正要进入达契亚时，罗马驻日耳曼的行政官安东尼乌斯·萨图尼努斯（Antonius Saturninus）说服了驻美因茨的两个军团拥立他为皇帝。这次叛乱由多米提安的援军镇压，但战略不定让敌人获得准备的机会。他渡过多瑙河与达契亚人相遇，显然遭到了一场反击。他与达契亚国王德塞巴卢斯（Decebalus）谈和，答应每年送他一点怀柔的礼物，然后回到罗马，庆祝沙蒂（Chatti）及达契亚的双重胜利。自此以后，他对莱茵河与多瑙河间，以及另外由多瑙河北转与黑海间的石灰建筑，或设防的道路已感满足。

萨图恩尼尔的反叛是多米提安时代的转折点，是他自己好与坏的分界线。他一向很严肃，现在变得残忍。他有能力管理好政府，但只能作为一个独裁君主。元老们在他之下很快失去权力。他那牢不可破的监察权力立即使元老院屈服和怀恨。甚至在卑下人中盛行的虚荣心，多米提安对此也无法遏止：他使首都中充满了他的塑像，他宣布他的父亲、兄弟、姐妹及他自己为神，订立了一个新的祭师阶级。由弗拉维安家族来主持这些新神的崇拜，并要求官吏们在公文中称他为"我们的主和神"。他坐在王位上鼓励来朝的人拥抱他的双膝，在他华丽的皇宫里建立起东方的宫廷礼节。这一元首政制由于军队的掌权和元老的衰落，已变成了违宪的君主专制。

为了反对这种新发展，不仅是贵族，就连哲学家们以及从东方传入的宗教信徒也都纷纷起来反叛。犹太人和基督徒都拒绝崇拜多米提安的神格；犬儒学派的人公开指责政府；苦修者虽然接受国王，但同时保证反对暴君，赞成诛杀暴君。公元 89 年，多米提安将哲学家们驱逐出罗马，到了公元 95 年，他又将他们逐出意大利。早期的法令也适用于星象家们，他们对皇帝死亡的预测，为无信仰的人带来了新的恐惧，并为迷信打开了方便之门。公元 93 年，多米提安处决了一批不愿在他雕像前献祭品的基督徒。依照传言，这些人中包括他的侄子克莱门斯（Flavius Clemens）。

在他任执政官的最后几年，皇帝惧怕别人的阴谋几乎使他疯狂。他在门廊的柱壁上排满发光的石块，以使他在墙下走过时可从反光中看到身后是否有人跟踪。他说很多统治者的下场很惨，是因为他们直到阴谋成功后才相信。他像提比略一样，年纪越大越听信检举人的报告。而当密告人倍增时，凡是稍有名望的人都感受密探的威胁，即使在家里也一样。萨图恩尼尔叛变之后，起诉与判决的案子急速地增加。贵族们被逐或被杀，疑犯遭受苛刑，甚至遭受"火烧阴处"之痛。恐惧的元老院——包括以沉痛的心情记述这些事件的塔西佗在内——也成了审判的机构，而于每次执行后都要感谢神拯救了国王。

多米提安的一大错误是胁迫、威吓自己的身边人。公元 96 年，他赐他的秘书埃帕弗罗狄图斯一死，因为 27 年前他曾帮助尼禄自杀。在这个皇室家庭中的其他自由人，感到自身遭受威胁，为了保护他们自己，他们决定杀死多米提安。皇帝的妻子多米提娅（Domitian）也参与了阴谋。在他临死的前一晚，他因恐惧而跳下床来。约定时间一到，多米提安的仆人首先击打，其他四人也相继参与攻击。多米提安极力挣扎，死时年仅 45 岁（公元 96 年），当政 15 年。消息传到元老们的耳中时，他们拆下并击碎他们室内所有多米提安的雕像，并下令将全国所有多米提安的雕像及有他名字的碑文一律予以销毁。

历史对这一"暴君的时代"并不公平，因为它是出于最显赫与最偏私的历史学家的手笔。不错，苏埃托尼乌斯的杂谈经常证实——或跟着——塔西佗谩骂，但对文献及铭文加以研究的人曾斥责他们两人都误将十个皇帝的恶行当作了一个世纪、一个帝国的记录。就是在最坏的统治者中，也各有他们的优点——提比略的勤政、卡里古拉的风趣、克劳狄乌斯的智慧、尼禄的审美、多米提安的能干。在奸淫谋杀的背后形成了一个行政组织，这一组织在这期间，向各领地提供了一个优等的政府。帝王们本身就是他们权力的主要牺牲者。血液中的某种疾病经过欲火的燃烧后，使得朱利亚—克劳狄乌斯王朝像阿特柔斯的后代一样悲惨。而制度上的某种缺点，则使弗拉维安王朝在一代中从坚忍的政治才能降格到恐怖的残忍，以致垮台，这十个人中有七个遭到暴死。他们几乎皆有烦恼，四周布满谋叛、蒙骗、阴谋，企图由一个混乱的家庭统治世界。他们沉溺于嗜欲，因为他们知道他们的权力是多么的短暂。他们生活在恐惧之中，就像命定早夭和暴毙的人们一样。他们沉没了，因为他们超出了法律的限制。他们越来越不像人，因为权力已使他们成了神祇。

但我们绝不能宽恕这个朝代或元首政治的无耻与罪恶。它虽然曾给罗马带来和平，也给罗马带来恐怖。它曾以高度的残忍与淫乱的榜样破坏了道德，它曾以较恺撒及庞培更凶猛的内战撕毁了意大利。它曾使各岛充满了放逐的罪犯，杀尽了优秀和英勇的人们。它曾以奖赏那些贪财密探的方法，贿买他亲戚和朋友反叛的资料。它曾以人为的暴政取代罗马法治的政府。它虽曾以积聚的贡金营造巨大的建筑，但却以迫使有才能或创造力的人接受奴役或趋于沉默的方法阻止了人们灵性的发展。尤其重要的是：它使军队高于一切。皇帝居于元老院之上的权力，不是在于他的才能、传统或威望，而是依靠禁卫军的刀尖。当各领地的军队看出了皇帝的成事方式，以及首都馈赠战利品的丰富时，他们便驱逐了禁卫军，自己也干起拥立国王的勾当来。然而，为时不到一个世纪的时间，以收养而非继承、暴力或财富所选出的伟大统治者的睿智，理应掌握辖下的军团以保持边境的安全才是，但是由于哲学家的爱心，当白痴再度登上王位时，军队就会滋闹，混乱就会冲破秩序的脆弱薄膜，内战将与伺机而起的蛮族结合起来，推翻奥古斯都的天才所建立的高贵但不稳定的政府结构。

第四章 | 白银时代
（14—96）

业余艺术家

传说中把公元 14 年至 117 年的拉丁文学称为"白银时代"，暗示着奥古斯都时代优点的衰落。传统是时间的声音，时间是选择的媒介；敬谨之人，一定会尊重它们的判决。不过，我们不妨暂时保留我们的判断，先给卢坎、佩特罗尼乌斯、塞涅卡、老普林尼、塞尔苏斯（Celsus）、斯塔提乌斯、马提雅尔、昆体良——及后面各章中所述的塔西佗、尤维纳利斯、小普林尼和爱比克泰德（Epictetus）——一个公平的发言机会，只当我们从没听说过他们是属于一个颓废时期一样来欣赏他们。在每一个时代中，都有某些东西衰颓、某些东西兴旺。在警句、讽刺文、小说、历史和哲学方面，"白银时代"属于罗马文学的巅峰，因其在写实主义的雕刻和整体建筑方面，代表了罗马艺术的最高境界。

普通人的言谈重新进入了文学，消失了语尾变化，松懈了句子的构造，以高卢人的粗鲁省略了字尾的子音。约 1 世纪中叶，拉丁语的"V"一直读如我们的 W 与 B（在母音之间时）两个字母，都软化成一种像英语中的"V"音；因此"有"（habere）字读成了"havere"，为意大利语的"avere"和法语的"avoir"做了准备。而"vinum"
（"酒"字），由于懒惰地模糊了最后子音的变化，则开始与意大利语
的"vino"和法语的"vin"相接近。拉丁语正准备哺育意大利语、西
班牙语和法语。

我们必须承认，当时的修辞学是舍弃了流畅而发展，文法则放
弃了诗味而成长，有才干的人都超越前者，致力于研究这一语言的
形式、进化和精确性，编纂业已"古典"了的内容，制订文学创作
上堂而皇之的法则、法庭上的雄辩术、诗的韵脚和散文诗的韵律。
克劳狄乌斯曾想改革字母，尼禄几乎是用他那日本式的范本使诗大
为流行，老塞涅卡写修辞学手册的理由是：雄辩之术足以使力上加
力。没有辩才，只有将军才能在罗马出人头地，即使是将军，也必
须要是演说家才行。修辞学的狂热攫取了文学的一切形式：诗歌富于
雄辩，散文富于诗意，而老普林尼自己在他四册《自然史》（*Natural
History*）中写出了动人的一页。人们开始关心他们短语的平衡和子句
的旋律。史学家来写口若悬河的演说，哲学家渴望隽语短句，人人都
写 sententiae——凝练的智慧之珠。整个文明世界都在写诗，在租用
的大厅里或剧院内、在案几旁，甚至（像马提雅尔所抱怨的）在浴室
中向朋友们朗诵。凡是从事公开竞赛而获得奖品的诗人，都受到市政
当局的欢宴，受到皇室的奖励。贵族与皇帝欢迎献词或致敬作品，并
以宴会或钱财给作者作酬劳。诗的狂热使时代中业余的作者有快乐的
一面，而城市则随着性的放纵与周期性的恐怖而无光。

恐怖与诗歌在卢坎的生命中相逢。老塞涅卡是他的祖父，哲学家
塞涅卡是他的叔叔。他在公元 39 年生于科多巴（科尔多瓦），取名为
马库斯·阿奈乌斯·卢卡努斯（Marcus Annaeus Lucanus）。他在童年
时被带到罗马，生长在诗与哲学互争雄长及政治阴谋成为生活焦点的
贵族圈子里。21 岁时，他在"尼禄竞技"中以《尼禄颂》一诗参加
竞赛，并且获奖。塞涅卡在宫廷中把他介绍给大家，这位诗人不久便
与皇帝互相吟咏叙事诗了。卢坎击败皇帝在吟诗大赛中获得首奖而铸

成了大错。尼禄不准他再出版，卢坎引退，在私下里以一首有活力且符合修辞学的叙事诗《内战记》（*Pharsalia*，也称《法尔萨利亚》）来报复，这首诗以庞培的贵族阶层的观点来看内战。卢坎对恺撒很好，用闪亮的字句来描写他：“有待做之事时，不想已做之事。”但是书中真正的英雄却是年轻的小加图，卢坎在一段名句中把他与神相提并论：“获胜的原因使诸神欢悦，而失败的理由却使加图欣然。”卢坎也喜爱失败的理由，并为它而死。他参加了以皮索取代尼禄的密谋，被捕后精神崩溃（他只有 26 岁），透露出其他同谋的名字，据说甚至包括他的母亲。当尼禄确定了他的死刑时，他反而恢复了勇气，召集他的朋友来赴一次盛宴，与他们尽情吃喝，然后割开血管，宣读他反对专制政府的诗文，血流尽而死（公元 65 年）。

佩特罗尼乌斯

我们并不确定（只是一般的意见）：著有《萨蒂利孔》（*Satyricon*）一书，至今仍不乏读者的佩特罗尼乌斯，就是卢坎死后一年被尼禄赐死的盖乌斯·佩特罗尼乌斯。该书的本身，并未包含构成线索的一个字。用简洁有力的词句描写《美的鉴赏》（*arbiter elegantiarum*）的塔西佗，并没提及这本声名狼藉的“杰作”。约有 40 首讽刺短诗是属于一位佩特罗尼乌斯，包括一句几乎总出卢克莱修的断语：“世上最初创造诸神的是恐惧。”然而，这些片断对作者的身份也没有说出什么。

《萨蒂利孔》是一部讽刺诗文集，可能有 16 册，其中只有最后两册尚存，而且并不完整。它们是用混杂的拉丁意识写成的讽刺诗——散文与韵文、冒险故事与哲学、烹调与房事等的混杂。这种形式有些要归功于梅尼普斯（Menippus）的讽刺作品。梅尼普斯是叙利亚的一位犬儒学者，约公元前 60 年他用加大拉（Gadara）文撰写《米利都传奇》（*Milesian Tales*）或爱情罗曼史，在希腊世界即广受欢迎。由于所有这些现存的资料都迟于佩特罗尼乌斯，所以《萨蒂利孔》堪称人所共知的最古老的小说。

　　身为一名贵族名士、格调优雅的大师竟创作出像《萨蒂利孔》这种极为鄙俗的书，几乎令人难以置信。其中所有的活跃人物都是罗马的庶民、奴隶或以前是奴隶，一切景象都是低下的生活情形。奥古斯都时代上层社会的文学气势，在这里全然结束了。这个故事的叙述者恩科尔庇乌斯（Encolpius）是个与人通奸的人、同性恋者、骗子、窃贼，他认为人同此心乃是理所当然的事情。他在谈到自己和他的朋友时说："为了提高我们共同的财富，无论什么时候，只要机会一到，凡是能伸手的地方我们都会捞上一笔。这是我们彼此心照不宣的事。"故事是在妓院中开始，恩科尔庇乌斯就在那里与阿斯西尔托斯（Ascyltos）相遇，后者正在那里逃避一次哲学演说。他们在各城镇中的大胆妄为和在意大利南部所作的恶作剧，构成了成串的漂泊故事。他们对英俊的奴童吉顿（Giton）的争夺，使他们在流浪汉式的传奇故事中分分合合，最后他们来到商人特里马尔奇奥（Trimalchionis）的家中。至此，这部残余作品的其余部分便转而描写特里马尔奇奥家的晚餐了，这是文学上最为奇异的一顿晚餐。

　　特里马尔奇奥是一个发了财的赎身奴隶，他购买了大片的大地主领地，过着暴发户的奢侈生活。他的房地产之多之大，必须要写一份每日公报，才能使他了解自己的收入情况。他恳求他的宾客饮酒时是这样的：

> 　　如果这种酒你不感兴趣，我就换。我无须去买，感谢老天爷。凡是这里使你垂涎三尺的东西都是我自己乡下的产品之一，我虽还没看过那些土地，但是他们告诉我，那是在往泰拉奇纳和塔兰托去的地方。我已经有意把西西里也加到我另一小份财产中，这样万一我要到非洲去时，我就能沿着我自己的海岸航行……谈到白银，我是个行家。我拥有的酒杯，大如酒罐……我还有 1000 只碗，均由穆米乌斯给我保管……我贱买贵卖，尽管

别人另有不同的想法。

　　同时他是一个和善的人。他虽向奴隶大声喊叫，但也容易宽恕他们。他的奴隶多得只有 1/10 见过他。当他想起他的出身时，他豪爽地说："奴隶也是人，他们喝的牛奶跟我们的一样……我的奴隶，只要他们活着，就可以喝自由之水。"为了证明他的意向，他叫人把他的遗嘱拿来，念给他的宾客听。其中包括他墓志铭的内容，它的结尾有这样一段自豪的话，他"由贫而富，留下 3000 万塞斯特斯，从没听过一个哲学家的话"。

　　晚宴用了 40 页的篇幅。此处只需节录几句话，即可表达出它的气派：

　　　　有一个圆盘，周围刻着十二宫的符号，每一个符号上都放着一种与之完全相配的食物。牡羊大巢菜放在白羊宫上，牛肉放在金牛宫上……未生产过的母猪胎盘放在处女宫上……在天平宫上，天平的一边盘子里放着馅饼，另一边则是糕饼……四位舞者随着音乐的节拍走了来，揭开盘子上的盖子。下面……填了馅的阉鸡和母猪的肚，中间是一只野兔。四角上，是四个马西阿斯的人形，从他们的膀胱中喷出浓郁的调味汁，洒在游动着的鱼上……接着另一只盘子端了上来，里面装的是一只野猪，猪牙上吊着篮子，篮子里装满了枣子，盘子四周，是用点心做成的吃奶的乳猪……当切肉者用刀刺入野猪的腰部时，画眉鸟随着流出来，每个客人都有一只。

　　三头白色的公猪走入房中，供宾客们挑选一头下厨烹食。选上的猪在客人吃着的时候烧烤，不久再度送来，用刀去切时，作料及肉布丁从腹中冒出。等餐后点心端上来时，恩科尔庇乌斯已经没胃口了，但是特里马尔奇奥促请他的客人继续吃，向他们保证这些点心完全是用猪做的。一只铁环从天花板上降下来，给每一位客人送来一个装着香水的乳色石膏瓶子，同时由奴隶把空了的杯子添上醇酒。特里马尔奇奥喝醉了，向一个男孩示爱。他的胖妻子提出抗议，他便把一个杯子掷在她的头上。"这个叙利亚舞伎记性真坏，"他说，"我把她从拍卖台上带来，使她成为一个女人，现在她却像青蛙一样自鸣得意起来了……但人生就是这么一回事：假使你是在小阁楼里出生，就不能睡在宫殿里。"他说她是这样的人。他命他的大管家把她的像从他的坟墓拿走，"否则我死了还要受她的唠叨"。

这是有力而野蛮的讽刺文学，只有在细节上是逼真的，也许对于罗马人生活的一个小片断是真的。如果这是出于尼禄时代的佩特罗尼乌斯之手，我们就不得不把它视为一个总是入不敷出的贵族，对这位暴富的自由人所作的无情的讽刺画。书中没有悲悯、没有柔情、没有理想。失德与腐化被视为理所当然的事，对下流社会的生活趣味十足，既无愤激之情，也不表示意见。这样，下层社会带着它本身的批判与风味，带着它本身活泼的词汇与欢愉的活力直接流入了古典文学。有时故事达到了荒谬淫猥的顶点，加尔甘图亚（Gargantua）与潘塔格鲁埃勒（Pantagruel）的史诗相媲美。阿普利亚的《金驴》（Golden Ass）步了他的后尘，17 个世纪以后的《吉尔·布拉娜》（Gil Blas，法国小说家勒萨日所著）与它一较短长，T. S. 斯特恩（T. S. Sterne）所著小说《项狄传》及《弃儿汤姆·琼斯的历史》（Tom Jones）也继续了它那曲折的传统。《萨蒂利孔》是罗马文学中最奇怪的一本书。

哲学家

在这个混乱而又复杂的时代，当自由如此有限而生活又如此自由时，哲学便与荒淫并盛，两者并不因携手联合而引以为耻。本国宗教的衰微，留下了一个要哲学来设法填补的道德真空。父母把孩子送去听演说，他们自己也跟着去听，演说的内容是为人们提出文明行为的合理法则，或为赤裸裸的心愿加以形式的外衣。那些有钱人，出钱雇哲学家住在家中，一则担任教职，二则作为精神导师，三则作为博学的伴侣。因此奥古斯都有阿雷乌斯（Areus），几乎向他请教任何事情，而正因为他的缘故（如果我们可以信任一个统治者的话），奥古斯都才对亚历山大宽容。当德鲁苏斯死后，利维娅便把"她丈夫的哲学家请来，帮她承担她的痛苦"——塞涅卡如此说。尼禄、图拉真和奥勒留，都请了哲人和他们一起住在宫中，正如现代国王有礼拜堂、牧师一样。统治者在临终的刹那都会传唤哲学家去筹划他们的逝世，就像几世纪以后他们要请牧师一样。

广大民众永远也不会原谅这些收取薪金或费用的智慧导师。哲学被人抬举为食物和饮料的十足代替品，而对这一职业缺乏高尚见地的哲学家，却成了大众取笑的对象、昆体良的批评话题、卢奇安讽刺诗的目标及皇室敌对的箭靶。其中有许多人都罪有应得，因为他们穿上了哲学家的粗陋外袍，蓄了满脸胡须，露出一副暴饮暴食、贪婪与虚荣的嘴脸。卢奇安的一个人说：

> 对人生的短暂观察，使我深信荒谬与卑污……弥漫在世人所追求的一切目标之中。在这种心灵状态下，我所能想到的最好办法，就是跟哲学家学取一切的真理。因此我选了他们中的佼佼者——假如面貌的庄重、肤色的白净与胡须的长度是遴选标准的话……我把自己交到他们手中。相当可观的钱投了下去，而到他们使我的智慧完美的时候，还要付得更多，我就要以宇宙的秩序接受教育了。不幸的是，距离驱散我往日的无知的目标越来越远，他们日复一日地用始与终、原子与空虚、物质及形式等的东西，弄得我越来越迷糊。我最大的困难是，虽然它们本身各异，而他们所说的一切又都充满矛盾，但他们都希望我相信他们，每一个人都把我拉向他的一方……虽然，他们中的人往往无法正确

地告诉你从迈加拉到雅典的距离，但是他们却毫不犹豫地告诉你，太阳距离月亮的英尺数。

罗马大多数哲学家都遵循斯多葛的信条。享乐主义者忙于追求醇酒、美人和食物，没有时间研究理论。在罗马，到处都是犬儒哲学的行乞鼓吹者，忽视了思考，召唤人类过一种单纯而又枯燥的生活。他们同意大众的要求：哲学家应该贫穷，结果成了最不受各派尊敬的人。但塞涅卡却使他们之一成为他的密友。他问："为什么我不应该敬重德米特里？我已发现，他什么都不缺。"而当那位几乎赤裸的犬儒学者拒绝卡里古拉给他价值 20 万塞斯特斯的礼物时，这位百万富翁的贤哲对此惊异不已。

由于罗马的斯多葛学者是一个行动家而不是一个冥想家，所以他逃避形而上学，认为那是一种没有希望的追求，而在坚忍主义中追求一种无须超自然的监督与指挥也能维护人类尊严、家庭团聚和社会秩序的行为哲学。他的行为法则精义是自制：他要使理智驾驭情感，训练他的意志一无所欲，以使他心灵上的和平不受外物的牵绊。在政治上，他承认在天父之下的人类有广大的手足之情。同时，他爱他的国家，随时准备为避免国家或他本身受辱而死。生命的本身永远在他的选择范围之内，假如它一旦变成一种罪恶而不再是一种恩赐时，他可随时予以丢弃。人的良知高于任何法律。君主政体是统治庞大而繁杂的领域的一种不得已的需要，但杀害暴君则是一种再好不过的事。

罗马的斯多葛哲学，最初获益于罗马的元首政体。政治自由方面的限制，将人们从广场赶进了书房，并使人群中的佼佼者趋向于一种使自制较激昂奔放的君王更为优异的哲学。只要这些思想不公然攻讦皇帝，不攻讦他的家庭或公认的神祇，政府也就不限制思想或言论自由。但是等他们及其元老院的保护人开始抨击苛政时，在哲学家与独裁政府之间便引起一场战争，直到有收养关系的皇帝在王座上与他们联合起来为止。当尼禄命令处死特拉塞亚时（公元 65 年），他也同时放逐了特拉塞亚的好友鲁福斯——1世纪时罗马最忠实与坚定的斯多葛哲学家。鲁福斯给哲学下的定义是探索正当的行为，并很认真地实践他的探求。尽管蓄妾在当时是合法的，但他仍加以抨击，并要求男人应具有和他们要求女人相同的性道德标准。这位古代的托尔斯泰主义者（Tolstoian）说，性关系只在婚姻和生殖方面才是准许的。他相信两性的教育机会平等，欢迎女子去听他的讲学，但是他要求她们，要从教育和哲学中去寻求使她们成为完美女性的方法。奴隶也来听他的讲授，其中之一——爱比克泰德则青出于蓝地使他的老师得到了光彩。尼禄死后，内战在罗马引燃时，鲁福斯挺身走向进击的军队，向他们演说和平的福祉与战争的可怕。安东尼乌斯的部队嘲笑他，并继续最后的判决。将哲学家从罗马赶走的韦斯巴芗，虽然给了鲁福斯例外的优遇，却保留了自己的嫔妃。

塞涅卡

斯多葛哲学在塞涅卡的生命中发现了它最值得怀疑的表现方法，在他的作品中找到了最完美的措辞。塞涅卡约在公元前4年生于科多巴，不久即被带往罗马，在那儿接受了一切可能获得的教育。他从他父亲那儿学习了修辞学，从阿塔卢斯那儿撷取了斯多葛哲学，从索蒂翁（Sotion）那儿学到了毕达哥拉斯哲学，实用政治学是得自他的姑父——在埃及的罗马总督。有一年的时间，他试吃素食，然后又放弃了，不过在饮食方面始终保持节制。他是个百万富翁，但他的嗜好并不多。他的气喘和肺虚弱症相当严重，以致常想自杀。他当过律师，并于33年被选为会计官。两年后，他与蓬佩伊娅·保利娜结婚，与她共度了一段长久而美满的日子，直到逝世。

继承了父亲的遗产后，塞涅卡放弃了法律，沉溺于写作中。当克雷穆蒂乌斯·科尔都斯（Cremutius Cordus）被卡里古拉逼迫自杀时（公元40年），塞涅卡为科尔都斯的女儿马西娅写了一篇悼文。卡里古拉原想以傲慢的罪名把他处死，但是塞涅卡的朋友救了他，理由是：不管怎样，他不久即会死于肺病。不久之后，克劳狄乌斯控告他与格马尼库斯的女儿朱利娅有染。元老院判他死罪，但是克劳狄乌斯把死刑减为放逐到科西嘉岛。这位哲学家在那座荒凉的小岛上，在与奥维德的托米岛上同样原始的人民中，过了八年孤苦的日子（公元41—49年）。起初，他以真正斯多葛派的镇定来应对他的不幸，并写了一封动人的慰问信给赫尔维阿姆（Helviam）安慰他的母亲。然而，当艰苦的岁月滚滚逼至时，他的精神崩溃了，他以谦卑求恕的语气给克劳狄乌斯的秘书波利比奥斯写了一篇陈情书。此举失败后，他只好用写悲剧来减轻他的痛苦。

这些奇特的作品（里面几乎每一个人物都是雄辩之士），目的可能是供人研究而非用于舞台。我们没听说这些作品有任何一个被上演过，充其量只有一些优异的插曲或出色的对话被谱成音乐，由丑角表演。这位温和的哲学家用暴力使舞台具体化，仿佛他要在戏院中与血腥的表演一较高下一样。尽管有这些大胆的努力，他更像一个思想家，而无法成为一位优秀的剧作家：他偏重观念而忽视人物，绝不放过任何一个表达思想、意见或讽刺的机会。他的戏剧中有一些佳句，但其余的部分可能会被人忘记。文艺复兴时代的批评家之王斯卡利杰（Scaliger）就认为塞涅卡优于欧里庇得斯。当古代文学的生命复苏时，在现代演说中能被当作第一个剧本范式的，仍将是塞涅卡的作品。由于他的作品，才产生了古典形式与构成高乃依（Corneille）与拉辛（Racine）戏剧中所著称的统一，并支配了法国的舞台，直到19世纪。对这种影响感觉较少的英格兰，自从希伍德（Heywood）把塞涅卡的戏剧译成英文后（1559年），成了英国第一出悲剧的范本，并在莎士比亚的剧本中留下了痕迹。

公元48年，年轻的小阿格丽品娜接替了梅萨利纳对于克劳狄乌斯和罗马的权力。她急于把她那11岁的儿子尼禄变成一位亚历山大，于是寻找一位亚里士多德学派的人，并在科西嘉找到了他。她召回了塞涅卡，并恢复他在元老院的席次。他以五年的时间教养这位幼主，另外以五年的工夫引领这位皇帝及国家。在这十年期间，他为尼禄的教化及斯多葛哲学写了种种注解——《论愤怒》、《论人生的短促》、《论灵魂的宁静》、《论仁慈》、《论幸福的人生》、《论圣贤的坚贞》、《论利益》、《论天道》等。这些正式的论文，并没把他的才能充分表现出来。它们像他的戏剧一样，闪耀着警句与妙语的气氛。这些一页接一页地继续迸出，终于使读者厌乏，失去了它们的迷人之处。然而，塞涅卡的广大读者时常读他的文章，严厉的昆体良纵然对他那悦人的机智隽语不悦，尽管"甜言蜜语"（sugar plum）及"耀眼的美人斑"（glaring patches）会冒犯典雅古风，大众却不嫌厌。使人兴奋的是，这位富有的宰相像他的学生一样对他言谈恭顺，还竭力获得他的欢心。多少年来，塞涅卡一直是意大利杰出的作家、政治家和葡萄种植者。

塞涅卡显然充分地利用了他的职位和学识从事投资，这使他的世袭财产成倍增加。如果我们相信卡修斯的话，就会知道塞涅卡以极高的利息贷款给乡下人士，甚至当他把英国的款额突然收回 4000 万塞斯特斯时，竟在当地引起恐慌及造反。听说，他的财产增加到 3 亿塞斯特斯（约 3000 万美元）。公元 58 年，梅萨利纳的一位控告者老友普布利乌斯·苏伊利乌斯（Publius Suilius）公开攻击这位宰相为"伪君子、奸夫、放荡子；攻讦朝臣而从不离开宫廷；谴责奢侈，却又展示 500 张杉木和象牙餐桌；谴责富有的人，但却用高利贷把各行省的钱财都榨干了"。塞涅卡像恺撒一样，当他可能被处以死刑时，有个辩驳的机会就满足了。在他的《论幸福的人生》（"on the Happy Life"）一文中，他复述人们对他的控诉，他的答复是：圣贤并非必定贫穷。倘若财富来得清白，他就要，但是他必须要能够随时放弃它而没有深切的懊悔。同时在精美的家具中，他过着禁欲主义者的生活。他睡在一张坚硬的席子上，只喝白水。他吃得过分节省，以致死时因营养不良而骨瘦如柴。"过多的食物，"他写道，"足以使智力迟钝；

饮食超量，扼杀精神。"人们对他性生活不检点的指责，在青年时期也许属实，但他却因对妻子的不渝柔情而闻名遐迩。事实上，他从未下过决心到底更喜爱哪一种——哲学还是权力、智慧还是享乐，他从不相信它们之间有什么互不相容之处。他承认，他是个极不完美的圣哲。"我坚持赞美的不是我目前所过的日子，而是我理应要过的生活。我保持着遥远的距离追随它，匍匐而行"——以我们而言，谁又不是这样的呢？他若不是真诚地说："仁慈之心，无人能胜过国君或皇帝。"他至少可以像包西亚那样恰当地表达了他的情感。他指责格斗至死的搏斗方式，尼禄也禁止他们格斗。他以塔西佗所称的"那种表现智慧的美德"，缓和了很多别人对他的批评。他对完美的要求，不像他身体力行得那样深。

我们已经看到，他把罗马帝国治理得不错，也知道因他宽恕尼禄最恶的罪行而使他的名声黯然失色，"让更多的大恶逝去吧，以便有力量去做小善"。他自感无颜，希望解除他在皇室的职务。他把罗马皇帝的宫殿形容为"一座禁闭奴隶的悲惨监狱"。他希望能尽毕生之力研究智识，避开权力的黑暗迷宫。兴之所至，他会常常把政治的烦恼放在一边。在 16 岁的时候，他像一个渴望求知的青年一样，参加梅特罗纳克斯（Metronax）的哲学演讲。公元 62 年，66 岁时，他请求辞去在政府中日趋变小的职位，但是尼禄不放他走。公元 64 年的大火灾之后，当尼禄要求全国捐赠重建罗马的捐献时，塞涅卡捐赠了他财产的大部分。渐渐地，他从宫中退出的心愿得偿了。他住在自己坎帕尼亚的别墅中的时间越来越多了，几乎希望以修道院一般的隐居，避开罗马皇帝的注意与监视。有一段时间，他怕食物中有毒，曾以野果和泉水度日。

就在这种缓慢的恐怖气氛之下，从公元 63 年至 65 年，他完成了他的《自然的研究》（*Quaestiones Naturales*）及他作品中最可爱的"道德书札"。这是一些即兴的亲切随笔书信，寄给他的朋友卢基里乌斯——西西里的富裕总督、诗人、哲学家和坦诚的享乐主义者。在罗马的文学中，比这采取斯多葛哲学以适合百万富翁所需要的温文作品更为娱人的书，并不多见。非正式的论文从此开始，它将是普鲁塔克与卢奇安、蒙田与伏尔泰、培根（Bacon）与艾迪生（Joseph Addison）、斯梯尔（Steele）等人所偏爱的媒介。阅读这些作品，就像与一个开明、文雅而又宽厚，对文学、政治与哲学都达到最高造诣的罗马人互通款曲一样。它们是以伊壁鸠鲁的宽宏和柏拉图的魅力、芝诺的善辩融为一体。塞涅卡因其体裁的粗疏（虽然如此，但仍不失为可爱的拉丁文）向卢齐利乌斯致歉说："对你而言，我希望我的作品，就像你和我促膝而坐或并肩而行时我的谈话一样。"他补充说："我写这些，并不是为了多数人，只是为你。我们彼此之间，任何一方都足以作为对方的听众"——虽然，毫无疑问，这位老作家曾经希望，后代子孙会偷听他的谈话。他生动地描写了自己的气喘，而无丝毫自怜之状。他兴高采烈地将最后一小时的"喘息"称作"预习死亡的方法"。这时他虽已 67 岁，但只是生理上的年龄："我的心灵坚强灵敏，它对我提出老年的问题，它说老年才是它的开花时期。"庆幸的是，他终于有时间去读他搁置很久的好书。显然是重读伊壁鸠鲁的著作，因为他常常而且热心地以声名狼藉的斯多葛主义者的姿态引述伊壁鸠鲁的话。塞涅卡被卡里古拉、尼禄及其他成千人的过度的个人主义与恣意放纵骇得心惊胆战。他希望在道德成熟以前，能对那些困扰的诱惑提供某种制衡的作用。他似乎曾决心用这位大师的嘴来驳斥享乐主义者——尽管他们诋毁他的名字，不敢去了解他的学说。

　　哲学的第一课，是我们不可能事事聪明。在无限的空间中，我们只是渺小的碎片；在永恒的时间中，我们只是短暂的片刻；用那种叉状的原子来描述宇宙或者上帝，必定会使各星球快乐地震颤。因此，塞涅卡对形而上学或神学的应用贡献不大。我们可以从他的作品中证实他是个一神论者、多神论者、泛神论者、唯物论者、柏拉图主义者、一元论者与二元论者等。对他而言，上帝有时是个属人的神，他俯视一切，"爱护好人"，答应他们的祈祷，以神圣的慈悲帮助他们。

在另一段文字中，上帝是一连串未知的因果关系中的"第一因"，最终的力量就是命运，"公允地执行人类与神界事物的一个不可改变的原因……带领着心甘情愿的人，拖曳着满怀勉强的人"。只需一个似有若无的犹豫，便遮掩他心灵的观念：它是一种赋予肉体以生命的细小的物质呼吸，同时它也是"一个神明作为客人的居所"，位于人类的骨骼上。他满怀希望地谈到超越死亡的生命、知识与美德将达到完美之境。他再次把不朽称为"美梦"。说实在的，塞涅卡从未把这些事情想得透彻到成为一个首尾一贯的（或必然的）结论。他以一种小心的模棱两可谈到它们，宛如一个八面玲珑的政客。他对他父亲的修辞课程遵行得相当成功，并以使人无法抗拒的辩才表达出每一个观点。

　　同样的蹒跚毁损同时也加惠了他的道德哲学。他过于自制，所以不够实际；过于宽大，所以自制不了。他把自己看成一个不道德的人，耗尽体力，败坏心灵，使两者都无法满足。贪婪和奢侈破坏了宁静和健康，权力只能使人成为一个有能力的兽类。一个人怎样才能免于这种可耻的困扰呢？

　　　　我今天在伊壁鸠鲁的著作中读到的是："如果你要享有真正的自由，就必须做哲学的奴隶。"凡屈服于她的人，便可当下得到解脱……一度治愈了的身躯，常常再度罹病……但是心灵，一旦治愈之后，便一劳永逸。我要告诉你，我所指的健康是什么；只要心灵满足和自信，只要体察到人人都在祈求的那些事情，以及追求或遗赠的一切利益。幸福人生的关系皆属无关紧要……那么我就给你一个衡量你自己和你的发展的法则：有那么一天，当你了悟到成功者都是可悲的人物时，那时你将归于自主。

　　哲学是智慧，是科学，是智慧的生活的艺术。快乐是目标，但德行（而非享乐）是道路。往日可笑的金科玉律，要受到经验的矫正和不断地澄清；结果，诚实、正义、自制及仁慈所带给我们的快乐要比追求享乐多。享乐是好事，但只在符合德行时才行，它不可能是智者追寻的目标。凡把享乐当作生命终极的人，都像一只毫无选择的狗，人丢给它的每一块肉都衔而食之，整块地咽下去，然后，不但不知道品尝，反而目瞪口呆地张着嘴站在那里，热切地等待着更多的肉。

但一个人怎样获得智慧呢？要每天磨炼，每天检点你的行为；严于律己，宽以待人；与智慧及德行较你为优者交往；以知识的圣贤做你无形的导师与法官。读贤哲之书，可使你得到助益；并不是哲学概论的"大意说明"，而是原著；"定下较高的希望，用摘要的方式撷取杰出人士的智慧"。"这些智者中的每一个人都会送给你更愉快、更专一的智慧，没有一个人会让你空手而返……把自己投入他们保护之下的人，是多么幸福，将有个多么高贵的晚年！"读好书，读的次数要很多，而不是读很多书。进度要缓慢，不要贪多。"只有当好奇心与茫茫然受到阻遏时，精神才能成熟调和。""一个井然有序的人，他的基本迹象就是置心于一处和周旋于一个团体中的能力。"要避开群众，"人在混处时较独处时易滋生邪恶。倘若你不得不与众人共处，那么最重要的就是收敛你的身心"。

斯多葛哲学的最后一课是对死亡的漠视与抉择。生命并不像功德的延续那样永远欢愉。生命中那段间歇性的狂热过去之后，安睡是好事。"还有什么比在和平刚开始就烦恼更卑贱的呢？"如果一个人觉得人生是痛苦的，而且能在不严重伤害他人的情况下予以抛弃的话，那么他就应该无拘无束地选择自己的时间和方式。塞涅卡向卢齐利乌斯讲述自杀时，宛如他就是卢齐利乌斯的继承人：

> 这就是我们何以不能抱怨生命的一个理由，它并未使任何人违反他自己的意愿……为了减轻你的体重，你已把血管割裂。倘若你想刺穿你的心脏，裂开的伤口就没有必要。一枚刺路针便能开启自由之路，只需一枚刺针的代价就能买到宁静……无论你向何处望，都是烦恼的尽头。你看到那面危崖了吗？——那是通向

自由的坡路。你看见那河流、那池沼、那海洋了吗？——自由就在它们的深处……但是我说得太多了。如果一个人连一封信都结束不了，他又怎能结束他的生命？……至于我自己，我亲爱的卢齐利乌斯啊，我已活得够久。我已经满足尽兴，我等待死亡。再见！

生命照他的话把他带走了。尼禄派了一名保民官去调查他被控密谋拥立皮索为王的结果。塞涅卡答复说，他对政治已不再感兴趣，只求平静度日和有参与一项"软弱且狂妄的立宪行为"的机会而已。保民官回报说："他没有恐惧的征候，没有伤感的迹象……他的言谈和神情都显示出心境的安详、凛然与坚定。"尼禄说："回去，叫他去死。"塔西佗说："塞涅卡听到这个口信时，镇定而又自若。"他拥抱他的妻子，请求她以他生命的光荣与哲学的教训作为安慰。但是保利娜却拒绝后他而死，当他把血管割破时，她也把自己的血管割断。他召来一位秘书，口授了一封向罗马人民告别的信。他请求了一杯毒药，像苏格拉底那样决心赴死。当医生把他放在温水浴中减轻痛苦时，他用水泼向距他最近的仆人说："一杯奠酒，敬上救主霍韦。"经过不少痛楚后，他逝去了（公元65年）。医生在尼禄的命令之下强行把保利娜的手腕绑缚起来，为她止了血。她比她丈夫多活了几年。

死亡荣耀了塞涅卡，使一代人忘怀了他的态度和他那些前后矛盾的所在。他像所有斯多葛的学者一样低估了感觉与情感的力量和价值，夸大了理性的价值和可靠性，太过于信任同时生长善与恶两种花朵的大自然。然而，他使斯多葛主义人性化，把它贬抑到人可生活的范畴之内，为它造了一条通往基督教的广阔之路。他的悲观主义、他对当时失德的指责、他的以德报怨的忠告及他的视死如归，足使德尔图良（Tertullian）称他为"我们的塞涅卡"，并使奥古斯丁大喊："一个基督徒比他的异教徒所说，究竟能多些什么？"他不是一位基督徒，但是他至少请求要终止屠杀与淫逸，呼吁人们过淳朴高尚的生活，减少"仅为了生而尊贵或生而低下的名衔"所产生的公民、自由民与奴隶之间的差别。原是尼禄宫中一名奴隶的爱比克泰德，从他的教诫中获益最多。涅尔瓦和图拉真多少曾受过他作品的影响，受他在良知与人道主义政治家风范方面的激励。从古代末期直到中世纪，他一直受人欢迎。当文艺复兴到来时，彼特拉克曾把他与维吉尔并列在一起，并在塞涅卡的散文上聚精会神地磨炼他自己的作品。蒙田的内弟把他的作品译成法文，蒙田引述他的作品时，像塞涅卡引用伊壁鸠鲁的作品一样热衷。爱默生（Ralph Waldo Emerson）把他的作品一读再读之后，成了美国的塞涅卡。在塞涅卡的作品中，很少有独创的思想，但这或许是可以原谅的，因为在哲学中，一切的真理都是古老的，只有错误才是原创的。尽管有这些过失，他仍是罗马哲学家中的最伟大的，至少以他的书来说，他是人群中最睿智、最慈祥的人。除了西塞罗之外，他是历史上最可爱的伪君子。

罗马的科学

至此我们已经给塞涅卡太多的篇幅，然而我们对他还没谈完，因为他也是个科学家。在他退休之后、去世之前那段丰富的日子里，他曾以《自然的研究》自娱，给雨、电、雪、风、彗星、彩虹、地震、河川，泉水等寻求自然的解释。他在他的戏剧《美狄亚》中提出"在大西洋以外尚有另一个大陆存在"的理论。他以相似的直觉凝望着浩瀚的星辰说："在太空深处运行着的星球，从没被人发现的还不知有多少！"他又以高瞻远瞩的态度补充说："我们的子孙将来要学许多我们现在猜想不到的事情！——别人期待几百年后的事情，到那时我们的名字已被遗忘！……我们的后裔将对我们的愚昧无知感到惊讶。"我们也感到惊异。虽然说塞涅卡一直是口若悬河，但对亚里士多德和阿拉图斯（Aratus）的补益却不多，从波塞多尼乌斯剽窃来的反倒有不少。他相信占卜，却蔑视西塞罗。他陷入荒诞的哲学目的论，却憎恨卢克莱修。他在科学的每一个转折处灌输道德教训。他可以巧妙地把谈话题材从吃蚝转到奢华、从彗星转到生物的退化。基督教神父就曾喜欢过这种气象学与道德论的混合物，并使《自然的研究》一书成为中世纪最为流行的科学教科书。

罗马还有几位具有科学头脑与兴趣的人物，如瓦罗、阿古利巴、蓬波尼乌斯·梅拉（Pomponius Mela）、塞尔苏斯等，但他们很少超出地理、园艺和医学范围之外。至于其余各项，科学本身还没与魔术、迷信、神学和哲学分离，它由东拼西凑的观察和传说组成，很少对事实作新的探索。至于实验，更是少之又少。天文学仍停留在巴比伦和希腊所传下的状态中。计算时间依旧用水钟和日晷，或是奥古斯都窃自埃及设置在战神校场的巨型方形尖塔，其阴影落在有铜板刻纹的铺石地上，指出小时和季节。白昼和黑夜则因日出日落而有不同的分划，每天有 12 小时，如此在夏季白昼的一个小时要比冬天长些，夏季夜晚的小时则比冬天的夜晚短些。天文学几乎被普遍地接受，普林尼在他的时代（公元 70 年）就曾指出，无论学者与卑夫全都相信：每一个人的命运取决于他降生时的星宿。他们煞有介事地讨论，植物的生长或动物的求偶季节取决于太阳；[1] 人类体质和道德的素质，也受太阳支配的气候因素影响，个人的性格和命运也像这些一般现象一样，是尚未被充分了解的天体状态所造成的结果。只有后世柏拉图学院的怀疑论者（他们拒斥天文学的强不知以为知）和基督徒（他们讥讽天文学为盲目的偶像崇拜）才排斥天文学。地理学，因为航海的缘故而有较为切实的研究。蓬波尼乌斯·梅拉印行了地图（公元 43年），图上的地球表面划分成一个中央热带和南温带和北温带。罗马的地理学家知道有欧洲、西亚、南亚及北非，至于其余各地，他们只有模糊的概念和迷人的传说。西班牙和非洲的船长们到过葡属的西非马德拉群岛和西属加那利群岛，但没有哥伦布之士起而尝试塞涅卡的

---

[1] 今日仍有许多农民依照月亮的各种转变情况播种。

梦想。

意大利科学中最深刻、热心、非科学的产物就是老普林尼的《自然史》。虽然几乎终生作为军人、律师、旅行家、管理人及西罗马舰队的首脑而忙碌，但他却写了不少有关演说、文法及标枪的论文，一部罗马史、一部罗马在德国的战史，以及在洪水后唯一幸存的 37 册《自然史》等论著。他在 55 年之中如何完成这一切作品，在他侄子的一封信中有所说明：

> 他有敏捷的领悟能力、令人难以置信的热心及无与伦比的不眠精力。他在午夜或凌晨 1 点钟起床（从未迟于凌晨 2 点），起床后便开始他的文学著作……他通常在天亮以前等候韦斯巴芗，后者似乎选在那个时候办理公务。当他完成了罗马皇帝托付他的事情之后，他返家回到自己的书房。中午，一段短暂的进膳时间后……他常常在夏季的阳光中休息。但在那段时间里，他听其他作家读给他听，同时他摘录要点和笔记……像他自己的方法一样，无论读什么都这样……此后他通常来一个冷水浴，喝少许饮料，休憩片刻。然后，宛如新的一天开始，他恢复研读直到晚饭，再把一本书读给他听时，他再摘记……这就是他在城镇的嚣杂与匆忙中的生活方式。但在乡下，他的全部时间都专注在读书上，除非他真正地泡在水里。别人为他擦揉和揩拭的整个过程中，他都沉溺于听别人读书，或授听写。在他的旅途中，有个速记员总是在他的马车中或轿子里随侍身侧……有一次，他因为我步行而责骂我："你无须浪费那几个钟头。"因为他认为所有没用于读书的时间都浪费掉了。

他的书经过了相当的剪裁，成了一部个人的百科全书，概述出他那个时代的科学和谬误。他说："我的宗旨是把全球已知存在的每一件事都作一般的说明。"他讨论到 2 万个项目，并因省略了另一些而致歉。他参考了473位作家的著作达200册，以古文献中少有的公正态度，坦然将他的成绩归功于各部分的原作者。他在文中指出，他发现有不少作家，逐字抄写他们前辈的作品而不注明出处。他的格调呆板，即使有时华美，但我们自然无法指望百科全书有迷人的韵味。

老普林尼是从排斥神开始的。他认为，那些神只是自然现象，或是星球，或是祭典，加以拟人化而被视为神明罢了。唯一的神明是大自然，也就是自然力的总和。这位神对尘俗之事显然不予特别的关注。老普林尼婉拒测量宇宙。他的天文学是一堆荒唐的东西（例如"在屋大维与安东尼的战争中，日色无光几达一年之久"）。但他却记下了极光之神（aurora borealis），并以与现代相近的精确度说出了火星、木星和土星的轨道周期各为2年、12年及30年，并论证了地球的球形问题。提到在他那个时代从地中海突出的岛屿时，他的推测是：西西里和意大利、维奥提亚及埃维亚、塞浦路斯与叙利亚等，都是由海洋的耐性逐渐分离而成。他在谈到工人辛勤劳瘁地开采稀有金属时，颇为遗憾地说："千万只手磨破了，只为装饰那么一个小小的指节。"他希望人间从未发现铁，因为它使战争更可怕，"仿佛要更快速地为人类带来死亡一样，我们为铁加上翅膀，教它飞行"。——这是指铁箭装上羽毛，帮助它们保持方向。继泰奥弗拉斯托斯之后，他在"anthracitis"（无烟煤）一词之下提到一种"可燃的石头"，但对于煤并未多谈。他说到希腊人称为"asbestinon"（石棉）的"一种不易燃烧的亚麻，用以保存帝王的尸体"。他描述或列出很多动物，赞扬它们的伶俐，并教我们预先判断它们的性别之法："如果你想要雌性的，就让母兽在交配时面向北方。"他在医学方面著有12本奇书——也就是说，论述各种矿物和植物方面的治疗价值。第20至25册是一套罗马植物志，那是中世纪传下来形成现代医学的最初植物知识。他提出各种治疗方法，从中毒、口臭至"脖子疼"，无不具备。他提供"促进性欲的刺激剂"，警告妇女勿在性交之后打喷嚏，以免当场流产。他劝人说，性交可缓解身体疲乏、声音嘶哑、腰酸背痛、目光无神、心情忧郁、精神涣散；这是与贝克莱（Berkeley）主教的焦油水相媲美的万灵妙药。在这些无稽之谈中，出现了许多有用的资料，特别是关于古代的工业、礼仪或药物方面的东西，还有有趣的隔代遗传、石油与出生后的变性等。"穆齐阿努斯（Mucianus）告诉我们，有一次他曾在阿尔戈斯看到一个人，此人原名阿瑞斯库萨（Arescusa），后来易名为阿瑞斯康（Arescon）。此人原先嫁给一个男人为妻，但不久之后她长了胡须，并发展出其他男性特征，从此娶了妻子。"有价值的暗示随处可见。例如，希姆莱（Himly）在1800年研究颠茄对瞳孔的作用时，即先研读老普林尼关于在白内障手术前使用长蒴母草（anagallis）汁那段话。在绘画和雕刻方面，有些珍贵的章节，成为古代艺术上最古老而重要的史料。

老普林尼并不满足于博物学，他也想做一位哲学家，把他对人类的论断分散在整个作品中。他认为，动物的生活比人的生活更好些，因为"它们从不妄想荣耀、金钱、野心或死亡"；它们学东西无须有人教，而且永远不必穿衣服；它们不会跟它们的同类同种作战。"金钱的发明是对人类幸福的致命打击。它的存在有了利润的产生，靠着它，有人能坐吃闲饭，有的人却要靠劳力工作。"因此，身在外地的大地主所拥有的广大田产日渐增加，牧场毁灭性地代替了耕地。以老普林尼的估计，人生的痛苦多于快乐，死亡就是我们至高无上的恩典。人死之后，一无所有。

老普林尼把迷信、预兆、恋爱符文及魔术治病等，像任何别的事情一样勤勉地搜集起来。显然，他对其中大部分都相信。他认为，一个人，特别是吃斋的人，把口水吐到蛇嘴中能使蛇致死。"在卢西塔尼亚地区，雌马是靠西风而受孕，这是尽人皆知的事"——这是雪莱的《颂歌》中所遗漏的一点。普林尼谴责魔术，但他告知我们说："接近经期的妇女，必定使人意志混乱，她摸过的种子不会结实；她在果树下坐过的话，果实将从树上掉下来；她只需瞥视一眼，足使钢铁的刃变钝，使象牙失去光泽；如果她的目光落在一大群蜜蜂上，它们会立刻暴毙。"老普林尼驳斥天文学，后来反而又在字里行间充满了源于太阳和月亮活动的"预兆"。"在阿西柳斯（M.Acilius）任执政官时，其他时候也很常见，天上降乳和血。"当我们回想到，这本书（及塞涅卡的那本《自然的研究》）是罗马自然科学对中世纪的主要遗产，并把它们与 400 年前亚里士多德及泰奥弗拉斯托斯相关的作品和性质作比较时，我们便开始感觉到一个垂死文化的慢性悲剧。罗马人征服了希腊世界，但他们却丧失了希腊遗产中最为珍贵的部分。

罗马的医学

罗马人在医学上有较好的表现。医药科学，也是他们从希腊借来的，但他们把它制订得较好，并恰当地运用在个人和公共卫生上。罗马几乎被沼泽地带包围着，易受恶毒的水患侵害，所以对公共卫生有特殊的需要。我们听说，在约公元前 3 世纪时罗马曾闹疟疾，疟蚊在蓬蒂内的沼地寄生。随着奢侈的日增，痛风因而蔓延。小普林尼告诉我们，他的朋友鲁福斯从 33 岁到 67 岁自杀前时，一直受它折磨，只比"那个盗匪多米提安"多活一天而已。在罗马讽刺作家们的笔下，有些地方显示出 1 世纪时曾有性病的出现。在公元前 23 年、公元 65、79 和 166 年，意大利中部均曾发生传染病的大流行。

古代的罗马人用魔术和祈祷来对付疾病和瘟疫，即使是现在，他们仍请求怀疑但却谦和的韦斯巴芗用他的唾液来治疗他们的盲症，通过触摸他的脚来治他们的跛足。他们抱病带着许愿物前往医神埃斯库拉庇乌斯和智慧女神密涅瓦的庙，不少的人都抱了感激治愈的心情留下他们的献礼。但在公元前 1 世纪时，他们求诸世俗（非宗教）的药品的人愈来愈多。那时还没有行医用药的法律规章，鞋匠、理发师、木匠，随心所欲地把医学加入他们的行业中，兼以魔术作为辅助，混合调配，广为招徕，出售自制的药品。当时照例也有冷言热语和抱怨。普林尼就连续用加图的咒语骂希腊医生，因为他们"引诱我们的妻子，给我们毒药吃以自肥，在我们的痛苦中学习，拿我们的生命做实验"。佩特罗尼乌斯、马提雅尔和尤维纳利斯也参加了这种攻击。一个世纪以后，卢奇安刻薄地批评那些无能的从业医生，他们把他们的无能隐藏在仪器的优点中。

然而，正如我们所见，医学在亚历山大城、科斯（Cos）、特拉勒斯（Tralles）、米利都、艾菲索斯和帕加马等地有极大的进步。在这些中心，产生了一些希腊医生，他们大大提高了罗马的医术水准，使恺撒让此行在罗马成为有投票权的职业，奥古斯都免除它的税捐。普鲁萨（Prusa）的阿斯克列皮亚德斯（Asclepiades）赢得了恺撒、克拉苏和安东尼的友谊。他宣称，心脏的功能是在体内抽送血液和空气。他开药方或开急性泻药的机会极少，达成了用水疗（沐浴、热敷及灌肠）、按摩、日光浴、运动（步行、骑马）、节食、素食及戒肉食等惊人的治疗方法。他因治疗疟疾、喉部开刀手术及对疯人的人道管理而驰名。他收了一些学生，带着其中的部分随他外出应诊。他死后，他的学生设立了一所学院，并在埃斯奎利诺自建了一所集会处，名叫"医学会"（Schola Medicorum）。

在韦斯巴芗当政之时，开办了医学教育的学堂（Auditoria），合格的教授由国家付薪。教授用的语言是希腊语，一如处方用拉丁文一样，以便使用各种不同语言的人都能了解。从这些国立的学校中毕业的人，可以得到"国家医生"的头衔。在韦斯巴芗之后，他们可以单独在罗马合法地行医。《阿奎利亚法》（*Lex Aquilia*）监督全国医生，使他们负疏忽之责。若有医生因疏忽或过失置人于死时，则受到《科尼利亚法》（*Lex Cornelia*）的严厉惩罚。庸医仍然存在，不过良医日益增加。接生婆把大多数的罗马人带到世界上来，大多数这种妇女都受过良好的训练。约100年左右，军医达到了古代医学的顶峰：每一军团（3000—6000人）有24名外科医生，急救与野战救护勤务有良好的编组，几乎每一个重要的露营地区都设有医院。私立医院由医生开设，中世纪的公立医院就是从这些演化而来。医生由国家任命并支薪，对贫民施以免费治疗。富人自己拥有医生。待遇优厚的主治医师（archiatri）照顾皇帝、皇室的家庭、仆从和副官。有时家庭与医师订约，让医师定期检查他们的健康。在这种方式之下，昆图斯·斯特蒂尼乌斯每年要赚60万塞斯特斯。外科医生阿尔康（Alcon），曾被克劳狄乌斯罚款1000万塞斯特斯，但没几年就靠收入付清了。

医学此时已达到高度专业化的程度，计有尿道学家、妇科学家、产科医生、眼科医生、耳科医生、兽医、牙医等。罗马人能做成金牙、假牙、装假牙的架子及假牙床等。女医生也为数不少，其中有些人著有堕胎指南——《堕胎》，堕胎是名女人与娼妓中很普遍的事。外科医生作更深入而专业的区分，很少人从事一般医疗。曼德拉草汁（Mandragora juice）或阿托品（atropin）被用作麻醉剂。在庞贝废墟中，发现了200多种不同的外科仪器。解剖是非法的，但往往以检查受伤或垂死的斗士来代替。水疗法属于常事，广大的公众浴场就有几分像水疗机构。马赛的夏米斯（Charmis），即因以冷水浴治病而发财。肺病患者则被送到埃及或北非去。硫黄被当作皮肤病的一种特效药，并于传染病后熏蒸房屋，作为消毒。药品是最后一项，但却是常用的方法。医生制药的方法多秘而不宣，但为它们大肆宣扬，借以说服患者花钱去卖。消炎药身价颇高：蜥蜴的腐肉可用作泻药，人类的内脏有时被开成药方，安东尼乌斯·穆萨主张用狗的粪便来治疗咽喉炎，盖仑（Galen）却使用男孩的粪便治疗喉咙肿胀。为了弥补以上各种方法的不足，一位乐观的庸医，无论治什么病都用酒。

这一时代唯一知名的医学作家是一位罗马人，并且还不是一名医生。塞尔苏斯是一位贵族，在约公元30年时，他在研究战争、农业、辩术、法律、哲学和医药之余，编成了一部百科全书，名叫《论技艺》（De Artibus），其中只有医药部分《论医药》（De Medieina）留传下来。这是从希腊名医希波克拉底到盖仑之间六个世纪传诸后世的最伟大的医学作品，另外使它杰出的原因是用相当纯而古典的拉丁文写成，因而塞尔苏斯授予它的名号是"医界西塞罗"（Cicero medicorum）。他把希腊文的医学名词翻译成拉丁文专有名词，至今仍独霸医学界。第六部书所表现的内容，是相当可观的古代性病知识。第七部对外科方法有明晰的说明，它包括了外科缝合线最早的著名记载，对扁桃腺切除术、膀胱结石侧面割治术、整形外科及白内障开刀等都有记述。结合起来，这是罗马科学文献中最完善的成就，并使我们知道，假如普林尼没加以保留，我们对罗马的科学就会有更好的评价。可惜的是，学者们的结论认为：塞尔苏斯的论著大部分都是对希腊原文的编纂或释义。在中世纪散失的这部著述，是在希波克拉底或盖仑以前印行的。在 15 世纪时被重新发现，促进了医学的重建。

昆体良

当韦斯巴芗在罗马设立修辞学的国立教席一职时，他派给了一个生于西班牙的人——像白银时代的许多作家一样。昆体良（Marcus Fabius Quintilianus）约公元 35 年生于卡拉古里斯（Calagurris）。他到罗马学修辞，并在罗马开设修辞学校。学校中知名的几位学生有塔西佗、小普林尼等人。尤维纳利斯形容他年轻时的仪表为：英俊、高贵、聪明、教养好、声音动听、表达能力不错，有元老院议员的风范。他在老年时退休，把《雄辩术原理》（*Institutio Oratora*，公元 96 年）以古典的体裁写出，以指导他的儿子：

> 我想，这部作品将是我给我儿子的遗产中最珍贵的部分，他的才能是如此杰出，所以需要父亲给予最热切的培养……我不分昼夜地进行这个计划，加速它的完成，唯恐死亡使我未完成的大事中辍。不幸的事如此突然地震骇了我，不料现在我辛勤的结晶，除了我自己以外谁都不感兴趣……我已经丧失了当初塑造他的最高期望，我原用以安慰我的余年的一切希望都依赖他身上了。

他的妻子在她 19 岁时去世，给他留下两个儿子：其中一个 5 岁即夭折，"有如夺走了我的双目之一"；而今另一个也去了，抛下了这位老先生"比我一切最亲近、最亲爱的人多虚度几年"。

他对修辞学下的定义是能言善道的科学。演说家的训练应该在出生前开始：最好他应该出身于教养良好的家庭，这样他才能从潜移默化中得到正确的言谈和良好的礼仪；只有一代不可能成为受过教育的人和一个绅士。未来的演说家应该研究音乐，使他懂得音乐的和谐；应该学习舞蹈，使他的姿态优雅而有韵味；应该学习戏剧，用姿态和动作使他的辩才富于活力；学习健身术，以使他保持健康和体力；学习文学，以构成他的风格，训练他的记忆，装备各种伟大的思想；学习科学，使他对自然有些了解；学习哲学，以便在理性的要求下与智者的教诫下塑造他的性格。一切准备都有了，但是若没有虔诚的行为和高贵的精神以产生演说时那种无可抗拒的诚心，仍然毫无裨益。然后，学生必须尽量多写，并且要用最大的细心。这是一项艰苦的训练，昆体良说："我深信，在我的读者中，没有一个人会想到计算它的金钱价值。"

雄辩的本身有五个方面：观念、组织、格调、记忆和表达。选好了题材，清晰地想出宗旨之后，让雄辩者从观察、询问和阅读中搜集资料，然后以合乎逻辑和心理学的要求予以安排——以使它的每一部分都各得其所，像几何学一样自然地逐次引申下去。一个组织严谨的演说包括前言、命题、证明、反驳和结论。只有需要完整记忆时，讲词才应该写出来；否则，对书面资料的零碎记忆会阻碍或混淆即兴的风格。倘若是书面的，就必须小心。"如果写得快，就永远无法写好；先要写得好，不久就能写得快"；要避免"时下作家群中视为时髦的听写练习"。"清晰是第一要件，然后是简洁、华丽、有力。"要严格地、反复地修改：

删节的重要性不亚于写作。修改掉夸张的部分，把平凡的地方提高，紊乱的地方重新安排，把生硬的语言加上节奏，太过于果断的地方要修改……改正的最佳方法是把写好的东西搁置一段时间，如此我们再看到它时就可能有耳目一新之感，就如它是另一个人的作品一样，如此，我们便不致把自己的作品像对待初生婴儿一样地感情用事。

表达一如作曲，应该触动情绪，却要避免华丽而过多的手势。"使我们的演说流畅的，是感觉和想象力"，但是，"举手大叫、气喘吁吁、摇头摆尾、双手合击、拍腿、捶胸、拍前额，你会直接给听众留下暗淡乏味的印象"。

除了这些宝贵的意见之外，昆体良在他第十二部书中又加入了自古相传的最佳文学批评。他热心地谈论到古人与今人之间的古今战争，在两者之间令人可疑地找到了真相。像弗龙托一样，他不希望返回加图和恩尼乌斯时的粗陋单纯，更为甚者，他要避开塞涅卡"耽于情欲和感动"的流畅性，他偏爱西塞罗刚健而又优美的讲词，以此作为学生的模范。西塞罗着实是一位胜过希腊人的罗马人。昆体良自己的风格往往具有教师的味道，为定义、分类及区别所黏滞，只有在斥责塞涅卡时才振振有词，但那也是一种有力的风格，他的威严时常点燃人性与机智的特性。在善意的文字后面，我们总可感受到他那宁静的善良。他的作品，对道德有刺激的作用。也许有幸能亲聆他训诫的罗马人从而做了一些道德的革新工作，这种革新胜过了任何文学上的异彩，抬高了小普林尼和塔西佗时代的尊贵地位。

斯塔提乌斯和马提雅尔

我们还剩下最后两位诗人，他们属于同一时代，追求同一个君王的宠爱与保护，但彼此互未提及：一个是帝国罗马史上最纯正的诗人，另一个则是最粗劣的诗人。斯塔提乌斯是那不勒斯的一位诗人和文学家之子，他的环境和教育所给予他的，除了金钱与天才之外，样样都有。他讲数字时含混不清，他即兴而吟的诗作震惊了茶楼酒馆，他根据七将攻打底比斯（War of the Seven against Thebes）作了一首叫作《底比斯占纪》（*Thebaid*）的叙事诗。今天我们不能读这种作品，因为它的进展皆为死了的神仙所阻滞，通畅的诗句具有一种难以抗拒的催眠力。但当时的人却喜欢它，群众聚集在一起，在那不勒斯的一家戏院内聆听他的朗诵。他们了解他那神话式的结构，欢迎他细腻的情感，觉得他的诗句在舌头上轻快地滚动着。阿尔班（Alban）诗歌竞赛时的评判员颁给他一等奖；富人与他为友，帮助他对付贫穷；多米提安亲自在弗拉万（Flavin）家中招待他晚宴。斯塔提乌斯报答他的方法是把宫廷描述成天堂，把这位皇帝比喻为神。

他把最令人兴奋的诗《希尔瓦》（*Silvae*）题赠给多米提安及其他赞助人，给他的父亲与朋友，那是用轻松愉快的诗句写成的朴实的田园诗和颂词。然而，在卡皮托利诺（Capitoline）的竞赛会中，另一位诗人赢得了殊荣，斯塔提乌斯的星运在多变的罗马衰微了，他劝服心有不甘的妻子返回他的童年故居。在那不勒斯，他开始写另一部叙事诗《阿喀琉斯纪》（*Achilleid*）。后来他在公元 96 年突然去世，只是一位 35 岁的青年。他不是一名伟大的诗人，但是他在过于尖刻的文学作品中及史无前例地腐化与粗鄙的社会里，奏出了一个受人欢迎的亲切与温柔的音符。要是他也像马提雅尔一样淫猥的话，他也会跟他同样著名。

马提雅尔公元 40 年生于西班牙的比勒比利斯（Bilbilis）。24 岁时他到罗马，获得了卢坎和塞涅卡的友情。昆体良劝他学习法律以谋生，但马提雅尔宁愿饿死也要学诗。他的朋友们在皮索叛谋中突然被扫除，于是他迫不得已，以卖诗度日，凡是给他一餐饭吃的富人，就给那个富人一篇短诗。他住在一个三楼的阁楼里，可能是只身一人，因为尽管他为他称为妻子的人撰写了两首诗，但它们极为鄙秽，所以"她"这个人一定是他虚构的人，或是个鸨母。

他的诗（他让我们知道），整个罗马帝国都读，即使是在哥特人
(the Goths) 中也有人读。他听说自己几乎像赛马一样家喻户晓时，
感到非常欣喜，但当他眼瞧着出版商因出售他的书致富而自己却一无
所获时，颇感烦恼。他在一首诗中降格地暗示他急需一件外袍，皇帝
的一位富有的自由民帕森尼乌斯 (Parthenius) 就送给了他一件。他
用两节诗作为答谢，一节是赞美袍子的新，另一节表明它的便宜，不
值一文。他适时找到了一些更慷慨的保护人，其中有一个送给他在诺
门坦 (Nomentum) 的一小块农田。不管怎样，他筹到了款就在奎里
纳尔（罗马七山之一）山麓安置一个简单的家。接二连三地，他变成
了富人的"食客"或常客，在早晨谒见他们，偶尔地得到礼物，但他
对自己的情况感到羞愧、悲叹。他没有勇气安于贫穷，因而自由。他
付不起贫穷的代价，因为他必须要跟那些能买他诗的人混在一起才
行。他对多米提安大加歌颂，他说，如果主神朱庇特和多米提安同日
邀请他参加晚宴的话，他一定回绝主神的邀请。但这位罗马皇帝却偏
偏邀请了斯塔提乌斯。马提雅尔妒忌这位比他年轻的诗人，因而转弯
抹角地说，一首活生生的警语短诗，比一首死板的叙事诗值钱。

警句妙语的短诗，有时是一种献词，一种恭维，一种墓志铭，马
提雅尔把它锤炼成为更简短、更锋利的形式，加上讥讽的刺。当我们
用几口气的短暂时间读完他的 1561 首短诗时，对他是不公平的，因
为它们是在不同的时间，以 12 本书发行的，读者却只想将它们当作
主菜前的开胃小菜一样略加品尝，而不是把它当作一餐持久的大宴。
而今看来，其中大多是琐屑了些。它们的暗讽是地方性的、暂时性
的，太具时间性因而不能持久。马提雅尔并不把它们看得很认真。他
也同意，坏的多于好的，但他不得不凑足一卷。他是诗律学的大师，
知道诗歌方面的韵脚和技巧，但是他像他散文贵族佩特罗尼乌斯一
样，骄傲地避免了修辞学。他对产生他那个时代文学的神话内容毫不
在意。他对真正的男女及他们的生活感兴趣，并津津有味或痛恨地描
写他们。他说："我的作品有人的味道。"他能"描下"某些呆板的贵

族或尖刻的百万富翁，某些傲慢的律师或著名的雄辩家，但是他更喜欢谈论理发师、补鞋匠、小贩、骑师、杂技演员、拍卖人、投毒者、堕落者和妓女。他描写的景象不是古代的希腊，而是浴室、剧院、街头、马戏团、家庭和罗马的住宅等。他是无名小卒心目中的"桂冠诗人"。

他对金钱的兴趣甚于爱情，并时常把后者看成一种性别。他的作品略带感伤，他极温和地提到一个朋友孩子的死去。他的书中没有华丽的辞藻，甚至连高贵的愤怒都没有。他唱出邪恶味道的连祷，并补充说："在这些所有臭味之中，我最喜欢你的，巴萨（Bassa）。"他描写他的一位情妇说：

> 加拉，你那一束长发出自远方。你把皓齿搁置一旁，一如你放起你的丝裳。你在100个木盒中躲藏静卧，你的脸与你分离而眠。你用晨间的眼眉抛个眼色。对于你那陈腐的尸体，尊敬之心感动不了你，而今你可把尸体看成你的祖先之一了。

他用没有男子气概的报复态度，写出曾拒绝他的那些女人，以清道夫的细致把他讽刺诗的污泥丢向她们。他的情诗是写给男孩子们的，他对"你的香吻，残酷的小伙子"的芳香欣喜若狂。他的一首情诗，产生了英文中一个著名的对名：

> 我不爱你，萨比迪乌斯（Sabidius），我说不出理由；
> 我只能说的是——我很讨厌你。[1]

的确，马提雅尔不喜欢的人很多。他描写他们时，是用只见之于

---

[1] 原文为"Non amo te, Sabidi, nec possum dicere quare; Hoc tantum Possum dicere, nom amo te."

现在最秘密的公共墙壁上明显的化名和语言。他总是诽谤他的对头，一如斯塔提乌斯始终称赞他的朋友一样。有些受他诽谤的人，便以他的名义出版一些比他自己的诗更猥亵的作品，以表示对他的报复，或者攻讦那些马提雅尔曲意讨好的人。从这些技巧上完善的讽刺短诗中，我们可以整理成一本完全是《酒吧间尿道学》（*Barroom Urology*）的词汇书。

但是，马提雅尔对自己的猥亵毫不难过。他与他同时代的人分享它，认为即使是皇宫深闺中的高贵仕女都会喜欢他的诗。"卢克莱蒂娅（Lucretia）觉得面红耳赤，把我的书放在一边，但那是因为布鲁图在场。等布鲁图走开，她会读的。"那时的诗准许猥亵，只要韵脚和措辞正确就行。有时马提雅尔吹嘘他的淫荡："在我的作品中，没有一页不是满纸的荒唐话。"大多数时候，他有点不好意思，并请求我们相信，他的生活要比他的诗纯洁清白。

最后，他厌倦了以奉承与攻讦求食的伎俩。他开始渴望一种较为宁静、健全有益的生活，并渴念他的西班牙故园。这时他已 57 岁，两鬓花白，满脸胡须，他告诉我们，他显得格外黝黑，无论是谁，一眼就看出他是在塔古斯（Tagus）附近出生的人。他为小普林尼赠上一首诗的花束，得到的回报是一笔使他到比勒比利斯去的路费。这个小镇欢迎他，因为他的名声而原谅了他的道德缺憾。他在小镇上找到了比较单纯但比罗马那些人更慷慨的赞助人。有一位慈善的妇女赠给他一栋中等的别墅，他在别墅里度过他的余年。公元 101 年，普林尼这样写道："我刚刚才听到马提雅尔的死讯，这个消息使我深为痛楚。他是一个机智的人，尖刻讽刺，他在诗中把盐和蜂蜜混合在一起，尤其是加上了他的坦直。"如果普林尼都喜欢他，这个人一定具有某种内在的美德。

第五章 | 成长中的罗马
（14—96）

播种者

古罗马的农艺，属于白银时代，即尤尼乌斯·科卢梅拉（Junius Columella）所写的"庄稼人"（公元 65 年）。像昆体良、马提雅尔和塞涅卡一样，他来自西班牙。他曾在意大利开垦了几处田庄，然后退休住在罗马的一个寓所中。他发觉，最好的土地已被别墅和富豪们的庭园占据；次之的土地，则做了橄榄果园和葡萄园；留下来耕种的，只是最差的土地了。"我们已经把土地的耕作让给我们最低下的奴仆，他们却像野蛮人一样处置那些土地。"他认为，意大利的自由人，本应该在土地上工作，借以磨砺自己，但他们却在城市中退化。"我们把双手用在马戏班和剧院里，而非用在农作和葡萄园中。"科卢梅拉喜欢土地，他感到，在大地上的有形文化，比城市里的文明教化更为健康。务农是"智慧的血亲"（consanguinea sapientiae）。为了把人们引回到田野上去，他用洗练的拉丁语润饰他的题材。当他谈到花圃和花卉时，他便沉浸在热情的诗句中。

就在这一时期，自然主义者普林尼发表了他那首早熟的名句：广大的农田毁灭了意大利。塞涅卡、卢坎、佩特罗尼乌斯、马提雅尔和尤维纳利斯也做了类似的判断。塞涅卡把牧场形容得比那些脚镣互连的奴隶所开垦的王国还要广阔。科卢梅拉说，有些田产，大得使他们的主人骑着马都永远也走不遍。普林尼提到的一座田庄，有 4117 个奴隶、7200 头牛、25.7 万余只其他的动物。由格拉古兄弟、恺撒和奥古斯都所做的土地分配，虽然使小地主的数量增多，但其中有许多土地都在战时放弃，被富人购买。当罗马的帝政消灭了各省份的掠夺事件时，许多贵族的财富便都流入了大农场。大地主领地之所以扩展，是因为蓄养牛只、生产油类和酒所获得的利润多于谷物和蔬菜。获利更多的原因是，发现经营广大牧场所需要的工作，只在单一的管理之下。到了 1 世纪末，上述这些优点已被奴隶费用的提高和奴隶迟滞怠惰的工作所抵消。长期的转变开始了，从奴隶制度变为农奴制度。由于和平的到来减少了由战俘们沦为奴役的数量，一些大地主便不再用奴隶经营田地，反而把田产分成小份，租给自由佃农（Coloni），佃农则付出佃租和劳力。大多数属于政府的所有地，现在多用这种方式工作。小普林尼的广大财产也是如此产生的，他把他的佃农形容为：健康、强壮、性情好、健谈的农人——正如我们当今在意大利所看到的一样，经一切变化之后，依然如故。

　　耕种的方式和工具，主要仍沿袭几百年前的方式。犁、铲、锹、锄、草耙、镰刀和耙子等，保存了它们的形式几乎达 3000 年未变。水或兽类转动的磨碾着玉米。螺旋抽水机或水车，把水从矿场中抽出来或送入灌溉沟渠中去。农作物的轮种，保护了土壤。施肥、田中的紫花苜蓿、马草、黑麦与豆子，使土壤更肥沃。种子的选择，有了高度发展。在巧妙的照料之下，坎帕尼亚和波河河谷的沃土一年能有三四次的收获。对紫花苜蓿的种植而言，每年可收割四至六次达十年之久。除了欧洲最稀有的蔬菜之外，什么都种，有些是种在暖室里，以备冬季出售。各种果树和坚果树都很多，因为罗马的大将与商人、外国商人与奴隶曾带来了很多新品种：波斯的桃子、亚美尼亚的杏子、庞廷克·拉苏斯（Pontic Cerasus）的樱桃、叙利亚的葡萄、大马士革的李子、小亚细亚的梅子和榛子、希腊的胡桃、非洲的橄榄和无花果……聪明的林艺家，把胡桃接枝在杨梅树上，把梅子又接枝在法国梧桐上，把樱桃接枝在榆树上。普林尼列举了 29 种不同的种在意大利的无花果树。"由于我们农人的兴趣，"科卢梅拉说，"意大利已经学会了种植几乎全世界的水果。"同样，它又把这些技艺传入西方及北欧。我们丰美的食物，有着广大的地理和长远的历史背景，我们所吃的每一种食品，说不定都是我们东方和古代遗产的一部分。

橄榄果园固然很多，而葡萄园更到处都是，在山坡上形成了美丽的梯形。意大利出产 50 种名酒，单是罗马一地，每年就饮 2500 万加仑——每一个男人、女人、孩童、奴隶或自由人平均每星期饮 2 夸脱。大多数酒，都是在资本主义组织方式下生产，即由罗马所资助的大规模生产。大部分产品都予以输出，并把有关酒的风雅传给了喝啤酒的国家如德国和高卢人。在 1 世纪，西班牙、非洲和高卢人都开始种植他们自己的葡萄。意大利的葡萄酒商，先后失去了他们各行省的销路，产品充斥国内市场，构成了罗马几项"生产过剩"的经济危机之一。多米提安试图消弭这种趋势，并恢复谷类的种植，其办法是禁止再在意大利种植葡萄，命令把各省的葡萄园摧毁一半。这些命令引起了反抗的怒潮，因而无法执行。到了 2 世纪，高卢人的酒和西班牙、非洲及东方的油，开始把意大利的产品纷纷挤出地中海市场，意大利的经济衰微由此开始。

半岛上的大部分土地都变成了牧场。最廉价的土地和奴隶，可用来饲养牛、羊与猪，科学的繁殖方法开始受到注意。饲养的马匹，主要是用于战争、狩猎和运动，很少用于拖曳。公牛用来曳犁及车，骡子用来驮物。母牛、山羊和绵羊，供给三种奶，意大利人用这三种奶制造美味的乳酪，以迄于今。猪被赶到布满了橡子和坚果的林中。斯特拉博说，罗马主要依赖意大利北部橡树林中的肥猪而活。家禽使农田肥美，又可帮助家庭增加食物，而蜜蜂则提供了古老而珍贵的糖的代用品。如果我们再增加几亩亚麻和大麻、加一点狩猎和多加一些渔业，我们就可以看到 1900 年前的意大利田园景色正像现在一样。

工艺家

在罗马人的生活中，农业与工业之间的划分，并不像现代的国家那样富于地域性。古代的农家（小屋、别墅或田产）实际上是个制造工厂，男人们的双手从事十多种重要工业，妇女的技能使房间和环境充满了有益于身心的艺术。那里的树林都变成了住处、燃料和家具，牛被杀掉，烹而食之；杂粮磨好，烘烤成饼；油与酒加工挤压；把食品烹制好并加以保存；毛与亚麻清洗好，并予以编织；有时，黏土烧成容器、砖和瓦，把金属打成工具；那里的生活具有教育上的充实感和多样性。最富有的家族，都是最能自足的，他们因能制造出日常必需品的极大部分而引以为自豪。一个家庭，就是一个从事联合农业及家庭工业的经济联合组织。

等到一个工匠承担了数个家庭的某一工作，并在他们都能接近的中心地带开设起他的店铺时，农村经济便补充（而非取代）了家庭工业。因此，磨坊的主人承碾许多田地上的粮食，而后他烤成面包，又予以分送。在庞贝古城中，掘出了 40 家面包店。在罗马，面点的制造者是一个独立的同业公会。有一些类似的合约商在橄榄未成熟时买下产品，等成熟时再采撷果实。然而，大多数田庄都是自己制油，自己烤面包。农人和哲学家的衣着，都是朴素的手织品。富人所穿的外衣，虽也是在家中纺织，但都是在浆洗店里刷、洗、漂白和剪裁。工厂里，已能纺织一些精致的毛织品。至于那些没做成帆或网的抽纱，则由工厂制成女用外衣和男用手帕。到了下一阶段，布料便会送给染工。染工不但在布上染色，而且在上面压印一些像我们在庞贝壁画上看到的衣物上的精美图案。皮革的制作也达到了工厂化的阶段，但鞋匠通常仍是单独的手工业者，制出鞋子待价而沽。有些专业化鞋匠，则只为女性的纤足缝制花式的拖鞋。

采矿业的生产几乎完全出自奴隶或犯人之手。达契亚、高卢及西班牙的金矿和银矿，西班牙和英国的铅与锡，塞浦路斯和葡萄牙的铜，西西里的硫黄，意大利的盐场，爱尔巴岛的铁，卢纳（Luna）、伊米托斯（Hymettus）及帕罗斯（Paros）的大理石，埃及的斑岩，总之，地下的一切天然资源，都归国有，都由国家经营，或是国家租出去，为国家岁收提供一项主要来源。单是西班牙的黄金，每年便为韦斯巴芗提供4400万塞斯特斯。矿藏的搜求，是罗马帝国征战的主要资源。塔西佗说，英国的矿业财富，是克劳狄乌斯战役"胜利的奖品"。木柴和焦炭是主要燃料。在科马吉尼（Commagene）、巴比伦王国和帕提亚，都知道石油为何物，而萨莫萨塔（Samosata）的保卫者则把它做成火把投向卢库卢斯的军队，不过还没有把它当作商业燃料应用的迹象。煤是在伯罗奔尼撒及意大利北部被发现，但主要被铁匠使用。化铁成钢的技术已从埃及扩展到整个罗马帝国。大多数的铁匠、铜匠、金匠和银匠，都有一个工厂、一两个学徒。在卡普亚（Capua）、明图尔纳（Minturnae）、普特奥利、阿圭利亚（Aquileia）、科莫和其他各地，由数个工厂及炼制所联合成一个制造工场。在卡普亚的工场，显然是由外资资助的大规模的资本企业。

建筑业方面，组织良好而又专精。运木者伐木、运木，木工建屋、制家具，泥水匠调和水泥，建屋人奠立地基，建筑师建造拱门，砌墙工砌墙，泥灰工抹上石灰，粉刷匠则予以粉刷，管工安装水管（通常是用铅管），地板工人铺大理石的地板，我们可以想象得到各行业之间的权限冲突。砖与瓦是由陶器制厂供应，很多陶器业已达到工厂阶段。图拉真、哈德良、奥勒留，都拥有这种使他们致富的工厂。阿雷提乌姆、穆蒂纳、普特奥利、苏伦图姆（Surrentum）和波伦蒂亚（Pollentia）的瓷窑，供应了全欧洲、非洲各行省及意大利的常用餐具。这种大批量生产并无艺术境界可言。坦白地说，重点是放在量的多寡上。

工厂出产的玻璃、砖瓦、陶瓷和金属品，不能使我们认为当今工业的资本主义源于古代的意大利。罗马本身只有两个大工厂——一个造纸工厂和一个染色工厂。也许金属和燃料数量都不多，政治的利益似乎比工业的进展更正当而体面。意大利中部的一些工厂中，几乎全部工人和一些经理人员都是奴隶。至于在意大利北部的工厂中，自由人的比例比较大。奴隶的数量仍然很多，足以滞碍机械的发展。厌怠的奴工由于对产品没有利害关系，故不可能有什么新发明。有些节省劳工的机器受到排斥，是因为机器或许能引起技术上的失业。人民的购买力太低，以致不能刺激或支持机械化的生产。当然，在意大利、埃及和希腊世界，许多常用的简单机械仍是有的，例如螺旋压榨机、螺旋水泵、水车、动物拉动的粮磨、纺车、织布机、起重机及滑车、制陶瓷用的旋转模子……但是公元96年的意大利人的生活，工业化的程度与直到19世纪时相当，在奴隶制度及财富极为集中的原则下，实难有较深入的进步。罗马法律要求每一分子在从事工业行为时，都必须是一个合法而负责的合伙人，因而限制了大型组织。罗马法律禁止"有限责任"的公司，只有在执行政府合约时才准许合资公司成立。由于类似的限制也适用于银行界，所以罕有为大型企业提供资本的。罗马或意大利的工业发展，从来没能与亚历山大或希腊化东方世界的工业发展等量齐观过。

交通

从恺撒至康茂德，禁止有轮车辆在白天通行，人们只好步行，或乘坐奴隶抬行的轿子或担架。较远的路程，人们则骑马和坐在马拉的驿车或四轮马车上。乘坐驿马旅行车，平均每天可行60英里。有一次，恺撒曾乘马车走了8天，走了800英里。信差把尼禄的死讯带到西班牙给加尔巴，在36个小时之内驰行了332英里。提比略日夜兼程地骑行了3天达600英里，及时赶到垂死的兄弟身边。全部使用马车或马匹的公共邮递，平均每天走100英里。奥古斯都模仿波斯系统，将之视为帝国行政上不可或缺的一环。携带官方文件时，叫作"公共邮递"（cursus publicus），一如担任政府公务的工作。私人只是在极少且经由政府特许状（diploma）的准许之下，或给以持有人某种特权的护照，及让他前往会晤外交要员时方能使用。更快捷一点的传送方法，有时是点与点间事先安排好的闪光信号，用这种原始的电报，在普特奥利一艘运粮船的到达，能很快使忧愁中的罗马人知道它已到来。非官方的文件，是由特殊信差、商人或旅行中的朋友携送。有些迹象显示，在帝国统治下，存在有些传递私家邮件的公司。那时所写的信件少于现在，但优于现在。然而，恺撒时代在西欧及南欧方面传递的消息，都比铁路修建以前的任何时代都快。公元前54年，恺撒的信件在29天之内从英国送给罗马的西塞罗。1834年，罗伯特·皮尔（Robert Peel）爵士匆匆地从罗马到伦敦，却需时30天。

交通和运输受执政官大道的助益极大。这些大道就是罗马法律的触须，执政们因为这些大道的影响，而使罗马人的心灵成为王国的意志。它们在古代世界产生了商业革命，影响所及，足可媲美19世纪铁路对商业的影响。直到蒸汽运输开始，中世纪和现代欧洲的道路仍较安东尼帝国下辖的道路逊色。当时仅意大利一地，就有372条主要道路，铺设了1.2万英里的通衢大道。而安东尼帝国，则有5.1万英里的公路和一条广远的次要道路网。公路越过阿尔卑斯山到法国的里昂、波尔多（Bordeaux）、巴黎、兰斯（Rheims）、鲁昂和布洛涅（Boulogne）；其他公路则通至维也纳、美因茨（Mainz）、奥格斯堡、科隆、乌得勒支（Utrecht）和荷兰的莱顿（Leiden）；从阿圭利亚开始，一条公路绕过亚得里亚，与埃格纳蒂亚（Via Egnatia）大道相连，到达希腊的萨洛尼卡（Thessalonica）。巨大的桥梁取代了爬行于千万溪流的渡船。执政官大道的每一英里路，都有界石标出了到达下一城镇的距离，4000个这种界石，至今犹存。在路途中间还为疲惫的旅客设有座椅。每隔10英里便有一个站（statio），供有歇足处，能够雇到新换的马匹；每隔30英里有一个客栈（mansio）——作为商店、沙龙和妓院的旅社。主要的歇脚点就是城市（civitates），通常设有不错的旅社，有时这些旅社由市政府所有和管理。大多数的旅馆管理人，都伺机偷窃旅客，尽管每一站都有警卫士兵，盗贼在夜间仍使公路上无法安全。可以买得到的"旅游指南"，上面标示出道路、驿站和中间的距离。富人们为了鄙弃旅社，都自购行李，随身带着奴隶，夜间睡在有守卫的马车中、朋友家中或沿途的官舍里。

尽管有这一切困难，在尼禄时代的旅行要比以前的任何时代都多。塞涅卡说："很多的人都不惜长途跋涉，一睹遥远的景物。"希腊的历史学家普鲁塔克曾说："环游世界的人，把生命中最宝贵的时间耗费在旅社和船上。"受过教育的罗马人，蜂拥而前往希腊、埃及和希腊属亚洲（Greek Asia），把他们的名字刻在历史纪念碑上，寻求治病的圣水或有利于治愈的气候，漫步在寺庙中的艺术品之间，受教于著名的哲学家、修辞学家或医生，毫不犹豫地使用帕萨尼亚斯（Pausanias）当作他们的旅行指南。

这些"豪华之旅"（grand tours），通常要涉及一个或多个纵横交错在地中海上百余条商道的商船航行。"瞧那些港湾和大海，"尤维纳利斯说，"布满了巨大的船舶，人比陆地上的还多。"罗马的港口，如普特奥利、本都和奥斯蒂亚都活跃着建造船只的工人、填塞船缝的修船工、把沙子像重沙袋一样装入船中和把粮食一袋袋卸下的装运工。前去称量粮食的小艇上的测量员，则管理大船与海岸之间的供应船，蛙人潜入水底搜取落入海中的货物。仅运玉米的驳船，在每一个工作日中就有 25 艘之多被拖上台伯河。倘若我们再把建筑用石、金属、油料、酒和成千种其他物品的运输加起来，便能想象到一条河上的画面——繁盛的商业、装卸机械的噪声、码头工人、脚夫、装货夫、商人、经纪人及职员。

船只是靠帆推动，并由一排或两排桨来辅助。平均起来，船比从前的更大了。阿特纳奥斯（Athenaeus）所形容的一艘运粮船 420 英尺长，船上有一根 57 英尺长的船辐，这只是相当例外的一个。有些

船只，有三层甲板，许多船都能载 250 吨货物，有几艘甚至载货 1000
吨。约瑟夫斯（Josephus）提到的一艘船，载有旅客和船员达 600 人
之多；另一艘船，载了一个埃及的方尖石塔，尺寸像纽约中央公园的
尖塔那样大，还加上 200 名水手、1300 名旅客、9.3 万蒲式耳的麦子
和许多麻布、胡椒、纸张与玻璃。然而，正像圣保罗所知，除了沿海
岸航行外，其他航行仍然是危险的。在 11 月与次年 3 月之间，只有
少数几条船能够冒险穿越地中海，仲夏之时，在季风的狂吹之下往东
航行几乎完全不可能。夜晚扬帆倒属常见，每一个港口都有良好的灯
塔。海盗的危险，在地中海几已绝迹。为了消弭海盗，根绝叛乱，奥
古斯都除了在帝国内的十多个地点派有舰艇支队外，还在亚得里亚海
的拉韦那和那不勒斯湾的米塞努姆（Misenum）两个地方驻守了两个
舰队。我们可以拿 200 年来从未听说有这些舰队的存在的事实，来判
断普林尼所谓的"罗马和平的泱泱之风"。

　　由于出航取决于气候和商务上的方便，客运的船期大多不固定。
船费并不高，例如从雅典到亚历山大是 2 个德拉克马（约 1.2 美元），
但是旅客须自备食物，很可能要睡在甲板上。船速像船资一样，因风
向风力而异，平均每小时 6 海里。渡亚得里亚海，也许要一天，或者
像西塞罗那样，从帕特雷到布伦迪西姆需时三周。一艘快速客轮，在
24 小时内能行驶 230 海里。风向有利时，六天的时间能从西西里到
亚历山大城，或者从加的斯到达奥斯蒂亚，四天的时间能从乌提卡到
达罗马。最长又最危险的航行，是为时六个月的从阿拉伯的亚丁到印
度，因为印度洋的季风迫使船只沿着海盗出没的海岸航行。约在 50
年以前，有一位名叫希帕卢斯（Hippalus）的亚历山大籍的希腊商船
船长，他测绘了季风的周期，发现在某一季节他能直航印度洋而且能
安全渡过。这种发现对海洋的重要，实不逊于哥伦布的航行对大西洋
的重要。从那时以后，从红海上的埃及港口出发，40 天便可抵达印
度。约在 80 年，一位姓名不详的亚历山大城的船长写了一本书，名
叫《红海环航记》（*Periplus of the Erythrean Sea*），被当作商人们沿东

非海岸至印度的贸易手册。同时，另一些海轮发现了通过大西洋至高卢、英国、德国甚至到斯堪的纳维亚半岛及俄国等航线。在人类的记忆中，在此之前的各大海洋从来也没载送过这么多的船只、产品和人们。

工程师

载运货物的船只与道路、连接道路的桥梁、停泊船只的港坞、把干净的水输运至罗马的渠道、把乡镇的污物及城市废物排除的沟渠等，都是罗马、希腊与叙利亚的工程师们在大批的自由劳工、军人和奴隶的配合之下建造而成的。他们用吊架和直梁上的滑车提运笨重的建材或石块，吊架和直梁是用人或动物转动踏车上的绞盘来操作的。他们在无情的台伯河沿岸筑成三级式的墙堤，以使水位低时不至于露出河床。[1] 他们在奥斯蒂亚为克劳狄乌斯、尼禄和图拉真疏浚了一个复式港口，在马赛、普特奥利、米塞努姆、迦太基、布伦迪西姆和拉韦那各开辟了一个小型港湾，并在亚历山大重建了最大的一座港口。他们把富奇内（Fucine）湖排干，然后在一座岩石山下凿通一条隧道，以使湖底成为耕地。他们在罗马的地下构筑了许多水泥、砖或瓦的暗渠，这些暗渠被使用了数百年之久。他们把坎帕尼亚的沼泽完全汲干，使它成为可居之地，因为从那里的遗迹可以看出很多豪华的宫殿。[2] 他们执行了惊人的公共设施工程，这些工程使恺撒及其他各帝王减少了人民失业的人数，也美化了罗马。

执政官大道是比较简单的成就之一。那些道路怎能与现代的公路相比？当时道路的宽度是 16 到 24 英尺，但是接近罗马的部分，这

---

[1] 1870 年，意大利政府建立了许多统一宽度的堤防，但在旱季的效果不佳。

[2] 显然，沃尔西人曾于公元前 600 年前排干蓬蒂内沼泽（Pontine Marshes）。他们的罗马征服者却疏忽了各排水道，而使该地区再度成为沼泽及疟疾区。恺撒计划将其重开，奥古斯都和尼禄对这项工程有所推进，但直至 1931 年，工作才完成。

一宽度包括长方形石板铺成的人行道在内。他们以大胆的初期经济牺牲向目标勇往直前，达到后来长久节约的目的。他们用巨资兴建的桥梁，越过无数的溪流，用砖与石建造的拱形长桥跨过池沼，不用移山填海的凿填功夫而能在陡峭的山上攀缘而行，沿着强有力的护土墙保护下的山麓或高堤爬行。他们铺设的程度，悉依当地可用的原料而异。通常，底层是一个4至6英寸的沙床，或者是1英寸的灰泥；再上面，就是铺的四层石头：地层是1英尺深，由水泥或黏土砌成的石块组成；边缘是10英寸厚填牢的水泥；中央是12至18英寸层层叠叠铺设良好的水泥；矽土或岩浆凝固的多角形石板，直径是1至3英寸，8至12英寸厚。石板的上层表面是光滑的，接合处贴合得天衣无缝。表面偶或也有水泥铸成的；在不太重要的道路上，铺的是碎石；在英国，路是由铺在碎石底床上水泥里面的燧石构成的。地基深得使人不可能想到排水问题。总而言之，那是历史上最耐用的道路，其中有很多现在仍然在使用。可惜那些为骡马和小型车辆而设计的步行陡路，已经因现代交通而不得不弃置。

连接这些道路的桥梁，本身就是科学与艺术结合的高度典型。罗马人承接了古埃及托勒密王朝水利工程的原则，他们把这些原则运用到前所未有的程度，他们留传下来的方法，直到现在仍保持不变。他们在水底建立地基和桥墩时，把古时原则发挥得淋漓尽致。他们把一个双圆柱的桥桩打入河床，每一圆柱紧围上木板，在两圆柱之间汲水，用石块或石灰把挖空的底部填满，然后就在这个地基上竖立桥墩。在罗马，有八座桥梁跨越台伯河。有些桥梁，像苏布处西乌斯（Sublicius）桥一样的古老，在那上面，一片金属都没用过；有些建筑良好，直到现在仍旧在用。凭借这些墩距，罗马的圆拱进而在白人世界里千千万万的溪流上建筑桥梁。

老普林尼认为，引水沟渠是罗马最伟大的成就。"如果你注意那些巧妙地导入城市供大众及私人使用的丰足水源，如果你观察那些保持适当高度和层级的高水道、那些必须穿透的山脉、必须要填平的洼空，你就会得到一个结论，地球赠予人世者无他，'神奇'二字。"从远处的流泉，通过全长 1300 英里的 14 条渠道，每天把约 3 亿加仑的水引过无数隧道，越过壮观的拱桥，带入罗马，其数量像任何现代城市所需一样大。这些建筑，也有它们的缺点：铅管中不断产生漏水，需要经常修理。西罗马帝国末期，全部渠道已不堪使用。[1] 但是当我们考虑到它们曾把丰足的水送到家庭、公寓、宫廷、喷泉、公园及千人同时入浴的浴场时，它们遗留下来的足能用于海战的人工湖泊时，我们便能开始觉悟：罗马虽然恐怖且腐败，但它仍然是经营最好的古代都城、古今以来设备最好的城市之一。

1 世纪末期，在水利部门居领导地位的人是塞克斯图斯·尤利乌斯·弗朗蒂努斯（Sextus Julius Frontinus），他的著作使他成为罗马最著名的工程师。他曾任副执政官、不列颠总督，并担任过好几任执政官。像现在的英国政治家一样，他能找出时间从事著述，同时治理国家。他出版了一部关于军事科学的著作，其中的结论部分《战术论》（Stratagemata）保留至今 [2]，并为我们留下了他个人对罗马水系的记载。他描述他任职水利部门时所发现的腐败和不法行为，及宫廷与妓院如何从总水管偷窃用水，他们贪婪的程度曾一度使罗马的水源枯竭。他说出他坚决的改革，极其详确地说出每一渠道的水源、长度及功用。他的结论像普林尼一样："谁敢把这些非凡的水道与沉滞的金字塔或者著名但无用的希腊作品相比拟呢？"我们从这里可以体会到，坦诚的功利主义的罗马人，除了实用而外，对美的欣赏标准不高。我们可以了解他，并且承认：一个城市在没有帕特农神庙之前应该先有清水。从这些平实的书籍中我们可以看出，即使是在暴君时代，仍有旧式的罗马人——有能力且忠实的人、有理性的行政长官，

---

[1] 其中之一是阿夸渠道（Aqua Virgo），现在注入特莱维喷泉（Fontana di Trevi）；另外 3 条业已恢复，现在仍为罗马供水。

[2] 第 3 册是以一种指导性的评论开始的："战争引擎的发明，早已达到了它的极限，我看不出这种艺术有什么更好的进步。"

他们使罗马帝国在统治失当的君王统治下繁荣，为君主政治的黄金时代开拓出了一条坦途。

商人

政府和交通的进步，使地中海的贸易扩展到空前的程度。繁忙的买卖交易方法之一，就是在乡间到处叫卖的小贩，从黄磷火柴到昂贵的输入丝绸，他们什么都卖；到处拍卖的人，也是沿街传布公告的人、遗失物品及逃失奴隶的宣告人；每天的市场及定期集市上，店主和顾客讨价还价，用假秤或加铁头的秤骗人，还要用锐利的眼睛留意营造司的度量衡检查员。商业界较高的特权阶级，是那些自造商品的店铺，这些店铺是工业和商业的骨干。港口或港口附近是批发商人，他们把新近从国外买来的物品卖给零售商或消费者。有时，船主或船长会在甲板上直接出售货物。

意大利处于"不利的"商业平衡之下达两个世纪之久——以买多卖少而得意。输出的是一些阿雷提尼（Arretine）的陶瓷、酒、油、金属、玻璃及坎帕尼亚的香水，其他产品都保存在国内。同时，批发商人在帝国的各地区都有代理商，为意大利购买货物。外国的商人，在意大利兜售及放置他们的物品。用这种双重的手续，半个星球的千百稀珍使人们大快朵颐，美衣用以蔽体，装饰罗马贵族阶级的家庭。阿里斯提得斯（Aelius Aristides）说："凡是想看尽天下万物者，必须走遍世界或者留在罗马。"来自西西里的是玉米、牛、兽皮、酒、羊毛、精美的木器、雕像、珠宝；来自北非的是玉米和油；来自昔兰尼加的是阿魏树脂；来自中非的是竞技场上的野兽；来自伊索匹亚和东非的是象牙、猿、龟壳、珍贵的大理石、黑曜石、香料及黑奴；来自西非的是油、兽、香橼、木材、珍珠、染料、铜；来自西班牙的是鱼、牛、羊毛、金、银、铅、锡、铁、朱砂、软木、小麦、亚麻、马匹、火腿、咸肉及最好的橄榄和橄榄油；来自高卢的是布匹、酒、小麦、木材、蔬菜、牛、家禽、陶瓷、乳酪；来自英国的是锡、铅、银、兽皮、小麦、牛、奴隶、牡蛎、狗、珍珠及木器制品；从比利时，大群的鹅被赶到意大利，为贵族们供应鹅肝；来自德国的是琥珀、奴隶及毛皮；来自多瑙河的是小麦、牛、铁、银与金；来自希腊及希腊各岛的是廉价的丝绸、麻布、酒、油、蜂蜜、木材、大理石、翡翠、药品、艺术品、香水、钻石和黄金；来自黑海的是玉米、鱼、皮毛、兽皮、奴隶；来自小亚细亚的是精制的亚麻及毛织品、羊皮纸、酒、土耳其地毯及其他各种无花果、蜜、乳酪、蚝、地毯、油、木料；来自叙利亚的是酒、丝、亚麻、玻璃、油、苹果、梨、梅子、无花果、枣子、安石榴、坚果、甘松香、香膏、提尔紫及黎巴嫩的香柏；来自（叙利亚）帕尔米拉（Palmyra）的是纺织品、艺术品、香水、药品；来自阿拉伯的是焚香、树胶、沉香、没药、生姜、肉桂和宝石；来自埃及的是玉米、纸张、亚麻、玻璃、珠宝、花岗石、玄武岩和斑岩。有上千种精致的产品从亚历山大城，黎巴嫩的西顿，叙利亚的提尔，土耳其的安条克、塔尔苏斯，希腊的罗得斯、米利都、艾菲索斯和其他东方各大城市传到罗马和西方，同时东方也从西方接收原料和金钱。

除了这一切外，还有从罗马帝国以外输入的大量商品：从帕提亚和波斯输入的宝石、上好香精、摩洛哥皮料、地毯、野兽和阉人；从中国（经由帕提亚，或印度，或高加索）传来的是生熟丝绸。罗马人认为，丝绸是树上梳理下来的植物类产品，把它看作黄金那样贵重。大多数这种丝绸被运到科斯岛去，在那儿为罗马及其他城市的仕女们制成衣裳。在公元91年，相当贫穷的麦西尼亚不得不在宗教仪式中禁止妇女穿着透明的丝绸。正因为埃及女王克娄巴特拉穿了那种丝袍，才打动了恺撒和安东尼的心。同样地，中国人从罗马帝国输入了地毯、珠宝、琥珀、金属、染料、药品及玻璃。中国的史学家提到一位由"安敦"王（奥勒留）派来的大使，于公元166年由水路晋见汉桓帝，很可能那是一队假冒使节之名的商人。在中国山西省，发现了 16 枚罗马币，年限是从公元前 42 年到公元 180 年（从提比略到奥勒留）。从印度传入的是胡椒、甘松香及其他香料（与哥伦布所寻求的相同）、药草、象牙、黑檀、檀香、靛青、珍珠、红玛瑙、条纹玛瑙、紫水晶、红玉、钻石、铁器制品、化妆品、纺织品、虎及象。我们可以判断出贸易的数量，罗马人酷爱奢侈，因而可以得知：意大利从印度输入的东西，除了西班牙之外，比世界上任何国家都多。斯特拉博说，仅仅是埃及的一个港口，每年便有 120 条船驶往印度和斯里兰卡。为了交换，印度用金块及金币换取大量的酒、金属及深红染料与其他物品。（每年约 1 亿塞斯特斯。一笔同样的款项流入阿拉伯和中国，也可能流入西班牙。）

这一庞大的贸易数字，制造了两个世纪的繁荣，然而不够稳固的基础终于毁灭了罗马的经济。意大利并未力求输入与输出对等，它挪用矿业经费、征收 50 多个行省的人民税收，以弥补国际的贸易差额。当较丰富的矿藏枯竭时，追求奢侈的兴味依然不减，于是罗马又想用征服新的矿区（如达契亚），把一度健全的通货降格——把更多的金块变成更多的硬币，以防止输入制度的崩溃。当行政费用和战费的数字更接近帝国的收入时，罗马只好以物易物，尚且不足。意大利依赖输入的食物，是它的主要弱点。等它无法强迫其他国家为它输送食物和战士时，也就是它气数已尽之日。同时，各行省不但恢复了繁荣，而且取得了经济的主动。1 世纪时，意大利商人几乎在东方港口绝迹，而叙利亚和希腊商人则在得洛斯和普特奥利建立了基础，并且在西班牙和高卢成倍地增加。在从容的历史动荡中，东方正准备再度支配西方。

银行家

生产和商业的资金从何而来呢？首先，是靠国际上尊崇的相当可靠的通货支持。自从第一次布匿战争以来，罗马遭受了慢性的贬值。

国库认为，用增值金钱添少货品的自然通货膨胀来支付政府的战债是轻而易举的事。原来的阿斯（青铜币）值 1 磅铜，到了公元前 241 年已跌减为 2 盎司，到了公元前 202 年减成 1 盎司，到公元前 87 年则是 0.5 盎司，至公元 60 年时只值 0.25 盎司了。罗马共和的最后一个世纪，大将们铸发他们自己的硬币，通常是金币（aurei），值 100 塞斯特斯。由于这种军用铸币，君王的铸币因而骤降，帝王都追随恺撒的习惯，在铸发金币时把他们的肖像印在上面，当作国家保证的象征。那时，塞斯特斯是由铜制成，而非用银，而且价值又改变为 4 个青铜币了。[1] 尼禄把第纳瑞斯（denarius，古罗马货币）的银含量从原有量降低为 90%，图拉真降低为 85%，奥勒留降低为 75%，康茂德降到 70%，塞普提摩斯（Septimius Severus）降到 50%，尼禄把奥里斯（aureus）从 1/40 磅的金减为 1/45，卡拉卡拉（Caracalla）减为1/50。随着这些贬值而来的是一次价格普涨，但是直到奥勒留时代，收入似乎才等量提高。也许这种有控制的通货膨胀是牺牲债权人的优势能力和机会，以解救债务人的简单方法。这种方法若不予以阻止，将使财富集中到足以造成经济冻结和政治革命的程度。尽管有这些变化，我们必须把罗马的财政制度视为历史上最成功、最稳定的制度之一。两个世纪以来，单一的金融标准制度为整个罗马帝国所尊重。由于有了这种稳定的媒介，投资和商业才会有前代没有的繁盛。

结果，银行业者遍地皆是。他们是换钱的人，接受支票户头和有息储蓄，发行旅行支票和兑换钞票，经管、收买及卖出不动产，投资与收账，贷款给个人及合伙人。这一银行制度源于希腊及希腊东部，大多操之于希腊人和叙利亚人之手，甚至在意大利和帝国西部也是如此。在高卢，"叙利亚人"与"银行家"两个词是同义词。在奥古斯都的埃及战利品的压力之下，本已降到 4% 的利率，在他死后又升到

---

[1] 尼禄以后的时期，罗马的通货相当于共和国时总价值的 2/3。1 阿斯约合 2.5 美分，1 塞斯特斯是 10 美分，1 第纳瑞斯是 40 美分（以 1942 年的美国通货计算）。

6%，到君士坦丁（Constantine）时代已达到 12%的法定最高值。

公元 33 年，著名的"大恐慌"显示出罗马帝国内银行和商务的发展及复杂的相互依赖。奥古斯都大量地铸币，也大量地挥霍，他的理论是：日增的流通、低度的利率及物价上涨，都可以刺激商业。它们确已刺激了商业，但是由于方法不能一成不变，所以早在公元前 10 年停止滥铸之时，即已有了反应。提比略却跳到相反的理论——最经济的经济才是最佳的经济。他严格限制政府的支出，强烈地限制新通货的发行，使国库积蓄达到 27 亿塞斯特斯。流通媒介所造成的匮乏，因提款向东方换取奢侈品而更加恶化。价格跌、利率升、债权人取消债务人赎取抵押品的权利，债务人求助于高利贷人，如此使贷款几乎消失。元老院要求每一元老把财富以高百分比投资在意大利土地上，借以阻止资本的输出。元老们便据此收回借债，以取消抵押品赎回权来筹集现金，危机因而更大。元老普布利乌斯·斯庇恩特尔（Publius Spinther）通知巴尔布斯（Balbus）和奥利乌斯（Ollius）的银行说他为了要遵守新法律、必须提取 3000 万塞斯特斯时，商行便宣布了自己的破产。同时，亚历山大城的一家商行的失败，苏特塞斯父子（因为他们丧失了 3 艘满载贵重香料的船）与提尔的马尔萨斯（Malchus）一家大染业的倒闭，引发了谣言：罗马的马克西莫斯和维博（Vibo）银行，将因其向上述各商行的大量贷款而告崩溃。等存款人开始对这家银行"挤兑"时，银行便关门大吉。就在当日稍晚时，另一家更大的佩蒂乌斯（Pettius）兄弟银行，也暂停了付款。几乎在同一时间，传来了新消息：伟大的银行制度业已在里昂、迦太基、科林斯及拜占庭全部失败。罗马的银行接踵关闭。金钱只能在高过合法利率以上很多才能借到。提比略终于用停付土地投资法案，向银行派发 1 亿塞斯特斯，以不动产为抵押无息借贷 3 年来应对危机。因此才使私家借贷人不得不降低他们的利率，使金钱从囤藏中再度流通，使信心逐渐恢复。

阶级

几乎罗马的每一个人都以疯狂的追求方式崇拜金钱，只有银行业者予以抨击。奥维德作品中的一位神说："如果你幻想着蜂蜜比手上的现金要甜，那么你对你自己所生活的时代就知道得太少了！"——1世纪以后，尤维纳利斯尖刻地高呼"最为神圣庄严的财富"。到了帝国的末期，罗马法禁止元老阶级在商业或工业上投资。虽然他们通过让自己的自由人投资进而逃过了这项禁令，但他们却蔑视他们的代表权，支持以出身统治的办法，以取代用金钱、神话或武力统治的唯一办法。革命和废除活动后，旧式的阶级划分仍然保留，却以崭新的头衔出现：元老院的议员及骑士阶级、法官及官员们，都被称为"荣誉之士"（men of honors）或官员；其余都称为 humiliores，即"卑下"（lowly），或是 tenuiores，即"弱小"（weak）。一种尊崇感常常与元老的傲然之气交织在一起：他们担任一连串的公职而无薪给，个人费用反而不少；他以不凡的能力和忠诚执行重要职务；他为大众运动出钱、协助他保护下的平民、释放他的部分奴隶，以施舍的方式在生前死后使人民分享他的部分财富。由于他的地位所承袭的义务责任，他需要有100万塞斯特斯才能加入或保持待在元老阶级。

有位名叫格奈乌斯·伦图卢斯的元老，拥有4亿塞斯特斯。但这是一种例外，罗马最大的财富是属于那些不齿于赚钱和做生意的商人。为了削减元老院的权力，帝王都以高位宠顾商人，保护工业、商业和财政，并依靠骑士来支持罗马元首政制，以防止贵族的阴谋。这种第二阶级的资格，需要40万塞斯特斯，并要有君王的特别提名。结果，很多财主都属于平民阶级。

平民阶级，变成了那种默默无名的商人、自由工人、小农田主、教师、医生、艺人及被释奴隶的大杂烩。户口调查时对"平民"的定义不是以他们的职业，而是依他们的后裔（proles）为准，有一篇古拉丁论文把他们称为"对国家只贡献孩童的平民"。他们大多数人在商店、工厂及城市的商业中工作，平均每日有 1 第纳瑞斯的工资（约40 美分）。工资在后来的几个世纪中虽有提高，但是提高的比例比不上物价上涨快。强者对弱者的剥削像饮食一样自然，只是速度不同而已。以前一度大家都穷，而不觉得自己很穷；而今，财富在掌肘之间反而闹穷，并且在意识上感到穷。然而，绝对的贫穷被赈济物、主人对保护下平民的偶尔施赠以及被诸如巴尔布斯之流的富人的贵族遗产所防止。巴尔布斯曾为罗马的每一位市民留下了 25 个第纳瑞斯。阶级区分倾向于世袭阶级或等级制度，但能干的人也可摆脱奴隶的身份，可以赚钱发财，可在君王下面服务而得升高位。自由民的儿子，变成了有充分选举权的自由人，他的孙子更可以当元老院的议员。不久，便有一位自由民的孙子佩提纳克斯将做帝王。

在 1 世纪，许多高级官署都充满了自由人。他们往往负责各行省的帝国财政、罗马水道、皇帝的矿场、采石场与房地产及供应军营的粮饷。自由人和奴隶（几乎全是希腊人或叙利亚人）管理皇家宫殿，并在帝国占据重要职位。小型工业和商业逐渐落入自由人的控制之下。有些人因而变成了大资本家或大地主，有些人则聚集了当时最多的财富。他们的过去，很少给予他们道德标准或高尚趣味。他们获得了自由之后，金钱便变成了他们生活中专一的兴趣。他们毫无顾忌地赚钱，然后毫无趣味地花掉。佩特罗尼乌斯在《特里马尔奇奥》中对他们痛加贬责，较为温和的塞涅卡则对那些买画作装饰的新富们加以嗤笑。这些讽刺，一部分也许是出于阶级上的嫉妒反应，因为社会地位看到了它古时剥削与奢侈的特权受到了侵犯，故而不能宽恕那些起而分享其额外收入与权力的人们。

自由人的成功，必定给予在意大利做大部手工工作的人某种慰藉的希望。据贝洛赫（Beloch）估计，公元前 30 年，在罗马的奴隶约有 40 万人，或几近全人口的半数；在意大利约有 150 万人。如果我们相信阿特纳奥斯的席间闲谈，有些罗马人竟有 2 万个奴隶。关于奴隶需要穿着明显衣着的一项建议，由于唯恐让他们体会到他们数字上的优势而被元老院否决。盖仑约于公元 170 年左右在帕加马（古希腊王国）计算了一下，奴隶与自由人的比例为 1∶3——占 25%，很可能这个比例在其他城市中没有大的差异。人的价格不同，农奴值 330，而 70 万塞斯特斯（约 10.5 万美元）是马库斯·斯考鲁斯（Marcus Scaurus）付给文法学家达芬尼斯（Daphnis）的价钱——平均价格是 4000 塞斯特斯（约合 400 美元）。在工业及零售商业中，80% 的雇工是奴隶；大多数在政府从事手工或书记工作的人，由"公奴"（servi publici）担任。国内奴隶有多种情形和种类：个人奴仆、手工艺人、家庭教师、厨师、理发师、音乐家、抄写员、图书管理员、艺人、医生、哲人、阉人、担任侍者的漂亮男童及靠他们的缺陷取悦于人的瘸子。罗马有一种特殊市场，可以买到缺腿的人、无臂的人、三只眼的人、巨人、矮人或是阴阳人。家用奴隶有时被鞭打，偶也被杀。尼禄的父亲杀死了他的自由民，因为他们拒绝按照他所希望的去狂欢。塞涅卡在一篇《论愤怒》的文章中，有一段愤怒的文字描述出"木架及其他刑具，地牢与其他牢狱，在坑中的囚犯身边引火，拉尸体的钩子，各式各样的链子，不同的惩罚方法，肢解，额上烙印"等。显然，所有这些都进入了农奴的生活中。尤维纳利斯形容一位女士说，当她在烫头发时，要有奴隶一个接一个地在面前被鞭打。奥维德描绘了另一位女主人，她用发针往她女仆的臂上刺。但这些故事有它们文学虚构的特性，绝不能视为历史。

　　大体上说，帝国控制下的国内奴隶的命运，都因日渐被纳入家庭，因互相忠实，因某些主人需要奴隶在大酒筵上侍奉的风俗，以及因与现代殊异的就业保障和职业的固定，而逐渐光明起来。家庭生活的欢乐并没抛弃他们，他们的墓碑上流露出的字句，与自由人的墓碑充满了同等的情意。有一个墓碑上面这样写着："埃科庞隆（Eucopion）的父母为他立了这个墓碑，他在世 6 个月零 3 天。这个最甜美、最愉快的婴儿，虽然还不能讲话，却是我们最大的喜悦。"另外一些墓志铭，则显示出主奴之间最深厚的情感关系：有一位主人宣称，一个死去的奴仆对他说来，像他的亲生儿子一样亲；有一位青年贵族，为他的保姆的去世而悲悼；一位保姆，表现了她对已逝之人的悲痛；一位博学的女士，为她的图书管理员立了一个优美的纪念碑。斯塔提乌斯写了一首"因宠仆之死向弗拉维乌斯·乌尔苏斯（Flavius Ursus）致慰的诗"。奴仆冒着生命的危险保护主人，是司空见惯的事情，很多人宁愿自动陪着主人被放逐，有些人曾为主人牺牲性命。有些主人，使他们的奴隶自由，甚至和他们结婚，有些人把他们视为好友；塞涅卡与他的奴隶一同进食。礼仪和感性的提高、主奴间肤色差异的消失、斯多葛哲学思想的影响以及来自东方的不分阶级的信仰等，对缓和奴隶制度都有一份贡献，但是基本因素还是主人的经济进步及奴隶费用的提高。有很多奴隶，因具有高度的文化能力而被尊敬——如速记员、研究助手、商业秘书与经理人、艺术家、医生、文法学者与哲学家等。在很多状况下，一个奴隶可以自主经营商业，把他赚来的收入给他的主人一部分，把其余的当作他的私房钱来保管，那就是专属于自己的"小钱"。用这种方式赚得的钱，或者靠了忠厚与优越的服务，或者靠了个人的吸引力，通常一个奴隶可以在六年内得到自由。

工人（甚至奴隶）的状况，多少是受到了"同业公会"或工人组织的救助。到这一时期，我们听说了很多"同业公会"，并且已经相当专门化了。从前就已有了小喇叭手、号角手、木箫手、低音喇叭手、笛手、风笛手等的同业公会组织。通常，"同业公会"是以意大利的自治区成立起来的：它们有一个地方行政官的等级制度，一个或多个他们所敬仰的庙神，和每年一度的盛宴。像城市一样，他们征求并找到富人当他们的赞助人，用协助、资助他们的旅游、会堂、宗祠等方式，再回敬他们。若想把这些社团与我们现在的工会相提并论，是错误的。依照我们的互助会的眼光来看，从他们无穷无尽的办公处所和荣衔，他们兄弟之情的欢愉和满足，他们质朴的互助，我们可以把他们想象得更好些。富人常鼓励这种公会的形成，并且在他们的遗言中提起。在诸"同业公会"中，人人都是"兄弟"，妇女都是"姐妹"，部分"同业公会"中奴隶可以与自由人同坐一席或共同与会。每一位"名望好的会员"，死后都保证会有一个堂皇的葬礼。

在共和国的最后一个世纪中，各阶级的领导人发觉，许多的"同业公会"都能被人说服去投票拥护任一特定的候选人。在这种情况下，这些社团便成了贵族、财阀、激进分子们的政治工具。他们竞争的腐化，助长了罗马民主政治的毁灭。恺撒曾使它们失去法律的保护，但它们又复活；奥古斯都除了保留几个有用的外，其余全部解散；图拉真再度禁止它们；奥勒留容忍它们。显然，无论在法律之内还是法律之外，它们一直坚持下来。终于，它们变成了基督教进入及渗透罗马生活的媒介。

经济与国家

在帝国之下的政府，控制经济生活的情形如何呢？它曾尝试过，但大部分失败了，未能恢复农民的所有权。这时的帝王要比元老院更为开明，元老院是受大地主领地的所有人控制。多米提安曾设法鼓励人民在意大利种植谷物，但是并未成功，结果意大利始终处于饥荒的恐惧中。韦斯巴芗掌握着埃及，迫使元老院承认他为王，因为埃及是意大利麦子的主要来源。塞普提摩斯用掌握北非来如法炮制。国家一定要确保进而监督谷物的输入及分配；它授权给商人，把谷物带至意大利。克劳狄乌斯保证他们不受损失，尼禄则使他们的船只免付财产税。运输船的延迟或沉没才是激起罗马人革命的唯一原因。

罗马的经济是一种放任（laissez faire）制度，以国有天然资源，如矿业、采石、渔业、盐储及相当广阔的可耕地等作为调节。罗马军队制造他们建筑物所需要的砖和瓦，并常用于公共建设，特别是用于殖民地。战争兵器和机器的制造，可能是留给国家的兵工厂。在1世纪，也许已经有了诸如我们所闻3世纪的那种政府所有的工厂。公共工程，通常是在严格的政府监督之下，让给工作表现良好而贪污最少的私人承包商。约在80年，这种企业在君王的自由人利用政府奴工的执行下日益增多。很明显，在全部过程中，失业人数的减少是政府企业的目的之一。

1%的奴隶税、轻度关税及偶尔间载货通过桥梁及城镇的通行税，使商业略增负担。营造司在良好的法律制度下监督零售商人，但是如果我们相信佩特罗尼乌斯作品中的那位易怒人物，我们就可以知道，他们比其他时代的类似官吏并不高明，"他们勾结面包商与恶棍之流的人物……资本主义者的大口总是开着的"。财政易受政府金融的操纵，并与国库竞争，而国库又似乎是帝国内最大的银行业；它以农民的收成做抵押借款给农民，以家具为保证借款给城市的居民。商业受战争的协助，因为战争开辟了新的资源和新的市场，获得商业路线的控制权。因此，加卢斯的远征进入阿拉伯，确保了至印度的通路，以对抗阿拉伯及帕提亚的竞争。老普林尼抱怨说，战役已经进行，罗马的仕女及纨绔子弟对香水就有了更多的选择。

我们绝对不要夸大古罗马的财富。在韦斯巴芗统治下的国家岁入，最多是15亿塞斯特斯。用大规模生产方式积存大财产的方法，还是未知数，或已被忽略，因而还没发展出我们现代世界中庞大而可资课税的工业。罗马政府用在海军的费用不多，用在偿付国债方面全无。国家是靠收入而活，而非靠国债。由于工业大多限于国内，故其送到消费者手中的产品对贸易及课税上的阻力也比现在小。人们都为他们本地而生产，而不是为广大市场而生产。他们为自己做得多，为看不到的别人做得少，不像我们。他们运用体力较多，工作的时间较长，效率较低，绝不错过他们梦境以外的1000件奢侈品。即使是我们不太丰足的年月，他们都无法跟我们的财富相比，但是他们却享有了相当程度的繁荣，为地中海各国前所未闻。总括而言，今后再也没有那种繁荣。那是古代世界物质的全盛期。

第六章 | 罗马及其艺术
（公元前 30—公元 96）

希腊人的功绩

罗马人本身并不懂得艺术。在奥古斯都以前他们是战士，在这以后他们是统治者。他们靠着政府在秩序和安全的建立而有较好而高尚的建树，在对美的创造和欣赏方面比较逊色。他们不惜为已故大师的作品付出巨资，却把活在当下的艺人视为贱仆。塞涅卡和善地说："我们崇拜偶像，然而却蔑视创造偶像的人。"只有法律、政治、手艺和农业，似乎才是高尚的生活方式。除了建筑家外，大多数在罗马的艺术家都是希腊奴隶或自由民，或者是佣工，几乎全部靠双手工作，并划分为各种工匠。拉丁的作家们，很少想到去记录他们的生活和姓名。而后罗马的艺术几乎完全是佚名的，没有鲜活的人格，把它的历史赋予人性，像米隆、菲狄阿斯、普拉克西特利斯和普罗托格尼斯使希腊的唯美故事放出异彩。这时的历史学家局限于报道事件而非描写人物，编列钱币、花瓶、塑像、浮雕、图画及建筑的目录，竭力地希望他们的搜集能够表达出罗马的威严。艺术作品是借耳、目及手来引起灵魂的共鸣，而不是用智慧。因此，当把它稀释成思想和文字时，它们的美便消退。思想的天地只是许多世界中的一种，每一种感觉都有它本身的特质。因此，每一种艺术也有其自身的特有媒介——这是无法转译成语言的东西，即使是由艺术家来写有关艺术的文章也会徒劳无功。

有一种特殊的不幸笼罩了罗马的艺术：我们从希腊艺术来看它，希腊艺术似乎在最初即成了它的模式和主人。正像印度的艺术是以奇特的形状来滋扰我们一样，罗马的艺术也以类似的单调重复使我们心寒。我们很久以前就已经见过多利安、伊奥尼亚和科林斯的圆柱和柱头建筑，那些理想化了的浮雕，那些诗人、统治者和神仙的塑像。即使是壁画令人惊愕的庞贝城，我们也知道那是希腊真迹的翻版。只有"集锦"式的建筑柱式，才是罗马所固有的，况且它违背了我们对古典的统一、单纯及自制的概念。当然，奥古斯都时代的罗马艺术是压倒性的希腊化。经西西里及希腊、意大利，经坎帕尼亚及埃特鲁里亚，最后经过希腊、亚历山大城及希腊化东方（Hellenic East），希腊的审美方式、方法和理想都传入了罗马艺术。当罗马成为地中海的主人时，希腊艺术家便拥入了这个新的财富与保护中心，为罗马的寺院、宫殿和广场制造了无数希腊杰作的复制品。每一位征服者，都带回不少样品，每一位显贵豪富，都为了残存的珍宝和希腊工艺而搜遍城市。逐渐地，意大利变成了购买和盗窃而来的绘画和雕塑的博物馆，其饱和度足使罗马艺术建立了格调达一个世纪。以艺术而言，罗马被希腊的世界吞没了。

所有这些，有一半是真实的。一方面，我们可以看到，罗马的艺术史，是额枋（architrove）与拱门（arch）间的冲突；另一方面，它是意大利本土的写实主义从希腊艺术入侵意大利半岛中复兴的一种战斗。希腊艺术所描绘的是神而不是人，是类型的或柏拉图式的观念，而不是俗世的个人，追求形式上的高尚完美而不是感觉与言词的写真。有助于在埃特鲁斯坎古墓上雕刻人物的那种雄劲的地方艺术，蛰伏于希腊的征服和尼禄对希腊艺术的迷醉之间，但它终于打破了希腊的窠臼，以写实的雕刻、印象主义的绘画及圆拱和拱形圆顶的建筑，革命化了古典艺术。由此种种，加之罗马从外界模仿而来的美，使罗马成为西方世界艺术之都达 18 个世纪之久。

工匠的罗马

凡是想一游弗拉维安时期的罗马及从奥斯蒂亚往北上溯台伯河的古代游客，最初都会注意到泥河的湍急，把山丘与谷地的土壤冲携至海。在这一简单的事实中，潜伏了缓慢侵蚀的悲剧，产生了在河流上"双向商业"（two-way commerce）的困难，台伯河口的周期性淤塞，及几乎每年春天在罗马低地泛滥的水患，限制了居民往日船只可达的上流商店，常常浸坏了储存在码头谷仓中的玉米。当河水下泻时，房屋塌毁，人畜皆亡。

旅人接近罗马时，立刻就会被它的市场所吸引。市场沿河的东岸开设，长达 1000 英尺，充满了杂乱的工人、仓库、集市及流动物资。在市场的那边，阿文蒂诺山（Aventine）巍然矗立，公元前 494 和前 449 年，愤怒的平民所举行的"静坐罢工"（sit-down strikes），就在它的山头举行。在左岸的同一点上，是恺撒遗留给百姓的一些公园，公园后面就是雅尼库伦（Janiculum）山。距东岸不远的美丽的埃米柳斯桥，展现了牛市场、罗马广场、依然屹立的命运之神福尔图娜（Fortune）和黎明之神马特·马图塔（Mater Matuta）的庙宇。再往北，右面幽然现出宫闱及庙宇林立的帕拉蒂尼和卡皮托利诺两山。左岸，是阿格里帕的花园，再过去，便是梵蒂冈山。城中心的北部，东岸以外，伸展着"战神广场"（Campus Martius）或"战神校场"（Field of Mars）的宽敞的草坪和华丽的建筑物。这儿是巴尔布斯和庞贝剧场、弗拉米纽斯的马戏场、阿格里帕浴场及多米提安的运动场。罗马的军队曾在这里操练，运动员在这里竞赛，赛车在这里举行，人们在这里玩球，议会在这里召集，在帝王监督之下，进行着民主幻象的活动。

从城市的极北部下船，旅客可看到一些塞尔维乌斯·图利乌斯（Servius Tullius）王修建的城墙遗迹。罗马可能在公元前390年高卢人入侵后曾加以重建，然而罗马武力的存在和首都的安定，竟让这座古代城堡倾废，直到奥勒留才修建了另一座城墙——一种已逝的安全象征。墙上曾开大门，通常是单拱门式或三拱门式，以便使大道从中通过，城门的名称因路名而起。在城市中遨游，先东后南，游客可以看到萨卢斯特的豪华公园、尘土飞扬的禁卫队（Praetorians）、兵营、马西安和阿庇安的拱门及克劳狄乌斯的水道。在右侧，依顺序是宾西亚山、奎里纳莱山、维米纳山、埃斯奎利诺山及恺良山。离开城墙，在阿庇安大道上向西北行进，沿帕拉蒂尼山的北坡，经过卡佩纳（Capena）城门可达新街（Nova Via），然后往北走，经过迷宫般的圆拱和建筑物，便站立在古时的广场中——罗马的首脑和心脏。

那里原本是一个市场，约600英尺长、200英尺宽。公元96年，商人已经退到附近的街市中或其他的广场里去，但是在毗连的那些会堂中，人们都在收税人协会（publican's corporation）里出卖股份，与政府签订合约，在法庭里自辩，或者向律师请教如何逃避法律。在广场的四周，建造了一些神仙的庙宇，有些大一点的是为财神（Mammon）而建的。内外饰建了大批的塑像，宏伟建筑物的列柱回廊，所遮的阴影使几株古树都黯然失色。从公元前145年到恺撒时，它一直是议员的集会场所。广场两端，都有一个名叫罗斯特鲁姆（rostrum）的讲台，因为早期的一个台子上曾经陈列了一个在公元前338年从昂蒂乌姆（Antium）掳获的船头（rostra）。在西边，是"金色里程碑"（Millenarium Aureum），奥古斯都筹建了一排镀金的铜柱，用以标明几条执政官大道的交点和起点，柱上刻着从罗马可以到达的主要市镇及其到罗马的距离。沿西南侧，是"神圣之街"（Sacra Via），通往卡皮托利诺山的罗马主神朱庇特和农神萨图恩的神殿。这个广场的北方，访客可以看到一个更大的广场，那是卢利乌姆（Lulium）广场，由恺撒所建，用以代替较旧的地区。附近是为奥古斯都和韦斯巴芗所设计的另一些小会堂。没多久，图拉真把其中最大的予以清扫和整饰。

即使是这样一次匆忙的巡礼，古代的游客仍能感觉到城市人口的拥挤繁杂及迂回曲折的街道。其中有一些道路是 16 至 19 英尺宽，大多数都是东方式的曲折小巷。尤维纳利斯曾抱怨说，车子在夜间颠簸在高低不平的路上，使人无法安眠，摩肩接踵的人群，使白天的步行宛如作战。"尽管我们十分匆忙，但仍被前面拥来的人群所阻，被后面一层密密的人群所挤。有一个人，把一只肘刺到我的身上，另一个人把轿杆往我身上插；一个人用柱子，另一个人拿酒桶，往我头上碰。我的双腿沾满了污泥；大脚从四面八方向我践踏；一个大兵把他那平头钉靴不偏不倚地踩在我的脚趾上。"主要的大路，是用五角形的熔岩石块铺设而成，有时是结实地嵌入水泥，直到现在，仍有一些保留在原地。没有街灯，无论是谁，要想在黄昏后外出就要带灯笼，或者跟随着拿火炬的奴隶。不管是采取哪一种措施，他都会碰到许多盗贼的铁手套。门户用锁及钥匙扣紧，窗户也于夜晚上闩，那些住在底楼的人则用铁棒严守。除了这些危险以外，尤维纳利斯还补充提出了从楼上窗户中投掷出来的软硬物体。总而言之，他认为，若不事先立下遗嘱，只有傻瓜才敢出去晚餐。

由于没有公共车辆把工人从家中运送至工地，大多数平民都居住在市区中心附近的公寓中或工厂上方与后面的房间里。一座砖房公寓，通常可覆盖整个的广场，因而把它称为"岛"（insula）。很多这种建筑物，有六七层楼高，建筑得相当薄弱，以致有几幢倒塌后，压死数百居民。奥古斯都把建筑物前缘的高度限制为 70 罗马尺，但很显然，法律允许后面可以有较高的高度，因为马提雅尔提到"一位可怜虫，他的顶楼是往上走 200 级"。很多公寓的底楼设有商店，有些还在二楼上设有阳台。有少数的房子，是在顶上用含有额外空间的拱桥通道与对街上的公寓相连——那是特殊平民住的危险的坡屋。这种"岛"，几乎占满了"新街"，帕拉蒂尼的维多利亚山（Clivus

Victoriae）和苏布拉——一个位于维米纳与埃斯奎利诺之间的娼妓出没的地区。这些地方住着商场的码头工人，马塞卢姆（Macellum）的屠夫、皮斯卡托里乌姆（Piscatorium）广场的鱼贩、波里乌姆广场的牧牛人、霍利特里乌姆（Holitorium）广场的菜贩及罗马工厂、店铺与商业界的工人。罗马的贫民窟遍布在广场的边缘。

广场外面的街道排满了商店，劳工及交易的吵闹声不绝于耳。水果贩、书商、香水商、女帽商、染匠、花匠、磨刀的、制锁的、药剂师及其他餐饮供应商，人类中的弱点与虚荣，以他们凸出的小摊位阻塞了大道。理发师在空地上向人招徕，因为空地上人人都能听到。酒馆数不胜数，在马提雅尔看来，罗马似乎是一个大沙龙（酒吧）。每一行业都想移到某些区域或街道的中心，往往给那个地方起个名字，因此制草鞋的人是聚集在"桑达拉里乌斯"区（Vicus Sandalarius），制马鞍的人就集中在"罗拉里乌斯"区（Vicus Lorarius），吹玻璃的人集中在"维耶特拉里乌斯"区（Vicus Vitrarius），卖首饰的聚集在"马加里塔里乌斯"区（Vicus Margaritarius）。

意大利的艺人都在这样的店铺中工作——只有出色的人收入才高，才能过逍遥自在的豪华生活。卢库卢斯给阿凯西劳斯（Arcesilaus）100万塞斯特斯去做女神福莉西塔斯（Felicitas）的塑像。泽诺多努斯（Zenodorus）收取40万，才制作罗马信使神墨丘利的巨像。建筑家与雕刻家的等级与医生和教师不分高下。不过做罗马技术性工作做得最多的人是奴隶。有些主人，则使他们的奴隶接受雕刻和绘画训练，把产品拿到意大利及国外销售。在这种店中，劳工的分工极为明显：有些人擅长画许愿还愿的人像，有些人擅长装饰性的建筑飞檐；有些人专为塑像雕刻玻璃眼睛；不同的画家，绘出错综图画，或花卉、或风景、或动物、或人物，轮流在同一张画上作画。有几位艺术家是仿制的名手，制造任何畅销时期的古董。公元前最后100年的罗马人，在这方面很容易受骗，因为像大多数"新富"（nouveaux riches）一样，他们是依然照费用及"稀者为贵"去衡量物品的价值，而不是以美和用途为标准。在罗马帝国时期，当富有不再是一种殊荣时，人的审美力提高，一种对优美的真诚之爱，为千千万万的家庭增加了精致的器皿，以及在埃及、美索不达米亚及希腊都极少为人所知的装饰品。艺术之于古老，一如工业之于现代。那时的人虽尚无法享用如今我们用机器大批生产的丰足的有用产品，但是，如果他们够仔细的话，则能以美好的东西装饰自己，在热心磨炼而成的艺术形式中获得优美、恬静的快乐。

伟人之家

希望研究中产阶级居处的访客，将会在远离市中心纵横交错的大道上如愿以偿。由于不安定与炎热，它们那灰泥砖房的外表，仍然像以前一样，以朴实的式样建造着。罗马的中产阶级，对过往的旅客绝不浪费艺术。两层楼以上的房屋不多，地下室很少。屋顶闪耀着红瓦。窗户上安装着百叶窗，或偶尔装几块玻璃。入口通常是双门，每一扇门都有金属的柄。地板是水泥或砖的，常是镶嵌成方形，其上没有地毯。建筑内部的中庭四周，是分组排列的主要房间，这就是修道院和大学四方院子的建筑嚆矢。在更富裕的人的房舍中，一两间房间用于沐浴，通常是用浴缸，很像我们今天的浴室。自来水管被罗马人铺设得相当好，是 20 世纪以前无可匹敌的，铅管把水从渠道和管道引入大多数公寓与家庭中。配件和旋塞用铜制成，有些还铸成高度装饰性的设计。铅制的导管和管槽把雨水从屋顶排下。大多数的房间都是用轻便的炭盆取暖的。一些家庭、别墅、宫廷及公共浴场等，可以享用烘烧木柴或焦炭的炉子供热系统，使热气通过地板或墙内的瓦管，供应到各个房间里去。[1]

---

[1] 维特鲁威描述这些暖气炕（hypocausta）时，认为是公元前 100 年传下的。至公元 10 年，这些设备已相当普遍，特别是在罗马北部及英国。

在帝国的早期，有一种希腊的新建筑应用于罗马的富人之家。由于无法在前庭保有一己之私，他便在前庭后面建造一个露天的中庭（peristylium），种植花卉和灌木，饰以塑像，绕以回廊，在中央造一个喷泉或浴池。院子周围，建造一批新房屋：一间餐厅，一间妇女房舍，一间收藏艺术品的画廊（pinacotheca），一间放置书籍用的书架和家神用的神龛（lararium）；也许有多余的卧室和名叫"休憩角落"（exedrae）的小凹室，即凹入的隐秘小屋。比较节俭的家庭，用天井代替花园。尽管找不到空间，罗马人仍设法把种花的箱子放在窗内，或在屋顶上种植花草或灌木。塞涅卡说，有些大屋顶上，有葡萄架、果树和种在泥箱中的遮阳树。不少人家有在阳光中晒肚皮的"日光浴室"（solaria）。

很多罗马人都厌倦了罗马的嘈杂与匆忙，而躲到安静平淡的乡间去。不分贫富，他们都养成了爱好自然的感情，把古希腊时期任何可见的一切抛诸脑后。尤维纳利斯认为，当一个人有能力在意大利的某个宁静的城镇中买一栋漂亮的房子，四周是"一个整齐的花园，能够宴请100名信奉毕达哥拉斯学说的哲人时"，而偏偏住在都市中，每年付房租住在罗马一间阴暗的小阁楼，那才是傻瓜呢。家境优裕的人，每年初春迁出罗马，住进亚平宁山麓或者在湖海之滨的别墅中。小普林尼对他在拉丁姆岸边劳伦图姆的乡间房舍的描述，给我们留下了愉快的印象。他把它说成"大得足以使我感到方便，维持起来又不昂贵"。但是当他继续说下去时，我们会怀疑他的谦虚成分了。他描写说："一个小走廊，由釉彩窗户罩着，顶上是屋檐……一间漂亮的餐厅，由最后一波海涛碎浪温柔地冲刷着"，宽敞明亮的窗户，使我们看到"三个方向的景色，犹如三个不同的海面"，一个前庭，"可通入树林和山上"；有两间客房，"一间半圆形的图书室，室内的窗户，可以整天都能吸收到阳光"；一间卧室，几间仆人寝室，在对面的一侧是一间"雅致的客厅"，第二餐厅及四间小型寝室；浴室套房中，含有"一间舒适的更衣室"、一个冷水浴池，一间温水浴室中设有烧成不同温度的三个浴池，和一个热水浴池，全部是由热气管中央供热法烧水。外面是游泳池、球场、储藏室、五彩缤纷的花园、私人书房及宴客大厅，及一座含有两个房间和一间餐厅的　望塔。普林尼下结论说："现在告诉我吧，还没有正当理由让我把时间与情感寄托在这个舒适的退隐之所吗？"

倘若一位元老能有这样一幢别墅在海滨，另一位元老有一幢别墅在科莫，那么我们就能想象到卡普里岛——提比略的极尽奢华的房产，或者想到在阿尔巴隆加的多米提安的财产——更不用说哈德良不久要在蒂伯所建造的那一座了。配合这种奢侈浪费，访客一定能感悟得到帕拉蒂尼的百万富翁和帝王宫廷的豪华了。在国内建筑方面，罗马人无意去模仿古希腊，因为希腊家庭是平凡的，只有寺庙才是壮观的。他们的宫廷，是以半东方化的希腊诸王寓邸为模式。托勒密式的建筑，把克娄巴特拉的金色带到了罗马，使皇室的建筑陪衬了君王的政治色彩。奥古斯都的宫廷（因它坐落的山而得名），随着皇室行政能力的增加而逐渐扩展。他的大部分继承人多为自己或他们的随员增建宫室，例如提比略的提比亚纳别墅（domus Tiberiana）、卡里古拉的盖亚纳别墅（domus Gaiana）、尼禄的奥雷斯别墅（domus aures）等。

这栋"金宫"变成了罗马的过眼奇观。仅仅建筑物即占地 90 万平方英尺，这还只不过是从帕拉蒂尼延伸到邻近山麓 1 英里见方的别墅的一小部分而已。有一座巨大的公园环绕宫廷而建，还有许多花园、草地、鱼池、狩猎场、鸟舍、葡萄园、小溪、喷泉、瀑布、湖泊、皇室的厨房、游乐室、凉亭、花房及 3000 英尺长的回廊。有一段愤慨的讽语涂写在墙上，足可视为代表性的言论："罗马变成了一个人的居处。公民们，是迁徙到维爱的时候了——除非那个地方也真的被括入了尼禄王的家中。"宫廷的内部，闪耀着大理石、青铜器和黄金，再加上难以计数的科林斯首都的镀金金属，数以千计的塑像、浮雕、绘画及购置或掳自古典世界的艺术品，其中之一就是《拉奥孔》（Laocoön）。有些墙壁上，镶了一些珍珠母和各种不同的名贵宝石。大客厅的天花板上覆盖了一层象牙花，只要皇帝颔首示意，一阵芬芳的香水便从象牙花上喷落在宾客身上。餐厅有一个球面的象牙天花板，上面绘着代表天空和星辰的色彩，并且用隐藏的机器使它不停地慢慢转动。有一间套房，供有热水浴、冷水浴、温水浴、盐水浴和硫黄浴。当罗马的建筑家塞莱尔（Celer）和塞尔维努斯（Severus）即将完成这座巨大的建筑工程而尼禄就要迁入时，他说："我终于有住的了。"百年以后，这一罗马的"凡尔赛宫"，由于在周围的贫穷包围之中过于昂贵、过于危险而无法维持，以致失修荒废。韦斯巴芗在它的废墟上建造了罗马的大竞技场，提图斯和图拉真则在上面建造了他们广大的公共浴场。

多米提安也沾染了尼禄的建筑癖。拉比里乌斯（Rabirius）为他建造了弗拉维别墅（domus Flavia），虽不像尼禄的博物馆那样巨大，但是在华美堂皇和装饰方面并不逊色于它。仅仅一面边厢，即包含了一个断案集会的大会堂，很可能那就是皇帝审讯最后上诉案件的法庭。在同一边厢中，包括了一个有圆柱列包围的中庭，占地3万平方英尺。连接这一边厢的，是一间宴客大厅，地板是红色斑岩及绿色的蛇纹石，迄今仍在。今已消失了的，是精细的大理石屏风和漂亮的柱形窗子，透过窗子，用餐者可以看见水喷洒在喷泉（nymphaea）外侧的大理石底部。我们应该补充一句，多米提安只有在接待宾客及处理政务时才使用这一建筑，通常，他生活在奥古斯都的较为朴实的宫中。无疑，这些皇家大宅是帝国门面的一部分，专为打动当地居民、访客及大使人物而设，帝王自己（也许卡里古拉和尼禄例外）远离这些礼仪房舍的束缚拘泥，享受家宅邸中的安详与亲切，并且像安东尼·庇护（Antonius Pius）所说的，享受"做人的乐趣"。

装饰艺术

在这些宫室和富豪家中，拥有成百的艺术品，任何东西即使不是为了美观，至少也是昂贵的。地板常常是杂色的大理石，或者是马赛克，马赛克由五颜六色小方块（tesserae）的组合，产生了引人注目的真实永恒的图画。家具并不像我们现在那样多、那样舒适，然而大多有优异的设计和工艺技巧。桌子、椅子、凳子、榻、床、灯与日用器皿，都由耐久性的材料制成，装饰极为豪华。最好的木料、象牙、大理石、银、铜和金，都经过细密的加工和磨制，装饰成植物或动物的形式，或镶上象牙、龟壳、浮雕式的铜器或珍贵的石头。桌子有时用高贵的松柏木雕制而成，有些是金银镂刻而成，多数都是大理石或青铜的。椅子的种类，从石凳到宝座，样样都有。但是，关于造成脊椎骨畸形的问题方面，不如我们计算得周到。床由木头或钢铁制成，床腿细小而结实，腿部常是动物的头或脚形，铜网（而不是弹簧）支撑着填草或羊毛的床垫。青铜三脚架形式雅致。随处都是鸽笼式的小柜子，供放置卷轴书册之用。铜制的火盆暖着屋子，青铜吊灯则照亮了房间。镜子也是铜的，磨制得很精细，浮雕或镂刻着花式或神话的图案，有时制成横或直的凸形或凹形，把反射出来的人形改变成可笑的瘦长或胖圆形。

坎帕尼亚的各工厂，配合西班牙丰富的矿产输出，为广大的市场大规模地制造银器。银器用品那时在中产和上层阶级人士中已很普遍。1895 年，一位挖掘者曾在博斯科里利（Boscoreale）的一座别墅水池中发现了可观的银器收藏品，显然是拥有人于公元 79 年逃离维苏威火山的余烬未果之前，把它们藏储在那里的。在 16 只银杯中，有一只还能看出一个几近完美的单叶图样；有两只展示着高浮雕的骨架；另一只上面的图画是奥古斯都在战神和爱神之间加冕登基，表示二者都是人类的敌神；最可笑的是斯多葛派的鼻祖芝诺，讥讽地指着伊壁鸠鲁，后者则正津津有味地吃着一大块蛋糕，同时有一只猪，前足立起，彬彬有礼地想讨取一份。

帝国早期的钱币和宝石，证明了雕刻艺术的进步。奥古斯都时代的也一样，也有同样良好的趣味，有时是相同的设计，"和平祭坛"（the Altar of Peace）就是一例。从非洲、阿拉伯及印度输入的宝石，被雕制成戒指、胸针、项链、手镯、杯子，甚至嵌入墙中。至少在一只手指上戴一枚戒指，是社交必需的。有少数的花花公子，每只手指都戴戒指，而不只戴一只手指。罗马人用戒指做成私章，因为他们喜欢使印章有独特的设计。罗马收入最好的艺术家是宝石匠，像狄俄斯库里德斯，他就是为奥古斯都刻印的人。谈到玉石的雕刻，"黄金时代"达到一种永远无法超越的程度，现在在维也纳的"奥古斯都之宝"（gemma Augusta），被列为现存最佳的制品。收集宝石和玉石，已成为富有的罗马人——庞培、恺撒及奥古斯都——的嗜好。世袭使皇室的宝库日丰，直到奥勒留才把它出卖，辅助支付他对马科曼尼（Marcomanni）的战费。

同时，卡普亚、普特奥利、库米及阿雷提乌姆的陶工，使各式各样的陶瓷艺术品充斥在意大利的家庭中。阿雷提乌姆有容量 1 万加仑的调和大桶，其出产的红釉餐具，1 个世纪以来是意大利销路最广的产品，它们的样品几乎到处都可以发现。铁制的戳记，是中空的浮雕式，用以烙印在每一个花瓶上、灯上，或烧制制造者姓名，有时也印上当年执政官的姓名作为制作年代。

从瓷器起，库米、利特努姆（Liternum）和阿圭利亚的艺人便转而制造艺术玻璃。[1]"波特兰花瓶"就是著名的实例。[2] 更好一点的，是在庞贝发现的"蓝玻璃花瓶"，活生生地描写出酒神巴克斯葡萄成熟庆宴的优美活动。普林尼和斯特拉博说，当提比略在位时，吹玻璃的艺术是从西顿或亚历山大城传入罗马的，很快地便制出了杂色的小

---

[1] 约于公元前 2000 年，叙利亚人和埃及人发现，把沙与碱性物质在高温下熔化时，能产生绿色的半透明液体（由于沙中的氧化铁所致）；再加上锰和氧化铅便能使产品无色，完全透明；不同的色调可因不同的化学药剂而产生——例如蓝色，是由钴产生的。流质的糊状物是用手或吹玻璃模子而成形，直接使糊状物变硬，然后在轮子上磨切而成形。

[2] 这种用玻璃加层的花瓶，可能源于希腊，是 1770 年在罗马附近发现的，由波特兰公爵购得，于 1810 年借给大英博物馆。1845 年，有一个疯子把它捣碎为 250 片，但是恢复原形的技术相当成功，以致公爵于 1929 年将它出售时，曾有人出价 15.2 万美元。这一报价被认为过低，因而没有出售花瓶。

玻璃药瓶、杯子、碗及其他精美的制品，使它们一度成为艺术收藏家和百万富翁们心爱的猎物。尼禄在位时，曾付出 6000 塞斯特斯买了两个小的吹制玻璃杯，即现在所熟知的"千花"（millefiori），那是用不同色彩的玻璃棒熔合而成。至于价值更昂贵的，是从亚洲和非洲输入的"萤石"花瓶。它们的制法是把白色和紫色玻璃细丝并排排列，摆成一种想做成的形式，然后烧制，或用彩色玻璃片嵌入透明的白胎之中。庞培在米特拉达梯得胜后，曾带了一些到罗马；奥古斯都虽然把埃及女王克娄巴特拉的金盘子熔化掉，却把她那萤石玻璃制成的盅子珍藏起来；尼禄为那样一个杯子付出了 100 万塞斯特斯；佩特罗尼乌斯在垂死之前，摔碎了另一个，以免落入尼禄的手中。总而言之，罗马人在制玻璃方面至今举世无双。世界上的艺术收集品中，其珍贵价值能胜过现存于大英博物馆和美国大都会艺术馆的罗马玻璃艺术品者甚少。

雕刻

从陶瓷演进至雕刻，是经过了烘制的黏土——赤陶浮雕、小型塑像、玩具、模仿的水果、葡萄、鱼等——最后到全尺码的雕像。上了釉彩的赤陶——马约利卡陶器（majolica）——庞贝废墟中蕴藏颇多。庙宇的山形墙和屋檐，都饰以赤陶的棕榈形柱头（palmettes）、山墙饰（acroteria）、怪兽饰物和浮雕。希腊人对这些装饰嗤之以鼻，在帝国统治下，它们已不够时髦。奥古斯都对黏土并不友善。

也许由于他对阿提卡（Attic）建筑方式的兴趣，才使罗马的浮雕和雕刻达到了与希腊的最佳作品相当的境地。约一代人的时间，罗马艺术家所雕刻的喷泉、墓碑、圆拱和圣坛，都含有精练的神韵、技巧上的准确性、形式上宁谧的尊严、几分塑造及透视的风范，使罗马的浮雕能跻身于世界的艺术杰作之林。公元前 13 年，元老院为庆祝奥古斯都安抚西班牙和高卢返国，特下令在战神校场建立"奥古斯都和平祭坛"（Ara Pacis Augustae），这是罗马雕刻遗物中最高贵的一件。这个纪念碑也许以帕加马的圣坛为范式，才有了这种形式，以帕特农神庙建筑的饰带为范式，才有了它的列式花边。圣殿屹立在围墙内的台子上，其周围的围墙，有一部分是以大理石雕成的浮雕。而今所残存的，只是这些墙上的石板。[1]一块石板代表特勒斯——大地女神——她臂上有两个婴儿，身旁生长着玉米和花卉，各种动物悠闲地卧在她的脚前。这些就是奥古斯都改革的重要思想：家庭恢复亲子关系、国家恢复为农业社会、帝国恢复和平。中心人物是无与伦比的；真的，在它那成熟的母性及女性的美、温和、优雅的统合之中，有一种庄严的帕特农神庙女神无法匹敌的柔和的完美。外墙的饰带上，有一块叶形的装饰矮轴，上面有宽瓣的芍药、罂粟花以及丛丛簇簇的常春藤，这也是突出的一类；另一根矮轴显示出两排队伍，从相反的方向行进着，在"和平女神"的圣坛前相遇。这两群都是庄严肃穆的人，可能是奥古斯都、利维娅及皇室家族，伴随着贵族、僧侣、服侍女灶神的维斯塔贞女和孩童。孩童们的羞怯和天真，栩栩如生。其中一个是婴儿，正在学步阶段，蹒跚而行，对仪式毫无兴趣；另一位是个男孩，已经是值得骄傲的年龄；还有一个是小女孩，拿着一束花球；最后一个是男孩，经过一些恶作剧之后，受着母亲温和的劝告。而后，孩子在意大利艺术上的地位日益提高。然而罗马的雕刻却永远未能再度表现那种有优美褶皱的卷衣（drapery）的优势地位，那种自然而有效的组合，那种光线与阴影的调和。这里，正像在维吉尔的作品中一样，宣传找到了完美的媒介。

这些浮雕中，唯一能成为罗马劲敌的，是恺撒的将军们返国时建在进入的拱门上面的雕刻。留存下来最好的，是由韦斯巴芗着手兴建、到多米提安时完成，用以纪念占领耶路撒冷的提图斯拱门。一件

---

[1] 最大的碎片仍然于最近在罗马的特尔梅博物馆（Museo delle Terme）发现，其余的则保存在梵蒂冈、佛罗伦萨的乌菲兹美术馆（Uffizi Gallery）和巴黎的卢浮宫博物馆。

浮雕显示着燃烧中的城市，墙壁在塌毁，人们惊慌而逃，财富遭罗马军人的掳劫。另一件浮雕描绘的是提图斯驾着战车，在兵士、动物、行政官、僧侣及犯人之间驱车进入罗马，后面跟随着神殿的大烛台与各种战利品。这些艺术家采取了大胆的实验：他们把不同的人像雕成不同的层次，再把它们分布到各个平面上；他们雕琢出的背景，给人以深度的幻觉；他们画的是整体，表现出充实与距离上更多的阴影。所显示出的动作，不是独立的片断，而是连续性的，像在美索不达米亚和埃及建筑物的饰带上，以及后来在图拉真和奥勒留时代的柱子上的一样，因此，动作和生命感表现得更好。人像并不是像希腊的和平祭坛，把人物理想化和把人像变成阿提卡式的恬静气氛。它们取材于现实生活，以意大利的写实主义与生气蓬勃的俗世传统雕刻而成。作品的主体不是完美无缺的神，而是活生生的人。

使罗马雕刻与希腊不同的地方，就是这种活泼有力的写实主义，但由于这种倾向自我的再现的忠实，罗马人对艺术的贡献很少。在约公元前 90 年，一位来自意大利南部的希腊人帕西特利斯（Pasiteles）到了罗马，住在那儿达 60 年之久，他在银器、象牙和金器方面有卓越的成就，引入了银镜，巧妙地复制了一些希腊杰作，写了五卷艺术史。他是当时的瓦萨里（Vasari）和切利尼两人的综合。另一位希腊人阿凯西劳斯，他为恺撒的祖先维纳斯·杰尼特里克斯（Venus Genetrix）雕刻了一个著名的塑像。雅典的阿波罗尼奥斯，大概是在罗马雕刻了气势感人的梵蒂冈的《贝尔维德尔躯干》（*Torso Belvedere*）——一件颇为纯和的作品，目的不在于表现凸出的肌肉，而是表示出一个充分健壮有力的人。我们只能说，就目前而言，它是完美的。曾有一段时间，各画室都忙于用希腊的形式雕刻意大利的神祇，甚至加之于诸如"机缘与贞操"的神圣抽象事物之上。可以假定地说，雅典的格利康（Glycon）是在这一时期在罗马雕塑了《休息的赫拉克勒斯》（*Farnese Hercules*）。我们无法说明《阿波罗观景楼》（*Apollo Belvedere*）究竟属于哪一年代或哪一国家的作品，也许那是原作的罗马复制品，出于雅典的莱奥卡雷斯（Leochares）之手。每一位学者都知道，它那文静的美是如何激起德国的古代艺术史学家温克尔曼对乌拉诺斯产生迷醉。这时的朱诺有了两个著名的化身：一个是那不勒斯博物馆的斑岩《法尔内塞·朱诺》（*Farnese Juno*），另一个是特尔梅博物馆的《卢多维西·朱诺》（*Ludovisi Juno*）——冷静而又严肃、公平而又正直，使人开始了解到霍韦的漫游。

　　所有这些，及卡皮托利诺博物馆中优美的《珀尔修斯和安德洛玛刻》，都是希腊形式的、理想化和普遍化了的，并且是令人厌烦的神圣。更引人注意的就是那些半身塑像，构成了从庞培到君士坦丁期间罗马人像的青铜和大理石的字典。其中也有些是理想化的，特别是朱利亚—克劳狄乌斯王朝的头像，但是古埃特鲁里亚的写实主义及随时可见的令人不悦的面型，都在印证罗马人所代表的丑陋，尽管其表现出来的是强大。其中有很多人，把他们的雕像遗留在公共场所，以致有时使人觉得似乎是属于谢世者居多，属于在世活人者反而少。有些风头人物急不可待，便在死前先为自己立像，直到妒忌的皇帝为求活人的生存空间，而禁止这种早熟的不朽。

　　最伟大的半身塑像，是在柏林的黑色玄武岩制成的《恺撒头像》。我们不知道它代表谁：不过那稀疏的头发、尖锐的下巴、薄而瘦削的面孔、因焦思而出现的粗纹、由于觉醒而生的果决等，都与传说的属性相符。仅居其次的，是那不勒斯的恺撒巨头：在这里，他那皱纹几乎已表现了痛苦，仿佛这位一代巨人终于发觉，没有任何心灵广阔得足以了解世界，更不用说统治世界了。写实的程度到了冷酷无情的作品，是现存于哥本哈根的新嘉士伯博物馆的庞培像：他年轻时的一切英勇胜利被人遗忘，成为一个肥胖呆滞的战败者。至于奥古斯都，他有 50 来个塑像留传下来，其中很多都是巧妙的：青年时代的奥古斯都（在梵蒂冈），严肃、敏锐、高贵——可以说是任何时代的现实青年的最佳肖像；30 岁时的奥古斯都（在大英博物馆）——一座热烈、果敢的铜像，令人想起苏埃托尼乌斯所说的话：皇帝一瞥可镇大乱；

神化的奥古斯都（在特尔梅博物馆），一个深沉而富于思想的面孔从卷衣的牢狱中挣脱而出；在普利马波塔（Prima Porta）的利维娅别墅废墟中发现的《奥古斯都大帝》，现存于梵蒂冈。这位风云人物的胸甲上面，覆盖着神秘而使人迷惑的浮雕 [1]，姿态僵硬，对那样一个残疾者而言，两腿过于强健了一点，但头部有一种沉静及自信的力感，显示了伟大艺术的技巧与心灵——他全然无法忘怀波利克里托斯的《持矛者》（*Doryphoros*）。

利维娅自己在那位艺术家的心中是幸运的，他为她雕塑的头像现在保存在哥本哈根。头发是雄劲的，弯曲的罗马人的鼻子，表现了她的性格，两眼显得体贴而温柔，双唇漂亮而坚定。这就是安静地站在奥古斯都王座后面的女人，推翻了她的一切对手和敌人，控制了每一个人——除了她的儿子。提比略的像也雕得很好，虽然是理想化了的，但是在拉特兰（Lateran）博物馆的坐像，却是出自曾在开罗雕塑闪绿岩（diorite）《哈夫拉》（*Chephren*）的杰作名手。克劳狄乌斯却不这样幸运。当然，当雕刻家把他雕成忧愁的朱庇特时——肥胖、厚道、沉默，雕刻家在开他的玩笑。尼禄曾竭力想发展一种美感，然而他真正的热望却是名望与权力，在他看来，泽诺多努斯无更好的功用可言，还不如把他的时间用在制造 117 英尺高的尼禄王巨像当作阿波罗看待更为有效。哈德良把它移到弗拉维安圆形剧场的前面，而这个圆形剧场从那时起即源于大竞技场这个名字。

在诚实的韦斯巴芗之下，雕刻重新返回真实。他让自己坦诚地代表真正的罗马庶民，具有粗壮的特征、有皱纹的眉毛、光秃的头顶及巨大的耳朵。在特尔梅博物馆的那座胸像较为温和，表现出为国事而操劳的神情，或者在那不勒斯博物馆巨头上那副煞有介事的面孔，也较为温和。提图斯带着酷似方形头盖骨和朴实的容貌到我们面前；把

---

[1] 他们所塑的像有帕提亚军旗的返国、被征服省份的降服、和平时期大地的肥沃以及约夫（Jove，古罗马神话中的众神之王，相对应于古希腊神话中的宙斯）广被四方的罩袍等。

貌似沿街叫卖的健壮小贩看成人类的宠儿是件困难的事。多米提安在崇尚实际的弗拉维安王朝时代有良好的心性，让自己在世时为人痛恨，以致在死后像都被毁了。

当艺术家离开宫廷到街头漫步时，他便能对意大利的顽童进行自由的表现。有位老人（当然是没有哲学家首相那样多的智慧与银币），摆起哲学家的姿态，曾经一度被人标以《塞涅卡》。在著名的艺术家手中，运动员能使他们的肌肉享有一段时间的不朽；角斗士也像塑像一样，找到了最好的住处，从贵族的别墅，到法尔内塞的宫殿，都有他们的踪迹。当罗马的雕刻家处理女性人像时，他们便变得心气平和起来。他们虽常雕塑易怒的泼妇，但是也塑造了一些娴雅庄重的服侍女灶神的维斯塔贞女，偶然间塑出温柔的化身，像大英博物馆中的《克吕提厄》（Clytie），以及像华托（Watteau）与弗拉戈纳尔（Fragonard）的娃娃那样具有纤弱媚态的贵族仕女。他们擅长于孩童的塑造，如美国大都会博物馆中的青铜《男童》，或者是卡皮托利诺（Capitoline）的"稚气"（Innocenza）。他们能以惊人的逼真度雕塑出动物的各种形态，如 1929 年在内米发现的狼头，圣马可教堂的跃马。他们很少能达到伯里克利学院（Periclean schools）那种流畅的境地，那是因为他们喜爱个性甚于类型，喜爱真实中赋予生命的残缺美。

绘画

古代的游客在罗马的寺院、住宅、回廊和广场中，发现的绘画甚至比雕刻更多。他们会在这些地方碰到波利格诺托斯（Polygnotus）、宙克西斯（Zeuxis）、阿佩莱斯（Apelles）、普罗托格尼斯（Protogenes）及其他古代大师的作品。他们可以从保存良好的亚历山大城及罗马诸派的作品中，见到更为丰富的藏品。意大利的艺术是古老的，那儿的每一堵墙上都雕刻了装饰。罗马的贵族曾一度学习画艺，但由于希腊文化的侵入，罗马的绘画成了希腊文化的产儿而居于屈从的地位。

最后，瓦莱里乌斯·马克西姆斯（Valerius Maximus）惊异地说，法比乌斯·皮克托（Fabius Pictor）若是屈身去画康泰神庙（Temple of Health）的壁画就好了。此中也有一些例外：至共和国末期，奥勒留雇用了一批娼妓做他女神的模特儿而得享盛名；奥古斯都时代，一位哑巴贵族昆图斯·佩迪乌斯（Quintus Pedius），因为他的缺陷使他不能从事大部分的专业工作而接受了画艺；尼禄为他"金宫"的室内装饰雇了一位画家阿莫利乌斯（Amulius），"经常穿着宽阔的袍子，以极其严肃的态度绘画"。但这些人在庞大的希腊人群中也是佼佼者，他们在罗马、庞贝及整个半岛，以希腊或埃及的事物为主题，绘制希腊绘画的复制品或变体。

绘画艺术实际上是局限在壁画和蛋彩画上。壁画是在新抹好的墙壁上绘以用水润湿的色彩。至于蛋彩，则是把颜料与黏性胶浆混合在一起，敷在一层干燥的表面上。肖像画家有时使用一种蜡画法，把颜料熔化在热蜡中。尼禄曾使人把他的像绘在一块 120 英尺长的画布上——这是我们所知的蜡料使用的开端。绘画，众所周知，原用于塑像、寺院、舞台布景，及为了展示凯旋或广场情景而作的麻布绘画，但其适于绘制之处还是在墙的外面或里面。罗马人很少把家具靠墙放置，或在墙上挂画，他们宁愿使用整个空间绘一幅画，或一组互相关联的设计。这样，壁饰便成为房屋的一部分，成为建筑设计中不可缺少的一个项目。

维苏威火山讽刺的幽默，为我们保存了约 3500 幅壁画——在庞贝一地的画，比全部古典世界发现的都多。尽管庞贝是个小镇，但我们可以想象得到，有多少此种壁饰光耀了古典意大利的家庭和宗祠。最好的遗物已经移进那不勒斯博物馆，即使是在博物馆里，它们的柔和典雅依然能给我们深刻的印象。然而，只有古人才知道它们彩色上的全部深浅度及使得每一幅画都能显示功用与地位的建筑结构。在维蒂之家（House of Vettii）中，壁画仍然留于原处（in situ）：在一间餐室里，画着狄奥尼修斯突袭安睡中的阿里亚德涅；在对面的墙上，是描绘代达罗斯向帕西法厄展示他的木牛；在另一端，赫尔墨斯安静地望着火神赫菲斯托斯把塞萨利安国王伊克西翁绑在苦刑轮子上；另一间房子里，有一连串的幽默壁画，画着无忧无虑的朱庇特，滑稽地模仿着庞贝的工业，包括维蒂的酒业。时间曾经一度侵蚀过这些灿烂的画面，但仍有足够的遗物能把观者惊得目瞪口呆。人形画得几乎至善至美，人体的色彩栩栩如生，依然能使活人的血液在血管中奔腾跃动。

　　由于参考了这些庞贝绘画，艺术鉴赏家试着去了解古代意大利绘画艺术的性质，并划分它的时期与风格。这种方法颇为危险，因为庞贝的画近乎希腊的多，近于拉丁的少。不过，从罗马及其市郊的古画遗物上看来，与庞贝的发展尚称吻合。在第一或表面装饰形式时期（Incrustation Style，公元前 2 世纪），墙上往往着以与镶嵌的大理石石板相似的色彩，与庞贝的"萨路斯提乌斯之屋"（House of Sallust）一样。在第二或建筑形式时期（Architectural Style，公元前 1 世纪），壁上的绘画是模拟一幢建筑，或其正面，或它的列柱。所看见的柱子，仿佛是从里面向外看的，空旷的乡野画在柱与柱之间。用这种方法，艺术家使人有置身于一个没有窗子的房间里的感觉，室外是凉爽的树木与花卉、原野与溪流、驯良或娱人的动物。蛰居在室内的居民，只需稍对墙而观，便可想象身处卢库卢斯的花园之中，他可以垂钓、泛舟、狩猎或耽于养鸟的乐趣中而不受季节限制。大自然被搬入室内了。第三或华丽装饰形式时期（Ornate Style，公元 1—50 年），纯粹为了装饰而运用建筑形式，以风景辅助人物。在第四或错综复杂形式时期（Intricate Style，公元 50—79 年），艺术家让他的狂想奔放而出，发明了奇幻的结构与形态，将它们置于嘲讽凝重、重叠错综的花园与柱梁、别墅与亭阁的现代派的杂乱之中，再加上无意识的记忆和充溢的光线，偶尔还达到印象画的效果。在所有这些类似的形式中，建筑是绘画的侍女和主人，被绘画役使，也使用了绘画，并赋予传统以形体。这一传统，经过了 16 个世纪之后，又在法国画家普桑

（Nicolas Poussin）的作品中再度苏醒过来。

主要的现存绘画主题中，很少有超越希腊神话的范围，这是一件遗憾的事。我们厌烦了这些相同的神明、森林之神、英雄及罪人——天神与战神、酒神与牧神、阿喀琉斯与奥德赛、伊菲吉妮娅与美狄亚；尽管任何一个可能的指责，都能与文艺复兴背道而驰。也有一些关于宁静生活的图画，到处都有漂泊者、旅舍老板或一个屠夫，闪亮在庞贝的墙上。爱情常常支配了画面：一位少女坐着沉思，心中的某种秘密，与站在她旁边的爱神厄洛斯，并非没有关联；少年男女们含情脉脉地在草地上跳跃；美女与俊男狂欢着，仿佛全镇除了醇酒与爱情之外，不知别的事情。如果我们可以从这些墙饰上的表现来判断的话，庞贝的仕女便理当有她们适宜的生活中心。我们看到她们全神贯注于"指骨"游戏，或者幽雅地抚弄着七弦琴，或口衔金笔，默然作诗；她们的脸上有成熟的静穆，她们的体型健康丰满，她们的长袍及地，有着菲丁安（Pheidian）的幅度和韵律；她们步行时，像海伦一般自觉到她们的神圣。其中一人表演酒神（Bacchic）舞，显然非常轻灵微妙，她的右臂、手与脚，像绘画历史上任何名画那样可爱。这些杰作中必然也有一些男性人物：忒修斯战胜人身牛头的怪物米诺陶洛斯、海格力斯拯救狄安尼拉（Deianira）或认领泰利福斯（Telephus）、阿喀琉斯愤怒地使顽强的布里塞斯（Briseis）投降。在最后一幅画中，每一个人物都接近完美的程度，使庞贝的绘画达到了它的极致，当然也表现了幽默：一位头发散乱的教师倾身绊倒在木棍上；一个快活的色狼，以可笑的醉态摆动着他的两腿；一位光头的无赖西勒诺斯（Silenus）沉迷于音乐的狂热之中。酒馆和妓院也有适当的装饰，对于热心的观光客，无须告诉他们，男性生殖力之神普里阿普斯至今仍然炫耀他在庞贝古壁上稀有的权力。在艾特姆别墅（Villa Item）的另一端，是一连串的宗教绘画，显示了该地用来庆祝酒神神话仪式的情况：在一幅壁画上，一个虔诚入迷的小女孩读着一本圣书；另一幅壁画是一队少女往前行进，吹着风笛，奉献供物；在第三幅壁画上，是一位裸女垫着足尖起舞，同时有一位新加入的教徒跪在地上，为某种仪式所需的鞭打而显得精疲力竭。比这些都更精彩的，是在斯塔比伊（Stabiae）废墟中发现的壁画，预言了波提切利（Botticelli）——16 世纪意大利画家的出现，题名为"春"：一个女子缓缓地走过花园，采撷花朵。我们所看到的只有她的背部及她那优雅的转头姿势。艺术罕见地把这种简单主题的诗意表现得如此动人。

从这些废墟中发现的全部绘画中，最伟大的是在赫库兰尼姆（Herculaneum）所发现的《美狄亚》，现存于那不勒斯博物馆——那是一位沉思的妇女，她衣饰华丽，默想着她的孩子被人谋杀；很显然，这是恺撒花 40 塔伦特（约合 14.4 万美元）向拜占庭艺术家提莫马库斯（Timomachus）买来的那幅画的复制品。

这种品质的画在罗马很少被发现，但是在普利马波塔的利维亚郊外别墅中，发现了风景画的最重要的样本，直到目前为止，它仍是使意大利超过希腊的作品。眼睛仿佛是被吸引着跨过一座院子，到达大理石的格子架，架外是一丛植物及花卉，复制得极为精确，以至于现在的植物学家都能识别它们，把它们分类；每一片叶子都经过精细的描绘与着色；处处都有鸟儿栖息，昆虫在绿叶丛中爬行。稍为逊色一点的，是 1606 年在埃斯奎利诺发现的《阿尔多布朗迪姆的婚礼》（*Aldobrandini Wedding*），曾由鲁本斯（Rubens）、凡·戴克（Vandyke）与歌德予以热心的研究；也许那是希腊作品的翻版，也许是罗马希腊人或者罗马人的真迹，我们只能说，这些人物——宁静羞怯的新娘、向新娘劝善的女神、悉心准备的母亲、等着弹琴及唱歌的少女——均画得颇为细腻而且富于感性，足使这种壁饰成为古典艺术中的一件杰出的遗物。

罗马的绘画无创造力可言；希腊艺术家们把相同的传统与方法随身带至各地；即使是这些图画上含混的印象主义风格，说不定也是亚历山大城技巧的支派。但是它们中间有着细致的线条和丰富的色彩，可以说明何以阿佩莱斯和普罗托格尼斯等画家享有与波利克里托斯和普拉克西特利斯等雕刻家同样高的声誉。有时，色彩宛如乔尔乔涅（Giorgione，16 世纪威尼斯画家）所敷的一般丰实；有时，光线与阴影的微妙层次，表现出伦勃朗（Rembrandt，17 世纪荷兰画家）的作风；有时，一个粗犷的人像能捕捉到梵高（Van Gogh）稚拙的写实主义。这里的透视法往往错误，而草率的技法则在成熟的观念背后踟蹰。不过，新鲜的活力弥补了这些缺憾，卷衣的韵律能引人注目，而林地的景色对拥挤的城市居民而言必定是快活的。我们现在的欣赏兴趣愈益受到约束；我们喜欢让墙壁保留它自己的意义，直到昨天，我们才犹豫着为它涂上油漆。然而对意大利人而言，墙就是牢狱，很少通过一面窗子向世界敞开；他希望把障碍忘掉，被艺术诱入绿色的宁静之中。或许他是对的：画在墙壁上的一株树胜过千百个在窗外亵渎天空、在阳光中溃烂的杂沓的屋顶景色。

建筑

·原则、材料和形式

我们已为受过高度熏陶的游客保留了罗马艺术最伟大的部分，在这种艺术熏陶之下，罗马最能保护自己抵抗希腊的入侵，并表现出她全部的创造性、勇气与力量。然而，创造性并不是单性生殖，它像亲子关系一样，是前存要素（pre-existing elements）的奇异综合。一切文化，在少壮时都是折中的，正像教育始于模仿一样；但当精神或国家一经成年之时，它便在它一切作品和语言（如果有的话）中留下特质。罗马，像其他的地中海城市一样，从埃及与希腊中撷取了多利安、伊奥尼亚和科林斯等形式；也从亚洲采纳了拱门、拱顶与圆顶，并以这三种技术在世人未见到之前，建造了一个有宫殿、会堂、大竞技场及浴场的城市。罗马的建筑变成了罗马精神和国家的艺术表现：豪放、严整、壮观及蛮力，在诸山建造了这些举世无双的建筑。它们是石造的罗马灵魂。

罗马大多数杰出的建筑家都是罗马人，而非希腊人。其中之一的维特鲁威·波力欧（Marcus Vitruvius Pollio），写了一部世界名著《论建筑》（*On Architecuture*）（约在公元前 27 年前后）。[1] 维特鲁威于恺撒麾下在非洲担任军队工程师，并在屋大维统治下做过建筑家，于老年退休。他将罗马最崇高的艺术归纳了一些原则，他承认："大自然并未赋予我发展的才干，我的面貌因年月而老丑，疾病已夺去了我的精力，因此我希望用我的知识与书籍来赢获宠爱。"正如西塞罗和昆体良使哲学成为雄辩家的先决条件一样，维特鲁威把哲学视为建筑家的先决条件；哲学能改善他的目的，而科学能改进他的方法；它能使他"慷慨、温和、正直、忠实、无贪；因为若没有良好的信心和洁净的双手，便不会有真实的作品"。他描述了建筑材料、秩序和要素及罗马建筑物的各种类型；他对机械、水钟、速度计 [2]、渠道、城镇计划及公共卫生提出补充说明。为了反对由希波达穆斯（Hippodamus）在许多希腊城市所建立的矩形设计，他建议采用在亚历山大时代（及现代华盛顿）使用过的辐射状排列；然而罗马人却继续在他们军营的矩形计划上设计他们的城镇。他警告意大利说，在好几个地区，饮水导致了甲状腺肿大，他宣称中毒现象可能因铅的作用而起。他将声音解释为空气的震动活动，并写出现今在建筑声学上最古老的论著。他的著作于文艺复兴时期再度被发现之后，深深地影响了达·芬奇、帕拉迪奥（Palladio）以及米开朗基罗。

维特鲁威说，罗马人建筑时使用木材、砖头、灰泥、水泥、石块和大理石；砖是墙壁、拱门和拱顶的常用材料，经常用在水泥的墙面。灰泥也常用为墙面，它是由沙、石灰、大理石末和水组合而成，需要精细磨制，铺上好几层，往往厚达 3 英寸。因此，它才能保持形状达 19 个世纪之久，像大竞技场的某些部分一样。罗马人在制造和

---

[1] 有些学者怀疑该作是 3 世纪的伪书，但是证据趋向于认为是真实的。

[2] 更确切地说，就是里程表。一只木栓固定在轮轴上，这根轮轴借助齿轮推动另一较小的轮子，小轮较慢地旋转促使小石子落入盒中。

使用灰水泥方面，至我们现代以前一向是无敌的。他们采取那不勒斯附近丰足的火山灰烬，和以石灰及水，把砖、陶器、大理石和石头的碎屑投入，制出坚如岩石的模型（opus caementicum），几乎可以注成任何形状，从公元前 2 世纪以迄于今。他们像我们一样将其铸造在木板钉成的凹槽中，用这种方法，他们能用拱形顶端没有横向冲力的坚韧圆顶，涵盖广大而无支撑的空间，这样，他们才盖起了万神庙和大浴场的顶部。石块用于大部分的神庙和较为矫饰的家庭中。有一点与卡帕多西亚（Cappadocia）不同，它是透亮的，用这种方法建成的神庙，把全部通口关闭时仍有充足的光线。对希腊的征服带来了对大理石的兴趣，这种兴趣最初因输入廊柱、大理石，最后是开采卢纳附近的卡拉拉采石场而得到满足。在奥古斯都以前，大理石主要是限用于柱子和石板；在他的时代中，则用于砖和水泥的墙面；只有在这种肤浅的观念下，他才使罗马到处都成为大理石城；大理石的实墙是少有的。罗马人喜欢把埃及的红灰花岗石、希腊埃维亚的白绿纹大理石、北非努米底亚的黑及黄色大理石，与他们自己的玄武岩、雪花石膏及斑岩交织用在同一建筑物中。建筑材料从来没有如此复杂或色彩缤纷过。

罗马在多利安、伊奥尼亚和科林斯等建筑形式上，增加了托斯卡纳及混合（Composite）式，并予以一些修改。柱子通常是独石的柱子，而不是重叠的石鼓。多利安式的柱子采用了伊奥尼亚式的底基，呈现一种新的无凹槽的细长形式。伊奥尼亚式的柱头有时有 4 个螺旋形饰，使每一面都有同样的外观；科林斯式的柱子和柱头发展成一种超于任何希腊范式以外的纤细美，但在其后数十年中，这种形式已被过度的雕琢所破坏。类似的画蛇添足，是在伊奥尼亚的螺旋形饰上加以花式，做成集锦式的柱头，就像在提图斯凯旋门中的一样；有时螺旋的终点是动物或人形，用以暗示怪兽，预示了中世纪建筑的方式。过分浪费的罗马人，常常把好几种方式混合在同一建筑上，马赛勒斯的剧院就是一例。而后，他们又过度节俭地使侧面的柱子与内殿相连，像尼姆（Nimes）的方屋（Maison Carrée）一样。其至当拱门的发展取法了柱子的原有支撑用途时，罗马人仍然将它们加于其上，作为一种无作用的装饰品——一种一直流传到我们这个仍然在发展中的时代的习惯。

· 罗马的神殿

几乎罗马所有的神殿都保持了希腊的楣式结构原则——由柱子支持楣梁（主梁），支撑屋顶。奥古斯都在艺术上是保守的，一如在其他任何方面一样，在他命令下承建的大多数殿堂，都拘泥于正规的传统。从他的时代开始，帝王为他们奥林匹克竞争者增建了许多房室，以建筑的虔敬掩饰他们的淫逸，以致山上屋宇林立，使砖砌金镶的神庙阻塞了街道。当然朱庇特是他们所宠爱的受惠者。在许多朱庇特之中，奥古斯都把其中之一当作托纳斯（Tonans）朱庇特，即雷神朱庇特，另一个是斯塔托（Stator）朱庇特，他曾在战时陪同罗马人战斗。他与朱诺和密涅瓦共享罗马最神圣的八神殿，在卡皮托利诺山顶上。在中央两侧有三层科林斯式柱廊的小室中，是金和象牙质的奥波蒂穆斯·马克西莫斯（Optimus Maximus）朱庇特——至大至伟的霍韦的巨像。传说把这个罗马人崇拜的至高圣殿的最初形式，归功于塔奎尼乌斯·普里斯库斯（Tarquinius Priscus）。它被烧毁和重建，已经有好几次；斯提利科（Stilicho，公元404年）偷去了它那镶金的铜门给他的兵士发饷，汪达尔人（Vandals）拿走了房顶上镀金的砖瓦。铺道的一些碎片迄今依然存在。

在同一座山上的北峰，矗立着财神或守护神朱诺·摩勒塔（Juno Moneta）。这里是罗马的铸币厂，是引发我们野心的根源。它的南侧，是农神萨图恩的神殿——罗马神殿中最古老的神；根据罗马人的记载，落成日期是公元前497年；现存的还有八根伊奥尼亚式柱子及一个横楣。在山麓的广场中，是起源神（god of all begininngs）雅努斯的小庙；庙门只在战时才开启，在古罗马历史中只关闭过三次。广

场的东南角上，是于公元前 495 年建立的卡斯托尔和波吕克斯庙；从
提比略重建至今，只留传给我们三根科林斯式的细柱子，大家一致认
为它们是罗马最好的柱子。

奥古斯都在他自己的广场中增加了一个战神马尔斯·乌尔托
（Mars Ultor，复仇者）殿，是在菲利皮面前发誓而建的；庄严的圆柱
中只有 3 个还在。内殿的一端，是一个半圆形的厢堂（apse，即教堂
东面的半圆形小室），注定了将成为早期基督教教堂的一种建筑形式。
奥古斯都在帕拉蒂尼山上全部用大理石为太阳神阿波罗建了一座豪华
的神殿，为的是纪念他在希腊亚克兴之役的协助；他更用雕刻家米隆
和斯科帕斯的作品来装饰它，在神殿附近增建了富丽堂皇的图书馆和
艺廊，并竭尽他的一切所能，使人想到神把希腊留给罗马，使他成了
世界的精神及文化领导等。甚至奥古斯都的朋友们窃窃私议说，他的
母亲已溘然长逝，阿波罗假扮成一条灵敏的蛇，生出了聪明的皇帝。

城市的西北部，是伊希斯的大庙，在帕拉蒂尼山上，是西布莉宽
大的圣殿。漂亮的庇护所是以"健康""荣誉""美德""和谐""信
心""财富"等拟人化的抽象概念而建立。几乎所有这些都含有塑像
和绘画的陈列馆。韦斯巴芗在他那伟大的"和平祭殿"中聚集了尼
禄"金宫"中的很多艺术瑰宝及耶路撒冷的一些遗迹，都吸引了大众
的注意力。在波里乌姆广场的福尔图娜·维里利斯（Fortuna Virilis）
殿，具有罗马史上保存最完整的奥古斯都前期建筑物。首都的仕女们
经常前往膜拜，因为她们相信，那些女神会教导她们如何在男人面前
隐藏她们的缺点。

除了这些及上百的其他古典矩形神殿之外，罗马的建筑师增添了
几座圆形神殿，显示了一些处理因圆顶而产生的问题的新技巧。在传
统上，这种形式是从出于宗教意义保留在帕拉蒂尼山很多世纪的罗慕
路斯的圆舍演变而来的。几乎同样悠久的是距卡斯托尔和波吕克斯圣
殿不远的漂亮的"女灶神之家"（Aedes Vestae 或 House of Vesta）；
它那圆形的内殿，用白大理石做墙面，围着漂亮的科林斯式的圆柱，

其屋顶是镶铜的圆顶。与它相邻的是"女灶神宫",环绕着围式中庭——维斯塔中厅(Atrium Vestae)而建,有 84 个房间,呈修道院状。那时,万神庙还不是圆形的庙宇,因为阿古利力所建的是矩形,但只是在它前面有一个圆形广场;哈德良的建筑家在这个空地上建筑了圆形的神殿及雄伟的圆顶,迄今仍然是人类最华丽的作品之一。

· 拱式的建筑革命

罗马在非宗教的现世建筑成就大于其他的神圣建筑,因为它能脱离传统的枷锁,使工程与艺术结合(实用与力量、美与形式的结合)得自成一体。希腊建筑的原则一向是直线式的(不论有多么细致的调节,如帕特农神庙):垂直的圆柱,水平的横楣,三角形的山形墙。特属于罗马的建筑原则是曲线。罗马人要堂皇、大胆、规模,但是除非使用令人眼花缭乱的阻碍柱,否则他们无法用直线及横梁原则支撑巨大建筑物的屋顶。因此他们用圆拱(通常是圆弧形)、拱形圆顶(圆弧形的延伸)及圆顶(轮状的拱形)解决了这个问题。也许是罗马的将领和侍从把逐渐熟悉的拱式形状从亚洲和埃及传入罗马,而唤醒了长久被正统希腊形式所压抑的早期罗马和埃特鲁斯坎传统。于是罗马将圆拱大规模地运用,以致整个建筑艺术都把这种形式作为一个崭新而长久的名字。罗马人在把水泥灌入屋顶木架之前,要沿张力线用砖铺成一个拱弯的网,据此发展成为接合的拱形圆顶;在建筑物的右角跨过两个圆锥或桶形圆柱时,他们制造了一个拱弯和穹隆的网,以便能够支撑较重的上层建筑和承担横向的冲力。这些都是罗马拱式建筑革命的原则。

使这种新形式臻于完美的工程是大浴场和大竞技场。阿格里帕、尼禄和提图斯的浴场,是一连串浴室积聚而成,这是戴克里先(Diocletian)浴场的滥觞。它们是用灰泥和砖砌成,以水泥做墙面,构筑到雄伟高度的纪念性建筑物。内部装饰富丽,有大理石和镶木的铺道、色彩缤纷的圆柱、雕花的天花板、绘画与塑像。它们也设有更衣室、热水和冷水浴室、暖气房、游泳池、健身房、图书室、阅览室、研究室、会客室，可能还有画廊。大多数房舍，都是用大的泥土管子装在地板下面或墙内的中央传热系统供给暖气。这些浴室是建筑物中最宽敞而豪华的公共建筑。在这一方面，可谓古今无双。它们是社会休闲活动的一部分，罗马的元首政治以此执行它那与日俱增的君主政治。[1]

　　这种仁慈的专制政治建立了历史上最大的剧院。罗马的剧院，虽比现代各大都市中的剧院数量少得多，但规模大得多。最小的一个是由利尼利乌斯·巴尔布斯于公元前 13 年在战神校场建造的一座，有7700 个座位；奥古斯都重建了庞培的剧院，有 1.75 万个座位；他又完成了另一座名叫马赛勒斯的剧院，有 2.05 万个座位。这些剧院都有围墙，与希腊的不同，看台是由圆拱或拱顶式的石质建筑支撑，而不是靠在山坡上。只有舞台才有屋顶，但是观众常常靠着麻布的凉篷来遮太阳，在庞培剧场的凉篷能遮盖 550 英尺宽的空间。入口的上方，是高官显贵们的包厢。有些舞台设有帷幕，戏剧开始时帷幕并不是升到顶上去，而是垂下放入槽中。舞台被升高约 5 英尺。背景通常是采取精心设计的建筑方式，边厢相连，以便艺人把他们的声音投向广大的听众。塞涅卡提到"舞台技术人员，发明了自动升到顶上的脚手架，或静静地升入空中的地板"。改换场景时，通过旋转棱柱，或把布景移动到边厢或往上升，如此可显露出下一场景。传音设计，是把空瓶罐放入舞台的地板或墙壁中作为辅助。观众的席位，靠溪水流过水道而冷却。有时，把酒、水、番红花汁等的混合物用管子输导到最高的一排座位上，然后当作香水向观众喷洒。塑像用来装饰内部，大张的绘画用作布景。可能现在世界上还没有剧场或歌剧院能够比得上庞培剧场的规模与壮观。

---

[1] 罗马的浴室，为许多现代化建筑所面临的以最小的阻碍占最大的空间问题提供了范式。美国的宾夕法尼亚州火车站和纽约的中央车站，就是杰出的实例。

更为普遍的是马戏场、体育场和大竞技场。罗马有好几个体育场，主要用于运动竞赛。赛马或赛车，及某些壮阔的竞争场面，是在战神校场的弗拉米纽斯马戏场上演。更常用的地点，是恺撒在帕拉蒂尼与亚芬丁山之间所重建的马克西莫斯马戏场。这是一座巨大的椭圆形场地，2200 英尺长、705 英尺宽，三面有可容纳 18 万观众的木质座位。图拉真用大理石翻造了这些木质座位，由此我们可以想象到罗马的财富。

相形之下，大竞技场只能算是中等建筑了，只容得下 5 万观众。它的计划并不新颖；在希腊、意大利的城市中，很久以前便有了大竞技场。正如我们所见，在公元前 53 年库里奥就"设计"了一座；恺撒在公元前 46 年建造了另一座；公元前 29 年，斯塔蒂利乌斯·陶努斯（Statilius Taurus）造了第三座。弗拉维安大竞技场（Amphitheater，罗马人称为 Colosseum）是从韦斯巴芗开始建造，由圣提图斯完成的（公元 80 年），建筑者的名氏不详。韦斯巴芗选择尼禄"金宫"花园中的湖当作剧场所在地，位于卡埃利安和帕拉蒂尼山之间。它由石灰质松石构建成椭圆形，长 1790 英尺左右。外墙高 157 英尺，分为三层：第一层有一部分是用托斯卡纳-多利安圆柱、第二层用伊奥尼亚式圆柱、第三层是用科林斯式圆柱支撑，每个柱间的空隙上都有一个拱门。主廊上，有桶状拱顶做屋顶，有时以中世纪的修道院式相交叉。内部也分成 3 层，每一层都用拱门支撑，区分为同心圆形的包厢和座位，由楼梯分割成为"楔形"（cunei）。现在内部的设置，是由一些巨匠在一大块石质中刻成圆拱、通路和座位。塑像和其他装饰品点缀了整个剧场，很多排的座位都是用大理石制成，共有 80 个入口，其中两个是专为君王及其随员使用：这些入口和出口能在几分钟之内把巨碗形的剧场疏散一空。287 英尺长、180 英尺宽的竞技场，包围在一条 15 英尺高的墙内，墙顶上装着铁栅栏，以防观众受到野兽的伤害。大竞技场并不是漂亮的建筑物，它本身的庞大显露出了一些罗马特性中的粗犷和豪迈。它是古典世界遗留下来的所有废墟中，最堂皇壮观的一处。罗马人把它建造得像个巨人；当然，若想要他们将它当珠宝一样雕琢，那未免就太过分了。

罗马的艺术接收了亚洲及亚历山大等形式的折中多元状态——严谨、广大与高雅；它从未完全将它们作有机的统一，而这是美的必要条件。典型的罗马建筑物的粗犷方面有着东方色彩，它们令人惊叹，而不唯美；甚至哈德良的万神庙也是建筑上的奇迹，而不是一个艺术的整体。除了某一阶段外（如奥古斯都时代的浮雕与玻璃），在这一时期我们别想寻找感受上的优美或手法上的精娴。我们指望的是工程师的艺术，那就是追求稳定、经济和使用上的完美，暴发户的迷惑装饰与大场面，军人对现实主义的坚持，武士压倒一切的武力的艺术。罗马人不像珠宝匠那样琢磨艺术品，那是因为征服者不能变成珠宝匠。他们的琢磨手法像征服者。

无疑，他们创建了历史上最具影响力、最迷人的城市。他们做出了人人都能懂的造型艺术、绘画艺术和建筑艺术，构筑了每一位市民都能使用的城市。自由的大众虽然是贫穷的，但从某方面来说，他们却拥有大部分罗马的财富：他们食用国家的玉米，他们几乎不用花费，就能坐在戏院里、马戏场中、大竞技场与运动场上看表演；他们在大浴室中运动、休息、娱乐及教育自己，他们享受几百条列柱下的阴凉，他们在街道上长约数英里的柱廊之下漫步，仅在战神校场就有3英里长。城中心是个喧嚣的广场，里面商业繁忙、雄辩之声不绝于耳，活跃着震撼帝国的辩论；其次是一圈壮丽的庙宇、会堂、宫殿、剧场及浴室等，繁富无比；再次，是一圈熙攘的店铺及林立的公寓；另外还有一圈房屋与花园，然后又是神殿及公共浴场；最后是一圈别墅及房舍，把城市挤到乡下去了，大海围绕着山峦：这就是恺撒治下的罗马——骄傲、威风、辉煌、现实、残酷、邪恶、混乱而又崇高。

第七章 | 享乐主义的罗马
（公元前 30—公元 96）

人民

让我们进入罗马人的居室、神殿、剧场和浴场，看看他们到底如何生活。我们将会发现，罗马人本身比他们的艺术更为有趣。首先我们必须知道，在尼禄王时代，他们只是地理上的罗马人。奥古斯都未能察觉到独身生活、无嗣主义、堕胎、长者杀害婴儿、释放奴隶及新移民较高的生育率等情形，已经转变了罗马人民的种族特性、道德气质，甚至人相学。

罗马人曾一度被性刺激而陷入血亲关系中，因为他们渴望死后蒙祖先坟墓的庇护；但现在上阶层和中阶层的人已知道把性与血亲关系分开，也对来世抱怀疑态度。以前，抚养子女是对国家的光荣义务，并受公众意见的约束。现在，城市人口已拥挤到饱和点，若再要求更多的生育似乎是荒谬的。但相反，富有的单身汉和无子嗣的丈夫，仍然被渴求遗产的人追求着。尤维纳利斯说："让你被朋友所羡慕，莫若有不妊之妻。"在佩特罗尼乌斯的书中，有一个人说："克罗托纳只有两种居民——谄媚者及被谄者。那里的主要罪恶就是让孩子长大继承你的钱财。就像一个静止的战场：只有尸体和攫食尸体的乌鸦。"塞涅卡安慰一位丧失了独生子的母亲时，告诉她，她现在是多么受人欢迎，因为"没有子嗣能带给我们更多的权利"。格拉古兄弟有 12 个孩子，无论在尼禄王代的贵族或是罗马时代的骑士，像这种多孩子的家庭恐怕连 5 家都没有。以前，婚姻曾是终生的经济联合，现在对千百万罗马人而言都是一种没有重大精神意义的过眼云烟，一种生理上互取互予的松懈合约或政治的辅助品。为了避免未婚遗嘱人的无能，有些妇女选阉人做节育的丈夫，有些女人则与贫穷的男人假结婚，条件是妻子无须生儿育女，她可以随心所欲，要多少爱人都行。节育的方法，是机械和化学两种都用，倘若这两种方法失败，还有很多方法可以堕胎。哲学名士和法律虽然认为它有罪，但是连最好的家庭都置若罔闻。尤维纳利斯说："贫苦的女人忍受生儿育女的危险及一切抚育的麻烦……然而金屋的象牙床上究竟多久才藏一位孕妇呢？神奇伟大的是堕胎医生的技术，效力宏大的是为人堕胎者的药物！"然而他告诉当丈夫的人说："想要欢欣，就给她服用节育药……因为假使她怀孕，你就要成为衣索匹亚人的父亲了。"在这样开化的社会中，杀害婴儿便罕见了。[1]

有钱阶级的不生育，已被移民和穷人的高生育率而抵消，使罗马及帝国的人口持续增加。根据贝洛赫的估计，早期帝国的罗马人口是80 万人，吉本的估计是 120 万人，马夸特（Marquardt）的估计是 160万人。贝洛赫所计算的罗马帝国人口是 5400 万，吉本的计算是 1 亿2000 万。贵族的数目仍像以前一样多，但是他们的出身几乎完全改变。我们不再听到艾米利、克劳狄乌斯、法比、瓦莱里，而只有科尔尼利，迟至恺撒时代仍是罗马趾高气扬的一族。有些望族已因战争和政治上的原因而消失，有些则因家族限制和生理的退化而衰微，或因

---

[1] 约在 1 世纪时，女孩或私生子常被丢弃在科伦那·拉卡塔林（Columna Lactarin）地基，这个名字是因为国家提供护士，喂养和救助在这里拾获的婴儿。

穷困而沦为平民匹夫。他们的居住地，已被罗马商人、意大利城市显贵及省城的贵族占有。公元56年，有一位元老院的议员说："大多数骑士和许许多多的议员，都是奴隶的后裔。"经过一两代之后，新的贵族阶级适应了他们祖先的生活方式，孩子越来越少，奢侈日多，向东方的人欲横流投降。

最初是从大陆来的希腊人比来自昔兰尼、埃及、叙利亚及小亚细亚的人要少。他们是热心、聪明、温和的半个东方人，许多是小本商人或进出口商人，有的是科学家、作家、教师、艺术家、医生、音乐家、演员，有的人真诚地或唯利是图地献身哲学，有些是具有才干的行政官和财政家，大多数人都没有道德观念，几乎都没有宗教信仰。他们多半出身奴隶，没有良好的家世。他们虽已获得自由，但外表上仍保有对罗马富豪的奴性，骨子里却因为罗马富豪依赖古希腊文化的残余为生而心怀愤恨和蔑视。都城的街道，因为好动、健谈的希腊人而嘈杂不宁。在街上听到的希腊语比拉丁语多。一个人若想闻名于各阶层，就非得用希腊文不可。几乎所有早期罗马的基督徒都说希腊语，叙利亚人、埃及人和犹太人也是如此。有许多埃及商人、艺术家和工匠住在战神校场。瘦小、谦和、机警的叙利亚人，在都城中随处可见，他们从事商业、手工艺、秘书工作、财政等活动。

犹太人在恺撒时代已经是都城人口中的主要部分。少数人早在公元前140年就来了，很多人都是公元前63年庞培战役后被掳至罗马的战俘。他们很快便获得了自由，部分是因为他们的勤劳节俭，或是他们对宗教习俗的严格遵守，使他们的主人觉得有必要让他们获得自由。公元前59年，民众大会中的犹太公民极多，西塞罗认为这些人是政治上的鲁莽者，起而反对他们。总而言之，拥护共和政体的人对犹太人怀有敌意，但民众和君主对他们友善。[1] 1 世纪末，他们在都城中的人数达到了 2 万人。大多数居住在台伯河西岸，从而使他们常遇洪水的定期泛滥。他们在附近的船坞工作，从事手工艺或担任零售商人，肩挑着货品在城中售卖。他们之中也有富人，但只有少数几位大商人。叙利亚人和希腊人掌握了国际商业。犹太教堂在罗马很多，各有其学派、学者、元老会议和元老议员。犹太人的分离主义，他们对多神论与偶像崇拜的轻视，他们严格的道德标准，他们拒往剧场或参观运动竞技，他们奇特的风俗和宗教仪式，他们的贫穷和不洁等，形成了种族对立。尤维纳利斯指责他们的生育，塔西佗则抨击他们的一神教论，阿米亚努斯·马尔切利努斯（Ammianus Marcellinus）斥责他们酷嗜大蒜。由于血腥占领耶路撒冷，大批的犹太俘虏和神圣战利品被用以庆祝拱门上的浮雕和提图斯的凯旋，使他们的恶感更为加深。韦斯巴芗对犹太人倍加凌辱，命令每年流离在外邦的犹太人付维持耶路撒冷寺院金钱的半数，按年奉献出来，用以重建罗马。然而，很多有学问的罗马人都羡慕犹太人的一神教，有些人还皈依了犹太教，甚至有几个上等家庭还遵守犹太人的安息日，当作崇拜和休息的一天。

如果我们在希腊人、叙利亚人、埃及人和犹太人之外，增加一些从非洲而来的努米底亚人、努比亚人和伊索匹亚人，少许由亚洲来的阿拉伯人、伊朗人、卡帕多西亚人、亚美尼亚人、佛利几亚人和比提尼亚人，由达尔马提亚（南斯拉夫）、色雷斯、达契亚及德国来的强悍的"野蛮民族"，由高卢蓄须的贵族，由西班牙来的诗人与农夫

---

[1] 犹太人坚决拥护恺撒，到头来得到他的保护。奥古斯都也萧规曹随。但是对一切外国宗教信仰都保持敌意的提比略，征用了 4000 名犹太人，送去撒丁当自杀队，把其余的人逐出罗马（公元 19 年）。12 年后，深信他是受了塞雅努斯（Sejanus）的哄骗，把这件事处理错误，于是他撤销布告，下令犹太人应该奉行他们的宗教，实行他们的风俗习惯，不受到烦扰。卡里古拉在罗马保护他们，在国外压迫他们。克劳狄乌斯放逐了一些暴乱分子，但是颁布了一项通令（第 42 号），确认犹太人在帝国全境中享有自己法律之下的生存权。公元 94 年，多米提安把罗马的犹太人赶到埃吉里亚。公元 96 年，涅尔瓦又把他们迁回，恢复了他们的公民权，准许他们享有一代的和平。

及由"不列颠来的文身的野人"，我们便可得到一个由很多异族构成的四海一家的罗马。马提雅尔对罗马娱乐的设施感到惊讶，因为罗马的高等妓女为了逢迎取悦她们的常客，会说各种各样的语言，极尽诱人之媚态。尤维纳利斯不满地说，叙利亚的奥龙特斯河正注入台伯河。塔西佗把都城形容为"世界上的污秽场"。东方人的面孔、生活方式、衣饰、语言、姿态、争执、思想和信仰，构成了罗马城鼎沸生活中的一大部分。到了 3 世纪，政府成为东方式的君主国。到了 4 世纪，罗马的宗教成为东方的教义，世界的主人将跪倒在奴隶的神像面前。

在这混杂的人种汇集中，有不少贵族阶级，他们对于尼禄王后波帕埃娅的作为敢怒不敢言。愤怒的元老院议员冲入了元老院，抗议对佩达尼乌斯·塞肯丢斯（Pedanius Secundus）奴隶的大屠杀。这种普通人都具有的起码德行，是不假外求的。犹太人的家庭生活值得作为模范，而基督徒小型社团的虔诚和忠顺，使只追求欢乐的异教徒世界感到烦恼。但是大多数流入的人群，都因为丧失了他们自己的环境、文化及道德规范而风俗败坏。多年来的奴役生活毁灭了作为他们正直行为基础的自尊心。久与习俗各异的人群相处，损坏了他们风俗赖以形成的道德观。假使罗马不是在如此短暂的时间内吞没了这么多外国血统的人群，假使罗马让这些新归入的人进学校而不使之入贫民窟，假使罗马视他们为有许多潜在优点的人来看待，假使罗马定期地关闭大门让同化的速度赶上外人流入的速度，说不定罗马就能从注入的文化中吸取种族和文化上的新活力了，并保留罗马人的罗马和西方的希望与堡垒了，但这项使命太重大了。战胜的城市，被来自各方强大的征服者带入厄运，其臣民原有的血统被冲淡了，有学问的各阶层，反被拖曳到曾是他的奴隶的文化中。大量生育压倒了优生生育，儿女众多的人征服了不孕之人，反而在主人之家"鹊巢鸠占"。

教育

我们对罗马人的童年生活所知不多，但是我们能从罗马的艺术品和诗文中判断，他们的儿童从小被爱，但溺爱不当。尤维纳利斯抑制住他的愤怒，写出了一段动人的话，告诉我们要如何在孩子面前做出好榜样来：我们必须使他们远离邪恶的事务和声色，即使在我们过分溺爱的时候，也别忘了教他们尊敬别人。法沃里努斯（Favorinus）在一项谈话中模仿卢梭的口吻，要求身为母亲的人要给她们的婴儿喂奶。塞涅卡和普鲁塔克也同样地提到这种方法，虽然效果不大，但喂给母乳是任何家庭都容易做到的事，而且没有不良后果。[1]

初期教育来自于保姆，她们多半是希腊人。常常讲神话故事，"从前有个国王和王后……"小学仍然属于私塾性质。有钱人家常为孩子聘请家庭教师，不过昆体良像爱默生一样，反对这种方法，认为这会使孩子们无法形成正常的友谊关系及刺激他们彼此竞争。通常，自由阶级的男女孩童 7 岁时入小学，每条路上伴随着一个孩子王以守护他们的安全及行为。这种学校在大帝国中到处都有，甚至乡间小镇上也有。庞贝墙上的文字即表示出了民众的学识，也许那时的教育在地中海世界普及的程度与往日或日后相同。孩子王及老师通常是希腊的自由民或奴隶。在贺拉斯年轻时的故乡小镇上，每一位学童每月缴给老师 8 阿斯（约 48 美分）。戴克里先把小学老师所得的学费最高额固定为每一学童每月 50 个第纳尔（约 20 美元）。我们从这一点可以判断出教师地位的提高和青铜币的贬值。

大约在 13 岁，成绩好的学生便毕业进入中学。公元 130 年，罗马已有 20 所中学。学生可以在中学里多学一点文法、希腊语、拉丁

---

[1] 当时的玩具和游戏像现在一样多。罗马儿童也玩单脚跳踢石头、拔河、掷钱游戏、捉迷藏、蒙眼睛，他们也玩洋娃娃、滚铁环、跳绳、木（竹）马及风筝。罗马青年玩 5 种不同的球类运动，有一种和我们的足球相似，所不同的是他们是用臂与手，不用腿和脚。

和希腊文学、音乐、天文、历史、神话学、哲学等，通常是以古典诗人为题，用演说评论的方式教授。女孩和男孩所学的功课差不多，不过她们多半专注于音乐和舞蹈方面。由于中学老师几乎都是由希腊的自由民担任，他们很自然地偏重希腊的文学和历史。2 世纪结束前，罗马文化沾染了希腊色彩，几乎一切较高的教育都是用希腊文施教，拉丁文学因而普遍地被古希腊共通语与古代文化吞没。

罗马帝国的雄辩之士极多，他们在法庭上为诉讼人辩护，或为他们撰写讼词，或公开演说，或向小学生传授艺术，甚至四种全做。其中有很多人旅游于城市与城市之间，讨论文学、哲学或政治，并示范如何用演说技巧处理任何问题。小普林尼告诉我们一位年已 63 岁的希腊人伊塞奥斯（Isaeus）：

> 他提出好几个讨论的问题，让他的听众自由选择他们所喜欢的题目，有时甚至指出他应该站在哪一边辩护。于是他站起来，穿上长袍，开始讨论……他中肯地介绍他的主题，口齿清晰、辩论机敏、逻辑有力、修辞高雅。

这些人可以开学校，聘请助教，招集大批年约 16 岁的学生。每一科目付费高达 2000 塞斯特斯。主要科目是演说、几何、天文与哲学——包括了许多我们现在所称的科学。这些构成了专为富有的自由民而设的"通才教育"（liberal education），假使他们没有实质的工作可做。佩特罗尼乌斯抱怨说，就像每一代一样，教育无法使年轻人解决问题："我们的年轻人过于愚笨，各学校难辞其咎，因为他们在学校里关于日常生活上的事情一点都学不到，视听均无。"我们只能说，他们向勤勉的学生教导如何以简洁快速的思维明辨人在各种年龄的正当职业及罗马雄辩家口若悬河的能力。这些学校显然不授予学位，学生可以任意久留，任选多少科目都行。奥卢斯·格利乌斯（Aulus Gellius）在学校里一直待到他 25 岁。女性也可以入学，甚至已婚的都可以。凡是喜欢更深入研究的人，则到哲学的发源地雅典攻读哲学，到亚历山大攻读医学，到罗得斯岛学诡辩的最新技巧。西塞罗每年花费 4000 美元维持他的儿子在雅典读大学的费用。

到了韦斯巴芗的时代，雄辩学校数量的增加与影响力大到使足智多谋的君王都认为，要把较重要的人物罗致到政府的控制之下，必须用高薪（最高的是每年 10 万塞斯特斯，约 1 万美元）。我们并不知道韦斯巴芗资助了多少老师和多少城市，但知道谁曾私人捐赠高等教育资金，诸如小普林尼在科莫设立的就是一例。图拉真曾为 5000 个家境贫穷但聪明的男孩提供奖学金。到了哈德良统治时代，政府对中学的拨款一直是从整个帝国内的许多自治城市筹措而来，还为退休教师附设养老金。哈德良及安东尼乌斯免除了每一城市中杰出教授的捐税及其他的城市负担。正当迷信增长、道德沦丧与文学衰微之际，教育却达到了它的最高点。

两性

在青年的道德生活方面，女孩从小就被小心地保护着，男孩则受到较宽松的监督。像希腊人一样，罗马人宽容地准许男性寻花问柳。妓院是合法的，但受限制，法律规定只能设在城墙之外，只许夜间开放。妓女要到民政官那里登记，并且要穿着制服，而不能穿长外衣。有些妇女登记为妓女，以避免通奸被捉时受到法律惩罚。价格时有调整，以便适应各种顾客的能力范围，并有所差别；我们曾听说过有"有 1/4 铜钱的女人"（quarter-of-an-as woman）这句话。之后，又增加了有学问的娼妓，想以诗歌、音乐、舞蹈及文雅的谈吐赢得顾客的心。我们无须到城墙外面去，便能找到这一类或其他容易追求的仕女。奥维德向我们保证，在门廊下、马戏场、剧院中，都能邂逅她们，她们简直"多如星辰"。尤维纳利斯发现她们在寺院的辖区内，特别是在慈祥的女神伊希斯庙中寻欢。基督徒作家用责备的口吻说，娼妓出现在内殿之中及罗马神殿的圣坛间。

男妓也有，虽为法律所禁止，但为风俗所容忍，同性恋随东方的狂放而盛行。贺拉斯唱着（为谁唱呢？）："我深中爱的利刃，因为吕西斯库斯温柔地说，要胜过任何女人。"出于这种热情，他才能"为仕女或纤弱青年的火焰"所解脱。马提雅尔最具讽刺的短诗，是关于鸡奸的。尤维纳利斯未出版的讽刺诗，代表了一位妇女反对这种恶行竞争的怨言。《普里阿普斯颂诗》(*Priapeia*)是本价值低劣、男女不分的色情诗集，泛滥在世故的年轻人与不成熟的成人中。

然而，婚姻却对这些不正常的发泄勇敢地发起挑战，在焦心的父母和婚姻掮客的协助之下，至少能为每一位少女找到一个临时丈夫。如果到了19岁还没结婚的话，女性已被认为是"老处女"，但这仅属少数。订婚的双方彼此很少见面，也没有追求这回事，甚至情书往来都没有。塞涅卡怨尤地说："任何事情都是先试后买，只有新郎不能先试新娘。"甚至婚前情感上的爱恋也是不寻常的。情诗是献给已婚妇人的，或是赠给诗人从未想到与之婚嫁的女人。女人的大胆越轨行为发生在婚后。老塞涅卡推测罗马的妇女有普遍的通奸行为，他的哲学家儿子认为，一个已婚的女人周旋于两个爱人之间是司空见惯的典型。奥维德讥诮地唱着："所谓纯洁的女人，仅仅是那些未被求过婚的女人。对妻子桃色绯闻生气的男人，才是个乡巴佬。"这些，也许是出于文学的幻想。可靠一点的是昆图斯·韦斯庇洛（Quintus Vespillo）给他妻子写的墓志铭："婚姻至死而不离异者几稀，但我俩欢愉度过四十一载。"尤维纳利斯说有一个女人，在五年内结婚八次。为财产和政治而非为了爱情才结婚的女人认为，倘若她们向丈夫和情人放弃嫁妆，才算履行了她们的责任。尤维纳利斯作品中的一位淫妇向她那露水之欢的丈夫解释说："我们不是一致同意做我们所喜欢的事吗？"女人的"解放"像现在一样彻底了，摈弃了特权的礼仪和呆板的法律条文。立法约束了女人，但习俗使她们自由。

在许多情形下，"解放"就是我们现代的工业代。有些女性在工厂或制造厂中工作，特别是纺织工厂；有些人当了律师和医生；有些人在政治上颇有力量；总督的妻子检阅部队，并向军队演说。守护女灶神的修女们为她们的朋友稳固政治地位。庞贝城的女人在墙壁上宣布了她们的政治选择。加图警告说，如果女人获得了平等，她们会把平等变成统治，保守的人对他的警告嗤嘘不已，幸灾乐祸地瞧着。尤维纳利斯看到了女伶人、女运动员、女斗士和女诗人而感到惊异，马提雅尔描写她们在竞技场中和野兽甚至狮子搏斗的情形，斯塔提乌斯则提到了死于那种搏斗的女人。仕女们坐在轿子里招摇过市，"四面暴露，使人人可见"。她们与男人在回廊中、公园里、花园内和寺院的空地上谈天说地，陪男人参加公私宴会、涉足戏院剧场。奥维德说："她们袒胸露臂，迷惑得你想入非非。"那是一个令人兴奋、多彩多姿、人欲横流的社会，一定使伯里克利时代的希腊人大惊失色。春天，时髦的女人在巴亚的船艇上、海滨和其他风景区中，荡漾着她们的笑语、她们的自以为美、她们的风骚大胆和她们的政治阴谋。那些老头子想吃天鹅肉但吃不到，渴慕之余酸溜溜地斥责她们，以渴慕的心情斥责她们。

　　像现代一样，轻佻或不道德的女人只占极少数。专注于艺术、宗教或文学的女士，虽然并不出众，却为数不少。苏尔皮西娅（Sulpicia）的押韵诗被认为与提布卢斯的诗齐名，值得传诸后世，虽然是过分描写性爱，但读给丈夫听，倒也算得上贞洁。马提雅尔的朋友特奥菲拉（Theophila）是一位哲学家，是斯多葛学派、快乐主义学派的真正专家。有些妇女，忙于慈善事业和社会服务工作，为城镇捐建寺院、剧院和廊柱，捐赠学院，成为女赞助人。在兰努维乌姆（Lanuvium），一个碑铭中提到了"妇女大会"（curia mulierum）。罗马设有一座马特洛努姆女修道院（conventus matronarum）。也许意大利有一个全国妇女俱乐部联谊的组织。无论如何，当我们读过马提雅尔和尤维纳利斯后，发现罗马竟有如此多的善良女性而令人费解。虽然安东尼好几次背叛他的妻子，奥克塔维娅却始终忠于丈夫，并忠实地抚养他的异国子女。奥克塔维娅可爱的女儿安东尼娅，是德鲁苏斯守贞的寡妇和格马尼库斯完美的母亲。马尔洛林（Mallonia）公然责骂提比略的恶行，后来终于自杀。当克劳狄乌斯命令帕图斯自尽时，阿利娅·帕埃塔（Arria Paeta）把匕首刺入她的胸中，在垂死之际，把匕首交给她的丈夫，坚定地说："一点也不疼。"保利娜曾企图与塞涅卡同归于尽。尼禄王将波利塔的丈夫处死时，她便开始绝食，后来她父亲受到同一刑罚时，她又与父亲一起自杀。自由民女埃庇沙里斯（Epicharis），忍受了各种苦刑，而不吐露皮索的谋叛。无以计数的妇女，当她们的丈夫被放逐时，努力保护及隐藏她们的丈夫，不得已时便随丈夫流亡在外，或者像赫尔维狄乌斯的妻子法尼娅（Fannia）一样，冒极大的风险，付出极高的代价来保护她们的丈夫。就只是这几件，便足以推翻马提雅尔和尤维纳利斯讽刺诗语中那些娼妓女人的论调。

在这些女英雄的后面，有许许多多的无名贤妻，她们的婚姻忠贞和母性牺牲，维系了整个罗马生活的结构。古罗马人的美德、亲情之爱，强烈的责任感、避免浪费与虚饰等，仍然留存在罗马人的家庭中。像小普林尼书简中所描写的高尚、健全的家庭，并不是始于涅尔瓦和图拉真，他们静静地度过了好几任暴君的统治。在君王的密谋、人与人之间不互助、品格低落和粗鄙的娼妓熏染下，他们依然独存。从友谊之间和父母对子女的墓志铭上，我们可以窥知上述这种家庭的一鳞半爪。有一个墓碑上写着："普赖默斯之妻乌尔比利娅，白骨长眠于黄泉下。卿情珍贵胜吾生，享年二十三岁而逝。最足钟爱是吾妻，慰吾心者永别离。"另一个是："敬致爱妻，枕边之人。幸福岁月，一十八春；爱卿情弥，永誓不娶。"我们可以想象得到这些女性在家庭中的角色——纺棉织毛、责教子女、指导奴仆、慎用有限的财源，与丈夫共同膜拜自古就有的家神。罗马是不道德的，但是，在古代使家庭水准提高的，不是希腊，而是罗马。

服饰

我们若从几百件塑像方面判断，尼禄王时代的罗马男性，在身材和特征上要比共和国初期的男人强壮但不失温柔。当时的规则使他们很多人在个性上坚强、严肃、可怕而非可爱，然而饮食、酒和懒怠却把另一些人的体形变成使西庇阿反感的类型。他们仍然修面刮须，或由理发师为他们修饰。一个年轻人的第一次修面，是他生命中神圣的一天。多半人都虔敬地把他那原始的络腮胡子奉献给一位神。普通的罗马人继续沿用共和国的传统，把他们的头发剪得很短，但是日渐增多的花花公子，却喜欢把头发弄得卷卷的——安东尼和多米提安就是这一类型的代表。很多人都戴假发，有的人还在头上描画出类似头发的图形。不管是哪一个阶级，无论是在室内或室外，他们都穿着简单的长袍，或是宽短上衣，只在正式的场合才穿外袍，例如，平民侍从被接见时，贵族在元老院中，或观赏竞技时。恺撒身穿紫袍，将其当作一种官服的标记，很多显贵因而也模仿他，但不久紫袍便成为君王的特权。当时并没有使人讨厌的长裤，没有使人眼花缭乱的纽扣，没有长筒袜。不过在 2 世纪，男人开始用绷带或布条裹腿了。足上物，则从凉鞋（在皮革或木鞋底上，把皮条从大趾及二脚趾之间穿起来——像日本式样）到全皮的高筒靴，或是皮革制或布制的鞋，通常是在穿戴礼服或外袍时同穿。

罗马帝国早期的妇女，从壁画、塑像和硬币上看来，她们的服饰格外像 20 世纪初期的美国女人，唯一不同的是她们的肤色都呈暗褐色。她们的身材有点纤细，她们的长袍使她们的姿态给人一种飘飘然之感。她们懂得利用阳光、运动和新鲜空气。有些女人勤练哑铃，有些拼命游泳，有些节食；另一些人，则用紧身裙束起酥胸。女性的发式，通常是往后面梳拢的，在颈后打一个结，常用网兜起来，最后在头顶上系一条带子或丝带。后来因时尚所趋，需要一种更为高尚的发式，而用铁丝当架子缠上德国少女传入的棕色假发。一位时髦的妇女，可能要用好几个仆人，花数小时的时间用在修指甲和修饰头发上。

化妆品也像现在一样多。尤维纳利斯把"美容术"形容为当时最重要的技术之一。医生、王后和诗人们，有很多这方面的著作。一位罗马少女的闺房就是化妆品用具的大库房——镊子、剪刀、刀片、锉子、刷子、梳子、洗澡用的刮子、发网、假发，及大瓶小罐的香水、面油、油、膏、浮石、肥皂等。脱毛剂用以去除毛发，加了香料的药膏则用来把毛发做成波浪状或固定毛发。很多妇女喜欢在脸上涂敷一种夜间化妆品，那是由波帕埃娅用面团和驴奶调制而成的混合剂。因为波帕埃娅发觉，这种混合剂有助于弥补不良的肤色，所以无论她旅行到何处，都有驴子跟随着她。有时她竟赶一大群驴，在驴奶中沐浴。罗马女性搽胭脂使面部变白，眼眉和睫毛染成黑色，有时太阳穴上的血管都用蓝色的细线描绘过。尤维纳利斯愤愤地说，一位富家女"涂满了波帕埃娅的面膏，粘住了她那不幸的丈夫的嘴唇"，而丈夫却从未真正看到她的脸。奥维德认为，这些艺术都是虚幻的，因而他奉劝女士们把这些花样在他们的爱人面前收藏起来——只要梳整她们的头发，便能使他神魂颠倒。

精细的女子内衣，为前汉尼拔时期的罗马女性简单的服装增色不少。围巾落在两肩上，面纱使脸上有一种诱人的神秘。在冬天，柔软的皮毛披围在无数燕瘦环肥的身段上。丝绸相当普遍，男人和女人都用它做衣服。丝与麻都是用上好的染料染上各种颜色，罗马人常用1000第纳瑞斯的代价去买1磅双染的提尔的羊毛。金银线刺绣，用以装饰衣着、屏风、地毯和床单。女人的鞋子，是用软皮或布料制成，有时被精巧地制成网状的形式，边缘可以镶上黄金或是珠宝。高跟鞋常用以补足天生的缺陷。

珠宝是女人装饰中重要的一部分。戒指、耳环、项链、护符、手镯和胸针，都是生命中不可或缺的东西。洛利娅·保利娜曾穿过一件衣服，从头到脚都缀满了翡翠和珍珠。她还把收据随身携带，收据上开出那些珠宝价值 4000 万塞斯特斯。普林尼描述了 100 多种在罗马使用的珍贵玉石。专家对这些东西的仿制，成为一种繁忙的工业。罗马人的玻璃"翡翠"，优于现代的仿制品，直到 19 世纪仍被珠宝商人们当作真品出售。男人和女人都喜爱大而特别的玉石。有一位元老院的议员，在他的戒指上镶了一颗大如榛子的蛋白石。安东尼听到了这件事，将他放逐。他逃之夭夭，带走了手指上价值 200 万塞斯特斯的戒指。毫无疑问，那时候的珠宝，常是防止通货膨胀或革命的阻遏物。除下层阶级外，银盘当时已经很普遍。提比略及以后的各位皇帝曾下诏禁止奢华，但是行不通，很快又被忽视。提比略因而屈服，并承认贵族与暴发户的浪费使罗马及东方的工匠大行其道，容许地方上的贡品从首都又流回去。他说："若无奢侈品，罗马及其他行省何以为生？"

罗马人的衣饰，并不比现代女人的衣饰更奢华，远不及中世纪贵族的服装那样华丽和昂贵。时装在罗马的变化，也不像现代都市那样快。那时一件好的长袍，可以穿一生而式样不变。但是与卢库卢斯和庞培把东方的掠获物和享乐主义带回来之前共和国的标准相比较，上层社会的罗马已成为一个华服、美食、漂亮家具和堂皇宅邸的享乐主义的乐园了。政治上的领导地位（几乎是政治权力）被剥夺，贵族只好从元老院退居到他的豪宅中，并且自暴自弃，不用道德只用哲学去追求快乐和生命的艺术了。

罗马人的一天

宅邸的奢侈远超过了服饰的奢华。大理石和马赛克的地板；多色大理石、雪花石膏和条纹玛瑙的圆柱；天花板有时镶了金黄色的玻璃板；墙上绘有堂皇的壁画，或镶上昂贵的玉石；橘木的桌子配上象牙制的床腿；靠墙的长沙发椅上，装饰了龟壳、象牙、银或金；一般富翁付 80 万塞斯特斯购买亚历山大城的锦缎或巴比伦的家具套子，尼禄王竟出价 400 万塞斯特斯；铜柱床上挂了蚊帐；青铜烛台、大理石或玻璃烛台；塑像、绘画及艺术品；科林斯式的铜瓶或莫里尼的玻璃花瓶，等等。这些都是尼禄王时代堆满私邸中的一些装饰品。

在这样的家庭中，主人好像住在博物馆里一样。一定要购买许多奴隶保护财富，再雇其他的人保护它。有些房舍竟有 400 名奴隶之多，从事守护、监管和制造工作。大人物的生活，即使是在他的私室之中，仍然消磨在奴仆环侍之下。左右有仆人侍候膳食，身边有奴隶侍候脱鞋宽衣，休憩时仍有仆从在每一道门前守候——这并不是天堂乐园。为确保这些财富，他们大约在 7 点钟就开始了忙碌的一天，接见他的"顾客"与食客，把面颊伸出去供他们亲吻。两个小时过后，他才进早餐。然后，他接见并回拜朋友们的正式访问。礼仪上的要求是，必须回拜每一个友人的访晤，帮助朋友的法律诉讼和候选提名，参加女儿的订婚和儿子的生日，念自己的诗，或签署遗嘱。这些及其他社会服务，都是用仁慈与谦恭的态度去履行的，而不能逾越任何文明。接着他又前往元老院，或致力于政府政令，或处理私事。

普通人的生活就简单多了，但是也够辛苦的。清晨礼貌地打招呼后，他便开始工作直到中午。乡野村夫是日出而作的。由于几乎没有夜生活，罗马人充分利用昼间。中午只吃便餐，晚餐在三四点钟，阶级越高的人，时间越晚。午饭和午睡之后，农人和受雇的贱民继续工作，直到几近日落。其他人追求户外消闲活动，或泡在公共浴室中。帝国内的罗马人，他们的沐浴比敬神更富宗教色彩。像日本人一样，他们认为在众目睽睽下沐浴要比私下独浴好。除埃及人外，在古人中没人能和他们的清洁相匹敌。他们随身携带手帕，用来擦汗，用牙粉和牙膏刷牙。在共和国的初期，每八天沐浴一次即已足够。这时必须每天洗澡，否则会有遭受马提雅尔式讽刺的危险。盖仑说：即使是乡下人也天天沐浴。大多数家庭都有浴缸，富有之家则有浴室套房，房内闪耀着大理石、玻璃或银质的装饰及水龙头。但大多数罗马自由人都依赖公共浴室。

通常，这些都属私有。公元前33年，罗马有170家浴室。4世纪，增加到856个，另外还有1352个游泳池。比这些设备更普遍的是由国家建造、特定的人管理，由数百名奴隶从事服务的大澡堂。这些由阿格里帕、尼禄、圣提图斯、图拉真、卡拉卡拉、亚历山大、塞普提摩斯、戴克里先及君士坦丁创设的"热水浴场"，都是共有社会的不朽成就。"尼禄浴场"有1600个大理石座位，可一次容纳1600个浴者。卡拉卡拉浴场和戴克里先浴场，各可容纳3000人。任何市民都能入浴，门票是1奎德兰斯（相当于1.5美分）。政府可以维持收支平衡，当然燃油和服务都已包含在门票中。浴场从天亮直到下午一点均为妇女开放，下午两点到八点是男人沐浴时间，但大多数君王都准许混合入浴。通常，游客是先到更衣室更换衣服，然后到体育馆打拳、摔跤、跑步、跳高、掷铁饼、投长矛或玩球。有一种球戏，像我们竞赛用的实心重力球（medicine ball），两支球队抢一只球，带球往前走互相攻守，与现代大学里玩的一样。有时，职业球员到浴场去，并现场表演。那些让别人代他们运动的老人，会去按摩室，让奴隶擦揉掉他们的脂肪。

走过浴室间，市民进入温水浴池——实际上是个暖气室；从温水浴池，再走进热水浴池——热气室；如果希望更自由地多出点汗，可以到出汗室去，在极热的蒸汽中喘息。然后，再来个暖水浴，用一种从高卢人那里学来的新玩意——肥皂——冲洗干净。那时的肥皂是用兽脂和山毛榉或榆树灰制成的。这些暖室是最受欢迎的，并以希腊的名字命名。也许罗马想治疗或减轻风湿和关节炎，才有这些浴室。沐浴者继续到冷浴室去，来个冷水浴，他也可以浸在游泳池里。接着让人用油或膏之类的东西擦揉。这些油膏通常用橄榄制成的，但并不抹掉，只是用刮子刮掉，用毛巾擦干，这样便于油渗到皮肤里，补充被温水浴洗掉的皮肤。

沐浴者很少就此离开浴场，因为浴场也是俱乐部，有玩骰子和下棋的房间，绘画和雕塑的艺廊，朋友们可以聚坐谈心的谈论室，图书馆和阅览室，音乐家演奏和诗人朗诵的大厅，或者供哲学家谈天论地的地方。在浴后的下午几个小时，是罗马社会最好的聚会时间，两性在欢愉但却有礼仪的团体中自由地混合在一起，或嬉戏或谈论。在那里（和在竞技场、公园里一样），罗马人可以纵情谈笑，尽量谈他们喜爱的街谈巷议，得知一天中的一切新闻和丑闻。

如果他们愿意，可以在浴场中的餐厅里吃晚饭，不过多数人都是在家吃晚饭。也许是因为运动和温浴使人疲倦，习惯上，他们在进餐前躺靠一阵子。从前，当男人斜倚小憩时女人分离而坐，后来女人倚在男人身侧。"躺椅三面环桌的餐厅"（triclinium）这个名字，就是因为它都是有三个睡椅，围着一个餐桌排列成为方池式（square-magnet form），每一张睡椅通常容纳三人。进餐者把头倚靠在他的左臂上，当身体从进餐桌脱离时，他的胳膊放在垫子上。

较低阶级的人，继续以杂粮、乳酪产品、蔬菜、水果和坚果等为生。老普林尼把罗马食物中各式各样的蔬菜列出了一大堆，从大蒜到葡萄渣都有。富裕之家食肉，通常都有过量的现象，猪肉是他们喜爱的肉食。普林尼赞赏猪，因为它们能供给 50 种不同的美味。猪肉腊肠，在街道上的流动摊炉上就有出售，像我们现在路边见的一样普遍。

在宴会中用餐时，人们希望吃到很珍奇的食物。晚宴于下午四点开始，一直持续到深夜或次日。餐桌上点缀着花束及西芹，空气中洋溢着外国香水的扑鼻香味，睡椅上有柔软的椅垫，仆人们身穿制服挺拔而立。在开胃菜和最后的甜汤之间，都是主人和大厨引以为傲的珍馐佳肴。珍奇稀罕的鱼肉、鸟肉、水果，不但引起好奇心，而且令人垂涎欲滴。鲻鱼是用 1000 塞斯特斯 1 磅的价格购得，阿西尼乌斯·塞勒尔（Asinius Celer）付了 8000 塞斯特斯才买到一条。尤维纳利斯咆哮不平地说，渔人的价值还不及一条鱼。为了让宾客们增加喜悦，鲻鱼可以买活的，当着大家的面烹调，这样，他们可以欣赏鱼在死亡前夕痛苦挣扎时身上不同的颜色。维狄乌斯·波利奥在大水池中饲养这种 1 英尺半长的大鱼，用不中意的奴隶来喂它们。鳝鱼和蜗牛是公认的美味，但是法律却禁食鼬鼠。鸵鸟翅膀、红鹤舌、鸣禽肉和鹅肝，都是人们喜欢吃的佳肴。提比略手下有一位著名的老饕名叫阿庇西乌斯（Apicius）[1]，他喂母鹅无花果吃，使它的肝变肥，因而发明了肥鹅肝饼这道菜。盛宴之后，在习俗上准许客人使用催吐剂把胃弄空。有些贪吃的人，便在餐间这样做，然后回来又大填饥肠。塞涅卡说："他们为吐而吃，又为吃而吐。"但这仅属特殊情形，不会比自夸的美国每饮必醉者的醉酒更糟。更有趣的是向宾客致赠礼品的习惯，或使花束与香水从天花板上往客人身上飘洒，或以音乐、舞蹈、诗篇与戏剧来欢娱来宾。因为酒而松弛下来，却因为有异性在场而刺激起来的谈话，才将晚间结束。

我们绝不能认为，这样的宴会通常是罗马人一天的结束，或者认为这样的宴会在罗马人一天的生活中要比现代很普遍的餐间雄辩更常见。历史也像新闻，因为它喜欢特殊，往往避开诚实人的没有新闻价值的事情，或者正常的一天中那些例行的公事，所以才错误地认为所有罗马人都是这样的。其实，大多数的罗马人，也像我们的左邻右舍和我们自己一样：他们早晨硬撑着起床，吃得多，工作忙，游玩少；爱得多，恨得少，谈话多，争吵少，梦中惊醒了梦境，又再进入梦乡。

罗马人的假日

·剧院

有许多省份膜拜神仙，因而使罗马有许多假日，从前是宗教上的壮观肃穆，而今只是为了世俗间的快乐。一到夏季，许多贫民离开潮

---

[1] 阿庇西乌斯在放纵奢华的生活中，浪费了大量财产；当财产减到 1000 万塞斯特斯（150 万美元）时，他自杀了。200 年后，有一本利用古代使用的方法写成的烹调法经典《烹饪的艺术》就是归功于他。

湿的酷暑，到郊外或河畔酒馆或丛林中饮酒、跳舞、吃饭和在空旷的原野相爱。那些家境宽裕的人，便去西海岸一带的浴室区，或与富人在巴亚海湾一起游乐。到了冬天，往南方去是每一个有阶级意识的罗马人必有的热望，倘若可能，就去雷吉姆或塔兰托。回来时带着一层日晒的红皮肤，以证明自己的阶级。但是留在罗马的人，觉得消遣既多又便宜。诸如诗歌朗诵、演说、演奏会、滑稽戏、戏剧、运动会、猜奖、赛马、赛车、男人与男人之间或与野兽之间的生死搏斗、在人工湖泊中似假又真的海战——从没有城市有这样多娱乐节目。

罗马帝国早期，在纪元年代中有 77 个节日要举行竞技。其中有 55 个举行舞台剧竞赛的，专门上演戏剧或滑稽剧；22 个是马戏团里、运动场上或圆形大剧院内的活动。直到公元 354 年，竞技的数目才增为 1 年献演 175 天。这说明，罗马的戏剧没有发达，相反在舞台剧发展的同时，戏剧却衰微了。原始的戏剧是写出来读的而不是演的，戏剧的形式仅有古罗马、希腊悲剧，古罗马喜剧，滑稽剧而已。明星演员支配了舞台，并赚得大批财富。悲剧演员伊索普斯过完豪华的一生后，遗留下 2000 万塞斯特斯。喜剧演员罗西乌斯（Roscius）一年内赚了 50 万塞斯特斯，富有得很，甚至有好几季的时间他都是无酬演出——这位奴隶成为财富巨子，真是对金钱的一大讽刺。马戏和圆形剧场中的节目吸引了大众兴趣，但降低了大众的水准，罗马的戏剧因而消失在竞技场中，成为罗马节日的另一个殉道者。

强调表演和布景而不注重情节与构想，使戏剧渐渐地由舞台走入滑稽剧和哑剧。滑稽剧包含的对白不多，题材是从下层生活选取而来，依赖人物素描，配合巧妙的模仿技术演出。原已消失在集会与广场中的言论自由，在这些短暂的闹剧中再度复苏了片刻：一个丑角冒着杀头的危险，以一个帝王或他宠爱的人为对象，用巧妙双关语赚取喝彩声。卡里古拉时代便有一位演员是在这种情况下活活被烧死在大竞技场中。在吝啬鬼韦斯巴芗安葬的那一天，便有一幕滑稽剧模仿葬礼的仪式。在送葬的行列中，尸体坐起来问道："这个葬礼用了国家多少钱？""1000 万塞斯特斯"，是给他的答案。皇帝的尸首又说："给我 10 万塞斯特斯，把我扔进台伯河里去吧。"只有这种滑稽剧准许妇女担任演员，由于这些人自动地被归入娼妓的行列，当然她们的淫猥是毫无损失的。在特殊情形时，例如福罗拉（花神）节，观众会要求这些表演者脱掉每一件袍子。男人女人都观赏这些节目，像我们现在一样。西塞罗在那里找到了不少新娘，她们也找到了他。

由于压制演说，并把主题提高到古典文学的内容，哑剧便从滑稽剧中脱颖而出。这对以前的语言来说是有益处的，通晓几国语言的罗马人（其中有数量可观的人只懂最简单的拉丁文）在没有语言的负担时，对表演会了解得更好。公元前 21 年，西里西亚的皮拉德斯（Pylades）和亚历山大城的巴蒂卢斯（Bathyllus）两位演员来到罗马，表演了只由音乐、动作、姿态和舞蹈构成的一出独幕剧，因而把哑剧传入了罗马——在希腊化的东方已经很普遍。厌倦了古代的戏剧和豪迈的诗章，罗马转而迎接新艺术——他们惊叹于演员的风采和技巧，欣赏他们道具的豪华、面具的华美和滑稽，他们那曾接受训练和注意饮食的完美身段，他们那东方人富于表情的双手，他们对不同人物的快捷而入木三分的扮演技术，他们对色情场面感觉上传神的表演。观众可分为疯狂的观众和戏院雇来捧场的人两种。身份地位高的女人，与演员们坠入情网，他们用礼物和拥抱追求他们，有一个演员甚至迷上了多米提安的妻子。除了滑稽剧之外，哑剧渐渐地把一切敌手从罗马的舞台上赶走。

·罗马的音乐

音乐和舞蹈的高度发展，使这种成功变为可能。在共和国的统治下，舞蹈曾一向被视为可耻的，年轻的西庇阿便被迫关闭教授音乐和舞蹈的学校。西塞罗批评说："只有疯子才在清醒时跳舞。"然而哑剧使舞蹈开始时髦，继而成为一种狂热。塞涅卡说，几乎每一个私人家庭都有一个跳舞台子，男人和女人的脚步发出共鸣。富有的家族，后来都有一位舞师、一个厨师和一名哲学家，当作他们家庭设备的一部分。在罗马盛行的舞蹈中，不只是腿脚，还有双手及上体韵律的活动。妇女培养这种艺术，不但是为了艺术本身的迷人，而且因为它能使她们柔顺和娴雅。

罗马人爱好音乐，仅次于爱好权力、金钱、女人和血液。几乎像罗马文化生活中每一件事一样，她的音乐来自希腊，必须向那种把艺术和退化混为一谈的保守主义开战，打出一条生路。公元前 115 年，罗马的都察官曾禁止演奏任何乐器，只有意大利的短笛例外。1 个世纪后，长一辈的塞涅卡仍然认为音乐是懦弱的，没有男子气概的。然而，瓦罗致力于一本叫《论音乐》的书，这种论说再加上其他希腊的资料，便成为许多罗马音乐理论作品的支柱。最后，丰富与动人的希腊乐风与乐器终于战胜了罗马人的拙笨和单纯，音乐成为女人（也常常是男人）正规教育的一部分。到公元 50 年，音乐迷醉了各个男女和阶级，男人和女人把一整天的时间都用在听音乐、作曲或歌唱上。终于，帝王也在音阶上载浮载沉，冷静的哈德良和柔弱的尼禄王，都为自己的七弦琴自傲。抒情诗本来是配合音乐而唱的，音乐除了为诗而作外，几乎不存在。古代音乐是附属于诗歌的，所以对我们来说，音乐是趋于压倒字词的。圣歌音乐是普遍的，常能在婚礼、游戏、宗教仪式及葬礼上听到。青年和少女们演唱贺拉斯的《时代之歌》时的情景和声音，更使贺拉斯深受感动。在那种合唱团中，虽然是唱不同的八度音阶，但全体都唱同一个音符。很显然，有部分歌不知道究竟是什么。

基本乐器是笛子和七弦琴。我们现在的管乐和弦乐乐团，仍然是这些方式的化身：最壮观的交响乐，是吹、拉、弹和打击等方法的适当配合。以笛子伴奏戏剧，目的是激起情绪；七弦琴随歌曲而奏，是要提升人的心灵。笛子是长的，有很多的孔，比现代的乐器有更大的表现范围。七弦琴和西塔拉琴（cithara）很像我们现在的竖琴，但形状的变化很多。在希腊人中，它们一向是大小适中的，罗马人把它们加大了，到阿米亚努斯时把西塔拉琴形容为"大得像马车"。总之，罗马的乐器与我们的一样，主要是在声音的洪亮和形状大小上，根据原有的乐器加以改良。七弦琴的弦，是用肠线或腱做的，数量多到 18 根，是用拨子或手指弹拨的——只用手指便能弹奏较快的旋律。在 1 世纪初期，从亚历山大传来了水压风琴（hydraulic organ），琴上有好几个音栓、音柱和好几排风管。尼禄王对它宠爱备至，镇静的昆体良为它的变化多端和动人的力量深深打动。

正式的音乐演奏会时而举行，音乐竞赛在某种公开活动中占有一席之地。即使是最平常的晚餐，也需要一点音乐。马提雅尔向他的宾客承诺，至少会有个吹笛的人在席间助兴。至于特里马尔奇奥的盛宴，揩拭餐桌时都伴着歌唱的韵律。卡里古拉则在他的游船上自备了一个交响乐团和一个合唱团。在哑剧中，也有交响乐演奏着——那是一个合唱团载歌载舞地伴和着管弦乐。有时由某一演员独唱一部分，或由专业歌手唱出歌词，演员表演动作或跳舞。一出哑剧有 2000 名歌手和 3000 名舞者来配合，这种情形并不稀罕。管弦乐的主要灵魂是笛子，辅以七弦琴、铙钹、管乐器、喇叭、"鸣管（syringes）"和各种板子，系在演奏者的脚上，能发出惊人的巨响，骇人的程度更甚于现代管弦乐队的音量达到最高时。塞涅卡提到了演奏中各个人的和声（harmony），但是还没有迹象表明古代的管弦乐队使用对位的和声。伴奏部分，常用比歌曲高一个音符奏出，然而就我们所知，它并不是遵循一个明显的次序。

音乐名家和年龄较小的演奏家都很多，音乐天才从各省聚集到世界黄金的中心来，而在奴隶制度之下准许对合唱团和管弦乐队加以大规模的训练，却不花钱。很多有钱的家庭或团体，都有自己的乐手，并把最有前途的人送到名师那里接受高深的指导。有些人成为七弦琴手，在演奏会上，他们一面唱一面弹七弦琴；有些人擅长歌唱，通常唱自己作的曲子；有些人像坎努斯一样，举行风琴或长笛演奏会。坎努斯用贝多芬的口吻夸口称，他的音乐能够减轻痛苦，增加乐观，提高赤诚之心，激起爱情火花。这些专业人士在帝国各地继续做长期巡回演奏，获得喝彩，赚得费用，得到官方的纪念品和崇敬。尤维纳利斯说，有些人竟为了一笔额外的酬金而出卖爱情。妇女们为了名家弹琴弦用的琴拨而大打出手，而且由于她们心目中的音乐偶像在尼禄王和卡皮托利诺神殿演奏竞赛中获胜，而在圣坛上献上她们的供品。我们能隐约想象到，当各行各派的音乐家和诗人在大众面前群英竞技时的壮观场面，及屏息以待的优胜者从皇帝的手中接受橡叶桂冠时的情景。

我们对罗马音乐知道得有限，不足以描述出它的特性来。很明显，它比希腊音乐更响亮、更充实、更无羁，有一种不可思议的东方特性，已经从埃及、小亚细亚及叙利亚注入其中。老年人叹息着说，近代的作曲家正放弃古典风格中的严谨和高贵，用放浪的曲调和喧人的乐器扰乱青年的心灵和神经。当然，人们对于音乐的爱好不及歌唱。舞台上的歌曲流行在活泼、轻狂的百姓之间，其范围普及到罗马的大街小巷。哑剧复杂的曲调，深深地烙在人们的脑海中，钟爱哑剧的人往往可以根据旋律的第一个音符说出它是属于哪一出和哪一幕。罗马对音乐并没有真正的贡献，或许只是把较好的演奏组织予以扩大。但是它充分地运用音乐，用有弹性的反应使音乐增加了光彩。它把古老世界的音乐遗产搜集到它的寺院、剧场和家庭中。当它把音乐流传下去时，便把乐器以及那些现在触动我们的心灵、使我们增加深度的音乐元素留给教堂了。

·竞技活动

战争似乎已经结束——动人的大竞技活动成为罗马最兴奋、最刺激的事。它们的举行，主要是庆祝宗教节，如大地之母节（Great Mother）、谷神节（Festival of Ceres）、花神节、太阳神节和奥古斯都节。它们可能是"平民活动"以取悦平民，或者是"罗马人活动"（Roman Games）以纪念罗马城和罗马女神（Goddess Roma）。它们也许是与凯旋、候选人、竞选或皇室寿辰有关而举办的，或像百年纪念节日一样，纪念罗马历史上的某种周期。就拿纪念帕特洛克卢斯（Patroclus）的阿喀琉斯活动来说，那些意大利活动原来是对死人祭礼。公元前264年举行布鲁图·佩拉的葬礼时，他的儿子举行了一个3人决斗"奇景"。公元前216年，马库斯·列庇都斯的葬礼上，有一场22人的打斗场面。公元前174年，提图斯·弗拉米纽斯以斗剑活动纪念他父亲的逝世，斗剑人数达74人。

最简单的大众活动，通常是在体育场举行的运动竞赛。参加人员大多是职业选手和外国人，他们举行长跑、掷铅球、摔跤和拳击等。习惯于残忍搏斗表演的罗马观众，只是温和地倾向运动而已，却热衷于悬赏式的拳赛。竞赛时，大批的希腊人几乎都是拼死而斗，拳赛的手套上，是把3/4英寸的铁箍加在手指关节上。文雅的维吉尔几乎用现代的词句描写了一场比较温和的拳击竞赛：

> 接着，安喀塞斯之子拿出了同等重量的皮手套，绑在比赛者的双手上……各就各位，脚尖着地，蓄势以待，单臂举起……各自把头收回，躲开了对方挥出之拳，以手制手。他们击出很多重拳，狠狠地挥向对方的身侧、胸部、耳朵、眼睛和双颊，发出来的声音随他们的挥打而产生回响……恩特卢斯击出他的右拳，达雷斯稍一闪躲便溜到一侧……恩特卢斯愤怒地追得达雷斯在竞技场上急奔，拳头加速落下，忽而右拳、忽而左拳……埃涅阿斯来做这场竞赛的收尾工作，达雷斯的同伴把他引到船上去，只见他双膝颤抖，头左右摆动，从他的口中吐出牙齿和鲜血。

更加刺激的是在马克西姆斯马戏团的赛马。连续两天，赛马44场，有些是马和骑师，有些是由2匹、3匹及4匹马并驾而拉的两轮轻马车。赛马的费用，可从富人拥有的养马场中支出。骑师、驾车人及每一辆马车都要化装，或涂上鲜明的颜色——白、绿、红，或蓝。

整个罗马，当这些竞赛时期到来时，便依据这些颜色区分为不同的派别，红与绿色尤其特殊。在家中、学校里、讲堂上、广场中，有半数的谈话题材是有声望的骑师和马车御者。他们的画像到处都是，他们的胜利由《罗马公报》（*Acta Diurna*）宣布。其中有些人因此而赚大钱，有些人的铜像被竖立在公共广场里。到了指定的日子，男男女女约有18万人，穿着五颜六色的节日衣服，拥向巨大的赛马场。热情升华为狂热，激动的一派人会去嗅马粪，以确信他们心目中的马匹已有适当的喂养。观众络绎不绝地走过在围墙外面成排的店铺和妓院；他们鱼贯地进入数百个入口，焦虑而又甜蜜地分批坐到巨大的马蹄形座位中去。小贩向观众出售坐垫，因为座位多为硬木，而节目要持续一整天。元老院议员和其他显贵各有特殊的大理石座位，装饰有青铜器。皇室的包厢后面，是一套豪华的房间，可供君王及其家属食、饮、休息、沐浴和住宿。赌博是热门玩意，钱财的转手，就像日子一样瞬息万变。从台下的开口处涌出了马匹、骑师、御者和马车。每当喜爱的颜色一出现，该派的那群人的喝彩声便震撼了看台。御者大多为奴隶，穿着鲜明的紧身战袍，戴了闪闪发光的头盔，一手持鞭，腰带上系了一把小刀。马车上的拖索是绑在腰间的，以防意外发生。椭圆形竞技场的中间有一条脊线，那是一个1000英尺长的岛，装饰着埃及方尖碑及塑像，一端是些当目标用的圆柱标杆（metae）。赛车通常是跑7圈，约5英里长。技术的好坏，在于绕着标杆转弯时是否既快捷又安全。碰撞的情形时有发生，人、车和马匹扭成一团，造成引人注目的悲剧。当人与车向最后的杆柱竞驰时，着了迷的观众像上涨的海潮，站起来招手、挥舞着手帕，大叫与祈祷、呻吟与咒骂，或者兴奋地到了忘我迷醉狂喜的地步。至于获胜者的喝彩声，远在城市之外都能听到。

在罗马的庆祝节目中，最惊人的是模拟海战。第一个盛大的海战表演，是在恺撒于市郊专门挖掘的一个池塘中举行。奥古斯都为了庆祝"复仇战神"神殿的落成，在一个长1800英尺、宽1200英尺的人工湖上，用3000名战士重演了一次"萨拉米斯之战"。以前曾提过，克劳狄乌斯为庆祝"福西恩隧道"的完工，动用了1.9万人，做了一次古希腊式的三列桨与四列桨战船的模拟战斗。他们的战斗士气令人失望，所以必须再为他们增派士兵，以便有适当的流血。在"圣提图斯竞技场"落成时，曾把整个竞技场灌水，再演一次曾引起"伯罗奔尼撒战役"的科林斯人与科西拉的战斗场面。在这些战役中的斗士，不是往日的战俘就是已被定罪的犯人。他们互相残杀，直到有一方被杀净为止。如果他们斩杀英勇，胜利者便能得到自由。

动物和斗士们在大竞技场及竞技场中的比赛使活动达到顶点。（在韦斯巴芗以前称为"大竞技场"，以后称为"圆形竞技场"。）竞技场的地面是一块巨大的木质地板，上面撒了沙子；地板的一部分可以降低下去，然后在更换布景时再很快地升上来；只需短短的一刹那，整个地板便淹上一层水。地板下面有巨型房舍，用以拘禁动物、放置机器、供当天表演节目的人休息。竞技场护墙正上方，是平台或大理石的高台，台上装饰华丽的座位上，坐着元老院议员、教士及高级官员；再上面就是一种特别的包厢，皇帝和皇后坐在象牙和金质的宝座上，周围环坐着他们的家属和随员。在这个贵族圈后面的是骑士阶级，共有20排座位。有一条饰以塑像的隔墙，在台中央把上层阶级与下层阶级分开。任何自由人，不分男女都可以进来，显然是不收门票的。群众便利用皇帝在场的时候（在这里或者在马戏场中），向他提出隐情——求他宽恕一个囚犯或者失败了的斗士，求他解放一名勇敢的奴隶，求他让名噪一时的斗士出现在大众面前，或向他请求某种小的改革。从最高的墙上，有布篷从上面向竞技场的栏杆打开，以便遮住竞技场中可能晒到太阳的地方。到处都有喷泉喷出一股芳香的清水，使空气凉爽舒适。中午时，大多数观众都匆忙地跑下来吃午饭。获得特准的小贩就在观众身边兜售食物、糖果和饮料。偶尔皇帝也会下令或赏赐给全体群众饱餐一顿，也许在你争我抢的群众中散发礼品。有时，如果竞赛是在夜晚举行，会有一大圈灯光从上面照下来，照落在竞技场上和观众身上。许多的乐队，在节目更换时演奏乐曲，并配合搏斗的高潮奏出使人激动的激昂曲调。

圆形剧场中最简单的节目是外国兽类展览。从世界各地搜集来的象、狮、虎、鳄鱼、河马、山猫、人猿、豹、熊、野猪、狼、长颈鹿、鸵鸟、鹿、美洲豹、羚羊和其他珍禽，圈在皇帝与富人的动物园中，并训练它们表演引人发笑的把戏：教人猿滚枕木、驾马车，或在戏中表演；公牛的背上，可供孩童跳舞；海狮被训练得当别人叫它们名字时，能用叫声回应；大象能听着另一只象的敲钹声而起舞，或让它们走绳索、坐在桌子上，或者写希腊或拉丁字母。各种动物，可以让它们穿上鲜明与可笑的衣着整队排列，然而通常它们都是用来彼此争斗的，或与人斗，或被人们用箭或标枪猎杀而死。尼禄王时代，有一天有400只老虎与公牛和大象搏斗；另一次，在卡里古拉时代，杀死了400只熊；在圆形竞技场落成之日，有5000头动物丧命。假使动物不愿拼命，它们会被鞭子、匕首和烫烙铁逼迫它们出战。克劳狄乌斯曾使约一队禁卫军与豹搏斗，尼禄王让他们与400只熊和300只狮子搏斗。

在克里特岛和塞萨利久已流行的斗牛，是由恺撒传入罗马，在大竞技场中是一个常见的场面。定了罪的犯人，有时穿了皮衣模仿动物，被投给野兽当食物。在这种状况下的死亡，尝尽了一切痛苦，伤痕之重，足能使医生用来研究人体内部的解剖。全世界都知道一个名叫安德罗克勒斯（Androcles）的奴隶死里逃生的故事：安德罗克勒斯逃走后再次被捕，被丢进竞技场，与一头狮子在一起。但是故事告诉我们，那只狮子还记得安德罗克勒斯曾为它在爪上拔掉一根刺，因而拒绝伤害他。安德罗克勒斯得到宽释，依靠在酒馆中展览他那只文明的狮子过日子。被定罪的人，有时必须实际扮演一些著名的悲剧角色；他也许代表女巫美狄亚的对手，被穿上一套转瞬间便燃成大火的袍子，把他烧光；他也许像赫拉克勒斯一样，在火葬的柴堆上被活活烧死（如果我们相信德尔图良的故事）；他也许会像阿提斯一样，被公然阉割；他也许扮演穆西乌斯·斯卡埃沃尔斯（Mucius Scaevola），把手放在燃烧的焦炭上，直到手皱缩为止；他也许变成伊卡洛斯的化身，从高空跌落在一群野兽之中；他也许是帕西法厄，忍受公牛在其身上蹂躏的痛苦。有一位不幸的人，打扮成俄耳甫斯，他带着他的七弦琴，被送进竞技场，竞技场被装饰成有悦人的树丛和小溪的果园。骤然间，饥饿的动物从山林深处狂奔而出，把他撕得粉碎。抢劫犯劳雷奥卢斯（Laureolus），则在竞技场中被凌辱而死，以娱百姓，但是他垂死的时间拖延太久，所以又带来一只熊，当他被挂上十字架时让熊一块一块地吃他的肉。马提雅尔用生动及赞许的方式描写这种惨状。

最主要的节目是人与人的武装战斗，包括两人决斗或集体决斗。参加比赛的人都是战俘、死刑犯或不服从的奴隶。胜利者有屠杀囚犯的权利，这是自古就被承认的。罗马人认为，在竞技场上给俘虏一个求生的机会是他们的慷慨。被判处死罪的人，从帝国的每一个角落被带到罗马来，送进角斗士学校练习武艺，不久就出现在竞技活动中。如果他们勇猛拼命地从事战斗，便能赢得立刻被释放的自由；倘若他们只是想战胜苟活而已，就必须随着假日的到来而一战再战；假使这样战斗下去，3年来都未失败，就转升为奴隶，如果又使主人满意，两年内就会得到自由。罪犯从事角斗士这一行，是限于犯杀人、抢劫、纵火、渎圣和叛变等罪行的人。然而献媚的地方官为了应付皇室的需求，而竞技场又逢缺人时，也会逾越这些限制的。即使是骑士或元老院的议员，也会被判罪为格斗的武士，有时激情观众的喝彩，往往促使骑士阶级的人挺身而出，自愿担任角斗士。在冒险犯难的引诱之下，有不少人投入角斗士学校。

早在公元前105年，罗马就已经有了这种学校。在帝国统治下，罗马有四所，意大利有好几所，亚历山大有一所。恺撒时代的富人，有他们自己训练奴隶成为角斗士的学校。他们用毕业的人在平时担任护卫保镖，战时担任侍从，雇他们到私人宴会上去打斗，送他们参加竞技活动。在进入职业性的角斗士学校时，许多新手都先盟誓，"忍受棍棒的鞭打、火烧、死于刀剑之苦"。训练和纪律都很严酷。饮食由医生监督，违反规定的人便受鞭笞、烙印或用锁链囚禁的惩罚。这些随时有生命危险的候选角斗士中，并非人人都不满于自己的命运。有些人因得胜而洋洋自得，只想到自己勇武技高，而不顾危险；有些人却怨尤他们获准出战的机会不够多，这些人痛恨提比略，原因是他举办的竞技太少。他们有求名的刺激和安慰；他们的名字被崇拜者涂写在公共场所的墙上；女人爱恋他们，诗人为他们歌颂，画家为他们画像，雕刻家为后世雕刻他们那钢铁似的双头肌和骇人的眉头。不过，很多人还是为他们的囚禁生涯、他们残忍的生活、他们短暂的寿命而叹息。有几个角斗士自寻短见：有一个人用洗厕所的海绵窒喉而死，另一个人把头撞入转动中的轮辐中间，有些人在竞技场上切腹自杀。

　　比赛前夕，有一餐丰盛的宴会招待他们。比较粗迈的人尽情地暴食豪饮；另一些人，向妻子和儿女感伤地告别；那些身为基督徒的人则聚在一起，来一次最后的"爱的晚餐"。第二天早晨，他们穿上节日服装走进竞技场，从头到尾整队而行。通常他们都持有矛、剑、刀，佩有钢盔、盾牌、肩甲、护胸板与胫甲。根据他们所使用的兵器可区分为：用网把敌手缠绕，再用短剑刺杀；用盾及剑追杀敌人；用弹弓射杀对手；双手各持一把短剑；在战车上作战；与兽类搏斗的人。除了这些类别之外，角斗士们从事单人、双人或成组决斗。如果单打的受了重伤，竞技的筹备人便询问观众的意愿，观众若竖起大拇指（或者摇动手帕），就表示仁慈，做宽大的处置；若把大拇指往下伸（pollice verso），表示胜利者可以立刻去杀死战败者。任何背叛公意贪生怕死的角斗士，都会引起人们的憎恶，并用烫烙铁刺激他的勇气。集体搏斗有更多的屠杀，有成千的人在角斗中作生死搏斗。在奥古斯都举办的八项竞赛中，有 1 万人参加这种大规模的战斗。穿着卡隆（冥河的渡神）服的群众用尖棒刺失败者，看他们是否装死，若是装死的，群众便用木槌击打他们的头部。另一些参加的人打扮成信使神墨丘利，用钩子把尸体拉出场外。同时摩尔族的奴隶用锹子把染了血的地面铲起来，为下一个送死的人铺上新鲜的沙土。

大多数罗马人维护角斗士竞技活动，其理由是：牺牲者是因重罪而被判死罪的人，他们所受的痛苦可以当作对别人的警戒。注定要死的人接受面对创伤和死亡的训练，可以激发人们斯巴达人式勇武的美德。经常目睹流血和战斗的景象，使罗马人适应战争的需要和牺牲。对任何事物都不满的尤维纳利斯，认为竞技活动无伤大雅；高度文明的小普林尼，赞扬图拉真皇帝推出了强迫男人“高贵的负伤与蔑视死亡”的场面；塔西佗考虑后说，洒在竞技场上的血，只是普通人的“贱血”（cheap gore）罢了。西塞罗憎恶这种屠杀，他说：“对一个高尚而有人性的人来说，眼瞧着一只高尚的动物被无情的猎人刺中心脏，或我们自己的弱辈被一头力量惊人的动物残酷地肢解，这又算得上是什么娱乐呢？”但是他又补充说：“犯人被迫去搏斗，是呈现在我们面前反抗痛苦及死亡的最佳纪律。”趁中午休息时，他顺道走到了竞技场，这时大部分群众已离开去吃午餐，他看到数百名犯人被驱策到竞技场上，用他们的鲜血娱乐剩下的观众，因而使他感到震惊。他写道：

> 我回到家中，越发地觉得好贪婪、好残酷、好无情哟！因为我是处于人类之中。碰巧赶上了一个正午表演，本想寻乐、益智和松弛一下……使人的眼睛在同类相搏斗中得到休息。然而恰恰相反……这些中午搏斗的人被送到竞技场，身上毫无铠甲。他们受到四面八方的围击，每一个观众都每击必中……早晨他们把人丢给狮子群，中午他们把人丢给观众。观众的要求是：曾杀死敌手的胜利者，应该轮到他面对别人杀害他了。最后的胜利者再保留到下一次的屠杀……座位几乎都空了，但仍进行着这种事情……人类啊，对人类本来是一种神圣的事，但为了运动和一时

之快而遭杀身之祸。

新信仰

宗教界承认竞技活动是宗教庆祝的适当方式，并以庄重的程序举行。守护女灶神的修女和祭司在圆剧剧场中、马戏团里和竞技场前，都拥有荣誉席位。主持活动的皇帝就是国教的最高祭司。

奥古斯都和他的继承者们，除了对正常的道德生活外，竭尽所能地使古老的宗教信仰复苏。甚至像尼禄王及卡里古拉等他们之中自称为无神论者，也都按传统对公认的神奉行一切宗教仪式。卢佩尔西（Luperci）的祭司依然在他们的节日沿街跳舞。阿尔瓦尔兄弟依旧向战神喃喃地读出没人懂的拉丁祷文，预言及占卜为人们所乐道，广泛地为人所信。只有少数的哲学家才相信占星学，排斥占星家的帝王反而转向他们求教。魔术与妖术、巫术与迷信、符咒与咒文、"凶兆"与解梦……都深深地交织在罗马人的生活中。奥古斯都像现代心理学家那样勤奋地研究他的梦境。塞涅卡看见女人坐在神殿的台阶上等候爱神降临的欢愉，因为她们的梦境告诉她们，她们是神所爱慕的。每一位执政官都以献奉阉牛来庆祝他的就职典礼。讥笑任何事情的尤维纳利斯，为了庆贺一位朋友的平安远航，亲自割杀两只羔羊和一只公牛。寺院中充满了金银供品，圣坛前燃烧着红烛。虔诚信徒们的热吻，吻遍了神像的唇、手和脚。古老的宗教似乎仍是生气蓬勃；它创造了新神，像阿诺娜（罗马谷神），在对命运之神和罗马的崇拜中注入了新生命，给予法律、秩序和暴虐政治强有力的支持。要是奥古斯都于死后一年复生，他定会宣称他的宗教复活是一项快乐的成功。

尽管表面上如此，但古代的宗教信仰已从头到尾都不健全了。帝王们的供奉神明，并未表现出上层阶级对他们的统治者有多么尊重，反而是他们对神明何等轻视。在有学问的人群中，哲学即使是捍卫信仰，也都消减了信仰的力量。罗马诗人卢克莱修就是受到影响的一个例子，人们并没提到他，仅仅因为践行伊壁鸠鲁主义容易，研究伊壁鸠鲁或是做他的门人较难。前往雅典、亚历山大城和罗得斯岛去接受高等教育的富家子弟，在那些地方找不到罗马信条的支持物。希腊诗人取笑罗马的万神庙，罗马诗人都高兴地去模仿。奥维德的诗在假定诸神是无稽的传说，马提雅尔的讽刺诗把他们看成笑话。似乎没有一个人提出异议。在滑稽剧中，有很多是讥笑诸神的：有一个人把月亮女神狄安娜鞭打到台下，另一个人表演霍韦在垂死前夕说他的遗嘱。尤维纳利斯像他之前5世纪的柏拉图，及他之后18世纪的我们一样，指出对神明暗中默察的恐惧，已失去了它遏阻伪证罪行的力量。即使是在穷人的墓碑上，我们都能看到日益增加的怀疑主义和某些毕露无遗的荒淫。有一个墓碑上写着："过去的我不是我，不得不是我；现在的我不是我，我无所畏惧。"另一个墓碑上面写着："我没有过去，没有现在，我一无所知。"还有一个："我的所食所饮，都是我自己的一部分。我已拥有自己的生命。"另外的墓碑写着："除坟墓之外，我一无所信。"又有一个补充说："没有地狱，没有亡灵摆渡者，没有小鬼在阴间。"还有一位饱受忧愁的灵魂写着："我无须惧怕饥馑，无须惧怕付租金，至少已没有血肉之苦。"忧愁的诗人卢克莱修为一个入土的人写道："以前把他塑造出来的元素，今又重归原主。生命只是借给人类，他不能对它永远保存。他行将归去之日，向自然偿付债务。"

无论有多坦诚，怀疑不可能长久地取代信仰。我们跻身于社会的一切欢乐之中，但是还没有找到幸福。纯粹的怀疑消磨了快乐，它的放荡淫乱使快乐枯竭。无论贫富，人仍然是要忍痛、受苦、死亡的。哲学——最起码是像斯多葛主义一样优越得近乎冷酷的一个信条——永远也不能为普通人赋予信心去美化他的贫穷，鼓励他的怨道，安慰他的痛苦，鼓舞他的希望。旧式的宗教已经实现了这些功能中的最初一个，而未及于其他。人类希望表现，因而为他们制定了礼仪；人类希望不朽，所以为他们创出各种竞技活动。来自异国的人（被奴役的人或是自由的人）感到被排斥在这个民族主义崇拜的界限之外；因此他们随身带着自己的神，建造他们自己的寺院，奉行他们自己的礼俗。就在西方的心脏地带，他们播种了东方宗教。介于征服者的信条和失败者的信心之间，形成了一种古罗马军队的武器无用武之地的战争方式。心灵上的需要将决定战争的胜利。

　　战俘、返国士兵和商人带来了新神。从埃及和亚洲来的商旅在普特奥利、奥斯蒂亚和罗马设起神殿以敬拜他们传统的神明。罗马政府对待这些外国的宗教信仰，大多采取宽容政策。由于罗马政府不准外国人加入自己的宗教，所以最好是他们奉行输入的宗教礼仪，而不能完全没有宗教。相对的要求是，每一种新信仰都应该对其他各宗教的教理保持同样的宽容，并应该把对皇帝的"伟才"和罗马女神的敬服，包括在它的宗教仪式之中，以表示对国家的忠诚。在这种宽仁的鼓励之下，已经在罗马生根的东方信仰，变成了人们的主要宗教。克劳狄乌斯希望使崇拜的祭礼赋予文明，他除掉了曾烦扰敬拜大地之母的种种限制，他让罗马人侍奉她，在 3 月 15 至 27 日的春分期间制定罗马的节期。在 1 世纪，罗马的主要敌神是司繁殖的伊西斯女神，即司母教、多产和贸易的埃及女神。政府屡次三番地禁止在罗马的宗教崇拜，但是屡禁屡生。皈依者的虔诚克服了国家的权威，卡里古拉便用公款在"战神校场"建了一所巨大的祠庙，以庆祝国家权力的屈服。奥索和多米提安曾参加伊西斯节。康茂德剃了光头，谦卑地步行在各祭司的身后，双手虔诚地捧着埃及猴神阿努比斯（Anubis）的塑像。

　　神权的入侵势力，一年比一年增大。意大利南部的人崇拜毕达哥拉斯——请求素食主义与再生。赫尔拉波利斯（Hierapolis）的人崇拜阿塔加提斯（Atargatis，即罗马人所熟知的"叙利亚女神"）、阿齐兹（Aziz，即多利切的宙斯）和其他各种稀奇古怪的神。叙利亚的商人和奴隶把他们的信仰扩展出去。最后，一位名叫巴力的叙利亚青年祭司升登为埃拉加瓦卢斯（Elagabalus）的宝座——太阳之神的崇拜

者。从敌对的安息，传来了对另一个太阳神密特拉的信仰。他的皈依
者都加入了"白昼对黑夜"与"善对恶"宇宙大战的士兵行列。那是
一种博得男性（而非女性）的刚健信仰，受到了驻守在边远地带罗马
军团的欢迎，因为他们远离他乡，听不到本国神明的呼唤。来自犹太
国的是一位强硬的一神论者耶和华，他支配了在虔诚及规则之下最艰
困的生活，但是却把道德的典范和勇气赐给他的门人，在患难中妥善
地支持他们。他也为最谦卑的穷人生命中赋予某种高贵的气质。

第八章 | 罗马法
（公元前 146—公元 192）

大法家

　　法律最足以说明罗马精神的特征。在历史上，罗马代表秩序，就如同希腊代表自由。希腊留下的民主与哲学，成为个人自由的依据；罗马留下的法律与政绩，则成为社会秩序的基础。如何将这两种不同和极端相反的遗产相互协调，是伟大政治家的责任。

　　法律是罗马史的精髓，所以罗马史与法律便无法划分。本章系对以前与以后所述加以概略的补充。罗马的法律酷似英国——没有固定性成文的约束，而是由连续不断的判例予以指导，指导而不阻止其变革。由于人民财富的增加、生活的逐渐复杂，议会、元老院、地方行政官和帝王都颁布法令。法典扩充之速有如帝国领土的扩张，其威力可立即到达任何新辟的国土。罗马为了训练律师、指导法官，为了使人民不遭受非法的判决，法律势必要制成系统且容易被人了解的形式。为了达到这种要求，普布利乌斯·穆西乌斯·斯卡埃沃拉与其子昆图斯（执政官，公元前 95 年）曾致力于简化罗马法，使它更容易为人民所接受。西塞罗的法学著述不但洋洋大观，并且编著了一部标准法典以保持他个人已得的财富和已失的信心。马略与苏拉两人有不同的法律创制，庞培有强而有力的法律，恺撒有革命性的立法，奥古斯都则有他的新宪法。这些法律，不知给那些有志于统一立法的人造成多少困扰。著名法学家安提斯提乌斯·拉贝奥（Antistius Labeo）指出恺撒和奥古斯都的政权是由篡夺而来，而宣布他们的立法无效，这更加重了法律的混乱。及至元首政治趋于稳定，首先以武力执行法律，继而以法律施行武力，其新法开始获得人民和法界的承认。到公元后两三百年间，罗马法终于在西方奠定了根基，可与希腊的科学和哲学相提并论。

恺撒虽曾定下统一立法的目标，但直到哈德良（公元 117 年）时才实际开始。哈德良是受教育最好的罗马君主，他招集一批法学家作为其枢密顾问，责成他们把执政官们历年变化无穷的政令代以永久性的政令，以便让意大利未来的法官们遵守。

希腊自梭伦以后即无法学著作问世，也无法典。不过希腊在亚洲和意大利的城市都有很完备的城市法。哈德良曾遍游这些城市，因此对它们的情形甚为熟悉，他可能受了它们法制的影响而从事罗马法的改进与整理，到他的继承人安东尼时，法典编纂工作继续进行。由于希腊斯多葛派哲学在罗马半官方中享有相当的声誉，所以罗马法颇受希腊影响。斯多葛派人士认为法律与道德必须一致，只要有犯罪的意图就是犯罪，无犯罪意图而有犯罪行为者不算犯罪。在该派熏染之下，安东尼主张凡是疑案的判决都须有利于被告，嫌犯在罪证未确定之前不能被视为罪犯——这是文明法律两项崇高的原则。

法律受到君王的重视，使法学方面的人才辈出，皇帝法律顾问萨尔维乌斯·朱利阿尼乌斯（Salvius Julianius）因为学识丰富刻苦进修，经元老院票决予以双倍的薪俸。他的《答疑集》（*Responsa*）被认为条理分明，他的汇编对于民法与军法的编纂有条不紊，《执政官永久诏令》（*Praetorian Perpetual Edict*）就是他以首席顾问的身份制定的。还有一个名叫盖乌斯的法学家，他的法律在 1886 年被德国史学家尼布尔发现，而今被认为是查士丁尼以前罗马法的权威，在他六十年以后，帕皮尼安（Papinian）、保卢斯和乌尔比安 3 人使罗马法达到高峰，当司法行政成了暴力和动乱的牺牲品时，他们予以合理的订定并使之趋向一致。他们之后，这种伟大的科学便趋于没落。

罗马法的根源

科学和哲学的术语大半来自希腊，法学术语大半出于拉丁。法律的总称为"ius"，特种法律称为"Lex"。[1] 查士丁尼对法学的定义是："法学是科学兼艺术""是与非的科学""善良与公平的艺术"。一般法律包括成文法与不成文法或习惯法。特种法律有《民法》（ius civile）与《万国法》（*ius gentium*）。《民法》用于官方教礼时为公法，用于民间法律关系时为私法。

罗马法有 5 个来源：

（1）在共和政体之下，人民的意愿就是法律，民意团体的提案经元老院同意即行公布施行。

（2）在共和政体下，元老院在理论上无立法权；他们可向执政官们建议，这种建议渐渐成为指令，然后变成强制。到共和末期，这种建议便成为法律，不过在 600 年期间由议会和元老院通过的法律很少。

（3）特种法律由执政官以公告颁行，每个新任执政官都张贴公告于壁上，以昭示他任期之内的法律原则，巡回法官和地方官员也可发布同样公告，执政官们运用其统制权既可解释法律又可制定法律。罗马法就是这样将它固定的基本法律和官员们的变化见解合而为一的。当一项法令或一项条文能由后任官员在他的公告中继续采用时就成为法律。到了西塞罗时代，这种官府告示已将罗马法的原典《十二铜表法》（*The Twelve Tables*）取而代之，但是官员们会常常改变前任的定

---

[1] 特种法律 lex，法文是 droit 和 loi，德文是 Recht 和 Gesetz。

案，又有时与前任的原则相抵触，导致法律的朝令夕改，以及执法者的独断独行，更使滥用法权的情形趋于严重。为了避免其变化无常，哈德良于是指令将一切法律都统一起来，制定一部永久性法典，除皇帝之外他人不得变更。

（4）《帝王法》（*The Constitutiones Principum*）在 2 世纪也成为法律的一部，它们有四种形式：①皇帝所颁的政令，全国一致遵行，但人亡之后，法即失效；②帝王以法官身份所作的判决有法律效力；③皇帝对法律或道德问题的解答——一般使用书信，或者对某一问题的简短批示，例如图拉真对政府官员的请示所答复的明智而精简的信件，都被纳入法律，他死之后经久有效；④皇帝对官员的指令渐渐成为详尽的行政法。

（5）某种情形之下，博学的法学家的意见也可以立法。博学的法学家们坐在公共广场（后来可坐在家里），对那些请教的人发表法律意见，请教的人常常是法官或律师。他们像犹太的大法官一样，调解矛盾，辨别异同。他们根据生活环境与国策需要对古法加以解释，予以整顿。他们的书面解释效力仅次于法律。奥古斯都在两种情形之下承认他们的意见有法律效力：法学家们得到皇帝的授权；其解答已密封送达主审法官。这些解答便成为《查士丁尼法典》和《汇编》的来源与基础。

自然人法

大法学家盖乌斯说："一切法律都和人或财产或行为有关。""人"（persona）字的意思最初是演员的假脸，后来又指人所扮演的角色，最后指人的本身——似乎是说：我们绝不可能了解一个人，仅对其所演角色与所戴面具予以识别而已。

罗马法内的第一种人是罗马公民。凡是由于出生、收养、释放或经政府承认而属于罗马种族的人均属之。公民分为三级：（1）正式公民，享有选举权、任职权、自由婚配权、受法律保护得以签订商业契约权；(2)无选举和任职权的公民，但是有婚姻和签订商约权；(3)被释放的奴隶，虽有选举和订约权，但是没有任职权以及婚姻自主权。正式公民又享有某些特权，如家长权——父亲支配子女权，丈夫控制妻子权，物主支配财产权（包括奴隶）。罗马所偏爱的城镇或属地的公民享有和罗马人订契约之权，但不能通婚。他们的文职官员任满之后可取得正式公民资格。帝国的各个城市都有自己的公民和取得公民身份的条件，一个人可通过无比的忍耐同时成为几个城市的公民。罗马公民最可贵的特权就是他的身体、财产、权利受法律保护。他在涉讼之时可不受刑罚或粗暴对待，罗马法最值得赞美的是它保护个人对抗国家。

第二种人是父亲。当法律渐渐取代习惯之后，父权也逐渐减弱。可是由奥卢斯·福尔维乌斯因参加凯特利尼（Catline）的叛军而被其父召回处死一事看来，父权的余威仍旧存在，不过大体上是国权增强，父权削弱；民主离开了政府而打进了家庭，在共和初期父亲就是国家；家长组成区议会，族长组成元老院。在人口增加、成员复杂、生活流动且商业化的情形下，家法与族法即行失势；契约取代了门阀地位，法律战胜了习惯，孩子从父母那儿取得充分自由；妻子得到丈夫的尊重，个人不再受团体的制裁。图拉真曾强迫一个虐待儿子的父亲将儿子释放，哈德良将父亲对家人的生死大权转交法院，安托尼乌斯禁止一位父亲卖子为奴。于是那些古老的权力便很少有人再用，法律的发展不能追随道德，这并非由于法律不求长进，而是由于经验所示，新法在没有经过再三实践之前不能轻易颁行。

罗马男人失掉了旧权利，其妇女则取得新权利。不过妇女们很聪明，她们故意装作没有自由，共和法律认为妇女不能有独立的法律行为，她们须永久受男性监护。盖乌斯说："按照我们祖先的习惯，因为妇女意志薄弱，她们虽已成年，仍须有人保护。"在共和末期，由于妇女的魅力和争取，加上男人的宠爱，其法律上的依赖性便大为降低。从老加图到康茂德，罗马社会是由妇女以意大利文艺复兴和法国沙龙式妇女风范所统制。奥古斯都为了尊重现实，规定凡是生育三个合法子女的妇女都有自主权。哈德良规定妇女如取得监护人同意，可任意处置自己的财产。事实上，这种同意也很快被取消，到2世纪末期，对年满25岁的自由妇女已停止一切强迫监护。

婚姻仍须取得双方父亲的同意才算合法，买卖式的婚姻仍旧存在。新郎必须在五个证人面前付给新娘一块青铜，也要得到新娘父亲的同意。也有许多同居式的婚姻，妻子为了防止沦为丈夫的私产，每年可以三次不归宿，于是也保有了控制自己财产的权利，除了嫁妆外。其实丈夫为了避免在破产时财产悉数用来偿债，他们的产权常用妻子的名义。无夫权婚姻（*sine manu*）可由夫妻任何一方终止，其他婚姻只有丈夫可以终止，男人通奸不为大过，女人通奸则失去财产继承权。丈夫如发现妻子通奸不得杀害她，其处置权属于父亲，实际操作属于法院，其刑罚通常是放逐。法律视纳妾为婚姻的代替，而非婚姻的陪衬；一个人不能同时纳妾两人；妾之子女为私生子，无继承权。韦斯巴芗、安东尼·庇护和奥勒留都是妻子死后和蓄妾姘居的。

罗马法曾为鼓励亲子之爱而努力，但结果失败了。杀婴当然为法律所禁止，但生而畸形或有不治之疾者例外。法律规定堕胎者充军，并没收其财产的一部分，若妊妇因堕胎而死亡，准其堕胎者要被处死。不过，如同现在一样，这种法律当时多被逃避，子女不分年龄均受父亲管制，除非父亲曾三次售子女为奴，或其子女被正式释放，或其子任公职教职，或其女已婚，或为守护神的修女。有祖父在世，孙子由祖父管制。按奥古斯都的法律，儿子从军的军饷、担任公职的薪俸、从事宗教工作或自由职业的报酬都不再交给父亲。父亲仍可卖子为奴，与以前所不同的，这时的奴隶可保留其公民权。

奴隶无法定权力，罗马法不承认奴隶为人，而称之为"不具人格之人"。盖乌斯在罗马法"人"篇曾研究奴隶，那是出于错误的同情心，奴隶应属于法律的"物"篇。奴隶不能有财产，不能承继财产，不能遗赠财产。奴隶婚姻无法律地位，所生子女为私生子，女奴的丈夫虽为自由人，但所生子女仍为奴隶。主人可引诱奴隶而不负赔偿责任，奴隶受人伤害只能由主人提出控诉，自己不得为之。在共和法律之下，不管有无理由，主人对奴隶可任意殴打、监禁、投入兽圈令野兽捕杀，或令其饥饿而死，或将其杀死。奴隶逃亡而被捕回者，会被加以烙印或将其钉死。奥古斯都夸耀说他曾捕回 3 万个奴隶，凡是无人认领的都被钉死。假如奴隶杀死了主人，则主人家里的奴隶须全体处死。当佩达尼乌斯被奴隶所杀时，他家的 400 奴隶全都殉难。当时元老院中有少数人反对，愤怒的民众当街求情，可是元老院指示必须执法，他们认为唯有如此，主人的生命才得安全。

或是出于帝国的意志，或是由于奴隶来源日益减少，奴隶的境况渐渐改善了。克劳狄乌斯禁止杀害无用的奴隶，并且规定凡被抛弃的病奴，在病愈之后自然成为自由人。大概是尼禄时代，主人要将奴隶投入兽圈令野兽捕杀时须经文职官员的许可。尼禄允许被虐待的奴隶以他的铸像为避难所，并指派法官听取诉冤，法院大门已为奴隶开启，这是罗马法一项宽大且具革命性的进步。多米提安规定，凡任意伤残奴隶者有罪。哈德良规定，非经官员许可，不得任意杀害奴隶。安东尼·庇护允许被虐待的奴隶以庙宇为避难所，假如奴隶提出伤害证据，他就可更换主人。奥勒留鼓励受奴隶伤害的主人将案件诉诸法院而不要私自惩罚，他认为如此才可使法律和审判逐渐代替残忍和私相报复。到 3 世纪，大法学家乌尔比安宣布一项极少有人建议的理论："按照自然法则，人类生而平等。"其他法学家们主张：如果对于一个人究竟是自由还是奴隶的问题无法解决时，一切怀疑都应倾向自由。

法律对奴隶虽然有所缓和，但是奴隶仍受控制，这是罗马法最大的缺陷。最后可恨的是解放奴隶时需要纳税并受到种种限制，许多主人为了逃税都将奴隶草草释放，不举行法律仪式，不申请官式证明。经法律手续释放的奴隶，其公民权利仍受限制，按习惯规定他需天天向旧主人请安，如有需要仍需侍应。在某种情形下需将一部分所得奉献给旧主，被释放者死后无遗嘱时，其财产自动地属于现有主人，如留有遗嘱，其财产的一部分应遗赠其主。所以，奴隶被释放之后，一定要等到旧主死去才能真正呼吸到自由空气。

自然人法需包括近代所谓的刑法在内。罗马法认为侵犯个人、背叛国家或侵犯法人（社会或商业团体）者为犯法。凡以行动或言论危害国家、进行叛乱、反对国教、受贿、勒索、贪污或侵吞公款者均属叛国。由上述罪状看来，贪污之风不是自今日始，可谓传之久远。侵犯个人之罪有伤害、欺诈、猥亵、谋权等。西塞罗提到《斯坎提尼亚法》（Lex Scantinialex）有禁止鸡奸的规定。按《十二铜表法》规定：伤害人体者用同样伤害处罚犯者，后来改为罚款。自杀者不属犯罪，有时还可得奖，例如被赐死之人，法律保障其遗嘱有效，使其财产顺利地传给继承人，那就是给予最后自由选择之权。

财产法

所有权、义务、交易、契约和负债等问题占了罗马法的最大部分。人的生活就是物质的保有，在财富增加、贸易扩展之下，法律应该极富弹性，而非简陋法规可以应付。

所有权是来自继承或所得，家庭财产既以父亲为保管人，所以儿孙便是未来的所有人。父死而无遗嘱者，子女自然为继承人，其中最年长者继承大半。法律对遗嘱限制很严，其措辞须依官方规定，遗嘱人一定要将财产的一部分给儿女，一部分给已为他生育三个子女的妻子，有时候须给兄弟姐妹或尊亲属。取得死者遗产必须代偿其债务和代尽其义务。所以一个罗马人常会发现他所取得的遗产是赤字，死者如无子女也无遗嘱，其财产与债务由父系的同系亲属继承。到帝国末期，这种男性观念逐渐淡化。到查士丁尼时，父系和母系亲属有平等继承权。加图时的旧法禁止财产在1万或多于1万塞斯特斯的人将财产的一部分或全部遗赠给妇女，其规定直到盖乌斯时仍载入法典，不过爱情是会设法逃避这项规定的，遗嘱人往往先将遗产留给合法继承人，然后令他发誓，答应到指定日期之前，将该遗产转交给指定的妇女。通过这种手段，罗马财产大部分都落入妇女手中。赠送也是逃避遗产法的手段，不过对于赠送的财产，法律会加以审查。

所得是由于交付或由于胜诉而取得。交付须当证人之面赠送或买卖，不经过这种仪式的买卖，法律不予保护。另外一种潜在所有权，就是对财产的暂时持有或使用。借用国有土地者，可因使用时效而取得所有权，例如占有两年之后无人提出异议，则可永久占有，这种宽大的占有观念是因为可以使贵族们取得公地。由于这种所有权观念，凡妇女与男人同居一年不曾三次不归宿者，则成为该男人的财产。

义务是法律所强制的作为。义务发生或由于不法行为，或由于契约。不法行为是对人或其财产所犯的错误——通常是用罚金赔偿受害人的损失。契约是法律强制要达成的协议，协议不一定用书面形式，在证人面前作口头协议比书面协议更受尊重。到 2 世纪时情形发生了变化。从前签订契约时所必需的证人或庄重仪式已无必要，只要是明确的契约，法律都予以承认。于是商业日趋活跃，记账方式日趋普通，不过法律对商业交易非常注意：对卖方提出卖者要小心，对买方提出买者要小心的警告，以防止文明社会不可避免的欺骗。例如，法律规定，凡售卖奴隶或牲畜之人，须将奴隶或牲畜的生理缺陷向买方说明，不能以不知情来逃脱责任。

债务的产生是由于贷款、质押、存款或信托，消费性贷款多半用动产或不动产作为担保，贷款不能归还时，债权人可以没收担保品，共和初期法律规定借款不还者，债权人可执债务人为奴。[1]波埃特利亚（Poetelia）法（公元前 326 年）将以上规定改为债务人须为债主服役以偿债，但不失其自由。恺撒以后，债主可出售违约人的抵押品而

---

[1] 抵押人在法律上对受押人承担义务，但以人身偿债的契约（nexum）——这个含糊的名词，被应用到任何经正式宣誓的契约上。

不危害他的身体，不过债权人执债务人为奴的案例到查士丁尼时还在发生。商业上的不履行债务适用破产法，拍卖债务人的财产以偿之，但允许债务人保留其最后所得为生活费，情形又变得缓和。

对财产所犯的主要罪行是毁损、窃盗和掠夺——暴力窃盗。按《十二铜表法》，窃贼被发觉者，先经拷打，再交与受害人为奴，如果窃贼是奴隶，则先行拷打，再推下山崖摔死。社会安全提高之后，执政官的法律将其刑罚减轻，改为由窃贼照二倍到四倍赔偿受害人。财产法最后成为最完善的法典。

程序法

尽管罗马法的诉讼程序非常复杂、非常专业，在古人之中罗马人是最爱兴讼的。当然我们的法律诉讼在他们看来也是迂回缓慢。文化愈老，诉讼愈久。在共和时代，原告、被告和文职官员（政府中有执行法律权的官吏）都须遵守法律程序，稍有偏差，其行为即属无效。盖乌斯说："如某人控诉他人割了他的葡萄树，他若称之为葡萄树就算败诉，他应称之为树，因为《十二铜表法》里面只通称树，并未特别提到葡萄树。"当事人双方均须向文职官员缴纳很多现金，败诉者的钱会遭没收。被告另须提供保证金，以保证他继续出庭，然后由文职官员将讼案移转给那些合格法官。法官有时下一道指令，指定当事人一方或多方要如何进行或不能如何进行。若被告败诉，其财产，有时连他本身都归原告所有。

约公元150年，一些特殊行为和措辞已不必要。双方当事人和文职官员可共同决定案件如何提交法官，并由文职官员将案由和问题拟成指令交与法官。公元200年，改由文职官员亲自判决；到公元300年底，这种规定的程序已不存在，文职官员的即决裁判仅对皇帝负责，皇帝对他可任意委派或撤换，是为君主独裁的前奏。

当事人可以推进他们的案件，法官决定之，如果他们愿意，可以免请律师。不过代书者（iudex）不一定谙熟法律，当事人对专业问题也不能随时应对，所以一般都委请律师（advocati）和法律顾问（pragmatici）等。当时法律人才辈出，天下父母都希望他们的儿子成为律师。跟现在一样，法律成了做官的途径。作家佩特罗尼乌斯作品中的一个人物，收集了许多法典授予其子，说"学学法律""法律可以赚钱"。法律学生最初由私人教师教授原理，第二步是参加名法学家的会议，然后做开业律师的学徒。早在公元前200年，罗马学校到处设有律师（iurisconsulti），供人请教法律问题。阿米阿努斯不满他们收费过高，说："他们真是打个哈欠都要钱，只要顾客肯出钱，连杀母者都能脱罪。"教师被称为民法教授（iuris civilis professores），有教授的名衔，是由于法律准许他们公开授徒，及获取官方当局的许可证开业。

由此出身的律师，其中不免有人以卑鄙手段出卖其所学。例如，因为受贿而故意将委托人的案子弄得理由不足，寻找法律漏洞使罪犯脱罪，煽动富人彼此兴讼，为了赚钱而故意拖延讼期……由于竞争激烈，他们为了博得声望，于是有人手上带着借来的指环，随身带着侍应的仆人，手里提着大批案卷，故意在街上来去匆匆，并且雇了捧场人对他的发言鼓掌。克劳狄乌斯规定律师每案收费不得超过1万塞斯特斯，可是这种限制很容易被规避。据说，韦斯巴芗当政时，曾有律师积聚了3000万美元的财富。当然任何时代都有愿意用他们清楚而有训练的头脑为真理与正义服务而不计较收费的律师和法官。

犯人由法官或民选官单独审问，而后报告议会、元老院或皇帝。有时由副执政官从850个元老或骑士陪审名单中抽选出若干人组成陪审团来审理，通常是51人或75人。有两个永久性的特别法庭：十人法庭（Ten Men）审理民事，百人法庭（Hundred Men）审理财产和遗赠案件。法院任人自由旁听。普林尼曾描写过有很多人听他在法庭演讲的事。尤维纳利斯和阿普利亚抱怨法庭的拖延和受贿，但是往往在特殊的案件中，这不失为正义之言。

审理时的自由发言为近代法庭所少见，双方可各请几位律师，有的准备证据，有的提出证据。审理过程由书记做成笔录，有人会用速记，速度很快且毫无遗漏。马提雅尔说有许多书记，他们的手比说的还要快。法院对付证人有它的传统办法，昆体良说：

> 审查证人首要是明了其类型，胆小的人容易害怕，愚笨的人容易上当，暴躁的人容易发怒，虚荣的人喜欢奉承，狡猾和阴险的人必然恶毒顽强，应该马上斥退……假如他的过去有缺点，则可以用来对付他。

诉讼争辩概由律师为之，他们可向法院提供图片说明罪行；可以抱着小孩争论；可以展示当事人的伤疤。为人辩护则要针对这些武器。昆体良说了一个故事：有一位律师，当他的对手将当事人的几个孩子带进法庭准备为判决前的辩论作总结时，他（这位律师）便在这些孩子之间掷了一把骰子。孩子们去抢骰子，结果破坏了对手的结论。法庭为了取证，常对当事人的奴隶加以刑罚。哈德良严格限制对奴隶使用刑罚，除非不得已才可用之，他还提醒法院不可信赖屈打成招的证据。然而法院刑罚终未停止，到 3 世纪时甚至扩大到自由人。败诉人可上诉至较高法院，如果他有能力负担，最后可上诉到皇帝。

刑罚是由法律规定，不是由法官自己任意处断。罪刑因犯者的身份与地位而不同，奴隶的刑罚最重；奴隶可被钉死，公民则不可；凡是读过《使徒行传》（*Acts of the Apostles*）的人都知道，从无罗马公民受过严刑拷打，或上诉皇帝之后被处死的。一个生而自由的或出生后变为自由的人，一个有偿债能力的人或破产的人——一个兵士或平民，其犯罪相同而处罚不同，最轻的罪罚是罚款，但是由于币值变动之快超过法律所定罚款，便有异常的情形发生。《十二铜表法》规定殴打自由人者罚 25 阿斯（原始规定为罚 25 磅铜），由于物价高涨，降为 6 阿斯，但对奴隶仍罚 25 阿斯。有的罪罚是丧失说话的权利，不能出现或代表他人在法庭上提起诉讼，最重的刑罚是失去公民权。

失公民权者或是不能继承或是被放逐，或者黜为奴隶。放逐罪最重：罪人带上锁链，被监禁在冷僻之处，财产充公。流亡罪较轻：犯人只要离开意大利，可任其所去。驱逐罪不没收财产，被逐者须到所指定的遥远城镇。监禁之刑并不常用，罚在公共工程、煤矿、石矿做苦工者有之。在共和期间，判处死刑的自由人为了逃生，可离开罗马或意大利。在帝国时期，常用死刑而且残酷。战俘偶或其他罪人，会被弄进图利阿努姆（Tullianum）牢狱任他饿死，让他在黑暗污秽的土牢中被鼠辈或虫虱咬死。朱古达就在那里死去，反抗提图斯保护耶路撒冷的英雄西蒙·本·吉奥拉（Simon Ben-Giora）亦然。据传说，彼得和保罗被钉死之前曾在那里辗转呻吟，并写下了他们对新基督世界的最终呼唤。

《万国法》

罗马使用武力或外交取得了若干领土，领土之内有五花八门的法规，罗马法的最大难题是如何巧妙地引导它们。其中有许多国家比罗马历史悠久，它们有光荣的传统和自我得意的特殊文化，以补偿它们军事上的失败。但罗马对这些情形应付自如，首先为驻罗马的外国人指派一个执政官，然后再给意大利和各属地派一个，授权让他磨合彼此法律共存，这些副执政官历年所颁政令渐渐产生了统治帝国的《万国法》。

此项《万国法》并非《国际法》（International Law）——不是一般国家为了规定彼此间的关系所认可的书面约束。就它们平时与战时所遵守的某些共同习惯来讲，古代也有它们的《国际法》——彼此对商人与外交人员的保护，举行葬礼时停止攻击，放弃使用毒矢等。罗马法学家用他们的爱国作品来描述《万国法》如何可通行于各国，其实《万国法》是为了适应罗马统治权而制定的部分法令，事实上它是地方法（local law），其目的是用来统治意大利各民族和各属地，而不给他们公民资格与权利。

哲学家们在他们的爱国作品里说国际法就是自然法（law of nature）。斯多葛派对自然法的定义是"将自然理性（natural reason）注入人心的道德法"。他们认为"自然"是一种理性体系，是一切事物的逻辑和秩序；这种秩序在社会上自然发展，自然成为人的意识就是自然法。西塞罗有一篇名著说明他的理想：

> 真正的法律是与自然相调和的真理，它包罗宇宙，永不变更，永无止境……我们不能反对它、改换它、废止它，不能利用任何立法来解除对它的义务，我们不必在本身之外去寻求对它的了解。这种法不分罗马与雅典，不分现在与未来——对任何国家或时代都有效并永久有效……不遵守的人就是否认他的本身和本性。

安东尼在位时，斯多葛派哲学思想最为盛行，上述理论可说是对此派哲学思想最透彻的说明。乌尔比安又把这项哲理进一步发展，认为阶级之分和特殊权利是错误的、是人为的，这和基督教所持人类生而平等的观念几乎是同一步调。不过当盖乌斯对《万国法》所下定义为"天理对人类的立法"，这种解释使得他错把罗马武力当作了神意。因为罗马法是罗马武力的逻辑和后盾，《民法》和《万国法》是聪明的征服者对其他主权国家发号施令和维持尊严的工具。从强者欺凌弱者方面来讲，罗马法可算是自然天理了。

然而这种冠冕堂皇的法律不乏其可贵之处。胜者的统治既然无法避免，那就请他们把规则明白地定出来，在这种意义之下，罗马法就是权力的维持。罗马在历史上应该创造伟大的法制，这可说是天经地义的事。他们爱好秩序，也有方法维持秩序。他们对混乱而复杂的各国算是奠立了至上的权威与太平。别的国家也有法律和立法家，像汉谟拉比和梭伦都曾颁布过小型立法，不过从没有人像斯卡埃沃拉到查士丁尼时代那种罗马法学家的杰出头脑，将那些法律加以调和、统一和编纂。

《万国法》富有弹性，使罗马法容易流传到中古和近代。当野蛮侵入西方，毁坏了这项法律遗产时，查士丁尼的典章制度能在君士坦丁堡被收集汇编，供帝国延续于东方，可算是非常的幸运。经过这项努力及各种手段和不屈不挠的方法，罗马法影响了中世纪的教会法，启迪了文艺复兴的思想家，成为下列各国的基本法——意大利、西班牙、法国、德国、匈牙利、波希米亚、波兰，甚至英国、加拿大、斯里兰卡和南非。英国法律的《平衡法》、《海事法》、监护制度和遗产的原则，就是采用罗马的教会法。希腊的科学和哲学、犹太希腊的基督教义、希腊罗马的民主政治和罗马法，是古代留给我们最有价值的遗产。

第九章 | 哲学家帝王
（96—180）

涅尔瓦皇帝

　　罗马君主政体的世袭制度随着图密善皇帝的被刺消失了 100 年。元老院从不承认君权由继承而来，他们屈服了 123 年，直到这时，才又恢复了权威。像罗马开国初期一样，元老院提名一位最有资望的人或是大将军担任君主。这项果敢的作为，当然是由于弗拉维安王室的没落及意大利和属地的流血事件，才使得元老院重振声威。

　　涅尔瓦意外地被奉为至尊，当时年已花甲。这位来自梵蒂冈的涅尔瓦，相貌英俊，绝不会有人想到他是一位可敬又患有胃病的法学家，也没有人会料到他是一位宽和可亲，被人称为"当代的提布卢斯"的诗人。元老院选他为君王可能是因他老而无害。他的一切政策都与元老院磋商，并且保证不会危害他们的生命。他赦免了被多米提安放逐的人，恢复他们的财产，缓和他们的仇意。他将价值 6000 万塞斯特斯的土地分配给贫民，并建立周济制度（alimenta）———一项国家基金用以鼓励和资助农民育养子女。他免除许多捐税，降低了遗产税，解除韦斯巴芗所加于犹太人的捐献。他节省自己家用和政府开支，以弥补国家的财政。他对任何阶级都公正，他说："我随时准备放弃王位，回到平静的居民生活。"就在他继位一年后，那些先他而存在的禁卫军因不满他的节约而包围王宫，要求他释放刺杀多米提安的刺客，并杀死他的几个顾问。涅尔瓦引颈准备受戮，可是他们没有杀他。羞愧之余，他想退位，但被朋友劝阻，于是效法奥古斯都的前例，收养一个为元老院同意、不但能治国而且能统御卫队的义子为继承人。他对罗马的最大贡献是选了图拉真为王。三个月后，也就是继位的第 16 个月，他驾崩了。

收养制度由他在无意中恢复，于是任何皇帝在位之时，如果感觉大权衰落，都可物色一个最有能力、最适当的人来继承王位，免得自己一旦去世，因争夺王位而引起内战。所幸图拉真、哈德良、安东尼都未生子，他们都采用收养办法，既不忽略自己的后代，也不影响亲情之爱。在收养制度持续期间，罗马王朝都由最优秀者来继承，其盛况为世所少见。

图拉真皇帝

图拉真是正在率军戍守科隆时奉召继位的，可是他没有立即放下戍边职责，而是延迟将近两年才返回罗马。他出生在西班牙一个定居甚久的意大利家庭，他在哈德良皇帝统治时代，在罗马统治下的西班牙取得了政治上的领导权，正如塞涅卡、卢卡和马提雅尔等获得文学上的领导权一样。他是众多将军中第一位以他属地出生的特性和教育，使那些罗马本籍将军们恢复了他们久已失去的朝气。以外省人身份称帝而未遭到反对，这是罗马史上一件非常了不起的事情。

但是图拉真从未就此改变他的将军之风，他坐的是军车，仪表威严，面貌虽不出众，但是非常健壮、高大。他常参加徒步行军，全副武装和军士们一同跋山涉水。他的勇气表现了斯多葛派生死无所谓的精神，有人告诉他说利西尼乌斯·苏拉要阴谋背叛他，他就到苏拉家里去吃饭，对于所招待的食物毫不怀疑地随便食用，并请苏拉的理发师给他刮胡子。他不是一个真正的哲学家，他常把狄奥带在身边听他讲解哲学，可是他承认对狄奥所谈的一无所知——这是哲学的缺憾。他的思想敏锐清楚，从不讲废话。他自负但不摆架子。他不滥用职权，常和朋友共饮食共狩猎，偶尔也不能免俗和朋友搞同性恋。他不与其他女人做爱，免除其妻普洛蒂娜（Plotina）的困扰。这一点，罗马人认为是值得赞扬的。

他到罗马时 42 岁，那种淳朴、亲切和谦虚马上征服了饱尝暴政的人民。元老院推举小普林尼致欢迎颂词，同时，狄奥当着他的面，发表了斯多葛学派对皇室职责的意见。普林尼和狄奥都指出皇帝并非国家主人而是第一号公仆，皇帝原是元老院代替人民选出的行政代表，普林尼说"指挥众人之人须由众人选出"，这一切他都恭聆其详。

这种贤明的开始在历史上并不新鲜。最使罗马惊奇的是图拉真尽量来满足他们的希望，他把几所前任皇帝每年只使用几个星期的别墅都给了部下。普林尼说"除非他朋友也有的东西，否则他不以任何东西为私有"，他的生活过的和韦斯巴芗一样淳朴。一切重大问题他都请教元老院，因为他发现：只要不用过激言语，就能获得绝对权力。元老院欢迎他的统治，只要他遵守维持他们威信和尊严的体制。元老院跟其他人一样，为了享受自由而极渴望安全。他们很高兴，发现图拉真属于保守派，他绝不会剥夺富人的财产来安抚穷人。

图拉真是位能干、精力充沛的行政官员，是位稳健的理财家和公正的法官。《查士丁尼法典》中"宁可宽纵罪人而不错罚无辜"就是他的原则，由于周密地监督开支（加上征服所获），他完成宏大的公共工程不但不加税，反而减税。他公布政府的收支预算以接受审查与批评。他视元老们为伙伴，要求他们和他一样诚惶诚恐地忠于职责。贵族们担任了官职，他们玩乐而不忘工作。由图拉真和他们往来的信件中，可以看到在他的英明领导之下贵族们卖力的情形。许多东方城市因理财无方而濒临破产，图拉真就派像普林尼一样的监护人加以协助，加以牵制。这项处置虽然削弱了城市的独立和自治，但是这种措施是不可避免的。否则，地方政府由于浪费与无能一定会自寻绝路的。

图拉真好大喜功，是个纯粹的帝国主义者。他认为秩序重于和平。他到罗马尚不满一年就去征讨达契亚，其面积约有 1940 年的罗马尼亚那样大，它像一只手掌伸入日耳曼腹地。图拉真预见到将来和日耳曼斗争时达契亚的军事价值，如能兼并它，罗马便可控制沿萨维（Save）到多瑙河然后到拜占庭的一条通路——也是通往东方的要道。此外，达契亚富有金矿，在完美的策划和神速的行动之下，他率军直趋达契亚的首都萨米泽格图萨（Sarmizegetusa）而迫使它降顺。从一个罗马雕塑家留下来令人有深刻印象的塑像看来，达契亚国王德塞巴卢斯（Decebalus）的面貌高贵坚强。图拉真授他为属国之王而返回罗马（公元 102 年）。德塞巴卢斯不久背信再谋独立，图拉真又率军返回（公元 105 年）再攻。当时横跨多瑙河的桥，其建筑技巧在工程上堪称奇迹。达契亚国王战死，图拉真留下强大的驻军镇守，掳获了 1 万名战俘，然后返回罗马庆祝凯旋，展开为期 123 天的各项活动。之后，达契亚成为罗马属地，罗马人移民到那里互通婚姻，搅乱了纯正的拉丁语言。特兰西瓦尼亚（Transylvania）地区的金矿派由地方收税官掌管，不久即把战费收回。图拉真从达契亚取走百万磅白银和 50 万磅黄金，以酬劳军队的辛苦——替罗马赢得了最后一次为数可观的战利品。

当时约有 30 万市民请求赏赐，皇帝就用这些战利品赏赐他们。每人约得 650 第纳尔（约值 260 美元），余者足够遣散军队，举办庞大的公共事业，补助政府开支和美化城市，焕然景象是自奥古斯都以来仅见的。他一方面修整水道，另一方面开辟水道，至今犹存。他开辟奥斯蒂亚大港口，挖凿运河以连接台伯河和克劳狄乌斯港口。扩建旧路、修筑通过蓬蒂内沼泽的新路，设立贝尼文坦到布伦迪西姆间的转运站，重新开放克劳狄乌斯隧道，疏浚森图姆塞拉埃（Centumcellae）和安科纳（Ancona）港口的淤泥，开辟拉韦那水道系统，以及在维罗纳修建圆形竞技场。

不过，他并不主张都市内的建筑争奇斗胜，而鼓励使用余钱来改善贫民的环境。凡遭受地震、火灾或风灾的，他立即救济，他要求元老们投 1/3 的资金来改良农业，后来发觉这种办法会造成地主垄断，便将资金以低利息贷给小户用以改良土地和修建房屋。为了奖励生育而扩大生育补助，农民可办利息 5 厘的质押贷款（普通利率之一半），再由地方慈善机构将利息分配给贫民，扶养一子者每月可得 16 塞斯特斯（1.6 美元），抚养一女者得 12 塞斯特斯。数目似乎不大，不过当时每月有 16 到 20 塞斯特斯就够农家抚养一个孩子。除补助其父母之外，小孩本人还可领取赈谷。哈德良和安东尼又将补助办法推广，并有私人解囊捐助，例如普林尼每年捐 3 万塞斯特斯给科莫地方的儿童，凯利娅·马克里娜（Caelia Macrina）遗留百万塞斯特斯给西班牙塔拉西纳（Tarracina）地区的儿童。

图拉真和奥古斯都一样，对意大利与属地之间则偏袒意大利，对罗马与意大利之间则偏袒罗马。他对阿波罗多努斯的建筑天才加以充分利用（新路、水道和多瑙河桥的设计人），阿波罗多努斯受命清除整排的房屋，将奎里纳莱（罗马七山之一）山铲平 130 英尺，加上邻近土地，造了一个大广场，其面积超过以前所有广场的总和。周围的建筑庄严宏伟，可作为世界上最富强国家的首府。进入图拉真大广场必先经过图拉真凯旋门；广场内部长 370 英尺，宽 354 英尺，地面铺着磨光石，四周环绕着高墙与回廊；东西两壁是多利安式的锯形柱廊，广场的最中心，矗立着乌尔皮亚大会堂（Basilica Ulpia）（以图拉真的宗族命名），作为政府商业与财政机关；其外部饰以 50 根独立巨石柱，地面铺了大理石，巨大的正厅围绕着花岗石的柱廊。屋顶、横梁漆上青铜色。凯旋门广场北端建有两座图书馆，一座陈列拉丁作品，另一座陈列希腊作品。图书馆之间为大圆柱，后面是图拉真的圣庙，广场工程惊为世界建筑的杰作。

这些仍然屹立的圆柱，首先应归功于运输上的成就，那是由 18

块立方体大理石叠加而成，每块重约 50 吨，用船由帕罗斯岛运来，到奥斯蒂亚再装上驳船，由人力逆流拖拉，然后滚转上岸送到现场。各石块又平分为 32 块，8 块作柱基，基中三面饰以雕刻，另一面通到一个 185 级的大理石螺旋形楼梯。柱干由 21 条石块筑成，直径 12 英尺，高 97 英尺，顶上是图拉真的塑像，手持地球仪。石条在未装好之前先刻上浮雕，描写征服达契亚的经过。这些浮雕可说是集弗拉维安写实主义和古式雕刻之大成，它们不讲求希腊雕刻的静态美或理想风格，而是着重描写实际人物或战争场面，使人看了有逼真之感，就像高乃依、拉辛之后的巴尔扎克（Balzac）和左拉（Zola）的作品一样。在 124 个连环画面里，有 2000 个人物，我们看到了征服达契亚的经过：罗马军队全副武装由营地出发；由浮桥渡过多瑙河，进入敌国扎营；弓、矢、戈、矛、镰刀、石头横飞；一个村庄陷入火海，其妇孺跪向图拉真哀求；达契亚妇女拷问罗马战俘；兵士们向皇帝献上首级；达契亚医生救治伤患；达契亚的王侯相继吞药自尽；达契亚的国王首级被献给图拉真；被掳男女老幼排成大队驱入异乡罗马为奴等。这些艺术家和他们的雇用者并非是排外好战主义者。他们表现了图拉真的宽大，也暗示一个民族为争取自由所表现出的英勇事迹——画面上最漂亮的人物是达契亚国王。这是一种奇异的史料，由于过分密集，而无法达成充分的效果。有些图案显得十分粗糙，令人怀疑其雕刻是否出自一名达契亚战士之手。因此，重叠法最早替代了透视法。其全部的格局，正像菲狄阿斯的著名雕刻，只为一些好吹毛求疵的人所蔑视，但它和古典静态的风格却有所偏差，后者从未表现出罗马人性格中超人的活力。它所采用的"连续法"——即每一情景均渐次混入次一情景中——承袭了圣提图斯拱门的风格，而进入了中世纪的浮雕。虽也有缺点，但其连环故事的雕刻法从奥勒留时代罗马的圆柱和阿卡狄奥斯（Arcadius）时代君士坦丁堡的圆柱，到拿破仑时代巴黎旺多姆广场上的圆柱石都一再模仿。

图拉真由完成多米提安的公共浴室而实现了他的建筑计划，但是六年的和平使他厌烦，行政工作不能激发他的潜力，蛰居宫中毫无生趣。安东尼想从事恺撒的计划可是他失败了，自己何以不能继续？何以不把帕提亚问题作一劳永逸的解决？何以不在东方建立战略防线？何以不夺取经亚美尼亚和帕提亚到中亚细亚、波斯湾和印度的通商要道？

仔细安排之后，图拉真又率军出征（公元113年），一年之后征服亚美尼亚，再一年进兵美索不达米亚，夺得泰西封（Ctesiphon）而到达印度洋——他是一位空前绝后面临大海的罗马将军，国人的地理知识与他的胜利并进，元老院几乎不停地收到他攻城略地的消息：博斯普鲁斯海峡、科尔喀斯（Colchis）、亚得里亚海、伊比利亚、亚细亚、阿尔巴尼亚、奥斯罗尼（Osrhoene）、美塞尼亚、美狄亚、亚述、山地阿拉伯，最后终于征服了帕提亚。帕提亚、亚美尼亚、亚述和美索不达米亚都被划为罗马属地。这位新亚历山大封王赠爵极为得意。立在红海之滨，他已有英雄迟暮之感，他叹息年迈不能进军印度河，但是很自慰于建立了一支红海舰队，以控制通往印度的交通和商业。最后，他只得在战略要点留下守军，不得已地返回罗马了。

图拉真和安东尼都犯了推进太快、深入敌境太远的毛病，而忽略了巩固他所征服之地，所以行抵安条克就接获情报，他所废黜的帕提亚王奥罗伊斯（Oeroes），又募集军队攻克美索不达米亚的中部；各新属地都发生叛乱；美索不达米亚、埃及和昔兰尼的犹太人在暴动；利比亚、毛里塔尼亚和不列颠也发生不满的信号。老将军本想再赴沙场，怎奈躯体已不由己，东征西战已使他心力交瘁，加上水肿和中风，一切雄心都在瘫痪的身躯里消失。他黯然神伤，无可奈何地派了马库斯·图尔巴（Marcus Turba）去平息非洲犹太人的叛乱，派他的侄儿哈德良继续统率驻在叙利亚的罗马大军。他自己则由担架送到西里西亚海岸以便乘船回罗马，元老院已经为他准备了自奥古斯都以来最盛大的凯旋庆祝。不幸的是，他途中死在塞利努斯（Selinus），时间在117

年。他享年 64 岁，在位 19 年。他的骨灰送回首都，长眠在他所指定的墓地大圆柱下。

哈德良皇帝

·统治者

这位最杰出的罗马皇帝究竟是因为色情而取得王位，还是因为图拉真赏识他的才干而取得王位？我们可能永远无法获得答案。卡修斯说："他的受命是因为图拉真死而无嗣，其寡妻普洛蒂娜与哈德良有染，故而替他谋取王位。"斯帕提阿努斯（Spartianus）常常反复地说这个传言。普洛蒂娜和哈德良否定这种谣言，但是谣言不绝直到哈德良死亡，他为了消弭谣言的影响，曾经重重赐赠其军队。

哈德良的祖先住在亚得里亚海岸的阿德里亚镇，他的自传说后来他的祖先移居到西班牙。图拉真于公元 52 年生在西班牙的伊塔利卡，而哈德良也于公元 76 年出生在这里。他的父亲死于公元 86 年，哈德良就由图拉真和凯利乌斯·阿蒂阿努斯（Caelius Attianus）监护。凯利乌斯·阿蒂阿努斯为了培养他对希腊哲学的爱好，给他取别号为格拉埃库卢斯（Graeculus）。他也学习歌唱、音乐、医学、数学、绘画和雕刻，后来又涉猎多种艺术。图拉真召他到罗马（公元 91 年），并将侄女嫁给他（公元 100 年），依照所遗留的胸像来看，萨宾娜甚为美貌，非常出众，但哈德良无法从她那里获得永久的快乐。也许他太爱犬马，经常带它们去狩猎，犬马死了则修墓葬之。也可能他对妻子不忠实，她不曾生育，她虽常常陪他旅行，事实上他们是一辈子过着分居的生活。他虽然对她礼貌、周到、相敬如宾，但是却没给她爱情。当他的秘书苏埃托尼乌斯对她说话失礼时，他开除了秘书。

哈德良继位后第一项决定是修正他叔父的帝国主义政策，他曾谏阻图拉真不要在征服达契亚之后立即远征帕提亚，以免劳民伤财，胜利不能持久。可是图拉真的将领们求功心切，对他极端不满，现在他将镇守亚美尼亚、亚述、帕提亚和美索不达米亚的军团撤除，改亚美尼亚为保护国，划定幼发拉底河为帝国东方疆界。针对图拉真的恺撒，他扮演了奥古斯都的角色，他尽量使用和平的管理以巩固祖先用暴力所争得的国土。统率图拉真军队的将军们——帕尔马、塞尔苏斯、昆图斯、尼格里努斯——认为他的政策懦弱不智，他们认为休兵就只能自卫，就等于自取灭亡。当哈德良率军驻守多瑙河时，元老院宣告四名将领阴谋颠覆政府事败，已由元老院处决。这件事使罗马人大为震惊，因为这些将军没有经过审判。哈德良虽立即奔回罗马辩解他与此事毫无关系，可是谁能相信？他保证非由元老院授命，他不会处死任何元老，他对人民赠送金钱加以收买，举办各种竞赛使其娱乐，免除欠税达 9 亿塞斯特斯，税册当众焚毁，以智慧、正义和平治国达 20 年，但仍不得民心。

早期给他写传记的人说他高大、漂亮、卷发，满面胡须掩盖其天然缺陷，于是罗马蓄须之风大盛。他体格健壮并经常运动以保持活力，主要运动为狩猎，曾数度徒手搏狮而杀之。他的个性多变，很难形容，据说他严厉而快活，幽默而庄重，好色而不随便，冷酷而自由，苛刻而怜悯，变化多端。他有敏捷、无私、怀疑和洞察的心智，他尊重传统以免和时代脱节。他最推崇斯多葛派哲学，并经常研读该派始祖爱比科蒂塔的著作，可是他任性玩乐又违反了该派的理论。他不信宗教但是迷信，他嘲笑神谕但是喜欢魔术问卜。他谦逊而顽固，时而残忍但多半仁慈，他这种矛盾的性格也许是为了适应环境。他探问病患，救助不幸，将现行救济扩及孤儿寡妇。他对艺术家、作家、哲学家都慷慨赞助，他对唱歌、跳舞、弹琴样样精通，绘画方面也很不错，但雕刻平平。他用拉丁文和希腊文著有几本书，有文法、自传和诗，其中的诗有庄重的，也有猥亵的。他喜欢希腊文学甚于拉丁文学，他喜欢老加图的朴实的拉丁文，而不喜欢西塞罗的华丽的拉丁文。在他的影响之下，作者们多模拟古体。他把领公俸的教师纳入一所大学，给以优厚待遇，为他们建一所堂皇的雅典博物馆，媲美亚历山大博物馆。他以召集学者、思想家，用难题刁难他们，嘲笑他们的矛盾和争执为乐。高卢的法沃里努斯在这一哲学聚会之中最为精明，他的朋友挖苦他的辩论竟然输给哈德良，他说道："任何一个指挥十万大军的人必定是对的。"

除了这些广泛的知识兴趣之外，他有实用的头脑。他取法多米提安，使用自由人担任幕僚工作，起用确实有能力的商人为官，再由他们和元老及大法官组成委员会，在定期会议中共商国策。他又指派一位财政顾问，负责侦查税款的贪污，结果使国家税收大增。他本人跟拿破仑一样，监督政府各部门，对他们的业务知之甚稔，而使那些主管们大为惊奇。斯帕提阿努斯说："他的记忆真了不起，他能同时写、述、听，兼和人们交谈。"——这种传说不无可疑。在他的苦心和官吏们的辅佐之下，帝国之治可谓空前绝后。这种太平盛世也就是官僚政治的勃兴，更使皇帝趋向君主专政。哈德良尽量遵守和元老院合作的规矩，不过他所任命的官吏和他们的命令已得寸进尺地侵犯到元老院的主权。所谓当局者迷，他也未能料到这些众多而多能的官吏有一天会使纳税人负担不起。反之，他认为在他的政府之内，任何有能力的人都有机会出头，都能打破阶级脱颖而出。

像他这种清楚而有条理的头脑，对那些年久累积的含混、相互抵触的法律当然不满。所以指派尤里安将以往副执政官们的法令加以整理，并希望进一步编成统一法典，是为《查士丁尼法典》的基础。哈德良无论在罗马或出游，他都代表最高法院，并被称为公平博学的法官，只要法律条文许可，他总是宽大为怀。他颁布了许多命令，大部分是帮助弱者对抗强者，奴隶对抗主人，小农对抗大户，佃户对抗地主，消费者对抗零售商、批发商和中间人的欺骗。他不收受长辈们或不认识人的馈赠，并下令从宽处理对基督教徒的指控。他以身作则，让地主将土地租给佃户种植果树，在结果之前免其租金。他不是激进的改革者，不过是在人性范围内和天赋不平的情形下，尽量为大众寻求幸福而已。他保留旧有的东西，但是随时间需要也会注入些新的内容。他有一次对事务感到厌倦，正好有位妇女前来请愿，他拒绝说"没有时间召见"，女人哭着说："那就请你不必为王了。"他就听取了她的诉愿。

·漫游者

和他的前任们不一样，哈德良关心罗马，也不忘地方属地。他效仿奥古斯都的先例，决定去访问各属地，考察其情况和需要以解决其困难。他对各地的生活、艺术、服装、信仰都感兴趣。他要看看希腊的名胜古迹，要沉湎于自己所赞美的希腊文化。弗龙托说："他喜欢统治世界，也喜欢环游世界。"公元 121 年，他自罗马动身，随行的不是皇家的华贵行列，而是专家、建筑家、营造者、工程师和艺术家组成的队伍。他首先到了高卢，慷慨地济助其各社会阶层。接着到日耳曼，视察帝国对未来敌人的防卫。他将莱茵河与多瑙河之间的防线加以修改和延长。他虽爱好和平，但熟知兵法，绝不让他的绥靖作风减弱国家防务，以给敌人乘虚而入的机会。他颁布严格的军纪，在营中和士兵共同生活，吃士兵伙食，不乘车，全副装备行军 20 里，徒步而行。他所表现的耐力使人很难想到他是地道的学者和哲学家。他奖赏优秀军人，提高军队的法律和经济地位，给予新式和充分的装备，休闲之时不以纪律约束，不过娱乐以不违反任务为限。罗马军纪情况在他当政时为最好。

然后他顺莱茵河而下驶到达不列颠（公元 122 年）。他下令从索尔维（Solway）到泰恩（Tyne）河口建筑一座城墙，用以划分罗马和那些野蛮人，然后又回高卢，行经阿维尼翁（Avignon）、尼姆和其他城镇，在西班牙北部的塔纳戈纳（Tarragona）住下过冬。他独自一人在一家主人的花园散步时，突遭奴隶拔剑行刺，结果他把奴隶制服交给其主，原来那人是精神错乱。

公元 123 年春，非洲北部的摩尔人攻打毛里塔尼亚的罗马城镇。他率兵攻打，摩尔人大败，被驱入山。他然后乘船到艾菲索斯，过冬之后到小亚细亚各城镇，聆听请愿和诉苦，惩治不法，奖励多才，并拨款建筑寺院、浴室和戏院。塞西卡斯、尼西亚和尼科美狄亚曾遭地震，他拨用国库予以重建，并在塞西卡斯修建一座寺院，该寺曾一度被列为世界七大奇迹之一。他再从黑海到特拉佩祖斯（Trapezus）向东行进，令卡帕多西亚（Cappadocia）的官员调查黑海各港口并向他提出报告。他再向西南行经帕夫拉戈尼亚，到帕加马过冬。公元 125 年秋，驶到罗得斯，然后到雅典，在此他愉快地过了冬天，然后回乡。时年 50 岁的他，好奇心不减，途经西西里，登埃特纳火山，在海拔 1.1 万英尺高处观日出。

　　他离开首都五载，能将政务托付给属僚实属不易。他像一个多能的管理者一样，已经训练出一个自治政府。回罗马后约住年余，他旅行之欲未减，重造世界的野心依旧。公元 128 年他再度出发，这次到了乌提卡、迦太基和北非的繁华新城市。秋季回罗马，停留不久又去雅典过冬（公元 128—129 年）。他被推为雅典首席民政官，欣然地主持竞赛和节庆，为人民呼他为解救者、太阳、宇宙神和世界救主而感到高兴。他和哲学家、艺术家打成一片，取法尼禄和安东尼的高雅而去其所短。他对雅典法律的混乱颇感不便，就指派法官小组重新编纂。他看到雅典在受失业的困扰，并决心使雅典恢复伯里克利时代的光辉，于是召集建筑家、工程师和艺匠，进行一项比罗马公共工程还浩大的建筑计划。其中有一所大理石墙壁，120 根圆柱，金色屋顶，房间宽大，石膏塑像、绘画、雕像互映生辉的图书馆首先落成。体育馆、引水道、赫拉庙和宙斯庙相继完工，建筑计划中最了不起的是奥林匹亚殿（Olympieum，公元 131 年）。此殿系由庇西特拉图（Peisistratus）在 600 年前就开始，安条克·伊皮法尼斯（Antiochus Epiphanes）也未能完工。哈德良离去时，雅典城的清洁、繁荣、美丽已在任何时代之上。

　　公元 129 年春，他乘船到艾菲索斯再游历小亚细亚，到卡帕多西亚检阅驻军，在安条克拨款修建一条引水渠、一座庙宇、一座戏院和

公共浴室；秋季，到帕尔米拉（Palmyra）和阿拉伯；公元130年，到
耶路撒冷，圣城残破未复，和提图斯60年前离开时无异。贫苦的犹
太人住在乱石之间的兽洞里，荒芜之状使哈德良不忍，他对这块荒地
开始动脑筋。他原本希望通过恢复希腊和希腊化东方，将希腊罗马文
明与东方世界的界限划分得更清楚，但他现在想把锡安（Zion）变成
异教徒的根据地。他下令将耶路撒冷按罗马殖民地的方式重建，并更
名为埃利亚卡皮托利纳（Aelia Capitolina），以纪念哈德良的氏族和罗
马的朱庇特神庙。对一个最贤明的政治家来讲，这是一项重大的心理
错误和方法错误。

　　哈德良继续向亚历山大城行进（公元130年），向议论纷纷的
群众答以宽怀的微笑，在此重修庞培之墓，充实其博物馆，然后率
妻萨宾娜和他心爱的安提诺乌斯优哉游哉地向尼罗河上游行进。安
提诺乌斯是一个希腊少年，是哈德良到比提尼亚之前遇到的。他活
泼英俊，明亮的大眼、卷曲的头发挑动了哈德良的爱心，于是他成
为哈德良最喜欢的随从，彼此形影不离。萨宾娜也不加反对。不过
到处议论纷纷，称该少年为宙斯（指哈德良）的侍酒童，也许这位
无嗣皇帝认为他是天赐之子而特别钟爱他。可是正当哈德良最快乐
时，这位年仅18岁的少年死了——显然是在尼罗河溺死的。据斯波
蒂阿努斯（Spartianus）说，这位世界之王像女人一样痛哭不止，在
河边为他建庙而葬，并命世人奉为神灵。在庙的周围建安蒂诺波利斯
（Antinoöpolis）城，定为拜占庭的首都。哈德良黯然神伤地返回罗
马。谣言又把故事重编：说皇帝由神卜得知，他所最爱的人必须死掉，
他的雄才大略才能实现，安提诺乌斯听到后才自动赴死的。这种传说
使他的晚年更为痛苦。

　　回到罗马（公元131年），他认为他已创建一个进步的帝国，就
是奥古斯都时代也不及此时繁荣，地中海区域从来不曾如此生气蓬勃
过，文化传播之深远无时可比，罗马皇帝无人像他那样爱民。奥古斯
都认为各属地是供意大利征敛的地方，他们须为意大利而省吃俭用。

现在恺撒和克劳狄乌斯的理想终于实现了，罗马不是意大利的横征暴敛者，而是一个负责并照顾各领土的政府，这块领土通过希腊精神治理东方，通过罗马精神治理本土和西方。哈德良在有生之年目睹这两种精神结合了，他曾应允他要"视帝国为人民的财产来治理，而不视为私有"，他实现了他的诺言。

·建筑师

哈德良的艺术成就媲美其治国之才。就在编著罗马法时，他重建了万神庙。他那些史无前例的大兴土木都是亲自指挥，有的建筑物都是他亲自设计，工程进行中都由他的专家们逐步检查，由他修建的大工程无数，但是都没有刻上他的名字。罗马到处享受到他智慧与权力的结晶。

他的杰作是重建万神庙——一座保存得最完好的古建筑。这座阿格里帕所修建的长方形寺院已毁于火，仅剩下前面科林斯式的门廊。哈德良命他的建筑师和工程师在遗迹之北建一所地道的罗马式圆形寺院。寺院内部直径 123 英尺，完全不用支柱，使人有宽大感，只有哥特式大教堂可以比拟。其墙壁厚 20 英尺，外部砌砖，基部镶大理石。门廊的天花板用铜板，当教皇多普·乌尔班（Pope Urban）八世把它拆除时，足够铸造了 110 门重炮和圣彼得教堂祭坛上的神龛。大铜门的外层包金，内部墙壁开了 7 个神龛，为放置神像之用。圆形天花板是由墙壁向内合拢，为罗马工程界一项伟大成就，那是将混凝土灌入带棱柱的部分，使之结成一片，这种结构可以绝对安全。圆顶之上开一扇直径 26 英尺的天窗，使内部得到充足的光线。这种建筑形式从拜占庭式、罗马式到圣彼得式，再到华盛顿国会大厦，都是一个系统。

据说哈德良要为维纳斯和罗马神合建一庙，他把计划告知阿波罗多努斯，这位老建筑家因对他的计划加以尖刻的批评而被处死。维纳斯及罗马神庙以它的特点著称，在罗马属最大：有两个内殿，每殿各供一神，两神相背而坐；屋顶为半圆形，铺以镀金铜瓦，为城中灿烂的美景之一。此外他给自己造了一处宽大的住所——一座别宫，别宫在蒂伯的遗址，现在仍吸引大批游客。别宫占地方圆 7 英里，宫内房间和花园各式各样，其中摆满著名艺术品。欧洲的几个大博物馆都因为收集到其残留物而益显丰富。别宫的设计不注重建筑的匀称整齐，只要是需要或喜爱便随便增建而不考虑协调问题。罗马人或许跟日本人一样，对匀称的建筑形式觉得厌倦，而喜欢一种新奇不规则的款式。除了雕廊画柱、图书馆、神庙、戏院、音乐厅和赛马场之外，这个花钱不在乎的建筑师又加建了一个小型柏拉图学院、一个亚里士多德书院和一个芝诺的拱廊——他好像要在这虚浮的富贵之中对哲学加以修正。

别宫落成没有几年，哈德良即离开人世，他是否曾在此处获得快乐我们不得而知。135 年犹太人起而革命，使他大怒，他毫不留情地加以镇压，并发誓战到临死方休。时年 59 岁，忽患重病（类似肺病和水肿）使他身体、精神和意志一起崩溃，脾气变得暴躁，动辄发怒。他怀疑老友们要阴谋杀他夺位，便将其中数人处死——可能是在神志不清时所为，但无法断定。

为了防止宫廷之中争夺王位，他指定他的朋友卢西乌斯·韦鲁斯（Lucius Verus）为继承人，但卢西乌斯不久死去。他在蒂伯别墅将安东尼召到床前，收为义子，托以王位。他又为未来长久打算，建议安东尼也把宫中的两个少年收养为子，并替国家培育，一个是 17 岁的奥勒留，另一个是 11 岁的小韦鲁斯（Lucius Aelius Verus）。前者是安东尼的侄儿，后者是卢西乌斯的儿子。恺撒的头衔，就由哈德良赐予安东尼。从此以后，每位法定继承人都被赐予恺撒之名，以备登基。

哈德良的病情日益严重，鼻孔常流血不止，他在痛苦之下想快点死去。他已备好坟墓，愿效法斯多葛派哲学家因年老多病所苦而请求饮毒自杀。他要求毒药或一把剑，但随侍之人不给。他命令一个奴隶刺死他，奴隶因而逃亡。他要求医生给他毒药，结果医生自杀。最后他找到一把小刀，正要自刭又被人夺去。他悲叹他有权处死任何人，竟无权处死自己。他辞退了医生，决心吃那令人速死的饮食，终于因精力耗竭痛苦而死（公元 138 年），享年 62 岁，在位 21 年。他留有一首小诗，表达的风格像但丁的哀伤，写他在痛苦中回忆过去：

> 我灵，至美者，倏忽而逝者，
> 躯壳之伴侣与朋侪，
> 汝然而谢，何处归去？
> 留下苍白、僵硬、赤裸的一个人，
> 不复嬉戏，不复嬉戏兮！

安东尼·庇护皇帝

安东尼几乎没有过失或罪行，所以没有他的历史。他的祖父来自尼姆，他的家庭为罗马富户之一。他 51 岁即帝位，他所领导的是帝国最公平的政府而不是最无能的政府。

他是以往加冕皇帝中最幸运的一个。据说他高大英俊、健康沉静、文雅果断、谦和能干、善辩而恶巧言，平易近人而不受阿谀。假如我们相信他义子奥勒留的话，我们一定会否认"世人无法了解的完美怪物"这一对他的评价。元老院称他为庇护，表示他是罗马温良美德的模范，又称他为最好的君主。他朋友众多而无敌人，但也有他的悲伤与不幸。当他就任亚洲地方总督时，丧失了长女；小女做了奥勒留的情妇；他的太太福斯蒂娜（Faustina）因为貌美而被人诽谤不贞。他对谣言不加理睬，在太太死后以她的名义设立一项基金，并为她建庙，以示纪念。因担心影响孩子们的幸福和继承问题，他没有再婚，仅纳有一妾。

若照"智力"一词的狭义来讲，他不是有智力之人。他没有学识，对文学家、哲学家或艺术家都不重视，不过还是给予他们帮助并邀请他们来家中做客。他信教但不爱哲学，诚恳地敬拜古神，并以身作则。作为义子奥勒留的楷模，奥勒留永志不忘，曾自勉道："样样都向他学习，切记他的恒心、平衡、虔诚、沉静、不爱虚荣……他多么容易满足，多么勤苦，多有耐力，对宗教多么虔诚而不迷信。"

他能宽容非罗马的教义，缓和哈德良对付犹太人的做法，步前任之后尘对基督教抱宽容的态度。他不是一个令人扫兴的人，为人风趣，开过许多有趣的玩笑。他玩乐、钓鱼、和朋友打猎，根据他的行为，无人会想到他是皇帝。他喜欢别墅的清静，不爱宫廷的豪华，工作之余都和家人共聚。他继位之后，立即把无忧无虑老来享受清福的念头抛弃，他发觉太太期待着王后的荣华富贵，责备地说："你还不知道我们把以前所有的都失去了吗？"他明白他所继承的，是人间的操劳。

他继位时首先将大量私产捐入国库，免除人民欠税，并赠以金钱，负担节日游乐费用，购买酒、油、米、麦，免费发给平民，以解除他们之困。他继续从事哈德良在意大利和各属地的建筑计划，不过略有缓和。他善于理财，所以死后国库结存达27亿塞斯特斯。他的收支公开，他以元老院一分子的身份和其他元老共商大计而不独断。除了大政之外，即使行政小节，他也悉心料理。"他关心一切的人和事，如同关心他自己一样。"他继续实施哈德良的法律自由，男女通奸定为同等罪刑，禁止恶主蓄奴，限制对奴隶使用刑罚，严厉惩罚主人杀害奴隶。他奖励教育，提供贫儿就学，扩大教师和哲学家的特权。

他尽其所能治理属地而不亲自出巡，在位期间不曾离开罗马或其近郊，哪怕只是一日。对各属地，他都任命了有能力、有道德的总督，期望帝国免于战祸。"他老是引用西庇阿（大西庇阿）的话，就是宁可救人一命而不杀戮一百个敌人。"为了平息达契亚、阿哈伊亚和埃及的变乱，他也进行过小规模的战争，不过都责令部下进行。他对哈德良的警戒防线觉得满意，有些日耳曼部落认为他的温和是懦弱，于是蠢蠢欲动，在他死之后，纷纷入侵。帝国大为震动。这是他的一个污点。

各属地在他统治之下都很幸福，人们宁愿臣服帝国而不愿陷入混乱与争斗。他们的请愿书如雪片飞来，他总是准其所请。他们信赖他对灾难的解救，属地的作家——斯特拉博、斐洛、普鲁塔克、阿庇安、爱比克泰德——唱着罗马和平女神的颂歌。阿庇安说他在罗马目睹真有外邦使节，徒劳地请求让他们的国家加入罗马的统治之下。从没有王朝让人民如此自由，或对民权如此尊重过，世界似乎进入理想，人间被一个智慧的慈父治理了 23 年。

安东尼除了安详死去之外已无所求。他 74 岁时患了胃病，发着高烧，他将奥勒留召到床前托以国政，命仆人将他房间的幸运之神金像移到奥勒留房内，对官员们说了"公平无私"的警语，随即安然去世（公元 161 年）。全国各阶级各城市争相追悼纪念他。

哲学家即帝位

勒南（Renan）说："假如安东尼不以奥勒留为继承人，他将是个无与伦比的好君主。"吉本说："假如请人指出，在历史上究竟哪段时间人类最快乐最幸福？他会毫不犹豫地说，从涅尔瓦就位到奥勒留死亡这段时间，他们当政时期的政府都是以人民的幸福为宗旨。"

奥勒留于公元 121 年出生在罗马，他的祖先安尼族人约在 100 年前来自科多巴（科尔多瓦）附近的苏库波（Succubo），大概由于他们诚实才取得 Verus（"真实"的意思）为姓。奥勒留出生 3 个月后丧父，由当时任执政官的祖父领养。哈德良是他祖父的常客，他酷爱此子，认为他有帝王之资。50 年后奥勒留曾述说道："我感谢我的好祖父，好父母，一个好姐姐，好教师，好亲族，好朋友，简直样样都好。"不过算下来他也有不好的事：他有个靠不住的太太和不成器的儿子。

在他的《沉思录》（*Meditations*）中，他曾枚举这些人的美德，以及自己如何以虚心、忍耐、勇敢、有分寸及诚恳的态度向他们学习，又如何"脱离富人的习气而养成朴素的生活"——尽管他的四面八方都是财富。

没有孩童受过像他那样无休止的教育，童年时他爱帮助寺院和教士们做礼拜，他对古老和难解的祈祷文都能默记。他的信心虽然被哲学动摇，但是他对宗教仪式仍严格执行。他爱好竞赛、运动，甚至是捕鸟和打猎，锻炼身心可谓不遗余力，不过17位教师对还是个小孩子的他来说，未免负担太重——4位文法教师，4位修辞学教师，1位法律教师，8位哲学教师平分了他的精神。其中以修辞学教师科尼利乌斯·弗龙托最为有名。奥勒留虽然喜欢他，尽量以好学生对待老师的感情对待他，彼此亲密通信，但其实他非常反对修辞学，他认为那是无意义且不诚实的艺术，他所深爱的只有哲学。

他感谢老师们没有教他逻辑和占卜术，也感激斯多葛派哲学家狄奥格内图斯（Diognetus）解除了他的迷信。朱尼厄斯·鲁斯提库斯（Junius Rusticus）教他认识爱比克泰德（斯多葛派始祖）的理论，塞克斯图斯教他生活顺乎自然，他哥哥给他讲布鲁图、加图、特拉塞亚、赫尔维狄乌斯等人的事迹。"因而我得到了法律之前人人平等、言论自由、管理众人之事的政府应该尊重人民自由的观念。"斯多葛派哲学思想已占据了皇帝的宝座，他感谢马克西姆斯教他"自治是不可受任何引诱，在任何情况下保持愉快、温雅与尊严并重，对所交代的事情要任劳任怨"。由此可见当时的哲学家们是没有宗教的传道士，而不是没有生气的形而上学者。奥勒留笃信他们，有一段时间，他因为诚心禁欲几乎毁损了他天生瘦弱的身体。12岁那年，他就是一副哲学家的装束，母亲让他睡床他坚持不肯，宁可席地而卧。童年时就成了禁欲派（斯多葛派），他感谢地说："我保持了青春，时期未到之前我不以成人自居，我宁愿等待而不管需要……我不曾像贝尼狄克特（Benedicta）誓守单身而忽然结婚……后来我忽然想要恋爱了，我就马上好了。"

　　有两种力量把他从职业哲学家那里拖了出来。一种是有小职位接连地派给他，行政的现实性阻止了少年深思的理想化；另一种是他跟安东尼·庇护的关系密切。当他住在宫中，在无尽期的学习情形下，他不讨厌安东尼的长寿，而继续其斯多葛派的朴素生活，继续研究哲学和行政。他义父的诚实和致力于国事的精神大大地影响了他。奥勒留就是安东尼的族姓，他和卢西乌斯被收养时都冠以此姓。小韦鲁斯后来成为浪子，玩乐场中的能手。公元 146 年，庇护想和他人共理朝政，就指定奥勒留和他分治，留给小韦鲁斯的只有空虚的爱。安托尼乌斯一死，奥勒留就成为唯一的王了，不过他不忘哈德良的期望，于是正式让卢西乌斯与他分享王权，并将女儿卢西拉（Lucilla）嫁给他。自始至终这位哲学家都犯了仁义的错误，共同执政创下了恶例。他在戴克里先和君士坦丁统治之前，已使帝国分裂和软弱了。

　　奥勒留请元老院把庇护奉为神，并把他为太太建的庙加以修缮，然后重新开启，奉献给安东尼和福斯蒂娜。[1] 他对元老院尽量客气，也非常高兴地看到他的几个哲学朋友成为元老院的一员。意大利全境和各属地都欢呼他是柏拉图梦想的实现：哲学家做了皇帝。不过他不想建立乌托邦，他和安东尼都是保守派。宫廷里培育不出激进派。他是哲学家皇帝，斯多葛派要比柏拉图派更适合。他警告自己说："千万别奢望实现柏拉图的共和国，把人类稍加改良就够了，不要认为这种进步不重要，谁能改变人类的意见？ 若不能改变他，你除了能制造不高兴的奴隶和伪君子之外，还能做什么？"他已发现，不是人人都想成为圣贤，他只好伤心地顺从一个腐败而邪恶的世界。"不朽的神都默许并忍受了无数年月，不但不恼怒，反而降福给那些恶

---

[1] 科林斯建筑的 10 个大巨柱是罗马广场遗址中保留至今最完美的，回廊未遭损坏，保留得完整整整。内殿的大理石饰面有点毁损，以圣洛伦佐（San Lorenzo）教堂（17 世纪在安东尼和福斯蒂娜庙的遗址上建造）留存于米兰达（Miranda）。

人，而生命如朝露的你难道就不耐烦了吗？"他宁肯信赖榜样而不信任法律，他自己真是个公仆：背负一切行政责任和决断，就是小韦鲁斯所应该注意但被忽略的责任他也负责。他不允许自己奢侈，对待众人如朋辈一般，因为太容易被人接近，所以劳累不堪。他不是大政治家：把大量公款赠给人民和军队，副执政官的卫队每人送 2 万塞斯特斯，增加领取赈济的人数，豁免大批欠税和捐款。这样的慷慨虽不乏先例，但是在显然将有叛乱或战争发生，并且已经在很多属地发生之时，这种大方就不明智了。

他也埋首于哈德良着手而未完成的法律革新，他增加法院开庭日数以减少审问时间，自己时常充任法官，对重大罪行不予宽赦，但通常心怀怜悯。他有一套计划保护犯人对付狱吏，保护债务人对抗债权人，保护属地对付统治者。他扩大救济，设立贫民埋葬基金，其妻逝世后又设立资助青年妇女的基金。他禁止男女同浴，不准对伶人与角斗士破格赏赐，规定各城市按其财力举办竞赛，比赛用剑须加护帽以防流血。人民喜欢他的人，但反对他的法律。当马科曼尼战争中他征募角斗士入伍时，人民很生气，幽默地嚷着说："他剥夺了我们的娱乐，他要叫我们做哲学家。"罗马人已经要准备做清教徒了。

他的哲学家名声，和哈德良与安东尼时的长期和平所引起的内忧外患造成了他的不幸。162 年，不列颠发生了革命，卡蒂入侵罗马日耳曼，帕提亚王沃洛加西斯三世向罗马宣战，奥勒留选派能将抚平北方之乱。他委派卢西乌斯担当征讨帕提亚的重任，卢西乌斯只到了安条克。那里美貌多才的潘西娅在小韦鲁斯眼里真是集雕塑杰作于一身，加上她迷人的歌声、高深的琴艺、文学和哲学修养，小韦鲁斯一见之下，就像吉尔伽美什（Gilgamesh）一样，把祖宗三代都忘得一干二净。他纵情玩乐、打猎，最后沉溺于酒色。这时帕提亚正长驱直入到了叙利亚。奥勒留对他未加评论，给他军中的副将阿维狄乌斯·卡修斯（Avidius Cassius）发了一道战斗计划，于是不但把敌人逐退，并再次把罗马旗帜竖在塞琉西亚和泰西封，这两座城已被夷平，免得再供帕提亚作为攻战基地。小韦鲁斯自安条克回罗马，国人迎其凯旋，他倒很高尚地坚持和奥勒留分享战功。

小韦鲁斯带回一个目不可见的战争胜利者——瘟疫。恶病起初是在占领了塞琉西亚的阿维狄乌斯军中发现的，因为蔓延迅速，迫使阿维狄乌斯赶快撤军到美索不达米亚。帕提亚人大乐，认为是他们的神替他们报仇。撤退的军队把瘟疫带到叙利亚。小韦鲁斯胜利凯旋又带一部分士兵回到罗马，所到之处无不被感染。史学家们描述瘟疫的灾害多于瘟疫的性质，他们说那是斑疹伤寒或黑死病之类。盖仑说那像伯里克利当政时蹂躏雅典人的疫病，患者全身冒着黑脓，咳得声嘶力竭，连呼吸都发出恶臭。灾难立刻传到小亚细亚、埃及、希腊、意大利和高卢。不出一年，病死的人数多于战死沙场的人数，罗马每日死2000人，内有不少贵族。尸骨堆积如山，被运出城外，奥勒留面对无形的敌人束手无策，只好尽其所能使之减轻。那时的医学又不能帮助他，疫病一直到使人发生免疫性或死光所有被感染者才算完结。后果真是可怕，很多地区的人民都逃入丛林或沙漠。粮食无人生产，运输停顿，水灾又淹没大批粮食，饥荒继之而来。奥勒留就位时的快乐气氛不见了，人民惶惑恐惧，群起求神问卜，神坛上香烟缭绕，供品堆积如山，只有到此求取安慰——一个个人保命、天赐平安的新宗教。

正当内部苦不堪言时，又传来多瑙河一带部落——卡蒂、夸迪（Quadi）、马科曼尼、雅兹格斯（Iazyges）——渡河，击溃2万罗马驻军，蜂拥而来，指向达契亚、雷亚蒂亚（Raetia）、潘诺尼亚、诺里库姆（Noricum）的消息。传说有的已翻过阿尔卑斯山，所向无敌，包围阿圭利亚城（靠近威尼斯），威逼维罗那（Verona），蹂躏意大利北部，使农田寸草不留。日耳曼族从来不曾有这样行动一致进逼罗马之事，奥勒留在惊慌之中采取果断措施，他抛开哲学的喜好，亲自出阵，认为此战将是自汉尼拔以来罗马最重要的战争，招募"警察"、角斗士、奴隶、土匪和遭受战争与瘟疫之劫的外国野蛮人从军。他还亲自到祭坛上主持百牛大祭，以致使得一头白色公牛借助一位巫师的口，传出一道口信，求他不要胜得太过："如果你赢，我们就完了。"他筹措军费不用增税，而是拍卖自己的衣服、艺术品和宫中珠宝。他谨慎设防——从高卢到爱琴海建筑防卫工事，阻塞通往意大利的通路。他又向日耳曼和塞西亚行贿，使他们袭击敌人后路。他痛恨战争，但此次竟鼓足勇气，训练军队，率领他们作有策略的殊死之战，从阿圭利亚城赶出敌人，追击至多瑙河，直至敌人全体被俘或死亡为止。

他明白此次并未杜绝日耳曼之患，不过暂时相安而已。他率军回罗马，小韦鲁斯在途中中风死去，和政治一样无情的谣言，传说是奥勒留毒害了他。从公元169年1月到9月，奥勒留皇帝居家休养，因为他身体素弱，此次消耗已经到了致命的程度。他患胃病，虚弱得无力谈话。为了控制只好节食，每日一次流质食物而已。熟悉他健康状况和饮食的人，对他能够承担宫中和战场上的辛劳都觉得惊异。有几次他请当时的名医盖仑应诊，并称赞他那慎重不夸的处方。

也许连续的不幸，加上政治军事危机，使他的病情日渐严重，年仅48岁就已老态毕露。他的漂亮太太福斯蒂娜，大概不喜欢和哲学家共同生活。她是个轻浮的人，渴望着她的哲学家丈夫所不能提供给她的快活日子，谣言说她不贞，小丑们讥他戴了绿头巾而且指出他的情敌。他像其父王对待其母福斯蒂娜一样，不但毫无怨言，反而使那传说中的奸夫升官，对福斯蒂娜尽情体贴与尊重。她死后（公元175年）被奉为神灵。他在《沉思录》中感谢神，因为她是"如此顺服而又钟情的太太"。人们对她的指责之事并无证据存在。她生育四个子女——一个死于幼年；一个嫁给小韦鲁斯时郁郁寡欢，卢西乌斯死后，就一直守寡；公元161年福斯蒂娜生下一对双胞胎儿子，一个死于生产，另一个就是康茂德。长舌的人说他是角斗士给福斯蒂娜的礼物，康茂德也偏偏努力来证实这个谣言。这位小伙子英俊健壮，奥勒留十分溺爱他，把他送到军中以表示立他为嗣，敦请罗马第一流名师把他造成治国之材。可是他偏爱玩乐，厌恶书籍、学者和哲学家，喜欢结交角斗士和运动家。不久他就学会撒谎、残暴和说粗话，较朋辈有过之而无不及。奥勒留太过慈爱以致不能管教或驱逐他。奥勒留一直希望教育和责任将来会使康茂德觉醒而长成帝王之材。奥勒留后来孤独，胡须不修，焦虑失眠，两眼无神，样子憔悴，只好放弃妻儿，委身国事和战争。

中欧部落攻击边界只是暂停，和平只是休战而已。这种要摧毁帝国、争取自由的奋斗是不会永久停止的。公元 169 年，卡蒂侵入莱茵河上游地带；公元 170 年，肖西（Chauci）进攻比利时，又有一支军队包围了萨米泽格图萨；科斯托博伊（Costoboii）越过巴尔干到达希腊，在距雅典 14 英里的埃勒乌西斯（Eleusis）掳掠神庙；摩尔人从非洲侵入西班牙；又有一个叫伦巴第的新部落在莱茵河出现。这些入侵虽然再三被挫败，但是由于他们生殖力强，日益壮大，而节制生育的罗马人就日趋衰弱。奥勒留明白这是生死之战，一方必须摧毁对方，否则便得投降。

一个经罗马训练并有斯多葛哲学责任感的人，才能完全从一个深奥的哲学家转变为一个胜任而成功的将军。哲学家仍然存在，但穿上皇帝的甲胄；就在第二次马科曼尼之役（公元 169—175 年）的混战之际，他在格兰纳河畔 [1] 的营中写成《沉思录》这本书，世人因而铭记他。这本书是伟人最逼真的画像，使人们瞥见一个虚弱而容易被骗的圣者，为了扭转帝国的命运，率领大军从事战斗之时还不忘思虑道德和命运问题。他日间追剿萨马提安（Sarmatian）人，夜间便以同情心记述它："蜘蛛捉到了一只苍蝇便认为是丰功伟绩，追到兔子的人亦然……或许那些俘获萨马提安人的人也一样……他们不都像强盗吗？"

话虽如此，他仍旧和萨马提安、马科曼尼、夸迪、雅兹格斯等部

---

[1] 格兰纳河可能就是格兰（Gran）河，多瑙河的一个支流。

落苦战达六年之久。胜利之后，他的大军前进至波希米亚北，他显然是想以赫西尼安（Hercynian）山和卡帕西安（Carpathian）山为疆界。若是他成功了，日耳曼也将使用拉丁语言、接受罗马文明，所不幸的是，当他的成功登峰造极之时忽传噩耗：阿维狄乌斯在抚平埃及叛乱之后自己称帝，他只好匆促地和野蛮部族休战，仅兼并多瑙河北岸一条 10 英里长的地带，在其南岸留下驻守大军而已。他集合兵士并对他们说，假如罗马人同意，他愿意让位给阿维狄乌斯，并保证饶恕叛军，然后进兵小亚细亚会见阿维狄乌斯。其间有人杀了阿维狄乌斯，叛军遂瓦解，奥勒留经小亚细亚和叙利亚到亚历山大。他像恺撒一样痛惜他失掉了宽厚的机会，他在士麦那、亚历山大城和雅典等地外出时都不带护卫，穿着哲学家披风，听名师演讲，用希腊话参加他们的讨论，在雅典时捐助柏拉图、亚里士多德、斯多葛和伊壁鸠鲁各学派的教授席位。

公元 176 年，征战将近 7 年之后，他回到罗马，人民视他为帝国救星，迎接他的凯旋。胜利之中他想到了 15 岁的康茂德，让他参加辅政。收养之制行将百年到此终结，世袭之制再度开始。奥勒留知道他为帝国招来的危险，但是他若不让康茂德继承王位，他和他的同党就会发动内战。他的办法虽然不好，但其灾祸远比内战要轻。如此消弭了祸根，人民又得到幸福，首都所受战祸不大，只是增税供给战费而已。而且边境苦战，国内贸易反而兴隆，财源自然广进，罗马国运和皇帝的名望都达到高潮。人们群呼皇帝为兵士、哲人和圣人。

他的胜利并没有蒙蔽他。他明白日耳曼问题并未获得解决，他认为必须积极地把疆界扩展到波希米亚山脉才能阻止日耳曼再度入侵。于是在公元 178 年，他偕同康茂德，开始了第三次马科曼尼战争，渡过多瑙河，艰苦奋战之后又打败夸迪人，敌人已无抵抗。他正想占据夸迪、马科曼尼和萨马提安（大约包括波希米亚、多瑙河、加里西亚）作为新属地时，突然在维也纳营中病倒。他自觉必死，便召康茂德到床前，嘱他完成即将实现的政策，并把帝国疆界推到易北河，以实现奥古斯都的愿望。[1] 然后就不进饮食，他病倒的第六天，仅以最后一口气挣扎而起，把康茂德介绍给军队，立他为新王，然后回到床上用被单掩面死去。当他的遗体到达罗马，人民早已把他当神敬奉，认为他是天上神明，不过到人间小住而已。

---

[1] 公正无私的史学家蒙森说：“我们不仅知道这位统治者的果决，而且得承认他也做了正当政策所不许可的事。”

第十章 | **2世纪的生活与思想**
（96—192）

塔西佗

涅尔瓦和图拉真的统治解放了罗马久被压制的思想，使当时的文学有强烈的憎恨暴政的表现。当时的专制虽被停止，但是仍有卷土重来的可能。普林尼在欢迎来自西班牙的伟大皇帝时，在其所致颂词中，就有反对暴政的呼声；尤维纳利斯也同声附和；伟大的历史学家塔西佗则对过去口诛笔伐，终生不休。

塔西佗出生于何年何处，名为何，都不可考。他的父亲可能是在比利时高卢做税官的科尔尼鲁斯·塔西佗。此人发迹后，阶级地位便由骑士升为新贵族。这种推断是根据塔西佗自己的陈述："在阿格里科拉为执政官时（公元78年）……他本可与名贵结亲，可是答应了我和他女儿的亲事。"塔西佗接受普通教育，但口才很好，风格活跃。那种运用自如、翻云覆雨的辩才在他的史书中随处可见。普林尼时常在法庭上听他发言，赞美他是"堂堂的辩才"，称他是"罗马最伟大的雄辩家"。公元88年，塔西佗任副执政官，对于在元老院没有直言反对暴君并不觉得惭愧。涅尔瓦任命他为执政官（公元97年），图拉真任命他为亚洲总督，可见他是有事务才能和实用经验的人。他的书是整个生活的追述，是安乐老年、成熟渊博的产物。

　　整个主题就是——反对暴政。在《演讲家对话录》（*Dialogue on Orators*）中（假如是他的作品），他认为雄辩之所以走下坡路是因为自由受到限制。他在《阿格里科拉传》（一篇最完善的专论）中，很骄傲地叙述了他曾任将军和属地长官的岳父政绩是如何突出，然后痛责多米提安将他岳父免职。在《日耳曼人的起源与现状》（"On the Situation and Origin of the Germans"）一文里，他把一个自由民族的活泼精神，和罗马专制之下的退化与懦弱加以对比，称赞日耳曼人反对杀婴和不优待无子女之人的做法。其真正目的不在于赞扬日耳曼人，而是借此抨击罗马人。他的哲学目的虽然破坏了研究的客观性，不过以一个罗马官吏来称道日耳曼抵抗罗马，他的眼界起码是扩大了。[1]

　　塔西佗那些成功的文章引发了他揭发暴君罪行的动机。他首先从自己记忆犹新的事，和前辈能够证明的事情开始——从加尔巴到多米提安死亡的一段期间；当这些"史记"赢得贵族政治的喝彩，认为是李维之后最佳的历史著述时，他又继续用年表的方式，描写提比略、卡里古拉、克劳狄乌斯和尼禄的政史。他的14本（有人说是30本）"罗马史"有四本半留存下来，都是关于公元69年至公元70年的事迹；《编年史》原为16卷或18卷，而留存下来的只有12卷。这些史记虽已残缺，但仍旧是现存的权威文献；我们由此可以模糊地想见整个文献的伟大和感人。他也想撰写奥古斯都、涅尔瓦和图拉真的年表，想记述一些建设性的政绩以减轻之前著作的忧闷气氛。但是时不我待，他从黑暗面批判过去，后人也从黑暗面指责他。

　　他认为"史学家的责任是批判人的行为，以使善良者因为美德而获得赞扬，邪想者因怕恶行受后世唾弃而有所顾忌"。这种观念是把历史当作最后的审判，把史学家当作神。这种想法——历史是个布

---

[1] 可能是公元98年写的，在图拉真对达契亚（Dacians）战役之前。

道者——是用可怕的实例来教授道德，这样一来，历史便落入辩论的形式，其中的辩论极易受情绪的影响，所以道德家不宜于写历史。塔西佗记忆暴君的恶行如亲身目睹，所以他对暴君的批评无法冷静，他只看到奥古斯都摧毁自由，而不见其他，他认为一切罗马天才都随着亚克兴之役而终结。他似乎不曾想到如何记载完美的政治，如何记载罗马怪杰们使属地经济繁荣的事迹；读过他的书就该知道罗马是个帝国，也是个城市。那些失传的书可能是记述各属地的；传世的书也许不是可靠的历史指南，他虽然没有说谎，但也没有报道真实。他常引用的资料是历史、演讲、书信、《罗马公报》(Acta Diurna)、《元老院纪事》(Acta Senatus) 和老史学家的传说；他所听到的，大部分是关于贵族们如何被迫害的事情，但他从来不想，元老被处死，皇帝被刺杀，不过是恶毒、残忍、有能力的君主，和腐败、残忍、无能的官僚政治长期斗争之下发生的事件。他只是着迷于令人注目的人和事，而不是力量、原因、观点和过程；他所描写的历史人物最生动但也最不公正。他不曾注意经济对政治的影响，把人民生活、贸易情形、科学状况、妇女地位、信仰变迁、诗文、哲学、艺术等成就都忽略了。塔西佗没有提到塞涅卡、卢卡和佩特罗尼乌斯之死；他描写的皇帝们只是杀人，没有建设。这位大史学家可能是受了听众的影响；按当时习惯，他可能是把作品读给贵族朋友们听；他认为他们对罗马生活、工业、文学和艺术都很熟悉，故无须解释；他们要听的是关于暴君们有刺激性的故事，斯多葛派元老们的英雄事迹，贵族阶级反抗暴政的战争故事等；我们不是指责塔西佗没有把不想做的事做好，只是对他那褊狭的抱负和强大思维的限制表示惋惜。

他无意伪装成哲学家，他赞美阿格里科拉的母亲反对她儿子被哲学所吸引，她说："他对哲学有强烈的爱好，他宁愿不做罗马人和元老也不放弃哲学。"他的想象力和艺术天赋跟（后世的）莎士比亚一样，由于太富有创造的活力而不能让他安静地思考生活的意义和可能发生的事。他有很多富于启发性的评论，也有不真实的诋毁；对于神、人或国家没有一贯的见解；对于信仰问题有点含混，他认为信仰本国宗教比完全相信知识要好；他否认占卜、预兆、预言和奇迹，可是多少又相信一些；他过于绅士气，所以对别人所肯定的事又不得不承认其可能。总之，由世间所发生的事似乎可以证明诸神对于善与恶都不关心，可是一方面又证明确有某些不可知的力量在左右人和国家的命运——他希望阿格里科拉到达一个快乐世界，但是他又显然怀疑，于是只得用大智者的最后幻想——万古流芳——来安慰自己。

他也不满意乌托邦的理想，他说："大多数的改革计划最初都充满无限热情；但新奇不久就消失了，计划便一无所成。"他勉强认为他那个时代暂时还不错；但不以图拉真那样的才智，又何能防止新的堕落。罗马的人心已腐化到底，民众精神的紊乱已造成无政府的自由，"一群乌合之众喜欢革新和改变，并且准备变成最强者"。他悲叹"人心险恶"，并像尤维纳利斯一样藐视在罗马的异族；他辱骂了帝国之后便不想再回去，不过他希望皇帝们尊重自由和帝政。最后，他认为品格重于政府，所以使一个民族伟大的不在其法而在其人。

我们本来在寻找历史，结果找到的却是说教和戏剧。不管如何诧异，我们也要把塔西佗算作伟大的史学家之一，因为他著作的威力弥补了眼光的狭隘。第一，他观察入微、深刻、逼真，他所描绘的景象清晰地站在我们面前，他们在舞台上比任何历史文学中的人物都生灵活现。但是也有缺点，塔西佗给各种人物设计的讲词都是他自己的语调和堂皇的文章；他把加尔巴写成一个笨老头，却使他的谈话像圣人。此外，他的历史人物没有依照时间演变，比如提比略的人性从始至终完全一样，塔西佗认为，提比略从一开始就表现出人性是虚伪的。

塔西佗的格调始终伟大，没有任何作者能讲那么多而又紧凑。紧凑不意味着简略，相反，他行文散漫冗长，两年多的历史竟写了400页之多，有时候又简短得到了令人费解的程度，须用长句加以说明；他鄙弃动词和连接词，说那是智力残缺者的拐杖；他已经超过塞拉斯特的扼要爽快，胜过塞涅卡的简短讽刺诗，胜过修辞学校所教的均衡短句。这种文体在长篇巨著里不免有单调节段出现，会使读者又兴奋又吃力，不过他总是使读者不忍释手。这种省字而不省人的战斗文体，这种不顾文法构造，充满愤慨、观测入微的手笔，这种用字不陈腐且讽刺入骨的体裁，都使他的作品有以往史学家不能比拟的流畅、情调和力量。他的色调阴沉，心情郁闷，唇枪舌剑，整个是但丁不留情的姿态：所产生的力量令人无法抵抗，不管我们有什么保留或反对，都要被他的故事所吸引，人物在舞台上相继出现，又相继被打倒；一幕紧接着一幕上演，一直到罗马毁灭，参与的分子死绝。当我们走出这恐怖之室时，我们不敢相信这种暴政、懦弱和缺德会泛滥到哈德良等的全盛时期，以及普林尼的朋友们的太平和乐之世。

塔西佗轻视哲学是不对的——哲学就是眼界，他的一切过失就是因为没有哲学。假如他能训练他的笔为一个开阔的胸襟服务，在那些苦心撰写人类事迹的史学家中，他将是首屈一指的。

尤维纳利斯

非常不幸，尤维纳利斯也有塔西佗的作风，所不同的是，塔西佗用尖刻的笔法描写帝王和元老，尤维纳利斯则是以怨言来讽咏男女。

尤维纳利斯是富有的自由民之子，公元 59 年出生在拉丁姆的阿奎努姆，就学于罗马，并混迹于律师界作为消遣。据未证实的传说，他在多米提安死后不久，写了一首讽刺诗，描写伶人在宫中的势力，然后在朋友之中传阅；据说哑剧演员帕里斯因此大怒，使他被放逐到埃及。我们不能断定故事的真假，也不知道他何时又回到罗马，总之，在多米提安去世之前，他没有东西发表。第一卷的 16 首讽刺作品出现在公元 101 年，其余四卷是漫长时间中陆续发表的。那些诗大概是对多米提安时代所作的无情记述；诗的愤慨是逼真的，但事实不一定可靠，不过其中可以看得出来，罗马虽有几个好皇帝，但是时间有限，谁都没有矫正那些被攻击的歪风。他的诗歌为罗马文体，参考了卢西利乌斯、贺拉斯、珀修斯的作品，然后再应用到由学校所学的修辞学中来发泄他的辱骂和愤怒，罗马帝国被以辱骂为乐的人，形容得异常黑暗。

尤维纳利斯到处取材，他毫不费力地从每件事中都找出可指责的一面。他认为"我们的罪恶已达绝顶，子孙后代永无超过的可能"。邪恶的根源在于不择手段地追求财富，他看不起那些曾经统治军队废弃皇帝的平民，现在用面包和马戏就可以收买他们；他憎恨那些东方面孔、服饰、习惯、气息，和他们的神；他反对犹太人的民族团结；最不喜欢"贪婪的小希腊人"——他们的祖先从前伟大但不忠诚，他们自己就是这个民族的堕落子孙；他厌恶以告人不忠于国而致富的告密者；他不齿于那些对无子嗣之人拥前拥后志在猎取遗产的人，以及靠官职而终生奢侈的人和那些像蜘蛛结网一样拖延诉讼的聪明律师。那些性过分和性反常最使他作呕；登徒子于婚后发现之前的纵情放荡已使他性弱，花花公子那种不男不女的腔调，认为妇女解放就是要做和男人一样的妇女，以上等等都是他辱骂的对象和题材。

他的第六篇讽刺作品最为尖刻，全部关于女性。波斯图穆斯想结婚，尤维纳利斯警告他说不可以。他形容罗马女人为：自私、恶毒、迷信、浪费、好争、骄傲、虚荣、好讼、淫荡，几乎人人都离过婚，爱犬甚于子女，爱好运动，对文学假装内行，口里说着维吉尔，装腔作势地谈论修辞和哲学——"啊，上帝救救我们，不要让我们有个'博学'的太太吧！"他下结论说：罗马几乎没有女人值得娶来为妻，好太太是个珍禽，比白色乌鸦还难寻。他感到奇怪，妓女到处都有，许多高贵、令人迷醉的寡妇也可以找，为什么波斯图穆斯会想结婚呢？保持独身不要结婚吧！离开这疯人院般的罗马，找个安静的意大利城市去住，那里有诚实的人，没有罪犯、诗人、坍塌的公寓和希腊人，把野心抛诸脑后；你的目的不值得争取，劳苦无穷而享誉有限。过简朴的生活，打理你的花园，在不饥不渴不冷之外，不必多求；发挥同情心，对儿童要慈爱，保持身心健康。只有傻瓜才求长寿。

我们不难理解这种心情：盯住别人的缺点和社会的可鄙，再用自己的梦想来作比较，该是多么舒服。尤维纳利斯的街头语汇，流畅通俗的文笔，冷酷的幽默，活泼的风格，都使我们欣赏不已。但是我们不能被文字的外表所迷惑。他气恼，因为他在罗马不得意，所以用愤恨而不公平的棒槌朝四面八方打击，痛痛快快地报复。他的道德尺度对美好的过去很有偏见和误解，不过不失其崇高与正确。用那种无情无礼的道德标准，我们可以随时控诉任何时代。

塞涅卡对这种不满知之甚稔，他说："我们的祖先从前不满，我们现在不满，我们的子孙也要对道德败坏、恶人当权、人们陷入罪恶、人类情形每况愈下等现象不满。"任何不道德的社会，在它的外层总有健全的生活存在，连绵不断的传统，宗教的要求，家庭经济的压力，父母对子女本能的爱，妇女和"警察"的监视等，足可使人们维持正派和清醒的生活。我们承认塔西佗是罗马的伟大史学家，尤维纳利斯是伟大的讽刺作家，不过若认为他们的描写正确那就错了。若是对普林尼的轻松乐观和善意的文字也毫不怀疑地予以接受，那也是同样错误的。

罗马绅士

普林尼于公元 61 年出生在科莫，当时取名 Publius Caecilius Secundus。其父拥有一处农场和一所别墅，并在城内任高职。普林尼早年失去父母，初由在日耳曼任总督的鲁福斯领养，后来又由其伯父老普林尼收为继子，这位学者伯父著有一本《自然史》，但不久也去世了。他在罗马拜昆体良为师，他 18 岁执律师业，39 岁时值图拉真继位，他被推举致欢迎词，同年任执政官，公元 103 年任占卜官，公元 105 年任台伯河水利工作及罗马公役人员监察人。因为他有钱，对法律服务不取报酬。他在埃特鲁里亚、贝内文图姆、科莫、劳伦图姆都有财产，并捐献 300 万塞斯特斯。

他像一般贵族一样，以写作自娱。他最初写希腊悲剧，然后作诗，内容轻松不免下流。有人批评他，他即认错，但是仍旧主张纵情于欢乐、智慧。听到有人赞美他，他从公元 97 年到公元 109 年之间陆续发表了许多作品。他的作品不但要给公众看，并且要博得被描写的朋友们的高兴，所以他抛开罗马生活的黑暗面，也不谈那些正经的哲学和政治问题。他的作品的价值在于照亮了罗马人物和贵族生活。

普林尼介绍自己时用了蒙田一半的坦诚和全部的美词。他的性格里面含有作家们难免的虚荣——"我最爱不朽之名"。他欣赏自己也推崇别人，他说"佩服别人美德的人，他自己一定有很多优点"，"听到了作家说别人好话，我们应该觉得舒服"。他出手慷慨，写文章亦然，他乐于帮助别人：贷款、赠送，从替朋友侄女物色丈夫到发展自己的故乡。他听说昆体良无力为女儿备办嫁妆以匹配男方门第，就赠其 5 万塞斯特斯，并客气地说为数不多，请他见谅。为了替老同学取得骑术师的资格，他送其 30 万塞斯特斯；一个朋友死后给女儿遗下大批债务，他悉数代她还清；有一位哲学家遭多米提安放逐，他不顾风险借给他为数可观的钱；又在科莫建了一所寺院、一所中学、一所贫儿学校、一所公共浴室和一所图书馆。

他最大的优点就是爱他每一个家。他同样喜欢罗马，只是觉得住在傍临湖海的科莫或劳伦图姆更为愉快；他在那里除了读书别无他事。他爱他的花园和背后的山景，他无须等待卢梭来教他爱好自然。他最喜欢谈及他的第三位夫人——卡尔普尼娅的温柔善良，对他的成就和书籍如何爱护和有帮助，（他认为）她读遍他的著作并能背诵很多，有的诗篇由她配上音乐吟唱。她有一些情报员，当他有重要案件处理时，要他们不断向她报告进展情形。她不过是他为数众多的贤淑妇人之一。此外他又讲到一个年仅 14 岁、既淑静又有耐性和勇气的少女，于订婚后不久发现自己患有不治之症，竟毫无恐惧地等死。他还夸奖庞培的太太用优美的拉丁文给丈夫写的信是爱的抒情诗。特拉塞亚的女儿为了替丈夫辩护而情愿被放逐，又看护一个患恶病的亲戚，结果被传染而死；他感叹地说："她的美德、神圣、冷静和勇气可谓举世无双！"

他的朋友不下百人，多数人品行都很好。他曾与塔西佗联合指控马里乌斯·普里斯库斯，因为他在非洲任总督时欺诈、残忍；他们两人又互相切磋演讲词和互相恭维。塔西佗宣称文艺界承认他们两人是当代首屈一指的作家，更把他捧上了天。他的圈内都是爱好文学和音乐的人，以及背诵诗文和经文的人。博伊西尔（Boissier）说："文风之盛恐怕没有任何时代可比。"多瑙河和莱茵河畔到处是研究荷马和维吉尔的人，泰晤士河震撼着雄辩之声。那是个夫唱妇随、父慈子孝、主厚仆忠、朋友真诚、礼仪醇厚的社会。答复朋友通常会说："我将应约到府上吃晚饭，但须事先讲好，请允许我早退，并且不要破费，座上只谈哲学，但也不要超出限度。"

老普林尼描绘的人物多半是来自各地的新贵，他们多半担任公职，分享图拉真的开明之治。他本人则奉命到比提尼亚省担任执政官，负责改善当地的经济状况。弗龙托的信札包括向皇帝的请示以及图拉真的扼要答复，信函之中可以看出，他事无巨细都遵照皇帝指示，但是不辱使命。最后一封信是向皇帝请罪，因为他使用皇家的驿站马车送患病的太太回家。此后他就不在文学和历史界露面，所留下来的是他本人的绅士印象和意大利的幸福时代。

文化的衰落

关于这些杰出人物我们已谈论甚详，他们的成就不会被埋没了。他们之后，就没有伟大的异教拉丁文学出现。从恩尼乌斯到塔西佗，智慧已经尽了最大努力，已经无法再进步。我们觉得可怕的是，伟大的《罗马史》和《编年史》变成了苏埃托尼乌斯丑闻的史剧《伟人们的生活》（*Lives of Illustrious Men*，公元 110 年）；历史到此已退步成传记，传记又退步到传奇；字里行间充满了预兆、奇迹和迷信，只有菲尔蒙·荷兰德（Philemon Holland）的英译本（1606 年）才提高了该书的文学水准。弗龙托的信札也不能和普林尼相比；其中有的想要模仿古体反而把文字弄坏，有的曾被热心的老师修改过。奥鲁斯·盖利乌斯（Aulus Gellius）在他的《阿提卡之夜》（*Attic Nights*，公元 169 年）里主张古体运动——集古代无聊文学之大成；阿普利亚（Apuleius）在他的《金驴》（*Golden Ass*）中尤有过之。阿普利亚和弗龙托都来自非洲，他们的怪想法也许是因为古体拉丁在非洲和人民语言脱离不太远。弗龙托相信，振兴文学须用通俗文字，如同欲使花木繁茂需要翻动根部的土壤一样；但是对一个人、一个国家或一种文风来说，青春会一去不返。东方化的生活和语言已经开始而且无法阻止，东方化的希腊语和东方化的罗马语逐渐变成生活和文学的语言。阿庇安是居住在罗马的亚历山大希腊人，他记述若干罗马战役都是用希腊文；纯粹的罗马人——克劳狄乌斯·艾利安（Claudius Aelian）亦然；罗马元老卡修斯后来也用希腊文写《罗马史》。罗马已经把文学领导地位交还给说希腊语的东方人。伟大的拉丁作者将会再度出现，不过他们将出自基督的圣徒。

罗马艺术的退化要比文学来得缓慢。建筑、雕刻、绘画和镶嵌的技术水准仍旧可以维持。在梵蒂冈的涅尔瓦头像依旧有弗拉维安时作品那种真实生动的精神，图拉真大圆柱上面的浮雕虽不够精细，但是有感召力。哈德良不遗余力地想恢复希腊古典，但是找不到在伯里克利时代饰演菲狄斯的角色。在一个自封知足太平之世，那种马拉松之役以后唤起希腊的灵感、亚克兴之役以后唤起罗马的灵感已不存在。哈德良的半身像因为光滑的希腊线条以致失去特性。普洛特玛和萨宾娜的头像足够漂亮，但是女人气的安蒂诺乌斯像使人却步，哈德良想复古可能是个错误：他结束了弗拉维安雕刻的自然写实主义的个性表现，这种精神在意大利已有相当根基，凡事若违背自然便不会成功。

安东尼时代罗马雕刻还有一段剩余的光芒。至少有一次达到了完美，那是一个头戴面纱衣服朴素的妇人像，雕塑精致可爱，线条分明。奥勒留的太太福斯蒂娜的像也很好，雕塑得具有贵族气，妩媚之态跟历史的讥讽相吻合。奥勒留的像有多种姿态，从充满少年英气的胸像，到卷发武装的学者。而俯视罗马广场的奥勒留骑像无人不晓。

浮雕始终是罗马所喜欢的艺术，埃特鲁斯坎人和希腊人在石灰石上雕刻神话故事的习惯，到哈德良时代又得以恢复，因为人们希望神最好具有人形和人体，当时火化已改为埋葬。纪念奥勒留战役的凯旋门所遗留下来的 11 块雕板，充分地表现了自然风格；其中没有一个人是出于想象，每个部分都有特性——奥勒留谦和受降的感人画面；失败者没有野蛮的表现，而是为争取自由而战的神情。174 年元老院和人民所建的奥勒留圆柱依然矗立在科卢纳广场；因为受到图拉真圆柱的影响，它也对征服者和被征服者同样敬重，用富有同情心的艺术作品来表现马科曼尼战役。

一个时代的艺术形态和道德标准与皇帝的兴致有关。如竞技禁止残忍，法律体谅弱者，婚姻力求美满持久……道德败坏古往今来都不易避免，有的人公开败德，有的人秘密下流；不过到了尼禄时期，道德败坏已经转好，不足为忧，男人女人又回复旧教或笃奉新教。哲学家也受到欢迎，奥勒留招待他们，容忍他们，他们不少人来到罗马，利用奥勒留的大度和权力，群集朝廷要求任命和给俸。他们发表无数演讲，又创办许多学校，为世界带来古代哲学的极致与没落。

皇帝哲学家

奥勒留在死前的 6 年中，坐在营帐里写下了他对人类生活和命运的思考。他的《沉思录》(*Ta eis heauton*) 是否为了发表，我们不得而知。也有可能是为了发表，因为圣者也不免有虚荣心，最伟大的实践者有时候也有想著述的弱点。奥勒留不是专门的作家，他用希腊文写作，所以把弗龙托的拉丁文荒废了；并且这些"箴言录"（Golden Thoughts）是在旅行、战争、革命和艰难困苦之中写成；我们要原谅那些作品的杂乱无章和重复枯燥，此书的价值是在其内容——厚道、坦诚，基督教异教徒的半清醒的启示，以及古代到中世纪的精神。

跟当时大多数的思想家一样，奥勒留没把哲学当作一种描写无限大的空论，而是把它当作一种道德思想和生活方式，他不为信神问题而伤脑筋；有时他谈话像个不可知论者，承认自己不知；可是承认之后又不能免俗地仍旧信之，他说："住在一个无神的世界对我又有什么好处？"讲到神，他有时用单数，有时用复数，完全不注意神的起源。他参加聚会祷告，向古神献供，他内心是个泛神论者，被宇宙秩序和神的智慧深深感动。他惊异于一滴小小的精液会长成小孩，机能体力和智慧的奇妙构造，以及吃了少许食物就能呼吸等。他认为假如我们能够领悟，我们就会发现宇宙之中也有跟人一样的秩序和创造力："万物互相关联，神就是他们的结合力……一切有灵性的生物都有一个常理；一个神普及众生，一个实体，一个法律，一个真理……你个人秩序安定而众生纷扰，那可能吗？"

他承认请神不要降灾给人很困难；除非我们看到整体，否则我们就不能判断任何元素或事件在整个计划中的位置，但是谁能有这种宏观的视角呢？所以要想评判世界就是自大和荒唐；智慧要和宇宙秩序相和谐，要意识到世界背后的意志，并且要高兴地与它合作。对于这种有眼界的人，"所发生的任何事情都是公平的"——自然的；合乎自然的事就不是坏事；对于彻悟的人，凡自然之事必然美好，宇宙真理决定一切事情，每个演员必须欣然接受他的剧中角色和命运，"处之泰然"（奥勒留的临终遗言）就是"自愿接受自然派给你的责任"：

> 宇宙啊！与我相合之事必与你相融。你说适时之事，我不会认为来之过早或过迟。自然啊！你四季所生之物都是我的香果，万物都是你生，你就是万物，万物都归与你。

把知识当作良好生活的工具，那种知识才有价值，"什么东西能指挥人呢？只有一样——哲学"——不是用逻辑和学问指挥你，而是不停地训练你养成优美的道德："你或者已经正直，或者由它训练你正直。"神赋予每个人一份内在的精神——他的理性。道德就是理性的生命：

> 这些是理性的原则。它通行于全宇宙，它测量宇宙的形式，它自己能延续到天长地久，包容万物的循环革新，它知道我们的后代不会看到什么新颖之事，我们的祖先也没有看到较多之事；一个40岁的人，假如他有领悟，运用这种一律性，他已经看到了一切已然之事和未来之事。

奥勒留认为他的大前提迫使他为清教徒，"享乐既不好亦无用"。他鄙弃肉体和它所有的行为，谈话有时像特拜德（Thebaid）的安东尼：

> 看这短暂和微不足道的人事，昨日的一点精液明日便成为干尸或灰烬……生命何其短，烦恼何其多……死状又何其惨……把它从里面翻出来，看它究竟是什么？

心灵必须是能抵抗物欲、情欲、愤怒和仇恨的城堡，它必须专心工作，且能无视生活逆境或前途险阻。"人的价值跟他所努力的工作一样。"他不愿意承认世界上有坏人，对付坏人的方法就是切记他们也是人，他们是因宿命而犯了错，使自己成了受害人。"若是有人害你，受害者是他自己；你的责任是原谅他。"假如坏人的存在使你难过，请想到你所认识的好人，请想到有过失的人也有他们的优点。不论好坏都是兄弟，我们都是神的子民，就是那丑陋的野蛮人也是我们的同胞。"以奥勒留而言，我的祖国是罗马；以人而言，我的祖国是世界。"难道这是不实用的哲学吗？反之，假若出于至诚，一种良好气质是天下无敌的，真正的好人不会有厄运，因为不管什么坏事临头，他仍旧是他。

> 罪恶之事有时会妨害你的公正、高洁、适度、慎重、谦和，和自由吗？……假如有人骂你，杀害你，把你碎尸万段，这些事能让你的心灵不纯洁、不清醒、不公正、不聪明吗？人站在清泉之旁，对它诅咒，清泉不会停止流出清泉；假如他向清泉内投掷泥土秽物，它会将它们冲走而清澈如故……它处处和你为难，请应用这个原则：那不是不幸，能够豁达地忍耐才是大幸……你看人能把握的东西多么少，他能像神仙一样度过安静而快乐的一生。

奥勒留的生活并不安静快乐。他在写《第五福音》（*Fifth Gospel*）时，必须屠杀日耳曼人，临死时将继承王位的儿子也不能安慰他，在坟墓之外毫无快乐。结果灵与肉一同化为乌有。

> 肉体的转变或毁灭是让位给其他必死的人。生命不存在之后，升天之灵就转变和分散……回到基本的灵，让位给新的灵……你已扮演了自己的角色；你应该消失在你出生之处……这也是自然的希望……那么经过这短暂生命，顺从地返回自然，满意地结束你的旅行，正如橄榄熟后落地，向产生它的自然祝福，向生长它的树致谢。

康茂德皇帝

奥勒留死前，护卫官问他有何遗言，他说："去找那朝阳吧，我已日暮。""朝阳"时年19岁，健壮雄伟，无拘无束无惧。奥勒留既已病危，有人希望他能打殊死战，可是他竟立刻与敌言和，使敌人从多瑙河区域撤退，交出大批武器，并释放罗马战俘和倒戈分子；敌人答应年年入贡，并劝服1.3万兵士参加罗马军队。在这种情形下与敌媾和，全罗马都责难他；将士们眼看到手的战利品将失掉而大怒，于是继续打下去，不过康茂德在位期间，多瑙河部落没有侵扰之忧。

这位年轻皇帝虽然并不懦弱，但已经历太多战争；为了在罗马享乐，他需要和平。回到首都，他故意冷落元老院，对平民破例赏赐——每人725第纳瑞斯。他的充沛精力在政治上无处发泄，便从事打猎，因为练成了箭无虚发的技艺而决定公开表演。有一段时间他离开宫廷，住进了角斗士学校；比赛之时他驱着战车，在竞技场和人畜搏斗；也许是他的对手故意让他赢，其实，即使像河马、大象和老虎这些不认识他是皇帝的猛兽，他也毫不把它们放在眼里。他的箭法纯熟，在一次表演中曾以百支箭射杀百只虎。他让一只豹子捕杀一名死刑犯，然后射死豹子而使人无伤。他的功绩都记入《罗马公报》中，每次表演他都以角斗士身份向政府索酬。

我们所信赖的史学家们，像塔西佗一样，均以仇视贵族的传统观点来描写康茂德；因此不知他们所写的怪事之中有多少是真，有多少是出于报复。但我们相信康茂德吃喝赌博，挥霍公款，宫中养3000宫女、3000男童。自己偶或男扮女装，甚至公开亮相。据说，他令一位崇拜贝罗纳（战争女神）的人断去一臂以示虔诚；逼迫皈依伊希斯（生殖女神）的妇女相互用松果打她们的乳房至死；用他的大棒不分青红皂白地打人致死，把跛人集中一处——用箭射杀……他有一个妃子是基督徒，据说他看在她的面上而赦免某些被判赴撒丁矿坑服刑的基督徒；他虽被形容得禽兽不如，但她却心甘情愿委身于他，想必他也有可爱之处，而历史未予记载。

　　他和他的祖先一样，因为害怕暗杀而极端残忍。他的姑妈卢西拉阴谋行刺，被发觉之后，即被处死。凡有证据参加阴谋的人或有嫌疑的人都被杀绝，奥勒留时代留下的显要分子几乎无人幸免。已敛迹百年的告密者又开始活跃并且得宠，于是新的恐怖又笼罩罗马。康茂德委派佩雷尼斯（Perennis）担任侍卫司令官，并把大权交给他，自己则沉迷于色情。佩雷尼斯治国有方，但是残暴不仁，他也制造恐怖而杀绝敌对之人。康茂德怀疑他要夺取王位，便把他交给元老院处置，其职位由做过奴隶的克里恩德尔（Cleander）接替（公元185年）。克里恩德尔的腐败残忍较佩雷尼斯尤有过之，卖官鬻爵，收买法庭，元老和骑士多因谋反或批评而被他处死。190年，暴动人群包围康茂德的别墅，要求将克里恩德尔处死，皇帝答应了他们的要求。拉埃图斯（Laetus）接替了克里恩德尔，掌权三年后认为篡权时机到来，有一天无意发现一个放逐名单，其中有他的拥护者和他的友人，还有马尔西亚（Marcia）的名字。192年年终，康茂德误喝了马尔西亚给的一杯毒药；可是毒药发作太慢，这位由康茂德所豢养以备和自己角力的运动员，就把他勒死在浴室，康茂德死时年仅31岁。

　　奥勒留去世时，罗马已过其鼎盛时期，开始衰退。它的边界已超过多瑙河，延伸到苏格兰与撒哈拉、高加索和俄罗斯，达到帕提亚国境。在民族复杂、信仰分歧的情况下，固然未能达成语言和文化的一致，至少使经济和法制已基本一统。罗马把它们都纳入一个庞大帝国，帝国之中货物丰饶，交易畅通；它保护帝国防止野蛮入侵，维持罗马的安全与和平达200年之久。白人世界都仰仗罗马，并以它为世界中心和万能不朽的都市。它的财富、荣耀和权力都是前所未见的。

　　罗马在2世纪的全盛繁荣之中，已经潜伏着3世纪摧毁意大利的危机。奥勒留指定康茂德为继承人就是崩溃的前奏，另外由于征战而将大权集中于皇室也是序幕之一，康茂德在和平之日仍把持着奥勒留在战时所擅用的特权。由于地方的独立自主，于是加强控制，反使自尊受到打击；为了增强国防和扩大政府组织而不断增税，已到民穷财尽的地步。意大利的矿产减少，大批人民死于瘟疫饥寒，奴隶耕作衰退，政府的开支和赈济使国库枯竭、货币贬值，意大利的工业遭到属地竞争而失掉了属地市场，没有经济专家能够用增强国内购买力的政策来弥补国际贸易的不足。同时，各属地已从苏拉、庞培、恺撒、卡修斯、布鲁图和安东尼等的横征暴敛之下苏醒过来；他们已往的技艺又渐恢复，新的工业欣欣向荣，新的财富推动着科学、哲学和艺术，他们的青年使兵源充沛，他们有优秀的将军统率大军，意大利不久便落入其掌握之中。他们的将军各自称帝，罗马的征服事业已经终结，而且情况倒转，征服者将变成被征服者。

到安东尼时代的末年，罗马已陷入文化和精神的低潮，议会、元老院的权力先后被剥夺，自由政治已失掉精神鼓励。皇帝既然大权在握，人民也就把一切责任都推到他身上。许多官吏都退隐田园从事私务，人民散漫，社会外表似乎完整，但内部已经破碎。对民主幻想破灭之后就是对帝治幻想的破灭。奥勒留的"箴言录"是很悲观的思想，他有一种疑虑，担心罗马问题不易解决，他担心繁殖力弱，爱好和平的民族无法长期抵抗繁殖力强的野蛮人。斯多葛派哲学以有号召力而盛行，以无号召力而终结。哲学家几乎都投入宗教的怀抱，斯多葛派哲学在上层社会取代宗教达 400 年之久，现已失去其代替性，统治命令已经从哲学家的书本回到神坛。异教曾经征服过哲学，现在也已没落。异教庙宇附近已经听到外邦神的名字，由于属地兴起和耶稣的惊人胜利，罗马人已到落难期。

第二部 历史大事年表

公元前

第三部

基督时代

拉斐尔的壁画《基督教的胜利》，阿波罗雕像摔碎在基督的十字架面前，象征着罗马旧信仰被基督教取代。

第一章 | 意大利

地方志

在这个极度危险的时代，我们不妨来认识一下罗马帝国，其伟大实在远超过罗马。我们在这个光芒万丈的中心留恋过久，它对历史学家们的影响极其深远。事实上，这个大帝国的生气和活力，已经不在这个腐败和衰微的首邑了。它所留下来的生命和力量，还有许多美的部分及大部分的精神生活，都蕴藏在各行省和意大利。因此，除非我们能够对成千个构成罗马世界的城市作一番游历，否则我们对罗马的意义及其在组织与和平方面的惊人成就，就无法获得一个公正的观念。

老普林尼在开始描述意大利时，就自问："我该如何来着手这项艰巨的工作呢？这么多的地方，人们如何能够把它统统都列举出来？而且，每一个地方的名气都如此之大！"在罗马的南方，有一个叫拉丁姆的古国，过去是罗马的附属国，后来变成了它的敌国，再后来成了它的谷仓，最后又被有钱和有鉴赏力的罗马人视作别墅和郊区的乐园。沿首邑的大道和台伯河西南方向走过去，就是第勒尼安海的两个相互抗衡的港口：波尔都斯和奥斯蒂亚。在2世纪到3世纪，奥斯蒂亚港曾有过辉煌：街头和剧场都挤满了商人和码头工人，住宅和公寓的房子，也和今日罗马的建筑一样显耀夺目；甚至到了15世纪，从佛罗伦萨来的旅客对这个城市的富庶和装饰的华丽还惊叹不已！此外，从一些遗留下来的圆柱，及设计宏伟、上面刻有精致花纹浮雕的圣坛，显示出甚至连这些经商的人们，也有过吸收这种古典美的观念。

沿海南行，就到了安丁姆，即今天的安齐奥。所有有钱的罗马人，还有许多皇帝及受人喜爱的神祇，都在这里设有皇宫或庙宇，一直延伸到地中海，去呼吸徐徐而来的清风。在绵延3英里长的废墟上所看到的，是一些不朽的雕刻作品，如《博盖塞（Borghese）角斗士雕像》和《贝尔维德尔的阿波罗》。附近有一座到今天依然屹立的纪念碑，使我们想起19个世纪之前的"杰出公民"曾经目睹11位角斗士与10只恶熊搏斗而死的光荣场面。在沿海群山之外的北方，是阿奎姆，那是尤维纳利斯的诞生地；阿尔皮姆则以马略和西塞罗为荣。离罗马20英里的地方，是柏拉尼斯特古城，山坡上有美丽的住宅，有著名的玫瑰花园，在山顶上有著名的庙宇，那是幸运女神赐给孕妇好运并许以天机求财的地方。距离罗马10英里的图斯库卢姆，也同样有许多花园和别墅。它是老加图的诞生地，也是西塞罗发表《图斯库卢姆的辩论》（*Tusculan Disputations*）的地方。[1] 罗马郊区最负盛名之地是蒂伯，哈德良在那里建有乡间别墅，也是巴尔米拉（叙利亚中部的一座古城）女王泽诺比娅（Zenobia，在位期为公元267—272年）被幽禁的地方。

在罗马的北部，埃特鲁里亚在元首政治统治之下慢慢地复兴起来。但佩鲁贾大部分被摧毁了，其中部分由奥古斯都恢复，并由其艺术家加以美化，筑有一座古老的埃特鲁斯坎拱门。阿勒提姆是梅塞纳斯的故乡，以瓷器闻名世界。匹萨厄（Pisae）的名字已经古老褪色；

---

[1] 弗拉斯卡蒂（Frascati）是继承图斯库卢姆传统的地区，仍为意大利的富豪度假胜地，有阿尔多布兰迪尼（Aldobrandini）、托洛尼亚（Torlonia）、蒙德拉贡（Mondragone）等别墅。

它的名字及来由，要从伯罗奔尼撒半岛的比萨追溯到希腊的一个殖民地。沿着阿那斯河（Arnus），居民以经营木材为生。再沿同一条河流溯江而上，是罗马的一个新兴殖民地——佛罗伦西亚（Florentia）。在埃特鲁里亚的西北顶端，是卡拉拉采石场。罗马最出色的大理石，就从此地转运到卢纳的港口，再装船运往首都。热那亚很久以来就是意大利西北部的货物集散地。我们知道，远在公元前 1209 年，迦太基人在一次无情的商业战争中，就把它摧毁了。自从那次战争以后，它曾经多次被人摧毁过，但它总是重建得更好。

　　在阿尔卑斯山麓，有高卢人建立的奥古斯塔·陶里诺努姆（Augusta Taurinorum）城，后被奥古斯都并吞，成了罗马的一个殖民地。它所铺筑的道路和所修的水沟，到今天仍然可在都灵的街头看到；还有在奥古斯都时代遗留下来的大城门，使我们想起这个城市曾经有过许多用以抵御北方侵略者的城堡。在这里有一条静静的波河，发源于科蒂安山，向东延流了 250 英里，将意大利北部分割为早期共和所称的波河北部和南部高卢。在这整个半岛上，波河流域是土地最肥沃、人口最稠密和最富足的地区。在阿尔卑斯山麓，有许多湖泊——韦尔巴努斯（Verbanus）湖，今马焦雷（Maggiore）湖；拉里乌斯（Larius）湖，今科莫（Como）湖；贝纳科（Benacus）湖，今加尔达（Garda）湖。它们风景的优美，举世闻名，使我们饱览湖光山色。小普林尼的家乡科莫，有一条主要的经商大道通往梅蒂奥拉努姆（Mediolanum），公元前 5 世纪，高卢人即在此定居，它成为维吉尔时代的主要城市和教育中心；到公元 286 年前，它可能已取代了罗马，成为西罗马帝国的首都。维罗纳市控制着布伦纳山口（Brenner Pass）的贸易。此地极为富足，建有一座圆形竞技场，可容观众 2.5 万人。建立在蜿蜒的波河沿岸的城市有：普拉森提亚（今皮亚琴察），克里莫纳（今曼图亚），费拉拉——原先都是用来牵制高卢人的边疆城市。

　　在波河的北部和阿迪杰河（Adige）以东，是威尼斯（阿迪杰河沿岸古国），这一地区因伊利里亚早期移民——维内第人而得名。据希腊历史学家希罗多德记述，这些部落的酋长每年将其村落的未婚女子聚集，按各人的美色标价，使其与能付得起价钱的男子结婚，并利用所获得的金钱为其他姿色较差的女子提供诱人的嫁妆。威尼斯本身虽尚未诞生，但在伊斯特拉半岛（Istrian Peninsula）的波拉（Pola）、特尔格斯特（Tergeste，今里雅斯特）、阿奎利亚、巴塔维尤姆（Patavium，今帕多瓦），却有许多城邦聚集在亚得里亚海的顶端。波拉仍然遗留有罗马时代壮丽的拱门、宏伟的庙宇和圆形的竞技场，只是稍逊于罗马典型的圆形大竞技场而已。在波河以南，自普拉森提亚经过帕尔马、穆蒂纳（今摩德纳）、波诺尼亚（今博洛尼亚）及法文提亚（Faventia，今法恩扎），到阿里米亚（Ariminum），有一连串重要的城市。在里米尼（Rimini），有无数由罗马工程人员构筑的桥梁，其中有一座保存得非常完整；弗拉米尼安大道（古罗马大道，自罗马以北到今天的里米尼，全长215英里），就是经由此桥，通过一座拱门，进入市区，其雄浑坚强的气势，正如罗马人的性格一样。有一条支路，建筑在几条流入亚得里亚海的河流所形成的沼泽地隆起的部分，自波诺尼亚通往拉韦纳（Ravenna，罗马时代的威尼斯）。据希腊史地学家斯特拉博的描述，它是"用许多桥梁和渡船所造的大道"。奥古斯都曾在那里驻扎过亚得里亚海的舰队，5世纪时的几位皇帝也以该地作为官邸。意大利北部土地肥沃，气候良好舒适，矿藏资源丰富，还有各项工业及能以廉价劳动力来维持的海上贸易，使该地区在1世纪时的经济优势远胜过意大利的中部，并于3世纪时在政治上居于领导地位。

东部海岸阿里米亚以南，为山多、风暴多、港口少的地区，尤其在布伦迪西姆（今布林迪西）以北，很少有城市。不过，在翁布里亚、皮塞努姆（Picenum）、萨姆纽（Samnium）和阿浦利亚等地区，有许多小城镇，其财富与艺术价值如何，只有等研究庞贝古城时，才能加以判断。阿西西是普罗佩提乌斯和圣方济各的诞生地，萨尔西纳（Sarsina）是普劳图斯的诞生地，阿米特努姆出有萨卢斯特，苏尔莫

出有奥维德，维努西娅出有贺拉斯。贝尼文坦之所以出名，不仅是由
于庞罗士在那里吃过败仗，而且因为图拉真和哈德良皇帝在那里竖立
过雄伟的大拱门。图拉真在其所建的拱门上，刻有栩栩如生的浮雕，
描述其对战争与和平所作贡献的事迹。在东南海岸，布伦迪西姆控制
着达尔马提亚与希腊及东方的交通。在这个靴形的"后跟"部分塔兰
托，过去曾是一个值得自豪的城邦，而且也是罗马富豪和上流人士冬
季避寒的胜地。在意大利的南部，有许多庞大的政治或社会集团，曾
收购大部分的土地，将其改为牧场。各城市失去农民的资助，工商阶
层也逐渐萧条失势。在早期曾以奢侈淫逸的财富来炫耀的希腊人社
会，也因为外邦蛮人的渗入和第二次布匿战争而被摧毁无遗，目前已
逐渐缩减为各个小城镇，拉丁姆人逐渐取代了希腊人。在意大利"靴
尖"部分，里吉安（今勒佐）有一个良好的港口，与西西里和非洲的
贸易极为繁盛。在西海岸维里亚（Velia），人们可能很难记得巴门尼
德和芝诺。

帕塞多尼亚虽已由罗马的殖民地改名为帕埃斯图姆，但其所留
下来的雄伟庙宇，仍然使游客惊叹不已。希腊族人的血统正在乡间与
"蛮族"——意大利人——的血统融合中，只有在坎帕尼亚平原，仍
然留有希腊的文化。

以地理而言，坎帕尼亚——沿那不勒斯的山脉与海岸地区——属
萨姆纽；但从经济与文化方面来说，它本身就是一个世界：工业方面
较罗马进步，财力雄厚，人们挤在很小的空间里，政治混乱不堪，文
学竞争激烈，艺术家豪放不拘，生活豪华奢侈，大家都在各种多彩多
姿又富有刺激的情形下过着紧张的生活。这里的土地肥沃，生产意
大利最有名的橄榄和葡萄，并生产著名的苏伦提尼（Surrentine）和
法勒尔尼安（Falernian）酒。也许当瓦罗向世界挑战时，他正想到坎
帕尼亚："你也许曾经漫游过许多地方，但你是否看过有比意大利开
发得更好的地方呢？……意大利不是到处都栽满了果树，很像一个
大的果园吗？"在坎帕尼亚的南端，自萨勒南（Salernum）到苏伦敦

（Surrentum）是一个峭峻的半岛；许多别墅躺在山间的葡萄园及果园中，点缀着海岸的景致。苏伦敦正如现在的索伦托（Sorrento）一样幽美，老普林尼称它为"大自然的喜悦"，而将其所有的天赋都偿赐给它了。两千年来，很难说那里有什么改变，那里的人民及其风俗习惯也许还是一样，几乎就像众神一样的完全相同。而且，那里的悬崖峭壁，也依然屹立在海的永无休止的包围中。

面对这个悬崖的，是极为不幸的卡普里岛。在那不勒斯海湾的南面，庞贝古城和赫库兰尼姆古城（Herculaneum）的火山熔岩虽然静止了，但维苏威火山仍然在冒烟。其次就是被称为"新城"的尼波利斯，是图拉真时代意大利城市中最希腊化的城市。我们可以在那不勒斯城的懒散中看到其古代沉醉于爱情、运动和艺术生活的反映。他们都是意大利人，但文化、风俗、运动却是希腊化的。在这里有许多优美的庙宇、皇宫和剧场，每隔五年就举行音乐和诗歌的各项比赛，诗人斯塔提乌斯曾在诗歌比赛中得过一等奖。在那不勒斯湾的西端是普特奥利，因硫黄矿床的臭味而得名。它曾促使罗马的贸易及铁、瓷器与玻璃的制造业繁荣。在此地有一座圆形竞技场，由于其保存良好的许多地下通道，我们可了解到被迫与猛兽竞技的人和猛兽是如何进入竞技场的。横过普特奥利港口，就是光芒四射的巴亚地区的别墅，依山傍水，倍加引人入胜。恺撒、卡里古拉和尼禄都曾在此地游玩取乐；许多患有风湿病的罗马人也到这里来洗温泉浴。这个地方以经营赌业和妓院而出名。据罗马作家瓦罗说，那里的未婚女子都是公用财产，而许多男孩子都是女子装扮。克劳狄乌斯与西塞罗曾去过那里一次，都认为到过那里是无法补救的耻辱。哲学家塞涅卡问道："你以为加图曾住在一个安逸的皇宫之中，以便计算那些乘船过去的荡妇，及各种华丽的游艇和漂浮在湖面上的玫瑰花吗？"

在巴亚以北数英里的一座死火山的凹地中，阿韦尔努斯湖（古人认为那是地狱的入口）喷出含有硫黄的烟雾。据传说，这种含有毒质的瘴气，足以使所有飞过去的鸟类死绝。在阿韦尔努斯湖附近有一个洞穴，这就是维吉尔史诗中所描述的一个地方。在这个湖以北，是库姆埃的古城，由于其受姐妹城尼波利斯的更好的吸引，并受较佳的普特奥利港口、奥斯蒂亚港口和卡普里工业的影响，目前正在慢慢地衰落。卡普里在内陆 30 英里的地区，土地肥沃，有时一年能收获 4 次；而其所有的铜、铁工厂，在意大利是无可匹敌的。后来，因其协助过汉尼拔，罗马曾予以严厉的惩罚，致使其在两个世纪中都无法恢复旧观。西塞罗曾说它是"政治死亡的地方"。恺撒曾以成千的新移民使其复原，而在图拉真的时代，它再度繁荣起来。

由于时间仓促，所列这些意大利的主要城市只不过是一些名字而已。我们误认为它们只是地图上的文字，而很难认为它们是敏感的男人们热衷于追求醇酒、美人和黄金的烦嚣的地方。我们回过头来看看罗马一处居民所遗留的风土，并自其所保存很奇异的遗迹中，来重新体认一些古代街头谋生的活动。

庞贝古城

庞贝是意大利的小城之一，除虾露、白菜和葬礼之外，它在拉丁文学上很少有人注意。庞贝古城由奥斯坎人所建，居民都是希腊的移民。被苏拉占领后，它改为罗马的殖民地，部分在 63 年毁于地震。其后，又在维苏威火山爆发时被摧毁，后来逐渐重建。79 年 8 月 24 日，火山爆发，飞沙走石，浓烟与火光冲天，一阵滂沱大雨，将火山爆发的岩浆汇成泥沙石块的狂澜；在 6 小时内，庞贝和赫尔库兰尼姆两座古城被掩埋到 8 至 10 英尺之深。当天整日至次日，天旋地转，房屋建筑也为之摇撼不已。剧场的观众，皆被倒塌的废墟埋葬，无数的人们为尘土或烟灰窒息，潮汐阻截了海上逃生的去路。老普林尼正在普特奥利附近的米塞努姆港口指挥西部的舰队，他受了助人并希望能以较近的距离观察火山爆发的好奇心的驱使，登上了一艘小艇，在海湾的南岸登陆，还救了好几个人，但当其队伍自高涨的喷岩和浓烟中走过时，这位科学家被岩浆冲倒，于途中死亡。第二天清晨，其妻及侄儿加入汹涌的人潮，沿海岸地区逃亡。从那不勒斯到索伦托途中，火山继续爆发，满天乌黑，白日变成漆黑的夜晚。在漆黑混乱中，许多与丈夫或妻儿分离的难民，因悲鸣而惨叫，更增添了恐怖的气氛。有些人在祈求众神的救助，有些人则在呼叫：众神都已死亡，世界的末日已经降临。第三日，总算雨过天晴，但岩浆与泥土业已把庞贝古城的一切埋葬，只剩下残余的屋脊。赫尔库兰尼姆城也已消失殆尽。

庞贝古城的人口，大约为 2 万人，其中可能有将近 2000 人丧生。有若干尸体因为火山岩浆防腐的作用而得以完好保存：尸体因受雨水和浮石的作用，成为混凝土，干涸而硬化；将这些临时的"模型"填充起来，便变为一些可怕的石膏像。有一些劫后余生的人们，则在废墟上挖掘，取出有价值的东西。随后，这个地方便被遗弃，而逐渐为时间的碎片所掩盖。1709 年，有一位奥地利将军，在赫库兰尼姆古城挖井，但因其凝灰岩层太厚（在某些地方厚至 65 英尺），致使其挖掘工作必须以缓慢而费钱的打隧道的方法进行。庞贝古城的挖掘工作，于 1749 年开始，其后在间断的情形下继续进行。目前，古城的大部分已被挖出，并发现许多房屋、物件和镌刻的碑文，使我们在某些方面对古代的庞贝城较古代的罗马获得了更多的了解。

庞贝古城的生活中心，正如每一个意大利的城市一样，就是人们聚集的公共广场。毫无疑问，它曾经是农民们及其产品在市集日的聚集点。在那里举行各项竞赛和公演戏剧。那里也是人们兴建庙宇和祠堂、崇拜众神的地方。在一边的尽头，有天神朱庇特；在另一端，则有太阳神阿波罗，而其附近则为爱神维纳斯——该城的守护女神。但是，他们并不是信仰宗教的民族。他们为工业、政治、各项竞赛和淫逸的生活而大肆忙碌，没有多余的时间来从事崇拜。即使在崇拜时，他们也以男性的阳具作为祭祀酒神仪式的冠盖。当经济与政治的发展逐渐定型时，则在广场周围兴建大型建筑物，作为行政管理、会谈和贸易之所。

我们可以从现代意大利的城市来判断以往邻接的街道中充斥着小贩沿途的叫卖声，买卖双方所引起的争议，日间往来的船只及晚间饮宴作乐的喧嚣声。在各商店的废墟中，挖掘的工人们发现有烧焦硬化的坚果、面包和水果，为收藏家提供了难以错过的珍品。街的尽头有小酒楼、赌场、妓院，每一个人都希望一次就能逛尽所有这些地方。

假如庞贝古城的人们没有把其情感涂抹在公共的墙上的话，我们也许就不能揣测当时他们的生活情形。在那里抄下来的文字有3000份，我们可以想象到，一定还有更多的存在。有时候，他们给敌人一些有希望的指示，诸如萨米乌斯对科尼利乌斯说："去上吊好了。"有许多镌刻的文字，常常都是描述爱情的散文。罗穆拉记载了一段，她"在此与斯特菲卢斯邂逅"。有一位爱情很专一的青年写道："再见吧，维多利亚，不管您到哪里，祝您愉快。"

和这些文字一样多的，是有关公众事务或私人方面的启事，雕刻的或印刷的都有，如地主刊登寻找遗失物品的广告、地方团体宣告参加市政运动候选人的启事等。因此，有"鱼贩业已提名鲁福斯为市政主管公务的官员"，"木材商和木炭商请大家选举马尔切利努斯"。有若干墙上文字，是公告角斗竞技赛的，其他则宣布著名的角斗士如塞拉丢斯（Celadus），勇敢果决的精神，"少女的叹息"，或细诉其喜爱的演员——"阿克蒂乌斯（Actius），大家喜爱的人儿，请快回来吧！"。庞贝古城以往是个欢乐的地方。它有三个公共浴场，一座体育馆，一座可容纳2500人的小型剧场，一座可容纳5000人的大型剧场及一座圆形竞技场，可容2万人欣赏由角斗士作殊死战斗的刺激紧张的场面。有一篇记叙文描述："由执政官所提供的30对角斗士……将于11月24、25、26日三天在庞贝角斗，并将有一场追逐战。请为马伊乌斯欢呼！为巴里斯叫好！"马伊乌斯是执政官或市政官，巴里斯是著名的角斗士。

由家庭室内的遗迹可以看出其生活的舒适和各种艺术品的装潢。

门窗非常的考究,中央暖气的设备很珍贵难得。富豪的家里有浴室,有些住宅还有室外游泳池。地面有的是水泥或石板地,有的是拼花地板。有一位坦率的赚钱迷,在其地板上写着:"喂,赚钱吧!"另外一位也在地板上刻着:"赚钱即是快乐!"古代的家具很少被发现,所有木制的东西,几乎完全毁灭了。大理石或紫铜做的桌、凳、椅子、落地灯等仍然存在。还有在家庭生活中常用的其他物件,如笔、秤、厨房用具、化妆用品及乐器等,均能在庞贝和那不勒斯的博物馆中看到。

由庞贝及其附近出土的艺术品可以知道,不仅住在别墅的贵族们,就连在城镇经商的人,也能在生活上享受文化方面的乐趣。我们不必再重述我们曾经说过的博斯科雷勒杯或那些绘在庞贝人住宅墙上的远景图画和风范优雅的仕女画像。许多住宅都有出色的雕刻作品,而且在公共广场那里,还有150座艺术的雕像。在朱庇特神殿中,有一座神的头像,可能是菲狄阿斯(公元前5世纪的希腊雕刻家)亲手雕刻的杰作——浓密的鬈发和胡须之间透露着力量与正义的内涵。在阿波罗神殿中,有一座狄安娜的神像,它的脑后有个洞,通过这个洞,隐藏的辅佐者可以宣布神谕。在那不勒斯博物馆中,有一间著名的陈列室,所陈列的展品都是在赫库兰尼姆古城某别墅中发现的铜器。我们可以相信,在这些不朽的收藏品中——信使神墨丘利、美少年纳西斯,或酒神狄俄尼索斯、醉酒的森林神萨梯(Satyr,半人半羊的神)及跳舞的农牧神弗恩(Faun)——都是渊源于希腊或带有其技巧的作品。这些作品所显示的,是熟练的技巧,普拉克西特利斯的艺术特性——健美的肉体作放浪的欢乐。然而,其中有一座大胆写实的半身铜像,此铜像是庞贝的一位拍卖人L.C.卢昆狄乌斯,他秃头,面容严肃,但并非不仁之人。有关他的事迹,被刻在蜡板上,在其庞贝的住宅中发现的有154块之多。这些作品最高的人性,在粗犷与机智、智慧与缺陷的混合中表露无遗。它在那不勒斯博物馆中,与其周围陈设的面无皱纹的男女众神相比,形成强烈的对照,使那些容貌光滑、神情静穆的众神不得不自认从未在人间真正活过。

自治生活

无论公共与私人或个人与团体的生活，从来没有古代意大利那么紧张。但由于我们这个时代所发生的事件实在太重要、太引人注意了，使我们无法分心对恺撒统治下的自治组织产生兴趣。它那令人混乱的复杂体制和严密的选举权，已不再是过去生活的一部分，而变成我们现在的规范和主题了。

罗马帝国的基本特性，虽然是分为各个行省，但又由各拥有相当自治权和广大地区的城邦组成。爱国主义的定义，是指爱其城市，而非爱罗马帝国。通常，每个社区的自由人，都以行使其纯地方的选举特权为满足。而那些获得罗马公民权的非罗马人，却很少到罗马去投票。由庞贝古城的例子来看，其首都各种集会的衰退，并非随着罗马帝国各城邦类似的变迁而出现。意大利大多数的自治区都有一个元老院，而大部分的东部城市则有一个参政会，拟定各种政令和召开代表大会，遴选执政官，并希望每一个执政官都因其服务的荣誉感为其所服务的城市捐出相当的金钱，并依习惯要求其作临时公益或为举办竞赛而捐献。由于担任公职是无薪的服务，故自由人所行使的民主政治——或贵族政治——几乎到处都产生一种财富与权力的寡头政治。

自奥古斯都至奥勒留的两百年间是意大利各城邦的繁荣时期。但在城市中，大部分人都是穷人。虽然各方面人士都曾注意到这一现象，但就历史的记载来看，富人以前从来都没有对穷人做过很多善事。实际上，市政经费，筹办戏剧、展览及各项竞赛，建筑庙宇、剧场、运动场、角斗场、图书馆、公共广场、沟渠水道、桥梁及浴场，并以拱门、柱廊、绘画和雕像等装饰这些建筑的费用，都落在有产阶级身上。而且，在罗马帝国的最初两个世纪里，这些善举都是以竞相捐献的爱国热忱来完成的，甚至还有使捐献财物的家庭或维持捐献财物的政府破产的情形发生。在饥荒时，有钱人便购买食物，免费给穷人享用；偶尔，他们也为所有公民，有时甚至为所有居民免费供应油料或酒类，或大众的餐食，或给以金钱。现存的碑文多是追念这一类慷慨事迹的。有一位百万富翁为威尼斯省的阿尔提努姆地区捐了160万塞斯特斯兴建大众浴场；有一个富婆为卡西努姆地区兴建一座庙宇和一个圆形竞技场；德苏米乌斯·图卢斯为塔奎尼地区捐赠的浴场，价值500万塞斯特斯；曾被韦斯巴芗安军队摧毁的克里莫纳城，很快就因私人的捐赠得以重建；还有两位医生倾其所有，为那不勒斯捐款。在人口稠密的奥斯蒂亚港，革马拉（Lucilius Gemala）邀请所有的居民参加宴会，并铺筑一条又长又宽的大道，修复了7幢庙宇，重建市立浴场，并捐给市政300万银币。习惯上，有许多富有的人，逢有生辰，或当选为政府官员、女儿出嫁、儿子成年的庆典，或为其捐赠给社区的建筑举行落成典礼的日子，便邀请许多市民参加庆祝宴会。为了报答这些善事，市民们便同意选举捐赠的人为官员，塑立雕像，作颂辞或碑文纪念。但穷人们不为这些恩惠折服，他们指控有钱人利用剥削从事善举的行为。他们不要堂皇华丽的建筑，但要更便宜的粮食，还要求少立雕像，多举行各项竞赛。

当我们审视各个皇帝对各城市的捐献和帝国的经费用于建筑，减少灾难，并以市政的财力来支援公共工程和公务、而促使私人增加其慷慨的义行时，我们就会开始感受到意大利的城市在早期帝国统治下的光辉和豪气。街道的铺筑，排水沟渠的整理和装饰，为穷人提供免费的医疗，以很少的费用为私人住宅铺设水管，供应洁净水，以低廉的价格为穷人提供粮食；通过私人的补助，经常提供免费的公共浴场，并为穷困的人家供应营养食品，协助其抚育儿女，兴建学校、图书馆，演话剧，举办音乐会，并安排各项赛会。意大利各城镇，并不像其首都一样看重物质文明。他们不仅彼此竞相建造圆形竞技场，还兴建宏伟的庙宇。有的与罗马最好的庙宇一样出名，并使每个月份都有多彩多姿的欢庆宗教节日的庆祝。他们对艺术工作极其尊重，并为演说家、诗人、诡辩家、修辞学家、哲学家和音乐家兴建讲堂。他们也为市民们提供有关健康、卫生、娱乐和文艺活动的各项设施。大部分伟大的拉丁作家，及今日博物馆中最杰出的雕刻作品，都来自各城镇，而非来自罗马，诸如那不勒斯的《胜利女神》，森图姆塞拉埃的《爱神》，奥特里科利的《天神宙斯》。他们也和我们这个世纪以前的先贤一样供养着很多的人口，并使其免受战争的困扰。

第二章 | 开化西邻

罗马和各行省

意大利繁荣的污点，除了古代各城邦所共有的奴隶制度以外，就是其对各行省剥削的半依赖性。意大利之所以免征捐税，是因其自各行省获得了很多劫掠的财富和纳贡。对于这些省份而言，有些财富的发展，都应归属于意大利的各个城市。在恺撒以前，罗马把各行省划为征服的领土，各省的居民都属罗马的臣民，而只有少数是罗马的公民。所有各行省的土地都是罗马的财产，由帝国政府依约予以收回的方式，分赠给人民。为了减少暴乱的可能性，罗马将所征服的地区分割为各个小邦，禁止行省与行省间发生直接的政治关系，因而到处都赞成工商界反对下层阶级。分治是罗马统治的秘诀。

西塞罗在指责威勒斯时，也许有点夸张，他描写在罗马共和时期，地中海的各个国家都是一片荒凉："各省都是哀怨叹息，人民怨声载道，所有的王国都反对我们的贪婪、残暴；从海洋的彼岸，无论远近，没有一个地方不认为我们是荒淫、不义的。"元首政治对各行省的措施较为自由，但并非因为慷慨所致，而是基于审慎管理的需要。税捐并不太重，当地的宗教、语言和习惯，均受到尊重，除对政权不得加以攻击外，也有言论的自由。当地的法律，凡与罗马的利益和主权无抵触者，一律予以保留。由于采取具有弹性的贤明措施，在所属的各邦之内与各邦之间，产生了各种不同的阶级和特权；有一些城邦，诸如雅典和罗得斯港，都是"自由市"；他们不必纳贡，不受省总督管辖，而且只要他们能维持社会秩序与安宁，就可以自行管理内政，不受罗马的干预。有一些古老的王国，如努米底亚（北非古国）和卡帕多西亚（在小亚细亚道拉斯山脉以北），获准保留其国王，但这些只是受到保护的罗马"臣民"——受罗马的保护和政策的左右，而且在罗马有所要求时，要以人力和物力来帮助、支援它。各行省的总督则独揽行政、立法和司法三权；限制总督权力的，只有各个自由城市和罗马公民有向皇帝上诉的权利，及由其省财政官所行使的财务监督权。这种近乎无所不能的权力，招致泛滥。虽然在元首政治统治下，因行省总督任期延长、其丰裕的俸给及其对罗马皇帝所负财政上的责任，使贪赃枉法罪大为减少，但我们仍然可自普林尼的信札和史学家塔西佗的记载中获悉，1 世纪末期的罗马，勒索和贪污并不是罕有的事情。

征收捐税是行省总督及其助理人员的主要任务。在罗马帝国统治下，每一行省都实施户口调查，以评定其应课地价税和财产税——包括牲畜和奴隶。为了刺激生产，以 1/10 的捐款代替固有的纳贡，故"征收员"不必再征收此类的税款。他们只收港口税，管理国有森林、矿产及公共工程的事务，并希望各行省都能为每一位新皇帝奉献一顶金质皇冠，并支付省政的经费。在很多情形下，各行省也以大量的五谷运往罗马。在东部仍然维持着古老的祷告仪式并扩散到西部，在这种祷告仪式中，当地或罗马政府可以"要求"有钱人提供战争的贷款，为海军的舰只、公用的建筑、灾民的粮食或为庆祝与演唱的歌舞团捐献。

西塞罗担任督察官后，曾辩解说，各行省所缴纳的捐税，只够支付行政和国防的费用。"国防"包括镇压暴乱，而"行政"则推定其包括各项津贴，因此使罗马产生许多百万富翁。我们必须了解，无论用什么力量来建立安全与秩序，都要派出收税人员去征收，以期能获得较其所需费用更多的捐税。然而，不管所有的捐税如何，在元首政治统治下的各行省，仍然繁荣不衰。罗马皇帝和元老院对各省官员实施审慎督导，并对在住地以外地区的行窃者加以严厉惩罚。最后，自各行省获得的过多财富，则作为货物的支付费用返还各行省，因而使其工业获得支持，结果各省都比完全仰事寄生的意大利强大。据普鲁塔克说，政府最重要的贡献，应该给予人民两项福祉：自由与和平。他写道："有关和平，因为所有的战争都已结束，现在没有占领我们的需要了。有关自由，我们有了政府（罗马）所留给我们的。也许，如果我们有更多的话，则可能不是好的现象。"

非洲

科西嘉和撒丁被合称为一省，不属于意大利的部分。科西嘉大部分都是山地的荒野，罗马人在那里用猎犬捕捉土人，将他们卖为奴隶。撒丁也有奴隶，还出产银、铜、铁和谷类等。它有1000英里的道路和一个优良的港口。西西里已纯粹被改为一个农业省，作为罗马的"乳粥提供者"之一；其可耕种土地，大部分连同大地主的领地，一并被辟为饲牛的牧场，由衣食不足的奴隶来管理。所以，他们经常起来反抗、逃亡，形成土匪的组织。在奥古斯都时代，岛上的居民约有75万人（1930年为397.2万人），在65个城市中，最繁荣的为卡塔尼亚、锡拉库萨、托罗曼尼姆、墨西拿、阿格里根特托和帕诺穆斯。锡拉库萨和托罗曼尼姆有华丽的希腊剧场，目前仍在使用中。虽然锡拉库萨曾遭到威勒斯的劫掠，但其令人难忘的建筑、著名的雕刻以及到处都有的名胜古迹，使许多导游人员，都靠其旅游事业来发迹。西塞罗曾认为它是世界上最美好的城市。大多数在市区的富豪，都在郊区置有农庄或果园。所以，整个西西里的乡间，充满了果树和葡萄园的芬芳。

　　经过罗马的统治以后，凡是西西里失去的，都为非洲所获得了。非洲逐渐取代了西西里的地位，非自愿地成为罗马的谷仓。但罗马的军人、殖民者、商人和工程人员却将它打造成了一个令人难以置信的繁荣地区。毫无疑问，当这些新征服者到达时，他们就发现了一些地区的繁荣；在地中海沿岸山脉与撒哈拉沙漠外缘的阿特拉斯山脉之间，即巴格拉达斯河所流经的亚热带河谷，虽然只有两个月的雨水灌溉此地，马戈（汉尼拔之幼弟）和北非古国努米底亚国王马西尼萨（Masinissa）所强力推行的勤俭耕作仍有缓慢发展。直到后来被罗马发现以后，罗马人对耕种之法加以改进和扩充，由其工程人员在南部山地的各条河流之间兴筑水坝，将雨季过量的雨水储存在水库，在河流干涸的炎热季节放水进沟渠加以灌溉庄稼。罗马要求征收的捐税，并不比土著酋长所课的税更重，但罗马军团及其防御工事，对山地游牧民族的入侵，却能提供更佳的保护；浩瀚的沙漠或荒地均被开发为良田与安居的乐土。至 7 世纪阿拉伯人抵达这一河谷地区时，他们对其不必离开橄榄树荫就能从的黎波里斯（Tripolis）到达丹吉尔感到不胜惊奇。由此可见其出产橄榄油量之一斑。所增建的城市，都因其建筑而声名骤升，文学也有了新的心声。目前仍在的罗马公共广场、庙宇、沟渠和剧场的废墟，都显示了罗马非洲的富裕。那些衰落而变成荒土的田野，并不是因为气候的变化，而是由于政府的变迁所致——由一个有保障（经济）、有秩序和有纪律的国家，变为道路、水库和灌溉沟渠都遭受破坏、目无法纪、混乱不堪的国家。

　　首先恢复繁荣的，是重建的迦太基城。在亚克兴之役后，奥古斯都继续盖阿斯·格拉古和恺撒未竟的计划，将一些忠心耿耿的军人派到迦太基去殖民，希望能以土地来作为对他们获胜的奖励。这一地区地理上的优势，诸如十全十美的港口、肥沃的巴格拉达斯三角洲及由罗马工程人员所兴建或修筑的优良道路，很快使迦太基从乌提卡（在北非迦太基西方海岸）手中重新夺回该地区出入口的贸易地位。故在其重建的一个世纪以内，它就成为西部各行省最大的城市。富商和地主都在古迹地区比尔萨（Byrsa）兴建豪宅，或在花木扶疏的郊区修建别墅；但农人们则因大地主对领地的竞争、土地被剥削，而成为无产阶级和奴隶，混迹于贫民窟。由于其贫穷，故对宣扬人类平等的基督教福音至为欢迎。房屋的建筑高至六七层，公共建筑的大理石闪闪发光，街头和广场到处是具有希腊风格的雕像，并再度为古迦太基的众神兴建神庙。而且，直到 2 世纪，梅尔卡特（Melkart）仍然享有以活童作为牺牲的供奉。人民对豪华的享受，对化妆品、珠宝、染发、赛车及斗兽的赛会的爱好，也不亚于罗马人。奥勒留所兴建的各大公共浴场，是城中许多观光的景致之一。此外，还有广场及修辞、哲学、医学、法律学校，迦太基是仅次于雅典和亚历山大港的大学城。罗马哲学家阿普利亚和迦太基神学家德尔图良都曾到过这里来研究万象。而圣奥古斯丁对学生们的盛装艳服和不道德的行为则大感惊异，因为他们最喜欢做的"善事"，就是冲进讲堂，驱散上课的教授和学生。

迦太基是被称为"非洲"省的首邑，今为突尼斯。在其南部的东海岸，都是商业繁盛的城市：哈德鲁姆（今苏斯）、小莱普提斯、塔普苏斯和塔卡帕。在那个世纪，屡遭战争的破坏，其古代的富裕，在经过 12 个世纪以后，才逐渐复苏。在地中海海岸的东边，有一个名为的黎波里斯的地区，包括 3 个城市：欧依亚（Oea），于公元前 900 年为布匿人所建；萨布拉塔和马格纳。马格纳是塞维鲁斯皇帝的诞生地。他在那里所建的一幢公共会堂和市立浴场的遗迹，至今仍使游客或战士叹为观止。还有许多为来往频繁的骆驼商队所铺筑的道路，把这些港口和内陆的城镇连贯起来。苏费土拉（Sufetula）现在虽然是一个小的村落，那里却有一座罗马的大神殿废墟遗迹。蒂斯德鲁斯（Thysdrus）有一座可容纳 6 万人的大竞技场。还有土加（Thugga），其剧场所遗优雅的科林斯圆柱，可以证明其人民财富之多及风格之高。

迦太基以北是乌提卡，今尤提克（Utique）虽是其祖国，但也是其势不两立的敌人。当我们获悉，在公元前46年曾有300位罗马的银行家和批发商人在那里设立分支商行时，我们对在那里的罗马人的富有情况，就可以得其大概了。它的领土向北达到希波·迪亚里图斯（Hippo Diarrhytus），即今天的比塞大（Bizerte）；有一条路自此沿海岸通至希波·雷吉乌斯（Hippo Regius），今为波尼（Bone），不久即成为圣奥古斯丁的教区。南部的内陆是努米底亚省的首府锡尔塔，即今天的君士坦丁；向西是萨穆加迪（Thamugadi），几乎完全与庞贝古城一样，保存着有柱廊的石铺街道、有封盖的排水沟、宏伟的拱门、公共广场、元老院、公共会堂、神庙、浴场、剧场、图书馆和许多私人住宅，在公共广场的过道上，还有一个棋盘，上面刻有"狩猎、沐浴、游玩、尽情欢笑，这就是生活"的字样。萨穆加迪于约公元117年，为非洲各省唯一的卫戍部队第三兵团所建。该兵团于公元123年夏向西挥兵前进数里，建立了朗贝西斯（Lambaesis）城。他们的部队在那里成家安居，住在家中的时间比住在营区的时间更多，但他们的营舍却是一幢巍峨宏伟的大厦，所有的浴池足可与非洲任何的浴场相媲美。在营区以外，他们协助建了一座朱庇特神殿，各种神庙，凯旋拱门，还有一座圆形竞技场，以便上演殊死角斗，以调节他们平时生活的沉闷无趣。

单独一个兵团之所以能够保护整个北非而不受内陆掠夺部落的侵扰，是基于军事目的却获得商业果实所修筑的道路网所致，使迦太基能与大西洋、撒哈拉沙漠地区和地中海联络。其主要的道路向西经锡尔塔到毛里塔尼亚，今为摩洛哥（Morocco）的首府恺撒里亚（Caesarea）。在这里，朱巴二世国王（King Juba II）以文明教导毛利族或摩尔族，此即该省之名的由来。朱巴在塔普苏斯逝世以后即被逮送罗马，以提高恺撒胜利的声望。其后被赦无罪，留在罗马求学，并成为当时学问最渊博的学者之一。奥古斯都立其为受保护的毛里塔尼亚国王，并令其在族人中传播所获得的古典文化。他成功地统治了 48 年之久,其人民甚感惊异——读书人也能如此有效地统治国家。但其子却被卡里古拉捉至罗马,活活饿死。之后,该王国即被罗马皇帝克劳狄乌斯吞并,并将其划分为两省:毛里塔尼亚·恺撒里恩西斯(Caesarriensis)和毛里塔尼亚·丁吉塔那(Tingitana)。

在这些非洲的城市里,有许多学校,不分贫富,大家都一样可以上学。我们听说有速记的课程,而诗人尤维纳利斯称非洲为律师的培养所。在此一时期,非洲有过一大一小两位作家——弗龙托和阿普利亚。阿普利亚是一位古怪而多彩多姿的人物,其"起伏善变",较法国作家蒙田尤胜一筹。他出身于马都拉(Madaura)的望族(公元124 年),并在那儿求学,而将其多半遗产挥霍于迦太基和雅典。他到处漫游,信仰不定,最初沉醉于各种宗教的神秘中,玩过魔术,写过许多著作,其作品自神学到牙膏,无所不谈。在罗马等地发表有关哲学和宗教的演说,然后又回到非洲,在的黎波里与一位年岁比他大得多、钱也多得多的女子结婚,而遭到其妻的朋友们和法定继承人的上诉,指控其以魔术引诱寡妇,要求判决其婚姻无效。他在法庭以答辩书为其辩护。虽然他获得胜诉,娶得了新娘,但人们还是坚持认为他是一位魔术师。后来,他在马都拉和迦太基城行医,并做些律师的业务,从事写作和演说,度过余年。他的著作大部分都是讨论科学和哲学问题的。其乡亲曾为他竖有纪念碑,尊其有哲学家柏拉图的风范。如果他能再世的话,知道只有《金驴》一作被人传诵时,他必然会愤懑不平。

《金驴》是一部与讽刺作家帕特洛尼乌斯所著的《萨蒂利孔》颇为类似,甚至更为奇妙的作品。这部作品最先取名为《变形记》(*Metamorphoseon Libri XI*),是一篇充满幻想的故事,描写帕特拉斯港(Patras)的韦鲁斯所讲的人变驴子的故事。书中所叙述的,都是一连串大胆的冒险,还有高潮迭起的趣事,并以魔术、恐怖、猥秽及未能做到的孝行作为插曲,趣味盎然。故事中的韦鲁斯叙述其如何漫游到色萨利,与许多未婚女子寻欢作乐,而使人感到其所到之处,都有一种变幻莫测的气氛：

> 夜晚刚过，新的一天就开始来临。我突然醒来，从床上起身，有一半是惊异，同时，也确实很想听到、看到一些神奇的妙事……我所看到的，没有一样与我所确实相信的现实一样。但一切事物对我来说，都好像被魔力变为其他形状了；因此，我想，我可能是被它绊倒的石头，坚硬无比。其次，就是我所听到正在鸣啭的鸟儿、树木和流水，都变成羽毛、树叶和喷水池。还有，我也在想，那些雕像和影子，也会慢慢地移动，墙壁会讲话，牛和其他的野兽也会说话，叙述古怪的传闻。所以，我立刻就想到，我应该听从上天和阳光传来的神谕。

现在，韦鲁斯准备去冒险了，他用魔膏涂身，同时非常渴望能变成一只鸟儿。但当他涂抹时，他却变成了一头完完全全的驴子。之后，这个故事所记载下来的，是一头驴子的苦难，原因是其具有"人类的知觉和悟性"。他唯一的慰藉，就在其"有着长长的顺风耳，即使在很远地方的一切事儿，我也可以听到"。据说，他如果能够找到一朵玫瑰，把它吃掉，便可恢复人身。在经过了一段很久的愚人的坎坷之后，他终于完成了这一目标。由于他不迷恋生活，他首先着手研究哲学，然后是宗教，并令人惊奇地作了一篇感谢伊希斯女神的祈祷文，就像基督徒呼唤上帝之母一样。他为自己剃头，并被收为伊希斯女神第三位弟子，然后铺好一条下凡的道路，在梦中由"众神之王"奥西里斯派他回家去做律师。

没有几本书像它这样，说的都是无稽之谈，但也没有几本书像它这样用词美妙，令人赞赏不绝。阿普利亚曾用过各种不同的手法来描写，每一种写法都极其成功。他最喜欢用丰富、玄妙、冗长的句法，缀以韵律，使用美丽的俚语、带有古风的词语和含情脉脉的俏皮话，以及用一些诗韵般的散文来修饰。以一种带有东方色彩的温馨，带来一种东方的神秘和肉欲上的享受。也许由于其所获得经验的关系，阿普利亚希望告诉我们，沉迷肉欲的享受会使我们醉生梦死、变成禽兽。我们要能起死回生，返回人类本来的面目，那么唯有在心智和道德上能够完美无缺。他有时也沉醉于偶然听到的故事中：譬如，有一位老妪在细诉古罗马的爱神丘比特和神话中的美女普赛克谈恋爱，以安慰一个被绑架的女子——讲述爱神维纳斯之子如何与一位美丽的女子相爱；如何使这位女子获得各种快乐，但就是不让她看到他；以及如何引起其母亲残酷的嫉妒；最后，在天上以喜剧收场。像这样的故事，任何艺术家的笔，不管如何尝试，恐怕都无法对这位老妪讲述古代故事的口齿加以更佳的形容了。

西班牙

从丹吉尔横过海峡，我们就可从罗马最新的一省到达最古老的一省。西班牙在战略上扼守着地中海的门户，贵重稀有的丰富矿产使其土地染满了贪婪的血渍；山脉横贯，阻止了交通、同化和统一。从旧石器时代起，艺术家在阿尔塔米拉（Altamira）洞穴的壁上绘画野牛，一直到我们这个动乱的时代，西班牙到处都充满着热情刺激的生活。30 个世纪以来，西班牙人都是一个傲慢好战的民族，体瘦、坚忍、勇毅、冲动而执拗，头脑冷静而善感，节俭而好客，有礼而尚武，极易受刺激而怀恨，但更易受感动而生爱。当罗马人到来时，他们发现了甚至在当时就很难识别的殖民：非洲的伊比利亚人、意大利的利古里亚人、高卢的凯尔特人，及高高在上的迦太基人。如果我们可以相信其征服者，则在罗马时代以前的西班牙人，就近于未开化者，有些住在城市的房子里，有些住在乡间的茅舍或洞穴里，睡在地上并用多年来小心留下来的尿洗刷牙齿。男人穿黑色的外套，女人穿"长外罩和灰色的长袍"。希腊历史学家斯特拉博曾非常愤慨地说，在某些地区，"女人牵着男人的手混杂在一起跳舞"。

早在公元前 2000 年，西班牙东南部——塔特苏斯，布匿人的他施（Tarshih）——的居民曾发展过一种冶铜工业，其产品销售遍及地中海地区。因此，塔特苏斯在 6 世纪时，就发展了被称为有 6000 年悠久历史的文学和艺术。除了一些粗糙的雕像和一座埋在沙石中、具有强烈和流畅的凯尔特人的风格、雕刻在希腊模型上的彩色半身人像——《埃尔科小姐》（The Lady of Elche）外，很少有什么遗留下来。在约公元前 1000 年，布匿人就开始染指西班牙丰富的矿藏。至公元前 800 年，他们已经占领了加的斯和马拉卡，并在那里建有大的神庙。至公元前 500 年，希腊的殖民者就在东北的沿海定居。大约在同一时期，迦太基人受其同族的布匿人之请，协助其镇压叛乱，把塔特苏斯和西班牙整个东部和南部都征服了。在第一、二次布匿战争期间，由于迦太基人对这个半岛迅速地加以利用，使罗马人对当时所称伊比利亚所有的资源觊觎不已，而最后汉尼拔通过意大利，也因西庇阿进入西班牙而失色。这些分裂的部落曾为其独立展开过激烈的战斗，妇女们宁愿杀死其子女，也不愿让其落在罗马人的手中；被俘的土著，在十字架上临死时，还在激昂地唱着军歌。这次的征服，虽然花了两个世纪始告完成，但其征服的效果，却比其他各省更为彻底。格拉古兄弟、恺撒和奥古斯都，把罗马共和冷酷无情的政策改为怀柔温和的手段，获得良好与持久的效果，使罗马化的进展迅速；拉丁语的地位也获得承认，并使其能适应新的环境，经济繁荣，不久罗马便有很多诗人、哲学家、参政员和皇帝，都来自西班牙。

自塞涅卡至奥勒留时代，西班牙是罗马帝国经济的大支柱。由于西班牙矿产丰富，提尔最先获得利益，迦太基也成为富庶的国家，而今罗马也同样获得利益；西班牙对意大利，就正如墨西哥和秘鲁对西班牙，同样具有价值。金、银、铜、锡、铁、铅，都以现代最彻底的方法加以开采。在里奥廷托（Rio Tinto），人们仍然可以看到那些因整块石英而沉在深渊的罗马人用过的箭杆和罗马人所遗留下来的矿滓，所含铜的百分比之低令人吃惊。奴隶和囚犯在矿山日夜辛勤地工作，在许多时候，他们一连数月都见不到太阳。在矿山附近，有庞大的冶矿工业。西班牙的地势多山和不毛之地，但所出产的西班牙芦苇草可编制绳索、篮子、床垫和草鞋。饲养肥大的绵羊，及其著名的毛织工业，为罗马帝国提供了古代所知最著名的橄榄油、酒和油料。瓜达尔奎尔河（Guadalquivir）、塔古斯河（Tagus）、埃布罗河以及许多较小的支流，极大便利了罗马送运西班牙产品至其港口和城市。

诚然，罗马在西班牙及其他地方的统治，最显著和出色的结果，就是城市的大量增加或扩展。在贝提卡省（Baetica，罗马行省之一，今西班牙南部），今安达卢西亚（Andalusia），有卡蒂阿（Carteia）（今阿尔赫西拉斯）、蒙达（Munda）、马拉卡、伊塔利卡（Italica，为图拉真皇帝及哈德良皇帝诞生地）、科多巴（今 Corduba）、伊斯帕里斯（Hispalis，今塞维尔）、加德斯（Gades，今加的斯）。科多巴城是在公元前 152 年建立的，是一个以学校而闻名的文学中心，卢坎（39—65 年，罗马诗人）、塞涅卡家族和圣保罗的加利奥（Saint Paul's Gallio）都诞生于此。这种学术上的传统，一直持续到黑暗时代，并使科尔多瓦成为欧洲最有学术气氛的城市。加德斯是西班牙最热闹、人口最多的城市。这片为大家所熟知的富庶地区，位于瓜达尔奎尔河河口，控制着大西洋与非洲、西班牙、高卢以及不列颠的贸易。女孩子们优美的舞姿，使其平添了不少名气。

罗马人所知道的葡萄牙是卢西塔尼亚省，里斯本被称为奥利西波。在诺巴·恺撒里纳（Norba Caesarina）——阿拉伯人现在称其为阿尔坎塔拉（Alcantara，意为"桥梁"），由图拉真的工程人员架设、跨过泰吉斯河的一座大桥，是罗马现有桥梁中最完善的桥。桥上所有拱门，都是高出河面 180 英尺、宽 100 英尺的巍峨宏伟的建筑。卢西塔尼亚的首府是埃默利塔（Emerita），即今天的梅里达（Mérida）。在那里有许多神庙，包括 3 条水渠、1 座竞技场、1 座剧场和 1 个模拟海战战场，及 1 座全长 2500 英尺的大桥，都是非常值得自豪的工程建筑。

再往东是塔拉康宁西斯省（Tarraconensis）。在塞哥维亚（Segovia）城中，目前仍然可以享受到在图拉真统治时代所筑水渠输送进来的清洁用水。塞哥维亚以南，是托勒坦（Toletum），即今天的托利多（Toledo）——在罗马时代，以铁工厂闻名。在东部海岸有一个大城，是新迦太基，即今天的卡塔赫那（Cartagena），矿产丰富，渔业和贸易繁荣。在地中海以外是巴利阿里群岛，其中有帕尔马和波伦提亚，都是古老而繁荣的城市。沿海岸往北有瓦伦西亚（Valentia）、塔拉科（Tarraco，今塔拉戈那）、巴尔西诺（Barcino，今巴塞罗那）以及比利牛斯山以南的古希腊城镇伊波利亚（Emporiae）。旅行者沿这条山脉东端航行不远，就可到达高卢。

高卢

在以往所有船只都是吃水不深的时代，即使是海轮，也可以从马赛经罗讷到达里昂。较小的船只还能继续航行，到达莱茵河上游30英里以内。在平原地区稍歇后，货物即能通过无数城市的别墅地区，进入北海。还有通过类似的陆上通道后，由罗讷和索恩河通往卢瓦尔河而到大西洋，由奥德河到加龙河及波尔多城，由索恩河到塞纳河，而到英吉利海峡。随着这些水路的贸易，在各处的集运点形成了许多城市。法兰西和埃及，是其河流所赋予的产物。

在某种意义上，法兰西的文化是在公元前3万年由"奥瑞纳人"（Aurignacian man）开始的。蒙蒂尼亚克（Montignac）洞穴中的发现证明，即使在那个时候，艺术家就能够画出颜色鲜艳和线条分明的图画。法兰西从旧石器时代的狩猎和畜牧，到大约公元前1.2万年的定居生活及新石器时代的耕种，然后经过长久的1万年以后，到达铜器时代。约公元前900年，有一个属于阿尔卑斯山（Alpine）族的圆头的新民族，开始自日耳曼渗入，越过法兰西，扩展到不列颠和爱尔兰，南下西班牙。这些凯尔特人，带来了奥地利哈尔施塔特早期铁器时代的文明。约公元前 550 年，他们自瑞士的拉坦诺（La Tene）输入更发达的炼铁技术。直到罗马认识法兰西时，才把它称为凯尔提卡（Celtica）。然后一直到恺撒时代，这个名称才被改为加利亚，即高卢。

这些移民赶走了土著民族，然后在一些独立的部落中定居，在他们所建立的城市中，仍然留有这些独立部落的名字。恺撒说，高卢人高大、强壮、肌肉发达；他们金黄色的浓发向后梳拢，长及颈背；有些人留须，也有许多人在嘴边蓄有卷曲的长胡子。他们来自东方，也许自古伊朗人那里带回来穿着长裤的风俗，再加上染有许多颜色和绣有花边的紧身外套，条纹披肩系在两肩上。他们喜欢珠宝，在战时纵使没有其他饰物，也戴有金质的装饰品。他们爱吃大量的肉、啤酒和未冲淡的烈酒。如果我们可以相信阿庇安的话，他们"天性就是无节制的"。斯特拉博称他们"在战胜时，则单纯，精神旺盛，好夸大……令人不能容忍；在战败时，则胆怯，不知所措"。但敌人著书立说，并不见得常常是好事。波塞多尼乌斯很震惊地发现，他们把敌人的头切下来，挂在马颈上。他们很容易受刺激而与人争论和战斗，有时候甚至在宴会上为取乐而决斗至死。恺撒说："他们与我们一样勇猛好战。"阿米阿努斯形容他们为：

> 所有的人，不论男女老幼，都适于服兵役。老年人开赴战场打仗的勇气，和壮年人一样的可嘉……事实上，一个高卢人如果把妻子召来，就是整队的外国人，也将无法与之匹敌，因为其妻通常都远较其丈夫强壮凶悍，尤其粗起了颈子，咬牙切齿，摆出粗大的臂膀，开始使出浑身解数，拳脚交加地猛然袭来时最为可怕。

高卢人信仰的神有很多，因时间太久，目前无法知道各神的名氏。他们对死后快乐生活的信念很敏感，这是恺撒判断高卢人之所以勇敢的主要原因。瓦莱里乌斯说，基于这种信念的力量，人借出去的钱，要等到天国时才偿还。波塞多尼乌斯曾声称其看到过高卢人在送葬时，写信给另一个世界的朋友，并把信件抛在火葬堆，使去世的人能够把信件送出去。但高卢人对这些罗马故事的意见如何，我们也应该听听。在高卢，有一个被称为德鲁伊特派（Druids）的僧侣阶级，控制着所有的教育，对宗教的信仰积极地加以谆谆善诱。他们在神圣的丛林中举行多彩多姿的仪式，常常比在庙宇中举行的多。他们以判处死刑的人犯作为牺牲来祭祀众神。这种风俗对于没有看过执行电刑的人来说，将是极为野蛮的事。这些身为僧侣阶级的人，是高卢社会中唯一学问渊博，也是唯一有知识的分子。他们作圣歌、写诗、编撰史迹资料、研究"星象和运动，宇宙和地球的大小及大自然的秩序"，并制定适用的日历。他们还担任法官的职务，对各部落酋长的法庭，具有极大的影响力。在早期罗马，如中古时代，高卢是一个以神权为外表的政治封建政体。

　　在这些酋长和僧侣的统治之下，凯尔特高卢人（Celtic Gaul）的发展，在公元前 4 世纪时达到了高峰。人口因受拉坦诺冶矿技术发展的影响而增加，引起了一连串争夺土地的战争。约公元前 400 年，这些已经占领了中欧和高卢的凯尔特人，又征服了不列颠、西班牙和意大利的北部。公元前 390 年，他们向南推进到罗马。到公元前 278 年，他们攻占了德尔菲古城，并征服了弗里吉亚（小亚细亚西北的一个古国）。在一个世纪以后，他们的势力开始衰弱，部分是由于财富和希腊方式的影响力而减退，部分由于封建诸侯的政治组织因素所产生的结果。正如中世纪的法国一样，各个国王破坏了封建诸侯的权力，而建立一个统一的国家。相反，在恺撒前一个世纪，诸侯破坏了各个国王的权力，使高卢比从前更加支离破碎。除爱尔兰以外，各处的凯尔特人的疆域均向后撤退。迦太基人在西班牙征服了凯尔特人，罗马人也把他们赶出了意大利。辛布里人和条顿人，则在日耳曼和高卢南部把他们征服了。公元前 125 年，罗马人因急于控制到西班牙去的道路，征服了南部的高卢，并将其版图改为罗马的一个行省。公元前

58 年，高卢的领袖们曾央求恺撒协助其驱逐日耳曼人的侵入，恺撒应命，并提出要求。

恺撒和奥古斯都将高卢改为四个行省：在南部为纳博讷（Gallia Narbonensis），罗马人称为普罗温西亚（provincia），我们称其为普罗旺斯（provence），当时由于希腊人在地中海沿岸定居，大部分都已希腊化；在西南部为阿基坦尼亚（Aquitania），主要的人口为伊比利亚人；在中部为卢格杜南西西（Gallia Lugdunensis），绝大多数为凯尔特人；在东北部为贝尔吉卡（Belgica），以日耳曼人为主。罗马人承认这些种族的划分，并煽动他们破坏统一的反抗运动。部落的地区，仍然被保留作为行政管理的区域。地方长官，则由有财产的业主挑选，罗马以支持其对付下层阶级的手段来获得其对罗马的忠顺；对忠贞和有用的高卢人，赐以罗马公民的资格。由每一地区所选出来的代表，组成一个省政议会，每年在里昂开一次会。最初，这项会议曾非常审慎地仅限于奥古斯都时代的崇拜仪式，但很快就变成向罗马总督提出要求，而后变为各项建议及各项请求的会议。此时身为僧侣阶级的人极受迫害，其所掌握的司法权被剥夺。因此，法国人接受了罗马法。差不多有一个世纪，高卢人就这样悄悄地屈服在这个新的桎梏之下。公元 68 年和 71 年，在温戴克斯（Vindex）和基维利斯（Civilis）的统治下，曾爆发过短暂的反抗暴乱，但其人民却很少支持这些运动，爱好自由的运动变成了繁荣、安定与和平的享受。

在罗马的和平时代，高卢成为罗马帝国最富庶的部分。罗马对高卢在克劳狄乌斯统治下进入元老院贵族的富有极感惊异。一个世纪以后，弗洛鲁斯曾将高卢起飞的经济和意大利的衰落对比：森林的开垦，泾地的排水，农业的改进，甚至还使用了机械的收割机。早在 1 世纪，普林尼和科卢梅拉就曾赞赏过勃艮第和波尔多的酒。在那里，虽然有广大的土地，由农奴和奴隶耕作，却为中古的封建诸侯所有，而且还有许多小型的业主。古代的高卢，就像现代的法兰西一样，其财富的分配，较任何其他开化的国家都更为平均。在工业方面的进步，尤其快速。早在 2 世纪前，高卢的陶瓷业者和铁工，和意大利争夺德意志和西方的市场；高卢的纺织业，也在罗马帝国境内做着最大的纺织生意；在里昂的工厂，不仅生产商业用的玻璃，而且还制造有艺术价值的各项用品。工业技术世代相传，形成了古代遗产中珍贵的一部分。由罗马工程人员所修筑或改建的 1.3 万英里长的道路，对运输和贸易的作用极大。

由于繁荣的经济，古凯尔提卡的城市获得利益，而成为罗马高卢的城市。在阿基坦尼亚，其首府布尔迪加拉（Burdigala，今波尔多）、利摩南（Limonum，今利摩日）、阿瓦里卡（Avaricum，今布里兹）、奥古斯托尼米托姆（Augustonemetum，今克莱蒙费朗），都是早已富庶的城市；奥古斯托尼米托姆曾以 40 万古罗马银币付给岑诺多图斯（Zenodotus），购买信使神墨丘利的一幅巨像。在纳博讷省，也有许多城市。据普林尼的描述，其"更像意大利，而非一个行省"。最西端是托洛萨（Tolosa），今图卢兹，以学校闻名。该省的首府为纳尔波，是 1 世纪高卢最大的城市，为高卢货物输出意大利和西班牙的主要港口。西多尼乌斯·阿波利纳里斯（Sidonius Apollinaris）说："这里有城墙、散步场所、酒店、拱门、柱廊、公共广场、剧场、庙宇、浴室、市场、牧场、湖泊、桥梁和海。"再往东，自西班牙至意大利的多米提安大道上有尼毛苏斯（Nemausus），今尼姆。奥古斯都在那里建有美丽的方型神庙，以纪念其孙子韦鲁斯和盖乌斯·恺撒，其内部的柱廊不幸被埋入庙宇墙内，但其自由的科林斯圆柱却与在罗马的一样美观华丽。一座圆形的竞技场，可容纳 2 万人，仍然为定期举行庆典的现场。罗马人所兴建、为尼姆输送饮水用的水渠，最后却变成了加尔（Gard）河的桥梁。这个巨大无比的废墟，至今仍遗留在市区以外崎岖不平的乡间，高矮大小不同的拱门对比，相映生辉，显出罗马的工程艺术的确不同凡响。

在地中海东部的罗讷口上，恺撒建阿勒雷特城（Arelate），希望它能取代反叛的马赛利亚城，作为造船中心和港口。在恺撒诞生之时，马赛利亚（今名马赛）就是一个古老的城市，一直到恺撒逝世时为止，它都保持着希腊的语言与文化。希腊的农业、植树、葡萄种植栽培法及其文化，都经由这个港口传到高卢，最重要的是西欧与古希腊和罗马都在此进行交换货物的贸易。它是罗马帝国的大学中心之一，尤其以法律学校最为著名，在恺撒以后，它便逐渐衰落了，但仍维持其古代自由市的地位，不归行省总督管辖。再往东是弗伦尤里（Forum Iulii，今弗雷瑞斯）、安提波利斯（Antipolis，今昂蒂布）和尼西亚（今尼斯）——这是在滨海阿尔卑斯的城市。自阿勒雷特溯罗讷河而上，可抵今阿维尼翁和阿劳西奥。在这里，仍遗有一座奥古斯都时代的大拱门及一座罗马的大剧场，至今仍然可以欣赏到古代歌剧的演唱。

高卢各省中最大的一省是卢格杜南西西，由其首府卢格杜努姆（今里昂）得名，位于罗讷河和索恩河汇合点，及由阿格里帕（罗马军人政治家及工程师）所筑各大道的交叉处，成为一个富庶地区的贸易中心和整个高卢的首府。它的铁、玻璃和陶瓷工业发达。在 1 世纪时，就能维持 20 万的人口。向北有卡比龙努姆（Cabillonum），今名沙隆；恺撒杜南，今名杜尔；奥古斯托都南，今名奥坦；塞纳布姆，今名奥尔良；卢特提亚，今名巴黎。据罗马皇帝尤里安描述："我在可爱的卢特提亚度过了冬天，因而高卢人都以巴黎为小城之名——河中一小岛……此地产名酒。"

贝尔吉卡包括法国和瑞士部分领土，几乎全是农业地区；其工业大部分附属于各个别墅，由其所遗留下来的许多遗迹，可见当时贵族生活的豪华和舒适。在此地区，由奥古斯都建造的城市有今日的苏瓦松、圣昆丁（St.Quentin）、桑利（Senlis）、博韦和特拉维（Trèves）等城。最后一个城市——奥古斯塔·特列维罗兰（Augusta Trevirorum）是防卫莱茵河部队的司令部所在地，因而著名。在戴克里先统治下，它取代了里昂，成为高卢首府。在 5 世纪，是阿尔卑斯山以北最大的城市，至今仍有许多古罗马的遗迹——如筑在罗马城墙内的尼格拉（Nigra）门、圣巴巴拉（St.Barbara）浴场。在附近的伊格尔（Igel），有塞昆第尼（Secundini）家族墓，以及在其邻近尼乌马根（Neumagen）要塞营区的浮雕。

在这些城市中及其周围的生活，虽然已逐渐改变了其外表，其天然的条件也在不断的蜕变中，但高卢人仍保有其固有的品格和穿着长裤的风格，并保存其语言达三个世纪之久。拉丁文在 6 世纪的胜利，主要是由于其被罗马教堂运用，但现也正被其融会于法文中。罗马在高卢所获得的最大胜利，就是文化的传统。法国伟大的历史学家诸如尤里安和丰克·布伦塔沃（Funck Brentano）等人曾经想过，如果没有罗马的征服，法国也许会过得更好。但也有更伟大的历史学家们相信，罗马的征服，只是日耳曼人征服高卢的替身而已。德国古典历史学家蒙森说：如果恺撒未在那里获胜的话，

> 各民族的移民可能早在 400 年以前，就已经发生了，也可能在意大利的文化尚未在高卢、多瑙河，或非洲和西班牙生根以前，就已经有了。伟大的罗马将军和政治家都意识到，日耳曼的各个部落就是罗马和希腊世界相互敌视的敌人。由于其坚定的政策，他建立了一个新的积极防御系统，甚至还有细致的计划，教导人民以河流和人造的城池来保护罗马帝国的边疆……而为希腊、罗马的文化获得了开化西方所必需的喘息机会。

莱茵河是古罗马和初期文化之间的界线，高卢未能保卫那条界线，罗马做到了。这一事实，决定了欧洲直到今天的历史。

不列颠

在约公元前 1200 年，有一支凯尔特人越过高卢，在英格兰定居。他们在那里发现了一种黑发人，可能是伊比利亚人和头发淡色的斯堪

的纳维亚的混合人种。他们征服了这些土著，并与其通婚，最后分布在英格兰和威尔士各地。约公元前100年，另外一支由欧洲大陆而来的凯尔特人，将不列颠南部和东部的族人驱逐出去。当恺撒到来时，发现该岛的居民有好几个独立的部落，每一部落都有一个野心勃勃的酋长。恺撒为这些住在英吉利海峡以南、所谓高卢的部落，取名不列颠民（Britami）。因为恺撒相信，沿这两岸的居民，属于同一种族。

凯尔特不列颠人（Celt Britain）在风俗、语言和宗教上，大致与凯尔特高卢人相像，但其文化较为落后。凯尔特不列颠的文化，约公元前6世纪始由铜器进化到铁器，较高卢人落后三个世纪。约公元前350年，马西利奥特（Massiliot）的探险者皮西阿斯（Pytheas），自大西洋航行至英格兰时，发现肯特（Kent）的坎提（Cantii）早已有繁荣的农业和贸易，雨量充足，土地肥沃，并有丰富的铜、铁、锡和铝等矿藏。在恺撒时代，当地的工业就能在其各部落及欧洲大陆间产生积极的商业作用，并以铜和金铸造钱币。恺撒的侵入是侦察性袭出，他获得了双重的保证：首先是各部落间无力作团结的抵抗；其次是各种粮食足能供其在适当时机，统率部队去进攻。在一个世纪以后（公元43年），克劳狄乌斯以4万部队渡过英吉利海峡，其部队的纪律、军备和熟练的技术使当地的土著无法招架，不列颠因而沦为罗马的一省。公元61年，英国一部落的女王布狄卡（Boudicca）起而领导反抗，指责罗马军官强暴其两个女儿，掠夺其领域，并将其许多自由人卖为奴隶。正值罗马总督保利努斯忙于征服马恩岛（Isle of Man）时，布狄卡的军队击溃了与其对抗的一个罗马军团，并直扑伦迪尼姆（Londinium，即伦敦）城——塔西佗说，已经攻到了"商人的主要住宅区和一个做买卖的大市场"。在那里，或在维努拉米乌姆（Verulamium），今名圣奥班斯（St.Albans）的所有罗马人都惨遭杀害。等到保利努斯及其兵团追上叛军时，被杀的罗马人及其盟友已达7万人。布狄卡女王及其两女同站在战车上英勇作战，最终败北，饮毒液而亡，并有8万不列颠人被屠杀。

塔西佗说其岳父阿格里科拉（公元78—84年为不列颠总督）如何开化一个"粗野、分散和好战的民族"：设立学校，传播拉丁语，并鼓励各城市和富人兴建庙宇、广场及公共浴场。据讥讽的史学家说："罪恶的诱惑逐渐地深入不列颠人的心中；浴场、门廊和豪华的宴会，也成为一时的风尚；那些在实际上只用来训练奴隶的新礼仪，也被一些深信不疑的不列颠人称为润饰人性的艺术。"在各次迅速的战役中，阿格里科拉带着这些艺术，征服了克莱德河（Clyde）和福斯河（Forth）地区，击败了3万苏格兰人的军队。当多米提安将其召回时，他还想继续挥兵前进。哈德良自索尔维湾筑城（公元122—127年），横过该岛70英里，到泰恩河口，以防苏格兰人的侵入。20年以后，罗马军队再往北，在克莱德湾和福斯湾之间筑了一条长33英里的安东尼长城。在两个世纪以来，这些防御的城堡，使不列颠成为罗马的屏障。

当罗马统治稳定时，其统治采取较为宽大的政策，各个城市均由当地人组织的元老院、代表大会和地方行政长官来管理。乡间则如同高卢一样，交由部落的酋长来治理，但应受罗马人的监视。只是文化不如意大利那样的城市化，也不如高卢的那般丰富，但因为受罗马的刺激和保护，不列颠的城市成为现在的形态，其中有4个城市为罗马的"殖民地"。在那里的自由人，均享有罗马公民的资格：卡穆洛杜南（Camulodunum），即今天的科切斯特，成为罗马在不列颠的第一个首府，并为省执政会议的所在地；林坦（Lindum），今林肯城，宣布过其古代的特权；埃博拉库姆（Eboracum），今约克，成为重要的军事基地；以及格勒维乌姆（Glevum），格洛斯特城之名（Gloucester）是由格勒维乌姆和盎格鲁撒克逊的"镇"字[1]演变而来。切斯特（Chester）、温切斯特（Winchester）、多切斯特（Dorchester）、奇切

---

[1] 哈弗菲尔德（Haverfield）也同样有类似解释。更为一般人所接受的变化字，是拉丁文"Castrum"，为堡垒，或"Castra"，为军营之意。大多数由罗马建造的不列颠城市，都是根据罗马军营的棋盘计划设计的。

斯特（Chichester）、莱斯特（Leicester）、锡尔切斯特（Silchester）以及曼彻斯特（Manchester）等地，都始于罗马统治的头两个世纪。这些都是很小的城镇，居民大约为6000人；但它们都筑有道路、排水沟、市集、公共广场、庙宇及以石为基的瓦顶房屋。在维罗科尼乌姆（Viroconium，今罗克斯特），筑有一座能容纳6000人的公共会堂，还有可容纳数百人同时沐浴的浴场。萨利丝泉（Aquae Salis，"咸水"之意），今为巴斯城，从其所遗温泉浴场来看，是古代著名的胜地。隆狄尼乌姆因位于泰晤士河上，并有四通八达的道路，在经济和军事上占重要地位；人口达到6万后，不久就取代了卡穆洛杜南的地位，成为不列颠的首府。

大部分罗马伦敦的住宅，都是砖墙和灰泥的房子；而小城镇的住宅，则为木造，其建筑视天气而定：用山形的屋顶使雨水和积雪流出，窗户多，阳光充足。因为据斯特拉博说："即使在晴天，能见到太阳的时间，也不过三四个小时而已。"但房屋的内部却采用罗马的式样——地板嵌花，浴室很大，墙有壁饰，甚至远胜过意大利住宅的建筑，利用热空气导进墙中和地板下的中央暖气。从表面矿脉就可开采的煤，不仅被用作房屋的取暖，而且也被用来作工业处理，如炼制铝矿的燃料。古代不列颠的各种矿产，显然为国家所有，却租给私人企业开采。在巴斯，有一个制造铁制武器的工厂。瓷器、砖瓦的制造，可能业已发展到在工厂制造的阶段，但大部分的工业却仍停留在家庭、小型商店和别墅中制造的形态。罗马造的5000英里道路及无数的水路运输，都是红砖内销的大动脉。在国外贸易方面，正好和不列颠目前的情形相反，数量不大，以原料的输出来换取制造的货物。

在罗马统治的四个世纪中，罗马的文化对不列颠人及其生活的影响有多大？拉丁语成为政治、法律、文学及少数知识分子的语言，但在乡间和城市中的许多工人阶层，还保留着凯尔特人的口音。即使到目前，在威尔士和马恩岛的居民中，仍然有其各自的语言。在不列颠的罗马学校，除传播知识外，还决定了罗马形式的英文字母，大量的拉丁词语成为英语的词语。各种庙宇的建筑，都以奉祀罗马的众神为主，但一般人仍尊奉凯尔特人的神祇和庆祝的节日。甚至在各城市中，罗马仍然无法往下扎根。罗马对不列颠的统治，虽然使其人民获得了稳固的和平及该岛在工业革命以前所无法达到的繁荣，但其人民对这一统治却显得非常的冷淡。

蛮族

奥古斯都和提比略决定不征服日耳曼人，是欧洲历史上的重大事件。若日耳曼人被征服，并像高卢一样被加以罗马化，则俄罗斯以西的整个欧洲就可能只有一个组织、一个政府、一种古典文化、一种语言了。而且，中欧本应该成为对抗东部游牧民族的一个缓冲地区，因为这个游牧民族对日耳曼人的压力曾引起日耳曼人对意大利的入侵。

我们称他们为日耳曼人，他们自己却从未用过这个名称，而且也没有人知道其由来和时间。在古希腊和罗马时代，他们是在欧洲莱茵河与维斯图拉河（Vistula）间，多瑙河和北海（North Sea）与波罗的海（Baltic Sea）间各独立部落的混杂人种。自奥古斯都至奥勒留的两个世纪中，他们逐渐地由漂泊的牧猎生活改变为从事农耕的村落生活。但他们在那时候还是过着逐水草而居的生活，等到他们很快地把所耕种的土地用尽时，他们就继续迁移，以武力征服新的土地。如果我们能够相信塔西佗的话，那么战争就是日耳曼人的酒和肉：

> 开垦土地，期待四季正常的生产，并不是日耳曼人的行为准则。你将更容易地说服其去攻击敌人，在战场上流血，争取荣誉。以流汗的方式去获得要流血才可以获得的东西，在日耳曼人看来，是军人不值一试的懒惰行为。

罗马的历史学家，在悲叹其民族在奢侈与和平享乐的状态下腐

败、衰落之余，用道学家的口吻，描绘日耳曼人的好战本性及女人用
热情去鼓励他们上战场和并肩作战的情形。临阵退却对日耳曼人来
说，乃是终身的耻辱，其中还有许多因而自杀的情形。在斯特拉博笔
下的日耳曼人，"比高卢人更野蛮，更高大"。罗马哲学家塞涅卡似曾
读过塔西佗的作品，他的预言总结为："对于那些身体强壮的人，以
及那些不适于享乐、奢侈和具有财富的人而言，只要多加一点奇妙的
技巧和纪律——我就没有什么可说了。你们（罗马人）只要能恢复祖
先的美德，就可以对付他们，而立于不败之地了。"

据塔西佗报道：在平时，这些战士是相当懒散的。他们以吃大餐
和喝大量的啤酒过日子（可能在狩猎或收获之后），家事则任由妇孺
去做。日耳曼人娶妻，以牛或武器做礼品，向女方父亲购买而来。对
其妻子和子女操有生杀大权，但应获得其部落代表大会的许可。虽
然如此，妇女们仍具有崇高的荣誉，并经常被请来裁决部落的各种纠
纷。妇女们也和丈夫一样，可以自由与其丈夫离婚。有些部落酋长为
多妻制，但普通的日耳曼人家庭则为一夫一妻制，并维持崇高的婚姻
道德（我们可以深信）。通奸罪，"很少听到"。关于妇女方面的惩罚，
是剪去其头发，并令其裸体通过大街，边跑边被追打。妻子愿意的
话，得准予堕胎，但一般人都生有许多子女。无子女的男人很少；家
庭的财产由父子继承，世代相传。

日耳曼的人口，包括四个阶级：（1）不自由的人，其中有些为奴
隶，大部分都是农奴，限于在土地上工作，并向地主缴纳产品；（2）
恢复自由的奴隶——不享受特权的土地承租人；（3）自由人——地主
和武士；（4）贵族——其家庭是来自神的地主，但其权力为世袭，并
有武装的侍卫保护。部落代表大会由贵族、侍卫和自由人组成。他
们携带武器出席会议，选举酋长或国王。通过议案时，则以矛相击，
发出铿锵声，或以多数人沉重的喉声表示拒绝。第二和第三类的人，
部分从事日耳曼人所擅长的手工和冶矿工业，第四类的人，提供封
建制度下日耳曼的地主和武士。

对于这样简单的社会组织而言，实际上很少有什么高级的文化产生。在这一时期，宗教也只限于由对自然的崇拜，转而膜拜神人同形的神祇。塔西佗称他们为战神马尔斯、信使墨丘利及大力士海格力斯——可能是指 Tiu（胜利之神 Tyr）、Wodin（战神 Odin）和 Donar（雷神 Tor）；我们仍然在不知不觉中，每周有四天的日子来纪念他们和爱神芙蕾雅（Freya）。有一位女神赫莎（Hertha，大地之母），在处女时，因天神而受孕怀胎；由于各个不同的仙女、小妖精、水妖、巨人和矮子而产生了各种幻想和需要。祭祀战神沃丁（Wodin）要用人类为牺牲，对其他诸神，则奉以味美的动物为祭品。日耳曼人的崇拜，选择在森林中的旷野举行，因为他们认为，把大自然的精神局限于人类手造的住宅，是悖逆情理的事情。他们没有像高卢或不列颠僧侣那样掌有大权的祭司阶级，但也有男女传教士，主持宗教仪式，或权充法官审理刑事案件，及以研究白马的动作和马嘶的情形来占卜未来的凶吉。他们也像高卢人一样，有专以吟诗讴歌为业者，以粗犷的音调朗诵各部落的传奇古谈。他们也有少数能写能读的人，并把拉丁字母修改为日耳曼的"文字"。他们的艺术作品，简单朴素，但他们也有用黄金做成的作品，技术精巧。

罗马兵团自日耳曼撤出时，仍然保留对莱茵河流域的控制，并将其广大的谷地分为两个行省——上日耳曼和下日耳曼。后者包括荷兰和科隆以南至莱茵兰的地区。这里过去是个很美的城市，罗马人称之为科洛尼亚·阿格丽品西斯（Colonia Agrippinensis），是尼禄的诞生地，曾被尼禄作为纪念其母亲的殖民地（公元 50 年）；50 年以后，成为莱茵兰最富庶的新殖民地。上日耳曼省，由莱茵河南行，经莫冈提亚库姆（Moguntiacum，今梅因斯）、阿夸埃·奥勒利亚（Aquae Aurelia，今巴登巴登）、阿根托拉图姆（Argentoratum，今斯特拉斯堡）和奥古斯塔、劳里科努姆（Rauricorum，今奥格斯特），到文多尼萨（Vindonissa，今温迪斯格），几乎所有这些城市，一般都有许多庙宇、公共会堂、剧场、浴室和公共雕像的建筑。罗马派去防卫莱茵

河的兵团人员，有许多都住在营外，与日耳曼的女人结婚，等到兵役
终了时，就留下来在那里定居。在罗马时代，莱茵兰可能就像在 19
世纪以前的任何时期一样，人口稠密，物产丰富。

　　据我们所知，罗马的军事工程人员曾在莱茵河和多瑙河之间筑有
一条有城堡的道路和 300 英里长的城垣，每隔 9 英里，就有一个城堡。
它对罗马的贡献有一个世纪之久，但在罗马人的生育率远落后于日耳
曼人时，却很少有什么用处了。尤其是多瑙河，虽被古人认为是世界
上最长的河流，但其边防的作用却更脆弱。多瑙河以南是半开化的各
省：瑞提亚、诺里库姆、潘诺尼亚，大约包括在我们年轻时代所知道
的奥地利、匈牙利和塞尔维亚。罗马人在现代的奥格斯堡（奥古斯都
城）所在地建立了一个殖民地——文德利科努姆（Vindelicorum），作
为从意大利通过布伦纳山口到多瑙河这条通路上的主要驿站。沿多
瑙河，他们建立了两个筑有城堡的城市——一个是今为维也纳的文多
博纳（Vindobona），另一个在布达（Buda）城鸟瞰佩斯（Pesth）城
高地的阿昆克（Aquincum）。在潘诺尼亚东南，以及现为贝尔格莱德
（Belgrade）以西的萨沃河（Save River）上的锡尔米姆（Sirmium），
即今天的米特罗维卡，成为戴克里先时代所征服的四个首府之一。在
潘诺尼亚以南的达尔马提亚省，由于罗马人、希腊人和当地人经商
的努力，在亚得里亚海沿岸发展的港口有塞罗纳（Salona，今斯培拉
托）、阿波罗尼亚（近瓦罗纳）和都拉基乌姆（今都拉索）。罗马帝国
时代最强悍的军士，都是来自多瑙河以南的这几个省份。而且，在 3
世纪，也是由于这些地方诞生的军人皇帝，才能在两百年来阻挡住蛮
族侵入的灾祸。潘诺尼亚以东，是达契亚（今罗马尼亚），其首府萨
米泽格图萨目前业已消失。在莫西亚（Moesia）的南部与东部地区的
多瑙河上，有两个足以自夸的城市——辛吉杜努姆（Singidunum，今
贝尔格莱德）和特罗埃斯米斯（Troesmis，今伊格里萨）；一个靠近
伊斯克尔河（Isker）的撒尔底迦（Sardica，今索非亚）；在黑海海岸
有三个主要城市：伊斯特努斯城、托米城（今康斯坦察）和奥德苏埃

城。在这些深受蹂躏的殖民地，企图以希腊的文化和罗马的武力来征服那些在大河以北生长和游牧的哥特人、萨尔马特人、匈奴人及其他蛮族的努力终于落空。

罗马无法使这些在多瑙河以南的各省开化，是导致其败亡的原因。对于这样一个古老强大的民族来说，这个任务实在太艰巨，难以完成。因为这个伟大民族的活力，正随着其毫无生气的享受而逐渐消失。但在北部的部落，因有强健的体格，冒险犯难的精神蓬勃。直到图拉真以金钱补助萨尔马特人来获得和平时，才是罗马衰亡的开始。当奥勒留以成千的日耳曼人移入罗马帝国定居时，罗马的堤防就已决口。日耳曼军人被欢迎进入罗马的军队，并晋升为指挥官。因此，意大利人的家族就逐渐衰微，而大量的日耳曼人却在意大利成家立业。在此情况下，罗马化的运动便背道而驰：蛮族人反而同化罗马人了。

但无论如何，西方（如果非北方的话）能获得古希腊和罗马的遗产，就是非常宝贵的成就了。至少，也许在战争的痛苦中产生了获得和平的艺术；而且，人类能够将其刀枪改造为犁头，不致使城市的安逸和贫穷的地方腐烂。当蛮族的祸患衰退时，由于西班牙和高卢地区的活力，可能产生一种新文化。而且，几个世纪以来暴君的种子，也可能会在残酷无情的罗马兵团所到之处，带来罗马的法律及令人激励的希腊文化，使其开花结果，并获得宽恕。

第三章 | 罗马希腊

普鲁塔克

　　罗马曾设法对希腊表示慷慨，也确实做得不少。罗马在新征服的阿哈伊亚省（Achaea）未设置关防，纳税也比罗马本身的税收人员以往所要求的少，各个城邦也获准依其旧有的法律，实行自治。其中有许多城邦——雅典、斯巴达、普拉蒂亚、德尔菲及其他各城邦——都是"自由市"，除对外宣战的权力外，不受其他的限制。

　　然而，由于希腊对古代自由的热望，以及受罗马大将、高利贷者和商人擅长贱买贵卖的压榨，它还是参加了米特拉达梯的反抗，但遭受到最严重的挫折。雅典惨遭蹂躏包围，在德尔菲、伊利斯、埃皮达鲁斯等古城，其圣堂的财产也遭受劫掠。过了一代，恺撒和庞培、安东尼和布鲁图曾先后在希腊决斗，在希腊征兵、征粮、收缴黄金、分两次征收二十年的赋税，使各个城市陷于贫乏的绝境。在奥古斯都的统治下，希腊的亚洲部分虽然恢复了旧观，但希腊的本土仍然贫乏不堪，由于受到罗马征服的破坏，远不如因斯巴达所实行致命的专制、雅典发生混乱的自由及人民和土地凋落所受影响的严重。因此，希腊许多富有创业精神的子孙，远离乡土，去追求更新和更富庶的土地。

埃及、迦太基和罗马新政权的兴起及希腊东部工业的发展，使其祖国的古典精神逐渐丧失殆尽。罗马虽对希腊大加赞赏，对其艺术却大肆劫掠：斯考鲁斯搬走了3000座雕像用于他的剧场，卡里古拉命令其妾的丈夫去希腊，到处搜掠雕像；单是尼禄就劫走了德尔菲城半数的雕刻。一直到哈德良时代，雅典人始终都无法展露一丝笑容。

　　伊庇鲁斯王国在马其顿战争时代忍受了罗马人愤怒的冲击，元老院也任士兵们掠夺，其中有15万的伊庇洛特人被卖为奴隶。奥古斯都在尼科波利斯为伊庇鲁斯建立一个新的首府，以庆祝其在附近亚克兴的胜利。在那里文明一定曾受到相当的尊重，因为这个"胜利之城"，曾为希腊的哲学家爱比克泰德建有住宅，并给予其讲学的机会。马其顿的境况，比其忠心耿耿的芳邻要好；因其矿产和木材丰富，及从阿波罗尼亚及都拉基乌姆跨过马其顿和色雷斯到达拜占庭的埃格那提亚路，使其商业活动加速发展。在这条大道沿线（部分仍保留迄今），有该省的各主要城市——埃泽萨、培拉和帖撒罗尼卡。这里最后一座城市——据我们所知，今为萨罗尼加，但对现代的希腊人而言，仍以其古名见称，即色萨利之胜利。它是该省的首府、省参政会所在地，也是巴尔干半岛与亚洲往来贸易的大港之一。再往东，是色雷斯省，以农业、畜牧和矿产为主，但也有相当多的城市，如撒尔底迦、阿德里安堡、佩林塔斯及拜占庭。商人和鱼贩在此金角湾发迹，但在此腹地的希腊殖民，则遭受蛮族的侵略。所有内陆谷类，均由此装运出口，但所有经过西徐亚和黑海的商业，则应缴付过路费。鱼群通过这个狭窄的博斯普鲁斯海峡时，几乎是跃入网中。不久，君士坦丁承认这一位置为古罗马和希腊世界的主要城市。

　　塞萨利在马其顿以南，特产有麦和良马。埃维亚岛为古老的岛屿，与维奥提亚一样，以牛著名。据狄翁描写，其在2世纪又恢复到蛮族的时代；穷人尤其不满土地与财富都集中在少数家族手中；富人不满日益加重的捐税和崇拜仪式；家族不满私有财产和贫困，几乎把繁荣的农村人口及在卡尔西斯和埃雷特里亚两地所饲养的牛群全部消灭。苏拉的各项运动，使维奥提亚在重税之下无法复苏。斯特拉博说："底比斯，只是一村庄。"然而，经过一个世纪来的和平，普拉蒂亚获得繁荣。喀罗尼亚是菲利普和萨拉获胜获得皇位的地方，仍然保留着相当的盛名，即使其最杰出的国民，也不愿离去。普鲁塔克说，此城已变得甚小，所以，他也不忍离去而使其更小。在普鲁塔克一生平静的事业与温和的思想中，我们发现在令人沮丧的史实中，也有更为美好的一面，就是带有古代纯正美德的中层阶级的人，能专心一致地为民服务，有温馨的友谊和父母的爱。在我们的故事中，实在没有比喀罗尼亚的普鲁塔克更动人的人物了。

他约公元 46 年生于喀罗尼亚，于公元 126 年在家乡逝世。尼禄在希腊累战累胜时，他还在雅典求学。他可能有相当的收入。他到埃及和小亚细亚旅行过，并到过意大利两次。在罗马以希腊文授课，他可能还为其国家担任过某种外交职务。他喜欢这个伟大的首都和当地新兴贵族的礼仪与荣誉的生活，欣羡禁欲主义者的规范，并同意罗马诗人恩尼乌斯的说法——罗马是由道德与品格所造成的。当其想到当时在世和去世的贵族时，他就想到以罗马的英雄和希腊的英雄作比较。他不仅建议撰写历史或传记，并主张以英雄的典型来作为美德和英雄主义的教育，甚至其著作《比较列传》（*Parallel Lives*）在其心目中，就是《道德论集》（*Moralia*）。他一生都从事教学的工作，从不放过说教的机会，把道德的观念融于故事中，但有谁能比他做得更恰到好处呢？他在所著《亚历山大传》（*Alexander*）中告诉我们，他重视品格甚于历史，希望把希腊的伟人和罗马的伟人放在一起来比较，将为读者带来一些道德上的兴奋剂和英雄气概的冲劲。他曾经很坦率地承认，由于长久与名人为伍，他自己也获得了长进。

我们不能期望他也具有一般历史学家的良心和精确性。他对人名、地名和日期的考证都出现了许多错误。有时候（假如我们能够判断的话），他对各种事件也有误解的地方。他甚至对传记家的两大任务也未能达成——由遗传、环境和现况来显示其主题的人物和事业的起源及由成长、责任和危机来显示品格的发展。在普鲁塔克的作品中，就像希腊哲学家赫拉克利特的著作一样，人的品格就是他的命运。但所有读过其《名人列传》（*The Lives*）者，没有人能感觉到其中的缺点。其描写生动，章节紧凑刺激，奇闻逸事感人，评论公正，风格高雅。在全书 150 页中，言必有物，句句中肯，没有一点杂乱的感觉。有 100 位名人——将军、诗人和哲学家，都已为本书的价值作了证人。法国作家罗兰夫人（Mme Roland，1754—1793 年）说："它是伟人的牧场。"法国散文家蒙田写道："没有普鲁塔克，我实在很难下笔。它是我每日必读的一书。"莎士比亚也有许多故事取材于此，其对罗马政治家布鲁图的看法，通过普鲁塔克回到罗马贵族的时代。拿破仑几乎随时随地都携带着这本名人列传。德国诗人海涅在阅读这些传记时，很难控制自己不跳上马背去征服法兰西。它是希腊所留下来最宝贵的一本书。

　　普鲁塔克在地中海地区游历了一番之后，回到了喀罗尼亚。他有四子一女。他经常去雅典旅行，从事演讲与写作，但大部分时间都在家乡过着简朴的生活，直到寿终。他认为，以其所学去从事公职是一种责任，他的同胞选他担任建筑监督官，而后他担任行政长官和国民参政会代表。他主持市政的各项庆典和节目，并在空闲时间，担任德尔菲神殿神谕复现的祭司。他认为，由于知识上的怀疑而拒绝固有的信仰是不智之举，主要的事情不在教条，而在于对人类脆弱的道德所给予的支持，及在一个家庭和一个国家的成员与子孙之间结合而成的牢不可破的关系。在他的判断中，宗教情感的刺激是生命中最深切的经验。由于其容忍和虔敬，他对罗马人和希腊人祭祀礼仪所撰写的各篇论文，可说就是他对比较宗教的研究。他曾为所有的神辩护，认为只要离开尘世和凡俗的世事，都是一种至尊的范围，永生不灭而无法加以形容。因此，介于中间的精神（神）就必须要创造和管理世界。由于魔鬼的领导，另外也有邪恶的精灵，才是大自然和人类所有混乱、缺少理性和恶习的根源与替身。普鲁塔克认为，相信个人的不朽——获得奖赏的天堂，洗涤罪恶的赎罪所，受惩罚的地狱——是好的。他深信，就是尼禄在赎罪所也可能会变成纯洁，而认为只有少数人才会受到永久的惩罚。他谴责迷信的恐怖比无神论者更糟。他也相信占卜、神谕天机及梦中的预兆。他并不伪装成原始的哲学家。他和公元前2世纪的罗马哲学家阿普利亚及许多同时代的其他人一样，把自己描述为柏拉图的一个门徒。他谴责享乐主义者，以深恐毁灭的阴影来代替地狱的恐惧，并批评斯多葛学派的"矛盾"，但他却像斯多葛学派一样，认为"遵循上帝的意旨和服从理性，都是同一件事"。

他的讲演和论著等，经搜集成为《道德论集》，因其中大部分都是阐扬生命智慧的说道，措辞简要恳切，从讨论老人留任公职的适当性到鸡或蛋的优先秩序，无所不谈。普鲁塔克虽然喜爱图书馆，但他承认，健康要比好书更为宝贵：

> 有些人由于贪食，就好像正在准备粮食去围攻什么似的，他们都赶去豪饮一番……粗淡的食物，更有益于健康……波斯国王阿尔塔薛西斯在荒乱中撤退，只有黑面包和无花果充饥时，曾慨叹道："这真是我从未有过的一种享受啊！"……酒如能在愉快的场合和水共饮，乃是最有益的饮料……尤其唯恐因肉食所引起的消化不良，因其最初令人抑郁不快，而后所剩余的，是有害健康的毒质。因此，除其他的食物以外，最好不使身体习惯于肉类的需要，因为地球上有大量的产品，不仅有丰富的营养，而且还可以供人享受，并使人感到舒适。但习惯已经成为一种非自然的第二天性，我们人类食用的肉类应……作为我们节食的支持者。我们应食用其他的食物……使能与自然更一致，不使理性的才能萎缩退化。事实上，这种才能，是由粗淡的食物刺激而产生的。

他追随柏拉图，主张妇女有平等的机会，并提出许多在古代受过教育的女性为例（有若干是其圈子内的人），但他对男人犯通奸罪的看法，却与无宗教信仰的男人采取一样宽容的态度：

> 如男人在私生活上，因追求乐趣而采取放荡不拘的态度，与情妇或女用人苟合，则其发妻不必发怒。为了她的地位，她应检讨使其丈夫与另一女子发生苟且行为的原因。

无论如何，由于这些动人的论著受到人类温馨的共鸣，使我们大家都富有高度的人情味。我们不因其观念的平凡粗俗而感到不快。他所主张的"中庸之道"，就是一剂解除我们这一代思想抑郁的良药。他的见识、幽默感以及以实例教人的精神，都使我们无法拒绝，甚至就是那些肤浅平凡的日常谈话，也同样地具有效力。我们能够找到一位内心充满快乐的哲学家，实在是一件令人精神振奋的事。他向我们提出建议，让我们来感谢生命所提供的共同恩典和赐予，并认识到再没有什么能比它们更具有永恒的价值：

> 我们一定不要忘了我们所享受的许多福祉和舒适的生活，但我们也一定要……对我们的生命、我们的健康及我们所看到的阳光感到愉快……好人岂不应该把每天的生活，都当作一次宴会看待吗？……因为，世界是最庄严的庙宇，也是最有价值的上主。人类出生在这个庙宇当中，他的存在，并不是用人工雕成的毫无动作的石像，由于神圣性的心灵，使我们获得意识……甚至太阳、星星、月亮和清水常流的江河，以及生产粮食的地球，也莫不如此……因为这种生命，是步入神秘的高潮中最完美的部分。所以，我们的内心，应该永远都充满着欢欣和愉快。

晚秋的时间

普鲁塔克经历过当时的两大运动：宗教复苏及希腊文学和哲学的

文艺复兴运动。前者是普遍性的，后者只限于雅典和希腊东部。伯罗奔尼撒半岛有 6 个繁荣的城市，但对希腊的思想没有什么贡献。帕特拉之所以能在罗马和中世纪历史上，甚至迄今仍然存在，是由于其西部商业和繁忙的纺织工业。奥林匹亚的繁荣，是靠参观菲狄阿斯的宙斯雕像或到奥林匹克赛会旅游的客人来维持。在希腊历史上，最轻松愉快的事就是每四年举行一次的各种比赛，从公元前 776 年开始，到 394 年，由罗马狄奥多修斯大帝（Theodosius）予以终止。在希腊历史学家普罗迪科斯（Prodicus）和希罗多德时代，有许多哲学家和历史学家前来对参加盛会的大众发表演讲。据狄奥·克力索斯托（Dio Chrysostom）描述，作家在对过往的听众宣读其"愚昧的作品"，诗人在朗诵诗歌，演说家在慷慨陈词，"许多诡辩学家，就像美丽的孔雀一样"，在向群众振翅，故弄玄虚，但他所证明的，也不过是如同休息一样的肃静平凡。希腊斯多葛派哲学家爱比克泰德描写观众都拥挤在无棚的看台上，汗流浃背，受太阳的炙烤或雨淋，在兴奋激动之余，忘了一切。当每一次竞赛结束之时，就引起一阵骚动和呼叫。原来在尼米亚、科林斯地峡、德尔菲和雅典娜大道等地举行的各项赛会，仍然继续不辍；同时增加各种新的竞赛，如哈德良时代的泛希腊赛会；其中有许多包括诗歌、演说或音乐的竞赛。在希腊讽刺文作家卢奇安的著作中，有一个剧中人问："在各项大的庆祝节目中，你岂能不听听古典音乐？"此外，还有竞技搏斗的活动，也被介绍到科林斯的罗马殖民地，其后扩散到其他各个城市，直到酒神剧场被屠杀污染为止。许多希腊人——狄翁、卢奇安和普鲁塔克都曾抗议过对神的亵渎。犬儒学派哲学家狄摩那克斯要求雅典人在尚未打倒雅典可怜的祭坛以前，不准谈革新；但罗马的各种赛会，仍然在希腊各地继续举行，直到基督教的全盛时期为止。

斯巴达和阿尔戈斯仍然保持正常的活动；埃皮达鲁斯城，因为病患的到来及前往古希腊医神阿斯库拉庇乌斯庙（Asclepius）参观者的络绎不绝而发迹；科林斯则由于控制着越过海峡的贸易，经恺撒之重建后，一个半世纪以内，成为希腊最富庶的城市。但因其人口复杂，种族不同（其中大部分都是离乡背井、道德沦落的罗马人、希腊人、叙利亚人、犹太人和埃及人），他们重商业利益、享乐、不讲道义。爱神阿佛洛狄忒旧庙仍然是科林斯色情业的中心，营业不衰。据罗马哲学家阿普利亚描写，他在科林斯所听过的豪华舞曲，正代表着帕里斯的评价："爱神维纳斯，除其美好的腰际有一点丝质的薄衣覆盖而外，全身赤裸；而这袭亵衣却在随风飘荡。"自古希腊名女阿斯帕西娅（Aspasia）以后，科林斯的风尚就未有过改变。

从迈加拉进入阿提卡，沿途的农村一片荒凉，为穷困的一大景象。伐林、腐朽和矿藏的枯竭所造成的战争、移民、捐税及种族的自杀事件，致使罗马的和平难于实现。在阿提卡地区，只有两个繁荣的城市：艾留西斯城（Eleusis，由于其神圣的宗教仪式，每年都吸引许多谋利的人到那里去），雅典则为古希腊的教育文化中心。雅典的古代制度——执政会议、代表大会、执政官——仍然在发挥作用。罗马已把阿雷奥帕古斯（Areopagus）初期作为裁判所及保障财产的地位予以恢复。统治者如安条克四世（叙利亚国王）、罗马犹太国王希律大帝（Herod the Great）、奥古斯都以及哈德良等，都曾与百万富翁如希罗德·阿提库斯（Herodes Atticus）竞争为该城捐赠行善。希罗德以大理石重建大竞技场，几乎挖空了彭特利库斯山，并在卫城山麓筑诗歌朗诵台，或音乐厅。哈德良则拨款完成奥林匹亚神殿的建造，使天神宙斯获得安息之所，以纪念其盛年时期的冒险犯难精神。

同时，雅典人在文学、哲学和教育方面，并不作沽名钓誉的竞争，使许多有钱的青年和学者都能到学校去。雅典大学有教席10名，由市政当局或皇帝捐赠，并设立私人讲座和家教私塾，主讲文学、语言学、修辞、哲学、数学、天文、医学和法律——通常在竞技场或剧场，有时也在庙宇或家中讲授。除演讲术或法律以外，所讲授的课程多不考虑训练学生谋生的技能。其主要目的是修炼学生身心，增进其理解能力及道德观念的灌输。这种教育使其产生了许多极有成就的知识分子，但也产生了无数陈词滥调，在哲学和宗教上制造了错综复杂的理论。

雅典有大部分的收入要依赖学生，所以要忍受各种笑谑的生活方式。"新生"要受到玩笑的愚弄，以至伤害到一般的市民。不同派别教授的学生，变成激进的行动队，相互攻击，有时还发生类似今天青年学生在校园里"争夺手杖"等的暴乱。有些学生认为，他们在城里与妓女、赌徒厮混，要比跟哲学教授学习获益多。我们从阿尔西夫龙（Alciphron）所获得的资料得知，那些妓女们把教授当作不解风情和无能的对手。但在师生之间，常常也有一种欢愉的友谊存在。有许多老师邀请学生共进餐宴，指导学生阅读，探访病中的学生，并常常将学生进步的情形传报家长。除少数教授支领国家的薪金以外，大多数的教师均以学生所缴的费用为生。其中有四所讲授哲学的学校，校长的年薪为1万德拉克马（6000美元），由帝国的国库支付。

在这样的环境刺激之下，"第二个诡辩"时期发展起来了——相互抗衡的演说家与哲学家在有精神或物质的报酬时，往来于各个城市，发表演说，教授学生，在法庭辩护案件，住在富豪人家，担任精神顾问，有时也在各城邦担任荣誉特使。在公元初3个世纪期间，整个罗马帝国都非常盛行这种运动，尤以希腊世界为最。据狄翁说，当时的哲学家多如补鞋匠。新派诡辩学家也和旧派的人士一样，没有共同的主义，以能言善辩著称，吸引大量听众，因而在许多情形中，获得了崇高的社会地位，或为皇室所喜爱，或因而致富。但他们与早期的诡辩家不同，很少提出宗教或道德的问题；他们比较重视形式和风格，着重演说的技巧，而不注意已经动摇的世界信仰和道德的大问题。诚然，新派的诡辩学家是热爱古代信念的卫道者。菲洛斯特拉托斯（Philostratus）为我们这个世纪保存了主要诡辩家的生活方式。有例为证：提尔（布匿城邦之一，在今黎巴嫩南面）的阿德里安（Adrian）在雅典攻读修辞学，后来成为当地的修辞学泰斗；他在就职演说词中曾很自豪地说："文学又再次来自布匿。"他乘坐备有银制马具的车子去演讲，穿戴华丽，珠光闪闪。罗马皇帝奥勒留过访雅典时，曾以难题要阿德里安即席发表演说，以考验其才华。阿德里安就以该命题发表演说，确实不凡。因此，奥勒留即赏以各种荣誉，金、银、住宅和奴隶，应有尽有，并擢升他在罗马主办修辞讲座。虽然阿德里安用希腊语主讲，但其演讲之动听，确实非常吸引人，致使议员们都宁愿休会，老百姓也放弃欣赏哑剧的机会，去听他演讲。像这样的行业，几乎宣布了哲学的死刑。因为哲学已为修辞学的浪潮所吞没，当它学习表达时已停止了思考。

　　另外一个极端是犬儒学派。我们曾在别处有所讨论——他们穿着破烂，胡须、头发散乱，随身携带着行囊、手杖，生活俭朴，有时甚为猥琐。他们过着和托钵僧侣一样的生活，有一个僧侣团的组织，新皈依和长者的阶级不同，不结婚，也不工作，蔑视文明的习俗与虚伪。他们谴责所有政府均为强盗与赘物，嘲笑所有的神谕、神秘的宗教仪式和神灵。人人都嘲笑他们，尤以诡辩家卢奇安最为露骨。不过，卢奇安对狄摩那克斯也极为钦仰，因为他是受过教育的犬儒学派，放弃其财富，在恬静的穷困中生活。狄摩那克斯一生（公元50—150年）都在帮助别人，为敌对的个人及城邦调解争端；雅典人对任何事物都要嘲笑，但对他很尊敬。由于他拒绝对神奉献牲品，曾遭受雅典法庭的起诉，他以众神并不需要奉献及宗教对一切都仁慈作辩护，获得无罪的判决。凡雅典国民会议遇有争论时，只要他一出现，即足以使其争议缓和。因此，他不发一言，就离开了会场。在其年迈之时，他的习惯是不请而随意到人家里去食宿，但雅典的每一家庭都在寻求此荣誉。卢奇安对佩维格里努斯（Pevegrinus）极不同情，因其曾试图皈依基督教，放弃其接受犬儒学派的支配，谴诋罗马，呼吁所有希腊人起来反抗，并摆好自焚的柴堆，点火自焚，而在火焰中化为灰烬（公元165年），使奥林匹亚的集会大为震惊。犬儒学派如此轻蔑生命和财富，他们为基督教会的僧侣们铺设了道路。

　　韦斯巴芗、哈德良和奥勒留在雅典设立哲学讲座时，对犬儒学派和怀疑学派都未加以注意。他们承认的只有四个思想的学派：柏拉图学派、亚里士多德学派、禁欲学派（斯多葛学派）及享乐学派（伊壁鸠鲁学派）。柏拉图学派曾将柏拉图对理性的信仰，冲淡为卡涅阿德斯的普遍怀疑论；但后者逝世以后，该学派又趋向于正统主义，阿斯卡隆的安条克又回复到柏拉图对理性、不朽和神的各个观念。他曾在柏拉图学院教过西塞罗。亚里士多德书院当时正专注于泰奥弗拉斯托斯对传统的自然科学的研究，或对亚里士多德的著作过于虔敬的评论。伊壁鸠鲁学派处在当时的宗教时代，正逐渐衰微。

斯多葛主义在很久以来，一直是占尽优势的哲学。它早期极为严正的完美主义，因受到帕那提奥斯（Panaetius）和波塞多尼乌斯两人的影响，变得温和了。他们都是罗得斯岛人，帕那提奥斯于西庇阿逝世（公元前 129 年）后回到雅典，担任斯多葛派首领。他把上帝解释为充满在所有事物中的物质精神或生命。故其出现在植物中，则为生长的力量；在动物中，则为灵魂；在人类的心灵中，则为理性。他的继承者将这种模糊的泛神论发展为比较明确的宗教哲学。这种在道德上修行的斯多葛理论，逐渐演变而接近于犬儒学派的禁欲主义。据一位观察者说，在 2 世纪，犬儒学派与斯多葛主义者所不同的，只在穿着破烂的外套而已。在爱比克泰德时代，也和奥勒留时代一样，我们所看到的，是这两种运动正向基督教的教义迈进。

爱比克泰德

爱比克泰德约 50 年生于弗里吉亚的希拉波利斯城，为一名女奴之子，故其本人也是一个奴隶。其由主人手中辗转买卖，到处漂泊，很少接受什么教育，直到后来成为伊巴弗洛狄图斯的财产继承人。埃帕弗罗狄图斯是一位在尼禄法庭中获得自由的人，很有势力，经其特准后，爱比克泰德始成为鲁福斯的学生，后来成为自由人。爱比克泰德的健康不佳，跛足，显然是受其主人虐待所致，但他仍能过着正常的生活，享年 70 岁。爱比克泰德一定在罗马讲过学，因为在多米提安禁止哲学家的时代，他也在逃亡的行列。他在尼科波利斯（希腊西北的一座古城）定居下来以后，有许多地方的学生因受其演讲的吸引，纷纷前来该城听讲。其中之一是尼科美狄亚的阿利安（Arrian），后来成为卡帕多西亚省的总督。阿利安可能是用速记将爱比克泰德的讲词记录下来，然后出版为《辩论集》（*Diatribai*）——现在被列为世界名著，其名称为《论说集》（*Discourses*）。它不是正式说教或枯燥乏味的文章，而是含有古典风格简单的说话，平直、幽默，措辞亲切，却极为中肯有力。爱比克泰德为人严于律己，对人公正无私。人们对他粗犷的作风，也加以嘲讽。狄摩那克斯在听到这位老处男商议婚姻大事时，曾以讥讽的口吻提出让其与自己女儿结婚的要求，但爱比克泰德并未表示不满。他以教授智慧的服务与"生男育女"同样伟大为理由，婉辞了这门亲事。后来，因为需要人协助他照料一位由其救起的弃婴，他还是结了婚。在爱比克泰德的一生中，他的声名远播整个罗马帝国，哈德良皇帝也曾以朋友之道待之。

爱比克泰德在其他许多方面，也像苏格拉底一样，对格致学或抽象的形而上学都没有兴趣，不想去建立什么思想体系；其唯一主题及热心所追求的，就是幸福的生活。他问道："不管现存所有的事物是否为原子……或火，或土，我都不关心。学习善与恶的本质还不够吗？"哲学不是指阅读有关智慧的书，其意义在于如何训练自己做明智的实践。所以，此一问题的本质在于人必须约束其生活和行为，使其幸福尽量少靠外在的东西。这并不需要去过遁世的独居生活；相反的，"享乐主义者和流氓恶汉"因使人不为大众服务而受谴责；好人则将参加民事的活动。但他必须心平气和地接受一切运气的变化——贫穷、丧亲、羞辱、痛苦、奴役、监禁或死亡。他必须了解如何去"忍受和扬弃"：

> 对任何事情都不要说"我失去了它"，而要说"我已把它偿还了"。你有丧子之痛吗？他已被收回去了。你有丧妻之忧吗？

她已经归去了。"我的农场被抢走了",好吧,这也是被收回去了。只要上帝把它给了你,就当作不是你自己的东西一样照料它……"啊呀!我应该有一条跛足吗!"奴隶!那么你是否因为一条卑贱的腿,而责备整个宇宙?你为什么不能把它作为一份免费的礼物,送给大家呢?……我必须在异乡流浪,是否会有任何人很镇静地面带笑容来阻止我不要去呢?"我要把你关进牢里去。"你关的,不过是我的身体而已。我一定要死;那么,我死也要抱怨吗?……这些就是学哲学所应该有的历练及每天应该把它写下来实行的……讲坛或监狱都是地方,只是一个高,另一个低罢了;但你在这两个地方,所能保持的道德目的是相同的。

奴隶在精神上也能够自由,如第欧根尼;囚犯也能够自由,如苏格拉底;皇帝也能够为奴隶,如尼禄。在好人的生活中,甚至死也是一件小事;如其发现邪恶远超过善行时,他可以死而不惧。在任何情形下,他都可以镇静如常,迎接死神的降临,因为这是大自然智慧的秘密:

若五谷也有灵感,它们是否要祈祷,永远不被人收割呢?……我要奉告诸位,永生不死是一种天罪……船也会下沉。我应该做什么呢?不管我能做什么……我死而不惧,不退缩偷生,也不向上帝喊冤,我只承认,有生命就有死亡。因为我是全体的部分,正如一小时是一天的一部分一样;所以,我必须像时间的到来和时间的流逝一样地生活……只能把自己当作缝制衣裳所用全部针线的一条线……不要以为事事都能如意,但要预知,事事的发生本来就是一定的。这样,你就会感到心安理得了。

虽然爱比克泰德时常说大自然是非人格的力量,但也常常在其观念中,灌输有关人格、智力和爱的意义。爱比克泰德时代所特有的宗教气息,使其哲学与斯多葛学派的帝王所有的自我崇敬相近,故其作品极易为皇帝赏识，使其很快地获得共鸣。他具有当时当地所特有的能言善辩的禀赋，但他解释说："上帝创造若干供食用的动物，若干则用于耕种，其他乃生产乳酪。"他认为，人类的心智是一种非常了不起的工具，只有神圣的创造者才能使其存在。的确如此，如果我们有理性，我们就是世界理性的一部分。如果我们能够追溯到我们祖先第一个人类时，则我们应该发现他是上帝所创造的。所以，在字义上来说，上帝就是我们大家的祖先，而且四海之内皆兄弟也：

> 人类是有悟性的，他看到过对世界的管理，他了解最伟大而且包罗万象的社会就是人类和上帝的制度（一体），万事万物的产生，尤其是有理性的生物，都是来自上帝的种子——为什么人类不应该自称为世界的公民呢？……他难道不是上帝的子民吗？……只要人类能够专心一意地赞成这一原则……我认为，他内心就不致有卑鄙或下流的思想……切记，当你在用膳时，想想要用膳的人是谁及你在给谁营养；当你与女人共住时，想想要这样做的人是谁……你总是与上帝有关系的，但很可怜的是，你并不知道呀！

爱比克泰德在解释一段可能是由圣保罗所写的文字时，勉励其学生，不仅要忠实地顺从上帝的意旨，而且更要在人群中成为上帝的使徒：

> 上帝说："去吧，要为我作见证。"……想想看能够说些什么，"上帝差遣我到这个世界上来，做他的战士和见证人，告诉人们吧，悲伤和恐惧都是徒然的；对一个好人来说，不管生死，他都不致遭遇到什么邪恶。上帝随时随地都在差遣我；他以贫穷和牢狱来磨炼我，使我能为他在人群中作更好的见证。由于我所承担的是这样的使命，我岂能再担心我的地位，或谁是我的同像，或

他们说我什么？不，相反的，我的整个个性，岂不应该受制于上帝及其律法与戒条吗？"

至于他本人，除对事物的神秘与光辉有无限的敬仰和感激外，还写过一篇歌颂创造者的非宗教性的《尊主颂》（*Magnificat*），而成为宗教史上至尊的文献之一：

> 有什么语言能赞扬上帝的一切创造呢？……如果我们有意识的话，除唱诗赞美神，并宣扬其益处外，我们岂不应该或公开或在私下多做一些别的事情吗？当我们在工作和吃饭时，我们不应该唱诗赞美上帝吗？……该怎么办呢？……因为大多数人都成了盲者，那岂不应该有人来代替你，并代表大家为上帝唱赞美诗吗？

虽然我们在此找不出形容不朽的字词，而且这些观念导源于斯多葛学派和犬儒学派，但我们在这些文献中所发现的，实可与早期基督教的许多态度媲美。他谴责奴隶制度，斥责死刑，并希望以病患的待遇来照顾囚犯。他主张每日力行审察，并宣告一种"己所不欲，勿施于人"的行为箴言。他还补充说："如果有人说你的坏话，不必辩驳，只要说：'他不知道我还有其他的过失，否则，他不会只提到这些呢。'"他要人以善报恶，而且在"受到辱骂时要容忍"；要常禁食，并"抑制物欲"。有时，他也带着隐士不屑一谈的轻蔑口吻，说及肉体的存在："在所有事物中，肉体是最污秽和最不愉快的东西……我们爱一件东西，以致我们每天都愿为它做奇妙的服务，这是令人不胜惊异的事情。我把这个袋子装满了东西，然后又把它倒出来，还有什么比这更麻烦的呢？"其中有些段落颇有圣奥古斯丁的虔敬和纽曼的口才："主啊，从今而后，请照您的意旨使用我；我要一心侍候您，我是属于您的。我不求免除您属意的一切。不论您在哪里，请给我指引；不论您穿的什么，请给我穿。"而且，他也像耶稣一样，吩咐他的门徒不要去管明天：

> 把上帝作为我们的创造者、我们的父和我们的守护者——
> 这样还不够使我们免除忧惧吗？有人问，如果我们一无所有，我
> 们如何能有东西吃呢？但对……动物，我们要说什么？每一种动
> 物，都能自给自足，不缺少食物，也不会有不适合其生存的方
> 式，并且还能和大自然和谐地生活。

　　基督徒诸如圣约翰·克里索斯托（Saint John Chrysostom）和奥
古斯丁赞扬过他，并将其所著《手册》（*Encheiridion*）稍加修改列为
僧院生活的指南。爱比克泰德也曾拜读过耶稣的教义，而在不知不觉
中成为一个改信基督教的人。

卢奇安和怀疑主义者

　　无论如何，在这个泛希腊文化的末期，仍有怀疑主义者将普罗泰
戈拉的怀疑论调复苏，并有一个嘲笑相信阿瑞斯提普斯（Aristippus）
的傲慢和柏拉图的魅力的卢奇安的出现。庇罗（Pyrrho）学派仍未过
时；克诺索斯的埃奈西德穆（Aenesidemus）于 1 世纪期间，在亚历
山大港将其各项否定的言论改写时，提出有名的《十个方法》（*Ten
Modes*），或称为《矛盾论》，使知识成为不可能。[1] 在 2 世纪末期，有

---

[1] 其中若干为：(1) 不同的动物，甚至不同的人，其五官（例如眼睛）的构造与形式不
　　同，故其对世界有不同的看法；我们怎么知道哪一种看法才真实呢？(2) 这些器官所
　　表达的，只是该物象的一部分——例如有限的颜色、声响及气味；很明显，我们对这种
　　物象形成的知觉是局部的，是不可靠的。(3) 某种观感有时与另一种观感互相冲突。
　　(4) 我们的身心情况会使我们的知觉带有色彩，或不带色彩——醒或睡，少或老，动或
　　静，饥或饱，爱或憎。(6) 某一物象的外观随周围媒介状况——光线、空气、冷热、湿
　　气等——而变，哪一种外观是"真"呢？(8) 没有自知或绝对的东西，而只是与别的东
　　西的关系。(10) 个人的观念，视其所成长的环境习惯、宗教和法律而定，任何人均无法
　　客观地去思考。

一位出身不明的塞克都斯，写过几部带有毁灭性的书，其中尚存三册，使怀疑哲学最后有了定型。塞克都斯把整个世界都作为自己的敌人；他将哲学家分成各不相同的派别，然后，逐一予以消灭。他的写作正如刽子手一般的犀利有力，并具有古代哲学家所特有的脉络一贯、条理分明的特性。有时也带有几分讥讽的幽默，但他对逻辑的剖析含有悲剧的气氛。

塞克都斯说，无论哪一种辩论，对同样的说法均能加以反驳；因此到最后，讲理性实在是多余的事。除非有完全的归纳法为依据，否则演绎法是不可信赖的；但完全的归纳法也是不可能，因为我们根本无法知道"否定的例子"何时会出现。"原因"只是一个有规律的先例（如休谟所重述的），所有知识都是相对的。同样，善与恶没有客观的标准，道德的观念随地区的差异而改变，品德的定义也随朝代而不同。所有在 19 世纪时对上帝是否存在的辩论，及在仁慈的无所不能者与世俗的苦难之间所有的矛盾，在此均有记载。但塞克都斯完全是一位地道的不可知论者，因为他曾断言，我们不能知道我们所不能知道的；不可知论是一种教条。但他安慰我们，我们不需要确实性。因为概率就足以应付一切现实的目的，在哲学问题上中止判断（止住、不说话）就能获得一种随遇而安的平和，而不致扰乱心灵。同时，因为没有什么是肯定的，就让我们接受我们这一时代和这一地区的习俗和观念，并对我们古代的诸神作适度的崇拜。

如果卢奇安过去会笨拙到用标签的方法来束缚其判断力的话，则其也可能属于怀疑学派。除了恻隐之心外，卢奇安在各方面和伏尔泰相似。他写的哲学非常精辟，没有任何人认为他是在从事哲学的著述，而好像在传播希腊文化一样。他生于遥远的科马吉尼省的萨莫萨塔城。他说："我是从幼发拉底河来的叙利亚人。"其祖籍是叙利亚，但可能有闪米特人的血统。他做过一位雕刻家的学徒，后来改投一位修辞学家的门下。他在安条克做过一段时间的律师后，成为一位"独立学者"，以教书为生，尤以在罗马及高卢为多，然后（公元 165 年）

在雅典定居。他晚年因贫困，曾获得奥勒留的救助，奥勒留派这位不敬的怀疑论者在埃及担任公职，直到寿终。他的逝世日期不详。

卢奇安的著作，留下来的有 76 本小册子，直到现在，其中有许多仍和他在 18 个世纪以前对其朋友和听众所讲的一样清新、恳切。卢奇安曾试过各种形式的写作方法，但后来他发现自己善于对话录的写作，所著《神女对话录》（*Dialogues of the Hetairai*）拥有广大读者。从他作品中可知，他对神的兴趣比对描写风花雪月之韵事更为浓厚；他对这些事情的处理，从未有过差错。在他所著《迈尼普斯传》（*Menippus*）中曾说："当我年纪小时，听到荷马和赫西俄德所写有关众神的故事——不贞的神，掠夺的神，残暴、好讼、乱伦的神，因此引发了我深深的兴趣。但当我转到人间的情况时，我所看到的法律与诗人所描写的恰好相反，法律不容许有通奸、强奸的存在。"迈尼普斯感到很困扰，请求哲学家们为他解释这一疑难，但他们忙于彼此间的辩论，致使他混淆不清。因此，他便为自己制作了翅膀，飞上天空去为自己找寻答案。天神宙斯慷慨地接待他，并准其观察奥林匹斯山众神的职司。宙斯则在静听各种祈祷，"……其中在海边的一位祈求北风，另一位则祈求南风。农夫求雨，漂泊者求太阳……宙斯也感到迷惑了。他不知道要准许谁的祈祷，从而真心体会到柏拉图学派终止判断的经验，展示出一种与庇罗本人的缄默与平衡相称的价值"。有些祈求为神所拒绝，有些祈求为神所准许，伟大的神安排日常的天候："西徐亚下雨，希腊降瑞雪，亚得里亚海有风暴，卡帕多西亚（Cappadocia）降雪约 1000 蒲式耳。"宙斯因自己的神殿受到外来新神的潜入，感到心烦不安，故下达一道敕令说，由于奥林匹斯山都挤满了外国各神，祭神的酒价大涨，旧有的真神正受到驱逐和压迫，所以要组织一个七人委员会来审判缘由。在《诘问宙斯》当中，一位享乐学派的哲学家问宙斯，众神是否也要受到命运的支配？温和的天神回答说："是的。"然后，这位哲学家问："那么，人类为什么要为你献祭呢？如果命运统治人类和众神的话，那么我们为什么要对我们的行为负责呢？"宙斯说："我明白了，你是与那些可恶的诡辩家站在一边的。"在《宙斯悲剧》（Zeus Tragoedus）一书中，这位神的心情忧郁，因为他看到许多人聚集在雅典，聆听享乐派的人达米斯在否定，而禁欲派的达摩克里斯却在证实众神的存在与对神的切望的问题。最后达摩克里斯不支而逃。所以宙斯对未来感到失望。信使神赫尔墨斯安慰他说："留下来的信徒还有许多——大多数为希腊人，人们的身体和残渣及对人无理的野蛮人。"像这样的说法，对卢奇安的思想并没有提出指责。

卢奇安对修辞学和哲学的怀疑，与其对旧有宗教的怀疑并无二致。在其所著《死者对话录》（Dialogues of the Dead）论集之一中，卡隆（Charon，在希腊神话中以渡死人灵魂过河为职司的神）命令一位正在乘船渡到另一个世界去的修辞学家："把你常用的冗长的及那些对比的句子和均衡的分句删去！"——否则，这只船沉定了。在"赫尔莫提穆斯"（Hermotimus）一章中，有一位很热心的学生开始去研究哲学，希望能获得什么以代替信念，但他对教师们相互竞争对抗的虚荣心和贪婪的情形大感震惊。他们相互间的论战、辩驳，使他在知识上和道德上依然一片空白，毫无所得；因此，他下了这样的结论："我要像躲开疯狗一样地离开哲学家。"卢奇安对哲学所下的定义是，试图"登上能看四方的高地"。从这一高地来看，生命之于他似乎是一种可笑的混乱和一种杂乱的乐章，使所有参加跳舞的人，只能各自依个人的意志来转动舞步和大声呐喊："直到总管之人，把他们从舞台逐一解散为止。"在"卡隆"一章中，他描述了一幅能以超人的肉眼自天顶见证人类黑暗现实的图画：人类在耕作、劳动、争辩，在法庭争讼，放高利贷，欺诈和受骗，追求黄金或享乐；他们的头脑中有不能理解的希望、恐惧、愚行和仇恨；最重要的，还有为每一个人类原子结成生命之网的命运之神；有人在人群中脱颖而出，然后又一败涂地；而且，每一个人都依次被死神的使者带走。卡隆看到两军正在伯罗奔尼撒岛交战，就批评说："笨蛋！他们并不知道，虽然他们每一边都应该赢得整个伯罗奔尼撒岛，但到最后，个体不过只能获得一席之地而已。"卢奇安生来本性公正，他讥讽富者的贪婪、贫者的嫉妒、哲学家的作茧自缚、众神的不存在。最后，他表达了后来为伏尔泰提出的说法，认为人必须要从事庭园的栽培。迈尼普斯在发现泰雷西阿斯在下层世界时，曾问他，最好的生活是什么？这位年老的预言家回答说：

> 普通人的生活最好，也是最审慎的选择。不要再去做形而上学的臆测愚行，探索来源和终结；把所有聪明的逻辑都当作无稽之谈，只要追求一个目的——你怎样才可以去做适合你做的事，而且要永不愤怒、永远含笑地去做。

如果我们把希腊人在纪元初两个世纪的思想总结起来看，不论卢奇安如何，我们可以发现，它（希腊的思想）绝大部分都是宗教的。人类曾一度对信仰失去信心而归于逻辑，但他们又对逻辑失去信心，之后又蜂拥着归于信仰。希腊的哲学，已从原始的神学，经过早期诡辩学派的怀疑主义，到德谟克里特的无神论、柏拉图和睦悦人的言行、亚里士多德的自然主义，及斯多葛的泛神论，回到神秘主义、屈服和虔敬的哲学，完成一个循环。柏拉图学派的哲学，已由创始人的功利主义的神话，经过卡涅阿德斯的怀疑主义，到博学专一的普鲁塔克，不久就形成为普罗提诺的天堂幻影。毕达哥拉斯在科学上的成就虽已被人遗忘，但其再生的领悟却又获得了另一种生命。新毕达哥拉斯学派正在探讨数字的神秘论，并祈求在最少数的神降凡以后，他们可能会——如果须经炼狱的话——享受到与上帝聚会的幸福。禁欲主义不再是贵族自豪和嘲笑的哲学，而成为奴隶最后的正义之声。其所主张的世界最终浩劫的理论，反对肉体的一切享乐，顺从上帝潜在的意志，都在为基督教神学和理论铺路。这种东方的思潮，正在侵袭攻夺欧洲的城堡。

第四章 | 希腊文化的复兴

罗马埃及

　　埃及照理应该是最好的乐土，它受着尼罗河的灌溉，在整个地中海盆地上，它是最能自给自足的国家——富有谷类和水果，每年可收获三次，其工业为他国所不及，输出达 100 个国家，而且罕受对外战争和内战的干扰。然而——也许正因为这些缘故——约瑟夫斯（犹太史学家）写道："埃及人在其全部历史中，没有享受过一天的自由。"他们的财富很诱人，但为亚热带气候所苦而无精打采，在其 5000 年的历史中，出现了一个接一个的暴君或征服者。

　　罗马帝国不把埃及列为一个省份，而是把它当作皇帝的资产，派遣一个直接向皇帝负责的地方长官统治。用当地的希腊官吏去管理三省——下埃及、中埃及、上埃及——及 36 个州郡的行政，其通用语言仍旧是希腊语。罗马无意使埃及的人口都市化，因为埃及的主要功能只是罗马的谷仓。无数的大块土地经由祭司之手，转入罗马或亚历山大的资本家之手，作为大地主的领地，由惯受无情剥削的埃及农奴耕种。在农业程序中，每一步骤皆由国家计划管制：由但求多产的官僚们决定应该种什么谷物及其数量，每年由官方配发所需的种子，后将产物收入政府谷仓，除去输出罗马的定额（实物税），其余的向市场出售。五谷和亚麻，从种子到发卖，均由国家经营。只有法尤姆准许出产砖、香料和麻油。其他行业是准许私营的，但须接受重重的条规限制。所有矿产资源皆属国家所有，大理石和宝石的采掘则是政府的特权。

埃及的国内工业由来已久，这时候更在几个大都市中扩张——托勒密城、孟斐斯、底比斯、奥克西林库斯、赛斯、布巴斯提斯、诺克拉提斯、赫利奥波利斯等。在亚历山大城内，工业是这个首都的半条生命。很明显，其造纸工业已经进入资本主义阶段了，因为斯特拉博告诉我们造纸原料的水草养殖场主人曾经如何限制生产以提高市价。僧侣们利用寺院的土地作为工厂，造出精美的亚麻布织品，供自己使用，也供应市场。在埃及，奴隶只限于做家务，外面的劳务罕用他们，因为所谓"自由"的劳工，工资也很低，仅能免于饥寒而已。有时，工人要罢工，离开工作岗位，走入寺院受到庇护。在那里，他们被饥饿所迫或为甜言蜜语所引诱，而回去工作。偶尔增加工资，物价也随之上涨，一切又和过去一样。同业公会是允许的，但绝大部分是商人和管理者所组织的。政府利用那些公会作为代理人，替政府收税，强迫组织劳工从事堤防、运河及其他公共工程。

内地的贸易很活跃，但很缓慢。道路的情况很坏，陆上运输要靠人、骡子或骆驼——那时候非洲都用骆驼代替马。大部分交通是利用内河水道。一条大运河，河宽150英尺，是在罗马皇帝图拉真时代完成的，穿过尼罗河和红海，连接地中海与印度洋。在运河的阿尔西诺港、梅约斯荷莫斯港及贝勒奈斯港，每天都有许多船只开往非洲或印度。为生产和贸易提供资金的银行制度，完全由政府控制。每一州的首府，各有一个州银行，作为收税机关和公款储存所。对农工商业的贷款，或由政府办理，或由僧侣以寺院资财贷放，或由私营的贷款协会贷出。一切生产、加工、出售、出口或进口，甚至坟墓与葬礼，都要抽税；且时时征收额外的指定税，贫民以实物纳税，富人则在做礼拜时缴纳。自奥古斯都到图拉真，这个国家——或其主人们都很富足，但好景一过，无止境的献纳与抽税使财源枯竭，又因严格管制经济的昏聩而一蹶不振了。

走出亚历山大和诺克拉提斯城，依然是愁眉苦脸、沉默寡言的埃及人；罗马化只限于尼罗河口之地。到 2 世纪，甚至希腊人的那个最大城市——亚历山大，也呈现出东方大都会的特性、语言和风味了。有 850 万人口的埃及，那时其首都已有 80 万人（1930 年为 57.3 万人），仅次于罗马的人口；而在工商业方面，则位居第一。一封不大可靠的哈德良皇帝的信说，在亚历山大城内，每一个人都很忙碌，每一个人都有职业，连跛子、瞎子都可以找到工作。这里有成千种的商品，尤以玻璃、纸张和亚麻织品生产规模最大。亚历山大是当时的衣服与时装中心，式样由它决定，产品也由它制造。它的大港口，许多码头连接起来有 9 英里长，它的商船队来往于世界各海洋，结成一个商业网。它又是观光中心，备有许多旅馆、向导和翻译人员，为前来观光金字塔及宏伟的底比斯神庙的旅客服务。那条主要大道，宽 67 英尺，两旁排列着支柱、拱廊和引人入胜的商店，店中都陈列着迷人的古代手工艺品。许多十字路口都有广阔的空地，或方形，或圆形，称为 "plateai"（广场）——这就是意大利文 "piazza" 及英文的 "plaza"与 "place" 三个词的来源。在大道中心处，点缀着许多堂皇富丽的建筑——一个大戏院、一个商品陈列馆或交易所，属于海神、恺撒和农神的几个庙宇，一个著名的塞拉比尤姆神庙或塞拉庇斯神庙及以 "博物馆" 或 "艺术之家" 闻名于世的一群大学建筑。全城分为五个区，其中一个区完全是宫廷、花园及托勒密王室的行政大楼，这时候则改作罗马长官公署了。此处，有一个很美的陵庙，里面躺着本城创建人——亚历山大大帝，其尸体装在玻璃框内，用蜜糖浸着。

在亚历山大城内，希腊人、埃及人、犹太人、意大利人、阿拉伯人、腓尼基人、波斯人、伊索匹亚人、叙利亚人、利比亚人、西西里人、西徐亚人、印度人、努比亚人，几乎所有地中海的人民，都有一

589 第三部 基督时代 589

份。他们构成一种极易挥发燃烧的混合物，吵吵闹闹，凌乱不堪，聪明善谑，说话无耻，多疑而迷信，淫荡而无德，对戏院、音乐及种种竞赛爱之若狂。狄翁把那里的生活情形描写为"跳舞者、吹口哨者及谋杀者们的一种永无止境的酗酒狂欢"。卡诺珀斯是最好的消遣郊区，夜间乘船航行五英里前往该处寻欢的人，使运河上十分热闹。有许多音乐比赛会和赛马，都能使人兴奋喝彩，两者可说不相上下。

据斐洛说，此城的人口中犹太人占 40%，亚历山大的犹太人绝大多数受雇于工商业，其生活十分贫苦。他们中也有不少商人，包括少数放债的人，又很富有，能在政府中获得令人妒羡的地位。他们的居住地，最初只限于全城 1/5 的地区，这时候人口膨胀，已占有 2/5 的地区。他们仍受自己的律法与长老管理，埃及托勒密王室曾给予他们特权，可以忽视任何与他们宗教相抵触的法令。他们为自己庄严华丽的犹太大教堂而荣耀，那是一个有列柱的会堂，很大，远离圣殿的教徒们，根本听不到祭司的话，所以要利用一套信号，才能使他们适时唱圣歌。据约瑟夫斯说，亚历山大犹太人的道德生活，与纵淫的"异教徒"相比较，是可以作为后者的模范。他们对于知识的教养很积极，对哲学、历史和科学也很有贡献。在此城中，各时代都有种族斗争的骚动。约瑟夫斯有一篇短文，题为《反阿庇昂》（*Against Apion*）。我们在其中发现所有原因、论据及故事，正是今天困扰犹太人与非犹太教徒关系的。公元 38 年，一群希腊暴民侵入犹太人的几个教堂，坚决地要每一个犹太教堂都放置一个卡里古拉的像，作为他们的神。罗马的埃及行政长官弗拉卡斯取消犹太人的亚历山大市民资格，并命令那些迁往原定犹太地区之外的犹太人必须在数日之内回到原先的犹太地区去。在这一事件中，希腊居民曾焚毁了 400 家犹太区外的犹太人房屋，杀死或用棍打伤许多犹太人。又逮捕了犹太元老院议员 38 人，在一个戏院中当众鞭笞。成千上万的犹太人丧失了他们的家园、他们的事业及他们的储蓄。弗拉卡斯的继任人将此事报告卡里古拉，接着有不同的两个代表团——五名希腊人及五名犹太人——

前往罗马（公元 40 年），向卡里古拉各自陈说其原因。但是卡里古拉还没有审判这件案子就死了。克劳狄乌斯皇帝恢复了亚历山大犹太人的权利，认可他们的市民资格，并严令双方和平相处。

斐洛

晋见卡里古拉的犹太代表团，以哲学家斐洛为团长，斐洛的兄弟是犹太首领，或在亚历山大经营犹太出口业的经理。据尤西比乌斯说，斐洛出生于一个古祭司家庭。我们对他的生活别无所知，但是，他的许多著作向希腊世界详细解说犹太教义，那些著作已经表现出他的虔信宗教与豁达大度的性格。他生长于僧侣环境中，尽忠于他的人民，却很爱好希腊哲学。他的毕生目标，就是要使犹太人的《圣经》及其生活习惯，与希腊人的思想特别是"最神圣的"柏拉图哲学，加以调和。为达到这个目的，他抱定这样的原则：所有事情、性格、教条及《旧约》的律法，都有一个寓意的和照字面解释的意义，代表着道德上或心理上的真理。他用这种方法，任何事情都能够证明。他用希伯来文写的著作并不好，而他的希腊文却写得非常好，仰慕他的人士甚至说"柏拉图的文章像斐洛"。

与其说他是哲学家，毋宁说他是神学家。他是一个神秘主义者，他的至诚成为普罗提诺和中世纪意识的前兆。在斐洛看来，神在世界上是确实存在的，是灵的永生，是无法形容的。理性能够知道他的存在，但不能用品格来描述，因为每一品格都是限定的。把他想象成人类的形状，那是退让于人类的感觉想象。神无所不在，"人能发现哪里没有神在吗"？但他不是万事万物。物质也是永生不灭和不能创造的，然而，除非注入圣灵之力，否则他就没有生命，不会动，也没有形。神使用一群中间的灵异，即犹太人所谓的"天使"，希腊人所谓的"丹摩尼斯"及柏拉图所谓的观念，赋予物质以形，并使其与人发生关系，而创造了世界。斐洛说，那些中间的灵异，一般人会想象成人，其实只在神意中存在，一如神的思想和力量。把这些力量结合起来，就构成斯多葛学派所谓的理性或圣理，用以创造和指导世界。斐洛在哲学与神学之间、观念与拟人化之间摇摆不定，有时候他认为理性有如一个人。当他诗意盎然的时候，他称"理性"为"神的长子"，是智慧处女为神所生的儿子。他又说，神透过理性，已向人类显示了他自己。因为灵魂是神的一部分，灵魂透过理性就生起一个神秘的幻象，那幻象不是神，而是理性。也许，如果我们自己能够除去物质与意识的污点，并实行禁欲，做长时间的冥想，变成纯灵性的瞬间，我们或会有一入神的片刻，而看到神自己。

斐洛的"理性"是思想史上最有影响力的观念之一。其前人为赫拉克利特、柏拉图及斯多葛派，可能他知道近时的犹太文学，使一个具有神的智慧的人，成为世界的造物主。他一定是被《箴言篇》（第8章第22节）所感动，在那一节中，智慧说："在耶和华造化的起头，在太初创造万物之先，就有了我。"斐洛与耶稣为同时代的人，他显然没有听到过耶稣其人，也就不会知道基督神学的形成。犹太教师们大皱眉头，以为他的譬喻解释可能是用作借口，而忽视对律法的完全服从。他们认为理性说是从"一神论"中退却；他们又把斐洛那么热心于希腊哲学，视为文化同化、种族意识冲淡的威胁，结果将使分散的犹太人消灭。但是，基督教的神父们很赞美这位犹太人所说的沉思默祷，常引用他的譬喻教理，以答复批评希伯来《圣经》的人，并加入诺斯替派（Gnostics）与新柏拉图派，承认神的神秘幻象为人类事业的顶峰。斐洛曾试图居间调和希腊主义与犹太主义。从犹太人的观点来看，他失败了；从历史观点来看，他成功了。其结果就是《约翰福音》第1章。

科学的进步

在科学方面，亚历山大高居希腊世界的首位，这是不争的事实。

托勒密必须列于最有影响力的天文学家之林，尽管有了哥白尼，世界上迄今还时常引用托勒密的话。他生于尼罗河畔的托勒密城（他的名字即由此而来），大部分时间居住在亚历山大，他在那里从事天体观测，从 127 年至 151 年。他反对阿利斯塔克的地球绕日运动说，世界之所以还记得他，主要就是因为此事。这个千古流传的错误，写在托勒密所著星辰的《数学排列》（*Mathematiké Syntaxis*）中，阿拉伯人用一个希腊文的最高级形容词"Almegisté"（最伟大的）以名其书；中世纪，又把这个词儿讹为"Almagest"，这就是历史上著名的书名《天文学大成》。此书一直支配着天文界，直到哥白尼推翻其说。可是，托勒密所主张的不过是把前代天文学家，特别是喜帕恰斯的作品与观察加以系统化而已。他把宇宙描绘成一个球形图，天体每日绕着一个不动的地球旋转。在我们看来，这个见解似乎很奇怪（虽然无法知道未来的哥白尼对目前的托勒密将有何作为），然而其地球中心的假设，较于当时天文学界所知的太阳中心观念，更能准确地计算恒星与行星的位置。托勒密更进一步提出"不全圆"的理论，以解释行星轨道，并发现月球的"出差"或轨道光行差。他用迄今仍然使用的视差法，测量月球与地球的距离，并算定其距离为地球半径的 59 倍，这与现今所认定的很接近。但是，他也像波塞多尼乌斯一样犯了一个错误——低估了地球的直径。

正如《数学排列》一书汇集了古代的天文学而成为最后的形式一样，托勒密的《地理大纲》（*Geographical Outline*），也是古代地球表面知识的摘要。他勤勉制成的地球上各个主要城市的经纬度表，也因接受了波塞多尼乌斯对地球的谨慎估计而弄错了。但是，经过托勒密传播之后，这个错误很有鼓励性，哥伦布即因此相信，向西航行一定时间，可能到达印度。托勒密在地理上首先使用"平行线"与"子午圈"等名词。在他所制的各种地图上，成功地在平面上画出投影的球形。但是，与其说他是天文学家或地理学家，毋宁说他是一个数学家，他的著作内容以数学公式为主。在《数学排列》中，他制作了一份很精美的弦线表。把地球半径分成 60 个第一小部分（partes minutae primae），就是我们现在的分；每一小分又再分成 60 个第二小部分（partes minutae secundae），就是我们现在的秒。

托勒密虽有许多错误，但确实具有真正科学家的镇静和耐心。他努力使所有结论皆凭观察（由他自己观察的很少）。在一个工作场内，他做过一次实验，他的折射光（optica）的研究受到喝彩，被誉为"古代最出色的实验研究"。其中一件很有意义的事，这位当时最伟大的天文学家、地理学家和数学家，又写了一本《占星四书》（*Tetrabiblios*），讨论星辰对人类生活的支配。

同时，名气较小的阿基米德，也正给这个古典世界一个间接的机会，上演工业上的革命。他是才华出众的发明家或汇编者，但我们所知道的他的事情，仅仅是一本书——《英雄》（*Hero*）。那是当时发行于亚历山大的一部长系列论文集，所讨论的是数学和物理学，那些论文通过阿拉伯文的译本而保存下来。他曾坦白地告诉读者，他所介绍的定理或发明，不一定是他自己的，而是几世纪累积下来的。在《折射光学》（"Dioptra"）那篇论文里，他描写了一种像经纬仪似的工具，并定下一些法则，可测量实际无法接近之点的距离。在《机械》（"Mechanica"）篇里，他考虑过那些单一的器具，如轮子、轴、杠杆、滑车、楔子及螺丝等的个别用法和互相结合。在《气学》（"Pneumatica"）篇里，他研究空气压力，实验 78 次，大都是好玩的变戏法之类的内容。例如，把分离容器上部的通气孔关闭，可使酒或水从水壶底部的小洞溢出来。

这些玩意儿引起他的兴趣，他便开始制造压力水泵、火力引擎水泵、水压时钟、水压风琴及一个蒸汽引擎。最后这个奇巧的新发明是利用一根管子，把热水发出的蒸汽通到一个球形容器里面，再通过另一面的弯曲排泄口出去，使这个球形容器朝着与放汽相反的方向旋转。这位"英雄"极富幽默感，因此限制了他不能把他的发明发展为工业用途。他利用蒸汽来支持一个球悬在空中，使一个机器鸟唱歌，使一个铸像吹喇叭。同样，在《反射光学》（"Cotoptrica"）篇里，他研究光的反射，说明怎样制造种种镜子，能使一个人自见其背，或现出头部在下的倒像，又或者三只眼睛、两个鼻子等。他告诉魔术师们如何运用神秘的装置，以表演种种把戏。当一个硬币嵌在壶口内的时候，他能使壶中的水倾倒出来。他制造了一个神秘的机器，使热水通过其中，溢入水桶，再用滑车增大其重量，可以打开庙门。所有这些以及100种其他玩意儿，只使这位"英雄"成功地成为一个魔术家，却不能使他成为一个瓦特。

亚历山大成为医学教育中心，由来已久。诚然，在马赛、里昂、萨拉哥萨、雅典、安条克、科斯岛、艾菲索斯、士麦那及帕加马，都有著名的医科学校；但是，每一罗马行省的医科学生，都到这个埃及首都学习。甚至迟至4世纪中，当埃及已经衰落的时候，阿米阿努斯还写道："评定一个内科医生的手术，只要他说曾在亚历山大受训过，就足够了。"分科已在进行，菲洛斯特拉托斯说："没有人能做全科医生，必须成为伤科、热病、眼科、肺病的个别专科医生。"尸体解剖已在亚历山大施行，甚至似乎还有过活体解剖的例子。这里的外科手术，早在1世纪的发展已像欧洲各地19世纪以前的情形。内科医生也不少，其中一位名叫梅特罗多拉的人，写过一篇讨论子宫病的论文，迄今仍保存着。在那时的医学史上，有很多大名鼎鼎的名字。艾菲索斯的鲁福斯描写过眼睛的解剖术，已能区别出运动神经与感觉神经，他还改善了外科手术中止血的方法。亚历山大的马里纳斯的头部外科手术，很负盛名。安提鲁斯则是那个时代最伟大的眼科医生。西里西亚的迪奥斯科里斯写过一本《药品学》（*Materia Medica*），用科学的方法叙述了600种草本药；这本书写得非常好，直至文艺复兴前，还是药品学的权威著作。他建议用子宫套避孕。他用于外科麻醉的曼陀罗药酒的处方，在1874年还被成功地使用过。

约116年，艾菲索斯的索拉努斯出版了一本著作，讨论子宫病与生产及婴儿的看护。在迄今保存下来的古代医学著作中，此书的地位仅次于希波克拉底编辑的医学书及盖仑的著作。他叙述用一个子宫镜和一个助产椅，可使子宫手术很完美；他提出近乎现代的食物疗养法及手术意见，例如用油冲洗新生婴儿的眼睛；他建议过 50 种避孕法，大部分是在阴道上用药。还有，凡生产危及母亲生命时，他（与希波克拉底不同）是允许堕胎的。索拉努斯是古代最伟大的妇科医生，他的妇科著作无人可及，直到他死后 1500 年，才有帕雷更进步的著作。他写过 40 篇论文，如能全部保存至今的话，他或许可与盖仑齐名。

那时期最著名的内科医生，是一个帕加马建筑师的儿子，他名叫盖仑，意思是"清静与和平"，希望其子不要像他的妈妈。这个青年，14 岁时爱好哲学，而且一生没有摆脱其诱惑。17 岁时转学医科，先后求学于西里西亚、布匿、巴勒斯坦、塞浦路斯、克里特岛、希腊及亚历山大（一种流动性的古代学校），在帕加马一所角斗士学校中做过外科医生，有一个时期曾在罗马行医（公元 164—168 年）。在那里，他的医疗成功，有很多富人向他求医。他的讲演也吸引了不少名流。他的声名远播，每一个罗马行省都有人写信给他，请教医疗方面的事情，他也很自信地寄予药方。他善良的父亲没有忘记了替他取名的意义，劝他不要加入党派，要常常说老实话。盖仑遵照他父亲的叮嘱，把罗马许多医生的无知与贪财暴露出来，数年之后，他就不得不避开他的敌人了。奥勒留皇帝召他回去，医治其幼子康茂德，并命他随同远征马科曼尼战役。但盖仑很聪明，避开了远征，很快就回到了罗马。自此之后，除他的著作外，我们对于他的事情就一无所知了。

盖仑的著作，差不多可与亚里士多德的等量齐观。据说他有 500 卷著作，其中约有 118 卷保存到现在，约有 2 万页，涵盖各科医学，也有一些是哲学范畴的。今天，那些著作已经罕有医学价值，但其中有很多丰富的意外情况的知识，而其活泼的辩论精神也将长久存在。他爱好哲学，这使他养成一个坏习惯，只根据极小部分的归纳法，便用演绎法大事推论。他对自己的知识与能力过分自信，这常常使他误入武断主义的歧途而无法达到科学家的心境，又因他是医学泰斗，他的所有严重错误竟延续数世纪之久。虽然如此，他仍是一个敏锐的观察家和古代最有经验的内科医生。"我承认毕生犯有一种毛病——不相信任何人的陈述，只要可能的话，总要等到我亲自试验过才相信。"由于罗马政府禁止解剖人体（无论死的活的），他就解剖死的或活的动物，有时候，他从猿、狗、牛、猪的解剖所见，轻易作出人类骨骼构造的结论。

虽然他有这些缺点，但盖仑对解剖学的贡献还是大于古代任何一个观察家。他描写的头盖骨、脊梁、肌肉组织、乳糜管、舌与下颌腺的导管、心瓣等，都十分正确。他说一颗割取下来的心，在身体外面仍能继续跳动。他证明动脉内所容纳的是血，不是空气（亚历山大医学院 400 年来所教的是空气）。他没有先于哈维发现血液循环现象。他认为，血的绝大部分是在静脉内一进一退地流动，其余的则自肺部与空气混合，从动脉中进退运动。他是解释呼吸原理的第一人，他的推测也是正确的——我们所呼吸的空气中，主要成分在燃烧过程中是起作用的。他区别出肋膜炎与肺炎，解释说明静脉瘤、癌症及肺结核，并认定后一种是传染性的。另外，他首创实验神经学。他首先从事脊髓切断面实验，确定每一切片的感觉神经与运动神经的功能，了解交感神经系统，认出了 12 对头盖神经中的 7 对，且知道切断喉部神经后，可随意使人患失语症。他说明脑的某一面受伤，会使身体的另一面发生神经错乱。他治好希腊诡辩家保萨尼阿斯左手第四、五两个指头的麻痹症，方法是刺激其臂部的神经丛，使控制那些指头的尺骨神经活跃起来。他在症状学方面十分熟练，喜欢不询问病人，径自开处方。他多用饮食、运动和按摩治疗病人，他对药品也是专家，到过很多地方采集稀有之药。与他同时代的医生，仍使用腐肉和尿液治病，他对此处方大加谴责。他建议用晒干的蝉治腹痛，用羊屎治肿疡，又列举很多种病可用百宝丹治疗——那是一种很著名的解药，曾替米特拉达梯国王解过毒，奥勒留皇帝每天饮服，此药方中含有蛇肉。

大发轻率的理论，使他作为实验家的记录被他自己弄得失色了。他嘲笑魔术与符咒，承认做梦可以预见；他认为有关月亮的词影响病人的状况。他拾取希波克拉底的四体液之说（血、黏液及黑胆汁、黄胆汁），加上一点毕达哥拉斯四元素（地、水、火、风）学说，试图把所有疾病皆归于这四种体液或四种元素的错乱。他是一个坚定的活力论者，确信一种"Pneuma"，即充满活力的呼吸或精神，可使身体的每一部分都生气勃勃。当时已有许多医生提出生物学的原理解释。例如，阿斯克列皮阿德斯说，生理学应该作为物理学的一科。盖仑反对此说，他认为机械只是许多零件的总和，有机体则不然，整体对各部分作有目的的控制。而且，只有目的才能解释器官的起源、结构及功能。盖仑还认为，宇宙也是如此，只有解释为某些神圣计划的工具，才能获得理解。

盖仑的"目的论"与"一神论"，使他得到基督徒的爱戴，后来又为穆斯林所喜爱。当欧洲遭受野蛮民族入侵时，他的著作几乎全部损失于骚乱中；但在东方，却被阿拉伯学者保全。11世纪以后，又由阿拉伯文转译为拉丁文。那时候，盖仑变成了无可批评的权威，一个中世纪医学的亚里士多德。

希腊科学的最后创造时代，随着托勒密与盖仑而终止。实验停止了，教条支配一切。几何的重述代替了数学，生物学变成了亚里士多德，自然科学变成了普林尼。而医学则要等到中世纪时，才由阿拉伯和犹太的医生恢复为最崇高的科学。

沙漠诗人

从埃及越过红海，就是阿拉伯。无论埃及的法老、波斯的阿契美尼德王朝、叙利亚的塞琉古王朝，还是埃及的托勒密王朝或罗马帝国，都没有征服过这个神秘的半岛。人们只知阿拉伯沙漠有阿拉伯游牧民族，但在其西南的一个山脉和一条溪流，却有较为温和的气候及果实累累的植物。其地叫菲利克斯，即今天的也门。在那幽谷深处，隐藏着沙巴国（Saba），即《圣经》中的希巴（Sheba），盛产乳香、肉桂、沉香、甘松、树胶及名贵的宝石。沙巴人以他们建筑在马利亚巴（Mariaba）及其他城市的寺庙、宫廷和柱廊而引以为荣。阿拉伯商人不但以高价出售阿拉伯产品，而且以商旅队与亚洲贸易，从海上与埃及、帕提亚和印度进行贸易。公元前 25 年，奥古斯都派遣加卢斯（Aelius Gallus）远征，想合并这个王国；罗马军团没有到达马利亚巴，即回师埃及，因疾病和天热，死亡甚众。奥古斯都引以为豪的是，罗马军队毕竟毁灭了沙巴的阿达那港（Adana，今亚丁港），从而控制了埃及与印度之间的贸易。

自马利亚巴往北的主要经商大道，是通过本半岛的西北角，古代称为阿拉比亚·佩特拉（Arabia Petraea），以其首都佩特拉（Petra）而得名。佩特拉位于耶路撒冷南方约 40 英里处。此城之得名，是因其四周被悬崖峭壁所围绕，城在中间，占有战略位置。公元前 2 世纪，纳巴泰阿拉伯人（Nabatean Arabs）在此建立王国，靠着商旅队伍的过境而慢慢地富强起来。其国境的扩张，自红海海岸的路斯康（Leuce Come），沿着巴勒斯坦的东方国境，经吉雷松（Cerasa）与波斯特拉（Bostra），到大马士革。国王阿雷塔斯四世（King Aretas Ⅳ，公元前 9—公元 40 年）统治时期，是该国登峰造极之时。佩特拉变成一个希腊化的城市，说阿拉米语（Aramaic），崇尚希腊人的艺术，满街华丽得像亚历山大。这一时期属于最佳的大冢时代，大冢是在城外石壁中开凿的——正面为两层的希腊柱廊，工程很粗糙，但很壮观，约有 100 英尺高。公元 106 年，图拉真皇帝把皮特亚巴并入帝国；此后，设其为阿拉伯行省，以波斯特拉为首府，而象征财富与权力的建筑，也就转到此城了。沙漠商旅队的会合点也转移到波斯特拉和巴尔米拉，佩特拉从此凋零，那些大冢便沦落为"牧人的厨房"。

这个大帝国最显著的特征，是拥有许多人口稠密的城市。直至我们这个世纪以前，其都市化的情形，历史上未曾重见。卢库卢斯、庞培、恺撒、希律、希腊诸王及罗马诸帝，无不以创建新城与修葺旧城而自豪。因此，沿地中海东岸北行，差不多不到 20 英里就会碰到一座城市——拉斐亚（今拉法）、加沙、阿斯卡隆、约巴、阿波罗尼亚、撒马利亚及恺撒里亚等。这些城市虽在巴勒斯坦境内，人口却有半数是希腊人，语言、文化及制度皆受希腊人的支配。当异教徒侵略犹太国的时候，那些城市是希腊人的桥头堡。希律花了很多钱建筑恺撒里亚城，使其配得上以奥古斯都、恺撒之名为城名。他为此城筑了一个优良的港口，一个很高的寺庙，一个戏院，一个竞技场，及"用白色的石头建筑的豪华宫室与无数大厦"。再往内陆进去，又有其他希腊化的巴勒斯坦城市——利维阿斯、费拉德尔菲亚、吉雷松及加大拉等。在吉雷松，有 100 个廊柱排列在主要的大街上。其寺院、戏院、浴场及水槽的残存物告诉我们，在 2 世纪的时候，这座城市是多么的繁荣。

加大拉有两个戏院的断垣残壁，皆留有希腊戏剧的纪念物。此城以学校、教授及作家而著名。公元前 3 世纪，此处住有一个迈尼普斯，他是犬儒派哲学家和幽默家，他的讽刺散文教导读者，除了清高的生活外，任何事情都是徒劳的。他的言行给后来的革马拉、瓦罗和贺拉斯三人做了一个模范。在他的《叙利亚的雅典》（*Syrian Athens*）里说，约与阿那克里翁同一时代，墨勒阿格（Meleager）费尽推敲，作了一首讽刺诗给美丽的少女和漂亮的男孩子们。他笔下所写的爱情是这样的：

> 晶莹的玉杯欢欣含笑，只因接触了芝诺斐拉之口，其甜如蜜，钟爱如醪。她怀着无限福惠的仁心，赐我芳唇亲吻，长时拥抱，尽情畅饮，令我魂飞九霄。

这些火焰熄灭得很快，在他的追忆中燃烧得特别光亮——那是赫利奥多拉（Heliodora），他在提尔所爱的人：

> 我将编织紫罗兰与碧绿的桃金娘；
> 也将编织水仙花，与百合争光；
> 也将编织甜蜜的番红花，与蔚蓝的堇青；
> 最后我将编织蔷薇，使真情一吐衷肠：
> 尽我所有编成这个美丽绝伦的花园，去与
> 我的多拉会于甲板上，秀发让我饱尝。

至此，"她突然被哈得斯夺去，她的花蕊蒙尘，黯然失色。啊，地母我神呀，我祈求你，把她轻轻拥抱在你的胸怀"。

墨勒阿格把从萨福到他自己的希腊诗人的所有哀悼诗，集成一本《诗选》（*Stephanos*），因而使他大名不朽。后来，这本诗集又被收入下述的另一本《希腊文选》（*Greerk Anthology*）。这本诗集所收的希腊讽刺诗，是最好的也是最坏的，推敲得光辉夺目，有如珠宝，而其装模作样，毕竟是空空如也；从花枝上采下这 400 朵"花"，来编成这个褪色的花圈，是不智之举。这诗集中的诗，有一些是纪念被人忘怀了的伟人，或著名的雕像，又或为已故的亲属而作。有一些诗则好像是复制品，正如当一个妇人因生产三胞胎而死时，必然会说："经此之后，让妇女们为孩子祈祷吧。"有一些诗好像芒刺，讽刺医生、悍妇、证人、教师及戴绿帽子的男人；或讽刺一个守财奴，他在不省人事的昏迷当中，一嗅到铜钱气味便复活了；或讽刺这样的文法老师：他的孙子依次展示三种词性；或讽刺这样的拳击师：他退休及结婚后所受的打击，较之在比赛时所受的打击还要多；又或讽刺一个矮子，他被一只蚊子叼去，还以为被侍酒神抓走了。有一篇仅有的讽刺诗，赞美"只和一个男人睡的名女人"。其他是以祭品献给神：莱斯把她的镜子挂起，现在不用它了，因为镜子照出来的人不像她；尼西阿斯在服侍男人五十年之后，把她柔软的腰带解下来，献给女神维纳斯。

有几节诗，赞美饮酒过量而得动脉扩张病的人，说是比学识更聪明。有一首诗，将光荣归于一个奸夫的一夫一妻制，这个奸夫死于船只失事，至死仍被其情妇拥抱着。有些是异教徒哀悼生命短促的挽歌，有些是基督徒保证快乐复活的。当然，绝大多数的诗，都是为男女的美丽而举杯祝福及高唱痛苦的爱情陶醉之歌：每一件事情，凡后来文学谈到的色情的渴望，这里都说得简短而充实，更甚于伊丽莎白时代的夸大。墨勒阿格把一个蚊子当作拉皮条的人，托它带信息给他的临时女人。而他的邻居菲罗德穆（Philodemus），即罗马执政官西塞罗的哲学老师，则将其忧郁的调子加以调整，赠给他的桑多（Xantho）：

> 白蜡般的两颊，柔香的胸膛，
> 一双深深的眼睛，无限幽思深藏，
> 甜蜜的朱唇，带来欢乐洋洋——
> 给我唱一首歌罢，桑多，唱，唱……
> 音乐中止得太快了，再来一曲罢，
> 再来一曲有苦有甜的诗歌悠扬，
> 用香喷喷的玉指轻拨琴弦，
> 啊，爱情多快乐呀，桑多，唱，唱。

叙利亚人

再沿着海岸北上，就是古代的布匿诸城，后被罗马合并，与巴勒斯坦各为叙利亚行省的一部分。这些沿海城市的勤勉工人，以手工业技术见长，其优越地位是作为传统性的商业港，它们的商人富有而善于经商，派遣船只和代理商到世界各地。因此，在1000年盛衰荣枯循环的世局中，它们独能长葆生机勃勃。提尔城的高楼大厦比罗马的更高，而其贫民窟则比罗马的更坏。此城有一种染坊的臭味，但他们一想到全世界都买他们的有色纺织品，特别是紫色的丝绸，也就足以自慰了。西顿可能是最初发现吹玻璃的艺术之地，那时，此城的专业就是玻璃与青铜工业。贝利图斯（Berytus，今贝鲁特）以医学、修辞学及法律等学校闻名，伟大的法学家乌尔比安和帕皮尼安很可能都是从这里的大学毕业后，才去罗马的。

罗马帝国各行省中，没有一省能超过叙利亚的工业与繁荣。在图拉真皇帝时代，已有1000万人口了。当时，有50个城市，皆得享受清洁的水、公共浴场、地下排水系统、干净的市场、体育馆与体育场、讲演与音乐、学校、寺院与会堂、柱廊与拱廊、雕像与绘画的陈列馆，完全是公元后1世纪的希腊城市的特色。自西顿越过黎巴嫩，就是叙利亚省内最古老的一座城——大马士革。此城四周被沙漠所环绕，形成要塞；而被称为金河的那一条河，主流支流到处分布，使其地成为一个花园，许多商旅的道路辐辏于此，三大洲的物品皆涌入大马士革的市集。

回过来，越过前黎巴嫩山脉，自尘土飞扬的道路北进，现代的旅行家惊奇地发现，在名叫巴勒贝克的一个小村镇上，有两座庄严神圣的大寺和一个神庙入口，此镇曾一度获得赫利奥波利斯的光荣名字，意思是希腊—罗马—叙利亚人的太阳城。奥古斯都曾迁移一小部分移民于此，此城便壮大起来，成为太阳神巴力的圣地，又成为通往大马士革、西顿、贝鲁特等道路的交会点。在安东尼·庇护皇帝及其后任统治期间，罗马、希腊及叙利亚的建筑师和工程师，在古代腓尼基人的太阳神庙故址建造一个朱庇特神庙。此庙由许多巨大的独石所建，其采石场在1英里之外。有一块独石的面积为62×14×11英尺，要筑造一个宽大房屋，是要足够的石块的。有51个大理石台阶，宽度150英尺，通往神庙入口处，是科林斯式的柱廊。过了有廊柱的前院和院子，就是主庙所在，其中的58根石柱，仍旧高耸入云，其高度为62英尺。在那些巨柱附近，还有一个较小庙宇的断垣残壁，是属于维纳斯、巴克斯和德墨忒尔诸神的。还有19根石柱留存，并雕刻有一个漂亮的看门人，刻得非常精致。在晴空如洗时，那些石柱孤寂的壮丽，炫耀人眼，不愧为人类最佳作品之一。我们凭借这些遗迹，边看边想，觉得比意大利的建筑更好，罗马帝国真伟大，能在散布各地的许多城市中，建筑更伟大、更堂皇的寺庙，而非人口稠密的首都所能料想得到的，其财富与勇气、技术与品位，真是令人佩服。

旅行家再向东走，自荷姆斯（Horns，古代的伊米沙，Emesa）越过沙漠，一直到塔德莫（Tadmor），希腊译名是巴尔米拉，意为"迈拉德的一只手掌"。到了此城，又可看到一道同样的风景。自伊米沙及大马士革至幼发拉底河的三条大道上，有两处泉水涌出，泉水所经之处，四周土地肥沃，再加上巴尔米拉的幸运位置，此城繁荣富庶，以致成为东方主要城市之一。而此城与其他殖民地远隔，又使它得以保持着实际上的独立，尽管它名义上是属于塞琉古王朝或罗马帝国的。它的广阔的中央大道，两侧都有遮阴的柱廊，共有454个廊柱。四个主要的十字路口，都有雄伟的拱门，迄今还有一个拱门存在，因此也就可概其余了。巴尔米拉城的荣耀是在它的太阳庙，那是在公元30年建成的，献与"三位一体"的神：巴力与日（Yarhibol）、月（Aglibol）。此庙的规模，是继承了亚述人至大无外的传统。庙的院子是罗马帝国中最大的一个，其无与伦比的柱廊长达4000英尺，许多地方用的是科林斯式的柱子，每一排四柱并列。在院内和庙内，有许多画和雕刻，其现存者显示出，巴尔米拉在艺术方面，也像其在地理方面一样，是接近帕提亚的。

自巴尔米拉向东，一条大道可到幼发拉底河畔的都拉·欧罗巴斯（Dura Europus）。1世纪时，这里的商人不让巴尔米拉人的"三位一体"神庙专美，建筑了一个半希腊式半印度式的庙。一位东方画家在寺院墙上大画壁画，历历如约地告诉我们，那就是拜占庭及早期基督徒的东方艺术的起源。循着这条大河向北去，又有两个重要渡口的市镇，在塔普萨卡斯（Thapsacus）与宙格马（Zeugma）二处。从塔普塞卡斯转向西方，旅行家通过贝罗亚（Beroea）及阿帕梅亚（Apamea），到达地中海岸的雷俄狄西亚（Laodicea）——此城仍保留着其古代的名称——拉塔基亚（Latakia），也仍旧是一个活跃的港口。在此城与阿帕梅亚之间，有奥龙特斯河流向北方，直到叙利亚首府安条克。又有一个了不起的道路网，把东方的货物带到安条克，而此城的下游 14 英里处，地中海港口塞琉古亚·佩里亚（Seleucia Pieria）则带进西方的物产。安条克城大部分建筑在山坡上，城下就是奥龙特斯河。此城风景如画，与罗得斯齐名，两者都是希腊人东方殖民地的最美丽的城市。此城有一个街灯系统，夜间明亮如昼，行人安全。主要大道长达 4.5 英里，铺上花岗岩石，两旁都有柱廊，行人从城市的一头走到另一头，无日晒或雨淋之苦。每一个家庭都有充分的清水供应。全城的希腊人和叙利亚人混合人口有 60 万。他们的节日很多，阿佛洛狄忒女神则每一节日都有她的份儿。在布鲁马里亚（Brumalia）节期间，那是占着 12 月大部分日子的最长节日，据当时的人说，全城都像酒肆一样，街上通宵达旦都是歌声与闹酒声。安提阿有修辞学、哲学及医学等学校，但不是学习的中心。全城人口日间忙于生活，当需要信仰时，他们就去找占星家、魔术师、奇迹创造者及江湖医生等。

在罗马统治之下，叙利亚的一般状况是：其繁荣比其他行省更能持久不衰。除服务于家庭者外，绝大多数的工人都是自由人。上层阶级是希腊化的，下层则仍旧是东方型。在同一城市中，希腊哲学家与寺院的妓女及阉割过的祭司们交往；甚至到了哈德良皇帝时代，还时常拿小孩做祭神的牺牲。雕刻与绘画是半东方式的、半中古的面孔与外貌。政府和文学上，通用希腊语言，但是人民仍讲当地语言，以阿拉米语为主，学者很多，其声名传及世界。大马士革的尼古拉，除做过安东尼、克娄巴特拉及希律的顾问外，还从事一种较难的工作，著了一部世界史——这种劳工，据他自己告诉我们，大力士海格力斯自己都是不敢做的。就其难懂之处而言，时代已埋葬了他的全部著作；就其消闲性质而论，仍可提供我们一读。

小亚细亚

叙利亚北方是罗马的保护国——科马吉尼王国，稍后改为行省。它的首都萨马萨塔人口稠密，卢奇安就是在那里成长的。横跨幼发拉底河两岸，有一个小王国奥斯罗尼（Osrhoene）。罗马将其首都埃泽萨（Edessa，即乌尔法）筑成要塞，作为对抗帕提亚的一个基地。我们讲到基督时代，将听到更多关于它的事情。从叙利亚向西，到了亚历山大·伊西（Alexandria Issi），就进入西里西亚（今属土耳其）境内了。这曾是西塞罗的管辖省区。沿小亚细亚南部海岸的人民，文化程度很高，但在道拉斯山上的居民则尚未开化。西里西亚的首府塔尔苏斯（Tarsus），据当地出生的圣保罗说，是"殊不足道的城市"，然而这里的哲学学校很著名。

过了西里西亚，进入地中海。塞浦路斯岛追求着极古的生活，如开采铜矿、砍伐柏树、造船等，但须忍受接二连三的征服者们。有厚利的矿产属于罗马政府所有，开矿的工作则由奴隶担任。盖仑曾经提过，在他的时代，此岛的一个矿场塌方，压死数百名工人——基于地质观点，这是人类追求舒适与权力所造成的定期灾害。

西里西亚北方是干燥而多山的卡帕多西亚，有贵重的金属矿产，出产小麦，从事畜牧，还有奴隶输出。其西方是利考尼亚（Lycaonia），此省得以在历史上闻名，是因为圣保罗曾经访问过这里的三个城市：代尔贝（Derbe）、里斯特拉（Lystra）及伊康（Iconium）。再往北是加拉提亚（Galatia），其得此名，是因为高卢人于公元前 3 世纪移民于此。这里最著名的产品是佩辛纳斯的黑石。此石送往罗马，作为神母西布莉（Cybele）的象征。其主要城市是安卡拉，曾是 2509 年前的赫梯人首都，也是今天的土耳其首都。在西里西亚的西方，是皮西迪亚省（Pisidia），在此省内有几个好城市，桑索斯即为其一。又如阿斯彭达斯城（Aspendus），其戏院保存得很好，人置身其中，似乎还可听到米南德或欧里庇得斯的歌声。

皮西迪亚的西方和北方，是罗马的"亚洲省"，又分为弗里吉亚、卡里亚、吕底亚和密细亚四省。在这里，事过 1000 年后，伊奥尼亚的文化还是很灿烂。依菲洛斯特拉托斯所说，当时有 500 个城市。乡间土地肥沃，其工艺品的技术不断进步。由于他们在意大利、非洲、西班牙及高卢的市场日见富足，此处的各港口都很能获利。弗里吉亚是山地，但也有几个值得自夸的大城市，如阿帕梅亚·色来尼（Apamea Celaenae）——斯特拉博将其列为在亚洲各省内仅次于艾菲索斯的城市——及雷俄狄西亚。此城的荣幸，是出了不少博爱主义的哲学家和百万富翁。尼多斯到此时依然很重要，因此成为罗马的同盟。但是，从希罗多德到狄奥尼修斯——一个最优秀的文学批评家，一个无可批评的史家——赫利卡那城则衰落了。米利都仍是一个有生气的港口，但不再有昔日的繁荣。在狄杜马附近寺院内的阿波罗神殿，继续用谜语为人解答问题。而这地区说故事的人，则正在编造那些披甲歹徒"米利斯人的故事"。这些故事不久就发展成为希腊人的小说。普里恩（Priene）是一个小城市，但其市民竞尚美丽建筑，而使城市美化。在这里，在公元前 1 世纪，一个名叫菲莱（Phile）的女人被选举为市长。在希腊殖民地中，因为富裕及罗马的影响，女人地位已经提高。马格尼西亚位于梅安得河河畔，有许多寺庙，可比亚洲行省境内近乎最完美的那个寺院——那是公元前 129 年献与阿尔忒弥斯的，其设计人是那个时代最高的建筑师赫尔莫吉尼斯。在迈卡勒（Mycale），其众议院仍每年集会一次，作为伊奥尼亚人的一般议会和宗教联合会。

说到卡里亚外面的诸岛，科斯岛的繁荣是靠丝织品工业和医科学校。这个学校颇富希波克拉底的传统色彩。罗得斯尽管已开始衰落，但还是希腊世界中最美丽的城市之一。罗马内战之后，奥古斯都为了解救东方各城市的困苦，准许豁免其一切债务，罗得斯不肯捡这个便宜，仍然忠实地履行了所有义务。其结果是，罗得斯迅速恢复了作为爱琴海钱庄的地位，再度成为来往亚洲、埃及船只的中途港。罗得斯城由于已倒的阿波罗巨像、美丽的建筑、驰名的雕像、整齐清洁的街道、有权能的贵族政治政府，及举世闻名的修辞学与哲学的学校等而著名。阿波罗尼乌斯·莫洛（Apollonius Molo）教恺撒及西塞罗那些写作艺术，通过他们两位，便影响了随后的整个拉丁散文。

这一时期内，最著名的罗得斯人是波塞多尼乌斯。他于公元前135年生于叙利亚的阿帕梅亚，最初以长跑而闻名。他在雅典跟随帕那提奥斯学习，学成后即以罗得斯为家。他服务于罗得斯政府，做过地方长官及大使，到罗马许多省区旅行过。回到罗得斯后，他开始讲学。庞培、西塞罗等罗马名人，都曾听他讲过斯多葛哲学。83岁时，他迁居罗马，一年后死在那里。由他所著但已失传的《世界史》（*Universal History*）——自公元前144至前82年间，罗马及其属地的全史——古代学者很推崇，说是等同于波利比奥斯的大作。他关于高卢的旅行报告及讨论海洋的论文，成为斯特拉博著作的基本资料。他估算太阳与地球的距离为5200万英里，较古代其他学者的估计，更接近现代所公认的数字。他来到加的斯研究潮汐，得出结论为日月的联合作用。但他低估了大西洋海面的距离，他预言一个航海者，自西班牙航行8000英里后，即可到达印度。虽然他有丰富的自然科学知识，也接受了不少与他同时代的唯心论者的思想——求神、卜卦、占星、精神感应术，及灵魂有神秘地与神相会之力。对于这些，他解释为世界的生命力。西塞罗慨然许之为最伟大的斯多葛派哲学家。我们或者也可认为他是新柏拉图派的先驱、从芝诺到普罗提诺之间的一个桥梁。

自卡里亚沿亚洲海岸北上，旅行家就进入吕底亚省及其伟大的艾菲索斯城。此城在罗马统治之下，其繁荣是空前的。虽然罗马亚洲省的正式首府是帕加马，罗马总督及其幕僚则驻在艾菲索斯。艾菲索斯是全省的主要港口，也是省议会集会之所。它有人口22.5万人，自慈善的雄辩家到嘈杂不堪的迷信贱民，应有尽有。各街道的路面都铺设得很好，有街灯设备，有几英里长的街道，建有柱廊遮阴。有不少伟大的公共建筑，其中有一些迟至 1894 年才被发掘出来：一个陈列馆或科学中心，一所医科学校，一个建筑得奇形怪状的图书馆及一个能容 5.6 万人的大戏院。大概就在这个戏院之内，德米特里曾经鼓动人民反对圣保罗。城市中心是阿尔忒弥斯神庙，四周环竖着 128 根柱子，每根柱子都是一个国王所赠的礼物。庙内阉割过的祭司，由许多处女祭司和大群奴隶服侍着。祭仪是东方和希腊的混合式。代表女神的那个粗野的神像，故意多出两个乳房，象征着多产。每年的阿尔忒弥斯节，使整个五月成为狂欢、宴会和各种赛会的日子。

士麦那的居民都是渔民，那里环境却特别好。足迹无处不到的泰亚那旅行家阿波罗尼乌斯，称这里为"阳光下最美丽的城市"。此城值得骄傲的，是既长又直的街道、双层的柱廊、图书馆及大学。许多名人皆出生于此城，其中最著名的艾略斯·阿里斯提得斯（Aelius Aristides，公元 117—187 年），用了许多字眼，来形容这些罗马—希腊城市的壮丽：

> 自东边往西走，沿着一条实际上比名字（"金路"）更美的街道，由一个庙走到另一个庙，由一个山冈走到另一个山冈。站在卫城之上，海在你脚下流动，四郊在你身旁，这个城市以三面的可爱景致，注满你的灵魂之杯……在海滨光辉闪耀的东西，是一大群体育馆、市场、戏院……自来水及公共散步场，而每一家庭都有自来水供应。无数的奇观、竞技及展览等，简直是说不尽的，而其手工艺品也是种类繁多。对于喜欢过安详生活的人及希望成为哲学家而无虞欺诈的人，在所有城市中，此城是最适宜的一个。

艾略斯是许多修辞学教授及哲学教授之一。他的名气很大，希腊各地的学生纷纷前来士麦那向他求学。菲洛斯特拉托斯说，艾略斯的老师波里摩（Polemo）实在太伟大了，"他与各个城市交谈，好像城市是他的下属；与皇帝们交谈，好像皇帝不是他的上司；与神交谈，好像他与神平等"。当他在雅典讲演时，他最大的雄辩对手希罗德·阿提库斯也作为一个慕名的学生来听讲。为彰显其特权，希罗德送给他 15 万德拉克马（约合 9 万美元）。波里摩没有道谢，一个朋友向希罗德暗示，大概他嫌少了；希罗德再送去 10 万元，而波里摩也从容地收下了。波里摩用这笔意外之财，修饰他这个第二故乡。他参加士麦那政府，调和各党派意见，并做过士麦那的大使。据传统的说法，他发现自己患了关节炎，并且无法医治，便跑到雷俄狄西亚，关在他祖先的坟墓中，自行绝食而死，时年 56 岁。

萨迪斯（Sardis）是克罗索斯（Croesus）的古代首府，在斯特拉博时代，仍然是"一个伟大的城市"。西塞罗对米蒂利尼（Mytilene）的美丽优雅曾有深刻的印象，在 3 世纪时，朗戈斯更形容此城有如威尼斯。帕加马城的光辉，是因为它的大祭坛和耗费甚巨的大建筑，那都是从阿泰利德（Attalid）诸王的财库中拨款建造的，而其财库则取自国有森林、农田、矿场及工厂的奴隶劳工。阿塔鲁斯三世（Attalus III）预料到罗马扩张和社会革命，而先期处置，于公元前 133 年，将其国土赠予罗马。后来国王欧迈尼斯二世（Eumenes II）的庶子阿里斯托尼（Aristonicus）宣称那次赠予出于强迫，应属无效，号召奴隶和自由贫民起而反叛，击败一支罗马军队，占据了许多城市，又获得格拉古兄弟的老师——布洛修斯（Blossius）的协助，计划建立一个共有制度的国家。比提尼亚与本都等邻国国王及被占城市的商人阶级，皆参与镇压这次叛乱；最后，阿里斯托尼死于罗马狱中。这一次叛乱及几次米特拉达梯战争，摧残帕加马的文化生命达半世纪之久。安东尼又劫走帕加马著名图书馆的图书，以补偿亚历山大的图书损失，那是在恺撒驻留此地期间被焚毁的。到韦斯巴芎皇帝时，帕加马一定是复原了，因为老普林尼断定，帕加马是亚洲最繁华的城市。在安东尼统治之下，帕加马又一度兴起建筑风气，并在阿斯克列皮埃姆发展了一所医科学校，盖仑就是从这个学校出去到社会上行医的。

再往北去，是亚历山大·特拉阿斯（Alexandria Troas），已被奥古斯都指定为纪念罗马人祖先的殖民地，因为罗马人推测其祖先原是特洛伊人，这个传说使罗马对这一地区的统治便利许多。在古特洛伊城附近的小山希沙利克（Hissarlik），建了一个新伊利安城（New Ilium），那是旅行家的目的地，向导会对他们指出，荷马史诗《伊利亚特》所描写的每一地点及帕里斯王子审判赫拉、阿佛洛狄忒和雅典娜的岩穴。在普洛旁提斯（Propontis）、西齐喀斯（Cyzicus）建造了许多船只，派遣一个无所不往的大商船队出去，只有罗得斯的商船可与其对抗。在此，哈德良皇帝建了一座珀耳塞福涅神庙，那是亚洲的一个荣誉。据卡修斯说，庙中的石柱直径有 6 英尺，高 75 英尺，而每根柱都是一块巨石所建。此庙建在山上，巍然屹立，奥勒留认为有了此庙，港口的灯塔便成为多余了。

从红海到黑海，在罗马和平时代，约有 100 座城市，都很繁荣。

伟大的米特拉达梯

沿着小亚细亚北部海岸，有比提尼亚、本都二国，其内陆全是山地，木材和矿藏却很丰富。这里，由色雷斯人、希腊人及伊朗人相混合的人口，数量已压倒了古代的赫梯人了。希腊色雷斯的一个王室，统治着比提尼亚，建都于尼科美狄亚。另有两个大城：普鲁萨和尼西亚。在约公元前 302 年，一个波斯贵族，其尊号为米特拉达梯，他自卡帕多西亚和本都两处自建一个王国，成为男子世传君主制的希腊化王朝，分别在科马纳·庞蒂卡（Comana Pontica）和锡诺普（Sinope）两处各建一个都城。这个王朝的统治区继续扩张，后来便与罗马的政治经济利益相冲突。由此造成的米特拉达梯战争，以那个勇敢的国王之名为名，倒是很适当的。那个国王联合亚洲西部及欧洲的希腊人，造成一次大叛乱，倘获成功，历史也须改头换面了。

米特拉达梯六世还是一个 11 岁的孩子时，就继承了本都的王位。

他的母后兼监护人要夺王位，还想谋害他。他逃出宫廷，跑到森林中，隐姓埋名，以打猎为生，以兽皮为衣服。历时 7 年，在约公元前 115 年，本都发生一次政变，废了他的母后，恢复了他的王位。他处在东方宫廷的阴谋特性中，小心防范，每日饮一点毒药，积之日久，凡他的亲近人士所能觅致的各种毒药，他都能免疫了。在他的试验过程中，他发现了许多解药，因此而对医药大感兴趣，把资料汇编成书。这本书很有价值，后为庞培所得，命人译成拉丁文。他曾经的严格生活使他身体强壮、意志似铁。他长得魁梧奇伟，曾把自己的一副披甲送到希腊德尔菲，使那些崇拜他的人大乐。他是骑马与作战的专家，我们相信他跑得很快，足以追上一头鹿，能驾驭 16 匹马牵引的战车，骑在马上一天可走 120 英里。他自夸有过人的饭量和酒量，能纳许多妻妾。罗马史学家告诉我们，他曾杀死自己的母亲、兄弟、三个儿子及三个女儿。但是，史学家所说只是片面之辞。他是一个受过相当教育的人，能说 22 种语言，从来没有用过一个翻译官。他研究过希腊文学，爱好希腊音乐，喜欢装饰希腊神庙，在他宫中有许多希腊学者、诗人和哲学家。他收藏许多艺术作品，所发行的硬币十分美观。但是，他周围都是半野蛮人的环境，他自然也和他们一样淫逸粗暴，并承认他那个时代的迷信。他为自卫而抵抗罗马，并不是像伟大的将军或政治家一样，具有远见地用兵，只不过是狗急跳墙仓促之举而已。

他的母后曾经放弃了一些国土，因此本都王国比以前缩小了，而像他这样一个国王，自然不会满意的。他获得希腊军官及雇佣军的协助，征服了亚美尼亚和高加索，越过库班河（Kuban）和刻赤海峡（Strait of Kerch），进入克里米亚半岛，使黑海东岸、北岸及西岸的所有希腊城市都臣服于他。由于希腊军事力量的崩溃，那些希腊社会被野蛮人侵入内地，无法抵抗，他们便接受米特拉达梯的希腊军队，视之为救星。那些臣服的城市，包括锡诺普、特拉佩祖斯、潘提卡帕姆及拜占庭。但是，比提尼亚控制着赫里斯庞特（今达达尼尔海峡），本都的地中海商业，要受敌对国王的摆布。公元前94年，比提尼亚国王尼科米德二世（Nicomedes II）去世，二子竞争王位。其中之一乞援于罗马，另一个名叫苏格拉底的则求助于本都国王。米特拉达梯利用罗马内战的时机，出兵侵入比提尼亚，立苏格拉底为国王。罗马不愿意博斯普鲁斯海峡落入敌国之手，要求苏格拉底退出比提尼亚。米特拉达梯答应撤兵，而苏格拉底则拒绝出国。罗马的亚洲总督将苏格拉底废黜，另立尼科米德三世为王。这位比提尼亚新王，受到罗马总督阿奎琉斯的鼓励，率兵侵入本都，第一次米特拉达梯战争开始，自公元前88年打到前84年。

　　米特拉达梯认为他的唯一生存机会，只有靠鼓动东方希腊人叛变，反抗其意大利大君主。他自称是希腊人的解放者，派遣军队解放亚洲各希腊城市，必要时不惜使用武力。由于各城市的商人阶级反对，他便请求各民主党派支持。同时，他的400艘军舰的本都海军，歼灭了罗马的黑海舰队；他的29万人的陆军，也大破尼科米德的俾斯尼亚军及阿奎琉斯的罗马军。为表示嘲笑罗马的贪婪，这位胜利的国王将黄金熔液灌入被俘的阿奎琉斯总督喉咙内——阿奎琉斯在不久之前，刚在西西里镇压反叛奴隶获胜。小亚细亚各希腊城市，攻破了罗马的防御，打开城门，让米特拉达梯的军队入城，并宣称他们忠于他的战争号召。于是，在米特拉达梯的暗示之下，于某一指定的日期，那些希腊人将所有城内的意大利人统统杀光，包括男女老幼，一共杀了8万人，此事发生在公元前88年。阿比恩说：

> 　　艾菲索斯的意大利人躲在阿尔忒弥斯神庙内，紧紧抱住女神的神像，艾菲索斯人将这些难民劫走，杀掉。帕加马的罗马人到埃斯库拉庇乌斯庙（Temple of Aesculapius）避难，被帕加马人用箭射杀。亚德拉美人追入海中，捕杀游泳逃走的人，又溺死他们的孩子。在卡里亚境内的高纳斯，意大利人逃到女灶神维斯塔神像附近，当地居民追捕，先杀小孩，次杀其母，最后再杀男

人……这些行为表现出他们恨罗马人之甚，正如他们之怕米特拉达梯，因而促发了这次暴行。

毫无疑问，在罗马统治之下受害最深的贫民阶级，就是率先发动这次疯狂屠杀的人。至于那些久受罗马保护的有产阶级，看见这样野蛮的报复，一定也会发抖的。米特拉达梯因他们干得好，特下令所有希腊城市免税 5 年，并许其对内政完全自治。同时，据阿比恩说，他又宣布"取消所有债务，解放奴隶，没收许多财产，重新分配土地"。各社区的领导人密谋反抗，被他发觉，捕杀了 1600 人。许多希腊城市，甚至在雅典和斯巴达，哲学家们及大学教授们，协助下层阶级取得政权，向罗马和富人宣战。得洛斯的希腊人，因获得自由而得意忘形，一天之内，屠杀了 2 万名意大利人。米特拉达梯的舰队占领了基克拉泽斯群岛，他的陆军则占领了埃维亚、塞萨利、马其顿及色雷斯。由于富庶的亚洲省的叛变，罗马国库收不到那里的进贡，而罗马的投资人也得不到利息，使意大利财政陷入危机，这与萨图尼努斯（Saturninus）和辛纳（Cinna）的革命运动不无关系。而意大利本身也在分裂，萨莫奈人和卢卡尼亚人都派人晋见这位本都国王，约为同盟。

罗马元老院面临着到处的战争与革命，只好将罗马各神庙中历年积聚的金银卖掉，给苏拉的军队作军费。苏拉攻占雅典，击败叛军，拯救了罗马帝国，并给予米特拉达梯一个宽大的和平条约。这位本都国王回到他的国都，默默地重新组织陆军和舰队。罗马的亚洲司令官麦利那（Murena）决心在其力量尚未壮大之前，出兵攻击本都。这是第二次米特拉达梯战争，自公元前 83 年到公元前 81 年。麦利那战败，苏拉申斥他违反和约，命令中止敌对行动。6 年之后，比提尼亚国王尼科米德三世在遗嘱中将其国土赠予罗马。米特拉达梯发觉，现已控制博斯普鲁斯的罗马势力一旦进展到帕夫拉戈尼亚（Paphlagonia）及本都的边境，他的王国很快就会被罗马吞并。在第三次米特拉达梯战争中（公元前75—前63年），他作了最后一次努力，抵抗卢库卢斯和庞培，作战持续了12年之久，最后被他的同盟及左右出卖，逃往克里米亚。这位现已69岁的老战士，在克里米亚试图组织一支陆军，打算越过巴尔干（Balkans），自北方入侵意大利。他的儿子法尔那西斯（Pharnaces）反抗他的政权，军队也拒绝冒险远征，于是，这位流亡国王企图自杀。他服毒，但因他的身体已免疫而终于无效。他想用刃自杀，而两手软弱无力，不能将刃插入体内。他的朋友和侍从人员，受他的儿子之命，用剑矛结束了他的老命。

无谓的议论

小亚细亚各城市，在这些不时发作的几次战事之后，恢复得很快。这说明罗马的统治是成功的。尼科美狄亚城成为比提尼亚——本都省的首府，后来又成为戴克里先皇帝的分治都城。尼西亚则因基督教史上在那里召开过最重要的会议而永垂不朽。这两座城竞争建筑，各不相让，以致图拉真皇帝不得不派遣小普林尼前往制止，以免两败俱伤。尼科米底亚对文学的贡献，是靠着阿利安的著作。此人已在爱比克泰德的文集中提到过。阿利安做过卡帕多西亚总督六年，雅典执政官一年，然后写了许多历史书，今所存者只有《亚历山大远征记》（*Anabasis of Alexander*）一书，并附有一篇《印度》。那本书是用简明的希腊文写成的，因为阿利安的作风甚至生活都是以色诺芬为榜样的。他以古代作家毫不客气的态度说道："这部书对我而言，和故乡、家庭及官署同样重要。因此，我不认为不足以跻身于用希腊文写作的最伟大作家之林。"

黑海沿岸的其他城市，都有良好的建筑和著名的学者。梅尔里亚（Myrlea）有32万居民；阿马斯特利斯以"一个整洁可爱的城市"而使普林尼印象甚深，出产的黄杨树也很著名；锡诺普因为渔业中心而繁荣，地方出产的木材与矿产也大量输出；阿米索斯（Amisus）和特拉佩祖斯都靠渡海与西徐亚进行贸易为生；阿马西亚则是古代最好的生育与住家之地。

斯特拉博使我们确信，他生长于一个富有家庭，与本都王室有亲戚关系。他患有斜视症，仍可自他的名字中看出。他到处旅行，显然是负有外交使命，并尽量利用每一个机会收集史地资料。他写过一本现已遗失的历史书，那是继续波利比奥斯的大著写下去的。公元前7年，他发行了一本巨著《地理》，17册书差不多全部保留下来了。他也像阿利安一样，一开始便宣称他著作的价值：

> 我请求读者的原谅，请他们不要过早责备我的冗长讨论，其实是有些人，热忱地渴望获得古代著名的知识和事物……在本书内，我没有谈到小事，我所集中注意的是高尚而伟大的事情……极有益处或值得记忆或足以赏心悦目的事情。正如判断一个巨型雕像的优点一样，我们并不仔细地审查每一个部分，只考虑全盘印象……对于我的这本书，也应作如此判断。因为这也是一部巨著……堪称哲学家的著作。

他对借用波利比奥斯和波塞多尼乌斯之处，皆坦承不讳，而对借用厄拉多塞的地方则稍有隐讳。对于这三人的错误之处，他皆有严厉的批评，并暗示说，他自己的书如有错误，也是渊源于此。但他还是坦诚地郑重感谢他的资料来源，对于那些来源的选择也没有任何歧视。他说罗马帝国的扩张也扩大了地理知识，但又相信，仍有些大陆迄今未明——可能是在大西洋内。他相信地球是椭圆体（但他用"椭圆体"这个词，可能还意味着圆面），又相信，如果有人自西班牙向西航行，将会适时到达印度。他描写海岸线由于侵蚀或突然破裂，常在变动中，猜想有一天会因地下的激变，而使苏伊士裂开，使两海联结起来。在他那个时代，其著作可说是勇敢地综述全球知识，应该列为古代科学的重要成就之一。

那时，比斯特拉博更著名的是狄翁。他的家庭在普鲁萨早已著名。他的祖父曾将全部财产赠予比提尼亚城，然后又赚回另一笔财富。他的父亲也有与祖父同样的经验，而他自己也是如法炮制。他成为一个演说家及诡辩家。到罗马后，却受了鲁福斯的影响，转变为斯多葛派哲学家。公元82年，多米提安皇帝驱逐他，不许他到意大利和比提尼亚。他被禁止使用其财产及所得，作为一个一文莫名的哲学家，他四处流浪了13年。他讲演拒绝接受金钱，大部分要靠双手工作，赚钱来买面包。当涅尔瓦皇帝继位后，被放逐的他一变而为贵宾。涅尔瓦及其后任的图拉真皇帝皆与他做朋友，听从他的要求，赐给他的城市许多恩惠。他回到普鲁萨，以他的大部分财富美化这个城市。一位哲学家控告他擅用公款，他因此被普林尼审判，但最终被判无罪而释放。

在狄翁的后面，还有80篇演讲。在今天的我们看来，那些演讲多属空谈，没有什么内容。他们所患的毛病，是空洞的铺张、欺骗的类比及修辞上的花样。他们把半个观念拉长到半百页篇幅，难怪有一个不耐烦的听众抱怨说："你的无休无止的问题，要说到太阳下山吧。"但是，此人极有魅力及口才，否则他就不会成为那个世纪最著名的演说家。人们为了听他的讲演，会使一次战争中止。老实的图拉真皇帝说："我不知道你的意思是什么，但我喜欢你好像喜欢我自己一样。"博利斯典河（Borysthenes，今第聂伯河）上的野蛮人听他讲演，其愉快之情不亚于聚集于奥林匹亚的希腊人或亚历山大的兴奋群众。有一支军队即将反叛涅尔瓦皇帝，听了这个衣不蔽体的放逐者的一篇讲演，马上被绥抚而受命。

他之所以能吸引听众，也许不在于他的文雅的希腊语，而在于他的痛斥时事的勇气。在异端邪说流行的古代社会，他差不多孤零零地斥责娼妓，而与他同时代的作家们，更罕有敢像他那么明目张胆地攻击奴隶制度的（可是，当他发现他的奴隶逃走时，他还是有一点生气）。他对亚历山大城的人演说，斥责他们奢侈、迷信及缺德。他选择伊利安作一次讲演。他辩称，特洛伊城是根本不存在的，"荷马是历史上最大胆的说谎者"。在罗马的心脏地区，他举出乡间的事，以攻击这个都市，把贫苦农村的悲惨故事描绘得有声有色，从而警告听众说，土地已被人忽视了，文明的农业基础已经衰退。在奥林匹亚，他在一大群迷恋世俗享受的俗人当中，痛斥当时的无神论者和享乐主义者。狄奥说，虽然通俗的神的概念可能不大合理，明智的人必能了解，淳朴的心灵需要淳朴的观念和明晰如画的象征。说老实话，没有人能够想象上帝的模样，甚至菲狄阿斯的高贵塑像也是人神同形同性论者的假定，与原始人类以为神与一星或一树相同，都是同样不可靠的。我们无法知道神是什么。但是，我们有一个先天的虔信，认为神是存在的，而且我们认为，只有哲学而没有宗教，那是一种黑暗和绝望的东西。唯一的真正自由是智慧——那是说，辨别是非的知识。通往自由之路，不是经由政治或革命，而是经由哲学。而真正的哲学并不包含书本上的推测，而是遵照心声的指示，诚意实行道义与美德。所谓心声，是在某种神秘意识里所感觉到的、在人心深处的神的语言。

东方潮

宗教经过伯里克利时期和希腊语时期的所有学者及贱民的怀疑，忍耐地等待它的时代，培养它的根源。到 2 世纪时，哲学自承其限制因素，并放弃其权威，宗教便不知不觉地再度支配人类。人民本身从未失去自己的信仰，大多数人皆接受荷马所描写的死后概况，从事航行之前必以牺牲献祭，并于死人口中置放一枚银币，使死者在渡过地狱冥河时付给船钱。罗马的国策欢迎已定的祭司制度的协助，并为地方诸神建筑昂贵的寺庙，以觅取大众的支持。所有巴勒斯坦、叙利亚及小亚细亚地区，祭司们的财富不断增加。哈达德（Hadad）和阿塔加提斯二神，仍受着叙利亚人的崇拜。在希拉波利斯有一个很具威严的神庙。坦木兹神的复活，仍引起叙利亚各城市人们的欢呼。他们叫喊着"上帝复活了"，又在接近他的节日时，庆祝神的升天。在希腊，狄俄尼索斯神的苦难、死、复活，也举行同样的庆祝仪式。玛（Ma）女神的崇拜，则自卡帕多西亚起，传播到伊奥尼亚和意大利。其祭司们随着喧天的鼓角声，跳得头昏眼花，彼此用刀砍刺，然后以他们的血遍洒女神及其崇拜者。罗马不遗余力地制造新神，恺撒、安蒂诺乌斯（Antinoüs）诸人，及许多地方上道德高尚的人士，或在其生前，或在其死后，都被举行圣典，列为圣者。由商业与战争的交替发展，到处盛建万神庙，而满怀希望的祈祷者，以千人之舌赞美千神。信奉异教不是一种宗教，而是一丛敌对的教义，常在折中主义的混淆中而被合并。

在吕底亚与弗里吉亚、意大利与非洲，到处都崇拜神母西布莉，而那些祭司们一如过去，自行阉割，以模仿她所心爱的阿提斯。她的节日是在春季，到那时，崇拜者皆绝食、祈祷，并哀悼阿提斯之死。祭司们割破手臂，自饮其血。一队庄严肃穆的行列，将这位青年神运往他的坟墓。但在第二天，人们为庆祝阿提斯的复活及大地的新生而兴高采烈地欢呼。于是，祭司们叫道："拿出勇气来吧，啊，神秘呀！神已经得救了，你们也就会得救的。"到节日的最后一天，行列抬着这位"伟大母亲"的神像通过人群，群众皆向她欢呼，在罗马是呼喊"Nostra Domina"，即"我们的夫人"。

比西布莉更广泛地受人崇拜的，是埃及的女神伊希斯。她是一位不幸的母亲、爱的慰藉者，以永生礼物带给世人的神。所有地中海的人民都知道，她的伟大的丈夫奥西利斯之死及其死后复活。在这伟大的历史海滨，差不多每一城市对于他的复活，都举行庆祝。在壮丽的行列中，欢欣鼓舞的崇拜者们高唱着"我们又发现了奥西利斯"之歌。伊希斯以画像或雕像出现，手中抱着她的圣子荷露斯（Horus），那些虔诚的连祷者高呼"天后""海洋之星""圣母"。在所有异教的祭仪中，这是事事都与基督教最接近的。例如，其故事的缠绵悱恻，仪式的高雅，教堂的庄严而欢乐的气氛，晚祷生动的音乐，由身穿白袍的剃发祭司们组成的光明正大的牧师团，使妇女喜悦与安慰的荣誉及其机会，及它给予每一国民及每一阶级的普遍欢迎等。这个伊希斯宗教自埃及传扬出去，公元前 4 世纪传到希腊，公元前 3 世纪传到西西里，公元前 2 世纪传到意大利，其后便传遍罗马帝国的每一角落。她的圣像曾在多瑙河、莱茵河及塞纳河各流域被发现，在伦敦，曾掘出她的一个神庙。地中海的人，对她的神圣创造和女性母爱，至今崇拜不衰。

同时，男性之神密特拉则自波斯传到罗马国境的大部分地区。据稍后的拜火教（Zoroastrianism）的理论，密特拉是光明之神阿胡拉·马兹达（Ahura Mazda）之子。他本身也是光明、真理、纯洁、荣耀之神。有时又说他就是太阳，领导宇宙战争，讨伐黑暗势力。他时常调停于他父亲与其门徒之间，又保护、鼓励那些门徒，领导他们与魔鬼、说谎者、不洁及黑暗王子阿里曼（Ahriman）所做的其他坏事作殊死斗争。当庞培的士兵从卡帕多西亚把这个宗教带回欧洲时，一位希腊艺术家为密特拉画了一幅像：双膝跪在牛背上，用匕首刺入牛头，这一形象变成了普遍的信仰象征。每星期的第七日，为这位太阳神举行一次圣祭。每年 12 月底，信徒们为密特拉庆祝圣诞。这位"无敌的太阳"，在冬至那天，获得每年一次的胜利，击败黑暗势力。自那天起，日光就一天比一天长。德尔图良曾说起，密特拉教有一个教士团，以一人为团长，又说起有若干童男童女为神服役；每天的祭品供奉在神的供坛上，崇拜者各取食一部分面包和酒；仪式的最高潮，以钟声为号。在地下圣堂之前，火光熊熊，永不熄灭，地下圣堂里面，是这位青年神扑在牛背上的像。密特拉教阐扬最高道德，保证其"士兵"毕生与恶魔作战，无论何种方式都可以。其祭司们说，人死之后，必须出现于密斯拉的审判席前。不洁的灵魂交给黑暗神阿里曼，去受永远的痛苦；洁净的则经过七重天而上升，每一阶段都要流一点人的成分出去，最后才由阿胡拉·马兹达亲自引着，进入充满光辉的天堂。这个激励士气的神话，在 2 世纪中自西亚传播到欧洲（跳过希腊）；远至哈德良长城的北方（苏格兰），都建有密特拉的教堂。天主教神父们发现基督教与密特拉教之间有那么多相同的事，大为震骇，因而辩称，那全是从基督教中盗去的，否则就是魔鬼撒旦的混淆策略。究竟哪个信仰借自另外一方，实在很难说。很可能，两者都吸收了东方宗教风气的流行思想。

在地中海区域内，每一个伟大的崇拜对象都具有种种"神秘"，通常是净化、牺牲、创始、启示及再生等仪式，而以神的死去与复活为中心。西布莉的新信徒在准许加入崇拜之初，要赤身露体于一个地窖内，上面宰一头牛，这个作为牺牲的动物之血落在这个候选信徒身上，洗净他的罪，给予一种新的灵魂及永生。那头公牛的生殖器，代表他奉献的丰富，须置放于祭祀的器皿之内，而献给这位女神。密特拉教也有相似的仪式，古典世界称为"Taurobolium"，意思是"抛弃一头牛"。阿普利亚曾用使人入神的词句，描写伊希斯教的最初入教仪式——长时间的见习绝食、禁欲及祈祷，沉浸于圣水中使其洁净，最后，这位女神的神秘幻象给予无穷的赐福。在艾留西斯城，候选人须自承其罪（尼禄因此而沮丧），在一定时间之内禁食某些食物；沐浴于海湾，以洗净灵魂及身体；然后是供奉牺牲，通常是一头猪。在德墨忒尔女神的三天节日中，初入德墨忒尔教者一同哀悼她的女儿被哈得斯抢走。在这三天之中，初入教者只能食些供神的饼，及由面粉、水、薄荷混合的食物。到了第三天夜间，一幕宗教戏剧演出珀耳塞福涅的复活；同时，主持仪式的祭司便宣布，每一个已经洁净的灵魂也同样再生了。在印度教或毕达哥拉斯的影响之下，各教派的主题各有变化，希腊全境的俄耳甫斯派的教义说，灵魂被连续犯罪的身体所囚禁，要忘形地与狄俄尼索斯神会合，才能从这个衰败的肉体中解救出来。俄耳甫斯派的兄弟会会员们聚在一起，共饮一头公牛的血，这头牛是作为牺牲献与垂死无力的救世主的，而牛也与救世主一样是垂死的。团体去取祭品来食，是地中海各种信仰中一个常见的特点。

他们取食供祭的食物，神的力量就庄严地授予那些陪餐者。

各个教派都显示出魔力的可能性。东方的贤士们将他们的艺术传给西方，并替旧魔术取了一个新名字。地中海世界有很多魔术师、奇迹表演者、预言者、占卜者、苦行圣者、科学解梦者等，每一不寻常的事发生，都被广泛地喝彩，视为未来事情的一种神圣预兆。希腊语的"Askesis"，本来用以表示健身运动的，变成了肉体的精神抑制。人们折磨自己，毁伤自己的肢体，让自己挨饿，或用链子自缚于一处。有些人由于自我折磨或克制而死。在埃及沙漠地区，靠近马利奥提斯湖（Lake Mareotis），有一群人，有犹太人与非犹太人，男人与女人，住在偏僻之处的墓穴内，避免性的关系，于安息日相会，共同祈祷，自称"Therapeutae"，意思是"灵魂医治者"。数百万人相信，关于俄耳甫斯、赫尔墨斯、毕达哥拉斯及女预言家等人的著作，都是由于神的指示或启发。普拉彻尔（Preachers）宣称，神的启示游荡于诸城之间，显然是实行奇迹般的治疗。阿波诺泰卡斯的亚历山大（Alexander of Abonoteichus）训练一条蛇，把头藏在他的臂下，而在蛇尾装上一个半人的面具。他宣称，这蛇是埃斯库拉庇乌斯神，来到世界上为世人预言。假头之内，置有芦笛，他将芦笛的音翻译给人听，因此发了一笔巨额横财。

除那些骗子外，可能也有数以千计的异教忠诚传道者。早在3世纪，菲洛斯特拉托斯在他所著的《泰雅那的阿波罗尼乌斯的生活》（*Life of Apollonius of Tyana*）中，曾替那些传教士绘了一幅理想画像。这个阿波罗尼乌斯16岁即接受了毕达哥拉斯教兄弟会的严格教规，不得结婚、吃肉、饮酒，不剃胡须，保持五年沉默。他把祖传的家产分赠亲戚，以一文不名的僧侣身份浪游波斯、印度、埃及、西亚、希腊及意大利。他吸收贤士们、婆罗门僧侣及禁欲主义者的学问。他访过任何教派的寺院，也恳求祭司们放弃以动物为牺牲，崇拜太阳，接受其诸神，并告诉他们，在他们后面有一位不可知的最高的神。他的刻苦和虔诚的生活，使他的信徒们宣称，他是神的儿子，然而他只是简单地自称为"阿波罗尼乌斯之子"。相传他有许多特别的能力，如大门关闭着可以走过去，世界上任何语言都懂，赶走过邪神，使一个已死的女孩复活。但是，他是一个哲学家，而不是魔术师。他向神祷告说："允许我，只有一点点，别无所求。"一位国王请他自择一种礼物，他答道："干果和面包。"说到再生，他嘱咐他的信徒们不要伤生，不要吃肉。他告诫他们避免与人不和、诽谤、嫉妒及憎恨。他告诉他们："如果我们是哲学家，我们不能恨所有世人。"菲洛斯特拉托斯说："有时候，他讨论共和制度，并教人应该帮助别人。"后来他被控扰乱治安和妖术惑众，他自愿到罗马去，在多米提安皇帝之前答辩。他被关在牢里，又逃走了。他死于约98年，享寿很高。他的门徒宣称，他死后曾向他们显现过，然后肉身上升到天堂。

这些新信仰究竟具有什么优点，能使半个罗马、半个帝国接受？一部分是因其不分阶级、不分种族的特性；他们接受所有的民族，所有自由人及所有奴隶，而漠视门户与财富的不平等，更使人得到慰藉。他们的寺庙做得很宽敞，以欢迎人民进来，正如奉祀神同样重要。西布莉和伊希斯都是圣母，最知道人的痛苦，她也和数百万遗孀一样哀痛。她们能知道罗马诸神所罕知的事情——战败者的空虚心灵。人们渴望回到母亲身边者多，依靠父亲者较少；遇到狂喜或极度痛苦的时候，总会自然出口叫一声妈。因此，男人和女人都能自伊希斯和西布莉两神得到安慰和庇护。人们常常复诵的可爱的祈祷词，所呼唤的也不是处女玛利亚，而是享儿子福的圣母玛利亚。

这些新信仰不但更深入人心，其悲欢交替的圣歌行列，也使人的想象和意识十分精彩动人。而其给人带来新勇气与新精神的神学仪式，又多诉之于人生常事。这些新宗教的祭司之职，并非由那些偶尔披上僧衣的政客们担任，而是由各阶层的男女去做，先为见习修道士，渐渐地成为永久的教士。靠着他们的协助，有错误行为的灵的良知将会净化。有时候，身体为疾病所缠，也会由于一句感人的话或仪式，而恢复健康。至于举行祭礼的种种神秘，则象征着希望，甚至死亡都可以被克服的希望。

　　人们渴望其家庭和部族的光荣与生存，能够发扬光大而持久不衰，这个愿望曾经升华于一个国家，那是他们的创造，也是他自己的集合体。到那时候，旧部族的世系，已在新的和平变动中被融通了。新的帝国只是征服阶级的化身，却不属于无权势的大众平民。专制君主高高在上，打击参加者而合并市民于一国，于是便在底层产生个人主义，而感染全体大众。在饱尝臣服、贫穷、贡献或剥削的生活之后，对个人不朽与无穷快乐的诺言，就是东方诸信仰的最后的和无可抵抗的吸引力。也正是基于基督教的吸引力，基督教综合、吸收并征服其他宗教。整个世界似乎正在协力同谋，为基督教铺路。

第五章 | 罗马与犹太
（公元前 132—公元 135）

帕提亚

　　介于本都与高加索之间，是恼人的亚美尼亚山区，相传这里的最高峰就是诺亚方舟停泊之处。这个地区的许多肥沃谷地，是由帕提亚和美索不达米亚通往黑海的必经之路；因此之故，罗马帝国便夺取了亚美尼亚。亚美尼亚人是印欧族，与赫梯人和弗里吉亚人是近亲，但他们有安纳托利亚人的大鼻子。他们是精力充沛的种族，忍苦耐劳地从事农业，手工业技术高明，其善于经商更非他族可及。他们善用其困难地形，以富其国，他们的国王虽缺乏权力，却很豪华。大流士一世（Darius Ⅰ）在贝希斯顿的碑铭（公元前 521 年），将亚美尼亚列名于波斯各省之间。稍后，它成为塞琉古名义上的属国，接着又依次臣属于帕提亚及罗马。但是，由于地理上的遥远偏僻，实际上，它始终是一个独立国。其最著名的国王，是提格兰大帝（公元前 94—前 56 年在位）。他征服卡帕多西亚，于亚美尼亚故都阿尔塔塞塔之外增设一个第二都城——提格拉诺索塔。他又曾参加米特拉达梯反抗罗马的战争。当庞培接受他认罪的时候，他给这位胜利的将军 6000 塔伦（约 2160 万美元），给予罗马军的每位百夫长 1 万德拉克马（约 6000

美元），每位士兵 50 德拉克马。在恺撒、奥古斯都及尼禄统治期间，亚美尼亚承认罗马的宗主权。在图拉真在位期间，曾有一个时期它成为罗马的一个行省。然而，亚美尼亚的文化是伊朗的，其政策常倾向于帕提亚。

帕提亚人数百年来占据着里海以南地区，成为塞琉古王朝的臣民。他们是西徐亚人-图拉尼人族系（Scythian-Turanian Stock），换言之，其种族是属于南俄罗斯和土耳其斯坦（Turkstan）的。约公元前 248 年，一个西徐亚酋长阿萨息斯反抗塞琉古政权，使帕提亚成为一个主权国，建立了阿萨息斯王朝。公元前 189 年，叙利亚国王安条克三世被罗马击败，国势从此衰弱，不能防御国土和对抗半野蛮的帕提亚人的随时侵扰。到了公元前 2 世纪末，整个美索不达米亚与波斯都被吞并，成为一个新的帕提亚帝国。这个新王室分建三个都城，依季节轮流居住：帕提亚境内的赫卡通皮洛斯、米底境内的埃克巴塔那及底格里斯河下游的泰西封。泰西封的河对面就是塞琉古的故都塞琉古亚，此城在帕提亚领土之内，历时数百年，始终还是一个希腊人的城市。阿萨息斯王朝的统治者，仍旧保留着前朝所建立的行政机构，那是塞琉古所建，但已被沿袭自阿契美尼德诸王的封建主义所掩蔽。帕提亚帝国的人民大众，由农奴和奴隶组成，工业很落后，但是，帕提亚铁工能制造精良的钢，"其新兴的商业，则很赚钱"。国家财富的来源，一部分来自几条大河的沿河贸易，一部分是靠陆路商旅队，那是横贯帕提亚国境、往来于亚洲东部与西方之间的。公元前 53 年，帕提亚人在卡雷击败罗马执政官克拉苏，自此至公元 217 年——那是罗马皇帝马克里努斯向帕提亚花钱买和平之年——200 余年间，罗马为了争夺那些东西通商路线及对红海的控制权，不断地与帕提亚发生战争。

帕提亚人贫富差距很大，都不爱好文学。贵族们正如历代贵族一样，宁可讲求生活艺术，而不屑于艺术生活；农奴都是文盲，工匠和商人太忙，根本无法产生伟大的艺术或传世大作。人民初时讲的是巴列维语言，文字则用阿拉米文写在羊皮纸上，到此时，就改用楔形文字了。但是，帕提亚的文学没有留下一点儿。我们所知道的是，泰西封也和塞琉古亚一样，很欣赏希腊戏剧，因为欧里庇得斯的《酒神的伴侣》（Bacchae）一书说，在泰西封，曾以克拉苏的头作为剧中的一个道具。在巴尔米拉、都拉·欧罗巴斯、亚述等处发现的壁画与雕刻，可能是伊朗艺术家的作品。他们混合着希腊型与东方型的粗糙作品，日后自中国到拜占庭都受其影响。一个很生动的骑马弓箭手的浮雕，一直保留至今。由此联想，倘能有更多作品遗留下来，我们对帕提亚艺术也许要作较高的评价。在摩苏尔附近的阿特拉，一个帕提亚国王的阿拉伯诸侯，约公元前 88 年用灰石建筑了一个宫城，有 7 个拱门圆顶的大厅，是一种强有力而仍不脱离野蛮的建筑形式。在银器和宝石的雕刻方面，也还留有帕提亚的优良作品。

帕提亚人最喜欢的艺术是个人的装饰。男女都鬈发。男子留蜷缩的须及下垂的上唇胡子，穿紧身衣和囊状的裤子，通常外加一件五颜六色的长袍。女人以精致的绣花衣服裹体，头上插花。帕提亚的自由人以打猎行乐，大饮大食，只要有马可乘，决不步行。他们是勇敢的战士及可敬的敌人，对待俘虏有礼，容纳外国人为高官，收容避难者。可是，他们有时也会肢解敌人死尸，拷打证人。他们实行多妻制，妻子多少依各人的财富而异，女人戴面罩，与外界隔绝，不贞的妻子要受严厉处罚。但许可离婚，差不多男女皆可随意。当帕提亚的苏雷那将军率领军队对克拉苏作战时，他带着 200 名妻妾，以 1000 匹骆驼运送他的行李。总而言之，帕提亚给我们的印象是，它们的文化不及阿契美尼德时代的波斯人，但较罗马人而论，则更讲道义。他们容忍各种宗教，允许希腊人、犹太人及基督徒与他们共同举行宗教仪式，毫无阻碍。他们自己从正统的拜火教转变，而崇拜日月，宁信密特拉而轻阿胡拉·马兹达，很像基督徒宁信耶稣而轻耶和华。拜火教的祭司们被阿萨息斯王朝末代君王所轻视，他们就煽动推翻这个王朝。

209 年，沃洛加西斯四世去世，其二子沃洛加西斯五世与阿尔达班四世争夺王位。阿尔达班战胜，接着又在尼西比斯击败罗马军队。两个帝国之间持续 300 年的战争至此结束，帕提亚获得有限度的胜利。在美索不达米亚平原，罗马军团在不利的状况下与帕提亚骑兵对抗。阿尔达班获胜后，又碰到一次内战。击败他的人名叫亚达西尔（Ardashir）或亚达薛西斯（Artaxerxes），是波斯封建领主。他于公元 227 年自称万王之王，并建立萨珊王朝（Sassanid）。拜火教再度恢复，波斯从此进入一个更伟大的时代。

哈斯蒙王朝

公元前 143 年，西蒙·马克贝利用帕提亚、塞琉古、埃及、罗马之间的相互战争，自塞琉古国王手中恢复犹太的独立。一次深孚众望的代表大会，选举他为第二次犹太人联邦的将军和最高祭司，并规定由他的哈斯蒙家族世袭其职。在这位祭司国王——哈斯蒙王朝统治之下，犹太再度实行神权政治。这是闪米特社会向来如此的一个特性，他们把属灵的与世俗的权力密切地结合为一，在家族中如此，在国家内也是如此。他们只有神，没有君主。

哈斯蒙王朝知道这个小王国很衰弱，经两代人的努力，并用外交与武力，以扩张其领土。到公元前 78 年，他们已经征服并兼并了撒马利亚、埃多姆、摩押、加利利、伊都密亚、外约旦、加大拉、培拉、杰勒萨、拉菲亚及加沙，使巴勒斯坦的疆土像所罗门时代一样广大。那些勇敢的麦卡贝子孙，曾经为自由而奋斗，复以武力强迫，使那些新臣服的人民接受其犹太教及割礼。然在同一期间，哈斯蒙家族本身却已失去了宗教的热情，而且经过法利赛人的激烈抗议，对全部人口中的希腊化分子一再让步。直到撒罗米女王（Queen Salome Alexandra，公元前 78—前 69 年在位）才把这种趋势转变过来，并与法利赛人讲和。然而，当她还没有死的时候，她的两个儿子希尔卡纳斯二世（Hyrcanus II）和阿里斯托布鲁斯二世（Aristobulus II）就开始关于继承的战争了。公元前63年，庞培带着他胜利的罗马军团，驻扎在大马士革，犹太内战中的双方皆向庞培请求承认。当庞培决定支持希尔卡纳斯时，阿里斯托布鲁斯就带着他的军队，在耶路撒冷城内设防抵抗。庞培围攻这个都城，占据其低地部分。阿里斯托布鲁斯的部属退守神殿围墙之内，仍抵抗了三个月。据说，帮助庞培制服他们的是他们的虔诚之心。因为庞培料想他们在安息日不会战斗，他命令罗马军队每逢安息日就赶筑土山，用攻城槌冲城，在对方毫无阻碍之下进行，以便于第二天开始突击。在守者方面，祭司们在安息日依旧在神殿中祷告，并供奉牺牲。城陷之日，有1.2万人被杀，只有少数人抵抗，没有人投降，大多数人皆跳墙而死。庞培命令他的官兵不许劫取神殿中的库藏，他却为罗马取得1万塔伦（360万美元）的赔款。所有哈斯蒙家族征服的各城市，都脱离了犹太而转属于罗马帝国。希尔卡纳斯二世被立为最高祭司及名义上的犹太统治者，但又受安提帕特的保护，安提帕特是协助罗马军团的人。独立的君主国就此告终，犹太变为罗马叙利亚行省的一部分。

公元前54年，克拉苏前往泰西封扮演彭透斯的角色[1]之前，先到耶路撒冷，劫取庞培留下来的神殿库藏约1万塔伦。消息传来，得悉克拉苏战败被杀，犹太人就利用机会，再度宣告自由。朗吉努斯继克拉苏为叙利亚总督，讨平巴勒斯坦的叛乱，把3万名犹太人卖作奴隶，时间在公元前43年。就在同一年，安提帕特去世。帕提亚人扫荡前进，越过沙漠，进入犹太，立哈斯蒙家族的最后一位君主安提柯（Antigonus）为他们的傀儡国王。安东尼和屋大维的对策是，任命安提帕特之子希律为犹太国王，用罗马的基金作为他的犹太军队的军费。希律逐走帕提亚人，保护耶路撒冷，使之免于劫掠，将安提柯捕

---

[1] 指克拉苏战败被杀，头颅被当作替换彭透斯的道具，用于欧里庇得斯的剧作《酒神的伴侣》中。

送安东尼处死，所有支持这个傀儡国王的犹太人领袖一律斩杀。自此很顺利地，犹太便进入历史上最有声有色的统治时期（公元前37—前4年）。

希律大帝

希腊那个时代产生了很多这样的人：有知识而无道德，有能力而无顾忌，有勇气而无忠贞，而希律的性格正是那个时代的典型。他走的路线可说是具体而微的犹太的奥古斯都路线：像奥古斯都一样，他以独裁命令压制了自由的暴乱，以希腊的建筑师和雕塑家美化其都城，扩张其领土，使国内繁荣，其成就多靠狡计，少用武力，随便结婚，皆因子女的背叛而破裂。他拥有好运气，但不快乐。约瑟夫斯将他描写为这样一个人：有好汉之勇和熟练的技能，一个最好的射箭和投掷标枪的狙击手，一个不凡的猎者，曾在一天之内捕捉40头野兽，及一个锐不可当的战士。除这些优点外，他应该再加上一些个性的魅力，因为所有在安东尼、克娄巴特拉或屋大维面前中伤他的人，都辩不过他，或不及他的行贿之道。他与罗马三巨头之间，每经一次危机，其权力与土地就比此前扩大一次。最后，奥古斯都对他评价说，"他统治那么一个小国，未免大材小用"，于是把过去哈斯蒙所属的巴勒斯坦各城市，一律划归他的王国，甚至还希望希律或能统治叙利亚与埃及。"这个伊都密亚人"既慷慨，又残忍，他给予他的臣民的恩惠，正好与他加于他们的伤害相等。

他性格的养成，一部分是因为有许多人恨他，那些人或是被他击败，或是有些亲属被他杀害了；一部分是因为人民对他含有蔑视的敌意，他们或因他的严厉独裁而愤怒，或因他不是犹太人之故。他成为国王，是靠着罗马的金钱援助，而一直到他死的时候，他始终是罗马帝国的朋友和附庸，然而人民则日夜图谋，要想自帝国控制之下重获自由。由于课税过重、宫廷豪华建筑计划与国家财富不成比例，犹太国的适度经济因支持不住而终于破产。希律想尽种种方法，以抚慰人民，但都失败了。每遇荒年，他宽免赋税，游说罗马减轻其抽取的贡额，为国外的犹太人取得特权，迅速救济饥馑或其他灾难，维持内部秩序及对外的安全，并发展陆上的天然资源。盗匪肃清了，商业振兴了，市场及港口皆有熙熙攘攘的活跃现象。然而，同时则因这位国王的淫荡行为，处罚人民的残酷，及希尔卡纳斯二世之孙，也就是法定的王位继承人阿里斯托布鲁斯"不幸"在沐浴时溺死，以致人民大众对他更无好感。祭司们的权力已被他停止了，大祭司人选皆由他指派，祭司们由此恨他，阴谋反抗。而他明显地要使犹太成为一个希腊化的国家，又使法利赛人恨他入骨。

在他统治之下的许多城市，论人口，论文化，都是希腊多于犹太，而希腊文化优雅且花样多，也使他印象很深。希律本来就不是犹太人，也不信仰犹太教，自然想在国内寻求文化的统一及他的统治的壮丽外观，因此极力鼓励希腊人的生活方式、衣服、观念、文学及艺术等。他左右尽是希腊学者，以国家的最高事务付托他们，又任命大马士革的一位希腊人尼古拉（Nicolas）做他的政府顾问和史官。他不惜耗费巨资，在耶路撒冷兴建一座戏院和一个竞技场，又为奥古斯都及其他异教人士建立纪念碑以为点缀，且将希腊的体育与音乐比赛及罗马的斗剑等引进国内。还有美化耶路撒冷的其他建筑，在人民看来全是外国的建筑形式。他又在公共场所设置希腊的裸体雕像，犹太人对于这裸像的吃惊，不亚于看见比赛场上的裸体摔跤者。他为自己建了一座王宫，无疑又是希腊样式的，里面尽是些金制、大理石制的名贵家具，王宫的周围，仿照他的罗马朋友的风格，有几个大花园。他还告诉人民，那座500年前由泽鲁巴贝尔（Zerubbabel）所建的圣殿未免太小，他建议把旧庙拆掉，在原址另建一个大的。人民听说后，惊骇万状。他不顾他们的抗议和恐惧，终于实现了他的计划，建起这个气象万千的新圣殿，后来被提图斯所毁。

在摩利亚山（圣殿山）上，开垦出一块750平方英尺的土地，在其四周边界上，都建有走廊，雕刻着奇奇怪怪的杉木屋顶，而以许多排科林斯形式的石柱支持它，每一个柱都是用一整块大理石所建，柱很大，要三人联手才能围合。在这个大院内，有许多换钱的摊位，以便进香客把他们的外币换成圣殿内可以接纳的钱。又有许多畜舍，客人可在此处购买牲畜作为献品，还有许多房间或柱廊，那是供给老师和学生们聚会、共同研究希伯来文和律法的。还有嘈杂的乞丐们，那是无可避免的东方光景。有一磴宽大的阶梯，从这个"外院"通往有墙围着的内部，非犹太人是不许入此的。此处是"妇女院"，"只有已经洁净的人，才可以带着其妻子进去"。崇拜者越过这第二围墙，走上另一道阶梯，通过镶有金银板的大门，进入"祭司院"。在那里，圣坛为露天设置，被烧过的祭品就置放在上面，以供奉耶和华。还有另一磴阶梯，通过高 75 英尺、宽 24 英尺，上面悬吊着一个驰名的金葡萄树的大铜门，就进入寺院的本部，但只许祭司们进去。那是全部用白色大理石建筑的，逐次退缩，其正面是镶金的。里面用大绣幔交叉隔开，其颜色有蓝、紫、深红三种。在绣幔前面，有一个金制的分为 7 枝的蜡烛台，1 个香坛，1 张桌子上放着未经发酵的"供神面包"，那是由祭司们放在耶和华之前的。幔幕后面是"至圣所"，在早先的圣殿，还容有金制的香炉和"约柜"[1]，据约瑟夫斯说，这个新殿则"一无所有"。人们一年只有一次踏上此处，那是在"赎罪日"，由最高祭司一人进去。这个历史性的大建筑，主结构历时 8 年完成，但其装饰又持续了 80 年之久，当提图斯的罗马军团到来时，才算是刚好完成。

这座伟大的庙宇，被列为奥古斯都世界最不平凡的事物之一，人民皆因此而自豪。他们因其富丽堂皇而原谅了那些科林斯式的廊柱及违反犹太人禁止偶像崇拜的那个金鹰——那是置于圣殿入口之处的，象征着犹太人的敌人和主人罗马帝国。同时，出外旅行归来的犹太人

---

[1] 古代犹太教的圣物。

带回消息，说希律重建巴勒斯坦的其他城市，完全是希腊建筑，又说，他如何用国家的基金及藏在大卫坟墓中的金子，用于建设恺撒里亚的一个大港，并慷慨赠予那些外邦城市，如大马士革、拜布罗斯（Byblus）、贝利图斯（Berytus）、提尔、西顿、安条克、罗得斯、帕加马、斯巴达及雅典。很显然，希律不仅要做犹太国王，还想做希腊世界的崇拜者。但是，犹太人以宗教为生，他们坚信耶和华有一天会拯救他们，将他们从束缚与压迫中解放出来。而今在他们统治者个人的精神上，希腊胜过犹太，预示着对于他们的大不幸，正不亚于安条克的迫害。他们计划谋杀希律，后被他发觉，他将阴谋者多人逮捕，酷打后处死，有些人甚至被全家处斩。他又在人民中布置间谍，去窃听人们的谈话，每一句含有敌意的话都会被惩罚。

他击败每一个敌人，只有他的妻儿们例外。他的妻子有 10 个，其中 9 个是同时侍奉在他身侧的，子女则有 14 个。他的第二位妻子马利安娜（Mariamne）是希尔卡纳斯二世的孙女、阿里斯托布鲁斯的姐妹，这两人都是被希律杀死的。约瑟夫斯说，她是"一个纯洁的妇女，然而天性有一点粗暴，她对待丈夫很专横，因为她知道他太爱她，情愿做他的奴隶……她也嘲笑他的母亲和妹妹，因为她们家世寒微，大概对她们说话太不客气，因此，在王室那几个女人之间，有着牢不可解的仇恨"。希律的妹妹使他相信，马利安娜正在阴谋毒死丈夫。他在宫廷内当众指责他的妻子，众人也一致谴责她，于是她就被处死。她的罪名是很可疑的，希律有一段时间，悔恨得发狂。他反复叫喊着她的名字，派遣仆人去召唤她，放弃了公务，跑到沙漠去，"苦苦地折磨自己"，带着热病和神志不清回到宫里。马利安娜的母亲与他人联合，企图除掉希律。他却忽然神志恢复，重登王座，并将所有阴谋者处死。其后不久，他的第一个妻子所生之子安提帕特向他提出证据，证明马利安娜所生之子亚历山大和阿里斯托布鲁斯两人共谋反叛。他把这件事交给 150 人组成的议会去处理，他们将这两位青年王子判处死刑（公元前 6 年）。两年后，那位大马士革的尼古拉又判定安提帕特图谋篡位。希律把这个青年王子带到面前之后，自己就"哭起来，为他的儿子们使他遭受的种种不幸而伤心"。在一念仁慈之际，他命令将安提帕特下狱。

同时，这位老国王也因疾病与悲伤，身体衰弱不堪。他患有水肿、溃疡、热病、痉挛及呼吸困难。他挫败了那么多谋害他的人之后，企图自杀，但被阻止了。他听说，其子安提帕特曾设法贿赂狱卒释放，即下令将其处死。其后五天，他自己也死了（公元前 4 年），时年 69 岁。他为他的全体人民所恨，他的敌人曾经批评他："他窃取王位像一只狐狸，统治像一头老虎，死时像一条狗。"

律法和先知

希律在遗嘱中将他的王国分给剩余的三个儿子。菲利普得到东部的巴塔尼（Batanea）地区，包括伯赛大（Bethsaida）、卡皮托勒斯（Capitolias）、杰勒萨、费拉德尔菲亚及波斯特拉等城市；希律·安提帕（Herod Antipas）分得约旦河外的彼利亚（Peraea）及北方的加利利，这包括埃斯德赖拉（Esdraela）、太巴列（Tiberias）及拿撒勒（Nazareth）等城；阿基劳斯（Archelaus）分得撒马利区（Samaritis）、伊都密亚及犹太，包括伯利恒、希伯伦、贝尔谢巴（Beersheba）、加沙、加大拉、伊马乌斯（Emmaus）、詹姆尼亚（Jamnia）、约巴、恺撒里亚、杰里科及耶路撒冷。在一些巴勒斯坦的城市中，希腊人占绝大多数，也有一些叙利亚人。加大拉也不是犹太人的居住地。所有海岸城市，除约巴与詹姆尼亚外，皆以非犹太教徒占多数，约旦境内十个城市也是如此。而在内陆的村镇，则几乎全是犹太人。这样的人种区分，对罗马是好的，对巴勒斯坦则是一个悲剧。

对犹太人而言，宗教是他们的法律、国家和希望的根源。他们认为，其宗教若被江河日涨的大希腊主义的洪流冲走，就等于民族自杀。因此，犹太人与非犹太人之间的相互仇恨，使这个小国陷于种族斗争、政治动乱及定期战争的热潮中。不但如此,犹太国的犹太人讥笑加利利人为愚昧的堕落者,加利利人则讥笑犹太人为律法蛛网所捕的奴隶。犹太人与撒马利人之间也有不可解的宿怨,撒马利人说,耶和华选择为家之处,是他们的盖里济姆山(Gerizim),不是耶路撒冷的锡安山,而全部《圣经》除《摩西五书》(Pentateuch)外,他们概不接受。所有这些派系意见一致之处,是仇恨罗马势力,罗马使他们付出很大代价,以换取并不受欢迎的和平待遇。

这时候,巴勒斯坦的人口约有 250 万,其中可能有 10 万人住在耶路撒冷。他们大多数都说阿拉米语言,祭司和学者们都懂希伯来文,官吏、外国人及大多数作家们则用希腊语。人民中大多数是农民,他们耕种土地,种植果园、葡萄,饲养牛羊等家畜。到耶稣的时候,巴勒斯坦已有相当数量的多余小麦输出了。其椰枣、无花果、葡萄、橄榄及酒、油等,都是极佳的产品,为地中海各地所争购。他们依然遵守着古老戒律,每七年过一次的安息年,必须让土地休息。手工业大都是世代相传的,一般都有行会组织。犹太人很尊敬工人,大多数学者都是手舌并用。相较于地中海其他国家,奴隶算是少的。小商业很繁荣,而资产很大、经营范围很广的犹太商人,此时还很少。约瑟夫斯说:"我们不是经商的人民,我们住在一个没有海岸的乡区(东部犹太),无意从事国外贸易。"金融的应用规模很小,到希勒尔的时候,可能是由于希律的暗示,才废除《申命记》(Deuteronomy)律法(第 15 章第 1—11 节)所要求的,每七年豁免债务一次。耶路撒冷的圣殿,本身就是国家银行。

在圣殿之内,有一个琢石厅(Gazith),那是以色列长老大会的会所。这个制度可能在塞琉古统治时代建立的,用以代替《民数记》(Numbers,第 11 章第 16 节)所说的作为摩西顾问的早期长老会。最初,由祭司寡头政治中的最高祭司选拔会员,到罗马时代,法利赛人和专业的文士人数增加,会员是彼此互选的。这 71 位长老会会员,由最高祭司主席,自称为所有各处犹太人的最高权力机构。但是,哈斯蒙诸王、希律及罗马，只在犹太国内的一个犹太人违反犹太律法时，才承认长老会有此权力。犹太国内的犹太人触犯宗教律法时，他们可以通过死刑宣判，但是，没有得到政府的批准是不能执行的。

这个议会也如世界上大多数的议会一样，内有两派争夺支配权——一个保守团体，由高级祭司们及撒都该教派（Sadducee）领导；一个自由团体，由法利赛人和文士们领导。高级教士及上层阶级人士，大都属于撒都该派，此词原作"扎多基姆"（Zadokim），因其创始人扎多克（Zadok）而得名。他们在政治上是民族主义者，在宗教上是正统派。他们主张实行成文律法，但反对传统口述的及法利赛人随意解释的额外仪式。他们怀疑永生不死，以获得世上的好东西为满足。

法利赛人，撒都该派称之为"分离派"（Perushim），其意思是，他们（像善良的婆罗门一样）忽略了仪式简洁的要求，以致和那些信守宗教洁净的人分离了。他们是马卡比父子（Maccabean）时代叛依者的延续，那是严格实行律法的。约瑟夫斯自己是一个法利赛人，他下的定义是，法利赛人"是一个犹太人团体，他们声言比他人更信仰宗教，解释律法更正确"。为此目的，他们特于《摩西五书》的成文律法之外，加上公认的文士所作的口头传统解释与决定。照法利赛人判断，为了澄清《摩西法典》（*Mosaic Code*）费解之处，为了确定对某些特殊事例的律法援用，有时且为了修饰其文字，以适应业已改变的生活需要与情况，这些解释是必要的。他们既严格又宽大，随处减轻律法，如希勒尔对于利息的法令即是一例。可是，他们要求完全遵守口头传统，一如遵守成文律法。他们认为，只有通过这样的完全服从，犹太人才能逃避同化和消灭。为使人安于罗马的统治，法利赛人寄希望于肉体与灵魂的不死，以为慰藉。他们生活俭朴，谴责奢侈，时常绝食，勤于洗涤，并时常有意识地激励其美德。只有他们代表犹太教的道德力量，赢得中等阶级的支持，并给予信徒们一种信仰与法则，使他们于大悲剧到临的时候，仍得免于瓦解。圣殿被毁（公元

70 年）之后，祭司们失去了影响力，撒都该派消失了，而法利赛人则通过其律法学家，成为一种分散但永不败亡的人民的老师和牧人。

最极端的犹太派系，是艾赛尼派教徒（Essenes）。他们的虔诚源于皈依派，他们的名称或从沐浴者而来，他们的教条与实践则来自苦行理论与食物摄生法的潮流，在耶稣之前的最后一个世纪中，这个潮流曾经风靡世界。他们可能受了婆罗门教、佛教、拜火教、毕达哥拉斯哲学派及犬儒学派等思想的影响，耶路撒冷是商业的十字路口，各种思想都会传到这里。他们在巴勒斯坦境内约有 4000 人，自行组织了一个严格的体系，确实遵守成文的与口头的两种律法。他们生活在一起，差不多像禁欲的独身主义者，到死海西方沙漠绿洲恩加迪（Engadi）去耕田。他们住在公有的房屋中，静寂地共同用膳，以全体投票来选举领袖，个人的财产与收入皆归入公共财库，并遵奉皈依派的格言："我的你的都属于你。"约瑟夫斯说，他们中有很多人"活到 100 多岁，因为他们饮食简单，生活规律"。每个人都穿亚麻布白衣服，解过大便即用小锹掘土掩覆，便后就像婆罗门一样洗净屁股，而在安息日大便则认为渎神。他们中有少数人娶了妻，住在城市，与妻子同居只是为了生孩子。这一派的会员们，避开所有肉体的快乐，通过冥想与祈祷，神秘地与神相会。他们希望经由虔诚、禁欲及沉思默想，可以得到不可思议的神秘力，可以预见未来。像他们那个时代的大多数人民一样，他们相信天使和守护神，认为疾病是被魔鬼所缠，并试图以魔术的方式来驱邪。而他们的"神秘教条"，就成为犹太神秘哲学的一部分。他们期待一个弥赛亚降生，在世界上建立一个人人平等的天国。只有一生没有污点的人，才能进入那个王国。他们是热心的和平主义者，拒绝制造兵器。但是，当提图斯的罗马军团攻击耶路撒冷及圣殿时，这些艾赛尼派教徒就加入其他犹太人，共同守城守庙，差不多全体战死。照约瑟夫斯所描写的他们的习惯及其遭受的灾害，我们就好像置身于基督徒的气氛中：

虽然他们受尽酷刑，或被烧死扯裂，以致肢体不全，又备受各种虐待，被迫亵渎其立法者，或食教规所禁的食物，但他们都不肯那样做。绝没有一个人肯讨好施刑的人，或流下一滴眼泪。他们在极痛的时候发出微笑，嘲笑施刑者，于极愉快的表情中弃绝生命，好像期待着重生一般。

这些撒都该派、法利赛人、艾赛尼派，是在耶稣基督上一代人中犹太教的主要宗派。至于耶稣常与法利赛人并提的文士（Scribes）则不是一个宗派，而是专门职业。他们是对律法有修养的学者，在会堂中讲演律法，在学校中教授律法，在公共或私人场合辩论律法，在特殊案件中引用律法。其中有少数人是祭司，有一些人是撒都该派，而以法利赛人最多。在希勒尔之前两个世纪的他们，也就是希勒尔之后的拉比（rabbis，大师）。他们是犹太的学者，其律法意见经过时间的选择，及由老师到学生的口头传授，就成为口头传统部分，而法利赛人对此与对成文律法同样尊重。这些传统在《摩西法典》影响之下，产生出数以千计的细节戒律，旨在适应每一种环境。

在这些非僧侣的律法教师中，能确定的最早人物是希勒尔，然而甚至希勒尔其人也几乎是在传奇的迷魂阵中，据说是他的一个子孙编造的。据我们所知，他于公元前75年（？）生于巴比伦的一个破败世家，长大成人后即到耶路撒冷，在那里娶妻生子，靠双手劳动养活一家人。他的每日所得工资，以半数付作一所学校的学费，这个学校有两位著名老师，舍玛亚（Shemaya）和阿布托林（Abtolim），详细讲解律法。一天，他没有钱交学费，不能进去，便爬到一个窗台上，去听"活着的神的话"。故事告诉我们，他冻僵了，跌倒在雪地上，到翌晨被人发现时，已经冻得半死。后来他也做了受人尊敬的拉比或老师，以谦虚、忍耐、温和而著名。有一篇传记说，有一个人打赌说，他能使希勒尔发怒，结果他失败了。希勒尔定下三个原则，作为人生指南：爱人，爱和平、爱律法及懂律法。一个即将改信犹太教的人，请他在站着的人能够受得了的短时间内，把律法解释清楚，希勒尔答道："你所不喜的，勿施于他人。"[1] 这句话是将《利未记》（Leviticus）所记的"金律"，由积极的语句改成谨慎的消极形式。希勒尔又教诲他人说："非设身处地，不可评判你的邻人。"他想设法平息各宗派的争论，定下七条法则，作为解释律法的标准。他的解释是自由的，最值得注意的是，他促进了贷款及离婚。他是一个和平主义者，不是改革家，他忠告与他同时代的青年反抗者说："你不要让自己脱离全体人群。"他承认希律是一个逃避不了的魔鬼，而被希律任命为以色列长老大会的主席（公元前30年）。大会中的多数派法利赛人很喜欢他，因此直至他死时（公元10年）为止，他始终是这个大会的领袖。为了纪念他，这个官职由他的家人世袭达400年之久。

这个大会以次要地位尊敬希勒尔的对手，他是保守派的拉比沙马伊（Shammai）。他对律法的解释较严，驳斥离婚，要求照字面应用成文律法，不论新的情况如何。犹太教师们像这样的分为保守与自由两个团体，早在希勒尔之前100年即已存在，希勒尔之后依然继续下去，直到圣殿被毁之日。

大期待

犹太人的文学，能从这一时期留传至今的，差不多完全是宗教性的。对于正统派希伯来人而言，为上帝造偶像或以雕塑艺术装饰寺院，似乎都是亵渎神的。那个时代的犹太人也是一样，在他们看来，除赞美神及荣耀律法外，如果为了其他目的而写哲学或文学，都是错误的。自然也有许多例外，苏珊娜（Susannah）那个美丽的故事可以作为例子。故事说，有一个漂亮的犹太女人，被两个不满意她的长老

---

[1]《塔木德》（The Talmud）说，希勒尔的答复中，还加上了一句话："这就是全部律法，其余都是律法的注解。"

诬控她不贞，幸亏有一个名叫但以理的青年替她作证，巧妙地答复讯问，才使她无罪获释。甚至这样"罗曼蒂克"的故事，也有《但以理书》（*Book of Daniel*）的不少版本将其收入。

一本名为《西拉克之子约书亚》（*Joshua Son of Sirach*）的书，现在我们知道的名字是《圣经外传》，可能至迟是在这个时期出现的。这是许多经外书之一，没有作者姓名，没有来源根据，更没有被收入犹太经典《旧约》之内。但它有丰富的美感与智慧，不应该被排斥于《传道书》（*Ecclesiastes*）与《约伯记》（*Job*）两书伴侣之外。在此书24章之内，以其第8章"箴言"为例，我们再度发现基督或化身的话："在耶和华造的起头，在太初创造万物之先，就有了我（智慧）。"在公元前130年与公元40年之间，有一个亚历山大的犹太人——或希腊化的犹太人——出版了一本《所罗门智慧书》（*Book of the Wisdom of Solomon*），此书像希腊哲学家斐洛一样，想调和犹太教与柏拉图哲学，并号召希腊化犹太人回头去将其律法译成像以赛亚以来的任何高尚散文一样的东西。另一本比较次要的著作《所罗门诗篇》（*Psalms of Solomon*，约公元前50年），则多处预言到以色列的救世主。

希望借着救世主的来临，自罗马与世俗的苦难中解救出来，几乎所有这一时期的犹太文学全部都有这种呼声。许多著作都用《启示录》的形式，其目的是通过神将令人鼓舞的未来的前奏透露给一些先知，从而使过去成为可了解的和可原谅的时代。大约作于公元前165年的《但以理书》，鼓励以色列人反抗叙利亚国王安条克四世，迄至此时，那些不相信耶和华会让他们长久受外邦人统治的犹太人当中，仍流传着这本书。《以诺书》（*Book of Enoch*）大概是在公元前170至前66年之间由几个作家所写的，以神赐给这位族长——以诺——的视角为形式，在《旧约·创世记》中（5：24），以诺曾"与神同行"。此书译述撒旦与其军队降临，其后继起的事是魔鬼侵入，人类遭劫，弥赛亚为人类赎罪，及天国的出现。约在公元前50年，犹太作家们开始出版《西比林神谕集》（*Sibylline Oracles*）。在此书中，各种女预言家皆代表犹太教的守护者，以对抗非犹太主义，并预言犹太人必能击败所有敌人，获得最后胜利。

这种拯救之神的思想，可能是从波斯和巴比伦传入西亚的。在拜火教的信条中，全部历史与整个人生，都是为了光明的神圣武力与黑暗的恶魔力量的战争。到了最后，救世主太阳神就会前来审判全体人类，并建立一个公正和平的永久统治。在犹太人看来，罗马的统治不过是魔鬼的暂时胜利的一部分。他们斥责所谓善良文化的贪婪、背信、残酷与崇拜邪神，及一个享乐世界的无神论快乐主义。《智慧之书》（*Book of Widsom*）说：

> 邪恶的人说：我们的生命是短促和枯燥的，一个人死了，就毫无补救；也没有任何人知道，其能否从坟墓中回来……我们鼻孔中的呼吸像烟一样，在我们心脏跳动中引起一阵小小火花；等到那个火花熄灭，我们的身体就变成了灰，我们的灵魂就像轻风一样消逝，我们的名字被人忘记，我们的生命有如浮云去无踪，有如日光照耀之下的朝雾消散……来呀，让我们尽量享受当下的好处。……莫让春光等闲消逝；让我们及时以玫瑰花蕊为冠，莫待其枯萎；让我们在每一处地方，留下我们快乐欢笑的回忆。

此书作者说，享乐主义者的这些理由是虚妄的；他们把马车挂在流星上，因为快乐只是一种空虚和短暂的事。他说：

> 这邪恶者的希望，像被风吹走的空壳，被大风暴消灭的薄霜。它的消逝，有如寄宿一天的旅客的追忆。只有正义长存，谨守正义即与上帝同在。于是，他们定会进入光荣的王国，由上帝亲手赐予美丽的王冠。

依照《启示录》，魔鬼统治的终结，或由于上帝自己的直接干涉，或派遣其子或代表，即弥赛亚或基督到世上来。100 年以前，先知以赛亚不是已经向他预言了吗：

> 因有一婴孩为我们而生，有一子赐给我们，政权必担在他的肩头上。他的名称为……全能的神，和平的君。

以赛亚描写弥赛亚为世上之王，他将生于大卫的王室，许多犹太人皆同意此说；还有其他说法，例如：《以诺书》和《但以理书》的两位作者，则称之为"人子"，并描写他自天上下来。《箴言书》中的哲学家及《所罗门智慧》中的诗，或者皆受了柏拉图或斯多葛派观念的影响，视弥赛亚为具有肉身的智慧，第一个神子，也就是"道"或"理"，这在不久之后的斐洛哲学中，将扮演一个很伟大的角色。差不多所有这类《启示录》的作者，都认为弥赛亚必将迅速获胜。但是，在《以赛亚书》著名的一章里，却把弥赛亚想象成这样：

> 他被人藐视，被人厌弃，多受痛苦，常经忧患……他坦然担当我们的忧患，背负我们的痛苦……他为我们的过失受害，为我们的罪孽压伤……因他受的鞭伤，我们得到医治……耶和华使我们众人的罪孽都归在他身上……因受欺压和审判，他被从活人之地剪除……他担当了多人的罪，又为罪犯代求。

不过大家一致公认，最后，弥赛亚一定能征服异教徒，解放以色列，以耶路撒冷为他的都城，使全体人类接受耶和华及摩西的《律法》。其后，全世界就会有一个快乐的"好时代"到来。所有土地都很肥沃，每一粒种子都能生产千倍的谷物，美酒盈仓，贫穷消逝。所有的人都健康、善良、公正、友好，全世界为和平所支配。有些预言家认为，这个快乐时代或将中断，黑暗与魔鬼的势力将向这个快乐王国作最后一次突击，世界将因骚乱与大战而消灭。在最后的"神日"，死者都会起来，受耶和华或"人子"的审判，神将授给"人子"绝对的和永久的统治权，以管理一个革新的世界，即神的王国。坏人皆被投入地狱，只有善良的人才被接受到神的王国，去享无穷之福。

本质上，犹太的思想动向与当时的非犹太的理论是并行不悖的，那理论是，任何一种人民，鉴于其民族的命运，对现状失去了信心，一旦想及未来，自然就会想到精神的及个别方式的拯救。各种神秘的宗教已经把这个希望带给数以百万计的希腊本土人、大希腊的东方人及意大利人。但是，希望得那么真诚，需要得那么迫切的，则任何地方都比不上犹太。地上的穷人与孤寡者，被压迫与被侮辱者，都希望他们的被征服与所受的苦难，能得到神的救赎。《启示录》说，不久，就会有一个救世主到来，当他胜利的时候，所有公正的人都会被他救起，甚至会自坟墓中被救起，而进入永享至福的天堂。像西蒙这样的老圣徒，像帕努尔（Phanuel）的女儿安娜（Anna）那样神秘的妇女，永不离开圣殿附近，绝食、等待、祈祷，希望能在死前得到救赎。一种大期望充满着每一个人的心。

反抗

在历史上，为争取自由而战的人民，从没有像犹太人那样不屈不挠的，也没有那么以寡敌众的。自麦卡贝（Maccabee）到科彻巴（Cocheba），甚至直到我们这个时代，犹太人为重获自由而奋斗，常常牺牲很多人，但他们从未丧失精神或希望。

希律大帝死后，犹太民族主义者们逐走希勒尔的和平议会，发表宣言反抗希律的继承人阿基劳斯，并在圣殿附近扎营。阿基劳斯的军队屠杀了他们3000人，其中有许多人是来耶路撒冷参加逾越节（Passover festival）的（公元前4年）。接着又在五旬节，他们再度集合反抗，又被大屠杀一次。圣殿的修道院被全部焚毁，神殿的宝库被罗马军团洗劫一空，有许多犹太人因绝望而自杀。爱国分子到乡间组织游击队，使许多罗马支持者的生命岌岌可危。其中有一队在犹大领导之下，攻占加利利首府塞佛利斯。叙利亚总督瓦鲁斯带着2000兵士进入巴勒斯坦，毁灭了数千市镇，2000名叛民被钉十字架处死，有3万犹太人被卖充奴隶。一个犹太名人组织的代表团前往罗马，请求奥古斯都取消犹太王国。奥古斯都免去阿基劳斯的王位，改犹太为罗马的二级行省，其省长须受叙利亚总督管理（公元6年）。

在提比略皇帝期间，多难的巴勒斯坦暂时获得和平。继任的卡里加拉皇帝想以罗马皇帝为全帝国各宗教的统一崇拜者，命令各宗教的崇拜仪式都要供奉他的像，并命耶路撒冷的官员于圣殿中设置他的雕像。之前，在奥古斯都与提比略二代，犹太人已经同意于献祭耶和华时，须说奉皇帝之名。但是，把异教徒的偶像置于圣殿中，则使他们深恶痛绝，据说因此有数千犹太人前往叙利亚，请求在实行皇帝敕令之前，先将他们杀死。不久因卡里加拉之死，情况才缓和下来。继任的克劳狄乌斯皇帝受希律之孙阿格里帕的影响，命他为犹太国王，差不多统治巴勒斯坦全部地区。阿格里帕摔死了，解除了山雨欲来的另一次暴乱，而克劳狄乌斯也将巴勒斯坦恢复为省区（公元44年）。

唯利是图的罗马公民所选择的历任省长，大都是无能之辈或无赖之徒。凭其哥哥帕拉斯之力，菲利克斯做了巴勒斯坦省长，史学家塔西佗批评他说："拥有一个国王的权力，而只具有一个奴隶的头脑。"费斯图斯的统治比较公正，但未竟其志而死。如果犹太史学家约瑟夫斯的话可信，阿尔比努斯勤于掠夺与抽税，且因获取酬金释放囚犯而发了一笔横财。他说："监狱里的犯人被释放一空，留下来的一些人则为没有东西送给他的。"这位罗马朋友及羡慕者（约瑟夫斯）又说："弗洛鲁斯像一个刽子手，而不像一位省长。"许多城市全城被掠，他不但自盗，他人的盗劫，如许他分赃，他就默许。他的这些报告，还保留战时宣传的味道。毫无疑问，那些历任省长曾经诉说，犹太人是很难镇压的人民。

犹太的"热情青年"与"剑客"，组织了许多游击队，以抗议这种暴政。他们的队员誓除不忠的犹太人，混入街头人群中，从奉命要杀的人背后行刺，然后趁人群的慌乱而逃逸。当弗洛鲁斯自圣殿财库中提走 17 塔伦（约合 6.12 万美元）时，一群愤怒的人民集合在圣庙之前，高呼撤他的职。有些青年则手提篮子，请他捐款救贫。弗洛鲁斯的军团驱散这些群众，劫掠几百户人家，并杀死这些居民，叛民首领或被拷打，或被处以磔刑。据约瑟夫斯说，在那一天中，有 3600名犹太人被杀。年老的或善良的希伯来人劝青年们忍耐，他们辩称，反抗那么强大的帝国，将是民族自杀，然而青年和贫民反过来指责他们是帮凶者或胆小鬼。于是耶路撒冷一城，甚至每一家庭之内，都分成两派：一派占据着本城的高地部分，另一派则在低处，彼此互相攻击，有什么武器就用什么武器。公元 68 年，两派发生一次激战，激烈派获胜，杀了 1.2 万名犹太人，差不多全是富人。于是，叛乱变成了一次革命。有一支叛军部队，在梅察达地区包围了罗马警备部队，先说服他们放下武器，然后又把他们全部杀死。而在同一天内，巴勒斯坦省会恺撒里亚的非犹太人也组织起来，屠杀了 2 万犹太人，又把另外数千名犹太人卖充奴隶。有一天，大马士革的非犹太人也杀死 1万名犹太人。犹太革命分子怒不可抑，将巴勒斯坦与叙利亚境内的许多希腊城市毁灭，有许多城市被烧得片瓦无存，被屠杀者无数。约瑟夫斯说："那时候的常见现象是，城市到处都是尸体……无人掩埋，那些尸体老幼不分，女尸也没有什么遮掩物。"到公元 69 年 9 月，革命分子已在耶路撒冷获胜，并几乎占有全部巴勒斯坦。主和派名誉扫地，大多数人现在也参加造反了。

史学家当中，有一个祭司名叫约瑟夫斯，那时候还是 30 岁的青年，干劲十足，才华横溢，而且智慧过人，能实现其每一愿望。他奉革命派之命防守加利利，坚守着约土帕塔城（Jotopata），抵抗韦斯巴芗的围攻，最后只剩下 40 名士卒，和他躲在一个山洞内。约瑟夫斯想投降，那些士兵威胁他说，如果他这样做，就杀死他。既然他们宁死不肯被俘，约瑟夫斯就说服他们抽签决定次序，依次一个杀一个。

最后只剩下他和另外一人，他就劝诱那人与他一同投降。他们戴上铁链，即将被解送罗马的时候，约瑟夫斯预言，韦斯巴芗将做皇帝。韦斯巴芗释放了他，渐渐地把他当成顾问，对犹太人战争的事常采纳他的意见。韦斯巴芗前往埃及后，约瑟夫斯就随同提图斯围攻耶路撒冷。

　　罗马军团接近耶路撒冷，促成犹太人一次为时已晚和执迷不悟的团结。据塔西佗断定，有 60 万叛众聚集在此城内。所有能服役的人都武装起来了，女人的尚武精神也不亚于男子。约瑟夫斯在罗马战线上，吁请城内被围的人投降。他们骂他为卖国贼，决心死战到底。犹太人迫于饥饿，一再冒死出城，搜集粮食。有数千人被罗马军队俘获，钉死于十字架上。约瑟夫斯报道："这些犹太人太伟大了，房屋不足以尽收十字架，而十字架又不敷死者所需。"围城 5 个月，到最后期间，城内的大街小巷，到处都为死尸填塞了。盗尸鬼徘徊其间，谋害死人。据说，有 11.6 万具尸体从城墙上被抛下。有一些犹太人吞下金币，自耶路撒冷潜逃出来，罗马人或叙利亚人俘获他们，剖开其肚皮，或在死人的腐肉中寻觅金币。罗马军队已占此城一半的时候，提图斯向叛众提出他所认为宽大的条件，但他们拒绝了。罗马军队纵火焚烧，圣殿着火，这个伟大的建筑大部分由木材所建，很快就化为灰烬。残余的防御者仍然英勇作战，据狄奥说，他们以死在圣殿之地而自豪。有些是彼此互相杀死，有些是扑在自己的剑上而死，有些则跳入火中被烧死。胜利者毫不宽容，他们见到犹太人就杀，无一获免。有 9.7 万难民被逮捕卖充奴隶。其中有许多人，在贝利图斯、恺撒里亚菲利皮（Caesarea Philippi）及罗马庆祝凯旋的场合，有如斗败公鸡，终被折磨致死。这次耶路撒冷围城及其后发生的悲剧，据约瑟夫斯说，犹太人一共死了 119.7 万人；塔西佗估计则为 60 万人（公元 70 年）。

　　无处不在的抵抗持续到公元 73 年为止，然而就其实质而言，圣殿的毁灭就是叛乱终止与犹太国灭亡的象征。所有那些参与叛变者的财产，一概被没收转卖。犹太国内的犹太人已经寥寥无几，剩下一些人则在饥饿边缘讨生活。连那些最穷的犹太人，也必须向罗马的异教寺庙奉献，其数额为过去虔诚的希伯来人每年献与耶路撒冷圣殿的半数。大祭司和以色列长老大会被取消。犹太教变为这样一种形式，直到今日：一种没有中央寺庙，没有最高祭司，没有献祭仪式的宗教。撒都该派不见了，而法利赛人和拉比们，则成为一群无家可归的人民的领导者。那些人一无所有，仅有的是他们的会堂及希望。

散居异邦

100 万犹太人或向外逃亡，或沦为奴隶，自地中海加速向各地散布，犹太学者们以希律所建圣殿被毁的时候作为犹太人散布开始之日。然而据我们所知，早在 600 年之前，当他们被巴比伦掳去的时候，犹太人的散布就开始了，且曾在亚历山大殖民中重振起来。因为他们已占有肥沃土地，而犹太人的孝道与律法又严禁杀婴，所以犹太人的扩张，是由于种族上与经济上的双重原因；希伯来人在世界商业上所扮演的角色，则殊不足道。在耶路撒冷陷落的 50 年前，斯特拉博以反闪米特人的夸大态度说道："地球可居住的地方，很难发现没有这个民族，及不受他们支配的一处地方。"在这次散布之前 20 年，斐洛也写道："几个大陆上……到处有犹太人殖民地……各岛屿及几乎全部巴比伦地区，也是如此。"到公元 70 年的时候，有数千犹太人居住于底格里斯河畔的塞琉古亚城及帕提亚的其他城市。在阿拉伯半岛，及由此处过去的伊索匹亚，犹太人同样人数众多，叙利亚及布匿境内尤多。在塔尔苏斯、安条克、米利都、艾菲索斯、萨迪斯、士麦那等处，犹太人有很多殖民地。只在得洛斯、科林斯、雅典、菲利皮、帕特拉及萨洛尼卡等处，犹太人人数稍少。在西方的迦太基、锡拉库萨、普特奥利、卡普亚、庞贝、罗马，甚至罗马著名诗人贺拉斯的故乡维努西娅等处，也都有犹太人的社区。总而言之，在罗马帝国之内，犹太人的总数估计有 700 万——约为帝国总人口的 7%。

他们的人数、衣、食、割礼、贫穷、野心、繁荣、排外性、智慧、憎恶偶像以及很不方便的安息日崇拜等，都引起了反闪米特人思想，小者如戏院内的笑谑，及尤维纳利斯与塔西佗二人著作所述的轻蔑，大者则有当街谋害及大规模的屠杀。亚历山大的阿庇昂自告奋勇，成为攻击犹太人的主要发言人，而约瑟夫斯也写了一本文笔犀利的小册子以回击他的攻击。[1]

耶路撒冷陷落之后，约瑟夫斯随同提图斯回到罗马，跟着这位他的人民的征服者，参与展示犹太俘虏及战利品的一次凯旋行列。韦斯巴芗赐给他罗马市民的身份及一项津贴，又在宫廷中赐给他住宅，及犹太地区内一些很有收益的土地。为报答皇恩，约瑟夫斯就取了韦斯巴芗家族的名——弗拉维乌斯，并写了一部《犹太战争》（约公元73 年），为提图斯在巴勒斯坦的行为辩护，也为自己的背叛辩护，且借罗马力量的显示，以沮丧以后的反叛者。在晚年，他更感孤独，便开始写《犹太人的古代史》（*The Antiquities of the Jews*），此书改善了非犹太人对于他们的成就、风俗、性格的看法，从而重获犹太人对他的好感。他的叙事简明有力，他说希律大帝像普鲁塔克一样迷人。但是，他的偏见和目的损毁了他的客观性。这部古代史巨著费时多年，耗尽了他的体力，全书 25 册，最后四册是由他的秘书们根据他的笔记写成的。此书出版时，约瑟夫斯只有 56 岁，然而由于一生在冒险、争论和精神寂寞中度过，他的身体已经很衰老了。

在巴勒斯坦的犹太人，靠着其性格的弹性，渐渐地重建经济和文化生活。当耶路撒冷被围时，有一个希勒尔的老年学生约翰兰，唯恐在此次屠杀中消灭了所有教师及口头传说解释者，于是自城中逃出，到邻近地中海岸的雅甫尼或詹姆尼亚，在一个葡萄园内建立了一个书院。耶路撒冷既陷，约翰兰就在詹姆尼亚组织了一个新长老会，其会

---

[1] 约瑟夫斯听说他的一位叔父强迫阿庇昂接受割礼，非常高兴。

员不是祭司、政客和富人，而是法利赛人和拉比，拉比就是律法教师。这个议会并无政治权力，然而对宗教或道德，绝大多数的巴勒斯坦犹太人都承认其权威。议会选择一个族长为首领，族长可任命犹太社区的管理官员，也有权开除桀骜不驯的犹太人。约公元100年，族长迦玛列以其严格纪律，首先统一议会，然后统一詹姆尼亚的犹太人，终于把巴勒斯坦的犹太人全部统一起来。在他的领导之下，将希勒尔和沙马伊等所作的互相抵触的《律法》解释，付请检讨及票决。希勒尔的解释大都被批准，对所有犹太人皆具有拘束力。

失国而散居各地的犹太人，现在既然将《律法》作为不可缺少的凝聚力，所以《律法》的教授就成为犹太分布区会堂的主要任务。而会堂则代替圣殿，祷告代替献祭，拉比代替祭司。解律者解释每一条口译《律法》，通常引用《圣经》以支持其说法，有时也加上一些故事、训诫及其他资料，作为例解。最著名的说律者是拉比阿吉巴。他在40岁的时候（约在公元80年），才和他的5岁儿子一同上学，学习阅读。不久，他就能默背《摩西五书》的全部。研究了13年后，他在詹姆尼亚附近一个村中，于一棵无花果树下开办了自己的学校。他的热情与理想，勇气与幽默，甚至他的强有力的教条主义，吸引了很多学生。公元95年，消息传来，多米提安皇帝正在策划一项对付犹太人的新法案。阿吉巴被选出，偕同族长贾末利尔及另外两人，向这位罗马皇帝亲自诉愿。当他们正在罗马时，多米提安死了。继位的涅尔瓦皇帝听到他们的申诉，颇为同情，而为了重建罗马而加于犹太人的特税遂告中止。阿吉巴自罗马回到詹姆尼亚后，便以余生之年，把口译《律法》编成法典，此书后由他的学生及其继任人犹达族长继续完成。这个法典虽为古典式，然而靠着学者和教授们的记录，世代相传，其口述的传统的部分，迄今仍成为现行《律法》教本。阿吉巴的方法很不合理，而其结论却很正确。他自一种离奇注解中获得一些自由原则，这样每一成文律法的字，都具有神秘的意义。也许他观察到，只有在神秘的形式中，人们才会接受理性的教义。从阿吉巴起，便出现了神学与伦理的组织与注解，再经由塔木德传至迈蒙尼德，最后成了学院哲学家的思想方法。

阿吉巴活到 90 岁的时候，变得衰弱而保守；但是，又像他幼年时代一样，再度处在革命的环境中。公元 155 至 156 年，昔兰尼、埃及、塞浦路斯及美索不达米亚的犹太人再度起而反抗罗马。那时候的每日大事，就是犹太人对非犹太人，及非犹太人对犹太人的互相屠杀。据狄奥说，昔兰尼被屠杀了 22 万人，塞浦路斯被屠杀了 24 万人。这些数字是难以置信的，可是我们知道昔兰尼自遭此劫后，永未恢复。塞浦路斯则在此后几世纪中，不许希伯来人居留岛上。这次起义虽被镇压了，但是，劫后余生的犹太人却保留着可怕的希望，期待一个弥赛亚到来，领导他们取得胜利回到耶路撒冷，重建圣殿。由于罗马的愚蠢，叛变再起。公元 130 年，哈德良皇帝宣称，有意在圣殿旧址兴建一个罗马主神朱庇特的神庙；公元 131 年，他又下令禁止割礼及公开教授犹太律法。有一个巴科克巴自称为弥赛亚，在他领导之下，犹太人又作了最后一次努力，以恢复他们的故乡及自由（公元 132 年）。毕生祈求和平的阿吉巴，也接受巴科克巴为众所期望的赎罪者，而为革命祝福。叛众抵抗罗马军团，英勇战斗了三年，最后终因缺乏食物及补给品而被击败。在巴勒斯坦内，罗马人毁灭了 985 个市镇，屠杀了 58 万人。据说，死于饥饿、疾病及焚毙的人数，比被杀人数还多。犹太全境几乎都变成了荒地。巴科克巴本人在贝特亚防御战中战死。无数的犹太人被卖充奴隶，因为人数太多，其价格低到只能换一匹马。有数千人藏在地下水槽中以避免被俘，不久被罗马军队围住，他们相继饿死，其获得保全生命者，是以死人肉为食。

哈德良决心消灭犹太教的恢复力，不但禁止割礼，更禁止安息日及任何犹太假日的仪式，也不许公开举行任何希伯来仪式。所有犹太人，都要缴纳一种很重的新人头税。每年只规定一天日期，准许犹太人进入耶路撒冷，他们在那一天，可以走到圣殿毁迹之前痛哭。耶路撒冷废墟上，已另建一个非犹太人的埃利亚卡皮托利纳城，城内建有朱庇特和维纳斯神庙，及一些体育馆、戏院和浴场等。詹姆尼亚的犹太长老会已被解散，并禁止再设。在利德地区，准许成立一个毫无权力的小型议会，但禁止公开讲授《律法》，违者处死。有好几个拉比不服从这个禁令，皆被处死刑。现年95岁的阿吉巴，坚持着要教授他的学生，被下狱监禁三年，他在狱中还是照样传教。他被审问、判罪，接着就死了。据说，他临死时口中还念着犹太教的基本教义："听呀，啊，以色列！耶和华是我们的神，耶和华只有一个。"

安东尼·庇护虽已将哈德良的禁令放松，然而经过巴科克巴反叛的大劫之后，犹太人几个世纪都没有复原。自此已进入中世纪，他们放弃了所有世俗之学，只有医学一门除外。他们弃绝希腊主义的一切形式，只靠他们的拉比、神秘诗及《律法》，获得安慰并借以团结。从来没有其他人民经历过那么长久的流亡或那么艰苦的命运。犹太人自被逐出他们的圣城之后，最初是被迫投降于异族，后来则投降于基督教。他们分散于帝国的每一行省以及省外之地，沉沦于贫穷与耻辱中，甚至连哲学家及圣哲之士都不肯和他们交朋友。他们退出公共事务，专门从事私人研究与崇拜神，热情地保存他们学者的话，并准备把那些话写下来，最后终于编入《巴比伦与巴勒斯坦的塔木德》（*Talmuds of Babylonia and Palestine*）中。犹太教因恐惧而藏匿且黯然无光，而其子孙——基督教则出来征服世界。

第一章至第五章历史大事年表

64	科蒂安山
70—80	罗马征服威尔士
72	塞琉古王朝消灭
77—84	不列颠总督阿格里科拉
89	在罗马的普鲁塔克
90	爱比克泰德
95	狄翁
100	大马士革建筑家阿波罗多拉斯
105	阿拉伯佩特拉亚（今约旦）
107	达契亚
114	亚美尼亚、亚述、美索不达米亚
115	艾菲索斯医生索拉努斯
117	哈德良放弃亚美尼亚及亚述
120	提尔地理学家马里努斯
122	英格兰哈德良长城
130	在耶路撒冷旧址建立埃利亚卡皮托利纳城；士麦那数学家提恩；民科米底亚历史学 家阿利安；天文学家托勒密
142	英格兰安东尼·庇护长城
147—191	帕提亚沃洛加西斯三世
150	卢奇安、爱略斯·阿里斯提得斯
160	盖仑医生；地理学家保萨尼亚斯
190	哲学家塞克都斯
227	阿萨息斯王朝灭亡

第六章 | 耶稣
（公元前 4—公元 30）

发轫期

基督存在过吗？这位基督教创始者的生命史，是否就是人类悲苦、幻想和希望的产物？就像印度克里希纳（Krishna）、埃及奥西里斯神、弗里吉亚的阿提斯神、希腊的阿多尼斯神和狄俄尼索斯神及波斯的密特拉神这一类的神话故事呢？在 18 世纪初期，英国博林布鲁克派（Bolingbroke）的政治学家们就曾私下讨论过，耶稣根本就没有出生过的可能性。这件事，甚至使法国的伏尔泰也感到震惊不已。沃尔尼在其 1791 年出版的《帝国的灭亡》（*Ruins of Empire*）一书中，也表示了同样的怀疑。拿破仑在 1808 年会晤德国学者维兰德（Wieland）时，不谈论政治或战争方面的问题，而问他是否相信基督历史的真实性。

在现代人类心智活动中最具深广影响力之一的，是对《圣经》的"高等批评"（Higher Criticism）。其对《圣经》真实性及合理性所作的大量攻击也曾遭到反击，以此来维护基督徒信仰的历史基础。这一批判所产生的结果，可能和基督教本身一样具有革命性的意义。两百年来的这个争论，首先是由德国汉堡的东方语言教授赖玛鲁斯

（Hermann Reimarus）在默默无闻的情形下进行的，他在 1768 年去世的时候，遗留下一部关于基督生平的手稿。为了慎重起见，这部长达 1400 页的著作，在他生前并没有出版，直到他死后六年，才由德国批评家和戏剧家莱辛不顾一些朋友的反对，出版了其中的一部分。赖玛鲁斯认为，耶稣不能被视为基督教的创始者，他只不过是犹太人世界末日论者中的一个杰出人物。换言之，赖玛鲁斯认为，耶稣基督并没有想要建立一个新的宗教，只希望人类为世界的毁灭预做准备，以便接受上帝对人类的最后审判。德国哲学家和神学家赫尔德（Herder）在 1796 年指出，《马太福音》、《马可福音》及《路加福音》所记载的基督，与《约翰福音》所记载的基督迥然不同。1828年，德国学者保罗斯（Heinrich Paulus）以 1192 页的篇幅对基督的生平作了一次摘要的归纳，他对耶稣在世时所显的神迹作了一个推理的解释——他接受发生过这些神迹的事实，不过他把这些神迹的出现归功于自然的原因和力量。德国神学家和哲学家施特劳斯（David Strauss）在他 1835—1836 年出版的《耶稣的生平》（*Life of Jesus*）中，反对这种折中的说法，他认为四福音书里记述的超自然事迹，应该列为神话；同时避免使用这些事迹来叙述耶稣的生平，而要重新写出基督的真正事迹。施特劳斯的这本长篇巨著，使《圣经》批判成为德国思想界的风暴中心长达一个世纪之久。在同一年，费迪南德·克斯蒂娜·鲍尔（Ferdinand Christian Baur）对使徒保罗的《书信》提出了攻击，他认为其中除了《迦拉太书》、《哥林多前书》、《哥林多后书》及《罗马书》以外，其他全部缺乏真实性。1840 年，鲍尔开始一连串引起热烈争论的写作。他认为耶稣就是一个神话人物，是 2 世纪融合犹太、希腊及罗马各神学所产生的一个人格化的崇拜对象。1863 年，法国历史学家勒南（Ernest Renan）所著的《耶稣的生平》（*Life of Jesus*）一书，其中推理式的论述使当时广大的群众震惊惶惑。这本书搜集了德国对基督教的各种批评，把四福音书的问题公之于整个知识界。到 19 世纪末，卢瓦西神父（Abbé Loisy）的法国学派对此评论达到了最高潮，因为他极力主张严格地分析《新约》的真实性，以致天主教当局觉得非得把他和一些"现代分子"逐出教会不可。同时，皮尔逊（Pierson）、纳贝尔（Naber）、马特斯（Matthas）的荷兰学派，更进一步致力于这一运动，他们处心积虑地否认耶稣存在的史实。在德国，阿瑟·德鲁斯（Arthur Drews）将这种否定的主张予以更明确的说明。英国的史密斯（W.B.Smith）和罗伯逊（J.M.Robertson）也发表了类似的否定言论。两个世纪的讨论，结果似乎是推翻了基督存在的可能性。

基督存在的证据如何呢？教会以外的最早考证，是犹太史学家约瑟夫斯所著的《犹太人的古代史》，其中有如下的记载：

> 那时候，有个耶稣。如果称他为人，他应该是个圣人，因为他行了许多奇妙的事迹，教导民众，并且乐于接受真理。很多犹太人和希腊人都跟随他。他就是弥赛亚。

这段奇怪的记载，也许有它的真正根据，不过作者是犹太人，按理说，他应该热烈取悦当时和基督教有冲突的罗马人和犹太人。可是在他这部著作里，竟有这样对耶稣的崇高赞颂，因而使人产生了怀疑。基督教的学者们也批评这段叙述，认为几乎毫无疑问是对原著的篡改。在《塔木德》（Talmud）中，曾提到"拿撒勒人耶稣"（Yeshu'a of Nazareth）的地方，但因出书的年代很晚，所以很可能是受基督教思想的影响，并不能当作历史的考据。最早述及耶稣的非基督教文献，是小普林尼的一封信，他在信中请求罗马皇帝图拉真指示如何对待基督徒。五年之后，罗马史学家塔西佗记述了尼禄王对罗马基督徒的迫害，并说明在公元64年罗马各地的基督徒已经日渐增多。这项记载，由于极符合塔西佗的风格、笔调及偏见，因而所有的《圣经》批评者，只有德鲁斯一人怀疑它的真实性。罗马传记作家和史学家苏埃托尼乌斯（Suetonius）叙述过同样的迫害事件，并且报道了罗马皇帝克劳狄乌斯放逐犹太人（约在公元 52 年）的情形，说是"受耶稣鼓动的犹太人，制造群众的骚乱"。这段记载与《使徒行传》非常符合，其中提到克劳狄乌斯的一项指令，指示"这些犹太人应该离开罗马"。这些资料证明了基督徒的存在，但并未说明基督本人。但是除非我们假设有基督存在，否则我们就要倾向一种难以相信的推测，认为耶稣是在一个世代之中捏造出来的。此外，我们必须假定罗马的基督教团体是在大约公元 52 年以前某些年代成立的，以符合罗马皇帝下达的指令。大约在这一世纪的中叶，一个名叫塔卢斯的非基督徒辩称基督死后的反常黑暗，完全是自然现象的一次巧合。这次辩论，认为基督的存在是当然的事，甚至对初期基督教最痛恨的外邦人或是犹太人的反对分子，对于基督的存在似乎都从来没有否认过。

　　教会方面关于基督存在的证据，最初出现在圣保罗的书信上。其中有一部分的来源不可靠。不过在公元 64 年以前的几封，几乎举世公认它们具有充分的真实性。没有人怀疑过保罗存在的真实性，或是怀疑过他和彼得、雅各及约翰一再会晤的真实性。同时保罗也承认这些人都亲身结识过基督。一般人所接受的使徒书信，常常提到"最后的晚餐"和耶稣的受难。

　　至于四福音书，则没有如此简单。在头两个世纪，基督徒之间曾流传着很多福音书。现在所保留的四种，只是其中的一部分。"福音"一词的原文，即希腊词"euangelion"，这是《马可福音》的开端用语，意即"佳音"（glad tidings）——弥赛亚来到，上帝的国临近了。《马太福音》、《马可福音》及《路加福音》三本福音书，是从同一个观点叙述的：它们具有彼此对称的内容和主题，可以对照阅读。它们是用希腊的通俗文字所记载，没有一定的文法或文学的修饰。不过，这些福音书的简单格调所代表的坦率和力量，彼此的类似性和背景的生动有力、深厚的感情，及故事的动人，赋予这原来简陋的原文一种独特的吸引力。后来英王詹姆斯时代的钦定英译本，虽有很多偏差，但是在文辞方面，则已经修饰得非常隽永。

现存最早的四福音抄本，仅能溯至 3 世纪，而原著显然写于公元60—120 年之间，因此，历经两个世纪由于抄写上的失误，同时为了适合神学或翻版人士的宗派，或因时代的影响，都可能改变了四福音书的内容。公元 100 年以前的基督教写作者，常常引用到《旧约·圣经》，从未引述《新约·圣经》。在公元 150 年以前，唯一提及基督教福音的，是帕皮阿斯（Papias）。他大约在公元 135 年报道有一个来历不明的"老约翰"说，马可是从记忆中，把彼得传述给他的话，写成了他的福音书。帕皮阿斯又说："马太用希伯来文抄录了《基督语录》（Logia）。"——显然即早期用阿拉米文写的基督的语录。保罗可能有一些这类的文件，因为他虽然没有提过四福音书，但是时常直接引用耶稣说的话。[1] 批评《圣经》的人士通常都同意《马可福音》是最早的一本福音书，认为出现在 65—70 年之间。因为这本福音书有时是以不同的方式来复述同一件事情，所以很多人认为它是基于《基督语录》及另外一些可能是早期马可本人的原作。显然早在耶稣的某些使徒及他们最亲近的门徒仍然在世的时候，现在所用的《马可福音》便已经开始流传，所以它的内容和他们新汇集与译述的基督事迹之间，似乎不可能有重大的差异。我们可以参考明智而深虑的施韦泽（A.Schweitzer）的意见，他提出一项结论，即《马可福音》确实是一部"真实的历史"。

教会正统的习惯，是将《马太福音》列于第一位。依据伊里奈乌斯（Irenaeus）的记载，《马太福音》原来是用"希伯来文"即阿拉米文写的，不过流传到我们手中的只有希腊文本。由于《马太福音》显然是模仿《马可福音》写的，甚至可能是模仿《基督语录》写的，所以批评者多数认为《马太福音》是马太的一位门徒写的，而非出自马太本人的手笔。不过即使是最表怀疑的学者们，也都承认这本福音书

---

[1] 1807 年和 1903 年，格伦费尔（Grenfell）与亨特（Hunt）在埃及俄克喜林库斯（Oxyrhynchus）的残迹中发现了 12 件零星的《基督语录》，大致与四福音书的记载相符。这些史料的年代都不早过 3 世纪，不过它们可能是早期原稿的抄本。

的年代早在85—90年之间。马太希望转变犹太人的信仰，他所引用的耶稣神迹多于其他的几本福音书，同时，由于过于热切地去证实许多《旧约》的预言被应验在基督身上，乃至令人产生怀疑。不过在四种福音书之中，《马太福音》是最动人的一部，也是无意识的世界文学杰作之一。

圣路加的福音书，大家都认为出现在1世纪的最后十年。这本福音书希望把早期关于耶稣的记载加以协调一致，它的目的并非要转变犹太人的信仰，而是希望说服非犹太人。路加自己很可能不是犹太人，他是保罗的朋友，也是《使徒行传》的作者。《路加福音》和《马太福音》一样，大部分来自《马可福音》，《马可福音》里面的661节中，《马太福音》借用了600多节，《路加福音》借用了350节，而且大部分一字未改。在《路加福音》里，很多《马可福音》没有的内容出现在《马太福音》之中，并且也是一字不差。显然，《路加福音》也借用了《马太福音》的内容，或是路加与马太采用了某个现已消失的共同来源。路加借用其他内容的时候，也发挥了一些自己的文学技巧。勒南认为这本福音书是一本文字最美的书。

第四部福音书，并不佯称是耶稣的传记。它是以神学的观点对基督的叙述，认为基督就是"圣言"（divine Logos），就是"道"（Word），是世界的创造者和人类的救赎主。这本福音书，在很多细节和对基督的一般描述上与其他三本福音书都有矛盾之处，这部半诺斯替教式（Gnostic）的著作及它所着重的抽象玄学观点，促使很多基督教学者怀疑它的作者不是使徒约翰。不过根据过去的经验，一项古老的传说，不可轻易地加以否定，要知道我们的祖先并非个个皆属愚昧无知。最近的研究结果认为，第四本福音书是在1世纪末叶问世，而这本福音书和"约翰的书信"是同一个作者的传说可能是正确的。因为两者的观点相同，格调也一致。

简言之，在这几部福音书里面，显然彼此之间有很多矛盾的地方，有很多可疑的历史记载，有很多和其他神话相似的记载。有很多显然是为了应验《旧约》预言而安排的事迹。也有很多叙述，可能是为了后来的教义或教会的礼仪而树立的一个历史依据。四福音书的作者们，与西塞罗、萨卢斯特及塔西陀具有同样的观念，认为历史是传输道德思想的工具。四福音书所记载的言论，可能由于过去的人知识低下而有记忆上的偏差。也可能在抄录复制的过程中，发生错误或有意修改。

即使的确有以上这些弊端，四福音书的大部分内容仍然成立，其矛盾只在于它们的细节，而非本质的问题。大体上几部福音书都非常一致，对基督的生平有一贯的叙述。圣经的批判者极力地寻找各种论据来严厉考证《新约》的真实性，如果依照这一批判所作的评论，很多古代的伟人——例如巴比伦国王汉谟拉比、以色列国王大卫、希腊哲学家苏格拉底——都要被列为传奇式的神话人物。[1] 纵使四福音书的作者存有偏见或有神学的主观成见，他们却坦率地记录了一般人可能要加以隐藏的一些事迹——例如使徒们彼此竞争地位；耶稣被捕之后，使徒们的星散；彼得的否认耶稣；耶稣在加利利不能显神迹；有些听众认为耶稣可能精神错乱；耶稣早期对他传道的犹疑；他承认不知道未来；他的痛苦时刻；他在十字架的绝望呼喊。读过这些记载的人，当不会怀疑这些事迹里面的人物。如果说只凭几个头脑简单的人，在一个时代之中竟能够捏造出这样一个才能卓越且引人入胜的人物来，捏造出一个制定如此崇高的伦理道德和仁爱精神的人物来，那么这项捏造工作的惊人才能，远比四福音书所记载的神迹更令人难以相信。对《圣经》的"高等批评"流行了两个世纪之后，基督的一生，他的品格和教义，仍然赢得人们理智上的认可，同时在西方人的历史上占有最具影响力的地位。

---

[1] 一位伟大的犹太学者说（也许说得过分了一点）："如果亚历山大或恺撒的历史，有像四福音书那样的古老资料来源，我们就不该稍存怀疑了。"

成长期

马太与路加都记载耶稣出生于"希律任犹太国王的时候"——所以时间在公元前 3 年以前，不过路加的记载说罗马皇帝提比略在位的第 15 年，即 28—29 年，耶稣接受了约翰洗礼，当时耶稣大约 30 岁。照这样推算，耶稣应该出生在公元前 2—前 1 年之间。路加又说："当基林努斯（Quirinius）任叙利亚总督的时候，罗马王奥古斯都曾令谕天下人纳税……"基林努斯是公元 6—12 年担任驻叙利亚总督的。根据约瑟夫斯的记载，基林努斯在犹太进行了一次户口普查，时间是在 6—7 年。关于这项户口普查，我们没有进一步的记录，德尔图良的记载是在公元前 8—前 7 年间，叙利亚总督萨图尼努斯在犹太进行了一次户口普查。如果这就是路加记忆中的那次户口普查，则基督的出生年代必是在公元前 6 年以前。关于基督出生的明确日期，我们并不清楚。希腊神学家克莱门特（Clement of Alexandria）当年（约公元 200 年）记录了一些不同的意见，有些年鉴编纂者认为基督出生在 4 月 19 日，有些说是 5 月 20 日，克莱门特本人认为是公元前 3 年 11 月 17 日。早在 2 世纪时，东方的基督教在 1 月 6 日庆祝耶稣的诞辰。354 年，包括罗马在内的一些西方教会在 12 月 25 日纪念基督的诞辰。这是当时推算错误的冬至日，冬至也就是白昼开始加长的日子。这一天原来是密特拉教的主要节日，也就是所谓太阳神（密特拉教所奉的太阳神）的诞生日。东正教有一段时期坚持 1 月 6 日是耶稣诞辰，并且指责西方的教友崇拜太阳和崇拜偶像。不过到了 4 世纪末，东方教会也采用 12 月 25 日作为耶稣的诞辰。

马太和路加记载的耶稣诞生地点，是耶路撒冷以南五英里的伯利恒。所以他们记载说，耶稣的一家是迁移到加利利的拿撒勒去的。马可没有提到伯利恒，只是把基督称为"拿撒勒人耶稣"。[1] 基督的父

---

[1] 批评者怀疑马太和路加选择伯利恒作为耶稣的诞生地点，是为了支持"耶稣是弥赛亚"的主张，并且符合犹太预言所称耶稣是大卫的后裔——因为大卫的家族曾经住在伯利恒。不过批评者无法提出证据来证明他们的怀疑论。

母给他取名为约书亚（Yeshu'a），意即"耶和华救主"，希腊和罗马人分别叫他"Lesous""Lesus"（耶稣）。

耶稣显然出生在一个大的家族，因为他的邻居对他的卓越教诲感到惊奇时，曾经提出过以下的问题："这人从哪里有这等智慧和异能呢？这不是木匠的儿子吗？母亲不是叫玛利亚吗？他兄弟们不是叫雅各、约瑟、西蒙、犹大吗？他妹妹们不是都在我们这里吗？"路加叙述天使报佳音（Annunciation）的故事时，运用了一些文艺的修辞，作成《新约》中的伟大诗篇之一——《圣母颂》。

在《圣经》故事里，除了耶稣之外，圣母玛利亚算是最令人感动的人物。她满怀母爱的喜乐之情，含辛茹苦地抚养耶稣，对他少年时候的学习精神深引为荣，对他后来提出的教义和主张感到惊服不已。她希望耶稣离开追随他的群众，回到家里安静地休养（玛利亚曾对耶稣说："……你的父亲和我找你找得好苦啊……"）。她孤苦无援地亲眼看到她儿子被钉死在十字架上，最后悲痛欲绝地怀抱着耶稣的尸体。如果这不是历史，也是一部上乘的文学著作，因为对于其中父母和孩子之间的亲情，写下了远胜过两性爱情的动人故事。后来关于玛利亚和一个罗马士兵之间的一段谣传故事，被评为"愚蠢的捏造"。其次在一些伪造或非正统的福音书里，还有一些关于基督出生在山洞或马槽、牧羊人和三贤者朝拜圣婴、无辜者大遭屠杀及逃亡埃及的故事。思想成熟的人对这些无伤大雅而又富于诗意的流行故事，不会产生反感。关于童女怀孕生子一事，保罗和约翰都没有记载。至于马太和路加，则经由不同的家谱，通过约瑟把耶稣归宗为大卫的后裔。相信耶稣是大卫后裔的立论，显然早于童女怀孕生子之说。

四福音书的作者很少记载基督的少年生活。基督出生第八天行割礼。约瑟是个木匠，因为职业世袭的影响，所以相信基督也过了一段愉快的木匠生活。他了解他村子里的工匠、地主、仆役及附近的奴隶的生活。他的言论中，充满了关于这些人物的词句。他很欣赏乡间大自然的美丽、花木的优雅色彩及宁静而丰硕的果树。关于他在圣殿询问学者的记载，并非难以置信的故事。他很机警，具有好奇心，何况在近东地区，12岁的孩子已经接近成熟的时期。不过他没有受过正式教育。"怎么一回事，"他的邻居问道，"这个人没有学过，怎么能读书呢？"他参加过礼拜集会，很乐意听人讲述《旧约》，尤其是《旧约》中的预言和赞美诗，给他留下了深刻的印象，也有助于他气质的形成。基督可能还读过希伯来先知但以理和以诺的书，因为他后来传教的时候，常提到他们两人关于弥赛亚、最后审判及天国来临的见解。

耶稣当年的生活环境，充满了宗教骚乱的紧张气氛，成千成万的犹太人渴望以色列救赎主的来临。魔法和巫术、妖魔和天使、附灵和驱邪、显奇迹和听预言，以及占卜和问星象之类的活动到处流行，三贤朝拜圣婴的故事在当时可能是一般人相信星象的必然现象。术士们周游在各个市镇，巴勒斯坦的善良犹太人每年都要跋涉到耶路撒冷去过逾越节，当时耶稣必定获悉了犹太苦修教派的一些情况，也了解了他们近乎佛教苦行僧的生活。[1] 可能耶稣还听说过名叫"拿撒勒"的教派，这一派居住在约旦河以外的佩拉亚地区，他们拒绝参加庙堂的礼拜，也不受《摩西》律法的束缚。不过耶稣产生宗教热忱，要算受到玛利亚侄子约翰讲道的影响。

约瑟夫斯所记述的约翰生平颇为详细。我们喜欢把施洗约翰描述成一个老人，其实，他显然和耶稣的年龄相同。马可和马太笔下的约翰，是一身毛布装束，以干蝗虫和蜂蜜果腹，站在约旦河边，呼吁民众悔改的人。约翰赞成犹太苦修教派的苦行主张，不过他的意见不同，他认为只需要一次洗礼，他的"施浸者"（Baptist）的称呼，可能相当于希腊文的"Essene"，即犹太苦修教派。约翰在他的洗罪仪式中，谴责伪善和放荡的生活，他警告罪人为最后的审判做准备，

---

[1] 阿育王（A Shoka）向西方传教的团体，最远到过埃及和北非的昔兰尼，所以很可能到过近东。

声称天国近了。约翰说，如果犹太人全体悔改，洗清他们的罪过，弥赛亚和天国立刻就会降临。

路加说，大约在罗马皇帝提比略在位的第 15 年或稍晚的时期，耶稣到约旦河接受约翰的浸礼，当时耶稣"大约 30 岁"。受浸的这一决定，证明耶稣接受了约翰的教义。所以他自己传播的教义，大致和约翰的相同，不过他具有不同的方式和特性：他自己从不为别人施浸，他不过荒野的生活，而居住在世人之间。在耶稣接受约翰施浸之后不久，加利利的希律王便下令监禁约翰。四福音书的记载，说明约翰的被捕是因为他批评希律王遗弃妻子另结新欢，娶了他兄弟菲利普的妻子希罗底（Herodias）；约瑟夫斯认为约翰的被捕，是因为希律王担心约翰假借宗教改革的名义，煽动政治反叛。关于这件事，马可和马太叙述了萨乐美的故事来加以说明：萨乐美是希罗底的女儿，她在希律王面前表演了一场艳舞，因为非常迷人，所以希律王答应她可以提出任何要求作为报偿。萨乐美在她母亲的指使下，要求取下约翰的首级，于是希律王无可奈何地答应了她的要求。四福音书里面，没有关于萨乐美与约翰之间存有恋情的任何记载，约瑟夫斯也没有提及约翰的死亡与萨乐美有关。

传道期

约翰被囚禁之后，耶稣接替了他的工作，开始宣讲天国临近的道。路加记载说，耶稣"回到加利利，并且在各会堂里教导大众"。我们可以从耶稣的布道工作中，对这位追求理想的青年有深刻的认识。他在拿撒勒的聚会场所，依次向群众读诵《圣经》，并且选用了下面《以赛亚书》的一段话：

> 主的灵在我身上，因为他用我，叫我传福音给贫穷的人，差遣我抚慰破碎的心灵，报告被掳的得以释放，瞎眼的得以看见，

叫那受压制的得自由。

路加记载说:"会堂里的人,都定睛看他,耶稣对他们说:'今天这经应验在你们耳中了。'众人都称赞他,并稀奇他口中所出的恩言。"当约翰被斩首的消息传出后,他的门徒寻找一个新的领袖,于是耶稣承担了这份责任和危险。起初,他谨慎地隐退到静僻的乡村,始终避开政治纷扰,后来一天比一天放胆地宣讲福音,希望大家悔改认罪,信奉上帝,方能得救。有些听他讲道的人,以为他是死而复活的约翰。

我们对耶稣很难获得客观的认识,这不仅因为一些研究的根据往往是出自他的崇拜者,尤其是因为我们自己的传统道德观念与耶稣具有密切的关系,并且以他为榜样,因此如果我们寻找耶稣的任何缺陷,就会有受到伤害的感觉。耶稣的宗教意识极为强烈,所以他严厉谴责那些和他观点不同的人,他能够宽恕任何的过错,但是绝不原谅不信之罪。在四福音书里,有些不免令人困扰的记载,与其余关于耶稣的叙述极不调和,他似乎未加审慎思考地接受了当代一项最严厉的有关永恒地狱的观念,不信上帝的人和不悔改的罪人,要在地狱受烈火和蠕虫侵蚀的惩罚。他不容抗辩地表示,在天堂的穷人,不会获准给地狱的富人一滴水喝。他劝告人"不要论断人,免得自己被论断",可是他却诅咒那些不接受他福音的人和城市,及不结果实的无花果树。他对他的母亲,可能也稍有严厉之处。他具有希伯来先知的苦行热忱,而没有希腊哲人的宽宏镇静。有时他因为义愤填膺,而显得失去了原有高度的仁慈。他的缺点,就是不惜代价地坚守他的信仰,也就是使他能够感动整个世界的信仰。

就其余各方面而论,耶稣可算是世间最令人敬爱的人物,我们没有关于他的形象资料,四福音书的作者们也没有描述他的外表,不过他的外貌,必然和他的精神魅力一样的美好,所以他吸引了大批的男女群众。我们从一些零星的资料中获悉,耶稣当时一如当地其他

的人，穿的是长袍加外披风，脚踏凉鞋，并且可能戴着一条披到肩膀
的头巾，借以遮蔽太阳。当时很多妇女觉得他是一个富于同情心而温
柔的人物，因而使她们产生毫无保留的虔敬之心。关于一名妇女犯奸
淫的故事，虽然只有约翰叙述过，但是并不能否定其真实性。这项记
载对约翰的神学理论并无助益，不过完全符合耶稣的性格。[1] 另外一
个并非四福音书作者捏造能力所及的类似记载，是关于一名娼妓的故
事。这个妓女，因蒙耶稣接纳她的悔罪，感动得跪在他的面前，把珍
贵的药水涂在他的脚上，并且用她的头发擦干了她滴在耶稣脚上的眼
泪。当时耶稣说，她的罪过已经获得赦免，"因为她的爱多"。据说，
当时母亲们都带着她们的孩子到耶稣面前，让他抚摸一下，记载说：
"他抱起那些孩子，把手放在他们身上，为他们祝福。"

　　耶稣与先知们、苦修教派者、施洗约翰都不同，他不主张禁欲主
义。据记载，在一次结婚的筵席上，他提供了丰富的酒，他和"大众
及罪人"生活在一起，还收容了一个改邪归正的妓女，加入跟随他的
行列。他虽然痛恨肉体的情欲，但是并不反对纯洁的愉快生活，偶尔
他也参加富人的家庭宴会。不过一般而言，他常与穷人为伍，甚至和
那些法利赛人及撒都该人所蔑视的阿姆哈勒兹（Amhaarez）人在一
起。他知道不会受到富人的欢迎之后，就把他的希望寄托在一个转变
上，想让穷人和谦卑的人在未来的天国里列于至高的地位。他和恺撒
唯一相似的地方，是两人都站在底层民众的立场及他们都有怜恤的性
格。除此以外，他们无论在外表、气质或旨趣上，都有天壤之别。恺
撒希望用修改制度和法律的方式来改造人群，耶稣则主张借改造人群
的途径来重定制度和减少法律规定。恺撒易发怒，不过他的明察智慧
总会控制住他的情绪；耶稣始终明智过人，他回答法利赛人狡猾的问
题时，表现了高度的智慧和有如律师的技巧，没有人能够愚弄他，即

---

[1]《约翰福音》第 7 章第 52 节。在马可和路加的旧稿里，也有同样的记载。不过后来出版
　的福音书，已经删除了这类故事，可能是为了避免产生鼓励淫荡的不良作用。

使当他面临死亡的时候，也不含糊。不过他的意志力并非依靠他的学识，而是出于他自己敏锐的领悟、深切的感情及纯一的目标。耶稣并没有自称无所不知，他对很多事件也会感到意外，只因为他的诚挚与热心，才使他过高地估计了他的能力，正如他在拿撒勒和耶路撒冷的情形。不过他才能卓越这一点，似乎在他显现的神迹中获得了证实。

他显现的神迹，可能大部分都是出于思想的感应力——一种信心坚定的精神力，对易受感动者所产生的影响。耶稣的出现本身就有鼓励作用，再加上受到他乐观的启示之后，于是弱者变强，病者获愈。

至于说在一些传奇故事中的其他人物也有过相似的事迹这一点，并不能证明耶稣的神迹就是神话。除了少数的例外，这些神迹并非不可置信的事。于今在法国著名的圣地卢尔德（Lourdes），几乎随时都有类似的情形，同时无可置疑的，在耶稣所处的古老时代中，这类神迹奇事也发生在希腊的埃皮达鲁斯及其他精神治疗中心。耶稣的门徒们也会做这种治疗，耶稣所行的神迹，可从两方面说明它们出于心理作用：耶稣自己把他的治病方法，归功于病愈者的"信心"；耶稣在拿撒勒无法行奇迹，显然因为那里的人视他为"木匠的儿子"，而不相信他有超人的异能，所以他说："大凡先知，除了本地亲属本家之外，没有不被人尊敬的。"关于抹大拉的玛利亚的故事，福音书中记载说"她身上的七魔已被驱除"，也就是说她患过精神病和被鬼附身，似乎在耶稣面前，病魔即告减退。她敬爱耶稣使她新生，并因为耶稣接近她，而获得神志清醒。另一次关于贾鲁斯（Jairus）的女儿复活的故事，耶稣直率地说，那女孩没有死，只是睡着了——可能是在昏迷状态。耶稣叫她醒来的时候，一反他往常温和的态度，而用命令的口吻说："小姑娘，起来吧！"这也并非说，耶稣把他的神迹视为纯粹的自然现象。其实他认为唯有借助于在他里面的神灵的帮助，才能够发生作用。我们不知道耶稣的观点是否错误，也不能在人的思想和意志的潜力方面确定一个限度。耶稣在行过神迹之后，自己似乎感到精神疲惫。他并不愿意行神迹，也不许追随他的人宣扬他的神迹。他责

备那些要求出现"预兆"的人。他引以为憾的事，就是甚至他的门徒
跟随他，主要也是因为他所行的神迹。

　　这些门徒，很少会有人选他们来担负改造世界的工作。四福音书
里面，据实辨明了他们的性格，也坦率地暴露了他们的缺点：他们公
然存有野心。耶稣为了安抚他们，答应在最后审判的时候，让他们坐
在 12 个宝座上，审判以色列的 12 个支派。当施洗约翰被囚禁之后，
他的门徒之一安得鲁便带着他的兄弟西蒙投奔耶稣。耶稣称西蒙为
"Cephas"，意即"岩石"，希腊译音为"彼得"（Petros）。彼得是典
型的平凡人物，冲动、热心、慷慨而又善嫉，有时候胆小怯懦。他和
安得鲁都是加利利海的渔民。西庇太的两个儿子——雅各和约翰——
也是当地渔民。这四个人放弃了他们的渔业，离家跟随耶稣，成为耶
稣的亲近人物。马太是边区伽百农（Capernaum）镇的收税员，是罗
马政府的公务员，从事公务或国家事务，因此遭受每个渴望自由的犹
太人的愤恨。加略人犹大（Judas of Kerioth）是使徒中唯一来自加利
利以外地方的人。12 位使徒将财物存积在一起，将这些共同财产委
托犹大保管。当他们跟随耶稣到各地传道的时候，就在乡村生活，有
时候在他们经过的郊外就地取食，也接受皈依他们的人和朋友们的招
待。除了 12 位使徒之外，耶稣另外设立 72 位门徒，并且在他计划要
访问的地方，每个市镇派出两位门徒。他命令他们："不要携带钱囊、
口袋，不要穿鞋。"善良和虔诚的妇女加入了他们的行列，支援这些
使徒和门徒的传道工作，她们担负了令人分心的家务琐事，这也是给
予男子最大安慰的工作。耶稣就是通过这样一个卑贱又目不识丁的小
队人马，将他的福音传播到整个世界。

福音

　　耶稣传道的时候，为了适应群众的需要，采用简明的话语和有
趣的故事，使人能够逐渐领悟到他的教义。他惯用尖刻的警语，而不

是推理性的议论。他善用直喻和隐喻，足可媲美任何文学名著。他所采用的"寓言"式方法，在东方非常通行。至于他有些引人入胜的类推，也许下意识地承受了先知、赞美诗的作者及犹太教祭司的影响。然而他话语的直率，他比喻的生动多姿及他本性的热诚真挚，使他的言论成为最富鼓舞性的诗篇。他的话语当中有些表达得不够清楚，有些初看起来并不妥当，有些尖酸刻薄并具讽刺性，然而可以说，这些都是简洁、明了、有力的典型。

耶稣传道的起点是施洗约翰所讲论的福音，这福音的本身可以追溯至但以理和以诺。他说：天国近了；上帝即将结束这罪恶不义的地上世界；人子即将"来到云端之上"，来审判所有的人类，无论是已死的或仍活着的。悔改时间不多了，凡是已经悔改、生活端正而爱神的人，并且相信神所差来的人，将要享受天国，在那永无罪恶、痛苦及死亡的国度里，享受权利和荣耀。

他的听众们均很熟悉这些观念，所以耶稣并没有清楚地加以界说，以至于今日有许多概念仍隐晦难明。他所谓的天国是什么呢？是一个超自然的乐园吗？很明显，绝对不是，因为他的门徒及早期的信徒均一致地盼望一个俗世的王国。基督是继承了犹太人的传统，并且教导他的门徒们向天父祈祷。只有当这个希望破灭之后，《约翰福音》里才引耶稣的话："我的国不属于这世界。"那么他所谓的天国是否仅是一个属灵的状态？有时他说到天国，是指一个纯净、无罪的灵魂所能到达的状态——"神的国就在你们心里。"有时他把天国描绘成一个未来的快乐美丽的社会，其中使徒将成为统治者，所有曾为基督的名而撇下一切或受苦的人，必将得到百倍的报酬。他似乎把道德的完整隐喻为天国，也是进入天国的准备及代价，而且也是所有得救的灵魂进入天国时应有的条件。

那么天国究竟何时来临呢？答案是马上到来——"我不再喝这葡萄汁，直到我在上帝的国里，喝新的那日子。"他告诉他的门徒说："以色列的城邑，你们还没有走遍，人子就到了。"后来他稍微将这日子迟延了些，说："我实在告诉你们，站在这里的，有人在未亡之前，必看见人子降临在他的国里……这世代还没有过去，这些事都要成就。"在更多的富有政治性的场合中，他警告他的门徒说："但那日子，那时辰，没有人知道，连天上的使者也不知道，子也不知道，唯有父知道。"有许多预兆将会出现："打仗和打仗的风声……国要攻打国……多处必有饥荒、地震……那时人要把你们陷在患难里……那时必有许多人跌倒，也要彼此陷害，彼此恨恶。且有许多假先知出来，迷惑多人。只因不法的事增多，许多人的爱心才渐渐冷淡了。"有时耶稣将天国的来临取决并等待于人的归向神及公义。通常他把天国的降临视为神的计划，一个神奇至尊的恩典。

许多人把"天国"解释成如同共有制度的乌托邦，并且认为基督是一个社会改革家。四福音书中某些部分的确提供了不少这种看法的证据，基督很明显地责备那些积聚钱财及贪于享受的人。他预言这些富有的人将会面临饥饿和苦难，而贫穷的人必得饱足，并以"八福"来安慰贫穷人，保证天国是他们的。对于那位问耶稣除了遵守诫命外还要做什么才能进入天国的青年财主，基督回答说："可去变卖你的所有，分给穷人……你还要来跟从我。"由此看来，使徒们似乎把"天国"解释成富人与穷人之间革命性的转变，我们可以在使徒和早期的信徒中发现他们聚集在一起，组成一个共有的社团，凡物公用。耶稣被捕受审时的罪名，即是他自称为"犹太人的王"。

但是一个保守者也能引证《新约》来反驳以上的论调，比方说基督曾结交马太，这人一直都是罗马帝国的官员。耶稣从来不批评政府，也从来不参与犹太人的民族解放运动，对于政治改革他几乎很少插手，即使不得已时，他的态度也是非常谦恭、温和的。他曾劝告法利赛人说："恺撒的物当归给恺撒，上帝的物当归给上帝。"在另外一处，耶稣说了一个比喻，提到一个人要到外国去，"就叫了仆人来，把他的家业分给他们……"在这个故事里，我们看不出耶稣对奴隶制度或者钱财生息有任何的不满，反而视这些制度为理所当然的事。在一个寓言故事中，工人埋怨雇主，给予那后来只工作一小时的工人的报酬竟和那些整天劳苦受热的工人一样。耶稣使那雇主回答说："我的东西难道不可随我的意思用吗？"耶稣似乎没有想到过消灭贫穷，他说："你的贫穷随着你。"他像古代的人一样理所当然地认为，一个仆人的职责就是殷勤地侍候他的主人："主人回来，看见他尽职，那仆人就有福了。"他并不企图攻击现存的经济或政治制度；相反，他责难那些"一心一意只想进入天国的人"。[1]耶稣所寻求的改革是更深一层的，若没有这样的改革，一切的改进只是表面的、肤浅的、暂时的。他认为若是能洗净人心中的自私、残酷、贪欲，乌托邦自然就出现，而那些由于人类的贪婪、暴力而必须有的一些制度及法律存在的需要，自然就消失了。这种革命可以说是所有的革命当中最艰辛的，其他的革命多为一个阶级逐出另一阶级的政变，所以就灵性的观点来看，耶稣可以算是历史上最伟大的革命家。

他的成就并不在于预示了一个新的国度，而是在于描绘出一个理想的道德境界。在他刚出来宣传天国的福音时，就已将一些道德的条律公之于世，希望世人能达到这个标准而进入天国。因此在耶稣论到"八福"的时候，他空前地提高了虚心、贫穷、温柔及使人和睦之人的地位。他也劝人：若是有人打你的右脸，连左脸也转过来由他打；要像小孩，不要过于关心钱财的积蓄、财产及政治制度；喜爱独身生活胜于婚姻生活；并且劝人放弃一切家庭的负累。这些规条均非一般人所能遵行，他们只是一种适合一些神所挑选的进入天国之人的僧侣似的生活规则，因为天国里既没有法律、战争、财产，也没有婚姻及性别关系的存在。耶稣曾称赞那些"为上帝的国而撇下房屋或是妻子、弟兄、父母、儿女"，甚至"自愿为阉人者"。显然这些只是为了少数虔诚的信徒而计划，而非一个连绵的社会所能适用的。就伦理方

---

[1]《马太福音》第11章第12节："……天国是努力进入的，努力的人就得着了。"在此，耶稣毫无责难一心一意想进入天国的人的意思，与本文原意不尽相符。——译者注

面的目的而言，这些道德条律似乎太狭窄了些，但就其见解而言，却是非常广泛，因为耶稣所说的博爱及"金科玉律"，不仅适用于朋友、邻舍，甚至适合于异邦之人及仇敌。在这些道德条律中隐约地描绘出了一个理想的境界，在那境界中，人不再在殿中敬拜神，而是用"心灵和诚实"敬拜神；人不再用言语敬拜神，而是用行动敬拜神。

这些道德观念是新的吗？不，没有一样是新的，只不过比以往有条理罢了。耶稣基督传道的主题——最后的审判及天国的来临——在100年前就已在犹太人当中流传。早在《摩西律法》中即已对人谆谆教诲博爱精神，《利未记》说道，"要爱人如己""对和你同居一地的外人，你要视他如本地人一样，并要爱他如己"。在《出埃及记》中也要求犹太人要善待他们的仇敌："若遇见你仇敌的牛或驴迷失了路，要牵回来交给他。"许多先知也列出了一个道德的标准；以赛亚和何西阿（Hosea）两位先知开始将神圣而不可即的耶和华叙述成仁慈爱人的神。但我们绝不可因此而说耶稣承继并利用了前人丰富的道德知识。

有很长一段时间，耶稣也只认为自己是一个普通的犹太人，继续以往先知们未竟的工作，分享他们的观念，而他也仅仅向犹太人传讲天国的福音。在他差遣门徒去传福音的时候，也仅限于犹太各城。他曾说："外邦人的路，你们不要走，撒玛利亚人的城，你们不要进。"因此当耶稣死后，门徒们犹豫不定，不知是否应把福音传给外邦不信的人。当耶稣与撒玛利亚的妇人在井边谈道的时候，他告诉那妇人说："救恩是从犹太人中出来的。"然而，我们也不可由一位在耶稣之后而现在又过世之人所记载的事，来论断耶稣。有一次当一位迦南妇人要求耶稣医治她的女儿的时候，起先耶稣拒绝地说道："我奉差遣，不过是到以色列家迷失的羊那里去。"耶稣也曾告诉他治疗好的麻风患者说："去把身体给祭司察看……并献上摩西所吩咐的礼物。"在他对门徒及众人讲道的时候，他说："凡法利赛人和文士所吩咐你们的，你们都要谨守遵行。但不要效法他们的行为。"在提到犹太人《律法》的修改及缓和这件事上，耶稣曾表示绝无废除《律法》之意，他说：

"我来不是要废除《摩西律法》，乃要成全。""天地都废去了，但《律法》的一点一划 [1] 也不能废去，都要成全。"

　　然而，借着德行和感情的力量，他改变了许多事。他在《律法》以外加了一条命令，就是过一种公正、仁慈单纯的生活，以待天国的来临。对于《律法》中有关性及休妻的事，他特别严厉，但对于可以赦免的过犯，他的态度就缓和得多，并且他告诉法利赛人说："安息日是为人设立的。"他放宽了对饮食和洁净的条例，省去某种不必要的禁食。他把宗教由仪式而带入了真正的敬拜，尤其责备那些假装敬虔的祷告、故意行在人前的善行及华丽不实的葬礼。有时，他留给人一种感觉：当天国来临的时候，《律法》将要废除。

　　所有犹太的宗派，除了苦修派外，都激烈地反对他的"改革"，尤其憎恨他以神的地位自居，去赦免人的罪。他们惊讶地发现，耶稣居然与犹太人所憎恨的罗马官吏及下层社会的妇女有来往。当时许多圣殿里的祭司和最高法院中的官员，对耶稣的行径均抱以怀疑的态度。正如希律王对约翰，他们注意其有无类似的或隐藏着某种政治革命的动机，以免罗马官员会指责他们没有尽到维持社会秩序的职责。他们曾震惊于耶稣预言圣殿遭毁的事，然而也抱着疑信参半的态度，不知其是否仅是耶稣用来传道的一个隐喻。耶稣曾当众用尖酸恶毒的话指责法利赛人：

　　　　文士和法利赛人……他们把难担的重担，捆起来搁在人的肩上，但自己一个指头也不肯动。他们所做的一切事，都是要人看见，所以将穿戴的经文做宽了，衣裳的下摆做长了，喜爱筵席上的首座，会堂里的高位……你们这假冒伪善的文士和法利赛人有祸了……你们这瞎眼领路的……你们这瞎眼无知的！……那《律法》上更重要的事，就是公义、怜悯、信实，反倒不行了……你

---

[1] 以上经文可能被急于不信任保罗的犹太人基督徒所篡改，但不能确定。

们洗净杯盘的外面，里面却装满了勒索和放荡……你们这假冒伪善的文士和法利赛人有祸了，因为你们好像粉饰的坟墓！……在人前，外面显出公义来，里面却装满了假善和不法的事……这就是你们自己证明，是杀害先知者的子孙了。你们去充满你们祖宗的恶贯吧！你们这些蛇类，毒蛇之种啊，怎能逃脱地狱的刑罚呢？……税吏和娼妓，倒比你们先进上帝的国。

耶稣这些话只是对法利赛人说的吗？也许他们当中有许多人，就像后来几世纪中无数以外表的虔诚来代替内在的真实的基督徒，这些人是应当受到斥责的。但是也有许多法利赛人，他们也同意《律法》应当可以有些改革，使得更合乎人性些。很可能有许多宗派的人，他们都是很诚实、很庄重、很可敬的，他们认为耶稣所忽略的部分仪式的律，规条的本身并没有什么，它的目的只在于能够使处于敌意的世界中的犹太人能借着这些律条而骄傲地、庄重地聚集在一起，与世人有所分别。也有许多法利赛人很同情耶稣，并曾警告耶稣，有人要谋害他。有一个拥护耶稣的人名叫尼科迪默斯（Nicodemus），他也是个法利赛人，十分富有。

最后临到耶稣的噩运，因为他不断地深信并宣称，他就是弥赛亚。起初他的门徒只认为他是施洗约翰的继承者，渐渐地他们才开始相信，耶稣就是等待已久的救世主，要把以色列人从罗马帝国的束缚中拯救出来，而在地上建立神的国度。他们问耶稣说："主啊！你复兴以色列国，就在这时候吗？"耶稣对他们说："父凭着自己的权柄，所定的时间、日期，不是你们可以知道的。"当一位施洗约翰的门徒问他说："那将要来的，是你吗？"耶稣也作了以上同样含混的回答。为了避免他的门徒以为他是政治上的弥赛亚，他开始否认基督是大卫子孙的说法。然而，由于门徒们对他极度的期望及他发现自己有超乎寻常的精神力量，逐渐地他开始相信，他的确是神所差遣的，但不是要恢复犹太的王权，而是为了神的国度做准备。他并不认为自己与天父同等（见福音书的前三卷）。他问："为什么称我为良善呢？除了上帝以外，没有一个是良善的。"在客西马尼（Gethsemane）的祷告中，他说："然而不要照我的意思，只要照你的意思。"他所用的"人子"这个名词，与但以理曾说的弥赛亚是相同的意思，但是起初耶稣并没有指明就是他自己，直到后来他说"人子乃是安息日之主"才表明出来，法利赛人认为这简直是大大地亵渎了神。有时，他称上帝为"天父"，并不带有独占的意味。然而，有时候他又称上帝为"我父"，很明显地以一种特别的方式表示他是上帝的"儿子"。有很长的一段时间，他禁止他的门徒称呼他为弥赛亚。但是当耶稣与门徒在恺撒里亚菲利皮境内的时候，他却称许彼得认出"他是基督、是永生神的儿子"。在耶稣受难的那个星期一，他到耶路撒冷作了最后一次的哀恳。众门徒都欢呼起来，大声赞美上帝，说："奉主名来的王，是应当称颂的。"当几个法利赛人要求耶稣责备门徒时，耶稣回答说："我告诉你们，若是他们闭口不说，这些石头必要呼叫起来。"在《约翰福音》中记载着，群众向他欢呼，称他为"以色列王"。很明显，他的追随者仍然认为他是政治上的弥赛亚，他能推翻罗马帝国的政权，而使犹太国成为至高的王国。就是因为这些欢呼，注定了耶稣基督作为革命分子的必死命运。

受死和复活

逾越节近了，许多犹太人都聚集在耶路撒冷，去圣殿中献祭。圣殿里面充满了卖鸽子和兑换银钱的嘈杂声音。耶稣到了耶路撒冷后，惊讶于这种吵闹及将圣殿当作交易场所的现象。他和他的门徒愤怒地推倒了兑换银钱和卖鸽子的桌子，将他们的银钱散布满地，并且用鞭子把他们赶出圣殿。几天之后，耶稣又在圣殿中训导众人，并没有遭到阻碍。但是到了晚上，他为了躲避被逮捕或谋杀，离开了耶路撒冷，到了橄榄山（Mount of Olives）。

　　早在耶稣继施洗约翰传讲福音起，犹太人和罗马的官吏，还有许多教派的人士，就一直注意耶稣的举动。由于他没有太多的追随者，这些人已渐渐不再注意他了。但是因为他在耶路撒冷受到空前热烈的欢迎，使得这些人又开始怀疑，这一群冲动爱国分子聚集在耶路撒冷过逾越节，很可能冷不防地点燃一次致命的叛乱，来推翻罗马的统治，自成政府，并且给予宗教的自由，届时还需派兵去镇压一番。于是祭司长召开公会（可能是当时犹太最高法院和参议院的一个委员会），并且表达他的意见说："这一个人应该为百姓死，免得全国灭亡。"大多数的人均同意他的看法，于是公会下令逮捕耶稣。

　　这项决定的消息不胫而走，传到耶稣的耳中，大概在公元30年 [1] 犹太历 7 月 14 日（相当于公历 4 月 3 日），耶稣和他的门徒在耶路撒冷的一个朋友家里参加逾越节的筵席。他的门徒希望他能利用奇异的能力解救自己的性命。然而，相反，他自己却愿意接受命运的安排。也许他希望能借自己的死，作为众人的赎价。耶稣早已知道 12 门徒中有一个人要背叛、出卖他，故在最后的晚餐时，他公开地指责犹大。[2] 他按照犹太人的规矩，拿起杯来，祝谢后递给他们喝。然后他们一起唱赞美诗，耶稣对他们说："小子们，我还有不多的时间，与你们同在……我赐给你们一条新命令，乃是叫你们彼此相爱……你们心里不要忧愁，你们信上帝，也当信我。在我父的家里，有许多住处……我去是为你们预备地方去。"在一个如此严肃的情景之下，使人无法不相信，他应该会要求门徒不断地以圣餐来纪念他。他要门徒们认为他们所吃的饼是表明他的身体，所喝的酒是表明他的血。

---

[1] 有关耶稣传道的时期及其受死的年代，曾有许多的争论，从《路加福音》的记载中，我们可知基督的受浸是在公元 28—29 年间。在使徒保罗的年表中，根据他自己所撰写的《迦拉太书》第 1—11 章，他被罗马总督审问的年代及其死去的传说是公元 64 年，显然他蒙召归主是在公元 31 年。

[2] 有关犹大的故事，曾引起多种议论，但并不为人所接受。

据说那天晚上，有一小队人躲在耶路撒冷城外的客西马尼园中，有从圣殿差派出来的人，找到他们并逮捕了耶稣。他们先把他带到前任大祭司长安那斯（Annas）那里，然后才带到当时的大祭司长卡亚法斯（Caiaphas）的家中。据《马可福音》的记载，公会里的人已在那里集会，许多人都起来作假证，诬告耶稣，并且说他曾扬言要拆毁圣殿。当大祭司卡亚法斯问他是否是弥赛亚、是否是神的儿子时，耶稣回答说："我是。"到了第二天早晨，众祭司长和民间长老商议，以"亵渎神"的罪名，治他死罪。于是决定把耶稣交给罗马派来监视逾越节群众的官员比拉多。

比拉多是一个很无情的人，由于残酷及勒索的罪名被控告，不久就要被召回罗马撤职查办。然而他却看不出面貌温和的耶稣会是一个危险的革命分子，他问耶稣说："你是犹太人的王吗？"据《马太福音》的记载，耶稣模棱两可地回答说："你说的是。"类似这种记载，很可能是时过境迁后人们的道听途说，很值得怀疑。如果我们相信《马太福音》的记载，那么我们可以如此下结论说，耶稣那时候已决定以身赴死，那么保罗认为耶稣之死是为众人赎罪的理论颇能成立。据《约翰福音》书的记载，耶稣当时加上了以下的回答："我为此而生，也为此来到世间，特为真理作见证。"然后比拉多问他："真理是什么呢？"这个问题的提出，也许是由于《约翰福音》具有形而上学的倾向，但是也充分显示出罗马文化与犹太理想主义之间的冲突。前者是现实，并带有点怀疑性，后者则是温和而相信的。无论如何，当耶稣承认自己是永生上帝的儿子时，《律法》就一定要治他的罪，倒是比拉多并不情愿判定耶稣死罪。

"钉十字架"并不是犹太人的刑罚，而是罗马人刑罚的一种，通常在钉十字架前先用鞭子鞭笞犯人的全身，直到身子浮肿且流血。那些罗马士兵，更给耶稣戴上荆棘编成的冠冕，并且谑称他为"犹太人的王"，在他的十字架上用希腊文、拉丁文及阿拉米文写着——犹太人的王——耶稣。不管耶稣究竟是不是一个革命者，很明显罗马政府是以此来判他的罪的。关于这件事，塔西陀的看法也是这样。当比拉多审判耶稣时，在他的庭院中，有一群人一直要求把耶稣钉在十字架上。然而当耶稣前往各各他（Golgotha）时，据《路加福音》的记载，有一群人跟在耶稣后面，其中有许多妇女，他们都为耶稣号啕痛哭。由此可知，大部分的犹太人并不同意把耶稣钉在十字架上。

所有愿意亲眼目睹耶稣被钉十字架惨状的人，均可自由前往。罗马人认为必须以恐怖、严刑的酷罚统治犹太人，对于死罪，他们选用的是西塞罗所称最残酷、最可怕的一种刑罚，然而此种刑罚不被施于罗马本国人民。罪犯的手和脚绑好后，钉在木头上，另外有一块突出的木板，支持住罪犯的脊椎骨或脚。除非行刑者发慈悲，把罪犯先处死了，否则通常受刑者要被挂在十字架上两到三天，忍受动弹不得的痛苦，又无法驱除寄生在袒裸身体上的小虫，然后渐至精力耗尽，心跳停止而死。甚至罗马的士兵，有时因同情罪犯，而给予一种会使人昏迷的酒。据说十字架是在巳初的时候被挂起来，也就是在早晨9点钟。据《马可福音》的记载，有两个强盗，与耶稣一同被钉十字架，他们两人还讥笑耶稣。然而据《路加福音》的记载，强盗中的一个曾向耶稣祈祷。所有的门徒当中，只有约翰在场。和他在一起的有三位玛利亚，一位是耶稣的母亲，一位是她的姐姐，一位是抹大拉的玛利亚。此外还有跟随耶稣的许多妇女，在远处观看。按照罗马的规矩，士兵们要瓜分死者的外衣。因为耶稣只有一件外衣，所以他们拈阄分他的衣服，很可能我们会联想到《诗篇》第22篇第18节的记载："他们分我的外衣，为我的里衣拈阄。"在这诗篇的起头就写着："我的上帝，我的上帝，为什么离弃我？"而这也正是马太和马可记载耶稣临死前绝望的呼喊，这个记载，是不是显示耶稣在那些难以忍受的痛苦中原具有的伟大信心开始消失并转成怀疑呢？也许路加发觉这些话与保罗的神学有不协调之处，所以他把"它"换成"我将我的灵魂交在你的手中"，而这条记载与《诗篇》第31篇第5节完全一致，令人怀疑它的正确性。

有一位士兵怜悯耶稣口渴，把海绵蘸满了醋，绑在苇秆上送给他喝，耶稣喝了后说："成了。"到了申初——约下午 3 点钟——耶稣大声喊叫，然后断了气。路加加上以下的记载："聚集观看的众人，见了这所成的事，都捶着胸回去了。"这再一次显示出犹太人的同情心。有两位仁慈且富有影响力的犹太人，获得了比拉多的同意，把耶稣的身体从十字架上取下，涂了沉香，然后放在坟墓里。

究竟耶稣是不是真的死了呢？当耶稣断气的时候，那两个与耶稣同钉十字架的强盗仍然活着，于是罗马士兵把他们两个人的腿都打断了，使他们快点死亡。至于耶稣，他们见他已死，只有一个兵试探着拿枪扎他的肋旁，随即有水和血流出来。比拉多表示非常惊讶，居然有人在钉十字架 6 小时后就死了，因此直到负责处理这件事的百夫长向他证实耶稣已死，他才同意把耶稣的身体从十字架上取下。

两天以后，非常爱耶稣且带有几分神经质的抹大拉的玛利亚与雅各的母亲玛利亚及萨乐美到耶稣的墓地去。她们发现坟墓是空的，于是又惊又喜地跑去把这个消息告诉耶稣的门徒。在路上她们遇见了一个人，她们认为那人就是耶稣。她们跪在他的面前，并且抱住他的脚。我们可以想象得到，当她们报告这件既可疑又富希望的消息时，是多么使人欢欣！于是，耶稣已战胜死亡，并证明自己是弥赛亚，是神的儿子的此种想法，弥漫在加利利人当中，他们兴奋地准备耶稣的显现及奇迹的出现。据说就在这同一天，耶稣显现在两位正往伊马乌斯去的门徒面前，并且与他们谈话，与他们一同吃饭，"他们的眼睛迷糊而没认出他"。直到耶稣"拿起饼来，祝谢了……他们眼睛明亮了，这才认出耶稣，忽然他不见了"。于是门徒们又回到加利利，不久，"他们看见他，就拜他，然而还有人疑惑"。当门徒在打鱼时，耶稣来到他们中间。他们照耶稣的吩咐撒网，竟拉不上来，因为鱼太多了。

《使徒行传》的开头记载着，耶稣向抹大拉的玛利亚显现后 40天，被接上天。对犹太人来说，圣徒在未死之前就被上帝接升上天的观念并不陌生，因为有许多记载表示，摩西、以诺、以利亚（Elijah）、以赛亚（Isaiah）均是如此被接上天的。耶稣的复活升天，正如其降生来地一样的神秘。但大部分的门徒似乎确信，耶稣被钉十字架后，曾以肉身与他们同在。据路加的记载："他们就非常喜欢回耶路撒冷去，常在殿里称颂上帝。"

第七章 | **使徒**
（30—95）

彼得

基督教起源于上帝对犹太人的默示——天国降临的秘密启示；它的原动力来自基督的独特个性及异象；它的持久力来自于对基督复活及承诺永生的信心；它的教条仪式取自保罗的神学；它的成长吸收了异教的信仰和仪式。教会的得势是由于承袭了罗马组织的形式和特质。

很明显，使徒们一致相信，基督将会很快再来，且在地上建立天国。[1]《彼得前书》中曾写道："万物的结局近了，所以你们要谨慎自守，警醒祷告。"在《约翰》一书中也有类似的记载："小子们哪！如

---

[1] 关于这段时期，主要记载在《使徒行传》中，一般认为《使徒行传》与《路加福音》同出一人之手，但怀疑是保罗的外邦朋友——路加的著作。因为《使徒行传》中并没有提到保罗的死，原著很可能是在公元 63 年完成，为缓和罗马人对基督教与保罗的敌意而作，但是后来可能有人续写。其中充满了许多神奇的事，但是基本的故事仍然被视为历史的一部分。到了 2 世纪，许多关于"行传"与"书信"的伪经出现，记载基督复活升天后使徒们的故事，这些"行传"都是当时的历史小说，并不见得有欺骗的企图。教会拒绝采用它们，但是虔诚的教徒却接受这些记载，而且逐渐地把它们和正史搞混了。《新约》中 12 使徒所写的 7 封书信，批评者只认为《彼得前书》大致上是真实的，并且指出约翰的书信与《约翰福音》的确同出一人之手，至于其余的部分，则怀疑其真实性。

今是最后时刻了，你们曾听见说，那敌基督的要来，现在已经有许多
敌基督（可能是指尼禄、韦斯巴芗、多米提安）的出来了，从此我们
就知道，如今是最后时刻了。"早期基督教的基本信仰建立在基督的
救世、基督的复活及基督的二次降临上，虽然有了这些教义，但是使
徒们仍然不断地接受犹太教的仪式。《使徒行传》记载："他们每天都
到圣殿中。"他们遵守《律法》中对饮食和仪式的规定。起初他们只
向犹太人传道，而且往往在圣殿中传道。

　　使徒们相信他们已从基督或圣灵获得了启示、治病及口才的异
能。据《马可福音》的记载，有许多病患及残疾人去找他们治病，
某些人果真得到了有效的医治，门徒治病的方法，是用油涂在病人
的身上。这是东方所流行的治病方法。在《使徒行传》中，生动地
描述过早期的基督徒聚集在一处，过着一种相互信赖的共有共产式
的生活：

　　　　那许多信的人，都是一心一意的，没有人说他的东西有一样
　　　是自己的，都是大家公用，其中也没有一个缺乏的。因为人人均
　　　将田产房屋变卖，把所卖的钱拿来放在使徒脚前，照个人所需分
　　　给各人。

　　由于皈依基督教的人逐渐增多，使徒们任命了7位执事，并按手
在他们头上，派他们管理供给之事。其时犹太当局对小规模且无大影
响的宗派，通常是容许它们存在的，但是由于"拿撒勒"教徒在短短
的几年，由120人增加到8000人，祭司们大为恐慌，后来彼得及其
他使徒被逮捕，并到公会前受审问。撒都该人想治他们死罪，但有一
位名叫迦玛列（Gamaliel）的法利赛人——可能就是保罗的老师——
劝公会的人应谨慎处理此事。结果公会的人听从他的话，把使徒们鞭
笞了一顿，然后释放了他们。稍后（约公元30年）有一位被任命为
执事的斯蒂芬（Stephen），因为被诬告说他亵渎神和摩西，而被召到

公会前受审。他不顾一切地用激烈的语言为自己辩护：

> 你们这硬着颈项，心与耳未受割礼的人，时常抗拒圣灵，你们的祖宗怎样，你们也怎样，哪一个先知不是你们祖宗没有逼迫呢？他们也把预先传播义者要来的人杀了，如今你们又把义者卖了、杀了，你们受了天使所传的《律法》，竟不遵守。[1]

众公会的人非常恼怒，把他推到城外，用石头砸死。有一个年轻的法利赛人名叫扫罗（Saul），他也希望斯蒂芬被害。从那日以后，扫罗在耶路撒冷城中，挨家挨户地逮捕皈依"这道"（the Way）的人，并将他们收监。

那些带有希腊文化背景、跟随斯蒂芬的犹太信徒，逃往撒马利亚和安条克，在那里建立了非常刚强稳固的教会。大部分使徒，因为仍然遵守《律法》，与犹太的信徒们仍留在耶路撒冷而免于受逼迫。一方面彼得把福音传到犹太各城，而"公义者"雅各——耶稣的兄弟，成为在耶路撒冷已没落且贫穷的教会领袖。雅各尽其所能，严格地遵行《律法》，他对己身的严苛，堪与苦修教派者相匹敌。他不吃肉，不喝酒，只有一件外衣，并且从不剃须修面，也不剪发。在他领导之下，基督徒们有 11 年之久未再受到骚扰。约公元 41 年，另外一位雅各，即西庇太的儿子，被斩首。彼得被捕，但后来逃了出来。公元 62 年，那位"公义者"雅各也遭处决。4 年后，犹太人掀起了革命，反对罗马政府。住在耶路撒冷的基督徒因相信世界末日即将来临，而对政治漠不关心，于是离开了耶路撒冷城而定居在约旦河对岸信奉异教并亲罗马的培拉城。从那时候起，犹太教与基督教仳离。犹太人指责基督徒的叛逆和懦弱，而基督徒却为罗马皇帝提图斯拆毁圣殿而感

---

[1] 在《使徒行传》中，所记载斯蒂芬、彼得及保罗所说的话，可能是作者按照古代历史学家的习惯自己虚构的。

到兴奋不已，因为基督的预言果然得以应验。这两派之间的仇恨，使双方更加坚持自己的信仰，也因此造就了许多最虔诚的文学著作。

从那以后，犹太的基督教无论在人数上还是力量上都逐渐走下坡路，并且这个新的宗教也受希腊思想的影响而有所改变。加利利——这个耶稣几乎居住了一生的地方，如今那些首批跟随他的人如抹大拉的玛利亚及其他的妇女均已默默无闻，当地人对于传道者所说拿撒勒人耶稣是上帝的儿子，也充耳不闻。那些渴望自由、坚信"神祇只有一位"的犹太人，均遭受一位对他们争取独立漠不关心的弥赛亚的排斥。他们对于"基督诞生在犹太一个小镇上的山洞或马槽中"这种说法，感到不可思议。犹太的基督徒在叙利亚组成一个小集团，称为"贫穷者"（*Ebionim*），苟延残喘地过了 5 个世纪。他们遵行全部《律法》，并且过着非常清苦的日子。2 世纪末，教会斥他们为异端。

同时，使徒和门徒们由大马士革到罗马，主要将福音传给分散在各地的犹太人。腓利在撒马利亚和恺撒里亚带领许多人皈依基督，约翰则在艾菲索斯建立了极其稳固的教会，彼得也在叙利亚各地传道。彼得和许多使徒一样，也娶了一位"姐妹"为妻，帮助他完成传播福音的使命。因为彼得具有治病的能力，在撒马利亚的时候，有一位巫师西蒙甚至想用金钱来换取彼得治病的能力。在约巴，彼得曾使塔比塔（Tabitha）从死里复活；在该撒里亚，他使一位百夫长成为基督徒。《使徒行传》记载着，彼得在一次异象中被启示，不仅要接受犹太信徒，也应接受外邦信徒。从那时起，虽然也经过了稍许的犹豫，他同意为外邦人施浸，而不要他们行割礼。我们可以在《彼得前书》中，发觉早期传道者的热忱：

> 耶稣基督的使徒彼得，写信给分散在本都、加拉提亚、卡帕多西亚、亚西亚及比提尼亚寄居的人……愿恩惠平安，多多地加给你们……亲爱的弟兄啊！你们是客旅，是寄居的……你们在外邦人中，应当品行端正，叫那些诽谤你们是作恶的，因看见你们

的好行为，便在鉴察的日子，归荣耀给上帝，你们为主的缘故，要顺服人的一切制度，或是在上的君主……你们虽是自由的，却不可借着自由遮盖恶毒……你们做仆人的，要以敬畏的心顺服主人。不但顺服那善良温和的，就是那乖僻的，也要顺服……你们做妻子的，要顺服自己的丈夫。这样，若有不信从道理的丈夫，他们虽然不听道，也可以因妻子的品行被感化过来，这正是因看见你们有贞洁的品行和敬畏的心。你们不要以外面的扎头发、戴金饰、穿美衣为装饰，只要以里面存着长久温柔安静的心为妆饰。你们做丈夫的，也要按情理和妻子同住，因她比你软弱，与你一同承受生命的恩德，所以要敬重她……不以恶报恶……最要紧是彼此相爱，因为爱能遮掩许多的罪。

我们不知道彼得于何时、经由何路线到达罗马，哲罗姆推算彼得首次到达罗马的时间是在公元 42 年。虽经各种争论，但彼得在罗马建立教会的过程中发挥了重要作用，这个传说终被确认。拉克坦提乌斯（Lactantius）认为彼得是在尼禄王统治罗马帝国时到达罗马；可能彼得曾多次访问这个城市。他与保罗，一个是自由之身，一个是被囚之犯，但同样在那里带领许多人归主，直到他们两人大约在同一年，即公元 64 年，为福音殉道而死。俄利根（Origen）记载：“彼得是被倒钉十字架而死，因为他自己要求如此。”或许他是希望这样能加速其死亡，但有虔诚之人则认为，这是因为彼得自认为不配与基督一样被钉十字架。有古书记载，彼得的妻子也是在同时遇害，彼得亲见她服刑，然后自己才被钉死。后来有个故事，称梵蒂冈广场附近的尼禄竞技场就是当年彼得受死的地方，以后圣彼得教堂就在这里建立起来，并珍藏他的尸骸。

因为彼得传道所及之处，仅在小亚细亚和罗马，基督教里面仍保留了许多犹太民族的色彩。借着彼得及其他使徒，基督教继承了犹太人的一神论及末世论。通过他们和保罗，《旧约》成为 1 世纪基督教所知道的唯一《圣经》。一直到公元 70 年，基督教主要还是在犹太人的会堂或犹太人中被传讲。希伯来崇拜神的仪式、典礼及祭袍，都被基督徒在各种仪式典礼中采用。在天主教的弥撒中，逾越节羔羊也升华为神的羔羊，即神赎罪的羔羊。设立长老掌管教会，也是承继了犹太人任命掌管会堂之人的方法。许多犹太人的节日，例如逾越节、五旬节都被列入基督教的年历中，但是在日期和内容上稍有改变。分散在各处的犹太人，也使得基督教的传播更快速。在罗马帝国境内的犹太人，由于时常的迁移及彼此间不断的联系，促进了罗马帝国经济和交通的发展，使罗马帝国更趋于安全，从而为基督教信仰的传播开设了一条平坦大道。基督教在基督和彼得的传播之下，是属于犹太式的；在保罗之下，变成半希腊式的；在天主教里，则是半罗马式的。然而到了新教（Protestantism），原始基督教才逐渐被恢复了。

保罗

·逼迫者

　　基督教神学的创始人，约公元 10 年诞生于基利家（Cilicia）的塔尔苏斯。他的父亲是个法利赛人，遵照他们祖宗严谨的《律法》，将他抚养长大。这位奉差遣为外邦人传道的使徒，一直以法利赛人自居，甚至当他拒绝了犹太教的《律法》之后，仍是如此。他父亲是罗马公民，因此他也承袭了这种宝贵的公民身份。也许保罗这个希腊名字相当于希伯来的名字扫罗，所以他自幼就使用这两个名字。他没有接受正统的教育，因为没有一个法利赛人允许他的儿子接受完整的希腊文化，且没有一个受过希腊文化训练的人会写出像保罗书信中那么糟的希腊文。然而，他却学会用流利的希腊语向雅典的听众传道，偶尔他也引用希腊作品中著名的文句。我们可以相信某些斯多葛派神学及伦理学，借着塔尔苏斯的学术气氛而渗入了保罗的基督教神学中。他时常采用斯多葛学派的名词"气"，而英文翻译者把它译为"灵"。

如同大多数的希腊城市，塔尔苏斯这个地方也有许多信仰俄耳甫斯教或其他神秘宗教的人，他们相信他们所敬拜的神已经为他们而死，而且死后复活，只要他们有信心，并借着某些独特的仪式，便可救他们免入地狱，并且享受神所赐给他们的永生。所以我们可以这么说，这些神秘宗教为保罗预备了希腊人作为福音的对象，而且也为希腊人预备了保罗给他们传福音。

当年轻的保罗学会了编织帐篷，并在地方上的会堂接受教育后，他父亲就把他送到耶路撒冷。在那里，保罗告诉我们，他在迦玛列的门下，按着他们祖宗严谨的《律法》受教。迦玛列被公认为希勒尔的孙子，他继承希勒尔做了公会的主席，并且延续传统，做解释《律法》的工作。他宽大为怀，体恤人的软弱。当严谨的法利赛人发现他居然会以欣赏的眼光凝视异教妇女时，大为震惊。他非常博学，以至于那些热衷于学术的犹太人称他为《律法》的美质（the beauty of the Law）。并且给他一个特别的头衔——拉巴（*rabban*），即"我们的夫子"。在他之后，只有六个人接受过这个头衔。保罗从迦玛列及其他人那里学了如何用精敏或诡辩的方式去解释圣经，这种方式以后也被用来解释《塔木德》。虽然保罗曾受过希腊文化的洗礼，然而他在心志和性格上却是彻头彻尾的犹太人，他从未对《摩西五经》有过任何怀疑之言，并且对于神对犹太人的特别选召（作为救世人的媒介）更是引以为荣。

他曾描述自己"其貌不扬"，后来又加上如此的描写："唯恐我过于自高，所以有一根'刺'加在我肉体上。"不过保罗并没有更进一步指明到底是什么"刺"。依据传说对他的描述，在他50多岁时，是个弯腰曲背、秃头且长满胡须的禁欲主义者。他的额头很宽，脸色苍白，有坚毅的表情和锐利的目光。以上是一位画家丢勒在其许多伟大的作品中的一张对想象中的保罗的描绘；然而，事实上这些不过是文学上和艺术上的描述，而非历史上的描述。

他的思想的确是许多犹太人的典型：具有见识和热情，但非和蔼有礼；富于情感及想象力，但非客观公正。因为在思想上比较细腻，他在行动上非常有魄力。保罗甚至比斯宾诺莎更是一个"醉心于神的人"（God-intoxicated man），按字面意思即充满了宗教热忱的人。他认为自己受到圣灵启示，并被赋予行神迹的异能。他也是一个很踏实的人，能够胜任很多辛劳的组织工作，并且耐心地建立并维持基督教会。像许多人一样，他的缺点和美德是互为关联的：他是个冲动而勇敢、武断而果决、专制而有活力、狂暴却富有创造性、在人面前骄傲、在神面前谦卑、生气时暴跳如雷、温柔时却充满了慈爱的人。他劝告追随他的人"要为逼迫你们的人祝福"，然而却希望那些他的仇敌——坚持必须受割礼的人——将他们自己割绝。他知道自己的缺点，也曾试着去克服，并要求信徒们"宽容我的一点愚妄"。在他写给科林斯教会的第一封书信的附录中写道："我保罗亲笔问安！若有人不爱主，这人可诅可咒，主必要来！愿主耶稣基督的恩，常与你们众人同在！我的爱与你们众人同在。"他正符合他所扮演的角色，以完成他要做的。

　　起初保罗借犹太教之名而极力攻击基督教，但后来却奉基督之名而拒绝犹太教。所以无论在什么时候，他都称得上使徒。他曾对斯蒂芬不遵守《律法》的言语大感震惊，因此参与了杀害斯蒂芬的行列，而导致了基督教第一次在耶路撒冷遭到迫害。当他听说大马士革有许多人皈依基督教，于是去求见大祭司，得到许可，逮捕所有"信奉这道的人"，并捆绑带到耶路撒冷（约公元 31 年）。他之所以热心地逼迫基督徒，也许是由于暗中的怀疑。他可能很残忍，但并非毫无恻隐之心。也许是斯蒂芬被石头打死的异象，也可能是各各他基督被钉死的景象，扰乱了保罗前往大马士革路上的心境，并且激起他的幻觉。据《使徒行传》的记载，当他们一队人马将近大马士革时，

　　　　忽然天上发光，四面照着他。他就扑倒在地，听见有声音对他说："保罗！保罗！你为什么逼迫我？"他说："主啊！你是

谁？"主说："我就是你所逼迫的耶稣。"……同行的人，站在那里，说不出话来，只听见声音，却看不见人。保罗从地上起来，睁开眼睛，竟不能看见什么。有人拉着他的手，领他进了大马士革。三日他不能看见任何东西。

没有人能知道，到底保罗这个关键性经历的自然过程是怎么样的。长途旅行的疲倦，加上沙漠中炽热的太阳，或许是一束强光，照到这身体可能患癫痫、心灵又正被怀疑及被罪恶感折磨的人，以致使他产生幻觉，而使得本来是极力抵挡基督的人变成了最能为斯蒂芬所信奉的基督传道的人。他在塔尔苏斯所受的希腊文化曾提到过有位救主，将要救赎全人类。他所有的犹太知识，也曾提到弥赛亚的来临，那么这位神秘、吸引人且又有许多人愿意为他而死的耶稣，为什么不可能是那位将来的救主呢？当他瞎着眼、身体非常虚弱地到达大马士革的时候，他感觉到一位犹太信徒的抚慰及仁慈的手在他的脸上，"他的眼睛上，好像有鳞片立刻掉下来，他就能看见，于是起来受了洗，吃过饭后，就变得健壮了"。过了几天，他进入大马士革的各会堂里，向会众宣讲耶稣是上帝的儿子。

·传教士

大马士革的长官，受了犹太人的唆使，下令要逮捕保罗。他的朋友就在夜间用筐子把他从城墙上吊下去。有三年的时间，他都在阿拉伯的小村里传讲基督。后来他回到耶路撒冷，获得了彼得的宽恕及友谊，并与他同住了一阵子。大多数的使徒均不太信任他，唯有一位初信基督的巴拿巴（Barnabas）伸出热忱的手欢迎他，并且说服耶路撒冷的教会将传讲天国福音的使命托付给这位原是逼迫教会的保罗。于是保罗传福音给那些说希腊话的犹太人，他们却想法子要杀他。使徒们或许是害怕他的过分热心会危及其他使徒，于是把他送到塔尔苏斯。

　　于是有八年的时间，历史上没有关于他在塔尔苏斯的记载。也许再一次地，他感觉到流行于希腊人中的神秘救世神学的影响力。后来巴拿巴找到他，请他帮忙协助在安条克的教会。他们一起工作了一年的工夫（约公元43—44年），使得许多的人相信了基督，而安条克很快就成为所有城市中基督徒最多的一座城。在那里，他们首次以"信徒""门徒""弟兄"或"圣徒"互称，同时也被异教徒或许带有轻蔑意味地称为基督徒（Christianoi），意即"弥赛亚"或"受膏者的门徒"。同时外邦人也是在这个地方，第一次接受新的信仰。其中有许多是敬畏神的尊贵的妇女，她们早已接受犹太的一神论及某些仪式。

　　安条克的信徒，不像在耶路撒冷的信徒那样贫穷。少数的人属于商人阶级，由于对传福音的热心，他们积蓄了一笔款子，作为传福音之用。教会的长老"按手在"巴拿巴和保罗的头上，就打发他们出去。历史上忽视了巴拿巴而称此次行程为"圣保罗的第一次布道旅行"（约公元45—47年）。他们坐船到了塞浦路斯，在这个岛上做了非常成功的布道。又由帕福斯（Paphos）乘船到潘菲利亚的佩尔加（Perga），然后经过极其危险的山路，到了皮西迪亚的安条克，这里的会堂非常欢迎他们。但是当他们也对外邦人传道时，那些自认为正统的犹太人开始唆使城内有名望的人将保罗和巴拿巴逐出境外。在以哥念，他们也遭遇同样的困难。在里斯特拉，犹太人甚至用石头打保罗，并将他拖到城外，听任其死。但是，保罗和巴拿巴仍然"充满了圣灵的喜乐"，又往德尔菲，对那城里的人传福音。然后他们沿着原路线回到佩尔加，又行船至叙别亚的安提阿。在这里，他们面临一个基督教历史上最重要的问题。

　　原来耶路撒冷一些为首的门徒，听说保罗和巴拿巴接受了外邦信徒，而未要求他们受割礼，于是赶到安条克来"教训弟兄们说，你们若不按摩西的规条受割礼，不能得救"。对犹太人而言，割礼不仅是洁净的仪式，主要是象征古时犹太民族与神所立的约。所以这些犹太籍的基督徒，均为违背此约的想法所震惊。而保罗和巴拿巴也深知这些从耶路撒冷来的密使若是得胜的话，基督教永远不可能为大多数外邦人所接受。那么，正如海涅所言，基督教将沦为犹太人的"异端邪说"，迟早也会自灭的。于是他们两人回到耶路撒冷（约公元50年），为这件事与使徒和长老们辩论，当时几乎所有的使徒与长老仍只在殿中敬拜神，结果雅各勉强地同意了保罗与巴拿巴的意见。最后达成协议：归服神的外邦人，只要禁戒污秽和奸淫以及食用作为牺牲的或勒死的牲畜。很明显，保罗是以答应用安条克教会的金钱去支持耶路撒冷的贫穷教会作为条件，才达成这项协议的。

然而这个问题太重要了，并没有轻易被放过。于是又有第二批正统的犹太基督徒由耶路撒冷到安条克，发觉彼得与外邦人一同吃饭，便劝服他离开那些未受割礼的外邦人，而与犹太籍的基督徒在一起。我们不知道对于这件事彼得到底是站在哪一边，不过保罗告诉我们，在安条克，"他当面抵挡彼得"，并且指责他的虚伪。也许彼得只不过希望像保罗一样，"对什么人就做什么事"。

在保罗50多岁的时候，他开始了第二次宣教旅行。这次他与巴拿巴有了争执，以后巴拿巴留在他的故乡塞浦路斯，而不再在历史上出现了。保罗再一次访问小亚细亚各教会，并且在里斯特拉挑选了一位年轻的门徒提摩太（Timothy），于是保罗终于找到一位自己渴望已久、热切爱护的对象。他俩一同经过弗里吉亚和加拉提亚一带，最远到达北方亚历山大的特洛阿斯（Troas）。在这里，保罗结识了路加，一位未受割礼的外邦信徒，他聪明睿智，心地善良，也许就是第三本福音书及《使徒行传》的作者。他们俩似乎有意要缓和基督教从一开始就有的争执。从特洛阿斯，保罗、提摩太以及西拉航行至马其顿，这是他们第一次到达欧洲。保罗和西拉在菲利皮——安东尼曾征服布鲁图的地方——以扰乱安宁秩序的罪名被捕，受鞭笞，并遭逮捕而入狱，但因他们是罗马公民而被释放。然后保罗和西拉来到帖撒罗尼加，一连三个安息日，在那里的会堂对犹太人传道。少数人因此相信，并且开始组成教会；其余不信的人，唆使全城来抵挡保罗，说他宣称另有一个王。他的朋友于是在夜间打发他们两人到比罗阿（Beraea），这个地区的人非常渴慕接受传道。但是帖撒罗尼卡的犹太人又往比罗阿去，公开指责保罗是犹太教的敌人。于是保罗沮丧而孤单地往雅典航行（约公元 51 年）。

在这个异教、科学、哲学的中心，保罗发觉自己非常孤单无靠。仅有少数的犹太人听他讲道；而他必须站在市场的地方，大声疾呼着与其对手争取听众。有些听众与他争辩；有些人嘲笑他说："看看这个捡破烂的家伙，到底想要证明什么？"也有不少人对他所说的很感兴趣，于是把保罗带到阿雷奥帕古斯，以便安静地听讲。保罗告诉他们说，他在雅典的时候看见一座祭坛，上面写着"未识之神"；这可能是捐赠者对某个不知名的神的帮助表达谢意。保罗则认为这是承认他们对神的无知。然后保罗又口若悬河地说道：

> 那些你们不认识而敬拜的，我现在告诉你们。创造宇宙和其中万物的上帝……不住人手所造的殿……将生命、气息、万物赐给万人……他从一人造出万族的人……要叫他们寻求上帝，或者可以揣摩而得。其实他离我们各人不远。我们生活、行动、存留，都在乎他，就如你们作诗的所说 [1]……我们既是神所生的，就不该以为上帝的神性，像人用手艺、心思所雕刻的金、银、石。世人蒙昧无知的时候，上帝并不鉴察，如今却吩咐各处的人都要悔改，因为他已经定了日子，要借他所设的人，按公义审判天下，并且叫他从死里复活，给万人作可信的凭据。

保罗企图调和基督教与希腊哲学，这委实是种大胆的尝试，然而受他影响而改变的人极少。雅典人因为听了太多的道理，对任何道理

---

[1] 保罗可能是引自克利安西（Cleanthes）《对宙斯神的赞美诗》（*Hymn to Zeus*），或阿拉图斯的作品。

均不热衷，于是保罗很失望地离开了雅典往哥林多去了。哥林多这个地方，聚集了许多从商的犹太人，保罗在这里停留了 18 个月（约公元 51—52 年），平时以织帐篷为生，安息日则到会堂讲道。那些忧虑不安的犹太人又到罗马迦流（Gallio）面前控告保罗，指控他"劝人不按《律法》敬拜上帝"。迦流回答说："所争论的，若是关乎言语、名目和你们的《律法》，你们自己去办吧！这样的事，我不愿意审问。"就把他们撵出公堂。众人便揪住管会堂的，在堂前打他，"这些事迦流都不管"。保罗传福音给在哥林多的外邦人，其中有许多人都接受。对这些人而言，基督教与他们以往所接受的关于神秘信仰所提到的复活救主的信息大同小异，而保罗也受到不少的影响，按希腊人所熟悉的说法，将基督教介绍给希腊人。

约公元 53 年，保罗由哥林多回到耶路撒冷，向教会问安，然后很快开始了第三次的布道旅行，访问了安条克和小亚细亚的教会，并且以他的热忱与信心来巩固众教会。保罗在艾菲索斯住了两年，并且行了些非常的奇事。因此许多人视他为行神迹的人，甚至有人从保罗身上拿手巾或围裙放在病人身上，病就好了。也许保罗在艾菲索斯也曾告诉他们不要拜人手所做的偶像，致使阿尔忒弥斯神庙中制造偶像的生意大受影响。有一个银匠名叫德米特里（Demetrius），是制造阿尔忒弥斯女神银龛的，聚集了同行的工人，起来闹事抵挡保罗及他所传的道。于是满城都骚动起来，众人受了德米特里的鼓动，大声喊着说："大哉！艾菲索斯人的阿尔忒弥斯啊！"如此约两小时之久，直到后来这城里的官员安抚众人，才把众人解散了。这事以后，保罗更有勇气，前往马其顿。

他在他所建立的菲利皮、帖撒罗尼卡及比罗阿教会度过了一段非常愉快的日子。当他听到哥林多的教会被纷争与淫乱之事搅扰时，不仅写信去责备他们，并且亲自到哥林多教会（约公元 56 年）当面质问诽谤他的人。那些人指责保罗以传道谋利，讥笑他所见的异象，并且重新要求所有基督徒必须遵守犹太的《律法》。保罗一再提醒那些骚动的众人，无论在何处，他均以双手谋生。至于说到一些物质上的供应，难道说他没有为传福音而受苦吗？——8 次被鞭笞，1 次惨遭石击，3 次船舶遇难，还有成千次遭遇到强盗、激进分子及种种的危险。这些人的扰乱言语，导致了那些坚持外邦人必须受割礼的犹太人集团的死灰复燃，于是破坏了耶路撒冷协定，并且也搅扰了加拉提亚教会，要求他们遵行全《律法》。于是保罗写了一封很气急的信给加拉提亚人，信中表示他与皈依犹太教的基督徒完全决裂，宣称"人得救，并不是靠遵守《律法》，乃是信耶稣基督是永生上帝的儿子"。然后，他返回耶路撒冷，想在众使徒前为自己辩护，并且期待着在圣城庆祝五旬节，然而却不知有什么更大的磨难正等待他。他希望能从耶路撒冷到罗马，甚至到西班牙，一直不停地传道，直到罗马帝国每一个省份都听到天国的福音，及复活基督的应许。

·神学家

耶路撒冷教会的长老及弟兄们，都非常热忱地接待保罗（约公元57 年），但私底下他们劝保罗说：

> 你看，犹太人中信主的有多少人，并且都为《律法》而热心。他们听见人说，你教训一切在外邦的犹太人离弃摩西，对他们说，不要给孩子行割礼，也不要遵行条规。众人必听说你来了，这可怎么办呢？你就照着我们的话做吧！我们这里有四个人，都有愿在身。你带他们去，与他们一同行洁净之礼，替他们拿出规费……这样众人就能明白先前所听说的事都是假的。并可知道，你为人循规蹈矩，并遵行《律法》。

保罗非常乐意地接受了他们的劝告，并带了那四个人，一同行了洁净之礼。但是当有些犹太人看见他在殿里，就鼓动众人下手捉他，喊叫说："这就是在各处教训众人、糟蹋我们百姓和《律法》的人。"

群众捉住保罗，抬他出殿，想要杀他。此时，一队罗马士兵逮捕了保罗，使他不至于落入群众手中。保罗转向群众诉说，证实他犹太教徒与基督徒的身份，而他们却喊着要除掉他。后来当千夫长吩咐人用鞭子打他时，发现保罗竟是罗马人，遂令住手。第二天，千夫长把保罗带到分会前，于是保罗开始在那里演讲，表明自己是个法利赛人，因此得到不少支持。但是他的仇敌仍然想置他于死地，千夫长担心保罗被害，吩咐士兵把保罗带进营房。那天晚上，保罗的外甥跑来警告保罗说，有 40 个犹太人已起誓，若不杀保罗就不吃不喝。千夫长唯恐出乱子而连累自己，于是连夜派人将保罗送到恺撒里亚的总督菲利克斯那里去。

五天后，大祭司同几个长老由耶路撒冷赶来向总督控告保罗，说："我们看这人如同瘟疫一般，是鼓动普天下众犹太人生乱的。"保罗承认他的确是在传讲一个新的宗教，但是又补充说道："我相信《律法》书上所记载的一切。"于是菲利克斯驳回控告者，然而却把保罗因在监里，但并不拦阻他的亲友来看望他，如此达两年之久（约公元 58—60 年），也许菲利克斯指望保罗能以银钱贿赂他。

当费斯图斯（Festus）接替菲利克斯的职位后，建议将保罗送往耶路撒冷去受审。保罗唯恐那里的人对他不利，便行使其罗马公民的权利，要求在帝王面前受审。过了些日子，阿格里帕王经过恺撒里亚，给予保罗又一次申辩的机会，最后断定保罗"因学问太大，而癫狂"，但并没有犯什么该死的罪。于是阿格里帕王对费斯图斯说，这人若没有上告于皇帝，就可以将他释放了。于是保罗搭乘一艘商船前往意大利，但在到达意大利以前，他们遇到了暴风雨。据说在这 14 天的风暴中，保罗超越死亡并确信能得救的表现，给予船上的水手及乘客极大的鼓舞。后来他们的船在马耳他岛触礁而毁，但是船上所有的人都安全地游到岸上。三个月后，保罗抵达罗马（约公元 61 年）。

在等待那些由巴勒斯坦来控告保罗的人及尼禄皇帝来审判这件案子期间，罗马当局对待保罗非常宽厚，准许他住在一间由他自己选

择的房子里，由一个士兵看守他，行动虽不是很自由，但是可以见任
何他想见的人。于是保罗要求见在罗马的犹太首领，他们都很耐心地
听保罗讲道，但是当他们发觉，保罗认为得救并不是靠遵守犹太人的
《律法》时，许多人就走了。对犹太人而言，《律法》好像是生活中不
可缺少的支柱和安慰。保罗就对他们说："所以你们当知道，上帝这
救恩，如今传于外邦人，他们也必听受。"他这种态度，也冒犯了他
在罗马所建立的教会，大部分犹太信徒均比较喜欢由耶路撒冷所传来
的基督教。他们仍旧施行割礼，罗马人几乎无法将他们从正统的犹太
人中区分出来，这些犹太人非常欢迎彼得，对保罗却非常冷漠。保罗
使得许多外邦人归向上帝，这些人当中也不乏身居高位者。但在他被
囚期间，许多痛苦不堪的折磨使得他的心灵更觉黑暗与孤寂。

　　然而他借着写信给远处的兄弟姐妹得了不少安慰。十年中，他写
了许多类似这样的信，无疑，其中的数量比现在传下来、签有他姓名
的信多得多[1]，这些信并不是由他亲笔所写，而是由他口授、别人笔
录的，通常最后他以潦草的字迹附加几笔。信中所有重复的地方、不
清楚的地方或者文法不对的地方，他均保留，毫无修改。然而他深挚
的感情、为理想所作的奉献及卓越且令人难忘的言词，使这些信成为
文学上最强有力、最富辩才的信件。即使西塞罗动人的作品，与这些
信件比较起来，也相形见绌。在信中，他对他的教会说了许多关爱的
话，也强烈地攻击无数的敌人，责备那些犯罪、冷漠后退以及结党纷
争的人，然而字里行间流露出亲切温和的劝慰：

　　　　要存感谢的心，当用各样的智慧，把基督的道理，丰丰富富
　　地存在心里，用诗章、颂词、灵歌，彼此教导，互相劝诫，心被
　　恩感，歌颂上帝。

---

[1] 这些书信当中，以给加拉太人、哥林多人和罗马人的最为真确，可能给帖撒罗尼卡人、
　　腓利比人、歌罗西人和腓利门人的书信也是真的，甚至给艾菲索斯人的书信也可能是真的。

也有许多基督徒时常引用且珍爱的经句，如"字句是叫人死，精义是叫人活""滥交是败坏善行""对洁净的人，凡物都洁净""贪财是万恶之根"。在他的书信中，也曾坦白地承认自己的过错及虚伪之处：

> 我甘心做了众人的仆人，为要多得人。向犹太人，我就做犹太人，为要得犹太人……向没有《律法》的，我就做没有《律法》的人……向什么样的人，我就做什么样的人。无论如何，总要救些人。凡我所行的，都是为福音的缘故，为要与人同得这福音的好处。

这些书信都被妥善地保存，并且常常在众人聚集时被公开地宣读。到了 1 世纪末，这些书信已流传很广。罗马的克莱门特在公元 97 年曾提及这些书信，此后伊格内修斯（Ignatius）和波利卡普（Polycarp）均相继采用，渐渐地，保罗的书信也进入教会的神学中。保罗因自己忧郁的心灵和内心的悔意，并被转变他一生的基督的异象所激动，加之可能受斯多葛学派及柏拉图主义视物质和肉体为恶的影响，或许可能是想起犹太人及异教徒均有为百姓罪恶献上赎罪羔羊的习俗，于是创造了一种神学，其中仅有小部分是秉承基督的言论。例如：每一个人都由母胎中承受了亚当的罪性，唯有借着上帝的儿子赎罪性的死，才能免于永远的刑罚。[1] 对于这种观念，异教徒比犹太人

---

[1] 古代的犹太人与迦南人、摩押人、布匿人、迦太基人及其他民族，均有将小孩甚至是自己心爱的孩子作为牺牲献给神，以求消止神怒气的一种习俗。随着时间的推移，也有将已定罪的犯人作为代替者，在巴比伦尼亚，由因犯穿上皇帝的衣袍，代表王之子，然后受鞭打，并被吊死。在罗得斯岛克洛诺斯（Cronus）神的节日中也有类似的情形。逾越节以羔羊作为献祭品，可能是较文明的方法。弗雷泽（Frazer）说："在赎罪的日子，犹太人的大祭司将两只手放在活生生的羔羊头上，承认所有以色列百姓的罪恶，借此将百姓的罪转移到羔羊的身上，然后将羊宰杀，丢到旷野之地。"

更能接受，像埃及小亚细亚、希腊这些国家，很早就接受奥西里斯神、阿提斯神及狄俄尼索斯神，这些神均是为了救赎世人而死。诸如"救世主"（Soter）、"拯救者"（Eleutherios）的头衔，均加在这些神上，而保罗称呼基督为"主"（Kyrios），这个"主"，也是希腊及叙利亚信徒对因拯救众人而死的狄俄尼索斯神的称呼。在安条克及希腊各城中的外邦人，因为从不认识道成肉身的耶稣，所以仅能以接受他们众神的方式来接受耶稣。保罗对他们说："我如今把一件极其隐秘的事告诉你们。"

此外，保罗又在这个很流行且安慰人的神学里，加上了些神秘的观念。而这些神秘的观念，早在《智慧书》及斐洛的哲学中很流行。保罗说：基督之"上帝的智慧""是首生的，在一切被造之前，因为万物都是靠他造的……万有也靠他而立"。他并不是要拯救犹太人脱离罗马束缚的弥赛亚，乃是受死的基督，为要拯救全人类。通过这些解释，保罗可以忽略一些并非直接获知的有关耶稣的实际生活和言行，他也可以与那些比较不善于抽象推测但曾经亲近过耶稣的门徒居于同等的地位。他能在一幕包括全人类的伟大戏剧中赋予"神的生命"与"人的生命"极重要的角色，也能回答别人问他的一些非常难以回答的问题。例如：既然基督是神，为什么他允许自己被处死？他的回答乃是：基督之死，为的是拯救因亚当犯罪而陷于撒旦权势下的世人，他必须以死来打断死亡的锁链，为所有愿意接受神恩典的人开启天国之门。

保罗认为有两个因素，决定何人可以借着基督的死而得救：一个是神的选召，一个是谦卑的信心。上帝在万古之先，就已决定要拣选谁，要灭亡谁。然而保罗特别提到信心的重要，认为信心就如同鱼饵，必须借着信心，才能抓住神的恩典。唯有借着信心——所望之事的实底，未见之事的确据——人才能经历奇妙的改变而成为一个新人，也才能经历到与基督合一及分享到基督之死的果子——得胜的生命。保罗更进一步地说道：好的行为及行全《律法》，还是不够，因为那些并不能改造人的里面，也无法洗净人的罪。基督的死，已结束了《律法》时期，现在再也不分犹太人与希腊人，为奴的或自主的、男的或女的，因为在基督里，"全都合二为一了"。他也不厌其烦地劝诫人，有了信心，也要加上好的行为。在他所谈爱的文章里，尤以下面这段最为著名：

> 我能说万人的方言和天使的话语，却没有爱，我就成了鸣的锣、响的钹一般。我若有先知讲道之能，也明白各样奥秘、各样的知识，而且有全备的信，叫我能移山，却没有爱，我就算不得什么。我若将所有的救济贫穷，又舍己身叫人焚烧，却没有爱，仍然与我无益。爱是恒久忍耐，又有恩慈。爱是不嫉妒，爱是不自夸……不求自己的益处……爱是永不止息，如今常存的，有信、有望、有爱，这三样，其中最大的是爱。

对性爱和婚姻，保罗作了最严厉的要求。有一段经文中暗示，保罗曾经结过婚，不过无法证明其真确性。书中记载说："难道我们（保罗及巴拿巴）没有权利像其他使徒，主的兄弟和彼得一样娶妻吗？"但是在另一处，他却说他是独身，他与耶稣一样不怜悯人肉体上的欲望。当他听到哥林多教会有性欲倒置及男女混交的事情时，简直是大大地震惊，责问哥林多教会说："难道你们不知道，身体乃是圣灵的殿……你们应该以身体来荣耀神。"独身较婚嫁要好，但与其欲火攻心，不如嫁娶为妙，若是离婚，便不可再嫁娶。妻子必须顺服丈夫，奴仆必须遵从主人。"各人蒙召的时候是什么身份，仍要守住这身份。你是做奴隶蒙召的吗？不要因此忧虑，若能以自由，就求自由更好，因为做奴仆蒙召于主的，就是主所释放的人；做自由之人蒙召的，就是基督的奴仆。"如果这个世界即将结束，那么为奴的与自主的，有何区别呢？此外，国家的自由也是不重要的。"在上有权柄的人，人人当顺服他，因为没有权柄不是出于上帝的。凡掌权的，都是上帝所命定的。"将这样一个凡事肯通融的哲学家保罗置于死地,实在是罗马人的不智之举!

·殉道者

在保罗给提摩太的第二封信中写道:

> 你要赶紧到我这里来,因为德马贪爱现今的世界……克雷森往加拉提亚去,提多也走了,独有路加在我这里……我初次申诉,没有人前来帮助,竟都离弃我……唯有主站在我旁边,加给我力量,使福音被我都传明,叫外邦人都听见,我也从狮子口里被救出来……我现在被浇奠,我离世的时候到了。那美好的仗,我已经打过了;当跑的路,我已经跑尽了;所信的道,我已经守住了。

虽然保罗说得很勇敢,却是非常孤独凄凉的。传说,他后来被释放,又到西班牙、亚洲一带去传道,结果又一次被囚在罗马监牢里。或许他从未被释放过,没有妻子儿女的安慰,所有的朋友又远离他而去。那时,唯一支撑他的就是他的信心,并且也许他的信心也不甚稳靠了。他也和同时代的基督徒一样,以基督二次降临的盼望度日。他在给菲利皮教会的信上写道:"我们渴望地等候救主,就是主耶稣基督,从天上降临。"他给哥林多教会的信中写道:"时间减少了,从此以后,那有妻子的,要像没有妻子……置买的,要像无有所得……因为这世界的样子,将要过去了……主!愿你早日降临!"但是在他写给帖撒罗尼卡教会的第二封信中,保罗责备他们因为期待基督的来临,而忽略了世上的事物,"因为那日子来临以前,必有撒旦出现,并且自称是上帝"。在他最后的书信中,我们可以推测,当保罗在监狱时,他内心一定充满了对他早期信仰与基督迟迟来临的挣扎。渐渐地,他把希望放在死后,用死后与基督在天堂合而为一的盼望代替了基督二次降临的希望。而他这种为安慰自己所作的信仰上伟大的调整，也使得基督教免于灭亡，保罗却又因此被捕受审，并且定了罪。基督的权势与恺撒的权势发生正面的冲突，恺撒一时获胜。我们不知道保罗的罪状到底是什么，很可能与他在帖撒罗尼卡被捕时一样，被控告为"违背恺撒的命令，说只有一王——耶稣"。这样的罪状是必须处死的。关于这个案子的审判，古代并没有记录。但是泰图利安在公元200年的著作中记载，保罗在罗马被斩首而死。俄利根在公元220年的著作中写道："保罗是在罗马皇帝尼禄王之下殉道的。"可能因为具有罗马公民的特殊身份，保罗是个别被执刑的，而没有与那些公元64年一场大火后被捕的基督徒一同被钉死。传说他与彼得是在同一个时间分别为主殉道的，并且一本感人的传奇中记载这两个伟大的竞争者同时在死亡的路上相会了。传说保罗是在奥斯蒂亚大道附近殉道的，而在3世纪，纪念堂便在此建立，并重新整修，屹立至今，就是所谓的圣保罗纪念堂（St. Paul beyond the Walls）。

这个纪念堂实在是证明他的胜利的最好象征，那审判保罗、定他死罪的尼禄王，死的时候显出一副怕死的样子。他生前极力地逼迫基督徒，而他的逼迫并没有起到任何作用。由殉道的保罗产生出基督教的神学体系，借着保罗和彼得造成了令人敬佩的教会组织。保罗已在犹太的《律法》之内寻到犹太人末世论的梦想，并且将它拓展成为能够感动人的信仰。带着政治家所有的耐心，保罗混合了犹太人的伦理学与希腊的形而上学，而把四福音书里的耶稣变成了"神学的基督"。他创造了一个新的奥理、一个新形式的复活的戏剧，可以吸引许多的信徒，并以教条代替言行来考察信徒的德行，于是导致中古时代的开始，这实在是个悲剧性的转变，但是，也许这是许多人的盼望。只有极少数的信徒能效法基督的榜样，但是唯有借着永生的盼望，许多人才能鼓起信心及勇气。

保罗所引起的影响，并不是马上可以察觉的，他所建立的教会，如同大海中的小岛。在罗马的教会属于彼得，他们仍旧只忠于彼得。

在保罗死后一个世纪，他几乎完全被人遗忘。但是当第一代基督徒过后，许多关于使徒的口头传说已渐渐消失，于是成百的异端邪说开始搅扰基督徒的心灵。这时保罗的书信发挥了维护信仰的功用，也团结了原来分散的群众，使其成为强有力的教会。

虽然如此，那些由犹太教而分离出来的基督徒，在大体上仍旧是非常犹太化，他们个性非常强烈，道德上的要求非常严格，以至于中古时期的人因为接受了异教，使基督教变成了多彩多姿的天主教，而视保罗为外人，几乎没有为他建立任何教堂，也很少为他雕刻塑像，或用到他的名字。这样一直过了15个世纪，直到马丁·路德称他为宗教改革的使徒，加尔文在保罗的书信中发现宿命论的信条（predestinarian creed），似乎这时候，保罗才被人记起。新教是保罗对彼得的胜利，而原教主义（Fundamentrolism）是保罗对基督的胜利。

约翰

由于历史的偶然，保罗的事迹非常明了地传达给我们，而使徒约翰却是默默无闻的神秘人物。《圣经》中除了三封书信外，还有两本非常主要的作品也是约翰写的。不过批评家推测《启示录》可能是在公元69—70年间写成，而且作者可能是另一位约翰——帕皮阿斯曾提到过的长老。查斯丁·马蒂尔（Justin Martyr）则认为这本强有力的《启示录》，乃是出于基督所喜爱的门徒约翰之手。但是早在4世纪时，尤西比乌斯提出许多学者对于此书"真实性"的怀疑。这本书的作者应该是一位相当杰出的人物，因为在他写给亚洲地方的教会书信中，带着一种威吓、权势的口吻，如果这本书的确是使徒约翰所著（我们暂时认为如此），那么我们就不难明白，为什么约翰也同他的兄弟雅各一样，被称为"雷子"（Son of Thunder）。在艾菲索斯、士麦那、帕加马、萨迪斯以及其他许多小亚细亚的城市中，约翰被当地人认为是教会的领袖。据尤西比乌斯的记载，约翰被罗马皇帝多米提安放逐到帕特摩斯（Patmos），而约翰就是在这个爱琴海中的小岛上完成了《约翰福音》和《启示录》。他活了很久，以致有人以为他永不会死。

在形式上，《启示录》类似《但以理书》和《以诺书》。像这类采用预言式、象征性的异象，是当时犹太人著作中常使用的文学技巧。除了所提过的《启示录》外，尚有许多类似的作品，但都没有《启示录》这本书作者惊人的口才。作者一开始就以最普遍的信仰，即在天国来临之前，必有撒旦来临，并且掌握世界，罪恶也将达到全盛时期，来描写尼禄王的掌权，就如同撒旦的掌权时期。撒旦和他的随从背叛了神，天使长米歇尔（Michael）与他的使者将撒旦打败了。于是他们被赶到地上，借着异教国家的权势，压迫、打击基督教。书中所说的敌基督及大兽均是指尼禄王，他是从撒旦来的假先知，正如耶稣是由神而来的一样。罗马城被描写成"坐在众水之上的大淫妇，住在地上的君主与她行淫"。她是"巴比伦的妓女"，是所有罪恶、不道德、偶像、淫乱的根源及中心，在那里，亵渎神且沾满了血腥的尼禄王，要求像基督一样地受基督徒的敬拜。

在一连串的异象后，作者看到了将要降临到罗马及其帝国的一切惩罚。将有蝗虫飞到地上伤害地上的居民，除了14.4万个额头上有上帝印记的犹太人，其余的均如此受痛苦五个月。有神的使者要将神的怒气倾倒在地上，用可怕的痛苦折磨人，把海水变成血，好像死人的血，以致所有海中的生物都死了。另有神的使者要用太阳的炎热炙烤所有不知悔改的人，四位使者将要"率领2亿的军马"将人的1/3杀死，四位骑在马上的"用刀剑、饥荒、瘟疫、死亡和野兽杀害地上的人"。地要大大地震动，大块冰雹将要打在那仍存留的不信之人身上，罗马将要完全地被毁掉。地上的君王都跑到阿马基顿（Armageddon）平原上聚集，作他们对神的最后一次抵抗，但是他们终将被死亡所湮没。撒旦与他的军队遭到各方的击败，最后被投入无底坑里1000年，唯有真正的基督徒才能免于这个大灾难。所有为基督的名而受苦者、所有曾"被羔羊的血所洗净者",将要获得神丰富的赏赐。

千年以后,撒旦将被释放出来,再一次在人间到处捕食,罪恶也再一次降临到不信的世人当中。罪恶的权势,将要作最后一次败坏神工作的努力,但是它们终将被克服。这一次撒旦和他的使者将要永远被抛在无底坑里,永无翻身之日。然后最后的审判即将来临,于是海交出其中的死人,死亡和阴间也交出其中的死人,在那可怕的日子,"所有名字没有记在生命册上的,就被扔在烧着硫黄的火湖里"。"所有信徒将要聚集赴神的大筵席,可以吃君王与将军的肉,壮士与马和骑马者的肉,一切自主的、为奴的以及高贵的、低下的人民的肉",这些人均是不听从基督呼召的。一个"新天新地"将要被打造,圣城——新耶路撒冷由神那里从天而降。城中有神的荣耀,城的光辉如同极贵的宝石,好像碧玉,明如水晶;墙是碧玉造的,城是精金,如同明净的玻璃,城墙的根基是用各样宝石修饰的;每扇门是颗珍珠,城内街道当中,有一道生命水的河,河的两岸有生命树。罪恶的权势将被永远地终止。基督的信徒将承受天国,"在那里不再有死亡、悲哀、哭号或痛苦"。[1]

《启示录》的影响是持久的、直接的,也是深奥的。其中预言,忠心的信徒将要得到救赎,而抵挡压迫基督徒的人将要遭受惩罚。这些宣布,成为受逼迫的信徒及教会莫大的精神食粮。其中所提到的"千年国度"(millennium),也成为那些渴望基督二次降临之人的安慰。文中生动的景象、灿烂的文句,均被许多流行的基督教文学作品所采用。而从1世纪起,一直到19世纪,人类把历史所发生的事情均解释成《启示录》中预言的实现,也收到了警醒世人的功效。

《启示录》与《约翰福音》同出于一人之手,似乎很难令人相信。《启示录》是犹太式作品,而《约翰福音》属于希腊哲学。也许由于

---

[1]《圣经》此处是指"飞鸟"聚集,赴神的大筵席,吃君主与将军的肉……参见《启示录》第19章第17、18节。——译者注

尼禄王的残暴逼迫基督徒，使徒约翰义愤填膺地写了《启示录》这本书，而《约翰福音》是在他年纪老迈时，对希腊的形而上学已很老练的时候写成的（大约在公元 90 年）。这时，他对主耶稣的记忆也许已衰退不少。而在伊奥尼亚的岛和城市中，无疑地他一定听了许多有关希腊神秘主义和哲学。柏拉图曾在一本书中将上帝的理念描写成各种模式（patterns），万物乃是照此模式而造成。斯多葛学派又把上帝理念与原初之道（Logos Spermatikos）或上帝丰富的智慧联系起来。新毕达哥拉斯学说者（Neo-Pythagoreans）把以上所说的理念，变成了一个神人（Divine Person）。斐洛则将其转变为神的理性（Reason of God）——第二神圣原理（Divine Principle），借着它，神创造了世界，也借着它，神与世界相连通。如果我们把《约翰福音》从头重读一遍，记在心中，然后保留"道"来代替希腊原义的"理"，我们立刻可以察觉，约翰加入了这些哲学家的行列：

> 太初有道，道与神同在，道就是神……万物是借着它造的，凡被造的，没有一样不是借着它造的……道成了肉身，住在我们中间。

对希腊思想极有研究的斐洛认为，有把犹太教中某些词句改成爱好逻辑的希腊人所能接受的言语的必要。同样，在希腊文化环境中度过将近两个世代的约翰，也把希腊的哲学气味加在神秘的犹太教条里，如"神的智慧"是有生命的东西，并加在基督教的教条里，如耶稣是弥赛亚。不管是有意或是无意，约翰继续了保罗将基督教从犹太教中分离出来的工作。在《约翰福音》中的基督，似乎不再是个活在《律法》之下的犹太人，当耶稣向犹太人讲道时，称呼"你们"，而称犹太的《律法》为"你们的《律法》"。基督不是拯救以色列迷失之羊的弥赛亚，他乃是永生神的儿子，不仅是人类未来的审判者，也是宇宙万物的创造者。通过这个观点，耶稣人性的一面，就几乎像诺斯替邪教所主张的被忽略了。而神性的基督就与希腊传统的宗教与哲学思想一致了。其后的异教世界，甚至仇视闪米特人的世界，均能接受基督如同他们自己的神一样。

基督教并没有破坏异教，相反，它接受了异教。许多已经消失的希腊思想，均在基督教的神学或礼拜中复生。统治了哲学几个世纪的希腊语，也成为基督教文学与仪式的传达工具。许多希腊的神秘气氛，也进入了感人的弥撒仪式中。其他的异教文化也促成了基督教与各种不同文化、学说、信仰的融合。"三位一体""最后的审判"、永生及永远的惩罚的观念来自埃及。对圣母与圣子的崇拜及神秘的"通神论"，造成"新柏拉图主义"及"诺斯替主义"，并搅浑了基督教教条。而基督教的修道制度，也可以在埃及找到它的范例及根源。对于圣母的特别敬拜是来自弗里吉亚，阿多尼斯神复活的剧乃是出自叙利亚，对酒神狄俄尼索斯的崇拜或许是来自色雷斯。"千年国度"之说、"最后的火灾"、上帝与撒旦、光明与黑暗的"二元论"，这些都是出自波斯。而在《约翰福音》中也曾记载："光照在黑暗里，黑暗却不接受光。"密特拉教的仪式与弥撒时的圣餐仪式非常相近。因此之故，基督教可以说是古代异教世界最后、最伟大的创作。

第八章 | **教会的成长**

（96—305）

基督徒

基督徒在私人的房子或小教堂集合，组织成犹太人会堂的形式，每个集会称为一个"Ekklesia"——希腊人民对聚集在市政府的称呼。他们像伊希斯和密特拉信徒一样，欢迎奴隶参加。虽然奴隶没有被解放，但是在"天国里所有人都可得到自由"的应许下，他们得到了安慰。早期的信徒，主要是下层阶级占优势，其中也有些中下阶级，偶尔也有些富有者。然而，他们绝不是塞尔苏斯所说的"人们中的渣滓"，他们大部分过着有规律而且勤勉的生活，以财物资助传道工作，并且提供资金给一些穷困的基督教团体——他们作了很多的努力，最后他们赢得了偏僻地区的人民。

妇女们被允许参加聚会，并且在次要的角色中也达到很突出的地步，但是教会要求她们过谦恭、顺服、退隐的生活，使外邦人抱愧蒙羞。礼拜时，她们必须蒙着头，因为她们的头发被认为是最诱惑人的，纵使天使在服侍时，也会被妇女的头发分心。圣哲罗姆甚至认为妇女的头发应该全部剃掉。基督徒妇女还要避免使用化妆品和珠宝，尤其是假发，因为牧师的祝福降临到那些戴着假发的头上，就很难知道哪一个头是受祝福的。保罗曾严厉地指示他的教会说：

> 女人在教会中要闭口不言。她们总要顺服。她们如要学什么，可以在家里问自己的丈夫，因为妇女在教会中说话，原是可耻的……在教会中男人不该蒙着头，因为他是神的荣耀和形象，但女人是男人的荣耀，起初，男人不是由女人而出，女人乃是由男人而出，并且男人不是为女人而造，女人乃是为男人造的。因此女人应当在头上有屈服权柄的记号。

这是犹太人和希腊人对女人的看法，并不是罗马人的看法。也许这正代表着一种反动思想，以反对有些妇女自由渐增、沦为放纵的现象。我们可如此相信，在这些严词谴责之下，虽是没有珠宝和香水，但借着面纱，基督教妇女仍有吸引力，并能以灵巧的方法，运用她们古老的权力。未婚的妇女和寡妇，教会给她们找到许多有用的工作，她们组织成"姐妹"团体，办理慈善的事务，以后就形成了修女们不同的阶级，而那些修女真诚、亲切的态度，正是基督教最高贵的化身。

在约公元160年，卢奇安对基督徒有如此的描写："那般最愚蠢的人，藐视一切尘世的事物，而将一切的财物视为公有。"30年后，德尔图良宣告说："我们所有的事物均为公用，唯独妻子例外。"他还以其特有的尖刻的语气说："基于那一点，我们散伙了，的确，其他的人也是在那一点上如此。"但我们不应该按照字面来理解这些话，因为在另外一篇文章中德尔图良也提到，基督教的共产只不过是按着各人所有的多寡，将财物献出，作为公众基金。它最初的目的，不过是便于施舍。而富有的人，也因慑于最后的审判，愿意献出他们的财物。许多早期的基督徒均同意苦修派的看法，认为一个富有的人，若不将他剩余的财物与人分享，就无异于贼。雅各——耶稣的兄弟——也曾用非常刻毒的话，攻击一些富有的人，他说：

嗐！你们这些富足人哪，应当哭泣号啕，因为将有苦难临到你们身上。你们的财物坏了，衣服也被虫子咬了，你们的金银都生了锈，那锈要证明你们的不是，又要吃你们的肉，如同火烧，你们在末世只知积攒钱财，工人给你们收割庄稼，你们亏欠他们的工钱，这工钱有声音呼叫，并且那收割之人的冤声已经入了万军之主的耳了……神岂不是拣选了世上的贫穷人，去承受天国吗？

他又补充说，在天国里，富足的人将像花一样，在炽热的阳光下凋谢。

共餐，是共产的一部分。就像希腊罗马的集会中偶尔一起聚餐一样，早期的基督徒，通常在安息日的晚间，聚集在一起享用"爱宴"（love feast）。这种"爱宴"以祷告和读经开始，然后由牧师将酒与面包祝谢后，才分给大家吃，最后仍以祷告和读经结束。信徒们相信面包和酒代表了基督的身体和血。信奉狄俄尼索斯神、阿提斯神及密特拉神的人，也有类似的宴会，而他们认为他们所吃的是这些神的化身。"爱宴"最后的仪式是"爱的亲吻"，在某些会众中，这个仪式只限于男与男、女与女，而在另外一些会众中，这个严格的限制也没有强迫执行。许多参加者在这个仪式中发现了非宗教的喜悦。德尔图良和其他一些人公开地指责说，如此的仪式将会导致"性的放纵"。教会则建议，亲吻时嘴唇不应该张开，如果亲吻带来了愉悦感，就不该再继续下去。3 世纪以后，"爱宴"就渐渐消失了。

不管这些插曲是否真实，也不管传道者是否循循善诱地呼吁众人将仪式做到完美的地步，我们可以相信，早期基督徒的道德，的确是异教徒对基督徒进行谴责的一个例子。因为这个原因，后来有些有智之士及有影响力的人，不惜任何代价，定了一个超然的伦理标准，来节制人的原始本能，以合乎道德标准。当信徒盼望天国来临时，同时他必须相信有一位审判者，他看得见每个人的一举一动，也知道每个人的思想，没有一个人能逃避得了他，也没有一个人能欺骗得了他。在这种神圣的监视之下，于是有了彼此的监督。罪在这些小团体中很难隐藏得住，若有人秘密地破坏了新的道德纪律而被人发现时，要被公然地申斥。而曾经毁了异教的一些社会恶习，如堕胎、杀婴等，在基督教中是绝对禁止的，而且被视为与谋杀同罪。在许多的例子中，我们可以发现基督徒救了许多被弃的婴孩，给他们施洗，并且借着社会基金，将他们抚养长大。在其他方面，教会禁止教友们涉足戏院或公共娱乐场所，禁止基督徒参与异教节日的庆祝典礼，不过在这些方面收效并不大。大体上，基督教仍不断地夸大犹太人道德的严厉和苛刻。独身生活是最受人推崇的，而他们认为婚姻制度只是防止杂交和繁衍子孙的可笑方法。夫妻的婚姻关系也受到限制，夫妻中若有一方是异教徒，另一方是基督徒，唯有异教徒欲取消婚姻关系时，离婚才能被允许。鳏夫或寡妇如欲再婚，是绝对没人赞成的，至于同性恋，更是会遭受到古代人少有的非难。德尔图良说："至于性生活，基督徒是绝对以自己的妻子为满足的。"

当人们期待基督二次降临的时候，那些严厉的道德纪律和规条自然地被宣布。但是当这个盼望消失的时候，人的肉体情欲再度升起，基督徒的道德也因此松弛了。有一位不知名的作者所著的小册子《哈玛斯的牧羊人》（*The Shepherd of Hermas*，约公元110年），严厉地斥责基督徒中再度出现了贪心、不诚实、涂胭脂、染头发、画眼睑、醉酒及奸淫这些罪恶的事情。然而，这段时期基督徒的道德生活总体上是很好的，儿女孝顺父母，朋友之间互相忠实，夫妻也互敬互信，完全呈现出信心、生活的快乐。因此普林尼不得不向罗马皇帝图拉真报告说，基督徒确实过着一种非常祥和而模范的生活。盖仑对基督徒有过如此的描写："他们如此不断地自律自制……他们如此强烈地渴望达到道德上最完美的境界，以致他们几乎不亚于一个真正的哲学家。"由于他们相信全人类都因为亚当的罪而被玷污、而每一个人终要面临最后的审判，基督徒们都远离一切的引诱，指责"世界与肉体"，并以禁食及种种责罚压制欲望，非常谨慎、虔诚地度日，以防备那可怕日子的到来。他们对音乐、美食、外来的酒、温水浴或剃须修面带着一种怀疑的眼光，认为这些事似乎与神的旨意不符合。一般基督徒认为他们的生活比他们以往信仰异教之神时更郁闷，唯有当他们偶尔秘密地去拜他们以往的神时，生活才有乐趣。到 2 世纪，犹太人安息日的严肃气氛才被基督徒的主日崇拜所取代。

在主日，即星期日，基督徒聚集在一起，开始他们每星期一次的敬拜仪式。牧师先读一段经文，然后带领会众一起祷告，最后由牧师讲道，内容不外乎是一些教条式的教训、道德生活的勉励及宗派间的争辩。在早期的聚会中，一般人，尤其是妇女可以说预言——以一种神魂超拔的神态，说出一些将要发生的事情，而这些事情，只能以宗教的观点来解释。然而，当这些行为引起了宗教狂热及神学上的混乱时，教会开始表示不满，最后终于禁止了这种行为。牧师不得不去除迷信，因此才采取行动去压制这些举动。

到 2 世纪末，主日崇拜仪式渐渐采取天主教弥撒的形式。这种仪式，一部分取自希腊神秘宗教中的洁净仪式、圣餐仪式，一部分取自犹太圣殿中的敬拜仪式。凭借圣餐仪式及借着神胜过死亡的权能，弥撒的内容渐渐丰富，包括祷告、读诗篇、读经文、讲道以及诗歌的背诵，尤其特别的就是以象征性的"神的羔羊"代替古老基督教中"有血的祭牲"。以往基督徒把酒和面包当作献给神的礼物，而现在他们把面包和酒想象成通过牧师把它献给神，变成基督的身体和血，再一次表示基督在十字架上的牺牲。因此在聚会中，借着圣餐的仪式，许多信徒分享了他们救主的生命。这是一个时代认可已久的观念，而异教徒不必接受这种观念。借着弥撒的玄义，把这种观念具体化表现出来，基督教因此成为所有神秘宗教中最伟大的一个。这种观念在起初只是一种很低微的习惯，却很顺畅地发展成高尚的习惯。它被教会采纳，是教会能够成为那个时代的象征及教友们必需物的原因之一。没有任何仪式能使心灵寂寞的人得到如此的振奋，也没有任何仪式能给予信徒们更大的勇气去面对这到处充满敌意的世界。[1]

圣餐是早期基督教七个圣礼之一，被认为是传递神恩典的神圣仪式。在此，教会也借着象征性的诗，安慰信徒、提高教友的尊荣，并借着神恩典的滋润，使漫长的人生旅程中得到再一次的更新。在 1 世纪，只有三种仪式——洗礼、圣餐、神职授任——被认为是圣礼。但其实在以往教会的习惯中，早已有其他四个圣礼的根源了。早期的使徒及一些长老，在洗礼以外，更借着"按手礼"使信徒接受圣灵。因此，渐渐地，"按手礼"从"洗礼"中分出来，而成为"坚信礼"。当婴儿时期的洗礼代替了成年后的洗礼时，人们渐渐觉得有一种年长后灵洗的需要。以往在公众前的认罪，这时变成了私底下向神父认罪。当时的神父，宣称他们从使徒及主教的继承人那里接受了这种特权，"可以捆绑罪，也可以释放罪"——接受教友的认罪，并且赦免他们的罪。这种"忏悔礼"也成为圣礼之一，在这个仪式中，神父可以借着赦免教友罪的时候责骂他。这样，一方面可以给予罪人一种激励他改进的力量，另一方面也可以使得罪人免于良心上的不安和悔意而造成的精神问题。在那几个世纪中，婚姻仍旧是一般民间的仪式；后来经过教会的准许后，婚姻不仅是契约，而且是彼此之间神圣的誓言。到公元 200 年，"按手礼"增加了一个额外的任职仪式，借这个仪式，主教擅用了独有的权力任命神父，有效地执行这些圣礼。最后，教会又由《雅各书》（第 5 章，第 14 节）中，导出一个临终涂膏仪式，即最后的祝福仪式，成为圣礼之一。神父将油涂在死者的感觉器官和四肢上，借此仪式，再一次洗清死者的罪，好让他能以无愧的良心去见神。若是我们以当时的人对这些仪式的看法来判断这些仪式的话，实在是很可笑的。但以鼓励及启发人性来看这些仪式，它们的确是灵魂最有效的药。

---

[1] 在密特拉教的某些秘密宗教仪式中，崇拜者被当作面包与酒，献给他们的神。16 世纪，当西班牙人征服墨西哥和秘鲁时，他们非常惊奇地发现当地的印第安人也有类似的仪式。

基督徒生命中最后的荣耀，是"埋葬仪式"。因为新的信仰不仅宣告了灵魂的复活，也宣告了身体的复活，因此死者的遗体有了许多很好的照顾。埋葬的仪式由神父主持，每一个死者都有自己的坟墓。在约公元 100 年，罗马的基督徒依照叙利亚和埃特鲁里亚的传统，开始将死者埋在地下墓穴，也许并不是为了隐藏，而是为了节省空间和经费。当时，罗马人在地下挖很长的地道，高度各不相同，而死者的尸体就放在这些地下走廊的两边。犹太人与异教徒也采用这种方法，他们也许只是为了方便。有些地道似乎特别地绕，成为基督徒躲避罗马帝国迫害的好地方。当基督教抬头后，这种将死者埋放在地下墓穴的习惯渐渐消失。这些地下墓穴，变成了敬拜及朝圣的目标。到 9 世纪，才渐渐阻塞而被人遗忘了。直到 1578 年，才被人意外地发现。

早期的基督教艺术，大部分保留在地下墓穴的壁画和浮雕中。据考古学家研究的结果，约 180 年，出现了基督教最有名的一些象征物：鸽子——代表着灵魂脱离了今生的牢狱；长生鸟——由死灰中复生，代表着复活；棕榈叶——表示胜利；橄榄枝——和平的象征；鱼——神的儿子耶稣基督是救世主。在地下墓穴中，还有一个很有名的雕像，叫作"好牧人"，这个雕像完全仿照塔那格拉（Tanagra）镇罗马神话中的信使神携带一只羊的雕像。偶尔我们也可以在这些图画中，发现庞贝城的优雅风格。例如，装饰在圣多米提拉坟墓顶上的花、藤蔓以及鸟等，通常这些都是次等工匠的平凡作品，他们以东方的暗晦代替了古典的清晰。在那些世纪中，由于基督教过分重视来生，对今生毫不关心。而且，基督教承袭了犹太人对雕像的嫌恶，将雕像与偶像混为一谈，并指责雕像和绘画太过分夸耀裸体。因此，当基督教渐渐地茁壮，雕塑艺术也就渐渐走下坡路。但是一些镶嵌的细工倒是很普遍。教堂的地板、墙壁及浸礼所，均嵌有花叶形的小方格及"神的羔羊"和《圣经》中故事的图画。在一些雕刻精美的石棺中，也发现类似很粗糙的浮雕。同时，建筑师也改变了希腊罗马式的教堂以适应基督教崇拜的需要。以往藏置异教神的小庙堂建筑形式，无法让教会容纳所有的会众；现在新的教堂，有很宽阔的本堂及走道，可供教会之需，而教堂突出的半圆形或多边形部分，正好可用作圣所。基督教在音乐方面，也继承了不少希腊的音乐符号、音阶等。有些神学家很不赞成妇女们在教堂或公共地方唱歌，因为他们认为妇女的声音，很可能让一些易激动的男性产生邪恶的念头。然而，会众们时常借着赞美诗表达他们的希望、感谢及快乐，于是音乐成为最美好的崇拜及基督教信仰中最精致、最微妙的侍奉。

总体来说，在人类中没有比基督教更吸引人的宗教了。基督教不分个人、阶级和国家；它不像犹太教，只限于一个民族；也不像希腊罗马正式的宗教，只有国家中的自由民才可以信奉。借着使全人类都能继承基督战胜死亡的胜利，基督教宣布了人类基本的平等，而现世所有不同的阶级，只是暂时性的。对那些悲惨、残障、哀恸、气馁及受辱之人，它给予他们同情、怜悯、尊严，及有启发性的基督的故事；因着天国的盼望及死后永不止息的幸福，基督徒们的生活被照亮了。甚至对于那些最严重的罪人，基督教应许赦免他们，只要他们肯悔改，也接受他们为教友。对那些心灵难以解决的问题，如人生何去何从、罪恶及痛苦的解除……所困扰的人，基督教提供了启示性的教义，使最单纯的灵魂得到心灵的安息。对那些遭受贫苦及劳苦折磨的人，基督教借着圣礼和弥撒，带给他们如诗般的喜乐。此外基督教将博爱、仁慈、严谨、和平这些美德带给了在道德上几乎是真空且垂死的异教、冷酷的禁欲派、败坏的放纵派。而被残酷压迫及性关系混乱了的世界，以及满足于现状的帝国，也接受了这些基督教的道德。

因为适合人类的需要，这个新的信仰传播得非常迅速。几乎每一个信徒，都带有革命家的热忱，将自己作为一个宣传的中心。而罗马帝国的马路、河流、海岸线及贸易线等也是非常利于教会发展的路线：东边从耶路撒冷到大马士革、埃泽萨、都拉（Dura）、塞琉古亚及泰西封；南边经波斯特拉、佩特拉到阿拉伯；西边经叙利亚到埃及；北边经过安条克到小亚细亚及亚美尼亚；由艾菲索斯及特洛阿斯越过爱琴海到哥林多、帖撒罗尼卡；经过埃格那提亚路到都拉基乌姆；越过亚得里亚海到布伦迪西姆，或者经由斯库拉及卡律布狄斯（Charybdis）到普特奥利及罗马；由西西里岛、埃及到北非；越过地中海或阿尔卑斯山到西班牙及高卢，由此再到不列颠。于是十字架随着罗马帝国的势力渐渐扩散到各处，而罗马的武力也为基督教铺设了道路，小亚细亚是这几个世纪中基督教的大本营。到300年，大部分艾菲索斯和士麦那的居民均是基督徒。这个新的信仰在北非也发展得很不错。迦太基和希波成为基督徒学习及争论信仰的中心。在这里也产生了许多伟大的拉丁教会的教父——德尔图良、西普西安、奥古斯丁；弥撒中的拉丁经文和第一本拉丁文的新约《圣经》，也在此地形成。到3世纪末，罗马的基督徒约有10万名。罗马教会已经能够给予其他地方的会众经济上的帮助，而其主教也因此在教会中要求有至高的权威。总起来看，到公元300年，在东方，大约有1/4的人是基督徒，而在西方只有1/20。在公元200年，德尔图良就曾说过："我们（基督徒）好像昨天才诞生出来，但是我们却充满了你的城邑、市镇，你的岛屿，你的部落，你的军营城堡、宫廷及议会。"

教条的冲突

基督教在这许多相互之间毫无关系而又有不同传统与环境的各个地方发展，若没有形成不同的教条与习惯，也足够令人惊讶了。尤其是在希腊这个爱好辩论及形而上学的民族中，基督教似乎早已注定要演变成一股异端的洪流。唯有借着这些异端才能稍微了解基督教，基督教虽然打击这些异端，但多多少少还是接受了他们的形式与色彩。

只有一个"信仰"可将这些分散的会众联合起来，就是基督是神的儿子。他将要二次降临，在地上建立他的王国，所有信他的人，在最后的审判时，将要接受永生的赏赐及祝福。但是关于基督二次降临的时间，基督徒们各持己见。尼禄王死后，提图斯王拆毁圣殿，接着哈德良王又破坏了耶路撒冷城，许多基督徒都为这些大灾难而欢呼，认为这些都是基督二次降临的预兆。到 2 世纪末，当罗马帝国遭受混乱的威胁时，德尔图良及其他的教父均认为世界末日近了。有一个叙利亚的主教带着他的会众进入沙漠之地，希望能在中途遇见基督。另有一个本都的主教，因为宣布基督在一年之内二次降临，而使社会秩序大乱。当这些现象过去后，基督仍然未来，因此许多聪明的基督徒开始重新解释基督二次降临的时间，以缓和人们的失望情绪。在一封可能是巴拿巴所写的书信中，曾提到基督将在 1000 年后二次降临。某些很谨慎的信徒也发表了他们的意见。他们认为，当这个世代或犹太人被灭亡了，或者当福音被传遍外邦各地，基督才会二次降临。《约翰福音》中也曾记载，当基督离开信徒后，他要差遣"圣灵"到信徒当中。最后，"天国"由地上而转变成在天上，从今生转变成来生，甚至连教会都反对千年国度的信息——基督将在 1000 年后二次降临——甚至指责其中的不当。对天国的盼望，维持了基督教的生命。

在公元后的 3 个世纪里，有一些跟随基督的人，开始在信仰上有了分歧。于是有了许多教派，除了基本的教义外，他们各自的教条均不甚相同。这些各自不同的宗教上的信念，都希望能获得成长中的教会的采纳，然而教会不但不采纳他们，反而逐一将其列为异端。假如我们想将这些宗教上的信念加以评述的话，我们就误解了历史的功能。诺斯替派是一个希望借着神秘的方法寻求神圣知识的教派，它不仅是异端，而且是基督教的劲敌。其诞生早于基督教，在基督降生之前即已宣布救世主的理论。那个与彼得同称西蒙而被彼得斥责为"买卖圣职"的撒马利亚魔术师，可能就是《大展览》（*Great Exposition*）的作者，这本书集合了许多东方关于如何引领人进入神秘境界而知道所有事情的方法。在亚历山大城，俄耳甫斯教派、新毕达哥拉斯学派及新柏拉图主义者的传统，与斐洛"理性"哲学融混在一起，激发了巴西利德斯（Basilides，公元 117 年）、瓦伦廷（Valentinus，公元

160 年）及其他人形成了一个有关神性流露及世界拟人化的"依恩"（aeons）[1] 的奇异体系。在埃泽萨地区，巴尔德撒纳斯（Bardesanes，公元 200 年）借着散文与诗描写"依恩"，创造了叙利亚的文学。在高卢信奉诺斯替教的马库斯，向妇女们透露守护天使的秘密。他的这个启示是具有谄媚性的，但是他也因此得了不少的信徒。

然而早期的异端中，最大的倒不是诺斯替教，而是那些受他们神话所影响的人。约 140 年，马西昂（Marcion），一个富有的锡诺普青年，到了罗马，宣誓要继续完成保罗将基督教从犹太教中分离出来的工作。他认为四福音书中的基督，将他的父神描写成一位仁慈、宽大、充满爱的神。但是《旧约》中的耶和华，却是一个执法如山、暴虐好战严厉的神。这个耶和华绝对不可能是温和的基督的父亲。他提出疑问，若神是善良的，为什么他会因为亚当对知识的好奇，吃了禁果、喜悦女人，而判定整个人类必须因此受痛苦？耶和华的确存在，是宇宙的创造者，但他却用物质造了人，因此将人的灵魂拘禁在罪恶的身体中，为了拯救人的灵魂，脱离罪恶的身体，一个更伟大的神差遣了他的儿子到地上来。于是，基督以虚幻的、非真实的肉体出现了，借着他的死，善良的人获得灵性上的复活。马西昂又解释说，所谓善良的人，就是那些跟随保罗、拒绝耶和华及犹太的《律法》、弃绝希伯来经文、远避婚嫁及所有感官之乐及能够借禁欲主义而克服肉体的人。马西昂为了宣传这些观念，特地发行了包含《路加福音》与保罗书信的《新约》。于是罗马的教会把他逐出教会，但将他来罗马时奉献给教会的金钱退还给他。

当诺斯替与马西昂的思想同时在东方与西方迅速传播时，已有一个新异教首领在密细亚一带出现。大约在 156 年，孟塔努斯（Montanus）严厉抨击基督徒尘世成分的增加，及教会中主教专权的

---

[1] 按诺斯替派的说法，世界最初有善灵与恶质的敌对，原善（最高的神）不时射出一些属灵的活物，名"依恩"。——译者注

渐长。他要求基督徒回到原始单纯而严谨的境界，全会众均有先知讲道或说启示性言语的权利。有两个妇女——普里西利拉（Priscilla）和马克西米拉（Maximilla）——因为接受了孟塔努斯的论调而落入宗教的神魂超拔状态中，她俩的言论也成为该教派中活的神谕。而孟塔努斯本人，当他做预言时，带着一种动人的忘形的神态，以至一些追随他、富有宗教狂热的佛里吉亚人，认为孟塔努斯就是基督曾应许的保惠师。他宣布天国已经近了，《启示录》所提到的新耶路撒冷城，也将由天降临在附近一个平原上。他带领许多人搬到那所说的预定地，以至于许多城镇都搬空了。在早期的基督教生活中，婚姻与亲情的关系非常不受重视，而所有的财物都由公共享有，大多数人都是专一的禁欲主义者，准备自己见基督。约公元 190 年，当罗马总督安东尼在小亚细亚压迫基督徒时，成百的孟塔努斯的信徒因为渴望乐园，聚集在安东尼的席前求死，愿为理想而殉道。安东尼无法成全他们，只将一部分人处死，而对那些释放的人说："可怜的人啊！若是你们都想死，难道没有绳子和悬崖吗？"在罗马，教会禁止了这个教派、视之为异端。6 世纪，查斯丁尼下令消灭这个教派。而许多虔诚的孟塔努斯信徒聚集在他们的教堂，用火将自己活生生地烧死。

其他一些较小的异端，从未断绝过。禁戒派戒肉、酒及性欲；阿布斯蒂内恩特（Abstinent）派则实行自我禁欲，并视结婚为罪恶；多塞提斯特派（Docetist）认为基督的身体不过是个幻象，并非真的血肉之躯；迪奥多蒂翁派（Theodotian）认为基督只不过是一个人而已；基督义子派（Adoptionist）及萨莫萨塔（Samosata）地区的保罗的追随者，认为基督曾降生为人，但是借着道德的完整，而达到了至圣境界。形态派（Modalist）、撒伯里乌派（Sabellian）认为基督与上帝是同一个人，一性论派（Monphysite）认为他们的本质是一个，一志论派（Monothelite）认为他们的意旨是一个。虽然充满了各样的异端，但是教会借着优越的组织、坚固的教条及对信徒们需要更清楚的了解，克服了那些异端。

到了 3 世纪，东方又有了新的危机。公元 240 年，沙普尔一世加冕时，有一个泰西封的年轻的波斯神秘家摩尼（Mani）宣称自己是真神差遣到世上的弥赛亚，为的是改善人类宗教及道德生活。他借用拜火教、密特拉教、犹太教、诺斯替教的教义，将世界分成两个敌对的领域，一个是光明，一个是黑暗，他认为世界是属于黑暗的王国，并且人是由撒旦造的，然而光明之神的使者秘密地将一些光明的因子——思想、智慧及理性——传给人类。他并且强调说，即使是女人——撒旦用来引诱男人犯罪的杰作——在她里面还是有不少光明的因素。若一个人远离性的诱惑、偶像及巫术，并且过素食主义及禁食的禁欲生活，那么他里面的光明因子将会克服他犯罪的冲动，而使得他能够得救。经过三十年很成功的传道之后，摩尼在拜火教僧侣的建议之下，被钉死在十字架上，然后他的皮又被塞满了稻草，挂在苏萨城的一个城门上。摩尼的殉道点燃了信徒们狂热的信心，于是摩尼教传到了西亚及北非，奥古斯丁也曾醉心于此达十年之久，并且历经戴克里先的迫害，及伊斯兰教的征服，仍能苟延残喘达 1000 年之久，直到成吉思汗的来临。

那些古老的宗教仍然占据了帝国大多数的人，犹太教聚集了一些被放逐的穷人，将他们分散到各个会堂，使他们虔敬地遵行《犹太法典》。叙利亚人仍旧拜他们的太阳神巴力，埃及人的祭司仍很忠心地照顾他们动物的神庙。西布莉、伊希斯、密特拉仍受到人们的崇拜，直到 4 世纪末；当奥勒利安做罗马帝国的皇帝时，改良后的密特拉教会获得了罗马帝国的信任。他们仍旧到庙中许愿与献祭，帝国各地的人都热心信仰这个为帝王所赏识的宗教。但是渐渐地他们这种信仰生活已不符合古典的教条，除了少数人仍旧虔诚地过他们信仰的生活外，大多数已不再警醒了，于是一些希腊人和罗马人，不仅因此放弃了他们以往信仰的这个宗教，更放弃了生活的意志。而且，过度的家庭节育、生理上过分的亏耗、战争的蹂躏，使他们的信徒人数更加减少，他们的教堂中也渐渐失去了教士。

约公元 178 年，当奥勒留在多瑙河与马科曼尼人争战时，异教徒曾企图乘机抵抗基督教。我们仅能由俄利根的《驳塞尔苏斯书》（*Against Celsus*）中对此略知一二，而这本书中所引用的一部分乃是出自塞尔苏斯所著的《真言》（*True Word*）。塞尔苏斯不是个纯理论派的哲学家，而是个绅士，他觉得他所享受的文明与古罗马的信仰有密切的连带关系。他决定打击基督教这个劲敌，以保护古罗马的信仰。他对这个新的宗教细加研究，甚至连满腹经纶的俄利根都敬佩他的博学。塞尔苏斯特别攻击《圣经》的可靠性、耶和华的性格、基督所行的神迹的重要性，及基督的死与他全能的神性之间的矛盾，并讥笑那些相信末日的火灾、最后的审判、身体的复活的基督徒：

> 认为神会像厨子一样，带着火将全人类烤焦，唯有基督徒能幸免此祸，这种想法，简直荒唐！不仅是现存的基督徒，即使是去世已久的基督徒，也要复活呈现他原来的身体。这简直是蠕虫的盼望！……唯有那些愚昧无知的奴隶、妇女及小孩，及没有受过教育的裁缝师、补鞋匠、漂洗者及罪人……或神所赦免的傻子，才会相信基督教的这套理论。

塞尔苏斯对基督教的传播，及基督教对异教、对服兵役及对罗马帝国的藐视和敌意大为震惊。若是罗马帝国的居民均屈服于这样一种和平主义的哲学，那么罗马帝国如何保护自己的疆土，如何抵抗盘踞在边疆的野蛮民族？他认为一个好公民，应该信仰自己国家和那个时代的宗教。其实这还是其次的，最重要的是要有一个能支持道德的品格及对国家忠心的统一信仰。于是，塞尔苏斯不计以往他曾给予基督徒的侮辱，苦苦哀求他们能转向罗马古老的神，敬拜罗马帝国的守护神，共同捍卫处于危机之中的帝国。没有一个人注意他，连异教文学也未曾提过他。若不是俄利根为了辩驳而提到他，他可能早被人遗忘了。君士坦丁大帝比塞尔苏斯聪明多了，他知道一个死的信仰是无法挽救罗马帝国的命运的。

普罗提诺 [1]

此外，塞尔苏斯还是个与时代脱节的人，他要求人们从一个使许多人陷入某个令大家皆成神明的神秘世界退出时，举止要像风雅的怀疑论者。作为宗教基础的这一超理性能力的意识，普遍地凌驾于一个光辉时代的唯物论与宿命论之上。所以哲学不再致力于那些属于科学领域的感官体验，而专心研究看不见的世界。信奉新毕达哥拉斯学说者及新柏拉图主义者将毕达哥拉斯的轮回说和柏拉图的神圣理念的研讨发展成禁欲主义，希望借生理感官上的饥渴，使灵性上的知觉敏锐些，并且借着自洁，使从天堂被贬谪到人间的灵魂再度回到天堂。

普罗提诺是这个神秘通神论的顶尖人物，他于公元 203 年出生在利科波利斯（Lycopolis），受希腊教育，却有个罗马名字，是讲埃及土语的埃及人。他在 28 岁那年对哲学产生兴趣，于是遍访名师，但是都不能使他满意，最后他终于在亚历山大找到了他所希望寻求的人——阿摩尼奥斯·萨卡斯（Ammonius Saccas）。阿摩尼奥斯·萨卡斯是个基督徒却改信异教，和他的学生俄利根一样，企图使基督教与柏拉图主义趋于一致。当普罗提诺受教于其门下十年后，为了直接学习古波斯僧侣术士和婆罗门的智慧，加入了开往波斯的军队，到达美索不达米亚，又回到安条克，最后又到罗马，直到逝世。他的哲学主张在当时非常流行，以至罗马的皇帝加列努斯请他做朝廷中的大臣，皇帝允许他在坎帕尼亚建立一个柏拉图的理想国，以《理想国》的原理治理国家。但是后来，可能是加列努斯担心普罗提诺失败而没面子，撤回了他的封赏。

而后，普罗提诺身居奢华的罗马，仍如品德高洁的圣人，再

---

[1] 又译作柏罗丁。

度赢回他在哲学上的声誉。他向来不注意自己的身体，波菲利（Porphyry）曾说："普罗提诺深以他的灵魂有一个躯体而感到羞耻。"他拒绝别人为他描绘肖像，因为他认为身体是人类最不重要的部分——似乎是给艺术家追求人的灵魂的一点暗示。他不吃肉，只吃少许面包，没有什么特别习惯，举止很温和。他远离一些女色，但并不定罪她们。当俄利根前往听他讲课时，他羞惭地想结束当时的演讲，他说道："当听众无法从演说者那儿获得一些东西时，演讲者的兴趣也自然降低。"他不是一个具有雄辩之才的演说家，但是他兢兢业业的精神及专一真挚的态度，代替了演讲术。只有到了晚年不得已的情形下，他才把他的教义写成著作，公之于世。不论波菲利如何校订，他从来不改他的原稿，因此《九章集》（*Enneads*）这本书，成为哲学史上最杂乱无章、最难懂的作品之一。[1]

普罗提诺是位理想主义者。他虽然泰然自若地确认物质的存在，但又汲汲于辩说：就物质本身而言，它仅是形式无一定形状的可能结果。而物质能获得形式，在于其内在的能或是魂。构成世上诸种形式的本质，便是能或灵魂的总和。真实有高低之分，低层次的真实无法产生高层次的真实，高层次的存在（灵魂）能导致低层次的存在（具体的形式）。各个人的成长过程——从子宫内的孕育、器官的组成，到完全成熟——便是各个人内在主要原理（灵魂）的运作结果。躯体是依循灵魂的热望与引导而渐渐塑成的。每一事物都有灵魂——一种创造外在形式的内在能量。物质若摈弃成熟的形式，则属邪恶；物质是局限式的发展，而邪恶具有善的可能性。

唯有借着理念——感觉、知觉、思想，我们才能理解物质；我们所称的物质，就如休谟所说，仅是一束理念，至多它也不过是压迫我们神经末梢、令人困惑的假定性的东西。理念不是物质性的，所以在

---

[1] 因为毕达哥拉斯理论中，9是一个完全数，9是3的平方，而3是一个完全和谐的数，所以波菲利把普罗提诺的54篇论文安排成9篇1组，共6组。

空间中扩展的概念，显然不适用于它们。拥有理念，并运用理念，这种能力就是理性。这是人类灵魂、心智、躯体三体合一所能达到的最高点。唯有借着感觉，理性才能被确定。只有成为创造性的和塑造性之魂的最高形式时，理性才是自由的。

身体是灵魂的器官和监牢，灵魂知道它是高于身体的实体，它能感觉到它与宇宙中最大的一个具有创造能力的魂之间的关系。借着完全思维，它渴望再度与宇宙中至高属灵实体会合，虽然灵魂知道自己已堕落到非常羞耻的地步。由此我们可以看出，普罗提诺似乎有点毫无层次地屈服于他以往曾公开表示拒绝的诺斯替派，并且描写了灵魂不同高度的降落，由天堂降至肉体的人身中。一般说来，他颇喜爱印度的轮回观念，即由低层次转到高层次，或由高层次转向低层次，生命的形式是按照每个化身中的善和恶而定。有时候，他又是一个毕达哥拉斯学说的信仰者，认为那些过分喜爱音乐的人，来世将会变成喜欢唱歌的鸟；而那些过分讲理论的哲学家，来世会变成老鹰。灵魂越是被彰显，它就越是想寻求出它的来源。就好像一个迷途的小孩或流浪在外的人更渴望家的温暖。假如灵魂具有美德，真正热爱文学、艺术、科学等九位女神，它将会寻找到可以通往神那里的梯子。那么就让灵魂洁净自己吧！让它热烈地渴望一些看不见的精髓吧！让它在沉思之中遗忘这个尘世吧！然而，也许在突然之间，一切凡俗的喧器都平静了，而物质也不再击打心灵之门时，灵魂就要觉得自己被沉浸于神里，亦即最后属灵的实体。梭罗在悠然自得地泛舟于瓦尔登湖（Walden Pond）上时，曾写道："欲的消逝，是神的诞生。"普罗提诺说：

> 这件事发生时，只要灵魂是合乎神的标准的，将要看见神……也将要发现自己被智慧之光所照亮，或者，她可能把自己想象成真光，没有任何重担，头脑敏捷，变成好像神一样。

但是，究竟神是什么？"他"也是"三位一体"的——个体、理性及灵魂。"他是超越所有生命之外的。"我们对它毫无所知，除了知道它是存在的！若是我们用一些实际的形容词，或用褊狭的代词冠在它头上，都是对它不当的限制。也许我们只能称它为"元一"（One）和"起首"（First），我们欲望所能及的最好的事务。由它所流露出来的，是世界理性，相当于柏拉图所称的"理念"，是形成万物的模式及统治万物的法则。我们可以这么说，它们是神的思想、世界的次序及理念。"理念"是持久的，然而物质却是随时变化的万花筒，"理念"才是宇宙间唯一持久的实体。虽然"独一"与"理性"使整个宇宙合而为一，但它们都不是宇宙的创造者；这种功能乃是借着神的第三个特性——给予人能力和预定的形式，充满于万有中——赋予生命的来源。从原子到行星，每一样物体均有一个魂，而这些魂都是世界性的魂的一部分。每一个魂唯有就能或活力来讲，才是永恒的；而就性格来讲，并非永恒的。"不朽"并非人格的残存物，它是魂对不朽事物的吸收。

美德是灵魂超向神的一种运动。美不只像柏拉图和亚里士多德所想象的只是和谐和均衡而已，而是事物中活的灵魂和看不见的神性。灵魂支配身体，形式支配物质，理性支配事物。而艺术，将这些理性与灵性之美变成另一种媒体。魂可以经过培养，而由追求物质与人外在的美，进而升为寻求内在美及其法则，及科学和科学所显示出的次序之美。最后他追求宇宙中"独一者"之美，即能将那万物聚集在一起，而使互相冲突的化为和谐的、宇宙中最高实体的美。最终，美与美德均归于一，即部分与整体的一致与合作：

　　　　当你深察你的内在时，若是觉得自己不够美，那么你可以模仿雕塑家……他把这里去掉一块，又把另一处弄平；把这个线条刻得浅一点，把另外一个线条刻得更清晰一些；直到完成一个非常可爱的面孔，他的工作才告完成。你是否也是：去掉你所多余的，修直你弯曲的部分……从未停止雕琢你自己的塑像，直到……你看到在你心灵中，已有完全的良善。

在这种哲学里，我们可以感受到与同一时代的基督教有着相同的属灵气氛，就是由对一般世上事物的兴趣转向宗教，由对国家的忠心转向神。普罗提诺与俄利根之所以成为同道好友，并非偶然，而且克莱门特在亚历山大发展了一种基督教的柏拉图主义。普罗提诺就像爱比克泰德和奥勒留一样，也是一位不信基督的基督徒，基督教几乎接受他的全部作品，而奥古斯丁的许多文章中，也随声附和那些至高神秘的神魂超拔境界。通过斐洛、约翰、普罗提诺及奥古斯丁，柏拉图征服了亚里士多德，并进入教会中最深奥的神学。至此，哲学与宗教间的缝隙即告消失，这也就是一千年来哲学沦为神学挑水担柴的女仆的原因。

信仰辩护者

其后，教会开始赢得罗马帝国中许多上智之士的支持。安条克的主教伊格内修斯将哲学带入了基督教，并用辩论压倒了基督教的一切仇敌，开始了使徒时代之后强而有力的教父时代。查斯丁因为拒绝放弃他的信仰，被判投入野兽群中，他前往罗马赴刑的途中，曾写了几封信，其视死如归的精神跃然纸上：

我要求你们不要阻拦我，我愿意为神而死，我恳求你们不要对我施以不合时宜的仁慈，让我被野兽吞食吧，如此我能到神那里去……我要引诱野兽出来，它们将成为我的坟墓，将我全人吞噬，当我沉睡时，我就不再累着任何人……我渴望着那些为我预备的野兽……让火与十字架降临到我，让我与猛兽搏斗，让它们来撕裂我的四肢百骸，让魔鬼的酷刑临及我，如此，我可以到达耶稣基督那里！

瓦德拉图斯（Quadratus）、阿特那哥拉斯（Athenagoras）以及其他一些人为基督教徒写《护教书》（*Apologies*），通常都是寄给罗马皇帝的。

菲力克斯允许凯基利乌斯卖力地保护异教，屋大维却有礼貌地说："凯基利乌斯已经几乎被说服而成为基督徒了。"撒马利亚的查斯丁，在安东尼掌权时期到了罗马，在那里办了一所基督教哲学学校，并想以两封很流畅的《护教书》说服罗马皇帝和哲学家维里西穆斯（Verissimus）。他为基督教辩护说：基督徒都是很忠心的百姓，他们按时缴纳税金，若是好好地待他们，他们将是罗马帝国有力的支持者。他很顺利地在罗马教学了几年，但他锐利的言词，使他四面树敌。公元160年，他的敌对者唆使罗马当局逮捕他及其六个门徒，并将他们全处死。二十年后，里昂的主教伊里奈乌斯为了教会的统一，在其所写《斥异端》（*Adversus Haereses*）一书中，严厉打击异端。他说："使基督教免于分离成千百个教派的唯一方法，就是所有的基督徒都谦卑地接受权威性的教义——教会的谕令。"

在这段时期，基督教最有力的护教者是德尔图良。他于公元160年出生在迦太基，父亲是罗马百夫长，他在阿普利亚曾就读的学校中学习修辞学，然后到罗马学习法律。他本是个异教徒，后来改信基督教，并且娶了一个基督徒的女子为妻，放弃了他以往以为乐趣的许多异教风俗。据哲罗姆说，他后来被任命为牧师。以往他所学的修辞学及法律，成为他现在为基督教辩护的最有效的工具。希腊的基督教比较神学化、形而上学化，也比较神秘化。德尔图良则使拉丁基督教比较伦理化、法律化及实际化。他有西塞罗的活力和恶毒，有尤维纳利斯的讽刺及粗野，有时他也能与塔西佗在文章的尖酸上一较长短。伊里奈乌斯曾用希腊文写作；由于德尔图良与菲力克斯，西方的基督教文学变成了拉丁化，而拉丁文学也变成了基督教化。

公元 197 年，罗马派到迦太基的地方官审问那些被控对帝国不忠的基督徒。德尔图良为此特地写了《辩护书》（*Apologeticus*）一书，寄给想象中的法庭，这成为他所有著作中最流利、最有名的一本。他向罗马人保证，基督徒一直为所有帝国的皇帝及官长祈祷……也为帝国的安全、勇敢的军队、忠心的元老院及世界的太平而祷告。他赞美"一志论派"的伟大，并发现公元前的作家们即已预先提到"一志论派"，他以一种快乐的语气喊着说："看哪！灵魂的见证人，就是基督徒！"一年以后，他一改以往说服式的护教法，而成为残忍的攻击者。他发行一本《观察》（*De Spectaculis*），把罗马的戏院描写成淫猥之城，把罗马的竞技场描写为人类最残忍的表现，最后他以威胁的口吻下结论说：

> 世界的末日就将来临，你们将要看最后审判的奇观……这个世界及其中之人将要被火烧尽。那日将要有非常壮观的场面！当我目睹那么多自以为会进天堂的君主，在地狱的深处吼叫，及那些迫害耶稣之名的官吏，将被比他们所燃过更烈的大火熔化。还有那些反对基督徒的贤人及哲学家，当着他们自己徒弟们的面被火焚烧时，满面羞愧的景象……那些善于演悲剧的演员，面临前所未有的悲剧……四轮马车的御者，在火焰的轮子中烧得发红，我将如何的惊异嬉笑！

他不健全的想象力，并未使他迈向正统信仰。当他年老的时候，以往年轻时追求快乐的经历，成为他弹劾不信之人的能力。他曾用最粗俗的字眼称一个妇女为"罪恶之门"，并对她说："耶稣之所以被钉死，就是因为女人的缘故。"他曾一度喜爱哲学，并且写了一些有关哲学的作品，例如《生机论》（*De Anima*），将斯多葛学派的形而上学应用到基督教。后来他放弃了所有与启示无关的论据，并以他教条的"不可信"而欢欣："神的儿子死了：这的确是可信的，因为这实在很荒谬。他被埋而后又复活：这是非常确定的，因为这是不可能的。"
他58岁时拒绝正统信仰的教会，指责他们被太多的世俗所污染。他
接受一神教，认为它是基督教教义较正直应用的一个例子。他指责所
有担任士兵、艺术家及政府官员的基督徒，并指责那些不遮盖女儿面
孔的父母和那些允许忏悔后的罪人领圣餐的主教；后来，他甚至称罗
马的教皇为"奸淫者的牧人"。

尽管如此，教会在非洲还是很昌盛的。许多既能干又肯奉献的
主教如西普西安，使得迦太基教区几乎与罗马教区一样富有且具影响
力。在埃及的教会成长比较慢，历史上并无其早期发展的记载。2世
纪末，在亚历山大，我们听说有一个采用问答式教学法的学校——圣
道学校，这个学校把基督教和希腊哲学结合起来，产生了两位主要的
教父，即克莱门特与俄利根·阿达曼提乌斯，他们都是爱好与精通异
教文学之人。若是他们的灵性能更高一等，那么基督教与古典文化之
间的裂痕可能就会减小。

俄利根·阿达曼提乌斯17岁时，他的父亲以基督徒的罪名被逮
捕，并被判处死刑。当时俄利根也希望一同被囚并殉道，他的母亲无
法阻止他，最后只好把他所有的衣服藏起来。俄利根则写信去鼓励
他的父亲说："为了我们的缘故，千万留意，不要改变你的心志。"他
父亲被斩首，留下年轻的俄利根照顾他的母亲及六个弟妹。他亲眼见
到许多人殉道，深受激励，决定过禁欲的生活。他时常禁食，睡得很
少，不穿鞋子，赤裸受寒。最后他严格地解释《马太福音》第19章
第12节，把自己阉了。[1] 公元203年，他继承克莱门特做圣道学校的
校长，虽然那时他只有18岁，他的博学和口才吸引了许多学生。异
教徒和基督徒都对他很有兴趣，他的名声传遍了整个基督教世界。

有些人估计他的著作约有6000部，当然有的只是些简单的小册

---

[1] 吉本说："俄利根向来以寓意的方式诠释《圣经》，但很不幸，唯有这个例子，他采用了
经文的字面含义。"

子；甚至杰罗姆提出疑问：“有谁能读完他所有的著作呢？”因为他对
《圣经》的喜爱，及自动不断地背诵，以致《圣经》已成为他思想的
一部分。他花费 20 年的时间，雇用了许多抄录员、誊写员整理并对
照着校勘希伯来文的《旧约》、希腊文的《旧约》、《七十士译本》、亚
居拉译本、辛马库译本、提阿多田译本。由于俄利根对希伯来文的精
通及对这些有分歧译本的比较，为教会提供了一本最正确希腊文译本
《七十士译本》（Septuagint）。他又在《圣经》的每卷书上加上注释，
有时这些注释占极大的篇幅。他的《第一原理》（First Principles）是
基督教系统神学的最初创作品。在一本《杂集》里，他从异教哲学家
的作品中，指出所有基督教的教条。为了使他的工作清晰易明，他采
用比喻的方式，异教哲学家们曾用这种方式使荷马与理性相合，而斐
洛也曾利用这种方法使犹太教与希腊哲学熔为一炉。俄利根辩解说：
《圣经》除了字面含义外，还带有两层更深的含义——道德上和属灵
上的两层含义，而这较深的含义是得之秘传的，只有有学识的少数人
能参透。若按字面上来了解，他怀疑《创世记》中的事实，他解释说
这些事实不过是象征耶和华对待以色列人不愉快的各方面，并且他认
为这些就和撒旦引耶稣到一座高山上，并示以地上万国的故事一样属
于稗官野史。有时他说，《圣经》中的故事是虚构的，为的是传达某
种属灵的真理。他问道：

> 哪一个有见识的人能想象，在最初的三天，有昼有夜而没
> 有太阳、月亮或星星？谁愚蠢到会相信神像个农夫，在伊甸立一
> 个园子，并且在园中种了一棵生命树……凡吃了生命树上果子的
> 人，将得到生命？[1]

---

[1] 这本订名 Hexapla（《六种经文合璧》），仅部分留存，而 Tetrapla（《四种经文合璧》）也
已失传了。

俄利根处理事物的方法、态度，很明显地说明他属于斯多葛派；信奉新毕达哥拉斯学说、柏拉图学说及诺斯替教，然而他决心做个基督徒。也许要求一个人放弃他曾为之出版千册又倾其一生精力的信仰，是太过分了一点。他也与普罗提诺一样，在阿摩尼奥斯·萨卡斯的门下受教。因此我们要将俄利根的哲学与普罗提诺等人的哲学区别的话，是一件颇为困难的事。在俄利根的想法中，神并非耶和华，他是万物的第一原理。基督也非《新约》中的耶稣，他是造成世界的道。基督是父神所造的，因此是附属于神。如同普罗提诺一样，俄利根也认为灵魂在未进入人的身体时，经历过许多不同的阶段，曾为许多不同的化身；当人死后，灵魂又循着原路回到神那里。即使是最纯洁的灵魂，也要暂受炼狱之苦，但是最后所有的灵魂都将得救。在最后的审判之后，将有另外一个世界，然后又有一个世界，然后又有另一个新世界……每一个都比前一个更好，这样连续不断地改进，最后渐渐达成神的计划。

我们用不着奇怪为何亚历山大的主教德米特里，以怀疑的眼光看着这位装饰自己教区又与皇帝关系密切的聪明哲学家，他拒绝在圣职体系中任命俄利根，因为俄利根受过阉割，无资格担任此职。但是，当俄利根旅行到近东时，有两位巴勒斯坦的主教任命他为执事。德米特里为此提出严重的抗议，认为这样做侵犯了权力，于是召集了所有神职人员，开了一个宗教会议，取消对俄利根的任命，并把他逐出亚历山大。他后来到了恺撒里亚，继续教书的工作。在那里他完成了最有名的护教论文《驳克里索书》（Contra Celsum，公元 248 年）。其中他豁达地承认塞尔苏斯辩论的能力，但是他又说：若是基督教的教义中有某些是很难理解或很不可能的话，那么异教有更多可疑难信之处。最后他下结论：并非基督教与异教均是荒唐的，基督教信仰提供了一种较拜偶像或其他方式更高贵的生活方式。

公元 250 年，德西安斯逼迫基督徒到达了恺撒里亚，时已 65 岁的俄利根也被逮捕，躺在拷问台上，被镣铐、铁圈锁住，置于狱中许久。不久德西安斯死了，俄利根被释放出来。狱中的折磨摧毁了他的身体，再加上他平日的禁欲生活，他出狱后只活了 3 年就去世了。他死的时候就像他刚出来教书一样，身无分文。他可以算是他那个时代最著名的基督徒。当他所传的异端已不仅是少数学者的秘密时，教会方面认为有必要否认俄利根，到公元 400 年，教皇阿纳斯塔修斯（Anastasius）谴责他的"冒渎思想"，而在公元 553 年的君士坦丁堡会议上，宣布俄利根可诅可咒。然而几乎后来几世纪中的基督教博学之士均以他的著作为依据做研究的工作，而一般异教的思想家们，都认为他对基督教的维护是前无古人的。因为他，基督教成为不仅仅是安慰人的宗教，也成为以《圣经》支持本身、以理性为依据的成熟的哲学。

教会的组织

教会对俄利根的指责，或许能被谅解。因为他的寓意释经的原则，不仅可能证明一切事情，同时也使《圣经》的故事及基督在世的生活变得无关紧要。但当人们维护自己的信仰时，这种释经的原则使人按个人的判断来随意解经。教会当局面临敌对而强大的罗马政府时，感到有统一各派的需要，因为若是教会任由说空话的学者随意发表异端邪说，或由不忠诚的教徒、入迷的先知等人将它分裂成上百个脆弱的各教派，那就没有安全可言了。塞尔苏斯就曾讥讽地批评基督教"分裂成如此多教派，每一派都欲求自己的独立"。公元 187 年，伊里奈乌斯计算出共有 20 个不同的基督教派；公元 384 年，伊皮凡尼乌斯计算出共有 80 个教派。每当基督教信仰中有外来的观念渗进时，就有一部分信徒另组新的教派。教会觉得它试验性的青年时期结束，而成年时期近了，它必须划定一个范围，宣告作为教友的条件。以下三个艰难步骤是必须做到的——教规的形成、教义的决定及教会的组织。

在 2 世纪，基督教的著作包括各种福音书、书信、启示和行传等。对于接受何者为基督教信条的权威性解释，各教派间有极大的差异。西方教会承认《启示录》，但东方教会普遍反对它；东方教会接受《希伯来书》和《雅各书》，而西方教会却摈弃它。亚历山大城的克莱门特把 1 世纪末的一本论文《十二使徒的教训》当作神圣的经典。马尔西翁出版的《新约》给教会当局一个方向。不知何时，我们现在所用的《新约》中的各部分被认为是圣典——被认为是可信的，是默示的，我们只知道《新约》的拉丁文片断由穆拉托里（Muratori）在 1740 年发现，这本以他命名的《新约》上注明的年代是公元 180 年，然而我们相信在那以前《新约》已经决定由哪几卷书组成。

在 2 世纪，教会常召集宗教会议；3 世纪时，就只有主教们的会议；3 世纪末，这些主教决定用"Catholic"（即"普及"之意）代表信仰基督的人。正统教义虽历经各种异端学说的困扰，但仍然存在，因为它满足了人们对固定信条的需求，以缓和各种争论、平息各种怀疑，同时也因为它得到教会的权力的支持。

教会组织的问题主要是决定权力的中心。自从耶路撒冷的母教会衰微后，每一个会众，除非加入其他的教团，显然都有独立的权力。然而在罗马的教会宣称是由彼得建立的，并且引述耶稣所言："我还告诉你，你是彼得，我要把我的教会建造在这磐石上，阴间的权柄，不能胜过它。我要把天国的钥匙给你，凡你在地上所捆绑的，在天上也要捆绑，凡你在地上所释放的，在天上也要释放。"这段话被人怀疑是经后人篡改加入的。但也有可能彼得未曾在罗马建立教会，却在那里传教及任命主教。伊里奈乌斯（公元 178 年）写道，彼得"将主教的圣事委托利诺斯（Linus）办理"。公元 200 年，德尔图良证实了这个传说。迦太基的主教西普西安在公元 252 年力劝所有的基督徒，承认罗马教廷的最高权力。

彼得的继承者在历史上并无记载。再下一位继承人教皇克莱门特，于公元 96 年写信给在哥林多的教会，要求会众保持和谐或次序。

这封信存留至今，克莱门特以此得名。我们看到，仅仅于彼得死后30年，罗马的教皇就以权威的口气对远方的会众说话。其他的主教，虽然承认罗马主教的最高权力地位，但仍一再地怀疑他压倒性的决定权。东方教会以犹太历7月14日为复活节，而不论这一天是星期几；西方的教会却将复活节定在这天后的第一个星期日。士麦那的主教波利卡普在公元156年访问罗马，企图说服罗马主教阿尼塞图斯采用东方教会的复活节日期，但没有成功。他回去后，也拒绝了教皇希望东方教会接受西方教会复活节算法的建议。教皇维多（Victor）在公元190年接受了阿尼塞图斯的要求并以命令下达。在巴勒斯坦的主教们得以遵行，但在小亚细亚的主教们却拒绝遵行。维多写信给各教会的会众，若有反对此命令的教会将被逐出基督教。许多的主教，甚至有些是西方的主教，对如此严厉的措施表示反对。显然，维多无法坚持他的命令。

维多的继承人泽菲利努斯（Zephyrinus）是一个头脑简单、未受过多少教育的人。为了便于管理罗马广大的主教区域，泽菲利努斯将卡利斯图斯升为副主教。卡利斯图斯的操守比他的学识更令人怀疑，据他的敌人说，他原是一个奴隶，后来成为银行家，因盗用银行的存款被判处服劳役，释放后又因在犹太人的集会所暴动，被送往萨丁尼亚的矿区，后来他暗地将自己的名字填入被赦罪的名单中而逃脱。此后他在昂蒂乌姆度过了10年痛苦而平静的生活。当他被任命管理罗马教皇的墓地时，他将墓地迁到阿庇亚大道。泽菲利努斯死后，卡利斯图斯被选为教皇。希波里图斯和一些神父们公开指责他，认为他不是适当人选，并另外设立一个敌对的教会和教皇。教义上不同的看法，更加剧了基督教的分裂，卡利斯图斯对那些在受洗之后犯了致命罪过（如通奸、谋杀、叛教）的人，如果向教会方面忏悔的，仍旧允许他再加入教会。希波里图斯认为这是一种具有毁灭性的宽大，在他所著的《向所有异端辩驳书》（*Refutation of All Heresies*）一书中，曾特别提到这点。卡利斯图斯将他逐出教会，任命其他适当的人选管理教会，并极力主张罗马教廷对所有基督教世界具有至高的权力。

希波里图斯的教派在公元 235 年结束。但当科尼利乌斯任教皇时，借着两位神父，此一教派又告复兴，这两位神父一位是迦太基的诺瓦图斯，另一位是罗马的诺瓦替安（Novatian）。他们建立了分裂的教会，严厉排斥那些受洗后仍犯罪的人。西普西安主持的迦太基会议及葛内路斯主持的罗马会议，决定驱逐这些分裂的团体。西普西安请求葛内路斯的支持来加强他的职权。但当教皇史蒂芬一世（254—257 年在位）宣布，凡异端教派而改信者不需要再受洗，西普西安召开非洲方面的主教会议，反对这项命令。史蒂芬俨然是另一个加图，将他们逐出教会，从而引起了宗教上的迦太基与罗马之战。幸而他在位不久便去世，使战争停止，而避免了势力强大的非洲教会的脱离。

罗马教廷虽然有时过度伸张，有时受挫，但罗马教廷的权势每隔 10 年都有增加。它的财富和善行提高了其威望。基督教世界的任何重大事件，都要向它请示，由它决定对异端的处置方法与各项经典采用与否。但在学者方面，它十分缺乏，它不能以拥有像德尔图良、俄利根及西普西安等人而自夸。它将注意力放在组织方面，而忽略了学术方面。它只建立和管理教会，由其他的人著作或讲述。西普西安虽是个反叛者，但在《论公教会的统一》（De Catholicae Ecclesiae Unitate）一书中，也承认教宗座椅是所有基督教会的中心，并声明所有基督徒共同一致持守的原则，这些原则是公教会的主要精神和依靠。3 世纪中叶，教皇的地位非常稳固，财源非常丰富，甚至德西乌斯情愿在罗马有一个敌对的皇帝，也比有一个教皇更好些。罗马帝国的首都自然成了基督教教会的首都。

就像犹太给予基督教的是伦理方面的观念，希腊给予基督教的是神学，而现在罗马给予它的是组织。所有这些再加上一些敌对的信仰，综合成了基督教。罗马教会不仅接受了罗马在接受基督教前的各种宗教上的服装及形式——异教徒的长巾及法衣、香料和斋戒中用的圣水、圣坛前的蜡烛及长明灯、圣者的祝祷、古希腊式的会堂建筑、罗马式的法典及教皇称号。到了 4 世纪，拉丁文成了天主教所用的语言。最重要的是教会承袭了罗马政府的体制，当地上政权衰亡时，它变成了新的统治者。不久，主教们代替罗马地方行政长官成了各城市的掌权者及秩序维持者，大主教变为各省省长的支持者。主教们的宗教会议也好像是省级会议，罗马教会步上了罗马帝国的后尘。它征服了各省，美化了首都，在各地建立了它的纪律并获得了统一。我们可以这么说，教会的产生导致罗马政府的灭亡，而教会也因继承和接受了罗马政府的责任而更趋成熟。

第九章 | 帝国的没落
（193—305）

闪裔的朝代

公元 193 年 1 月 1 日，康茂德皇帝被暗杀，数小时之后，元老们非常高兴地选出了他们之中最受尊敬的佩提纳克斯为帝。佩提纳克斯原为地方行政长官，秉公行事，承袭了安东尼优良的传统，极其勉强地接受了这一地位崇高却十分危险的职位。这位被希罗狄安（Herodian）形容为"贬低自己，如同平凡的人"的皇帝经常参加哲学家的演讲会，提倡学术，充实国库，减低赋税，把以前康茂德皇宫中的金银、丝绢、刺绣及美丽的女奴都拍卖了。狄奥·卡修斯曾称赞他说："事实上，一个好皇帝所该做的事，他都做了。"但是，一些曾为奴隶的平民，因佩提纳克斯的缩减经费未能领到奖金而怀恨在心，暗中与不满皇帝恢复各种纪律的侍卫队勾结。公元 193 年 3 月 28 日，300 名士兵闯入宫中，将佩提纳克斯击倒在地，以枪刺他的头，携回营中。为此，人民与元老们均极忧伤，并纷纷躲藏起来。

侍卫队的头领们宣称，谁出价最高，便赐予谁王位。狄第乌斯·尤里安乌斯（Didius Julianus）经妻女怂恿，停止进餐，进行投标。来到军营中，他发现一个对手出价 5000 块希腊币（3000 美元）

给每个士兵，以求换取王位。侍卫队的办事员从一个个百万富翁前经过，鼓励他们抬高价钱。当尤里安应许给予每个士兵 6250 个希腊币时，侍卫队宣布他为皇帝。

由于这种不光明的登位，愤怒的罗马人民求助于戍守不列颠、叙利亚及潘诺尼亚的罗马军团，前来废除尤里安。这些军团因未获捐赠，各自拥护其首领为帝进军罗马。潘诺尼亚军团的司令塞维鲁斯（Lucius Septimius Severus Geta），以其骁勇善战及善于贿赂而跃登元首之位，他向他的士兵们保证在他登位以后，每一个人都可得到 1.2 万希腊币。他率领军队，在一个月之内由多瑙河到达了罗马城外 70 英里之处。他击败了那些前来阻止他的军队，制服了侍卫队，并赦免他们，以降服他们的领袖。于是，他的军队违反先例地全副武装进入都城，他却换上了平民的衣服。一个保民官发现正在皇宫中惊骇哭泣的尤里安，便领他进入浴室，将其斩首，时在公元 193 年 6 月 2 日。

非洲在那个时代，产生了一些基督教最有力的维护者，塞维鲁斯即是其中的一员。他生于公元 146 年，并在这里接受早期教育。他是在一个讲古布匿语的布匿家庭中长大的，曾在雅典研读文学和哲学，后来又在罗马置身于律师业。除了他稍带闪米特语的拉丁话以外，他是当时受到最好教育的罗马人之一。他喜爱与诗人和哲学家为伍，但他绝不让哲学妨碍他的战事，也不因对诗文的爱好而使个性变得柔弱。他外貌英俊，体格壮硕，穿着简朴，吃苦耐劳，足智多谋，不畏战争，谈吐机智，判断力敏锐，说谎无顾忌，爱金钱胜于荣誉。他治国极有才干，却也相当残暴。

元老们做错了一件事——支持他的对手阿尔比努斯。塞维鲁斯动用了 600 名卫兵，迫使元老们承认他的王权，然后杀死那些元老，没收贵族的财产，他因此成为半个半岛的地主。至于那些元老的空缺则由君主任命，主要选送东方拥护君主政体的人，当代的大律师帕皮尼安、保利努斯和乌尔比安极力维护专制权力。塞维鲁斯除了必要的颁布命令外，忽视了元老院的存在。他总管财物，以军队统治，使罗马的元首政治成为世袭的军事君主政体。他扩充军队,提高军饷,消耗了不少国家的财力。除了意大利的居民外,他都实行强迫性的兵役制。因此,地方军团都情愿选一位不理政事的皇帝。

此外,这位踏实的勇士极其相信占星术,而且善于圆梦并解说各种预兆。在他继位前6年,首任夫人去世,他便向一位富有的叙利亚女子尤莉娅·多姆娜求婚,因为占星球上显示此女子将登后座。尤莉娅·多姆娜为埃默萨(地名)侍奉埃拉加瓦勒神的一位有钱祭司的女儿。很久以前,曾有一块陨石坠落于埃默萨,当地人将其奉祀于一座庙堂中,并视其为神的化身或神的象征而加以崇拜。尤莉亚为塞维鲁斯生了两个儿子卡拉卡拉和盖塔,后来果真跃登后座。

她过于美丽,不甘受制于一夫一妻制,但忙于政事的塞维鲁斯却也无暇嫉妒。她聚集了一些文人,力倡文艺。她坚强的个性与强大的影响力加速了君主政体的东方化,在这种政治东方化方面,戴克里先时期达到最高潮;道德上,则在埃拉加巴卢斯时期达到最高潮。

在塞维鲁斯在位的18年间,有12年处于战争中,他快速而残忍地击败他的敌人。经过4年的围攻,他摧毁了拜占庭,帮助扩展中的哥特人除去了一个障碍。他侵入帕提亚,占领了泰西封,并吞美索不达米亚,加速了帕提亚王朝的衰败。他晚年苦于痛风而脾气暴躁,为了不使度过5年和平日子的军队疏于战事,他亲自率军远征苏格兰。几次大捷后,打败了苏格兰人,他撤退到不列颠,在约克度过了余年,死于公元211年。他曾说:"我样样事都做过,但都没有什么价值。"希罗狄安曾说:"卡拉卡拉对他父亲病症的拖延感到不耐烦……而教唆医生不择任何手段,尽快地结束那老人的生命。"塞维鲁斯曾责备奥勒留将帝位让与康茂德,但现在他自己却传位给卡拉卡拉和盖塔,并且附带一个讥刺性的忠告:"尽量想法子使你的士兵富有,除此而外,什么事都不用操心。"他是此后80年中唯一善终在床上的皇帝。

曾有人说,很少有伟人能使他的子孙如他自己一样伟大。像康茂德和卡拉卡拉,其成就皆远不及他们的父亲。卡拉卡拉幼年时是一个乖巧驯服的男孩，成年以后，却变成沉迷于狩猎与战争的野蛮人，他捕捉野猪，赤手空拳地与狮子打斗。在皇宫中，他养了一群狮子，并让其中的一只常与他同桌共食，同床共眠。他特别喜欢与角斗士和军人为伍，常和他们饮酒作乐，而让元老们在前厅久候。他不愿与弟弟共掌帝国的王权，于公元212年暗杀了盖塔。盖塔死于母亲怀中，鲜血溅满了她的衣服。据说，卡拉卡拉还将盖塔的2万个随从、大量平民及被指控犯奸淫罪的四位服侍女灶神圣火的修女一起处死。当军队对这种手足相残的行为有所非议时，卡拉卡拉赐以相当于塞维鲁斯一生存入国库中的钱，以缄其口。他支持士兵与穷人来对抗商人与贵族阶级。我们在卡修斯的著作中读到有关他的故事，可能就是一位元老的泄愤之作。为了急于增加国家的收入，他将遗产税提高了10%，但因注意到只有罗马的居民才需要缴税，他将参政权扩大到所有罗马帝国男性成年的自由民（公元212年）。这些人获得公民身份，正是公民必须担负最大义务而有最小权利的时候。他为塞维鲁斯建了一座至今尚存的拱门及公共浴场，从其巨大的废墟中，犹可看出古代建筑的伟大。但一般说来，他沉迷于战争，而将内政交给母亲。

他让母亲尤莉娅·多姆娜主管请愿及通信事宜，有时也参与或代替他接待国内外的显要，谣传她用乱伦的手段控制了他。亚历山大城的智者将他们比喻为约卡斯塔和俄狄浦斯而激怒了卡拉卡拉，一方面为了报复这种侮辱，另一方面唯恐埃及会在他和帕提亚作战时叛变，他亲临亚历山大城进行一次大屠杀，杀尽了该城所有的壮丁。

然而，亚历山大城的建立者，一直是他所羡慕而且引为模范的人，他把1.6万军队组织成他所谓的"亚历山大的方阵部队"，他们全身马其顿武装，卡拉卡拉梦想降服帕提亚如同亚历山大征服波斯一样。他努力做一个好军人，和他的军队共甘苦，和他们一同挖掘沟壕、建造桥梁，征战显出勇敢，常向敌人挑战，进行一对一的格斗。但他的士兵并不像他那样急于征服帕提亚，他们喜爱战利品远胜于战争。在卡雷——克拉苏被打败之地，士兵们将他刺杀（公元217年）。

马克里努斯——侍卫队的司令官——自立为帝,并且命令顽抗的元老院封卡拉卡拉为神。尤莉娅·多姆娜则被放逐到安条克,在六年之内,接连失去帝国、丈夫与儿子的尤莉娅·多姆娜绝食而死。

她的妹妹——尤莉娅·马埃萨像她一样聪明能干。在小尤莉娅回到埃默萨时,她发现两位很有希望的孙子:一个是她女儿苏亚埃米阿斯所生,是侍奉巴力神的一位青年祭司,名叫巴伊乌斯·阿维图斯,就是后来的埃拉加巴卢斯,意即“创造之神”[1]。另一个是她女儿朱莉娅·马梅娅(Julia Mamaea)所生,是个 10 岁的男孩,叫阿列克西亚努斯,就是以后的亚历山大·塞维鲁斯。虽然巴伊乌斯是巴里乌斯·马尔切卢斯的儿子,但马埃萨散布谣言说他是卡拉卡拉的私生子,并且给他取名为巴斯拉努斯。帝国的王位比她女儿的名誉更重要,何况马尔切卢斯已不在人世。叙利亚境内的罗马军队已有半数被劝服为叙利亚教派,对这位 14 岁的祭司特别地尊敬,并且马埃萨曾暗示如果埃拉加巴卢斯做了皇帝,她将捐赠一大笔钱给他们。士兵们被说服并应允了她,但当马克里努斯亲自带着大量的兵力出现时,这些唯利是图的兵士立即动摇。马埃萨和苏亚埃米阿斯立刻跳下四轮马车,率领着即将被软化的军队打了一场胜仗。当时叙利亚的男人如同女人,而女人却像男人。

公元 219 年春天,埃拉加巴卢斯进入罗马城,身穿绣金线的紫色丝袍,两颊涂上了朱红色,双目经修饰而明亮,手臂挂满了极贵重的手镯,颈项上戴着一串珍珠项链,在他漂亮的头上佩戴了一顶镶有宝石的皇冠。他的祖母与母亲也一同出现在这盛大的场面中。当他第一次进入元老院时,他要求让母亲坐在他身边,并且参与商议,但苏亚埃米阿斯聪明地婉拒了,她以能主持妇女的“小元老院”为满足。这种妇女的小元老院为哈德良的萨宾娜所创,专门讨论一些有关女性的服饰、珠宝、特权及礼仪的相关事宜。埃拉加巴卢斯的祖母马埃萨则

---

[1] 拉丁作者将其误译为“Heliogababus”——太阳神。

参与治理国事。

这位年轻的皇帝的确有他吸引人的地方，对马克里努斯的拥护者，他并没有采取任何报复行动。他热爱音乐，有动人的歌喉，擅长笛子、风琴、喇叭。他过于年轻而不能统治帝国，他仅求享有帝国的一切。玩乐成为他的神，他用尽方法寻欢作乐，邀请各种不同阶级的自由民去参观宫殿，有时会与他们一同吃喝作乐，常分给他们奖品，从一幢装修好的房子到一捧苍蝇。他喜欢与客人们恶作剧：让他们坐在充气的椅垫上，然后使椅垫突然爆炸；用酒灌醉他们，使他们酒醒时处在一群不会伤人的豹、熊及狮子之间。通过兰普里第乌斯，我们可确信埃拉加巴卢斯在宴请他朋友的筵席上所花的钱，从不少于10万古罗马币（折合1万美元），有时甚至达300万古罗马币。在宴会的食物中，他常将金币与豌豆、玛瑙与扁豆、珍珠与米粒、琥珀与大豆混在一起。他将马匹、四轮马车、阉人赏赐给客人，而且命令每一位客人将席上的银盘、高脚杯带回家去。他自己的东西一切都必须是最好的——他游泳池的水中洒以玫瑰提炼的香水，他浴室的固定装置是玛瑙和金子做的，他的食物必须是稀世珍品，他的衣服由皇冠到鞋子都必须镶满珠宝。谣传他的戒指从不戴第二次，他旅行时，需要600辆马车装载他的行李及宫女。由于一位占卜者曾预言他将死于非命，他预备了各种贵重的自杀工具，以备不时之需：紫色的丝绳、金子做成的宝剑以及放在蓝宝石或翡翠中的毒药。但最后他却被杀死于营中的厕所里。

或许他元老院中的敌人捏造或夸张了这些故事。当然，一些有关他性方面的堕落是不足为信的。无论如何，他曾以虔敬的行为净化他的贪欲，而且努力向罗马人传扬他的叙利亚巴力神。他行过割礼，并且曾经想阉割，以荣耀他的神。他以从埃默萨带来的圆锥形黑石头作为埃拉加瓦勒神的象征，并且特地建造了一座华丽的庙宇供奉它，这个镶了珠宝的石头放在由六匹白马所拉的车中，由皇帝亲自护送入庙。虽然他承认其他的宗教，也支持犹太教，并且计划使基督教合法化，但是他始终坚持他的石头是万神之神。

　　他的母亲沉溺于情爱之中，尤莉娅·马埃萨无法控制此事，但唯恐如此将导致这个由叙利亚女人掌权的著名王朝的崩溃，于是决心出面制止，她一方面游说埃拉加巴卢斯立他的表弟亚历山大·塞维鲁斯为王位继承人，另一方面，她和马梅娅共负训练、教育这男孩的责任，使他知道如何处理自己分内的事，又用尽各种办法让元老及百姓们都认为他是那位身为祭司却为色情狂的埃拉加巴卢斯最适当的继承人。其时埃拉加巴卢斯之所以独犯罗马人民，并非因其放荡或淫秽的行为，而是因为他使罗马主神朱庇特屈居于叙利亚的巴力神之下。当苏亚埃米阿斯发现马埃萨的阴谋后，就鼓励罗马的侍卫队起来反对她的妹妹及外甥。立场坚定的马埃萨和马梅娅反而利用侍卫队，杀死了埃拉加巴卢斯以及他的母亲，并且在拖着他的尸体在市区游行后，投入了台伯河中。最后，在元老院的同意下，侍卫队宣布亚历山大为帝，时间为公元 222 年。

　　亚历山大·塞维鲁斯和前一个皇帝一样，继位时只有 14 岁，他的母亲倾尽全力，努力提高其学识和道德。他以劳动及运动来强健体格，每天在冷水中游泳一个钟头，饭前喝一品脱的水，且以粗茶淡饭维生。渐渐地，他长成一位精于各种运动与战术，高大强壮又英俊的青年，他研究希腊和拉丁文学，但在马梅娅的坚持下，他并未过分沉迷于其中。马梅娅曾引用维吉尔的诗句教导他，维吉尔曾呼吁罗马人将自己优美的文化传播给别人，并组成"一世界国家"，以和平来统治。他是一个卓越的画家与声乐家，善弹风琴并奏七弦琴，然而除他的家眷外，他不愿在任何人面前表演。他穿着简朴，言行谦逊，"在爱情享乐方面极有节制，且绝对与娈童无涉"。他尊重元老院，以与自己相等的地位对待元老们，在皇宫中招待他们，甚至出入他们家中。他仁慈而和蔼，探视病患而无分贵贱，对任何有美誉的公民，立即赐见。他从不记仇，在位 14 年中，未曾使人民流过血。他的母亲曾斥责他说："你把刑罚定得太宽大，使得王权更不易受人尊敬。"他回答说："是的，但我使它更持久、更安稳。"他实在是个善良的人，几乎没有任何的掺杂。

他承认他的表兄想以叙利亚的埃拉加巴力神代替罗马主神朱庇特是一件荒谬的事。他和母亲共同努力，修复罗马的庙宇并恢复他们的祭神仪式。他哲学的头脑认为，所有的宗教不过是以不同方式敬拜同一位至高无上的神。他尊重所有正当的信仰，而且在他每天早上祈祷的私人教堂中，供奉着朱庇特、俄耳甫斯、阿波罗尼乌斯、亚伯拉罕及耶稣基督等诸神像。他常引用基督教的一句名言"你不愿别人怎样待你，也不要怎样待别人"，并刻于皇宫及许多公共建筑的墙壁上。他以犹太人及基督徒的德行劝诫罗马人民。安条克和亚历山大不很著名的学者称他为"犹太会堂的会长"。他的母亲善待基督徒，保护俄利根，并要儿子解释他有弹性的宗教观。

亚历山大继位后不久，尤莉娅·马埃萨就去世了。马梅娅以及他的家庭老师乌尔比安共同决定国策，革新行政，她不计较个人的权势，一切措施都以国家利益为重，聪明而且有节制地治理罗马帝国的政事，而把荣耀归于亚历山大以及伟大的罗马法学家乌尔比安。她和乌尔比安选出 16 位杰出的元老为皇室的顾问，所有重大的措施，非经他们认可，不得施行。她能控制一切事务，但不能控制对儿子的爱。当亚历山大结了婚，并显出对妻子的偏爱时，马梅娅把她逐出皇宫。亚历山大毫无选择的余地，只有向他母亲屈服。随着年龄的增长，他更积极地管理政事，如同他传记中所载"他甚至天未明即开始处理公事，且持续到深夜，丝毫不觉疲倦与厌烦，反而总是显得欢愉而沉着"。

他的基本政策是重振元老院及贵族的威望，以削弱分散的军事统治力量。他似乎认为，统治是取决于出身，而非取决于金钱、神话或刀剑。在元老院的合作之下，他从事近百种经济事业，并且大量裁汰皇宫中、政府机关以及地方行省的多余人员。他将皇室中大部分的珠宝加以变卖，以充实国库。可能在少数元老赞成之下，他鼓励并且重组工会与商会，并"允许他们从会员中选出代表"。为了维持社会的善良风气，他下令逮捕娼妓，放逐同性恋者。他一方面减轻赋税，另一方面复修罗马大竞技场、卡拉卡拉的大浴场，又建造了一座公共图书馆，修筑长达14英里的水道，及一些新的城市浴场，负担全帝国建筑浴场、水道、桥梁和道路的经费。为了降低利率，他以4%的低利贷款给人民，甚至不收任何的利息，把钱借给穷人去买地耕田。整个帝国又呈现一片欣欣向荣的景象，仿佛回到了奥勒留时代的盛况。

但是正像波斯人和日耳曼人欺骗哲学家国王一样，现在他们又来欺骗这位圣人皇帝。公元230年，波斯萨珊王朝的创始人亚达西尔入侵美索不达米亚，威胁叙利亚。亚历山大写了一封富有哲学意味的信责备他的暴行，并且劝他说："每一个人应该知足地在他自己的疆土内。"阿尔达希尔则称他为"弱者"，并且扬言要占领所有叙利亚以及小亚细亚的土地。这位年轻的国王在母亲的陪同下，和阿尔达希尔开战了。历史对这次战争的胜负并未明载，但是，无论如何阿尔达希尔退出了美索不达米亚，转而向东迎战，而且罗马公元233年的钱币上刻有亚历山大头戴胜利的冠冕，而他的脚下则是底格里斯河和幼发拉底河。

同时，阿勒曼尼人和马科曼尼人趁莱茵河和多瑙河的要塞防守军队被调去增援叙利亚军队之机，突破罗马边境的堡垒，蹂躏了东方的高卢。亚历山大在庆祝完他的波斯大捷之后，再度和马梅娅率军前往美因茨。在母亲的劝告下，他和敌人和谈，每年给予他们相当的金额，以维持和平。军队不满他这种怯懦的作风，纷纷起而叛变。他们也无法谅解他的俭约、严格的纪律及使他们诚服于元老院及一个女人统治下的作风，于是封驻潘诺尼亚军团的司令官尤利乌斯·马克西米努斯（Julius Maximinus）为帝，率军攻入亚历山大的营帐中，杀死了他和他的母亲及他的朋友，时在公元235年。

战乱时期

造成历史上 3 世纪军权至上的局面，并非出于偶然。内乱使帝国衰微，这种情形在边境地区特别明显。自图拉真皇帝之后，继之以塞维鲁斯，罗马版图停止扩张，这是帝国遭到侵扰的信号。罗马帝国曾以分裂的手段来征服各国，如今蛮族同时联合起来攻击罗马帝国。帝国基于防卫的需要，使军人威望和军权大为提高。将军取代哲学家而跃登帝位，贵族的统治变成了武力的统治。

马克西米努斯是个极其优秀的军人，是个壮健的农夫之子。历史记载他身长 8 英尺，有一只粗得足以将手镯当作戒指戴上的拇指。他未受任何教育，他不屑于受教育，但又羡慕受教育。他喜爱在多瑙河或莱茵河畔的营帐中生活，在位的三年中从未到过罗马。为了支援他的战役、安抚他的军队，他向富人大量征税，引起上层阶级的叛变。人们推举有财富、有学问的非洲总督戈尔达努斯（Gordianus）为帝以对抗他。戈尔达努斯已逾 80 岁高龄，他联合其子，但他们终究无法抵御马克西米努斯派遣的军队，儿子在战争中阵亡，而父亲则自杀身死。为了报复，马克西米努斯慨然采取放逐及没收财物的手段，使整个贵族阶级几乎被摧毁。希罗狄安曾说："每一天都可目睹昨日的首富沦为今日的乞丐。"经塞维鲁斯重新整顿的元老院勇敢地起来反抗，并宣布马克西米努斯的帝位是不合法的，另从元老中选出了两位皇帝——马克西莫斯和巴尔比努斯（Balbinus），前者率领一支临时组成的军队，迎战刚刚翻越阿尔卑斯山、围困阿奎莱亚的马克西米努斯的军队。马克西米努斯的确是位卓越的将军，并拥有精良的部队。此时，元老院以及地主阶级的命运似乎是注定了。但一群马克西米努斯的士兵因为不满他严厉的刑罚，在军营中把他杀死了。马克西莫斯胜利地回到罗马，但是不久即与巴尔比努斯一同被侍卫队暗杀了。侍卫队又立了戈尔狄安（Gordian）三世为帝，后经元老院追认。

在这里，我们将不详细重述那些流血事件所牵涉的人名和战役。

从亚历山大到瓦莱里安的 35 年间，曾产生了 37 位皇帝。在波斯战争中，戈尔狄安三世被他的军队所杀（公元 244 年）。他的继承人菲利普在维罗纳被德西乌斯击败并杀死（公元 249 年）。德西乌斯是一位富有并具文学艺术修养的伊利里亚人，他对罗马的贡献使他在历史上获得极高的荣誉。在与哥特人的战争中，他提出了一个复兴罗马宗教和道德的计划，而且下令毁灭基督教。然后，他回到多瑙河，对付哥特人，亲见他的儿子被杀死在自己身旁，他对已动摇的军队说："失去一个人，并不重要。"仍努力向前攻打敌人，最后他死于罗马历史上最惨烈的一次战争中（公元 251 年）。后来的两位皇帝加卢斯和艾米利安努斯在公元 253 年先后被他们自己的军队谋杀。

年逾 60 的罗马新皇帝瓦莱里安，继位后不久就和法兰克人、阿勒曼尼人、马科曼尼人、哥特人、西徐亚人及波斯人发生战争，他立儿子加列努斯（Gallienus）为西帝国的统治者，自己则为东帝国皇帝，带兵进入美索不达米亚。由于他年事已高，工作又繁重，不久就去世了。35 岁的加列努斯是一个智勇双全又富文学艺术修养的人，似乎不该生在这混战的世纪中，他在西帝国革新内政，并率领军队战胜接二连三来袭的敌人，但他仍有时间研究并提倡哲学与文学。然而，他的种种才能终究无法抵挡这时代的各种灾祸。

公元 254 年，马科曼尼人袭击潘诺尼亚和北意大利。公元 255 年，哥特人侵略马其顿和达尔马提亚，西徐亚人和哥特人入侵小亚细亚，波斯人入侵叙利亚。公元 257 年，高卢人掳获博斯普兰（Bosporan）王国的舰艇，毁坏了黑海沿岸的希腊城市，火烧特拉佩祖斯城并奴役其人民，又袭击本都。公元 258 年，他们占领了卡尔西顿、尼科美狄亚、普鲁萨、阿帕梅亚和尼西亚。同年，波斯征服了亚美尼亚，而波斯图穆斯自称高卢的独立统治者。公元 259 年，阿勒曼尼人偷袭意大利，但在米兰被加列努斯所败。公元 260 年，瓦莱里安在埃泽萨被波斯人击溃，并于被囚期间去世，至于死于何时何地，则不可知。沙普尔（Shapur）一世率领大队骑兵经叙利亚，进军安条克，劫掠这个城市并杀死了数千人，也增加了数千个奴隶，塔尔苏斯被占领而且被破坏了，西里西亚和卡帕多西亚被侵占，沙普尔满载战利品荣归波斯。在这十年中，罗马帝国发生了两件可耻的悲剧事件：一位罗马皇帝开了先例，打了败仗；另一位皇帝则被敌人俘虏，为了应付各方同时来袭的敌人，牺牲了帝国的统一。在这些打击之下，加之内部益趋纷乱，军队暗杀皇帝，使帝国的威望大减。罗马四境的敌人，不再臣服于这个过去被认为是至高无上的权威，甚至罗马本国的臣民和公民也复如此。于是叛乱四起：西西里和高卢被压迫已久的农民点燃了一场狂暴的农民暴动，英根努斯（Ingenuus）在潘诺尼亚自命为东部行省的最高统治者。公元263年，哥特人渡过伊奥尼亚海岸，破坏艾菲索斯，并烧毁月神之庙，以希腊文化为主的东帝国陷入了恐慌状态。

然而，一个意外的联盟却解救了东帝国在亚洲的危机。统治罗马附属地巴尔米拉的奥登纳图斯（Odenathus）将波斯人赶出美索不达米亚，而且在泰西封大败敌军（公元261年）。然后，他自称为叙利亚、西西里、阿拉伯、卡帕多西亚和亚美尼亚之王，但在公元266年被谋杀，由他年幼的儿子继承王位。他的遗孀泽诺比娅执掌实权，她自称为克娄巴特拉的后裔，是一位多才多艺的美人，研究希腊文学和哲学，精通拉丁文、埃及文和叙利亚文，著有一本东方的历史。她坚守贞操，全心全意做一位好母亲。她严守己身，以狩猎为乐，常率军步行数英里路，治国严厉而有智慧，任命哲学家朗吉努斯为辅弼大臣，聚集学者、诗人及艺术家于她的朝廷。她以希腊、罗马、亚洲式的宫殿美化其都城，这些废墟至今仍令沙漠中的旅人叹为观止。她有感于帝国的没落，计划建立一个新的朝代及王国。她控制卡帕多细亚、加拉提亚和大部分的比提尼亚。她建立强大的军队和舰队，征服了埃及，在一次丧生了亚历山大城一半人口的大捷中，占据了该城。这一位诡谲的"东方皇后"，佯称为罗马帝国权力的代理人。然而全世界都知道，她的胜利是罗马崩溃戏剧中的一幕。

眼见罗马帝国的财富与没落，蛮族纷纷拥至巴尔干和希腊。当萨尔马特人再一次掠夺黑海沿岸的城市时，一支哥特人军队乘坐 500 艘船，航经达达尼尔海峡，进入爱琴海，一路上连续占领岛屿，最后在比雷埃夫斯泊船，劫掠雅典、阿尔戈斯、斯巴达、哥林多和底比斯（公元 267 年）。当他们的海军带着掳夺物回到黑海时，另一队人马则打开了一条通往多瑙河的陆路通道。加列努斯在色雷斯的奈斯托斯河迎战他们，并获一次大捷，但一年之后，他被自己的军队谋害了。公元 269 年，另外一大群哥特部落入侵马其顿，围困帖撒罗尼卡，抢劫希腊、罗得斯、塞浦路斯及伊奥尼亚海岸。克劳狄乌斯二世时，夺回帖撒罗尼卡，将哥特人驱逐到瓦尔达尔山谷，并肆行杀戮于奈苏斯（公元 269 年）。假如他在此次战役中失败，则哥特人将势如破竹，直抵意大利而无人能抵御。

经济的衰微

政治的混乱加速经济的崩溃，经济的衰微也促成政治的腐败，两者互为因果。罗马人的政治才能从未为意大利建立起健全的经济生活。或许，这狭窄的平原半岛未曾为意大利的远大目标提供足够的基础条件。

西西里、非洲和埃及价廉的谷物阻碍了罗马农作物的生产，大葡萄园的出产也无路销售。农民则抱怨过重的赋税耗尽了他们原本不稳定的收入，使他们所剩无几，不足以修护排水装置及灌溉河渠，于是河道淤塞，遍地沼泽。疟疾的流行减少了罗马及其近郊平原的人口，广袤的沃土被改为住家，那些领地内的遥领地主们则尽量剥削劳力与利用土地，自己在城里举办各种慈善事业，当乡村逐渐荒凉时，城市建筑事业与娱乐场所却大获其利。许多地主与自耕农放弃了农场，到城市里求发展，使意大利大部分的农田变成那些懒散的奴隶所耕植的土地。但是，后来因为 1、2 世纪的战争引起的饥荒，造成农奴数目的锐减及农奴身价的提高，这种领地于是荒废了。为了引诱自由工人回到田地上工作，大地主们将他们的土地分割成若干部分，分租给那些耕种者，而地主只从佃农求取少数租金，或出产物品的 1/10，并使佃农在地主私人的农庄或别墅中义务工作一段时间。在许多情况下，地主发现解放奴隶使他们成为自耕农的收获更大。3 世纪，由于受到城市革命以及外来的骚扰，地主们纷纷逃往自己的农庄，农庄的防御设备增强了，渐渐地演变成为中世纪的城堡。[1]

奴隶的缺乏，使得自由工人在农业与工业上的地位一时大为提高。当富人的财富因为战争和政府而减少时，穷人的贫穷并未见改善。那时的工资约为 20 世纪初期美国工资的 6%—11%，而物价则为 33%。阶级斗争愈演愈烈，一些从穷人中招募的士兵时常加入攻击富人的斗争中，并且他们认为既然为帝国服役，就有资格充公那些捐赠的钱，或更直接地去抢劫富人的财物。商业的萧条使工业也蒙受损失，当各行省由顾客变为竞争者时，意大利的对外贸易就衰退了；同时商路也因为蛮族的抢劫，变得如庞培以前那样的不安全；货币的贬值与价格的不稳，导致无人愿意做长期的投资。版图不再扩张，因为意大利不再能供给或开发更大的领域。过去，罗马因搜括被征服地的金银财宝而致富；现在，金钱则转移到更工业化的希腊语行省，渐渐兴盛的小亚细亚使罗马城被一个东方都城所取代，意大利变得更穷了。人民贫困，购买力降低，意大利工业的国内市场销路渐走下坡路。土匪、重税及奴隶缺乏，无人修筑道路等种种因素，使国内的贸易受到阻碍。各农庄变得更自给自足，而且物物交换代替用钱购买。大规模的生产都被满足当地需要的小店取代。

经济问题发生，贵重金属也减少：色雷斯的金矿和西班牙的银矿，

---

[1] 佃农制度可能始于奥勒留时代，当时将被掳的日耳曼人安置于帝国田产上（公元 172 年），使其世代相传地保有土地，但得按年缴纳收成并应召入伍，而且未获帝国许可，不得擅离所分配的耕种地。同样的规定也适用于获得边境土地或沿多瑙河和莱茵河"缴纳什一税的土地"上罗马的退役士兵。这种帝国佃农制度的广被采用，则在塞维鲁斯时代，他将所拥有的土地分成许多块，分给佃户耕种，佃户得缴纳税金或实物。塞维鲁斯是模仿埃及托勒密王朝的做法，而一般的地主又模仿塞维鲁斯。佃农制度原是由君主开始实行，却导致封建制度的产生，动摇了君主政体的基础。

产量都日渐递减，而很多的金银都被用在艺术与装饰方面。面临此种情况，当战火连绵时，从塞维鲁斯以来的皇帝为了满足帝国的花费，以及军队补给品，让货币一再贬值，在尼禄王统治时代，银币的合金成分是 10%，在康茂德时是 30%，塞维鲁斯时是 50%，卡拉卡拉则用含 50%银的合金做成钱币。到约公元 260 年，银的纯度一度降低到 5%，政府的造币厂发行了数量空前的小硬币。帝国强迫人民承认这些币面的价值，而不论其实际的价值如何，但是，税金则必须以金子或实物缴付，物价急速上涨。在巴勒斯坦，从 1 到 3 世纪，物价上涨了 1000%。埃及的通货膨胀无法控制，使在 1 世纪价值 8 希腊币的小麦在 3 世纪末价值高达 12 万希腊币。在其他行省，所受到的祸害虽较小，但大致说来，通货膨胀破坏了大部分的中产阶级，影响了信托基金和慈善基金，使许多行业都不稳定，毁坏了罗马帝国经济命脉所依赖的贸易和资金。

佩提纳克斯以后的皇帝都没有因贵族与小资产阶级的干扰而受挫，他们也觉察出大商人以及元老们对他们这些来自外地、实行军事专制而又巧取豪夺的人深怀敌意。从涅尔瓦到奥勒留皇帝，元老院与皇帝之争一度中断，其后又告恢复。统治者故意利用捐款、救济金和公共事业去讨好军队、农民及无产阶级，作为稳固他们王权的基础。

帝国所受的灾难仅次于意大利。迦太基和北非距那些入侵的蛮人较远，因而繁荣如昔。埃及则由于党争、卡拉卡拉的大屠杀、泽诺比娅的远征、繁重的赋税、倦怠无生气的劳工和罗马每年榨取他们谷物等因素而衰败。小亚细亚和叙利亚虽然遭受外来的侵扰与掠夺，但他们的工业却渡过了这一个难关。希腊、马其顿和色雷斯因受蛮族的骚扰而破坏，拜占庭自遭塞维鲁斯的围攻，最终未恢复。由于战争的需要，罗马卫戍部队和军用补给品一批批地送到日耳曼边境，所以河流沿岸的许多城市，像维也纳、卡尔斯堡、斯特拉斯堡、美因茨等因而兴起。高卢曾因日耳曼人的入侵而混乱，60 个城市被劫掠，大部分的城市和乡村均退缩在新造的围墙内，并放弃上古、中古时代为防御外侮而造的罗马大道。同样，在不列颠，城市愈变愈小，别墅则愈变愈大，阶级斗争和重税减少了财富——或许藏匿于乡村中。罗马帝国崛起于文明和都市化，却以野蛮和农村化结束。

异教文化的兴起

康茂德被杀后，罗马帝国便日趋衰败。然而在这些悲惨的年代中，产生了记数法代数、罗马在法学界的权威、古典文学评论的范例、罗马最壮观的建筑、最古老的爱情故事及最伟大的哲学家。

《希腊文选》以代数的幽默方式略述亚历山大城的丢番图（Diophantus）的生平：童年占他一生岁月的 1/6，再过一个 1/12 他开始长胡子，又一个 1/7 后，他结了婚，5 年后他的儿子出生了，但寿命只有他的一半，而且在儿子去世后的第四年，他也跟着离开了人间——因此他享年 84 岁。在他所有著作中，现存最重要的是一本有关代数的论文——《算数论》（*Arithmetica*），它解答了一次定方程式、二次定方程式和到六次的不定方程式，对我们用 x 所代表的未知数，他称为数，而以希腊字母 σ 表示。对于其他的乘方，他也用希腊字母表示。在他以前，有一种没有符号的代数：为了训练青年的头脑，柏拉图大力提倡以某种比例将苹果分配给若干人一类的算术题目。在 3 世纪，阿基米德曾提出类似的难题。埃及人和希腊人也曾以没有代数符号的代数方法，解决了一些几何难题。可能丢番图是把当时人们所知道的解法作了一个有系统的分类。由于时代的机遇，他的一套理论被保存了下来，通过阿拉伯人，我们从他那里找到了那种清晰、奥秘的符号表示，由此而形成了世界所有的数量关系。

罗马法学界的三大巨头——帕皮尼安、保利努斯和乌尔比安得宠于塞维鲁斯，而且都成为帝国的辅弼大臣，他们都主张专制的君主政体，因为人民已授权给皇帝。帕皮尼安所著《问题与答案》（*Quaestiones and Responsa*），以思路清晰又富人道和正义而著名。查士丁尼所搜集的资料，也多取自这些著作。当卡拉卡拉杀死盖塔，令帕皮尼安写一篇文章为其行为作法律上的辩护时，帕皮尼安拒绝了，他说："杀害兄弟比较容易，但为此行为作辩护却难。"卡拉卡拉一怒之下，下令将他斩首，一位士兵在皇帝面前以斧行刑。乌尔比安继他之后成为法学权威及人道主义的提倡者，他认为奴隶生而自由，男女权利平等。他的作品也和以前许多法学史上划时代的名著一样，具有崇高的地位。由于他的断案极其正确，他的判案几乎有 1/3 留存于查士丁尼的《汇编》中。兰普里第乌斯曾说："亚历山大·塞维鲁斯根据乌尔比安的忠告与谏言治国，才会成为如此的一位好皇帝。"但是乌尔比安曾把他的几个对手处死，公元 228 年，他在侍卫队中的敌人将他报复性地杀死。戴克里先时，奖励并资助兴办研究法律的学校，任命法学家将图拉真以后的法律编纂成法典。在这以后，法理学鲜为人注意，直至查士丁尼时，方由长眠中苏醒过来。

3 世纪的绘画，延续庞培和亚历山大时代的系统。它所留下来的少数作品，都具有东方色彩，极其粗糙，多随着时间而流失。另外，因为要为皇帝们刻人像，此时的雕刻达到空前的成就。卡拉卡拉的一头鬈发、蹙额、状极残暴的雕像，至今尚在那不勒斯的博物馆中。两座著名的雕像，即在此时完成：法尔内塞·布尔（Farnese Bull）和法尔内塞·赫拉克勒斯两人皆显示出当时精湛的雕刻技术。从亚历山大·塞维鲁斯石棺上的浮雕，可看出雕刻家们仍采用古典风格，但是从罗马纪念塞维鲁斯的拱门上，则很明显地看出罗马帝国正以粗糙、雄伟的浮雕，代替原来朴素而高雅的风格。或许这也是意大利回归野蛮的一种预示。

罗马建筑此时到达巅峰状态，塞维鲁斯在帕拉蒂尼建造他的最后一座皇宫，其东配楼有七层楼高。尤莉娅·多姆娜为女灶神殿前庭和至今尚存的女灶神大庙宇筹备资金。卡拉卡拉为埃及神话中司丰饶的伊希斯女神之夫塞拉皮建造一座宏伟的庙宇，有一些漂亮的残片现在还在。亚历山大·塞维鲁斯时建造完成的卡拉卡拉浴场，是世界上最伟大的废墟之一，但因大部分是抄袭图拉真浴场的式样，故其对建筑学没有什么贡献。这个由砖和混凝土制成的建筑物，面积为 27 万平方英尺——超过英国下议院和威斯敏斯特大厅的总面积。一个螺旋形的楼梯直上墙顶；英国著名诗人雪莱曾在上面写了一首《解放了的普罗米修斯》（*Prometheus Unbound*）。这个建筑物由 200 根花岗石、雪花石膏和斑岩的柱子支撑着，四周站满了雕像，大理石的地板和墙壁上镶嵌着雕工细致的景物，水由巨大的银嘴中流入池及盆中，可同时容纳 1600 人洗澡。加列努斯和德西乌斯也建造了类似的浴场，而且后者的工程师将圆顶架在十边形的大厦上，以拱墙支撑十角。公元 295 年，马克西米安建造了一个最大的浴场，却谦逊地命名为戴克里先大浴场，这里同时可容纳 3600 人，而且附有体育馆、音乐厅和演讲厅。戴克里先曾在尼科美狄亚、亚历山大城和安条克大兴土木，马克西米安美化米兰市，加莱里乌斯美化锡尔米姆，君士坦提乌斯美化特雷沃。

相比之下，文学的成就较小，因为它很少获得皇帝财务上的资助。图书馆的规模变大，数目也增加。3 世纪时，一位医生私人藏书 6.2 万册，并且乌尔比亚纳图书室以拥有历史文件而闻名。戴克里先送了一批学者到亚历山大城抄写古典书籍，再带回罗马图书馆。当时的读书人很多，而且很受欢迎，菲洛斯特拉托斯曾把他们的名字详记在他的《诡辩家们的言行录》（*Lives of the Sophists*）中。波菲利继普罗提诺之后攻击基督教，并且提倡素食论。扬布利科斯尝试着去调和柏拉图主义与异教神学，而且相当成功地影响了尤里安皇帝；第欧根尼·拉尔修将哲学家的思想以及生平事迹写成一本生动的故事；瑙克瑞莱斯的阿特纳奥斯读遍了亚历山大城图书馆的书后，写了一本有关食物、调味品、妓女和哲学家的书《餐桌上的诡辩家》（*Deipnosophists*）。这本书原是一本主题较晦暗无味的对话录，却借着书中一些古老习俗的启示及一些伟大人物的暗示，整本书显得生动起来。朗吉努斯（可能是巴尔米拉的朗吉努斯）写了一篇优美的散文

《在高尚事物中》（"On the Sublime"）。文学所产生的特有乐趣（文中这样写道），是由于作者坚信的力量和真挚的个性使得读者们被"吊上了胃口"。比提尼亚·尼西亚的卡修斯 55 岁时开始写《罗马史》（*History of Rome*，可能在公元 210 年），19 年后完成，内容从罗慕路斯到他自己。在他的 80 本"书"中，现存者不及半数，共综合成八大册，取材尚称丰富，水准则不算高，它有栩栩如生的故事、富有启发性的言词和既不陈腐无味、也不过分保守，并带一点哲学意味的旁白。然而像李维一样，他文中的许多预言破坏了全文，也如塔西佗一样，为与元老院作对，作了很冗长的提示。像所有罗马史一样，它局限于政治与战争的兴衰胜败——似乎千年的生活，除了苛税与死亡外，没有别的。[1]

在这一世纪，比这些历史学家更有意义的是爱情小说的出版：卡利马科斯的爱情诗，有关亚历山大的传奇文学，阿里斯提得斯所讲的《米利都传奇》以及其他公元前 2 世纪及以后的作品。这些爱情和冒险故事很合伊奥尼亚百姓的胃口。罗马的佩特罗尼乌斯、非洲的阿普利亚、希腊的卢奇安、叙利亚的扬布利科斯用不同的方式，写成以歹徒及其冒险为题材的传奇，当时并没有特别强调爱情。1 世纪时，或许为了迎合日渐增多的女性读者，才在以冒险为题材的小说中穿插些爱情故事。

我们现存最古老的例子是埃默萨的赫利奥多罗斯所写的《埃及故事集》（*Aethiopica*），至于这本书的时间，仍在争论中，但我们大致可推测为 3 世纪。它以一种典雅的笔法开头：

> 一天很愉快地开始了，太阳已照上了山顶，一群武装的海

---

[1] 最古的抄本，有的人认为作者是戴奥尼西·朗吉努斯，有的人认为是戴奥尼西或朗吉努斯，没有其他更可靠的线索。在古人中我们所知唯一精通文学的朗吉努斯，即是泽诺比娅的辅弼大臣加西阿斯·朗吉努斯，他以学识闻名于帝国；欧纳皮奥斯（Eunapius）称他为"活图书馆"，而波菲利则将他列为"第一等的评论家"。

盗，抵达一个斜坡顶端，俯瞰尼罗河的赫拉克流第口，驻足而静观海洋，见无可掳掠的船只，他们便把眼睛转到脚下的岸边，这就是他们所看到的。

我们马上就可看到年轻英俊而富有的特阿格勒斯和可爱、哭泣的公主夏里克莉娅，他们被海盗劫走了。在那里，他们遭受一连串的不幸、误会、搏斗、谋杀和团圆。其内容之曲折，足可构成现代的长篇小说。然而，在佩特罗尼乌斯和阿普利亚看来，少女的贞操是取决于一念之间的事，这就是故事的大意和主旨：赫利奥多罗斯的书中，夏里克莉娅经过多次勉强地逃脱，才保持了贞操。赫利奥多罗斯还写有关淑女们必备德行等枯燥的训词，这或许多少有一点受基督教的影响。的确，这位作者后来成为帖撒罗尼卡的主教。《埃及故事集》意外地带出了一连串模仿的作品：它作了塞万提斯《蒲西尔与色即是爱》（*Persiley Sigismunda*）一作的蓝本，作了塔索《被解放的耶路撒冷》（*Jerusalem Delivered*）一作中的克罗琳达的故事，而且化成了斯居代里夫人（Mme de Scudéry）所作的许许多多传奇小说；成了千万春情故事中的媚药、暗号、呻吟、娇弱、晕昏及大团圆结局的来源；此外 1500 年后的英国人理查森还取了它的克拉丽莎·哈尔劳做他小说的主人公和书名。

在古代散文中，最著名的爱情故事是《达菲尼斯和克洛》（*Daphnis and Chloe*）。关于其作者，我们只知道他的名字叫朗戈斯（Longus），并且猜想他是 3 世纪的人。达菲尼斯一出生就被遗弃，后来被一位牧羊人救起并抚养成人，其后，他也成为一个牧羊人。从朗戈斯描写乡村的生动文字中可看出，他和他的诗人偶像忒奥克里托斯（Theocritus）都偏爱乡村。达菲尼斯爱上了一个农夫的女儿，她也是在襁褓中即被弃获救的。他们一起愉快地牧羊，一起天真地裸浴，偶尔沉醉于亲吻中。一位老邻居以自己年轻时思爱成病的心情，向他们解释自己当时的狂恋："我茶饭不思，不能休息，也无法入睡，我的心灵忧郁而沉重，心跳加速，四肢发冷。"最后，他们被现在变富有的父亲们知道了，给了他们一笔钱，但不重视财富的达菲尼斯和克洛仍然回去过着简朴的牧人生活。这是一篇文辞极其优美又简洁的故事。1559 年，阿米欧（Amyot）把这篇文章译成法文而成为"圣皮尔"（SaintÐPierre）写作《保罗与维吉尼亚》（*Paul and Virginia*）的范本，并引发了无数绘画、诗词和音乐作品的灵感。

与此类似的一首不完整的诗——《维纳斯之夜》（*The Eve of Venus*），没人知道这是何人何时所写，或许是属于 1 世纪的作品。此文是属于卢克莱修式的顿呼法及朗戈斯式的爱情诗歌——说到爱之女神，使所有生物欲火中烧，她才是世界真实的创造者：

> 明天让他爱那从未被爱者，
> 明天让他爱那曾经被爱者，
> 清新的春天来临了，而且唱出了她的恋歌；
> 世界又再生了，春日的爱使鸟儿比翼双飞，
> 等待已久的森林也张开了它们的树叶，
> 享受春天阵雨的滋润；
> 明天让他去爱那从未被爱者，
> 明天让他去爱那曾经被爱者。

这首玲珑剔透的诗句就这样向前流淌着，在滋润的雨水中，在花卉的形状中，在欢宴的歌声中，在青春的忸怩尝试中，及在常去林地里的胆怯约会中，发现爱的运作；而含蓄的允诺则在每一个诗节之后反复低回："Cras amet qui numquam amavit，quique amavit cras amet"（大意为"不忘约会"）。于此，我们可在异教徒的这首最后一则伟大的抒情诗中，听到中世纪扬抑格诗句的韵律及吟游诗人的一种和谐悦耳的预告。

东方的君主政体

一场瘟疫使大部分的哥特人和罗马人丧生，其时克劳狄乌斯二世也死于此疫，军队选立一位伊利里亚农人之子为继承人，瓦莱里安以其健壮的体魄、坚强的意志，从最卑微的身份而跃登帝位，他的绰号为"剑不离身者"。军队能够选出这样一位苛求自己如苛求他人的皇帝，显示出他们良知的复苏。

在他的领导下，除了多瑙河外，罗马各处的敌军都被击退。在多瑙河，瓦莱里安割让达契亚给哥特人，希望他们成为帝国与边远游牧部落之间的隔栏。可能因此而使非常眼红的阿勒曼尼人和汪达尔人进犯意大利，但经过三次交战后，瓦莱里安征服并驱散了他们。瓦莱里安计划一次远征，但又担心当他不在时，罗马会受到攻击。他便说服元老院拨款由同业公会在都城的四周建造了新墙，这些围墙也象征着帝国王权的衰微以及罗马和平的结束。

愿攻不愿守的瓦莱里安，决心重建帝国，他先攻打东方的泽诺比娅，然后是高卢的泰特里库斯。当他的将军普罗布斯（Probus）从泽诺比娅儿子手中夺回埃及时，瓦莱里安正经由巴尔干半岛，越过达达尼尔海峡，在埃默萨击败了皇后的军队，而且围攻其都城。她企图逃走并且向波斯求援，但终被俘虏。全城投降，而蒙恕宥，但朗吉努斯被处死（公元 272 年）。当这位皇帝率军回达达尼尔海峡时，巴尔米拉叛变并且杀死了留驻当地的卫戍部队，他立刻以恺撒般的速度调转回头，再度围攻并攫取该城，其后他任其军队在城中掠夺，摧毁城墙，破坏贸易，最后留下一座空城——以前曾是，今日也是。泽诺比娅在罗马被囚，并被允许在蒂伯较自由地度过她的余生。

公元 274 年，瓦莱里安在沙隆将泰特里库斯打败，而且收复了高卢、西班牙和不列颠。因帝国重新获得统治权，兴奋的罗马人高呼他为"世界的复兴之主"。战后，他致力于和平的工作，改革币制，革新内政，严定刑罚，重整军队。同时，他认为帝国内部道德和政治的混乱是由于宗教的不统一，又看到东方宗教对政治的贡献，于是他统一各种新旧信仰为崇拜太阳神的一神教，而且认为皇帝是神在尘世的代理人。他对那些心存疑虑的士兵和元老们说，他成为皇帝是出于神的意旨，并不是他们的选择或认可。瓦莱里安在罗马建造了一座华丽的太阳神庙，他希望埃默萨的巴力神及密特拉教的神会渐形消没。他的"一神论"和君主政体相互为用，一步步地进展着，由他的宗教政策中，可看出帝国的权力在逐渐减小，而宗教的力量却在逐渐增强。王之所以为王，是由于神的恩典，这就是古代埃及、波斯和叙利亚等东方政府的观念。在接受这种观念之后，瓦莱里安将始于埃拉巴哈卢斯而全盛于君士坦丁和戴克里先的君主政体的东方化更向前推进了一步。

公元275年，瓦莱里安带领军队，经过色雷斯，要和波斯解决一些争端。一群军官却误以为他计划处决他们，便把他暗杀了。后来，他们发现所犯的错误时，大为震惊，要求元老院指派一位继承人。此时，整个帝国没人要这份定期必死的荣耀。最后，75岁的塔西陀接受了，他自称是历史学家的后裔，并且举例说明那一位说话简洁的悲观论者的说教。但在登基后六个月，他就因操劳过度而死。那些在悔恨中的士兵又重获大权，并且拥立普罗布斯为帝（公元276年）。

这是一个很好的选择，也是普罗布斯应得的荣誉，因为他是一位廉正而有勇气的杰出人才。他把日耳曼人逐出了高卢，把汪达尔人驱出伊利里库姆，并在莱茵河和多瑙河之间筑一道墙，以一言吓倒了波斯人，为整个罗马帝国带来了和平，并向百姓们保证以后不再有武器、军队和战争，又以法律统治这个世界，拉开了理想国的序幕。他命令军队清理荒野，排干沼泽，种植葡萄树，并从事许多公共事业。军队却憎恨这种理想化而暗杀了他（公元282年）。他们为他树立一块纪念碑，以示哀悼。

现在被拥立为帝的是一个达尔马提亚自由民之子——戴克里先，他的聪明能干，及对执政官、地方长官、宫廷侍卫队司令圆滑的手段和委婉的态度使他脱颖而出，他政治上的天分比他在军事上的奇才更胜一筹。他登基时正是一段较格拉古兄弟到安东尼更混乱的时期。他像奥古斯都一样，安抚各派系，保卫疆土，扩张王权，并借助宗教及宗教的拘束力施行统治。奥古斯都所建立的帝国，中经奥勒留而得复兴，至戴克里先时予以重建。

他第一个重大的决定，显示出王国的情况及罗马城的没落，他放弃以罗马城为首都，而在小亚细亚拜占庭以南数英里外的尼科美狄亚建立帝国的都城。元老院仍在罗马集会，执政官们继续举行他们的典礼，各种竞技会、运动会照样举办，大街小巷仍挤满了熙来攘往的人群，然而权力与领导已从经济渐趋衰败、道德渐形沦丧的都城离去。戴克里先根据军事上的需要采取行动，他觉得亚洲、欧洲必须加以防卫，然而绝非一个远在阿尔卑斯山南麓的城市所能鞭及，因此任命一位能干的将军马克西米安与他共治帝国，以防卫西方。马克西米安以米兰而非罗马城为首都。6 年后，为进一步方便统治与防御，两位"奥古斯都"各自选了一位"恺撒"，作为副手及继承人。戴克里先委任加莱里乌斯（Galerius），后者将都城设在锡尔米姆，而且负责多瑙河附近的行省；而马克希米安则指派君士坦提乌斯·赫洛努斯（Constantius Chlorus），后者设都于奥古斯塔·特列维罗兰。这两位"奥古斯都"同时保证 20 年后退休，传位给两位"恺撒"，然后这两位"恺撒"再各选一位"恺撒"为助手及继位者，如此一代代地传下去。"奥古斯都"各把女儿许配给自己的"恺撒"，如此在法律关系外，更加上血缘关系。在这种情形下，戴克里先希望王位争夺战永不再发生，王室再度掌握实权，而帝国在四个战略要点上共同防御内乱与外患。这是一种明智的安排，具有种种优点，但却破坏了统一，减少了自由。

这个君主政体虽被分割了，却是专制的。每一条法律都是以四个人的名义发布的，而且通行于整个帝国，统治者的指令无须经过罗马元老院的批准，所有政府官员均由统治者指派，整个帝国建立起一个庞大的官僚体系。为了加强这种体制，戴克里先使人民不但倾服于皇帝的才干，进而将皇帝视为朱庇特的化身而加以崇拜。马克西米安也谦逊地同意自己不过是海格力斯的化身，智慧与力量从天而来，以恢复地上的秩序与和平。戴克里先戴着一顶镶满珍珠的王冠，身穿金丝的长袍，他的鞋子饰以贵重的宝石。他独处于宫廷中，而且要求客人当着太监与侍从的面向他行跪拜之礼，并亲吻他长袍的边缘。虽然他不过是个俗世的凡人，然而对这种神秘的气氛及表面的仪式也自觉可笑。但他的帝位并非正统，为了巩固它，及平息百姓的作乱和军队的反叛，他尽量用神力及威严，使他们不敢存非分之想。奥勒利乌斯·维克多说："他要求别人叫他'统治者'，但他的行为却像一位父亲。"这位自认为是神与王的奴隶之子采用东方专制政体，正意味着古代共和制度最后的失败，放弃马拉松的成果。像亚历山大一样，它继承古波斯帝国阿契美尼德王朝的各种礼仪及学说，并承袭了托勒密王朝、帕提亚王朝和萨珊王朝时代埃及式的宫廷。从这东方化的君主政体产生了拜占庭的建筑以及欧洲的王国，直到法国大革命，其后所需要的乃是在一个东方的都城里，将东方的君主与东方的信仰结合为一，拜占庭风格起源于戴克里先。

戴克里先的共有制度

戴克里先以恺撒的精力去重组政府各个部门，又提升许多平民和军官为贵族，使贵族成为一种世袭的阶级，具有东方极尊贵的地位，拥有极多的头衔，并得遵守许多的繁文缛节。他和他的同僚又将帝国划分为 96 个行省、72 个教区和 4 个县，指派这些平民和军事领袖分掌各区域，这是一个地道的中央集权国家。他认为地方自治如同民主政治，是和平与安全的奢侈品，而且解释他的独裁政治是由于危急战争的需要。战争开始了，而且光荣地胜利了。君士坦提乌斯收复不列颠，加莱里乌斯大败波斯人，波斯人割让了美索不达米亚和底格里斯河以外的五个行省，罗马的敌人在 30 年之内都受阻不能前来。

在和平时代，戴克里先和他的副手们却面临经济萧条的难题。为了克服这种不景气并防止革命事件的发生，他以管制经济代替以往的供需律，保持金币固定的重量和纯度，以建立一个健全的币制——这种重量和纯度的标准在东罗马帝国一直保持到 1453 年。他以半价甚至免费将食物分给穷人，并且承办广大的公共事业以挽救失业者。为了城市和军队日用品的供应，他收购许多工业，归国家经营。最先是谷类的进口，他说服从事这种事业的船主、商人和船员接受政府的控制，以换取安全的保障。帝国自古拥有许多采石场、盐及各种矿物，此时禁止盐、铁、酒、油及谷类由意大利出口，而且严格管制这些货品的进口。接着，他又控制供给军队、机构和朝廷日用品的工厂。像纺织厂、食品厂、兵工厂，政府都会要求一个最低的产量，以成本价卖给国家。并使厂商负责执行命令及各种计划，如果效果不好，政府便将这些工厂完全收归国有，并提供大量的劳工。渐渐地，经过奥里安和戴克里先，意大利大部分的工厂及各种行业均在帝国的控制之下，对于屠夫、面包师、泥水匠、建筑工人、吹玻璃工人、铁匠、雕刻家，政府都有详细的规章。罗斯托夫柴夫（Rostovtzeff）曾说："各社团组织不像是他们公司的主人，反而像是帝国派来的管理人，他们必须受不同部门官员及军事单位首领的约束。"商会及工会从政府得到不少特权，而且经常运用压力，行使帝国的政策，他们就像政府的机关，协助编组劳工而且代政府向会员们收税。3 世纪末 4 世纪初，政府也以同样的手法控制军备、粮食和服装工业。保罗·路易曾说："每一个行省都有特别的地方收税官，监督工业活动，在每个大城镇，帝国像一个有财有势的雇主……高高地站在那些被重税压得透不过气来的实业家之上。"

如此的制度是不能没有物价管制的，公元 301 年，戴克里先和他的副手们下达诏书，规定罗马帝国内所有重要物品的法定最高价格及各种劳役的最高工资，序言中攻击那些囤积居奇、垄断经济市场以抬

高物价的投机者:

> 那些没有人性的人,好像没有看到我们市场中的物价不正常
> 地升高,没有丰收,也没有过多的补给品,但人们为何不再像以
> 前热烈地购买?……有些人的目的是保持财富,放高利贷以及追
> 求不正常的利润……整个世界充满了贪心的人,当我们的军队在
> 为全体的安全作战时,奸商则以高于市价四倍、八倍,甚至高得
> 不可形容的价钱敲诈他们,使他们有时候必须用尽所有的军饷及
> 奖金去购买一样东西,以致全国百姓所缴纳来供养士兵的税金,
> 最后都落入那些讨厌的窃贼手中。

直到如今,这诏书仍是世界上以政府法令代替经济法则最著名的
例子,但它很快而且很彻底地失败了:商人仍然私藏物品,货物被垄
断的情形比以前更严重,戴克里先则被指责纵容物价的高涨。于是内
乱复起,而这诏书只得放宽,以恢复生产及分配,最后终于被君士坦
丁大帝取消了。

庞大的行政费用是这一经济制度最大的缺点。它所需要的官僚
如此之多,以至于拉克坦提乌斯当初无疑经过政府的认可,但只估计
了一半的人数。为了维持这些官僚、朝廷、军队、城市建筑计划和赈
济品,捐税史无前例地高。同时,由于帝国尚未发现向人民贷款,以
隐匿其浪费、延搁其结账的方法,所以帝国每年的花费必须和税收
相抵。为了避免贬值的货币作为税金,戴克里先规定:人民必须缴纳
实物,而且纳税人应将这些实物运送至政府的仓库。于是成立一个组
织,将货物运至目的地,在每一个城市中,市政官员必须对缴纳税金
的齐全负责。

因为每个人都试着逃税,帝国组成一个特别的小组,以查验每人
的财产及收入。妻子、儿女和奴隶们常因被逼问家中暗藏的财富而遭
受酷刑。对于逃税者,则有更严厉的刑罚。3世纪末,逃税风气很盛;

4世纪，风气更甚。富人们藏匿他们的财富，技工放弃他们的职业，农夫离开他们赋税繁重的土地，成为雇工。许多乡村和城镇（像巴勒斯坦的太巴列）因为过重的税额而被遗弃。最后，在4世纪，成千上万的市民逃至边界，要求得到蛮族的保护。

或许为了遏止这种流动性及确保军队和城市有足够的食物，并使帝国有稳定的税收，戴克里先诉诸别种措施，在田地、工厂和公会中建立了农奴制。由地主负责替他的佃农缴清赋税，政府规定除非佃农还清了债务，否则不准随意离开地主的土地。我们不知道这具有历史性的法令公布的确切日期，但在公元332年，君士坦丁大帝的一条法律认可、批准了这种规定，而且让佃农被"束缚"在其耕种的田地上，其未得到主人同意前不能离开，当土地被卖出，他和他的家眷也跟着被卖。但是他们并未提出任何抗议，或许像今日的德国，这种法律对他们来说是安全的保障。在这种及其他的方式下，3世纪的农业由奴役，经自由，到农奴，然后迈进到中古时代。

工业上也用同样的方法来保持稳定，劳工们被"冻结"在他们的工作上，未经政府同意，他们不得自由转业。每一个社团或公会负责各行业及指派的工作，没有人可以脱离其所加入的公会，所有从事工商业的人民均被强制加入某个或其他的公会，职业一旦选就，即须世代相传。当一个人想要迁居他地或转换职业时，帝国便提醒他意大利正受蛮族骚扰，人人应坚守自己的岗位。

公元305年，戴克里先和马克西米安退位，加莱里乌斯和君士坦提乌斯·赫洛努斯成为东、西帝国的皇帝。此时年已55岁的戴克里先在斯帕拉托（Spalato）度过他残余的八年，并亲眼看到这四人统治集团在内战中崩溃，而他未加任何干预。当马克西米安怂恿他东山再起、结束这场争斗时，他回答说："如果马克西米安看见他家后院肥大的卷心菜，他就不会要求自己为追求权力，作这么大的牺牲。"

他应该可以休养并种植他的卷心菜了，他曾经结束半世纪的混乱局面，重建政府，制定法律，恢复了工业的稳定和商业的安全，而且安抚波斯和蛮族。除了少数谋杀事件外，他可称是一位真诚的立法者和公平的裁判人。他建立了一个费用浩大的官僚体系，结束了地方自治。他严酷地惩罚反对派，迫害教会，而且最后将帝国变为一个阶级社会，一端是未受教育的农民，另一端则为专制君主。罗马所面临的局势，实在是不允许自由放任的政策。马可·奥勒留和亚历山大·塞维鲁斯曾尝试过，但他们都失败了。四面受敌的罗马帝国做了一个国家在艰苦战争中所该做的一切事情。它接受强有力领导者的独裁，税金重到无可容忍的地步，团体自由高于个人自由。戴克里先以较高的代价，在更困难的环境下，恢复了奥古斯都的伟业。当代以及后世的人尊称他为"黄金时代之父"，君士坦丁继续了他的伟业。

第十章 | **基督教的胜利**
（306—325）

教会与国家之争

在基督教产生以前，罗马政府对那些正统宗教以外的信仰大多采取容忍态度，对这些信仰的支持者，并不要求什么，除了偶尔要他们对罗马诸神及皇帝作一些崇拜仪式。在他们统治下的各种信仰，这些皇帝唯独对基督徒和犹太人拒绝加入他们对罗马神灵的献祭感到非常愤怒。那时，在皇帝雕像面前燃烧香料，是一种对整个帝国效忠的表现。教会憎恶罗马人将宗教附属国家的观念，并将敬拜皇帝视为一种多神教及偶像崇拜的行为，告诫他们的信徒不惜任何代价拒绝这种行为。于是，罗马政府认定基督教是一种激烈的运动——目的是要推翻他们已经建立的秩序。

在尼禄王之前，这两派势力还能共同存在，相安无事。这时法律免除犹太人参加崇敬皇帝的仪式，而基督徒初时因为和犹太人混居一处，也享有这种特权。但是彼得、保罗被处死和许多基督徒被烧死，使两派间一向容忍的局面，演变成永无止境的敌对状态与间歇性的战争。这些事以后，基督徒们倾尽全力对抗罗马政府：指责其道德沦丧及盲目崇拜偶像，讥笑其神灵，欣欢于其所受的灾祸，并预言帝国的早衰。由于对信仰的狂热，这些因无法容忍异说而变为偏执的基督徒宣称：凡有机会接受基督但又拒绝他的人，必将遭受永远的折磨；大多数基督徒声言非基督的世界或基督以前的世界均遭同样的命运；只有苏格拉底幸免了。另一方面，异教徒则回报以"人间的渣滓""无礼的野蛮人"来诅咒基督徒，更指控他们为"人类中可憎的一群"。他们还将帝国的灾难归因于异教神明的愤怒，因为基督徒对他们的毁谤并没有受到国家的干涉。于是民间传出许多有关异教徒与基督徒间互相中伤诽谤的故事。许多罪状都被加诸基督徒身上，诸如行邪术、无私德、在逾越节宴席上饮人血、崇祭驴子等。

他们之间的极深歧见，并不只是好斗而已。异教徒文明是建立在国家之上的，而基督教文明是建立在宗教之上。对一个罗马人来说，他的宗教只是政府结构和仪式的一部分，而他崇高的道德标准则止于爱国心。对一个基督徒来说，他的宗教是与政治社会分离且超越政治社会的，他最崇高的忠心是属于基督而不是恺撒的。德尔图良曾定下一个具有革命性的谕旨：任何人都不需要遵守他认为不公平的法律。基督徒尊敬他的主教，甚至于他的执事，都远超过罗马的地方官员，并将他们基督徒间的法律问题交给教会处理，而不求诸官方。他们这种不过问世事的态度，在异教徒看来是逃避公民应尽的义务，减弱国家的本质与意向。德尔图良劝告基督徒们不要服兵役，后来塞尔苏斯就以许多人听从德尔图良的建议为证据，提出诉讼，以期终止这种拒服兵役的举动，而俄利根则答道："虽然基督徒拒绝为帝国出战，但他们会为帝国祈祷。"基督徒的领袖劝导他们的信徒避免与非基督徒为伍，避免参加他们各种不人道的竞技会，及那些表演猥亵的戏院。与非基督徒间的婚姻是绝对禁止的。那些身为奴隶的基督徒，被人控告因改变主人的孩子或妻子的信仰而导致家庭的失和。基督教于是又被控以破坏家庭的罪名。

基督教的反对力量，来自人民的更甚于国家。因为罗马官员们都是有教养、能容忍的人，而大多数的异教百姓却憎恶基督徒们的脱俗、超群与坚定的信心，他们纷纷要求当局以侮辱神明的罪状，惩罚那些"无神论者"。德尔图良注意到"民众的怨恨已渐渐转向我们了"。从尼禄王起，罗马法律似乎已规定所有宣称为基督徒者皆处以死刑，但大多数的皇帝常有意疏忽这条法律。因为一旦被控，基督徒们都可以在帝王的雕像前烧香而免罪。很显然，他们仍可以做基督徒要做的事。那些拒绝进香的就被监禁、鞭打、放逐或罚做矿工，甚至被处死刑，但这种情形较少。多米提安曾驱逐一些基督徒出罗马，但"因本性尚属善良"，德尔图良说道，"他很快地就停止了他的所为，招回那些被放逐者"。普林尼那时以一个业余者非正式的身份来执行这项法律（公元 111 年），且看他给图拉真的信：

> 我调查那些被告发为基督徒的方法是这样的：先问他是不是基督徒；如果承认，再重复问两次，并以死刑加以威胁；假如仍坚持下去的，我就下令将他们处刑……那些几乎为人们所摒弃的庙宇，现在已成为人们的常去之处了……那些从前无人问津的动物，现在已成了祭祀时不可或缺的祭品了。

图拉真的回信：

> 你在调查基督教徒这件事上所用的方法是非常适当的……"对这些人不可作不必要的搜查"；当被告发而真的有罪时，他们必将遭受刑罚；但如被告否认他是基督徒，并拿出证据……并敬拜我们的神，他可被释放……任何没有控告者签名的资料，都不可作为反对任何人的证据。

上述引文显示了图拉真只是勉强地执行这道早已存在的法令。然而，我们听说在他执政期间曾有两位著名的殉道者：一位是耶路撒冷教会的领袖西蒙，另一位是安条克主教伊格内修斯。可能还有其他默默无名的殉道者。

哈德良皇帝是个怀疑论者，能接受各种观念，指示他的部下对基督徒宽容一些。但到了较严正虔诚的安东尼时，对基督徒又加逼迫。在士麦那，群众要求亚西阿克（Asiarch）的菲利普执行这项法律，他就在竞技场将 11 名基督徒处决（公元 155 年）。那些狂暴的群众更加激动，他们叫喊着要置波利卡普主教于死地。波利卡普是个品德高尚、已届 86 岁的老圣徒，传说他在年轻时认识使徒约翰。罗马士兵在郊外的一个隐蔽所捉到他，他毫无抵抗地被带到亚西阿克。菲利普逼他道："发誓赌咒，辱骂基督，我就放你走。"在《殉道者行传》（*Acts of the Martyrs*）中记载着波利卡普的回答："86 年来，我侍奉我的主，他从未加害于我，我怎能亵渎救我的主呢？"群众叫喊着要将他活活烧死。在基督教见诸文字的资料中，记载着火焰无法烧到他，"但他像面包在火中被烤；我们还闻到一股像燃香或其他高级香料所发出的馨香之气。最后，那些无法无天的人叫一个刽子手将他刺死。当刽子手刺下时，飞出一对鸽子，并流出大量的血，将火熄灭了，群众哗然"。

品行高洁的奥勒留在位时，对基督徒的逼迫又重新修订了。当饥荒、洪水、鼠疫与战争不断发生，倾覆了这个一度欢乐的王国，流言传说这些灾祸是起于对罗马神明的否认与忽视。奥勒留也震慑于此，在公元 177 年颁布了一项法令：凡以新的教义"鼓动心理不平衡的人"，而造成骚动的宗派，必将受到惩罚。同年，在里昂和维也纳两地，愤怒的异教徒们发动了一次针对基督徒的暴动，只要信徒们稍离家门，就会遭受石击。罗马皇帝派到里昂的官员下令逮捕当地基督教的领袖——90 岁的主教波蒂努斯，后因酷刑死于狱中。他们又派了一个使者到罗马，请皇帝指示如何处置那些在监狱中的人犯。奥勒留下令凡否认信奉基督教的人都可以释放，而自认为基督徒的人，依法处死。

每年一度的节日在里昂举行，代表们从高卢拥向省城里昂。在庆祝会的高潮，那些基督徒犯人被带进竞技场中受审。凡改变初衷的就被释放，47 个坚持者都被以各种不同的残暴酷刑杀死了。阿塔鲁斯在基督徒的社会中，地位仅次于波蒂努斯，被迫坐在一个烧红的铁椅上活活烤死。布兰迪娜（Blandina）是一个女奴，每天从早到晚受尽酷刑，然后被绑入大袋中，摔入竞技场中，被牛用角触死。她的刚毅不屈使基督徒们相信，基督已使他的殉道者无感于痛苦了。当然如果一个人兴奋或恐惧过度，也是对痛苦无法感受的。德尔图良说："基督徒们，即使在受刑将死时，仍会感谢基督。"[1]

　　在康茂德的统治下，对基督徒的逼迫减轻了。到塞维鲁斯时又重新开始逼迫信徒，甚至受洗礼也是一种犯罪行为。公元 203 年，许多基督徒在迦太基殉道。其中一个年轻母亲叫佩尔佩图阿，留下一段她被囚期间的感人故事。她的父亲恳求她放弃基督教的信仰，但她终于与另一位年轻母亲被一只公牛掀倒并用角刺死。在她后来的受审中，我们听说她精神恍惚地说："我们何时被抛出去？"传说告诉我们她是如何引导那位极其不忍心的角斗士，将他的刀刺向她的喉咙的。叙利亚的各女皇模仿塞维鲁斯，对罗马神明并不表示关心，而对基督教也不闻不问地加以容忍。直到亚历山大·塞维鲁斯在位时，各个敌对的信仰间才好像建立了和平关系。

　　蛮族的再度进犯，终止了这段暂时的休战时期。为了了解在德西乌斯统治下的逼迫，我们必须想象一个在连绵战火中的国家，一面惊惧于严重的挫败，一面防备敌人的进犯。公元 249 年，一股宗教的狂热横扫罗马帝国，男女老少齐集到庙宇，去崇祭神明。在这爱国狂热与恐惧中，唯独基督徒例外，仍然厌憎与拒服兵役，谩骂诸神，并将帝国的崩溃解释为预言中"巴比伦"倾倒及基督二次降临的序幕。德西乌斯利用群众激动的心情作为促使国家团结及对国家忠贞的一个

---

[1] 我们对里昂迫害的情形得知于一封由"在高卢的卢格杜南和维也纳基督的仆人们写给在亚洲和弗里吉亚的信徒的信"。此信被保存于尤西比乌斯所作《教会的历史》中。关于这段报道，或许有夸张之处。

机会，他颁布了一道令谕，要求所有王国内的居民对罗马诸神表示尊敬。当然，这并不是要基督徒放弃本身的信仰，但他们必须加入全国性的祈求会，祈求那些人民所信仰，而经常拯救罗马帝国的诸神。大部分基督徒都同意了。在亚历山大港，戴奥尼西主教说："背教的情形极其普遍。"在迦太基与士麦那也是如此。或许这些基督徒认为祈求会是一种爱国的表示。但在耶路撒冷与安条克的主教死在狱中后，罗马与图卢兹的主教也被处死（公元 250 年）。成百的罗马基督徒被关在地牢里，他们中一些被砍头，一些被烧死在火刑柱上，一些在周末或假日时被抛给野兽吞食。一年后，逼迫情形减少了。到公元 251年的复活节几乎消除殆尽。

6 年后，瓦莱里安在位时，面临蛮族另一次入侵的危机，帝国又陷入恐怖状态，皇帝下令"所有人都必须遵守罗马帝国的仪式"，禁止任何基督徒的集会。教皇西克斯图斯二世（Sixtus II）抗拒这项命令，他与四个辅祭同时被处死刑。迦太基的主教西普西安被砍头，塔拉戈那的主教被活活烧死。公元 261 年，加列努斯发表了第一个对基督徒容忍的令谕，视基督教为一种认可的宗教，并且下令凡从基督徒没收的财产应全数归还。这以后的 40 年中，偶有少数逼迫事件发生，但大致说来，这数十年给予基督教前所未有的安宁，并使其快速地成长。3 世纪的暴乱、恐怖使得民心由衰败的帝国转而寻求宗教的慰藉，并发现他们在基督教中所得的，确实比在其他敌对的宗教中更丰盛。教会中富有的信徒出资建筑大教堂，并允许所有信徒分享其中的欢乐。不受欢迎的神学逐渐在人们中消失。基督徒与异教徒们相处得更融洽了，甚至互通婚姻。到了戴克里先时的东方君主政体，似乎命定要去巩固宗教的安全、和平，如同政治上的安全与和平一般。

然而，加莱里乌斯却视基督教为君主专制的最后阻碍，鼓动他的皇帝恢复人们对罗马诸神的崇拜。戴克里先迟疑不定，他不愿作不必要的冒险，并比加莱里乌斯更确切地估计过此种工作的艰巨。但有一天，在帝国的祭典中，基督徒们做了一个十字架以驱走邪魔，当占卜师在献祭牲畜的肝脏上找不到他们所要说明的记号时，他们就罪责邪教信徒及不信者的在场。戴克里先下令所有参加祭典的人都必须向诸神献祭，否则将遭受鞭打，所有士兵同样得遵命而行，否则就被开除（公元 302 年）。说也奇怪，基督教的作家竟与异教祭司们的看法一致。拉克坦提乌斯说："基督徒的祈祷，冷落了罗马诸神。"而戴奥尼西在 30 年前也这样写过。加莱里乌斯抓住每个机会，向皇帝游说宗教团结这新兴君主国的重要性，最后戴克里先终于被说服了。公元302 年 2 月，四位统治者下令拆毁所有基督教教堂，烧毁有关基督教的书籍，解散基督教集会，没收他们的财产，排斥基督徒担任公职，如发现他们聚会就处以死刑。此令既出，一队士兵开始行动，首先焚毁尼科美狄亚的大教堂。

但这时基督徒为数众多，足可起而反抗。革命运动终于在叙利亚爆发了，在尼科美狄亚，纵火者曾两次放火焚烧戴克里先的宫殿。加莱里乌斯控诉基督徒纵火。但他们反过来指控他对基督徒的暴行。成百的基督徒于是被捕受刑，但无法定他们的罪名。到了 9 月，戴克里先下令，被囚的基督徒，凡愿意崇拜罗马神明的就可释放，拒绝者将遭受各种刑罚。由于群众藐视他的命令，激怒了他，于是他命令各省长官，挨户搜查所有基督徒，然后用各种方法强迫他们崇拜诸神。最后，或许是想将这棘手的问题留给他的继位者，他宣告退位。

马克西米安在意大利，以军事上彻底准确的作风严格地执行命令，加莱里乌斯登基后，在东罗马帝国支持各种迫害事件。除了高卢和大不列颠外，各地殉道者不断地激增。尤西比乌斯告诉说（或许他由于愤慨而有些夸张），基督徒被鞭打至皮肉裂开，伤口又被倒以盐、醋，肉一块块地被割下来喂野兽，或绑在十字架上让饥饿的野兽撕食，有些犯人的手指被箭射穿，有些被绑着手脚吊起来，有些喉咙里被灌入熔化了的铅，有些被砍头，有些被钉死在十字架上或被棒子打死，还有被四分五裂的。这种情况，我们在异教徒的作品中却找不到。

对基督徒的迫害持续了8年，使基督徒不论是正统的或是异端的被害者达到将近1500人。更有许多难以计算的人遭受各样的迫害。成千个基督徒变节。传说甚至罗马主教马尔塞林努斯也被迫否认他的信仰，但大多数被迫害者都宁死不屈。那些在痛苦折磨下仍不变初衷的忠贞事迹，坚定了信心动摇的信徒，并且赢得了更多人士的信仰。当各种蛮横暴行不断地加诸基督徒身上时，激起了异教徒的同情。任何一个正直善良的公民都有勇气反抗、批评那凶狠的压力。从前人们鼓动政府毁灭基督教，而现在却不与政府站在同一阵线上，许多异教徒敢于冒着生命危险保护基督徒，直到危险过后。公元311年，加莱里乌斯患了一种致命的病，自认对基督教的政策失败了，于是接受了妻子的劝诫向基督教妥协，颁布一项令谕，承认基督教是合法的宗教，并要求基督徒们为他祈祷。

戴克里先的迫害，是对教会最大的一次考验，也使教会获得了最大的胜利。然而，在迫害的初期，由于信徒们经过半世纪安逸的日子，各种天然缺点逐渐暴露，使基督教的力量暂时削弱。但很快这些叛教者向教会忏悔，并要求重新加入教会。由于那些已死的殉道者和为基督受苦的"忏悔者"忠贞的事迹，使得他们的信仰能在各地传开。而这些殉道者的行为借着夸张的叙述及动人的故事在唤醒与坚定基督徒的信仰上扮演了一个历史性的角色。德尔图良曾说："殉道者的血，好似一粒粒的种子。"在人类历史上还没有一出戏能比这伟大，这些少数的基督徒连遭数位皇帝压迫、轻蔑，不屈不挠地忍受所有的考验，默默地增加人数。当敌人混乱时，他们却在内部建立起秩序，以言词对抗武力，盼望对抗残暴，最后击败了这个历史上最强盛的帝国。恺撒与基督在斗技场上对势，胜利终属于基督。

君士坦丁的兴起

戴克里先在达尔马提亚的宫殿里安静度日，眼见他所进行的迫害与他四人统治的政治制度都失败了。在他退位后，帝国陷入前所未有的纷乱中，加莱里乌斯就说服君士坦提乌斯，让他指定塞维鲁斯和马克西米努斯·达萨（Maximinus Daza）为"恺撒"（公元 305 年）。立刻，根据世袭的原则，有人提出权力要求，希望马克西米安之子马克森提（Maxentius）能继任他父亲的职位。这一决定似乎激怒了君士坦丁。

君士坦丁生于莫西亚的奈苏斯（约公元 272 年），是君士坦提乌斯与其身为比提尼亚酒女的姘妇海伦娜（Helena）的私生子。君士坦提乌斯在做"恺撒"前，戴克里先曾要求他抛弃海伦娜娶马克希米安的继女狄奥多拉为妻。君士坦丁受过很少的教育，很早就从军了，在对埃及、波斯的战役中显露了他的英勇和机智。加莱里乌斯继戴克里先为帝后，立刻就将这个年轻的军官留在他的左右，以为人质，以后，君士坦提乌斯要他将儿子送还时，他很巧妙地拖延下去。但君士坦丁逃出他的监视，夜以继日地骑马经由欧洲到布洛涅与父亲会面，一起参加对不列颠的战役。高卢军队非常忠于仁慈的君士坦提乌斯，因而也爱护这英俊、勇敢、有活力的青年。所以当父亲死于约克时（公元 306 年），军队就拥护君士坦丁为"恺撒"，甚至还封他为"奥古斯都"——皇帝。他接受了较低的头衔，因为他解释说若无军队做他的后盾，他的生命即将难保。加莱里乌斯由于地处遥远，鞭长莫及，只好勉强地承认君士坦丁是"恺撒"。君士坦丁成功地击退了法兰克人，并将蛮族的王丢到高卢的竞技场喂野兽。

同时，在罗马，侍卫队尽力想恢复旧都的领导地位，拥护马克森提为帝（公元 306 年）。塞维鲁斯从米兰南下袭击罗马。马克西米安震慑于此种混乱的局面，应其子的要求，恢复王位，参加战斗。塞维鲁斯被他的军队所弃并被处死（公元 307 年）。为了使自己能应付日益纷乱的局面，年老的加莱里乌斯指派了一个新的"奥古斯都"——李锡尼。听到这个消息后，君士坦丁也自命为同样的职位（公元 307 年）。一年后，马克西米努斯·达萨也冠以同样的头衔，所以在戴克里先计划中原本只有两个"奥古斯都",现在变成了六个,大家都不愿只做个"恺撒"。马克森提与其父起了争执,马克西米安就到高卢去请求君士坦丁的帮助。时值君士坦丁在莱茵河与日耳曼人作战,马克西米安企图代替他的位置做高卢军队的指挥官。但君士坦丁进军经由高卢,在马赛围捕了这位企图篡夺其位的马克西米安,并允其自杀而死(公元 310 年)。

加莱里乌斯的死(公元 311 年),消除了阴谋与战争间最后的障碍物。马克西米努斯与马克森提阴谋推翻李锡尼与君士坦丁,而后者也共谋推翻他们。君士坦丁抢了先机,穿过阿尔卑斯山,击败了在都灵附近的军队,再转到罗马突击,同时加紧整顿他的军队。公元 312 年 10 月 27 日,他在罗马以北 9 英里外的萨克萨·鲁布拉(Saxa Rubra)与马克森提的军队对阵,以其卓越的战略将马克森提逼到台伯河,除了横过穆尔维安(Mulvian)桥,后无退路。尤西比乌斯说,在战火燃烧前一天的中午,君士坦丁看到一个发光的十字架悬在空中,上面写着希腊字 en toutoi nika——"胜利在这个标记中"。据尤西比乌斯与拉克坦提乌斯说,到第二天早晨,君士坦丁梦见一个声音,命令他将他士兵们的盾上做一个"X"的标志,中间有一条直线穿过,然后弯转到上面——这就是基督的记号。起来后,他就遵照着做了,然后带着一个旗帜(以后即成为后期罗马帝国的军旗)赶到前线,旗上织有基督的第一个字母与一个"十"字。当马克森提展开他那无敌的太阳旗帜,而君士坦丁则与基督徒共患难同生死,在他的军队中雷吉亚督徒为数众多,如此造就了宗教史上的转折点。对那些君士坦丁军队里崇拜太阳神的人,这个"十"字并没有触怒他们,因为他们以往出征时,军旗上也有一个"十"字形的太阳神的光。无论如何,君士坦丁赢得了这场穆尔维安桥之役,马克森提与他成千的军队在台伯河阵亡。胜利者进入罗马,备受拥戴,顺理成章地成为西罗马帝国的统治者。

公元 313 年初,君士坦丁与李锡尼在米兰相会,商讨统治帝国的计划。为巩固基督教在各地的支持，他们颁布了一个《米兰敕令》（*Edict of Milan*），重申加莱里乌斯时对宗教的容忍，并将它扩大到所有的宗教，且下令将近几次没收的财产归还给基督徒。在这项实际上承认异教失败的历史性宣言公布后，君士坦丁返回，保卫高卢，李锡尼则移师东边去征服马克西米努斯（公元 315 年）。马克西米努斯死后，君士坦丁与李锡尼成了帝国的无敌统治者。李锡尼娶了君士坦丁的妹妹，一直为战争所困扰的人民也都为他们和平的远景而欢欣鼓舞。

　　但这两个"奥古斯都"都没有完全抛弃他们想获得最高统治权的希望。公元 314 年，他们间的仇恨达到战争的地步。君士坦丁侵入潘诺尼亚，击败了李锡尼，所有罗马帝国统治区除了色雷斯外，都向他称臣。李锡尼将他的失败归咎于基督徒支持君士坦丁，所以又恢复了他在亚洲与埃及对基督徒的迫害。他将尼科美狄亚宫殿里的基督徒赶出，叫所有的士兵敬拜异教的神，禁止男女同时参加基督徒的礼拜仪式，最后禁止城内所有基督徒的礼拜式。不服从的基督徒就丧失他们的地位、公民权、财产、自由或生命。

　　君士坦丁抓住机会，不仅帮助东部的基督徒，并将整个东部归于他的统治下。当蛮族侵入色雷斯后，李锡尼无法驱走他们，君士坦丁就带领他的军队从帖撒罗尼卡去援救李锡尼所在的省区。蛮族被赶走后，李锡尼抗议君士坦丁侵入色雷斯。如此既然二者都不寻求和平调解，战火又重新点燃了。这位基督教的护卫者带着 13 万人与率领着 16 万军兵的异教护卫者首先交战于阿德里安堡，然后到克里索沃利斯（Chrysopolis），君士坦丁终获胜利，成了全国唯一的统治者（公元 323 年）。李锡尼在君士坦丁赦免其罪的承诺下，终于投降了，但第二年他被以阴谋叛国的罪名判处死刑。君士坦丁召回被放逐的基督徒，并恢复他们的权利与财产。一方面他继续宣布全国宗教自由，但这时他明确地表示自己是基督徒，并要求他的臣民与他一同接受这个新的信仰。

君士坦丁和基督教

君士坦丁的言词是否真诚——是一种宗教信仰的行为，抑或是一种圆滑的政治手腕？答案可能是后者。他的母亲海伦娜在与君士坦提乌斯仳离后就信服了基督。可能她是以基督教的美德来教育她的儿子的，而且无疑地，他对因在基督十字的旗帜下而获得常胜的事迹印象深刻。但只有怀疑论者会将这种宗教对人性的感触运用得如此恰当。有人引述他的话，"是司命运的女神使人成为皇帝"——当然这只是句谦虚的话。在他高卢的宫廷中，他经常被一些异教学者和哲学家围绕着。他皈依基督教后，极少遵从基督教仪式中所需的礼仪。在他写给主教的信中，很明白地说他并不关心基督教中引起激烈辩论的各种神学争论，虽然为了帝国的团结，他愿尽力去镇压一切异议。当他在位时，对待那些主教如同他的政治帮手，召集他们，主持他们的会议，同意执行任何多数决议所提出的意见。一个真正的信徒应先为基督徒，再做政治家，但对君士坦丁来说恰好相反。基督教对他来说是一种手段，不是目的。

在他的一生中，曾见过三次大迫害的失败。他知道基督教在这种迫害下仍不断地成长。它的信徒虽然为数还少，但他们是一个团结、勇敢而强壮的队伍；异教徒虽占多数，在他们中间却因许多分歧的信条而分裂，这些信条对这般麻木不仁的灵魂已无说服力和影响力。在马克森提统治下的罗马及李锡尼统治下的东罗马帝国，基督徒特别多。他对基督徒条理不乱的秩序与道德行为，在祭典仪式中不杀生的现象，对神职人员的尊敬，无怨地接受生活上各种的不平等，及盼望来世的欢乐等均有极深刻的印象。可能这个新的宗教可以净化罗马的道德，革新婚姻与家庭制度，并减低对阶级战争的狂热。基督徒们即使受了较苦痛的压迫，也极少反抗国家。他们的教师教导他们要顺服掌权者，并告诉他们君权神授。君士坦丁企望专制君主制，这种政府必须受到宗教的支持。因为，一般教会层级分明的纪律及无上的权威，似乎与君主专政有一种精神上的相关性。或许主教与执事间完美的编制，还可成为一种使帝国安定、统一、有规律的工具。

然而，在异教徒仍占优势的情况下，君士坦丁必须谨慎行事。所以，他仍沿用含糊的"一神论"的说法，使每个教徒都能接受。在他掌权的早期，传统祭拜中要求祭司长做的仪式，他都一一照办。他重修异教的庙宇，并令各地赞助修建。在君士坦丁堡落成时，异教与基督教的仪式他都采用，并用异教徒的秘方，来保护收成或治疗疾病。

渐渐地，当权力稳固时，他公开支持基督教。公元 317 年后，他将国内钱币上异教徒的雕像逐个除去。直到公元 323 年，货币上只有些无关宗教的刻字了。他在位时，成文法上，给予主教们一种权力，使他们可以在自己的教区内做审判工作。另有法律豁免教会不动产的捐税，使基督教协会成为一种审判团体，允许他们拥有自己的土地，接受遗产，并将殉道者留下的遗产全数交给教会。君士坦丁捐钱给需要钱的团体，在君士坦丁堡及其他地方兴建教堂。他禁止在新首都敬拜偶像，否认了他所颁布的《米兰敕令》。他禁止异端宗派的集会，最后下令毁坏其会堂。君士坦丁让儿子接受正统的基督徒教育，经常资助自己妻子教会里的慈善事业。教会都为这种远超他们所敢期望的隆恩而欢乐。尤西比乌斯四处讲道，其间充满了感谢及赞美的颂词。帝国内所有的基督徒聚集在一起，为他们神的得胜而感恩。

但是三件事情的发生，破坏了这美好的日子：修道院派的分离、多纳图斯派（Donatist）的分裂和阿莱阿斯异端（Arian heresy）的崛起。在德西乌斯与戴克里先的迫害期间，教会已成为帝国内最富有的宗教组织，因此它不再对财富过分地攻击。西普西安抱怨他的教民都热衷于金钱，女基督徒们涂抹胭脂，主教们掌握了有利的职位，靠此来发财，并放高利贷，一遇到危险就放弃自己的信仰。尤西比乌斯感叹于执事们钩心斗角，以求教会中的高位。一方面基督教改变了整个世界，另一方面世界也改变了它。基督教中的修道主义兴起，以抗议这种灵与肉体的互相调整。少数人希望避免放纵私欲，而专心寻求早期基督徒一心所求的永生。随着犬儒学派人士的作风，一些禁欲主义者放弃所有财产，穿着哲学家式的破袍，靠救济度日。他们中的一些像隐士保罗，到埃及沙漠过着离群索居的生活。约公元 275 年，一个叫安东尼的埃及僧侣，开始了 25 年的独自生存，最初在坟墓里，后来在一所废弃的山顶城堡，最后在一个石头凿成的洞穴。每天在可怖的幻象与美梦中挣扎，并克服了它们，直到他的声望传遍了整个基督教世界，而使得这沙漠住满了存心过隐士生活的人。到公元 325 年，帕科米乌斯觉得独居是一种自私的行为，于是召集了所有隐士到埃及塔贝尼的一所修道院，他们建立了一个修道者的会社，过僧院生活，后来在西方有很大的发展。教会最初反对这种修道的运动，但后来为了平衡政府对其不断的干涉，接受了这种运动。

君士坦丁皈依基督教后一年，教会中产生裂痕，使教会在得胜的同时，即有遭毁灭之虞。迦太基的主教多纳图斯与另一个同名并有相同性格的执事，他们坚持凡在基督徒被迫害时代将《圣经》交给异教"警察"的主教们，应丧失他们的职位与权力；由他们主持的洗礼、圣职等也都无效；圣礼的有效与否，也要看服侍者的灵命情形而定。教会拒绝采用这项严格的议案时，每当现任主教们不符合要求时，多纳图斯清教徒派信徒就设立敌对的主教。君士坦丁一向认为基督教是一种统一的力量，因此，他对这相继而来的混乱、暴力感到非常惊慌，同时也被多纳图斯派与非洲农民间的激烈运动、偶尔的联盟所震骇。公元 314 年，他在阿尔勒召集了一个主教会议，重申他对多纳图斯派信徒的警告，下令那些分派论者重回教会，凡是反抗的团体就将丧失他们的财产与公民权利（公元 316 年）。5 年后，他偶然想到《米兰敕令》，便只好收回命令，容忍多纳图斯派的信徒。分裂仍然继续着，直到穆斯林征服了非洲，压制了正统与异端教派。

这些年中，亚历山大港眼见在教会史中最具威力的异端兴起。约公元 318 年，一个来自埃及包卡利斯城的执事，提出一个有关基督神性的问题，震惊了他的主教。一个博学的天主教历史学家大略地描写他的样子为：

> 阿里乌……高而瘦，略带忧郁，外貌严肃。他是个有名的禁欲主义者，这可从他的穿着看出来——一件短而无袖的紧身衣，披着一条当作外衣的围巾。说话的态度温柔，但他讲词却很有说服力。在亚历山大城，许多奉献的童女对他都很尊敬。他拥有许多忠实可靠的神职人员支持他。

阿里乌说，基督与造物者并非同一个，说他是"道"，是所有受造之物的首生者及最高者更恰当些。亚历山大主教与阿里乌互相争辩。后者辩称，假如"子"是由"父"所生，那他们之间必有一个时间差异，所以"子"不可能与"父"永远同在。再说假如基督是受造的，那必是无中生有，不是得自"父"的实体，所以基督与"父"并不是"同体"的。"圣灵"是由"道"产生的，而非与"道"同等。从这些教义中，我们看见了从柏拉图经过斯多葛、斐洛、普罗提诺、俄利根到阿里乌观念上的一贯性。柏拉图主义曾深深地影响了基督教神学，而现在却与教会发生了冲突。

亚历山大主教对这种观念的产生与其迅速地传到神职人员当中感到非常震惊。于是，他在亚历山大城召开一个埃及的主教会议，劝服他们解除阿里乌与他的信徒们的圣职，并将会议的经过情形作一份声明，寄给其他主教。有些主教们加以反对，许多执事同情阿里乌，所以整个亚细亚各行省，牧师与信徒对这件事有各派不同的看法。尤西比乌斯说，许多城市都因这种"骚动与紊乱"而鸡犬不宁……"基督教因此带给异教徒一个亵渎嬉笑的话题，甚至成为他们戏剧的主要题材。"君士坦丁在推翻李锡尼后，回到尼科美狄亚，从主教那里听说了这件事，就写信给亚历山大与阿里乌，要求他们模仿哲学家的冷静，平静地商讨他们之间的歧见，或至少不将他们之间的争辩公之于世。这封被尤西比乌斯保存的信，充分地说明了君士坦丁缺乏神学观点及他的宗教政策中包含的政治意图：

> 我一心想要统一各种的信念，使人民皆奉一神。因为我确信，假如我能引导人们在这件事上联合起来，公共事务的处理将相当容易。但是，天啊！我听说你们间的争论更甚于近来在非洲所发生的。追究其原因，竟是这般微小，根本不值得如此剧烈地争辩。亚历山大，你只是想知道你的执事们在法律观点上是如何想法，或甚至他们对一个无关紧要的问题的想法。而阿里乌，就是你有这种想法，也应该藏在心里……你们没有必要将这些问题公开化……因为这种问题只会带来无聊、困扰，它唯一的好处是增长人们的才智……这只适合小孩子做，而不是你们这些执事与明理的人该做的。

这封信并未奏效。对教会来说，圣父与圣子是"同体"而非仅是相似的问题，无论在神学上还是政治上都是极为重要的。如果基督不是上帝，那么整个基督教义就将瓦解。但如果允许对这个问题分派，那么信仰的混乱就会毁灭教会的团结与权势，因而教会协助国家的价值也就消失了。当争论传开后，东希腊也激动起来。于是，君士坦丁下决心要结束这场争论。他召开了第一次全教会性的会议，召集所有主教在其首都尼科美狄亚附近的比提尼亚的尼西亚城聚会，并负担他们所需的经费。有318个主教来参加会议，其中一个说道："这是一个由多数低阶层神职人员组成的会议。"这个说法说明了教会正在急剧地成长中。大部分的主教们来自东部的省份，因为许多西部的教区都较忽视这个问题。教皇西尔韦斯特一世（Silvester 1）因病受阻，同意由一些执事代表他去。

会议是在一个帝国宫殿的大厅中举行，由君士坦丁主持。他首先以一篇简短的讲词呼吁主教们恢复教会的团结。他"很有耐心地聆听他们间的辩论"，尤西比乌斯写道"他缓和争执派之间的冲突"，最后自己也加入了辩论。阿里乌一再强调他的观点：基督是受造者，与圣父原非同等，只是"因他们间的关系而有神性"。但聪明的质问者迫使他承认：假如基督是受造者，并有个开端，那他必会改变；如果他可改变，他就可能由善变为恶。阿里乌的回答虽有逻辑，并很诚恳，却自毁了他的立场。亚大纳西——一个极具辩才又好斗的副主教，是亚历山大带来作为神学的武器。他辩称：如果基督与圣灵不是与圣父同质，多神论就获胜。他承认，将一个上帝想象成三个不同的身份是非常困难的，但这原因就在于"三位一体"的奥秘。结果，大会中除了 17 位主教外，大家都同意他的说法，一致签名，以示赞同。而阿里乌他们则要大会将"同质"改为"同类"才同意签署。大会拒绝了这个要求，且经由皇帝认可颁布了以下的信条：

> 我们只信一神，全能之父，万物的创造者；只信一主，耶稣基督，天父之子，为天父所生……而非所造，与天父具有"同质"……为拯救我们来到世间，穿上肉身，成为人，受死，第三天又复活，升天，将要审判地上的活人及死人……[1]

后来有五位，最后只有两位主教拒绝签名。这两位主教与尚无悔意的阿里乌遭到教会诅咒，同时被皇帝驱除出境。罗马帝国同时颁布一项敕令：所有阿里乌著的书都应烧毁，私藏者处死。[2]

君士坦丁为庆祝这次会议的圆满结束，设了皇家宴会款待所有参加的主教们。在散席前，君士坦丁要求他们今后不要相互攻击得体无完肤。他以为已终止了这场争论，而他自己也不再改变观点，不过他

---

[1] 这些条文与 362 年所修订、现今所用的"尼西亚信经"（Nicene Creed）不同。

[2] 大会另外下令所有教会在同一天庆祝复活节，每年由亚历山大的主教，根据星象规则制定日期，然后由罗马主教颁布。提到执事独身的问题，大会要求结婚的牧师们节欲；但上底比斯（Upper Thebes）主教说服当地同为执事者仍然保持他们的习俗，在接受圣职后禁止结婚，但准许那些在受任圣职前就已结婚的牧师与其妻共居。

的确已尽力维护教会的团结了。会议签署了一项多数决议，认为为了今后教会的组织力与生存，需要一个固定性的教义。最后他们达成协议，在基本信仰上一致而使中世纪的教会有天主教之名。同时又显示以基督教代替异教成为罗马帝国的国教，更肯定了君士坦丁与基督教间的联盟。一种植根于新宗教的新文明，从那行将枯竭的文化与濒临破产的教条废墟中兴起，欧洲开始步入了中世纪。

君士坦丁和文明教化

大公会议后的一年，君士坦丁将拜占庭从废墟中重建为一座新城，称其为新罗马（Nova Roma），而后人以他的名字命名。公元330年，他离开罗马与尼科美狄亚而定都于君士坦丁堡。在那里，他处在那令人难忘、华美壮观的东方式的宫廷内，感觉到此城对军队与人民在精神上的影响力足可弥补那庞大的费用。他以精明的外交政策与手腕保卫他的军队，以人道的法令来缓和专制，提倡文学与艺术。他勉励那些在雅典的学校，并在君士坦丁堡建立一所大学，由国家聘请教授，教授希腊文、拉丁文、文学、哲学、修辞学与法律学，并为国家训练官员。他扩大各省医师与教师的权利；命令省长成立建筑学校，以各种利益奖励人们入学。艺术家们免服公民义务，使他们能够有时间倾尽全力于他们所学，并传给后代。帝国的艺术珍藏在君士坦丁堡内，使得它成为一个优雅的首都。

在罗马，建筑早在马克森提时就开始了。有一所大的会堂，从马克森提时开工，直到君士坦丁时才完成。这所建筑物代表了西方古典建筑的最佳创作。为了配合一个大的浴室，这幢建筑占地330英尺长，250英尺宽。中央大厅有144英尺长，82英尺宽。屋顶由3个交叉的混凝土圆顶构成，高120英尺，部分由8个大支柱顶着，这支柱对着6英尺高的科林斯式圆柱，走道是由花色大理石砌成的，墙壁支柱与支柱间竖着许多雕像，壁的本身则延伸过屋顶，好像是中央圆顶的悬空支柱。后来的哥特式与文艺复兴时期的建筑，也发现了许多类似这样的圆顶与支柱。布拉曼特（Bramante）设计圣彼得教堂，他计划要"建造万神庙，高过君士坦丁的教堂"——那就是由一个巨大的圆顶盖住教堂中央的空间。

　　这第一个基督徒皇帝在罗马建了许多教堂，为了庆祝他当年的穆尔维安桥大捷，又于公元 313 年兴建那座直到今天还矗立在特里翁菲大道上的拱门。这是罗马遗迹中保存得最完整的作品之一。尽管拱门上有部分物件失窃，仍未明显地破坏其原有的壮丽。四个成比例的支柱立在雕刻的柱基上，将三个拱隔开，支持一个装饰华丽的柱顶线盘。顶楼则放着从图拉真与奥勒留时代留下的浮雕、铸像；在支柱间的圆形浮雕，是得自哈德良时代的某些建筑，其中两件是君士坦丁时代的艺术品。那随意刻画出来蹲着的身形，那争吵着的丑陋的侧面并露着前腿，头堆在头上，替代了原有的透视法，一切都显出一种粗俗的技巧与风格。但线条的刻画分明，却也显出光与暗的差别、空间立体的协调，并且主题表现出一种活力。从这些看来，意大利的艺术似乎已决心要回到原始时代。放在保守宫中君士坦丁那巨大的身影特别表现出这种原始的风味，使看到的人都怀疑，一个主持尼西亚会议时谦和、慈善的人，在这里看起来却像个冷酷的野蛮人——除非是这位艺术家预先表现了吉本那句讥讽性的话："我是描述野蛮与宗教的得胜。"

　　4 世纪初期，一种新的艺术形成了——以微型图（miniature painting）来装饰书籍。文学作品这时也以基督教为主题。卢西乌斯·拉克坦提乌斯在他所著《圣职制度》（*Divinae Institutiones*）中（公元 307 年），详细解说了基督教的理论，而在《大迫害》（*De Mortibus Persecutorum*）中（公元 314 年），他以雄辩家西塞罗式的优雅但阴险恶毒，来描述那些逼迫基督徒的皇帝最后的结局。拉克坦提乌斯写道："宗教是不受拘束的、非强迫的，是自由的。"此语其后造成一种异端邪说，是拉克坦提乌斯生前所无法弥补的。还有在宗教文学上更有名的，恺撒里亚地区的主教尤西比乌斯，他在为前任主教庞菲卢斯——一个他最崇敬的人——做主教书记与图书馆管理员时，就开始他的文学生涯。庞菲利在接收俄利根的藏书后，建了一个尽人皆知的最大的基督教藏书处。整日埋首于这些书中，尤西比乌斯成为那时代最博学的传教士。当庞菲卢斯在加莱里乌斯的逼迫下死后（公元310年），尤西比乌斯对事后人们不断询问自己是如何逃生的问题不堪其扰。后来，由于他做了阿里乌与亚历山大的调解人，又树敌甚多。但他成了君士坦丁宫廷中的记录人，并被任命纂写皇帝的传记。他在文学上的一部分作品现被收集在一本最完整的古代纪年历史《世界史》中。尤西比乌斯将宗教历史与世俗历史按同时发生的年代对照着写出，并尽量将亚伯拉罕到君士坦丁间重大事件所发生的时间找出。后来所有纪年史就都依据他的"规条"。

尤西比乌斯到处收集资料，在公元325年完成了《教会史》（Ecclesiastical History）一书，描写了自创始到尼西亚会议期间教会的发展。第一章是最早的历史哲学——描写时间即上帝与撒旦的战争时间，所有发生的事件都在促使基督的得胜。这本书虽编排的次序不太恰当，但描写得非常深刻。资料是经过谨慎选择和审查过的，所以它与任何其他古代历史著作一样精确，为后代查询提供了方便。他其间引证了许多重要的资料。他学识丰富，笔锋常带感情，辩论到神学观点时，文笔特别生动、锋利，公然地排斥那些不能造就基督徒读者或不能支持他哲学观点的事。他设法写出大公会议的实况，而尽量避免提到阿里乌与亚大纳西。他以同样不实的笔法将《君士坦丁的传记》（Life of Constantine）写成一篇颂词，而不像写传记。谈书首先以8个章节描述有关皇帝的虔诚与善行，并写出他"如何在30多年中以虔敬的态度统治国家"。从这本书看来，没有人能想到君士坦丁曾杀死自己的儿子、妻子与侄儿。

就和奥古斯都一样，君士坦丁对什么事都处理得很好，只是家庭总不和谐。他与母亲间的关系非常密切。显然她是受君士坦丁的要求，到耶路撒冷去，将那据说是建在救世主坟上的阿佛洛狄忒女神庙拆毁。据尤西比乌斯记载，其上的圣墓与基督受死的十字架突然发亮。君士坦丁下令在这墓地上建造一座教堂，并将那些遗留的圣物保存在这圣地里。就好像在古时，异教徒珍藏他们在特洛伊战争中遗留下来的古迹，就连罗马本身也曾夸耀过特洛伊城安危所系的智慧女神帕拉斯。如今，基督徒世界不但改变了古代人类外表的生活方式，并更新其本质，开始搜集并膜拜基督与圣徒的遗物。海伦娜在传说中基督所诞生的地方伯利恒兴建了一所教堂，她对待那里的修女们非常谦恭，当一切就绪后，她返回君士坦丁堡，死在儿子的怀中。

君士坦丁曾两度结婚：原配是米内尔维娜，为他生了个儿子，名为克里斯普斯；继室是马克西米安的女儿福斯塔，为他生了三儿三女。克里斯普斯长大后成了一个优秀的士兵，曾帮助父亲在对李锡尼战争中立下大功。公元 326 年，君士坦丁下令将克里斯普斯处死，几乎在同时又将其妹康斯坦蒂亚（Constantia）与李锡尼所生之子利西尼亚努斯处死。不久，福斯塔又在其丈夫令下受死。我们不知道这一连串事件发生的原因，索西穆斯确信是克里斯普斯向福斯塔求爱，福斯塔在皇帝面前控告他。但海伦娜因爱克里斯普斯过切，为他报仇，就说服她丈夫，说是福斯塔引诱他的儿子。也或许是福斯塔设计除去克里斯普斯，这样她自己的儿子就可继承王位。而利西尼亚努斯之死，可能是由于他想阴谋得到昔日父亲所拥有的王国。

福斯塔的愿望，在她死后终于实现了。公元 335 年，君士坦丁将帝国遗留给他的儿子与侄儿。在两年后的复活节上，他庆祝在位 30 年。后来，感到死之将至，他到附近阿基里隆洗热水浴。当他病情加重时，请了一位牧师为他做洗礼，他有意延迟到现在才受洗，是希望借此洗尽他一生的罪污。然后这位年届 64 岁、疲惫不堪的君王，脱去皇室的紫袍，换上初信圣徒所穿的白长衣，安详地去世。

他是位有权威的将军，杰出的行政人才，卓越的政治家。他继承了戴克里先中兴的大业，并完成它。经由他们的努力，罗马帝国又持续了 1150 年之久。他承袭奥勒留与戴克里先的君主专制政体，一方面是出于虚荣心与野心的驱使；另一方面，他认为在这动乱时代，专制的统治是必要的。他一生最大的错误就是将帝国分给他的儿子们。也许他早已想到他们会像他当初一样为争夺王权而战，不过他认为如果只传给一个人，他们更会争战不休。他判处妻子、侄儿、儿子死刑的行为是否正确，我们无法判断，因为我们不知这些事件是因何引起的。但他经常满心为统治帝国的事困扰着，有时恐惧与多疑都会使他一时丧失理智。到他年高体衰之时，谣言也不断加之于他。基督教对他来说，开始纯粹是作为政治工具，后来却成为他坚贞的信仰了。于是他成了整个王朝最有毅力的传教士，全力消除异端邪说，在各种事情上求问上帝。他比戴克里先更智慧，以一个新的宗教、富有活力的组织、纯净的道德律使这个古老的帝国重获新生。由于他的协助，基督教成为罗马帝国的国教，并历经 14 个世纪成为欧洲生活与思想的主流。所以如果我们说，除了奥古斯都，教会将君士坦丁称为最伟大的皇帝，是一点都不足为奇的。

第六章至第十章历史大事年表

下列所有的年代除第一个外，皆属公元后；且公元150年以前所有的年代均不确定。

公元前

4 年	基督降生

公元

30	耶稣被钉死在十字架；保罗皈依基督教
45—47	保罗第一次传道
50—53	保罗第二次传道
51	保罗在雅典
53—57	保罗第三次传道
58—60	保罗被菲力克斯监禁
61—64	保罗被囚于罗马
64	尼禄王时的迫害；彼得与保罗之死
65	利诺斯任罗马主教
77	克莱图斯任罗马主教
60—100	四福音书著成
89	克莱门特一世任罗马主教
90	约翰书信著成
98	埃瓦里斯图斯任罗马主教
106	亚历山大一世任罗马主教
116	西斯图斯一世任罗马主教
126	泰莱斯福鲁斯任罗马主教
137	希吉诺斯任罗马主教
141	庇护一世任罗马主教

尾声

罗马衰颓的原因

当今一位著名的学者曾说过:"如何说明罗马帝国的兴起与如何说明罗马帝国的衰颓,是历史上两个最重大的问题。"如果我们记得罗马帝国的衰颓,犹如它的兴起一样,并非起于一因,而是多原因的,也非由于一两个事件而是历时 300 多年的整个过程,那我们比较容易去了解这两个问题。有些国家持续的时间还不如罗马帝国衰败期间来得长久。

一个伟大的文明国家,其灭亡,常非由于外力的摧毁,而是其内部的腐蚀所造成的。罗马帝国倾覆的基本原因,在于它的人民、它的道德风气、阶级间的斗争、商业的败落、官僚作风的专制政治、繁重的课税及耗费繁大的战争。

基督徒作家们对罗马的败坏早已深深地察觉到。公元 200 年,德尔图良曾高兴地预言世代的结束,这可能是异教世界毁灭的前奏。西普西安在公元 250 年对基督徒被认为是帝国不幸之源的指控加以反驳,而将帝国的衰败归于自然的因素:

你必须了解这世界已日渐衰老，失去了先前的活力，这证明它是自形衰残。雨水和阳光均告减退，矿产几已用竭，农人在田里无法工作了……

蛮族的侵入，以及蕴藏丰富的矿脉经多个世纪的挖掘，无疑使罗马帝国贵重金属的供应量大为降低。在意大利中南部，滥伐树木、土壤被流水冲蚀、农夫不顾灌溉河渠及无秩序的政府使意大利比以前更加贫穷。然而，其原因并非在于土地本身的贫瘠，也非气候的转变，乃因愁眉不展、满面沮丧的人们对一切漠不关心所造成的。

生物上的因素倒是比较基本的。在哈德良皇帝以后，帝国西部的人口锐减。虽然有人怀疑，但蛮族在奥勒留、瓦伦提尼安、奥勒利安、普罗布斯、君士坦丁诸帝年间大量迁入罗马帝国，那是不容置疑的。奥勒留为了补充他的军队，便征募奴隶、武士、"警察"、罪犯。各种危机日渐增加，自由民日益减少，奴隶人数也随之降低。因此，田园荒芜，而以意大利为最，佩提纳克斯把这些农场赐给愿意耕种的人。针对人源的不足，塞维鲁斯也制定了一条法律。希腊几个世纪以来，人口一直在锐减，亚历山大港曾夸耀其人口众多。但据戴奥尼西主教计算，在他那个时代（公元 250 年），该地的人口已减成半数。他因"目睹人种不断地减少与绝迹"而深感忧虑。唯有在帝国以外或境内的蛮族及东方人仍然在增加。

人口递减的原因究竟何在呢？主要在于家庭节育。首先被受教育阶级实行，而后大众阶级也因过高的生殖能力而进行节育。到了约公元 100 年，这种情况发展到了整个农业阶级，借着顾全帝国粮食的名义，去唆使乡村人们也同样实施节育。到 3 世纪，整个西方各省都竞相仿效，而在高卢大大地减低了人力资源。虽然杀婴被视为有罪，然而贫苦愈甚，此风愈长，过度纵欲减低了生育能力，迟婚或不婚也造成同样的结果。在东方习俗传入西方之时，阉割之风也大为兴盛。侍卫队的司令官普朗蒂亚努斯阉割了 100 个男孩送给他的女儿，作为结婚礼物。

除了节育以外，导致人口减少的原因，则为战争、叛乱及瘟疫。在奥勒留、加列努斯与君士坦丁在位期间，传染病使大部分人丧生。公元260—265年，黑死病的流行，几乎使每一个家庭都遭袭击。据说在罗马，连续几星期，每天几乎死亡5000人。罗马近郊大平原坎帕尼亚的蚊子对入侵蓬蒂沼泽地的人类大加侵扰，痢疾剥削了拉丁姆及托斯卡纳穷人与富人的体力。战争、叛乱所造成的大毁灭，与避孕、堕胎、杀婴等方式的运用，不但妨碍了人口增加，同样也妨碍了优生，最有能力的人结婚最迟，生育最少却又死得最快。施舍削弱了穷人，而奢侈腐化了富人，长久的太平日子，夺去了半岛上人民勇武的资质与战术。移居于北意大利并充斥于军队中的日耳曼人，不论在品德或体格上都比苟延残喘的本国士兵来得优秀，如果时间许可，经过长时期的同化，他们可以吸收古典的文化，并使意大利的血脉更为壮大，然而，没有足够多的时间让他们同化。再者，意大利人久已掺入了东方人的血统，体质较纯种罗马人更差，智能则较强。那些急遽繁衍的日耳曼人，不能了解古典文化，既无法接受，也无由传播。而繁衍快速的东方人则一心欲摧毁罗马文化。拥有此文化的罗马人民，却因图不孕不育之乐，而自毁其文化。因此，罗马帝国的被征服，实非由于外来蛮族的侵袭，而是其境内蛮族不断地繁殖所造成的结果。

道德低落促成帝国的瓦解，难得的淳朴和信心所造成刚健的性格，也在耀眼的财富和不信仰的自由中消失殆尽，中上阶层的人有足够的财富屈服于外界的引诱，除非自爱之心制止了自己。都市人口日益稠密，使人们间的接触频繁，同时也造成管理和监督上的困难。移民带来千百种的文化，文化的不同，使彼此间产生摩擦，又导致了相互间的漠不关心。美学和道德的标准也因追随时尚而降低，色情泛滥，而政治上的自由却大为减少。

最伟大的历史学家认为基督教是罗马帝国衰亡的主要原因。他和他的追随者辩称：因为这个宗教毁了旧的信仰，而旧信仰却是罗马人民道德及国家安定之所系。基督教不仅对古典的文化宣战（包括科学、哲学、文学、艺术），它还将东方的神秘色彩带进罗马现实而恬淡的生活中。它使人们的思想，由积极的现实生活转变为消极地准备世界末日的来临，更使人沉迷于苦修与祷告，求得个人的解脱而不由效忠国家而求取集体的拯救。当掌握军权的君王想求得帝国的统一时，基督徒却从中破坏，它又使它的信徒们无心于公务，并拒服兵役，正在帝国企图鼓舞人们去打仗之际，基督教散布和平与不抵抗的观念。基督的胜利即罗马帝国的死亡。

以上严厉的抨击，的确有某部分属实，然而，基督教并非存心造成信仰上的纷乱，以致渐使罗马帝国崩溃。基督教的成长，与其说是罗马帝国衰颓的原因，毋宁说是罗马帝国衰颓所造成的结果。在基督出现前，旧的宗教即已告瓦解，古罗马哲人恩尼乌斯和卢克莱修曾较以后任何异教徒作者更严厉地抨击过旧的宗教。罗马帝国征服希腊是道德沦丧之始，到尼禄王时已败坏到了极点，而基督教对罗马帝国伦理道德的重整颇有裨益，就因为罗马帝国的日渐萎缩，才使基督教快速地发展。

人们对国家渐渐失去信心，并非由于基督教促使其如此，而是因罗马帝国为了保全财富而不恤贫穷，为了捕获奴隶而去打仗，为了奢侈的享受而尽力课税，不能把人民从饥饿、疾病、侵扰及贫困中解救出来。尚值得原谅的是他们由恺撒的散播战争转变为基督的散播和平；由难以置信的暴行，变为前所未有的善行；由没有盼望、没有尊严的生活，转向一个安慰他们贫穷且提高他们人性尊严的信仰。罗马帝国的灭亡既非由于蛮族的入侵，更非缘于基督教的兴起。事实上，在蛮族侵入、基督教兴盛之际，罗马帝国已只剩下一个空壳了。

前已述及，罗马帝国衰颓的经济因素，是了解戴克里先大事改革的先决条件。于此，我们只需概括地回忆一下：各地谷量短缺，奴隶来源中断，大庄园均告败落；运输退化，贸易受阻；行省与行省的竞争，丧失了省际市场；意大利的工业方面，无法达成输出与输入间的均衡，导致贵重金属流入东方；穷人与富人间毁灭性的冲突；救济金、军饷、一个庞大的政府及不事生产的宫廷人士所需的与日俱增的费用；货币贬值；才能又无法施展；资本因繁重的课税而变成公有；资金与劳工的流出，农业上受农奴制度的束缚，工业上受阶级制度的束缚。凡此种种，皆导致意大利物质生活根基逐渐腐朽。直到最后，经济衰颓以后，罗马的权势只剩下一个政治性的"鬼魂"。

罗马失败的政治原因只有一样：暴政摧毁了人民的公民意识，也使其丧失了政治的才能，非诉诸暴力，国家无从贯彻其政治意志，罗马人民对政府国家不再有兴趣，而只专注于自己的业务、娱乐、军团，或寻求自己的解脱，爱国心原存在于异教徒心中，如今也消失殆尽。在佩提纳克斯之后，元老院逐渐失去其权势与威望，而变得慵懒、奉承而贪财；连最后可能把罗马从穷兵黩武、混乱的局面中救出的机会都丧失了。帝国派遣到地方去的都是一些吹毛求疵的人、一些吸血鬼，不再是第一流的人才。而官员得负制定税额、定时足额收税、繁复仪式、施惠捐助、举办竞技赛事、抵御蛮族入侵和阶级斗争等责任，令人人逃避官职，正如逃税或离开农场工厂一样。

人们故意贬抑自己的社会地位，以免被选任公职，有些人逃往他乡，有些人改业务农，也有出家为僧者。公元313年，君士坦丁放宽尺度，允许基督教的牧师免服公职，免缴几种赋税。这是异教僧侣一直享有的权利。教会很快地挤满了应征圣职的人群，城市却抱怨公职人选的缺乏与税收的不足；最后君士坦丁大帝只得规定，凡能胜任市政职务的人，不准录为圣职人员。"警察"把那些不喜欢政治荣耀的人抓起来，正如逮捕逃税、逃避兵役的人一样，强迫他们回到城市为政府做事。最后连儿子也得继承父亲的社会地位，并接受官职。这种农奴式的世袭制度成为富人阶级牢不可破的桎梏。

加列努斯唯恐元老院背叛，令元老们脱离军队。当意大利不再生产军事物资时，这道命令使半岛的军事力量完全瓦解。地方军队和佣兵的兴起，塞维鲁斯的废除侍卫队，地方势力的产生，与他们之间夺取王位的斗争，使意大利早在西罗马帝国崩溃以前即失去其领导重心，甚至失去其独立自主的地位。罗马帝国的军队不再是罗马人组成的军队，而是由各省人民主要是蛮族所组成，他们不为他们的祭坛、家庭而战，却为薪水、战利品而战。他们宁愿攻击劫掠帝国的城市，而不愿意应付外来的侵略。他们多数是农夫之子，嫉恨富人和都市，视其为穷人及乡村的剥削者。于是乘内部纷乱之际，他们彻底地劫掠各城市，不留给外来蛮族侵扰的机会。那时，军事问题比内政问题更趋严重，边疆的城市反成了政治中心，罗马城却成为凯旋式的剧场、帝国建筑的展览所、政治古董的博物馆。权力分散、多首都的建立，使行政统一破坏无遗。版图扩展过大使政治家难以统治，军队无法保卫的帝国遂告分裂。高卢与不列颠为了对抗日耳曼与苏格兰，都各自选出了司令，又尊之为王。脱离了泽诺比娅的统治，西班牙、非洲几乎毫无抵抗地臣服于蛮族。在加列努斯统治时，约有 30 个将军各自统治了 30 个地区，不受中央的控制。这一出帝国破败的恐怖戏剧，其内部的因素实为主要的幕后人物，蛮族不过是乘虚而入，而生理、道德、经济上以及政治才能上的失败，才真正导致帝国混乱、沮丧乃至败亡的原因。

西罗马帝国衰颓的外在因素，是亚洲西北的匈奴人扩张而移入的结果。由于被中国的军队和中国万里长城阻挡了他们东侵的势力，于是他们便向西方发展。公元 355 年，其势力远达伏尔加河和奥克苏斯河，使俄国的撒姆西亚（人）移到巴尔干半岛；哥特人也被侵袭，因而转到罗马的边界。他们被准许横渡多瑙河定居在莫西亚（公元 376年）。因受罗马官员的虐待，哥特人起而叛变，大败罗马军于阿德里安堡（公元 378 年），使君士坦丁堡也颇受威胁。公元 400 年，阿拉里克领导西哥特人翻越阿尔卑斯山到达意大利境内，公元 410 年，他们捣毁并占据了罗马。公元 429 年，盖塞里克率领汪达尔人远征西班牙与非洲，并在公元 455 年也占领罗马。公元 451 年，阿提拉领导匈奴人进攻高卢和意大利，虽然受挫于沙隆，但也攻下意大利北部的伦巴第。公元 472 年，一位潘诺尼亚将军——俄瑞斯忒斯立其子为帝，称之为罗慕路斯·奥古斯图卢斯。四年后，在罗马军队中，居多数的蛮族佣兵推翻了这位"小奥古斯都"，另立奥多塞为意大利国王。奥多塞承认在君士坦丁堡的罗马皇帝至高无上，而罗马皇帝也接受他为属国国王。东罗马帝国一直持续至 1453 年。那时，西罗马帝国早已灭亡。

罗马人的成就

探讨罗马帝国衰亡的原因，要比去了解它长期苟延残喘地生存要容易得多。

罗马帝国最主要的成就，在于征服了地中海世界，汲取其文化，并给地中海世界带来了约两百年的秩序、繁荣及和平。两个世纪以来，它抵挡蛮族的入侵，并将其古典文化遗产播送至西部各地。

罗马帝国的统治术是无可匹敌的，当局曾拘禁 1000 名政治犯。它把自己建立在一个自私的寡头政治和反开化的僧侣体系上，它建立起自由民主政体，却又让贪污腐败与暴行给破坏无遗。它剥削别人，来支持一个无以自存的意大利。当其无力剥削之际，意大利遂告崩溃。它在到处造成有如沙漠之地，却称之为"和平"。但它在万恶中建立起一个了不起的法律体系，为欧洲各国所采用。自罗马十人团时代至拿破仑，人们的生命财产都受到保护，因此也激励并延续了工业的发展。罗马又建立行政与立法分立的政体，此两者相互制衡的原理，颇影响了革命时代美、法两国的制宪者。它曾一度成功地糅合了君主政治、贵族政治及民主政治而赢得史学家、哲学家、臣民及敌人的喝彩。它让 500 多个城市实施地方自治，开始它以残酷、贪婪治理帝国，以后则改为以容忍与公正治国，而使版图之广前所未见。它启迪蛮荒，使荒漠之地成为繁荣之区，以长久和平的奇迹来赎罪。

在那个伟大的体制中，罗马帝国建立起自己的文化，它渊源于希腊文化，而独创一格。它过于注重政治方面，使其在思想领域上不如希腊人有所创见，但它吸取并妥善保存从埃及、迦太基、希腊及东方传入的技术、知识及艺术等文化遗产；它在科学上无大成就，工业技术也无甚长进，但因其越洋贸易，而使世界致富。遍布各地的公路网，成为繁华生活的命脉，经由这些路线及数千座壮丽的桥梁，古代农耕技术、手工艺、艺术、建筑学、投资与储蓄方法、医药组织、军事医院、都市的卫生得以流传至中古及现代的世界。此外，各类的水果、坚果树以及各种农业上或装饰用的植物也由东方移植到西方。甚至中央取暖设备，也是由温暖的南方传到寒冷的北方。南方创建了文明，而为北方所征服、摧毁或借用。

教育并非始于罗马帝国，但在罗马帝国时却有长足的发展，并获国家的支持，制定了课程表一直沿用至今。它并没有发明拱门、圆顶等，却大胆巧妙地沿用，而使其建筑举世无双。所有中古的教堂，都沿用它这种长方形的建筑。它并没有发明雕刻人像，却富有一种理想主义的希腊人所不能达到的逼真的境界。它并没有发明新的哲学理论，但享乐主义者和禁欲主义者在卢克莱修和塞涅卡身上找到了最完美的形式。它并没有发明文学的各种体裁，甚或讽刺散文也非它创始，然而谁能够尽说西塞罗之于雄辩术，维吉尔的论文、散文文体对于但丁、塔索、弥尔顿的影响……至于李维及塔西佗之于历史著述，贺拉斯及尤维纳利斯之于德莱顿、斯威夫特和蒲柏的影响究竟有多深呢？

它的语言，辗转讹误，而成为意大利、罗马尼亚、法国、西班牙、葡萄牙及拉丁美洲的言语；半个白人世界属于拉丁语系。直到18世纪，拉丁文在西方一直是科学、学术、哲学的世界语。植物学与动物学也采用拉丁文为国际性的术语。罗马教堂的重大仪式或正式文件也复如此；药方上及法律用语也惯用拉丁文。不但如此，它且经由直接的使用，再通过罗马语言，使英语词汇丰富并具有弹性。我们今天的日常生活，每天诚不知有多少都在受罗马文化传统影响。

当基督教征服了罗马，异教的教堂组织结构、祭司长的称号、祭袍，对圣母及诸神的膜拜、超感官的意识等仍到处可见。旧日节期的欢乐与庄严，及古老仪式典礼的虚华，均如母血注入这个新宗教中。被俘的罗马又俘虏了它的征服者。政权与治术由此行将倾覆的帝国转至强而有力的教皇手中。断剑之威被慰藉之笔所代替。教会的传教士取代了帝国的军队，沿罗马各公路拥至西方。叛乱的各行省，因接受了基督教，重又承认罗马的君权。经过信仰时代长期的挣扎，古都的王权得以持续并滋长。直至文艺复兴时，古典文化始得复生，而这一不朽之城再度成为世界生活、财富及艺术的中心。1936 年，当罗马庆祝其开创 2689 周年纪念时，它能回顾这个人类历史上最令人难忘的、悠久的政府与文明。祈愿它能重振前威。

耐心的读者，谢谢你。

埃特鲁斯坎人的石棺。埃特鲁斯坎文化被之后统治意大利的罗马人所吸收。

上 罗慕路斯、雷穆斯和养育他们的母狼（青铜雕像）。罗慕路斯与雷穆斯是传说中的罗马城建立者。

下左 罗马暴君高傲者塔克文之子塞克斯都强奸了卢克里莎。卢克里莎自戕前，要求父亲和丈夫立为她复仇。

下右 公元前6世纪末，布鲁图率领一群元老驱逐了塔奎，建立罗马共和国并当选为第一任执政官。

上 布鲁图的两个儿子因为参与保皇党的活动而被其父命令处死。

下 迦太基银币上的狄多头像（约公元前360年）。狄多是希腊传说中迦太基的建城者。

上 ｜ 迦太基的城市和港口复原图。
下 ｜ 公元前218年，汉尼拔率军从迦太基远征意大利，连续行军5个月之后，历时17天翻越阿尔卑斯山。

| 汉尼拔是第二次布匿战争的迦太基统帅。

上 | 扎马会战前，西庇阿和汉尼拔会面（壁毯画）。
下 | 经过布匿战争，罗马彻底打垮迦太基。图为萨布拉塔的布匿人和罗马人城镇的遗迹。

上 ┃ 和几乎所有古罗马城市一样，苏费土拉的会堂最高处是三座神庙，供奉的分别是密涅瓦（左）、朱庇特（中）和朱诺（右）。

下 ┃ 朱庇特是古罗马和意大利的主神，天空的主宰，相当于希腊的宙斯。

上 | 朱庇特之弟狄斯帕特是古罗马宗教中的冥王，相当于希腊宗教中的哈得斯。

下 | 海神波塞冬和他的妻子安菲特里特（庞贝马赛克壁画）。

罗马皇帝多米提安时期的浅浮雕。多米提安身边的扈从肩负象征权力的"捆束"。

罗马皇帝的禁卫军（浮雕）。

阿比安大道是通往意大利南部海港、希腊和东地中海的主要大道，地位非常重要。

上 | 通过修建水渠，罗马人为其帝国首都建造了卓越的供水系统。

下 | 法国南部加尔河上的加尔桥是著名的古罗马输水工程之一。

上　昂里乌（右）是古罗马和罗马帝国的基本金质货币单位。1昂里乌金币等于25第纳瑞斯（左）银币。

中　反映古罗马儿童生活的石棺。

下左　《古罗马制陶工人》（阿尔玛·塔德玛，1884年）。

下右　《街头艺人》（马赛克镶嵌画）。

上 | 搏斗中的角斗士。
中 | 和老虎搏斗的角斗士。
下 | 古罗马改革者提比略·格拉古和盖乌斯·格拉古兄弟，罗马共和时代最后一百年间所提出的各项改革，
  | 几乎没有一件是根据格拉古的政治思想设计出来的。

罗马共和国后期的执政官马略。

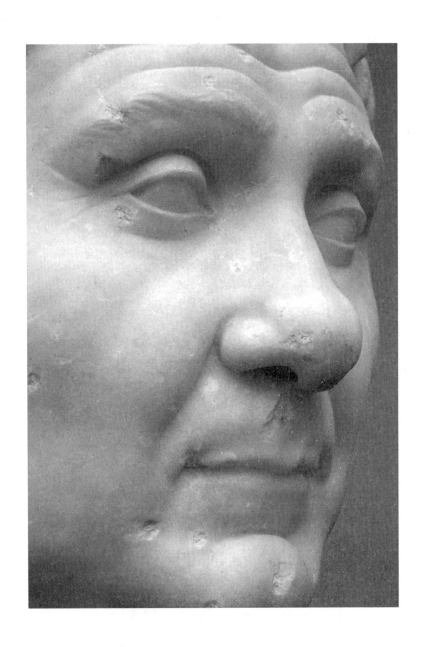

罗马共和国后期最伟大的政治家和将领之一庞培。

斯巴达克斯，角斗士战争中逃亡奴隶的领袖。

上左 西塞罗作为罗马最伟大的演说家而著名，在导致罗马共和国灭亡的内争中，他徒劳地维护共和制度。

上右 罗马将军、独裁者恺撒胸像。之后的历史中，恺撒这个名字成为凌驾一切的统治者的称号。

下 《安东尼和克娄巴特拉》（阿尔玛—塔德玛）。埃及女王克娄巴特拉曾是恺撒情人，后为安东尼之妻。

上左 | 奥古斯都像。罗马共和国在恺撒的独裁下被摧毁，恺撒的养子奥古斯都成为罗马帝国第一个皇帝。
上右 | 罗马皇帝克劳狄乌斯像。
下 | 《罗马皇帝提比略和阿格丽品娜》（鲁本斯，1614年）。

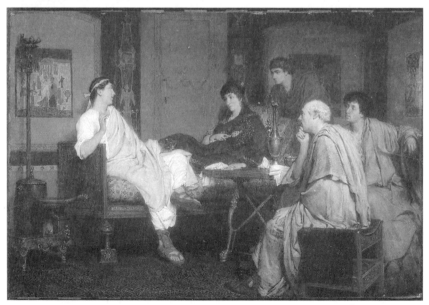

上左 罗马皇帝卡利古拉。卡利古拉意为"小靴子"，这是童年时代他父亲的士兵给他起的绰号。

上右 古罗马最伟大的诗人维吉尔胸像。

下 罗马诗人提布卢斯在他的情人德利娅家里。

上 一幅罗马镶嵌画中，维吉尔（中）手持史诗《埃涅阿斯纪》的卷轴，左为史诗缪斯，右为悲剧缪斯。

下 正在雕刻奥古斯都像的工匠们。

| 古罗马的建筑工人。

| 古罗马城市模型。

上左 韦斯巴芗和提图斯神庙遗址。
上右 卡斯托尔和波吕克斯兄弟神庙遗址。
下左 万神殿穹顶。万神殿由阿格里帕始建于公元前27年。
下右 万神殿内厅。

上 | 圆形剧场，亦称大竞技场、大斗兽场，公元82年完成。
下 | 大竞技场内部的大理石座位和装饰材料均已荡然无存。

上 | 和平祭坛上的土地女神特勒斯，奉祀她的两个节日分别为丰产节和耕种节。
下 | 装饰有壁画的庞贝居室（约公元前40年至前30年）。

| 一幅表现城市建筑的庞贝壁画。

上 | 一幅表现采花女子的庞贝壁画。
下 | 由恺撒开始兴建的马赛勒斯剧院，至今仍保存完好。

上左 | 哈德良别墅里的剧场遗址，这座罗马皇帝的离宫，被认为是罗马帝国繁荣和优雅的缩影。
上右 | 意大利古城奥斯蒂亚剧场柱子上的戏剧面具。
下左 | 一名身穿托加袍的祭司，正在祈求化育女神狄安娜。
下右 | 古罗马帝国的黑人奴隶。

上　　剧院的入口处。在罗马帝国的剧场里不仅有严肃的戏剧，更有滑稽剧和哑剧等娱乐的戏剧。

下左　《讨论中的罗马人》（阿尔玛-塔德玛）。辩论让政治生活和公共事务中的人们保持了一种冷静的态度。

下右　罗马共和时期的雕刻作品《演说者》，表现出严谨而平实的特质和进取的政治精神。

图拉真圆柱是罗马皇帝图拉真为纪念两次达契亚战役而修建的大理石圆柱纪念碑。

上	最有文化修养的罗马皇帝哈德良胸像。
下左	马可·奥勒留正在参加一场在朱庇特神庙前的祭祀仪式。
下右	马可·奥勒留骑马像。奥勒留被视为西罗马帝国黄金时代的象征。

上 │ 为了将罗马人与"野蛮人"分开，控制跨越边界的活动并应付不重要的威胁，罗马人在不列颠省西北边疆建立了一道横跨不列颠省的哈德良长城。

下 │ 石棺上描绘罗马人和"野蛮人"战斗的浮雕。

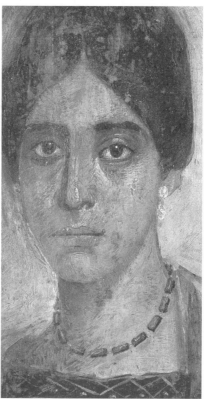

| 罗马时代（公元1至4世纪）将死者的头像和胸像画在木牌上的法尤姆肖像，在埃及各地墓葬中均有发现。

左上　犹大把耶稣的行踪泄露给祭司长和长老，又带兵搜捕耶稣。
左下　基督耶稣被总督比拉多钉死在十字架上，这表明，他是根据罗马帝国惩治叛逆的法律被处理的。
　右　耶稣基督进入耶路撒冷是他一生中的转折点，基督教认为，耶稣的死是为了救赎世人的罪。

《基督教殉教者的最后祈祷》（热罗姆，1863年）。在基督教早期，罗马统治者对基督教采取迫害政策。

上左 《圣欧拉利亚》（沃特豪斯，1885年）。圣欧拉利亚因为拒绝向罗马诸神献祭而被处死。

上右 《圣保罗在利斯特拉医治跛子》（迪亚丁，1663年）。

下 君士坦丁凯旋门建于312年，用以庆祝君士坦丁对马克森提的胜利。

上 君士坦丁大帝是第一位宣称信奉基督教的罗马皇帝，他使帝国演变为一个基督教国家的努力为基督教的
　发展提供了动力。

下 君士坦丁凯旋门南面左边外墙。

| 君士坦丁凯旋门表现战争场面的细部。